TOBIAS KÖPP

Normvermeidende Absprachen zwischen Staat und Wirtschaft

Schriften zum Öffentlichen Recht

Band 869

Normvermeidende Absprachen zwischen Staat und Wirtschaft

Von

Tobias Köpp

Duncker & Humblot · Berlin

Die Deutsche Bibliothek – CIP-Einheitsaufnahme

Köpp, Tobias:
Normvermeidende Absprachen zwischen Staat und Wirtschaft / Tobias Köpp. – Berlin : Duncker und Humblot, 2001
(Schriften zum öffentlichen Recht ; Bd. 869)
Zugl.: Hamburg, Univ., Diss., 2001
ISBN 3-428-10633-4

Fremddatenübernahme: Selignow Verlagsservice, Berlin
Druck: Berliner Buchdruckerei Union GmbH, Berlin
Printed in Germany

ISSN 0582-0200
ISBN 3-428-10633-4

Gedruckt auf alterungsbeständigem (säurefreiem) Papier
entsprechend ISO 9706 ♾

Vorwort

Die vorliegende Arbeit wurde im Wintersemester 2000/2001 vom Fachbereich Rechtswissenschaft der Universität Hamburg als Dissertation angenommen.

Meinem Doktorvater Herrn Prof. Dr. Nicolaysen danke ich für seine zahlreichen Anregungen und Hinweise im Rahmen der Betreuung der Arbeit. Frau Prof. Dr. Felix gilt mein Dank für die zügige Erstattung des Zweitgutachtens.

Meine Eltern haben mir mein Studium und die Anfertigung dieser Dissertation ermöglicht: Mit ihrer großzügigen finanziellen Unterstützung haben sie den erforderlichen Freiraum für eine akademische Betätigung geschaffen. Ihr stetiges Interesse an meiner Arbeit war ein großer Ansporn. Hierfür danke ich sehr herzlich.

Meiner Frau Constanze danke ich für ihre Aufmunterung und liebevolle Rücksichtnahme.

Ich widme die Arbeit meinem verstorbenen Schwiegervater Herrn VorsRiOLG Dr. Ulrich Leptien.

Hamburg, im Juli 2001 *Tobias Köpp*

Inhaltsverzeichnis

Abkürzungsverzeichnis

a. A.	anderer Ansicht
a. a. O.	am angegebenen Ort
abl.	ablehnend
ABlEG.	Amtsblatt der Europäischen Gemeinschaften
Abs.	Absatz
AfP	Archiv für Presserecht
AG	Aktiengesellschaft
AGRAPA	Arbeitsgemeinschaft Graphische Papiere
Anm.	Anmerkung
AöR	Archiv des öffentlichen Rechts
APEO	Alkylphenolethoxilate
Art.	Artikel
AtG	Atomgesetz
Aufl.	Auflage
AWD	Außenwirtschaftsdienst des Betriebsberaters
AWG	Außenwirtschaftsgesetz
BAnz.	Bundesanzeiger
BayVBl.	Bayerische Verwaltungsblätter
BB	Betriebsberater
Bd.	Band
BDI	Bundesverband der Deutschen Industrie e.V.
BDS	Bundesverband der Deutschen Stahlrecyclingwirtschaft e.V.
BGB	Bürgerliches Gesetzbuch
BGBl.	Bundesgesetzblatt
BGH	Bundesgerichtshof
BGHZ	Entscheidungen des BGH in Zivilsachen
BImSchG	Bundesimmissionsschutzgesetz
BMI	Bundesministerium des Inneren
BMU	Bundesministerium für Umwelt, Naturschutz und Reaktorsicherheit
BNatSchG	Bundesnaturschutzgesetz
BR-Drucks.	Bundesratsdrucksache
BT-Drucks.	Bundestagsdrucksache
BUA	Beratergremium für umweltrelevante Altstoffe beim Bundesministerium für Umwelt, Naturschutz und Reaktorsicherheit
BVerfG	Bundesverfassungsgericht
BVerfGE	Sammlung der Entscheidungen des BVerfG
BVerwG	Bundesverwaltungsgericht
BVerwGE	Sammlung der Entscheidungen des BVerwG
CO_2	Kohlendioxid

ders./dies.	derselbe/dieselbe
DIHT	Deutscher Industrie- und Handelstag e.V.
Diss.	Dissertation
DIW	Deutsches Institut für Wirtschaftsforschung
DÖV	Die Öffentliche Verwaltung
DSV	Deutscher Schrottrecycling Verband e.V.
DV	Die Verwaltung
DVBl.	Deutsches Verwaltungsblatt
DZWir	Deutsche Zeitschrift für Wirtschaftsrecht
ebd.	ebenda
EEA	Einheitliche Europäische Akte
EG	Europäische Gemeinschaft
EGV	Vertrag zur Gründung der Europäischen Gemeinschaft
EKMR	Europäische Kommission für Menschenrechte
endg.	endgültig
EU	Europäische Union
EuGH	Europäischer Gerichtshof
EuGRZ	Europäische Grundrechte-Zeitschrift
EuR	Europarecht
e.V.	eingetragener Verein
EWS	Europäisches Wirtschafts- und Steuerrecht
f.(f.)	folgende Seite(n)
FAZ	Frankfurter Allgemeine Zeitung
FCKW	Fluorkohlenwasserstoffe
Fn.	Fußnote
FS	Festschrift
GeschOBReg	Geschäftsordnung der Bundesregierung
GewArch	Gewerbearchiv
GG	Grundgesetz
GGO II	Gemeinsame Geschäftsordnung der Bundesministerien, Besonderer Teil
GmbH	Gesellschaft mit beschränkter Haftung
GRUR	Gewerblicher Rechtsschutz und Urheberrecht
GWB	Gesetz gegen Wettbewerbsbeschränkungen
HdbStR	Handbuch des Staatsrechts
HdbUR	Handwörterbuch des Umweltrechts
Hrsg.	Herausgeber
IG	Industriegewerkschaft
IGA	Industriegemeinschaft Aerosole e.V.
i.V.m.	in Verbindung mit
JA	Juristische Arbeitsblätter
JbRSoz	Jahrbuch für Rechtssoziologie und Rechtstheorie
JbUTR	Jahrbuch für Umwelt- und Technikrecht
Jura	Juristische Ausbildung
JuS	Juristische Schulung
JZ	Juristenzeitung
KOM	Dokumente der EG-Kommission

KritV	Kritische Vierteljahresschrift für Gesetzgebung und Rechtswissenschaft
KrW-/AbfG	Kreislaufwirtschafts- und Abfallgesetz
lit.	litera
m. w. Nachw.	mit weiteren Nachweisen
n. F.	neue Fassung
NJW	Neue Juristische Wochenschrift
Nr.	Nummer
NuR	Natur und Recht
NVwZ	Neue Zeitschrift für Verwaltungsrecht
RabelsZ	Rabels Zeitschrift für ausländisches und internationales Privatrecht
Rdnr.	Randnummer
RG	Reichsgericht
RGZ	Reichsgerichtsentscheidung in Zivilsachen
RIW	Das Recht der internationalen Wirtschaft
Rs.	Rechtssache
s.	siehe
S.	Seite
Slg.	Amtliche Sammlung der Entscheidungen des Gerichtshofes und des Gerichts erster Instanz der EG
sog.	sogenannte
SPD	Sozialdemokratische Partei Deutschlands
SRU	Sachverständigenrat für Umweltfragen
st. Rspr.	ständige Rechtsprechung
TA	Technische Anleitung
UAbs.	Unterabsatz
UBA	Umweltbundesamt
UN	United Nations
UPR	Umwelt- und Planungsrecht
Urt.	Urteil
VBlBW	Verwaltungsblätter für Baden-Württemberg
VDA	Verband der Automobilindustrie e.V.
VDEW	Vereinigung Deutscher Elektrizitätswerke e.V.
VDIK	Verband der Importeure von Kraftfahrzeugen e.V.
VerpackVO	Verpackungsverordnung
VerwArch	Verwaltungsarchiv
vgl.	vergleiche
VO	Verordnung
VVDStRL	Veröffentlichungen der Vereinigung der deutschen Staatsrechtslehrer
VwGO	Verwaltungsgerichtsordnung
VwVfG	Verwaltungsverfahrensgesetz
WiR	Wirtschaftsrecht
WiVerw	Wirtschaftsverwaltung (Beilage zum Gewerbearchiv)
WRMG	Wasch- und Reinigungsmittelgesetz
WRP	Wettbewerb in Recht und Praxis
WuW	Wirtschaft und Wettbewerb
WVA	Wirtschaftsverband Asbest e.V.

WVAZ	Wirtschaftsverband Asbestzement e.V.
ZAU	Zeitschrift für angewandte Umweltforschung
ZDK	Zentralverband Deutsches Kraftfahrzeuggewerbe e.V.
ZfU	Zeitschrift für Umwelt
ZG	Zeitschrift für Gesetzgebung
ZGR	Zeitschrift für Unternehmens- und Gesellschaftsrecht
ZHR	Zeitschrift für das gesamte Handelsrecht und Wirtschaftsrecht
ZögU	Zeitschrift für öffentliche und gemeinnützige Unternehmen
ZRP	Zeitschrift für Rechtspolitik
zust.	zustimmend

Einführung in die Problematik

Die staatliche Wirtschaftslenkung durch neuartige Formen hoheitlich beeinflußter Selbstregulierung gesellschaftlicher Kräfte rückt in zunehmendem Maße in das Blickfeld rechtswissenschaftlichen Interesses.[1] Der Staat sieht sich immer weniger in der Lage, seine Steuerungsziele allein durch den Einsatz imperativer Machtmittel zu erreichen.[2] Die wachsende Komplexität ökonomischer und ökologischer Zusammenhänge in einer modernen Industriegesellschaft, die Vielfalt singulären Expertenwissens und der sich aus dem raschen Wandel der Rahmenbedingungen ergebende Anpassungsdruck haben dazu geführt, daß den Möglichkeiten des Zusammenwirkens von Staat und gesellschaftlichen Kräften größere Aufmerksamkeit gewidmet wird.[3] Freiwillige private Initiative und Aktivität sollen im Rahmen kooperativer Kontakte als Beitrag zur öffentlichen Aufgabenerfüllung induziert werden.[4] Damit verschwimmt der klassische Gegensatz von Staat und Gesellschaft;[5] grundlegende rechtliche Unterscheidungen zwischen öffentlichem und privatem Sektor verlieren an Aussagekraft.

Eine Form der Kooperation zwischen Staat und Wirtschaft bilden hoheitlich inspirierte Verhaltensabreden zur Vermeidung gesetzlicher Regelungen. Sie sind als Instrument der Wirtschaftssteuerung schon seit längerem bekannt und werden im

---

[1] So bildete das Thema „Verwaltung und Verwaltungsrecht zwischen gesellschaftlicher Selbstregulierung und staatlicher Steuerung" den zweiten Beratungsgegenstand der Dresdner Tagung der Vereinigung der Deutschen Staatsrechtslehrer im Oktober 1996. Vgl. dazu die einführenden Beiträge von *Schmidt-Preuß* und *Di Fabio*, VVDStRl 56 (1997), 160 ff. bzw. 235 ff. sowie den Begleitaufsatz von *Trute*, DVBl. 1996, 950 ff. Auch die Staatsrechtslehrertagung im Jahr 1992 hatte sich mit dem Thema „Verträge und Absprachen zwischen Verwaltung und Privaten" befaßt. Vgl. hierzu die Beiträge von *Burmester* und *Krebs,* VVDStRL 52 (1993), S. 190 ff.

[2] Zu dieser Diagnose und den Gründen für die Steuerungsschwächen *Grimm*, Der Wandel der Staatsaufgaben und die Krise des Rechtsstaats, in: Ders. (Hrsg.), Wachsende Staatsaufgaben – Sinkende Steuerungsfähigkeit des Rechts, 1990, S. 291 ff.; *Ders.*, Die Zukunft der Verfassung, 1991, S. 411 ff.

[3] Grundlegend *Herbert Krüger*, Von der Notwendigkeit einer freien und auf lange Sicht angelegten Zusammenarbeit von Staat und Wirtschaft, in: Schriftenreihe der Freiherr-von-Stein-Gesellschaft, Heft 5, 1966.

[4] *Schmidt-Preuß*, S. 165. Zum staatstheoretischen Hintergrund des Paktierens *Ritter*, Der kooperative Staat, AöR 104 (1979), S. 389 ff.

[5] Vgl. hierzu *Böckenförde*, Die Bedeutung der Unterscheidung von Staat und Gesellschaft im demokratischen Sozialstaat der Gegenwart, in: Ders. (Hrsg.), Recht, Staat, Freiheit, 1991, S. 209 ff.; *Rupp*, Die Unterscheidung von Staat und Gesellschaft, in: Isensee/Kirchhof, Handbuch des Staatsrechts der Bundesrepublik Deutschland, Bd. I, 1987, § 28, S. 1187 ff.

Schrifttum unter Bezeichnungen wie gentlemen's agreements,[6] Selbstbeschränkungsabkommen,[7] Branchenabkommen,[8] Selbstverpflichtungen,[9] normvertretende,[10] gesetzesabwendende[11] oder regulative[12] Absprachen, moral suasions[13] und Umweltvereinbarungen[14] diskutiert; in jüngerer Zeit gewinnen sie vor allem im Bereich des Umweltrechts an Bedeutung.[15]

Das Phänomen läßt sich einleitend wie folgt skizzieren: Wirtschaftsverbände oder einzelne Unternehmen erklären sich entweder öffentlich oder gegenüber dem zuständigen Fachminister zu einem im Allgemeininteresse liegenden Verhalten bereit. Gleichzeitig wird in derartigen Erklärungen die Erwartung geäußert, daß der Staat im Gegenzug auf eine verbindliche Regelung der betreffenden Materie durch Gesetz oder Rechtsverordnung verzichten wird. Staatliche Stellen sind in unterschiedlicher Weise beteiligt: Häufig gehen den Selbstbeschränkungserklärungen Verhandlungen zwischen der Exekutive und den betroffenen Wirtschaftskreisen

---

[6] *Tuchtfeld*, Gentlemen's agreements als Instrument der schweizerischen Geldpolitik, FS Günther Schmölders, 1968, S. 135 ff.; *v. Zezschwitz*, Wirtschaftliche Lenkungstechniken, JA 1978, S. 497 ff.

[7] *Nickel*, Absprachen zwischen Staat und Wirtschaft – Die öffentlich-rechtlichen Aspekte der Selbstbeschränkungsabkommen der deutschen Industrie, Diss. Hamburg 1979; *Oldiges*, Staatlich inspirierte Selbstbeschränkungsabkommen in der Privatwirtschaft, WiR 1973, S. 1 ff.; *Jarass*, Wirtschaftsverwaltungsrecht mit Wirtschaftsverfassungsrecht, § 7 Rn. 33 ff.

[8] *Görgens/Troge*, Rechtlich verbindliche Branchenabkommen zwischen Staat und Branchen als umweltpolitisches Instrument in der Bundesrepublik Deutschland, Gutachten im Auftrag des Umweltbundesamtes, 1981.

[9] *Di Fabio*, Selbstverpflichtungen der Wirtschaft – Grenzgänger zwischen Freiheit und Zwang, JZ 1997, 969 ff.; *Knebel/Wicke/Michael*, Selbstverpflichtungen und normersetzende Umweltverträge als Instrumente des Umweltschutzes, Umweltbundesamt Berichte 5/99; *Beyer*, Der öffentlich-rechtliche Vertrag, informales Verwaltungshandeln der Behörden und Selbstverpflichtungen Privater als Instrument des Umweltschutzes, Diss. Köln 1986, S. 271 ff., der den Begriff der Selbstverpflichtung für Erklärungen Privater verwendet, an denen der Staat nicht als Vereinbarungspartner beteiligt ist.

[10] *Beyer*, S. 271 ff., für Erklärungen, an denen der Staat als Partner beteiligt ist. Ebenso die Terminologie von *Bohne*, Informales Verwaltungs- und Regierungshandeln als Instrument des Umweltschutzes, VerwArch 75 (1984), S. 343 ff.; *Ders.*, Privatisierung des Staates – Absprachen zwischen Industrie und Regierung in der Umweltpolitik, JbRSoz 1982, 266 ff.; *Müggenborg*, Formen des Kooperationsprinzips im Umweltrecht der Bundesrepublik Deutschland, NVwZ 1990, 909 ff. (917); *Hoppe/Beckmann*, Umweltrecht, § 9 Rn. 32, S. 159.

[11] *Stober*, Rückzug des Staates im Wirtschaftsverwaltungsrecht – Zur Deregulierungsdebatte in Deutschland, 1997, S. 60.

[12] *Kloepfer*, Umweltrecht, S. 294.

[13] *Tuchtfeld*, Moral suasion in der Wirtschaftspolitik, in: Hoppmann (Hrsg.), Konzertierte Aktion, 1971, S. 21 ff.

[14] *Grewlich*, Umweltschutz durch „Umweltvereinbarungen" nach nationalem Recht und Europarecht, DÖV 1998, 54 ff.

[15] Dazu *Hartkopf/Bohne*, Umweltpolitik I, S. 222 ff.; *Kloepfer*, Umweltrecht, S. 292 ff.; *Ders.*, Zu den neuen umweltrechtlichen Handlungsformen des Staates, JZ 1991, 737 ff., mit dem Hinweis, daß sich „das Umweltrecht immer mehr zum Regelungslaboratorium der gesamten Rechtsordnung" entwickele.

voraus. In einigen Fällen beschränkt sich die staatliche Mitwirkung aber auch auf die bloße Anregung von Erklärungen, die dann von den einzelnen Unternehmen bzw. ihren Verbänden untereinander ausgehandelt werden. Die staatliche Gegenleistung für die Zusagen der Wirtschaft besteht in einem vorläufigen Verzicht auf eine Initiative zum Erlaß eines Parlamentsgesetzes oder einer Rechtsverordnung.

Die kartellrechtlichen Probleme, die sich aus dem abgestimmten Verhalten der an den Absprachen beteiligten Wirtschaftssubjekte ergeben, sind bereits verschiedentlich untersucht worden.[16] Dagegen sind die öffentlich-rechtlichen Bindungen, denen die staatliche Mitwirkung an Selbstbeschränkungsabkommen unterliegt, zwar wiederholt in der Literatur erörtert, aber noch nicht abschließend geklärt worden. Ebensowenig konnte bisher ein Konsens über den Grad rechtlicher Bindungswirkung erzielt werden, den die Absprachen für die Beteiligten entfalten. Schließlich stellt sich vor dem Hintergrund der allgemeinen Deregulierungsdiskussion die Frage, inwieweit Selbstbeschränkungsabkommen ein taugliches Mittel zur Eindämmung der vielfach erörterten und beklagten[17] Gesetzesflut darstellen.

Im folgenden soll zunächst ein Überblick über einige der in jüngerer Zeit geschlossenen Vereinbarungen dieser Art gegeben werden. Die rechtliche Analyse neuartiger staatlicher Handlungsformen setzt einen verläßlichen empirischen Befund voraus, will sie sich nicht in Spekulationen über Charakter und Auswirkungen des Instruments verlieren. Danach kann der Untersuchungsgegenstand der Arbeit näher gekennzeichnet werden, indem der Begriff der normvermeidenden Absprache definiert und von verwandten Erscheinungsformen staatlichen Handelns abgegrenzt wird. Anschließend wird der Versuch unternommen, die unterschiedlichen Formen des Zustandekommens und des Vollzugs der Absprachen zu systematisieren (1. Teil).

Sodann wird die politisch-ökonomische Zweckmäßigkeit der Absprachen untersucht. Die Effizienz der Absprachen ist vor allem vor dem Hintergrund der Delegation von Gemeinwohlverantwortung, die in den Absprachen liegt, von rechtlichem Interesse. Die Aktivierung selbstregulativer Beiträge ist nur solange akzeptabel, wie das staatliche Steuerungsmandat, das in den Handlungsaufträgen an den Gesetz- und Verordnungsgeber liegt, nicht vernachlässigt wird. Es stellt sich daher insbeson-

---

[16] *Baur*, Kooperative Wirtschaftslenkung und Kartellrecht, in: Erdmann (Hrsg.), FS Frhr. v. Gamm, 1990, S. 525 ff.; *Baudenbacher*, Kartellrechtliche und verfassungsrechtliche Aspekte gesetzesersetzender Vereinbarungen zwischen Staat und Wirtschaft, JZ 1988, 689 ff. (693 ff.); *Kloepfer*, Umweltschutz als Kartellprivileg?, JZ 1980, 781 ff.; *Immenga*, Politische Instrumentalisierung des Kartellrechts?, Tübingen 1976; *Ders.*, Internationale Selbstbeschränkungsabkommen zwischen staatlicher Handelspolitik und privater Wettbewerbsordnung, RabelsZ 49 (1985), 303 ff.; *Lorenz*, Staatlich inspirierte Selbstbeschränkungsabkommen und Kartellrecht, Diss. FU Berlin 1977; *Markert*, Kartelle als Mittel staatlicher Wirtschaftsplanung, in: J. H. Kaiser, Planung IV, 1970, 191 ff.; *Schlarmann*, Die Wirtschaft als Partner des Staates – Formen einer herrschaftslosen und kooperativen Wirtschaftspolitik, Diss. Hamburg 1972.

[17] *Kloepfer*, Gesetzgebung im Rechtsstaat, VVDStRL 40 (1982), 68 ff.; *Isensee*, Mehr Recht durch weniger Gesetze?, ZRP 1985, 142.

dere die Frage, inwieweit autonom definierte staatliche Ziele mit den Absprachen verwirklicht werden können und worin die Vorzüge und Nachteile der Absprachen im Vergleich zu einem regulären Normsetzungsverfahren liegen (2. Teil).

In einem dritten Teil wird der Rechtscharakter der Absprachen untersucht. Dazu wird zunächst die Frage erörtert, ob die normvermeidenden Absprachen und die zu ihrem Vollzug getroffenen Vereinbarungen dem öffentlichen oder privaten Recht zuzuordnen sind. Die anschließende Analyse der Rechtswirkungen der Absprachen beschränkt sich nicht auf etwaige vertraglich begründete primäre Erfüllungsansprüche, sondern geht daneben der Frage nach, inwieweit sich aus dem wechselseitig in Anspruch genommenen Vertrauen Ansprüche der Beteiligten ergeben können. Zum Abschluß des 3. Teils wird der Rechtscharakter des staatlichen Mitwirkungsakts an den Absprachen untersucht.

Eine besondere Herausforderung an die Rechtswissenschaft bildet die Erarbeitung von rechtlichen Grenzen für die staatliche Mitwirkung an normvermeidenden Absprachen. Wegen ihres informellen Charakters haftet den Absprachen einerseits das Stigma der Illegalität an; das Ausweichen aus rechtlich geregelten Bahnen weckt den Verdacht, daß rechtsstaatliche Bindungen bewußt umgangen werden sollen. Andererseits birgt der Versuch der rechtlichen Disziplinierung neuartiger Handlungsformen stets die Gefahr, daß die Beteiligten ihre Interessenabstimmung auf eine andere, wiederum informelle Ebene verlagern.[18] Der Schritt aus der „Dunkelkammer des Rechtsstaats“[19] kann deshalb nur gelingen, wenn insbesondere bei der Erarbeitung formeller Regeln für die Absprachen behutsam vorgegangen wird. Dabei ist allerdings auch zu bedenken, daß mit der Verteilung von Verbands- und Organkompetenzen grundlegende Verfassungsprinzipien berührt werden. Letzteres gilt auch für die materiellen Probleme, die die Absprachen aufwerfen: Es stellt sich in mehrfacher Hinsicht die Frage nach der Geltungsreichweite von Grundrechten und – damit eng verbunden – der Reichweite des Gesetzesvorbehalts. Mögliche Einschränkungen des staatlichen Gestaltungsspielraums ergeben sich des weiteren aus Gesetzgebungspflichten und den Vorgaben des Wettbewerbs- und Europarechts. Ferner sind die Rechtsschutzmöglichkeiten zu untersuchen, die für die an den Absprachen Beteiligten und Dritte bestehen (4. Teil).

Den Abschluß bilden rechtspolitische Überlegungen darüber, wie die festgestellten rechtlichen und tatsächlichen Schwächen der normvermeidenden Absprachen überwunden werden können (5. Teil).

---

[18] *Wilke*, „Informales“ Staatshandeln als Instrument des Umweltschutzes, Zusammenfassung der Ergebnisse des Arbeitskreises C, Dokumentation zur 7. wissenschaftlichen Fachtagung der Gesellschaft für Umweltrecht, 1984, S. 245 (248).

[19] Hier werden die Absprachen von *Eberle*, Arrangements im Verwaltungsverfahren, DV 17 (1984), 439 ff. (463) vermutet.

Erster Teil

Der Untersuchungsgegenstand: Die normvermeidende Absprache

A. Rechtstatsächlicher Befund

In der Rechtswirklichkeit findet man in nahezu allen Bereichen des öffentlichen Wirtschafts- und Umweltrechts Verlautbarungen von Wirtschaftsverbänden sowie einzelnen Unternehmen, in denen diese sich zu einer im Allgemeininteresse liegenden Begrenzung ihrer Aktivitäten bereit erklären.

Eine vollständige Dokumentation der bisher abgegebenen Erklärungen dieser Art liegt nicht vor.[1] Auf nationaler Ebene existiert lediglich für den Geschäftsbereich des Bundesumweltministeriums eine – allerdings bisher unveröffentlichte – Zusammenstellung der in diesem Bereich zustande gekommenen Selbstverpflichtungserklärungen.[2] In ähnlicher Weise hat die EG-Kommission in einer Mitteilung an den Rat und das Europäische Parlament einen Überblick über die in den Mitgliedstaaten und auf europäischer Ebene selbst zustande gekommenen Vereinbarungen zwischen Staat und Industrie im Umweltbereich gegeben.[3] Schließlich finden sich im wirtschafts- und rechtswissenschaftlichen Schrifttum einige beispielhafte Aufzählungen, die zum Teil auch die den Selbstverpflichtungserklärungen vorangehenden Absprachen zwischen Staat und Wirtschaft beschreiben.[4]

---

[1] Ebenso *Müggenborg,* Das Kooperationsprinzip im Umweltrecht der Bundesrepublik Deutschland, NVwZ 1990, 909 (914), der meint, daß „niemand überblicken könne, wie viele derartige Erklärungen es gibt".

[2] *Bundesministerium für Umwelt, Naturschutz und Reaktorsicherheit (BMU),* Freiwillige Selbstverpflichtungen: Auswertung auf Grundlage der Stellungnahmen der zuständigen Referate des BMU, 1993. Eine weitere Aufzählung der bisher etwa 60 Selbstverpflichtungen im Umweltbereich in Deutschland findet sich bei *Merkel,* Der Stellenwert von umweltbezogenen Selbstverpflichtungen der Wirtschaft im Rahmen der Umweltpolitik der Bundesregierung, Umwelt 3/1997, S. 88 sowie bei *Bundesumweltministerium (Hrsg.),* Auf dem Weg zu einer nachhaltigen Entwicklung in Deutschland, 1997, S. 28 f.

[3] Mitteilung der EG-Kommission an den Rat und das Europäische Parlament über Umweltvereinbarungen, KOM (96) 561 endg. vom 27.11.1996.

[4] *Brohm,* Rechtsgrundsätze für normersetzende Absprachen, DÖV 1992, 1025 f.; *Dempfle,* Normvertretende Absprachen, Diss. Trier 1993, S. 2 ff.; *Grewlich,* Umweltschutz durch „Umweltvereinbarungen", DÖV 1998, 54 (55 f.); *Lautenbach/Steger/Weihrauch,* Evaluierung freiwilliger Branchenvereinbarungen im Umweltschutz, 1992, S. 1 ff.; *Oebbecke,* Die staatliche Mitwirkung an gesetzesabwendenden Vereinbarungen, DVBl. 1986, 793 f.; *Kloepfer,* Umweltrecht, § 5 Rn. 213, S. 295; *Nickel,* Absprachen zwischen Staat und Wirtschaft – Die öffentlich-

Im folgenden werden als rechtstatsächliche Grundlage für die weitere Untersuchung einige Absprachen aus der Bundesrepublik Deutschland zusammengestellt. Dabei werden neben den eigentlichen Absprachen auch die staatlicherseits vor Eintritt in die Verhandlungen verfolgten Regelungsziele, der Zielerreichungsgrad und die zu dessen Überwachung durchgeführten Maßnahmen dargestellt. Einen Schwerpunkt bildet der Bereich des Umweltschutzes, weil auf diesem Gebiet – vor allem in jüngerer Zeit – besonders viele Absprachen getroffen wurden (I.–VI.). Aber auch auf anderen Feldern, wie der Energie- und Gesundheitspolitik sowie dem Jugendschutz finden sich interessante Beispiele kooperativer Verhaltensabstimmungen (VII.–X.). Den Abschluß des Abschnitts bildet ein Überblick über die Absprachepraxis in anderen europäischen und außereuropäischen Ländern sowie auf der Ebene der Europäischen Gemeinschaft (XI.).

I. Absprachen im Bereich des Klimaschutzes

In besonderer Weise von normvermeidender Kooperation zwischen Staat und Wirtschaft geprägt ist das Gebiet des Klimaschutzes. In naturwissenschaftlicher Hinsicht besteht seit geraumer Zeit Gewißheit darüber, daß der Mensch durch die Emission sog. Treibhausgase das globale Klima beeinflußt.[5] Die Bundesrepublik hat sich deshalb auf der Ebene des Völkerrechts an einer Reihe von multilateralen Abkommen[6] beteiligt, die die Reduktion dieser Treibhausgase zum Ziel haben. Bei der innerstaatlichen Durchsetzung der zugesagten Reduktionsziele hat die Bundesregierung sowohl beim Abbau von Fluorkohlenwasserstoffen (1.) als auch bei der Reduktion der CO_2-Emissionen der Industrie Verhandlungslösungen den Vorrang vor einseitig-hoheitlichen Regelungen gegeben (2.).[7]

rechtlichen Aspekte der Selbstbeschränkungsabkommen der deutschen Industrie, Diss. Hamburg 1979, S. 7 ff.; *Rennings/Brockmann/Koschel/Bergmann/Kühn*, Nachhaltigkeit, Ordnungspolitik und freiwillige Selbstverpflichtung, 1996, S. 203 ff.; *v. Zezschwitz*, Wirtschaftsrechtliche Lenkungstechniken, JA 1978, 497 ff.

[5] *Intergovernmental Panel on Climate Change*: Second Assessment Synthesis of scientific-technical Information relevant to interpreting Article 2 of the UN-Framework Convention of Climate Change, 1995.

[6] Wiener Übereinkommen zum Schutz der Ozonschicht (BGBl. 1988 II S. 901) sowie das zu dessen Ausführung vereinbarte Montrealer Protokoll vom 16. September 1987 über Stoffe, die zu einem Abbau der Ozonschicht führen (BGBl. 1991 II S. 1331); vgl. dazu auch den diesbezüglichen Bericht der Bundesregierung, BT-Drucks 12/3846. Zu den völkerrechtlichen Vereinbarungen vgl. *Kusche*, Gesetzgebungs- und Verwaltungskompetenzen der Bundesländer für die Umsetzung einer klimaorientierten Energiepolitik, 1998, S. 17 ff.

[7] Zum Ganzen *Kuhnt*, Energie und Umweltschutz in europäischer Perspektive, DVBl. 1996, 1082 ff.

1. Absprachen zur Reduktion von Fluorchlorkohlenwasserstoffen (FCKW) mit der Aerosolindustrie in Deutschland

Fluorchlorkohlenwasserstoffe (FCKW) wurden als Treibgas in Spraydosen, als Kältemittel in Kühl- und Gefriergeräten, als Schäumungsmittel in Kunststoffen sowie als Lösungs- und Reinigungsmittel verwendet.[8] Gelangen FCKW in die Atmosphäre, gehen von ihnen ökologische Gefahren aus. Aufgrund ihrer hohen atmosphärischen Lebenszeit reichern sie sich in der Troposphäre an und tragen so zur Erwärmung erdnaher Teile der Atmosphäre bei (sog. Treibhauseffekt). Das Spaltprodukt Chlor gefährdet den Ozonmantel der Erde und führt dadurch zu einer Zunahme der UV-Strahlung. Diese ökologischen Risiken führten bereits in den Jahren 1976/77 dazu, daß Vertreter des Bundesumweltministeriums mit der Industriegemeinschaft Aerosole e.V. (IGA) Verhandlungen über eine Reduzierung des FCKW-Verbrauchs aufnahmen. Die IGA, deren 80 Mitgliedsfirmen etwa 90% der bundesdeutschen Aerosolindustrie ausmachen, sagte als Ergebnis dieser Verhandlungen eine 30%ige Verringerung ihres FCKW-Verbrauchs bis 1979 zu; die Bundesregierung verzichtete daraufhin zunächst auf die Initiierung einer normativen Regelung der Materie.[9] Nachdem zu Beginn der 80er Jahre präzisere naturwissenschaftliche Erkenntnisse über das Ausmaß der Zerstörung der Ozonschicht gewonnen worden waren, strebte die Bundesregierung eine weiterreichende Reduzierung der FCKW an. Als Alternative zu einem gesetzlichen Verbot wurden erneut Verhandlungen des Bundesumweltministeriums mit der IGA aufgenommen. Diese führten zu einer weiteren Erklärung des Verbandes,[10] in der dieser seine Mitgliedsunternehmen aufforderte, die Verwendung von FCKW bis 1988 um 75%[11] auf etwa 13.250t zu reduzieren. Bis Ende 1989 sollte der Verbrauch um mindestens 90% verringert werden, was einer absoluten Produktionsmenge von 5.300t entsprach. Die Selbstverpflichtungen hat die deutsche Aerosolindustrie auch eingehalten. Die jeweiligen Produktionsmengen wurden von den Mitgliedsunternehmen der bundeseigenen Treuarbeit AG übermittelt, die die Angaben stichprobenartig überprüfte. Danach wurden 1980 36.000t FCKW verbraucht, 1988 ergab sich ein Volumen von 4.700t, das 1989 bis auf 2.600t reduziert wurde.[12]

---

[8] 1989 wurden in der Bundesrepublik insgesamt etwa 65.000t FCKW verbraucht. Davon entfielen auf die Aerosolindustrie als Herstellerin von Treibgasen ca. 26.000t; vgl. dazu *Umweltbundesamt* (Hrsg.), Verzicht aus Verantwortung, Maßnahmen zur Rettung der Ozonschicht, Berichte 7/89, Berlin, 1989, S. 66.

[9] *Lautenbach/Steger/Weihrauch*, Evaluierung freiwilliger Branchenvereinbarungen im Umweltschutz, 1992, S. 61 ff.

[10] Schreiben der Industriegemeinschaft Aerosole e.V. (IGA) an das Bundesministerium für Umwelt, Naturschutz und Reaktorsicherheit „Erklärung über die Reduzierung des Einsatzes vollhalogenierter FCKW in Spraydosen", Frankfurt/M. vom 13. August 1987.

[11] Als Basis dienten die Verbrauchszahlen von 1976. Gegenüber dem Verbrauch von 1987 bedeutete dies eine Reduzierung um ca. 35%.

[12] Veröffentlichung der Industriegemeinschaft Aeorosole vom März 1989. Vgl. ferner die tabellarische Übersicht über den FCKW-Verbrauch in den Jahren 1976–1990 bei *Lautenbach/Steger/Weihrauch*, Evaluierung freiwilliger Branchenvereinbarungen im Umweltschutz, S. 69.

Im März 1989 forderte der Deutsche Bundestag die Bundesregierung auf, erneut Verhandlungen mit der Aerosolindustrie mit dem Ziel aufzunehmen, die bestehende Selbstverpflichtung zu verschärfen. Sollte sich die Industrie nicht freiwillig bereit erklären, die verwendete FCKW-Menge ab 1990 auf 1.000 t zu begrenzen, würde eine nationale Verbotsregelung initiiert werden.[13] Eine Enquête-Kommission des Bundestages zur „Vorsorge zum Schutz der Erdatmosphäre" kritisierte im Oktober 1989 nochmals, daß der vorgesehene Verbrauch von 1.500 t für 1990 nicht akzeptabel sei.[14] Das Umweltbundesamt habe in einer Studie nachgewiesen, daß der Einsatz von FCKW als Treibmittel in Spraydosen nur noch in wenigen medizinischen und technischen Verwendungen notwendig sei. Für die Produktion dieser Sprays sei eine Menge von 1.000 t FCKW pro Jahr ausreichend. Daraufhin versuchte das Bundesumweltministerium, die Aerosolindustrie zur Abgabe einer entsprechenden Verzichtserklärung zu bewegen; der Verband der Aerosolindustrie lehnte diese Forderungen jedoch als zu weitgehend ab.[15] Das Scheitern der Verhandlungen führte dazu, daß die Bundesregierung im Rahmen einer Novellierung der 2. BImSchV die Verwendung der FCKW zunächst einschränkte[16] und schließlich auf Grundlage des Chemikaliengesetzes eine Rechtsverordnung erließ, die die weitere Verwendung von FCKW in Sprays gänzlich untersagt.[17]

2. CO_2-Abkommen in Deutschland

In den folgenden Jahren kam es zu weiteren normvermeidenden Absprachen im Bereich des Klimaschutzes, die auf die Reduktion von Kohlendioxyd (CO_2) abziel-

---

[13] BT-Drucks 11/4133. Wörtlich heißt es in dem Beschluß: *„Sollte eine Verschärfung der Selbstverpflichtung der Industriegemeinschaft Aerosole und eine entsprechende Selbstverpflichtung des Handels, damit auch sämtliche Importe im Aerosolbereich erfaßt werden, nicht bis zum 1. Juni 1989 beim Bundesminister für Umwelt, Naturschutz und Reaktorsicherheit eingegangen sein, wird die Bundesregierung ersucht, dem Deutschen Bundestag bis zum 1. September 1989 den Entwurf für eine gleichgerichtete nationale, EG-konforme Verbotsregelung zuzuleiten."*

[14] Frankfurter Allgemeine Zeitung v. 05.10.1989, S. 17. Die Enquête-Kommission war mit dem Auftrag eingesetzt worden, Vorschläge zur Erreichung der angestrebten Reduktion klimaschädigender Gase zu erarbeiten. Bereits in einem ersten Zwischenbericht vom 22.02.1987 (BT-Drucks. 11/324) hatte die Kommission eine Verschärfung der bisher geltenden Selbstverpflichtung der Aerosolindustrie verlangt.

[15] Frankfurter Allgemeine Zeitung vom 06.10.1989, S. 1. Nach Angaben der IGA erschwerten insbesondere geltende Sicherheitsbestimmungen eine weitere Substitution von FCKW als Treibmittel. Der Verband schlug stattdessen vor, die bisher verwendeten FCKW 11 und 12 durch das weniger ozonschädigende FCKW 22 zu ersetzen, vgl. dazu *Lautenbach/Steger/Weihrauch*, Evaluierung freiwilliger Branchenvereinbarungen im Umweltschutz, S. 76.

[16] Zweite Verordnung zur Durchführung des Bundes-Immissionsschutzgesetzes (Verordnung zur Emissionsbegrenzung von leichtflüchtigen Kohlenwasserstoffen) vom 10.12.1990 (BGBl. I, S. 2964).

[17] Verordnung zum Verbot von bestimmten die Ozonschicht abbauenden Halogenkohlenwasserstoffen (FCKW-Halon-Verbotsverordnung) vom 6.5.1991 (BGBl. I, S. 1090).

ten. Dieses Gas entsteht v. a. bei der Verbrennung fossiler Brennstoffe und hat mit etwa 60% den größten Anteil am Treibhauseffekt.[18] Die Bundesregierung setzte sich daher 1990 das Ziel, die CO_2-Emissionen in der Bundesrepublik Deutschland bis zum Jahr 2005 um 25–30% des Ausstoßes im Jahr 1987 zu reduzieren; es wurde eine interministerielle Arbeitsgruppe eingesetzt, die Vorschläge erarbeiten sollte, wie dieses Reduktionsniveau erreicht werden könne.[19] Auf europäischer Ebene schlug im Oktober 1991 die EG-Kommission die Einführung einer gemeinschaftsweiten sog. CO_2-/Energiesteuer vor, mit der der Energieverbrauch verteuert werden sollte, um preisliche Anreize zur Reduktion der CO_2-Emissionen zu setzen.[20] Der Vorschlag wurde in einem Richtlinien-Entwurf der EG-Kommission vom 30. Juni 1992 näher ausgestaltet.[21] Diese Vorgaben wurden von der Bundesregierung aufgenommen, die nunmehr ein ganzes Bündel von Maßnahmen in Erwägung zog, um „die ökologischen Kosten der Verwendung fossiler Energieträger zumindest zum Teil in die Energiepreise" einzubeziehen.[22]

Diese Pläne stießen auf den heftigen Widerstand der Industrie, die insbesondere auf die mit der Verteuerung der Energie verbundene Gefährdung von Arbeitsplätzen verwies und statt dessen „freiwillige Lösungen" in Aussicht stellte.[23] Es kam dar-

---

[18] Enquête-Kommission des 11. Deutschen Bundestages „Schutz der Erdatmosphäre": Protecting the Earth – A Status report with Recommendations for a New Energy Policy, Bd. 1, Bonn 1991, S. 44. Zu den Ursachen des Treibhauseffekts vgl. auch *Kusche,* Gesetzgebungs- und Verwaltungskompetenzen der Bundesländer für die Umsetzung einer klimaorientierten Energiepolitik, 1998, S. 5 ff.

[19] Kabinettsbeschluß vom 13.6.1990, BT-Drucks 12/8557, Anhang 1, S. 153 ff.; vgl. dazu *Kohlhaas/Praetorius,* Selbstverpflichtungen der Industrie zur CO_2-Reduktion – Möglichkeiten der wettbewerbskonformen Ausgestaltung unter Berücksichtigung der geplanten CO_2-/Energiesteuer und Wärmenutzungsverordnung, Deutsches Institut für Wirtschaftsforschung, Sonderheft 152, 1994, S. 17.

[20] Vgl. dazu auch *Hilf,* Umweltabgaben als Gegenstand von Gemeinschaftsrecht und Politik, NVwZ 1992, 105 ff.

[21] Kommissionsdrucks KOM (92) 226 endg., BT-Drucks 12/3398.

[22] Kabinettsbeschluß vom 7.11.1990, BT-Drucks 12/8557 Anhang 1.2, Teil II B. lit. b). Der Beschluß sah neben der Einführung einer CO_2-/Energiesteuer und einer sog. Wärmenutzungsverordnung eine Überarbeitung der einschlägigen energiespar- und immissionsschutzrechtlichen Vorschriften vor. Im Unterschied zur ursprünglich vorgesehenen CO_2-/Energiesteuer und der Wärmenutzungsverordnung, an deren Stelle zunächst die im folgenden beschriebene normvermeidende Absprache getreten ist, sind die übrigen Rechtssetzungsvorhaben von der Bundesregierung im folgenden unmittelbar verwirklicht worden: Die Verordnung über den energiesparenden Wärmeschutz bei Gebäuden (Wärmeschutzverordnung) vom 16. August 1994 (BGBl. I 1994, Nr. 55, S. 2121 ff.), die Verordnung über energiesparende Anforderungen an heizungstechnische Anlagen und Brauchwasseranlagen (HeizAnlV) vom 22. März 1994 (BGBl. I 1994, Nr. 19, S. 613 ff.) und die Bundesimmissionsschutzverordnung vom 14. Mai 1990 (BGBl. I, 1990, S. 880, mit Änderungen vom 19. Juli 1996 [BGBl. I 1996, S. 1019] sowie vom 9. Oktober 1996 [BGBl. I, 1996, S. 1498]) sind zwischenzeitlich in Kraft getreten. Vgl. dazu auch *Müller/Seidel,* Freiwillige Selbstverpflichtungen der kommunalen Wirtschaft in der Energieversorgung, ZögU, Bd. 20 (1997), S. 109 (111 f.).

[23] *Bundesverband der Deutschen Industrie e. V. (BDI), Deutscher Industrie und Handelstag e. V. (DIHT),* Initiative der deutschen Industrie für eine weltweite Klimavorsorge, 1991.

aufhin zu Gesprächen zwischen den Vertretern verschiedener Industrieverbände unter Führung des Bundesverbandes der Deutschen Industrie e.V. (BDI) und der Bundesregierung. Dabei war vor allem das der Wirtschaft zumutbare Maß der Emissionsreduktion umstritten: Die von der Wirtschaft angebotenen Reduktionsziele bewegten sich weitgehend im Rahmen der sog. „business-as-usual"-Variante, d. h. es sollten lediglich die bereits in den vorangegangenen Jahren erreichten CO_2-Reduktionsquoten[24] fortgeschrieben werden. Dagegen bestand die Bundesregierung zunächst auf einer stärkeren Absenkung der Emissionen durch den zusätzlichen Einsatz von Techniken zur rationellen Energieverwendung.[25] Die Verhandlungen endeten schließlich mit einer Erklärung der „deutschen Wirtschaft" vom März 1995, in der sich der BDI und 16 weitere Industrieverbände verpflichteten, „besondere Anstrengungen zu unternehmen, ihre spezifischen CO_2-Emissionen bzw. den spezifischen Energieverbrauch bis zum Jahr 2005 um bis zu 20%, bezogen auf das Basisjahr 1987, zu verringern". Als Gegenleistung erwarteten die Industrieverbände, daß die Bundesregierung „dieser Privatinitiative Vorrang vor ordnungsrechtlichen und fiskalischen Maßnahmen einräumt".[26] Neben der generellen Zusage der „deutschen Wirtschaft" bestand die Erklärung aus einem Katalog von Einzelerklärungen der beteiligten Wirtschaftsverbände, in denen für die verschiedenen Branchen teils spezifische, teils absolute Reduktionswerte für Energieverbrauch und CO_2-Emissionen zugesagt wurden.[27] Die Bundesregierung erklärte sich daraufhin bereit, „zusätzliche ordnungsrechtliche Maßnahmen zur Klimavorsorge auszusetzen und der Privatinitiative der deutschen Wirtschaft Vorrang zu gewähren". Sofern die Selbstverpflichtung eingehalten werde, werde sich die Bundesregierung ferner „im Falle einer EU-weiten CO_2-/Energiebesteuerung dafür einsetzen ..., daß die an der Selbstverpflichtungsaktion teilnehmende Wirtschaft davon ausgenommen wird bzw. die dabei erreichten CO_2-Minderungen voll angerechnet werden".[28] In der Folgezeit kam es zu Problemen bei der Überwachung der Einhaltung der Selbstverpflichtung. Das Umweltbundesamt bemängelte, daß die von den verschiedenen Verbänden übermittelten Informationen eine zuverlässige Beurteilung der Einhaltung der Reduktionsziele nicht gewährleisteten.[29] Daraufhin gaben die Industrieverbände im März 1996 eine „Aktualisierte Erklärung der deutschen Wirtschaft zur Klimavorsorge"[30] ab,

---

[24] Die spezifischen CO_2-Emissionen der Industrie hatten in den Jahren 1970–1993 ohnehin jährlich um 2,3% abgenommen, vgl. dazu *Rennings/Brockmann/Koschel/Bergmann/Kühn*, Nachhaltigkeit, Ordnungspolitik und freiwillige Selbstverpflichtung, 1996, S. 213.

[25] *Umweltbundesamt*, Jahresbericht 1993, S. 167.

[26] Bundesverband der Deutschen Industrie e.V. (BDI), Erklärung der Deutschen Industrie zur Klimavorsorge, Köln vom 10. März 1995.

[27] Vgl. dazu die tabellarische Übersicht über den Inhalt der Erklärungen der einzelnen Verbände im Anhang der Erklärung des BDI, S. 4ff.

[28] CO_2-Minderungsprogramm der *Bundesregierung*, in: Umwelt Nr. 5/1995, S. 182ff.

[29] Ökologische Briefe 2/1996: „Denkhilfe für die Wirtschaft aus dem Umweltbundesamt".

[30] *Bundesverband der Deutschen Industrie e.V. (BDI)*, CO_2-monitoring. Konzept für die Erstellung von regelmäßigen Fortschrittsberichten zur transparenten und nachvollziehbaren Verifikation der Erklärung der deutschen Wirtschaft zur Klimavorsorge vom 10. März 1995, Köln 1996.

mit der den Anforderungen des Umweltbundesamtes an das sog. *monitoring* Rechnung getragen werden sollte. Gleichzeitig wurde die Formulierung in der Erklärung von 1995 präzisiert, nach der die spezifischen CO_2-Emissionen „um bis zu" 20 % reduziert werden sollten; zugesagt wurde nunmehr eine Reduktion von 20 % ohne relativierenden Zusatz. Darüber hinaus wurden weitere Industrieverbände in die Erklärung einbezogen und die bisherige Zusage insofern verschärft, als das Basisjahr der Reduktionszusage von 1987 auf 1990 verlegt wurde. Ihre ursprünglichen Pläne zur Einführung einer CO_2-Steuer und einer Wärmenutzungsverordnung hat die Bundesregierung daraufhin zunächst nicht weiter verfolgt.[31] Im November 1997 legte das Rheinisch-Westfälische Institut für Wirtschaftsforschung (RWI), das nach der aktualisierten Fassung der Selbstverpflichtung die Kontrolle der Einhaltung der Absprache übernommen hatte, eine erste Untersuchung des Zielerreichungsgrades vor. Danach hatte die Industrie ihren Kohlendioxidausstoß zwischen 1990 und 1996 um 42,3 Millionen Tonnen verringert und damit ihre Reduktionszusage bereits zu 77 % erreicht.[32] Die Bundesregierung vertrat daraufhin die Auffassung, daß das Einsparpotential mit der bisherigen Zusage der Wirtschaft nicht ausgeschöpft sei und verlangte eine weitergehende Verpflichtung.[33] Die Vertreter der Industrie lehnten dies jedoch ab.[34]

Nach dem Regierungswechsel im September 1998 unternahm die neugewählte Bundesregierung keine weiteren Versuche, die Industrie zu einer weitergehenden Selbstverpflichtung zu bewegen. Statt dessen brachte die Bundesregierung einen Gesetzentwurf zur Einführung einer sog. Ökosteuer auf den Weg, der – wie die von der alten Bundesregierung ursprünglich in Erwägung gezogene CO_2/Energie-Steuer – eine erhöhte Besteuerung des Energieverbrauchs vorsah.[35] Die zusätzlichen Steuereinnahmen sollten nach den Plänen der neuen Bundesregierung zu einer Senkung der Lohnnebenkosten verwendet werden. Die Industrie leistete erneut heftigen Widerstand gegen die Einführung einer solchen Steuer und verwies vor allem darauf, daß in Branchen mit hohem Energiebedarf die zusätzliche Kostenbelastung durch die Ökosteuer durch die gleichzeitige Senkung der Lohnnebenkosten nicht kompensiert werde. Die Folge sei eine Gefährdung von Arbeitsplätzen. Die Bundesregierung änderte daraufhin ihren Gesetzentwurf. Die vom Bundestag beschlossene

---

[31] Die Bundesregierung zeigte sich vielmehr mit dem Erreichten zufrieden, vgl. *Bulletin der Bundes-regierung* Nr. 26 vom 1.4.1996.

[32] Die von der Industrie zugesagte Senkung des spezifischen Energieverbrauchs um 20 % bis zum Jahr 2005 entspricht einer Reduktion des CO_2-Ausstosses von 57 Millionen Tonnen. Zum Ganzen Frankfurter Allgemeine Zeitung vom 19.11.1997.

[33] Angestrebt wurde von der Bundesregierung eine zusätzliche Einsparung von 10 bis 20 Millionen Tonnen CO_2, vgl. dazu den 4. Bericht der interministeriellen Arbeitsgruppe der *Bundesregierung* zur Kohlendioxid-Reduktion, den die Bundesregierung am 6.11.1997 angenommen hat, vgl. dazu auch Frankfurter Allgemeine Zeitung vom 07.11.1997.

[34] Frankfurter Allgemeine Zeitung vom 19.11.1997.

[35] Vorgesehen war zum einen eine Besteuerung des Stromverbrauchs, zum anderen eine Erhöhung der Mineralölsteuer.

Fassung des Gesetzes zur Einführung der Ökosteuer sieht weitgehende Ausnahmetatbestände für energieintensive Branchen von der Ökosteuer vor.[36]

II. Absprachen zum Ersatz von Asbest in Zementprodukten

Ein zur Illustration der möglichen Auswirkungen normvermeidender Absprachen auf nicht an der Verhandlungslösung beteiligte sog. „Außenseiter" besonders geeignetes Beispiel bilden die Absprachen der Bundesregierung mit den Verbänden der Asbestzement verwendenden Industrie.

Sowohl bei der Herstellung als auch bei der Be- und Verarbeitung von Asbestprodukten stellen die dabei entstehenden Asbestfeinstaubemissionen Gesundheitsgefahren dar. Bereits seit 1936 ist die Asbestose als Berufskrankheit anerkannt, ein Zusammenhang mit verschiedenen Lungenerkrankungen wurde schon 1943 angenommen. Wegen der langen Latenzzeit von 30 bis 35 Jahren bis zum Ausbruch dieser Krankheiten konnten diese allerdings erst in den 60er und 70er Jahren eindeutig auf den Kontakt mit Asbeststaub zurückgeführt werden.[37] Staatlicherseits wurde auf diese Erkenntnisse zunächst durch die Einführung einer Reihe von Arbeitsschutzbestimmungen reagiert. 1980 erschien dann ein Bericht des Umweltbundesamtes, der wegen der Gesundheitsgefahren ein Verbot von Asbest ab 1990 empfahl.[38] Der Bericht fand große öffentliche Resonanz und führte dazu, daß sowohl die öffentliche als auch die private Nachfrage nach Asbestzementprodukten stark zurückging.[39] Nachdem 1981 eine weitere, vom Bundesgesundheitsamt erstellte Studie die krebserregende Wirkung von Asbest bestätigt hatte, verfolgte auch die Bundesregierung das Ziel, Asbest als Werkstoff zumindest stufenweise zu substituieren. Die Bundesregierung erwog dazu den Erlaß einer auf § 35 BImSchG gestützten Rechtsverordnung.

Diese Bestrebungen waren Gegenstand von Verhandlungen zwischen Bundesinnenministerium (BMI), der IG Chemie und dem Wirschaftsverband Asbestzement e.V. (WVAZ) im Jahr 1982; als Vermittler fungierte der Staatssekretär a. D. des BMI *Hartkopf*. Mit dem WVAZ war nur ein Teil der asbestverwendenden Industrie an den Verhandlungen beteiligt. Insbesondere die im Wirtschaftsverband Asbest e.V.

---

[36] „Gesetz zum Einstieg in die ökologische Steuerreform" vom 23.03.1999 (BGBl. I, S. 1257), mit dem unter Ankündigung weiterer Reformstufen eine Stromsteuer eingeführt und die Minaralölsteuer erhöht wurde (vgl. hierzu *Drozda/Storm,* NJW 1999, 2333). Am 01.01.2000 ist auch das „Gesetz zur Fortführung der ökologischen Steuerreform" in Kraft getreten, das vor allem eine schrittweise Anhebung der Steuersätze der Mineralöl- und Stromsteuer zum Gegenstand hat (vgl. hierzu *Hey,* NJW 2000, 640).

[37] *Lautenbach/Steger/Weihrauch*, Evaluierung freiwilliger Branchenvereinbarungen im Umweltschutz, 1992, S. 48.

[38] Der sog. „Blaue Bericht": *Umweltbundesamt*, Luftqualitätskriterien, Umweltbelastung durch Asbest und andere faserige Feinstäube, Bericht 7/1980.

[39] *Lautenbach/Steger/Weihrauch*, S. 51.

(WVA) zusammengeschlossenen Unternehmen lehnten einen Ausstieg aus der Asbestverwendung grundsätzlich ab und wurden deshalb nicht in die Gespräche einbezogen.[40]

Die Verhandlungen führten dazu, daß sich der WVAZ am 22.1.1982 in einem an den Bundesinnenminister gerichteten Brief verpflichtete, den Asbestgehalt in der Produktpalette der fünf im Verband zusammengeschlossenen Unternehmen um 30–50 % in den nächsten 3–5 Jahren zu reduzieren.[41] Im Gegenzug sagte der Bundesinnenminister zu, bei Einhaltung der Zusagen auf einseitig-hoheitliche Regelungen der Materie zunächst zu verzichten. Schon bald wurden jedoch die zugesagten Reduktionsziele seitens der Bundesregierung nicht mehr als ausreichend angesehen. Es kam zu weiteren Verhandlungen, als deren Ergebnis der WVAZ am 13.03.1984 in einem erneut an den Bundesinnenminister gerichteten Brief zusagte, bis zum Jahr 1990 bei der Produktion sämtlicher Hochbauprodukte auf den Einsatz von Asbest gänzlich zu verzichten.[42] Der Bundesinnenminister kündigte daraufhin an, auf eine entsprechende Verbotsinitiative bis zum Ende des angekündigten Substitutionsprozesses zu verzichten. Schließlich war auch der Verzicht auf Asbest in Tiefbauprodukten bis zum Ende des Jahres 1993 Gegenstand einer Selbstverpflichtung der Faserzementindustrie. Auch diese Erklärung wurde gegenüber dem nunmehr zuständigen Fachminister, dem Umweltminister, abgegeben.[43] Die der Erklärung vorangehenden Verhandlungen wurden aber in diesem Fall nicht vom Bundesumweltministerium, sondern von der sog. Konferenz der Umweltminister von Bund und Ländern geführt. Die Beteiligung der Länder an der Absprache führte im folgenden zu Streitigkeiten der beteiligten staatlichen Stellen untereinander: So sah eine Verordnungsvorlage der Bundesregierung – der normvermeidenden Absprache entsprechend – ein Verbot der Verwendung von Asbest in Tiefbauprodukten erst ab 1994 vor. Einige Bundesländer verlangten im Bundesrat jedoch einen Ausstieg bereits zum Jahr 1990; auch die Umweltministerkonferenz schloß sich später dieser Forderung an. Gleichwohl wurde die Vorlage der Bundesregierung nicht entsprechend geändert, sondern ein Verbot von Asbest erst zum 30. November 1993 beschlossen.[44]

---

[40] *Lautenbach/Steger/Weihrauch*, S. 49.

[41] Daneben enthielt der Brief weitere Zusagen, die den Umfang der Asbestfeinstaubemissionen vermindern sollten: So sollten zukünftig sämtliche Asbestzementprodukte vorkonfektioniert sein, um ihre Bearbeitung auf der Baustelle entbehrlich zu machen. Die fachgerechte, staubarme Verarbeitung sollte dadurch gesichert werden, daß die Produkte nur über den Fachhandel vertrieben und seitens des Verbandes dafür Sorge getragen werden sollte, daß ausschließlich moderne, staubarm arbeitende Bearbeitungsgeräte verwendet werden.

[42] Brief des WVAZ an den damaligen Bundesinnenminister *Zimmermann* vom 13.03.1984.

[43] Brief des zwischenzeitlich in „Verband der Faserzementindustrie" umbenannten WVAZ vom 27.04.1984, dazu *Lautenbach/Steger/Weihrauch,* Evaluierung freiwilliger Branchenvereinbarungen im Umweltschutz, 1992, S. 44.

[44] § 1 Nr. 1 i.V.m. Spalte 1 Nr. 2 des Anhangs der Verordnung über Verbote und Beschränkungen des Inverkehrbringens gefährlicher Stoffe, Zubereitungen und Erzeugnisse nach dem Chemikaliengesetz vom 14.10.1993, BGBl. I S. 1720, zuletzt geändert am 19.7.1997 (BGBl. I S. 1151).

Die zugesagten Reduktionsraten wurden von der Asbestzementindustrie eingehalten.[45] Dem Bundesumweltministerium gingen jährliche Berichte eines Notars über die Reduktionsbeträge der einzelnen Firmen zu; darüber hinaus trat der Staatssekretär a. D. *Hartkopf* dem Aufsichtsrat der Eternit AG bei und wurde mit einem Zugangsrecht zu den Produktionsstätten der Eternit AG ausgestattet. Gravierende Auswirkungen hatte die Substitution des Asbests in den Produkten der Baustoffindustrie für den einzigen Importeur und Aufarbeiter von Asbestrohstoff in der Bundesrepublik: Das Ausweichen sämtlicher Abnehmer auf Ersatzstoffe führte für den Lieferanten der Asbestzementindustrie zu einem schlagartigen Rückgang der Nachfrage nach den bisher hergestellten Produkten.[46]

III. Absprachen zur Altautorücknahme

Einen vielfach als Beispiel für die Verwässerung staatlicher Ordnungsvorstellungen durch Verhandlungslösungen ins Feld geführten Fall stellen die Absprachen der Bundesregierung mit der Automobilindustrie zur Rücknahme von Altautos dar.[47] Bei der Entsorgung von Pkw besteht neben der Wiederverwendung einzelner Autoteile[48] die Möglichkeit, die in den Altautos enthaltenen Materialien einer stofflichen oder energetischen Verwertung zuzuführen. Dies war im Hinblick auf Metallanteile[49] der Fahrzeuge im Jahr 1995 bereits weitgehend der Fall; die damals erreichten Verwertungsquoten lagen für Stahl bei nahezu 100%, für Nichteisenmetalle bei ca. 80%. Dagegen bestand für die wachsenden Kunststoffanteile[50] in den Autowracks bisher kein Verwertungssystem. Die Autoentsorgung wurde vielmehr geprägt durch das sog. Shredderverfahren: Nach Entnahme der wiederverwendbaren

---

45 Vgl. zu den in den einzelnen Jahren erreichten Reduktionsraten *Lautenbach/Steger/Weihrauch*, Evaluierung freiwilliger Branchenvereinbarungen im Umweltschutz, 1992, S. 55.

46 Zu diesen Auswirkungen auch *Bohne*, Informales Verwaltungs- und Regierungshandeln als Instrument des Umweltschutzes, VerwArch 75 (1984), S. 343 (367); *Oebbecke*, Die staatliche Mitwirkung an gesetzesabwendenden Vereinbarungen, DVBl. 1986, 793 (797).

47 Vgl. zu diesen Absprachen insgesamt *Zimmermeyer*, in: Rengeling (Hrsg.), Kreislaufwirtschafts- und Abfallrecht, 1994, S. 97 ff. sowie den Bericht der *Bundesregierung*, Umwelt 1994 – eine Politik für eine nachhaltige, umweltgerechte Entwicklung, BT-Drucks. 12/8451, S. 129; *Rennings/Brockmann/Koschel/Bergmann/Kühn,* Nachhaltigkeit, Ordnungspolitik und freiwillige Selbstverpflichtung, 1996, S. 229 ff.

48 Wiederverwendet werden können Motoren, Getriebe, Lichtmaschinen und Batterien etc., die durch Altautoverwertungsbetriebe entnommen werden.

49 Sie machen rein quantitativ den größten Anteil aus: Der Anteil von Stahl und Eisen an einem im Jahr 1995 produzierten Pkw beträgt ca. 63%; hinzu kommen Nichteisenmetalle wie Aluminium, Kupfer, Blei und Zink mit ca. 9,5%, vgl. *Benzler/Löbbe*, Rücknahme von Altautos – Eine kritische Würdigung der Konzepte, in RWI-Mitteilungen 45 (1995), 141 (145).

50 Nach Schätzungen der Arbeitsgemeinschaft der deutschen Autorecyclingbetriebe wird der Kunststoffanteil in Autowracks bis zum Jahr 2005 auf 38%, bis zum Jahr 2015 auf 42% steigen.

Ersatzteile wurden die Wracks mit Hilfe eines Hammerwerks in faustgroße Teile zertrümmert. Die Metallanteile wurden aussortiert und einer Verwertung zugeführt. Übrig blieb die sog. Shredderleichtfraktion, ein undefiniertes Kunststoffgemisch.[51] Bis 1996 fielen jährlich ca. 500.000 t solcher Shredderrückstände an, die zu 95 % auf Hausmülldeponien verbracht wurden. Infolge des zu erwartenden höheren Aufkommens an Altautos und des wachsenden Kunststoffanteils pro Pkw war mittelfristig mit einem Anstieg des Gesamtvolumens auf ca. 1 Mio t/Jahr zu rechnen.[52]

Die Bundesregierung beabsichtigte zunächst, dieser Problematik mit einer auf den damals geltenden § 14 AbfG gestützten Rechtsverordnung zu begegnen. Der damalige Bundesumweltminister *Töpfer* kündigte 1990 den Erlaß einer Rechtsverordnung an, die die Pflicht der Hersteller und Vertreiber von Kraftfahrzeugen zur kostenlosen Rücknahme und Entsorgung der Fahrzeuge regeln sollte.[53] Diese Ankündigung stieß wegen der mit der Entsorgung insbesondere der Shredderleichtfraktion verbundenen Kosten auf den Widerstand der Automobilhersteller. Der Verband der Automobilindustrie e.V. (VDA) legte deshalb in den Jahren 1990 und 1991 Gegenentwürfe vor, die die Schaffung selbständiger, lizensierter Verwertungsbetriebe vorsahen. Diese Verwertungsbetriebe sollten – wie bisher – mit dem Letztbesitzer einen Entsorgungspreis aushandeln, der sich am Zustand des Pkw sowie den Entsorgungskosten bzw. Erlösen orientieren sollte. Mit dem dann ausgehändigten Entsorgungsnachweis sollte die Abmeldung bei der Zulassungsstelle erfolgen.[54]

Im August 1992 veröffentlichte das Bundesumweltministerium einen ersten Verordnungsentwurf. Er sah – wie 1990 angekündigt – eine Pflicht der Hersteller zur Rücknahme der Autowracks vor; für die nach Erlaß der Verordnung zugelassenen Kraftfahrzeuge sollte die Rücknahme kostenlos erfolgen. Von allen Herstellern gemeinsam sollten bestimmte Mindestrecyclingquoten zu erfüllen sein, die allerdings nur den Charakter unverbindlicher Richtwerte haben sollten. Die Automobilhersteller konterten im Februar 1993 mit einem „Gemeinsamen Konzept zum Kfz-Recycling", das erneut die Rücknahme zu marktgerechten Preisen beinhaltete und eine 20%ige Verwertung der Shredderleichtfraktionen bis zum Jahr 2000 in Aussicht stellte. Das Bundesumweltministerium legte 1994 den überarbeiteten Entwurf einer Altautoverordnung vor, die zum 1.1.1995 in Kraft treten sollte. Danach sollte es bei der Pflicht der Automobilhersteller zur kostenlosen Rücknahme von Neufahrzeugen bleiben. Darüber hinaus sah die Verordnung nunmehr materialspezifische Wiederverwendungs- und Verwertungsziele vor.

---

51 Vgl. *Weiland,* Rücknahme- und Entsorgungspflichten in der Abfallwirtschaft – Eine institutionenökonomische Analyse der Automobilbranche, 1995, S. 58 ff.

52 *Bundesregierung,* Vermeidung und Verwertung von Abfällen im Automobilbereich, Antwort der Bundesregierung auf eine parlamentarische Anfrage der Abgeordneten *Angelika Graf* (SPD), in: Umwelt Nr. 2/1996, S. 76.

53 *Weiland,* Rücknahme- und Entsorgungspflichten in der Abfallwirtschaft – Eine institutionenökonomische Analyse der Automobilbranche S. 61 f.

54 *Weiland*, S. 63.

Es schlossen sich zahlreiche Gespräche zwischen Bundesumweltministerium und den Verbänden der Automobilindustrie über die Frage an, inwieweit die von der Bundesregierung angestrebten Fortschritte beim Recycling von Altautos durch freiwillige Selbstverpflichtungen der Industrie erreicht werden könnten. Der Verordnungsentwurf von 1994 wurde daraufhin zunächst nicht weiter verfolgt. Statt dessen veröffentlichten im Juni 1995 der VDA und 14 weitere Wirtschaftsverbände eine sog. „Freiwillige Zusage zum Einstieg in die Kreislaufwirtschaft beim Pkw".[55] Sie sah – wie bereits die Modelle der Automobilindustrie aus den Jahren 1991 und 1992 – die Rücknahme der Altfahrzeuge durch zertifizierte Verwertungs- und Entsorgungsbetriebe vor, wobei die Rücknahme grundsätzlich zu marktgerechten Preisen erfolgen sollte. Lediglich die Fahrzeuge, die binnen fünf Jahren nach Abgabe der Erklärung auf den Markt kämen, sollten kostenlos zurückgenommen werden. Im Unterschied zu den materialspezifischen Verwertungsquoten des Verordnungsentwurfs, die der besonderen Problematik der Shredderleichtfraktionen Rechnung tragen sollten, enthielt die Zusage der Automobilindustrie von 1995 sog. aggregierte Verwertungsquoten: So sollten bis zum Jahr 2002 85 % des Gewichts, bis zum Jahr 2015 95 % des Gewichts der Altautos verwertet werden. Die Bundesregierung hielt diese Zusagen zunächst nicht für ausreichend; es kam zu weiteren Gesprächen zwischen Vertretern des VDA und des Bundesumweltministeriums. Im Dezember 1995 legte die Fraktion Bündnis 90/Grüne den Verordnungsentwurf der Bundesregierung von 1994 nahezu textidentisch im Bundestag als Antrag auf Erlaß einer Altautoverordnung vor.[56] Die Bundesregierung setzte dagegen weiter auf eine freiwillige Selbstverpflichtung der Wirtschaft, da „nur auf diese Weise die Entwicklung fortschrittlicher Verfahren beim Autorecycling stimuliert" werden könne.[57]

Als Ergebnis weiterer Verhandlungen mit der Bundesregierung veröffentlichten schließlich am 21. Februar 1996 der Verband der Automobilindustrie (VDA), der Verband der Importeure von Kraftfahrzeugen (VDIK) sowie 14 weitere Verbände der an der Autoentsorgung beteiligten Wirtschaftskreise[58] eine sog. „Freiwillige Selbstverpflichtung zur umweltgerechten Altautoverwertung im Rahmen des Kreislaufwirtschaftsgesetzes", die im Rahmen dieser Arbeit näher untersucht werden soll. Darin sagten die Automobilhersteller eine recyclinggerechte Konstruktion zukünftiger Modellgenerationen zu. Das Volumen der Shredderabfälle sollte durch den Aufbau eines flächendeckenden Netzes zertifizierter Rücknahme- und Entsorgungsbetriebe binnen zwei Jahren ab Abgabe der Erklärung reduziert werden. Da-

[55] Vgl. dazu *Benzler/Löbbe*, Rücknahme von Altautos – Eine kritische Würdigung der Konzepte, in: RWI-Mitteilungen, Jg. 45, S. 141 ff. (149 ff.).

[56] BT-Drucks 13/3334.

[57] *Bundesregierung*, Vermeidung und Verwertung von Abfällen im Automobilbereich. Antwort der Bundesregierung auf eine parlamentarische Anfrage der Abgeordneten *Angelika Graf* (SPD), in: Umwelt Nr. 2/1996.

[58] Die Erklärung ist u. a. unterzeichnet vom Zentralverband Deutsches Kraftfahrzeuggewerbe e.V. (ZDK), dem Bundesverband der Deutschen Stahl-Recyclingwirtschaft e.V. (BDS) sowie dem Deutschen Schrottrecycling Entsorgungsverband e.V. (DSV).

bei sollen die Altautos aus dem „bestehenden Pkw-Fuhrpark“ nur zu marktüblichen Konditionen, d. h. üblicherweise gegen ein vom Letztbesitzer zu zahlendes Entgelt, zurückgenommen werden. Die Rücknahme von Fahrzeugen aus dem „zukünftigen Pkw-Fuhrpark“ soll kostenlos erfolgen, wenn eine Reihe von Bedingungen erfüllt sind. So darf etwa die Erstzulassung bei Rückgabe nicht länger als 12 Jahre zurückliegen. In Übereinstimmung mit früheren Vorschlägen der Automobilindustrie enthält die Selbstverpflichtung nur aggregierte Zielvorgaben für die Reduzierung der zu beseitigenden Abfallanteile. Dieser Anteil soll von 25 % des Gesamtgewichts des Altautos auf 15 % im Jahr 2002 und 5 % im Jahr 2015 abgesenkt werden.[59] Vor dem Hintergrund dieser Selbstverpflichtung der Industrie wurde der von Bündnis 90/Grüne vorgelegte Entwurf einer Altautoverordnung zwar am 18.4.1996 noch im Bundestag in erster Lesung diskutiert,[60] im folgenden aber nicht mehr weiter verfolgt. Die Bundesregierung beschränkte sich statt dessen darauf, die Vorgaben der Selbstverpflichtung in eine flankierende Rechtsverordnung umzusetzen: Die Verordnung über die Entsorgung von Altautos und die Anpassung straßenverkehrsrechtlicher Vorschriften vom 4.7.1997[61] regelt u. a. die Verpflichtung des letzten Halters eines Fahrzeugs, bei Abmeldung des Fahrzeugs den Verwertungsnachweis eines anerkannten[62] Verwertungsbetriebes vorzulegen.[63] Pflichten der Automobilindustrie, die über die Selbstverpflichtung vom Februar 1996 hinausgehen, regelt die Altautoverordnung dagegen nicht.

Seither gibt es Bestrebungen, die Rücknahme von Altautos auf europäischer Ebene zu regeln. Die Umweltminister der EG-Staaten hatten bereits Ende 1998 den Entwurf einer EG-Richtlinie ausgehandelt, der die Verpflichtung der Automobilindustrie zur kostenlosen Rücknahme sämtlicher Altfahrzeuge ab dem Jahr 2003 vorsah. Die förmliche Verabschiedung dieser Richtlinie sollte im Rahmen einer Sitzung des Ministerrats im Juni 1999 erfolgen. Unmittelbar vor dieser Sitzung regte sich jedoch wiederum Widerstand der Automobilindustrie: Der Vorstandsvorsitzende des VW-Konzerns *Piëch*, der zu diesem Zeitpunkt zugleich Vorsitzender des Verbandes der europäischen Automobilhersteller ACEA war, verwies auf die mit der Entsorgung für die Automobilindustrie verbundenen Kosten und forderte die Bundesregierung auf, die geplante EG-Richtlinie zu verhindern. Die Bundesregierung gab diesem Druck nach und verhinderte – gemeinsam mit den Umweltministern Spaniens und

---

[59] Diese Quote bezieht sich indes nur auf den sog. zukünftigen Pkw-Fuhrpark.

[60] Deutscher Bundestag, Stenographische Berichte, 13. Wahlperiode, 98. Sitzung, S. 8735 ff.

[61] BGBl. 1997 I, S. 1666 ff.

[62] Die Anerkennung erhält ein Verwertungsbetrieb, wenn er eine entsprechende Prüfbescheinigung eines hierfür qualifizierten Sachverständigen besitzt. Neben den Verwertungsbetrieben sind auch sog. Annahmestellen berechtigt, den Verwertungsnachweis auszustellen. Bei diesen Annahmestellen handelt es sich in erster Linie um die Vertragshändler der Automobilhersteller.

[63] Zu den Einzelheiten der Verordnung vgl. im übrigen *Axel Kopp*, Altautoentsorgung – Die Altautoverordnung und die Freiwillige Selbstverpflichtung der Wirtschaft, NJW 1997, 3292 f.

Großbritanniens – eine Beschlußfassung über den vorliegenden Entwurf einer Altautorichtlinie.[64] Es kam daraufhin zu weiteren Verhandlungen im Rat der ständigen EG-Vertreter der Mitgliedsstaaten, die im Juli 1999 zur Verabschiedung einer geänderten Fassung der EG-Altautorichtlinie – allerdings wiederum gegen die Stimme des deutschen Vertreters – führten. Die geänderte Fassung der EG-Altautorichtlinie sieht eine Rücknahmeverpflichtung für sämtliche Fahrzeuge erst ab 2006 vor; bereits ab 2001 sollen die Autohersteller zur Rücknahme der neu zugelassenen Fahrzeuge verpflichtet sein. Im Hinblick auf die Kosten der Rücknahme heißt es in der Richtlinie nunmehr, daß die Automobilindustrie „alle Kosten oder einen wesentlichen Teil der Kosten" der Rücknahme auferlegt werden sollen;[65] die Richtlinie eröffnet den Mitgliedsstaaten also nunmehr die Möglichkeit, der Automobilindustrie nur einen Teil der Rücknahmekosten aufzuerlegen. Die deutsche Automobilindustrie hielt diesen Kompromiß weiterhin für unzumutbar und bemängelte insbesondere, daß durch die EG-Richtlinie „die bislang in Deutschland geltende Selbstverpflichtung massiv gefährdet" werde.[66] Gleichzeitig begrüßte die Automobilindustrie, daß der deutsche Umweltminister Trittin in Aussicht gestellt habe, bei der Umsetzung der Richtlinie in nationales Recht „Gestaltungsspielräume auszuschöpfen".[67]

IV. Absprachen zur Erhaltung des Mehrwegbehältersystems und zur Verbesserung der Wiederverwertung von Getränkeverpackungsabfällen[68]

Ebenfalls aus dem Bereich der Abfallwirtschaft stammt das Beispiel der Absprachen zur Erhaltung eines Mehrwegbehältersystems und zur Verbesserung der Wiederverwertung von Getränkeverpackungen. In den 70er Jahren begann die Getränkeindustrie in immer stärkerem Maße, die bis dahin vor allem für Bier, Mineralwasser und kohlensäurehaltige Erfrischungsgetränke verwendeten Getränkeverpackungen zur mehrmaligen Befüllung (Mehrwegbehälter)[69] durch Einwegbehälter (Me-

---

[64] Frankfurter Allgemeine Zeitung vom 25.6.1999. Auch der Widerstand Spaniens und Großbritanniens war nach den Presseberichten auf die Intervention des VW-Konzernchefs *Piëch* zurückzuführen.

[65] Süddeutsche Zeitung vom 24./25.7.1999.

[66] Stellungnahme des Verbandes der Automobilindustrie (VDA), Frankfurter Allgemeine Zeitung vom 24. Juli 1999.

[67] Erklärung des Sprechers des VDA *Gottschalk* gegenüber der Nachrichtenagentur AFP vom 23. Juli 1999.

[68] Vgl. hierzu insgesamt *Bohne*, Informelles Verwaltungs- und Regierungshandeln als Instrument des Umweltschutzes, VerwArch 75 (1984), 343 (366); *Brohm*, Rechtsgrundsätze für normersetzende Absprachen, DÖV 1992, 1025 (1026).

[69] Noch in den 70er Jahren wurden in der Bundesrepublik über 90 % des Mineralwassers und Biers sowie über 80 % der kohlensäurehaltigen Erfrischungsgetränke in Mehrwegbehältern abgefüllt, *Hartkopf/Bohne*, Umweltpolitik I, S. 452.

talldosen, Einwegglasflaschen, Kartonverpackungen) zu ersetzen. Aus Sicht der Getränkeindustrie hatte die Verwendung von Einwegbehältern den Vorteil, daß sie organisatorisch einfacher zu handhaben sind als Mehrwegbehältnisse, da sie Vorkehrungen für den Rückfluß und die Reinigung des Leergutes entbehrlich machen. Für die Verpackungs-, Glas-, Stahl- und Schrottindustrie bildeten die Einwegverpackungen zudem ein einträgliches Geschäft. Einwegverpackungen haben aber gravierende ökologische Nachteile: Sie verursachen im Vergleich zu Mehrwegverpackungen ein erhöhtes Abfallaufkommen, einen größeren Energieverbrauch sowie eine erhöhte Luft- und Gewässerbelastung bei der Herstellung der Verpackungen.

Diese Nachteile veranlaßten die Bundesregierung Mitte der 70er Jahre, Verhandlungen mit den Verbänden der Getränke-, Verpackungs-, Glas- und Stahlindustrie sowie den Verbänden des Getränkehandels und der Schrottwirtschaft aufzunehmen, um diese zur Erhaltung des Mehrwegbehältersystems und zur Eindämmung der Flut von Getränkeverpackungsmüll zu bewegen. Die Bundesregierung drohte den beteiligten Industrievertretern an, von ihrer Verordnungsermächtigung im damals geltenden § 14 AbfallG Gebrauch zu machen. Danach war die Bundesregierung bereits zum damaligen Zeitpunkt befugt, das Inverkehrbringen von Einwegbehältnissen per Rechtsverordnung zu beschränken oder zu verbieten. Nach eineinhalbjährigen Verhandlungen gelang es der Bundesregierung, den Industrieverbänden insgesamt fünf Zusagen abzuringen:[70]

- Getränkeindustrie, Verpackungsindustrie und Getränkehandel sagten zu, das bestehende Mehrwegbehältersystem beizubehalten und mit Einwegbehältnissen grundsätzlich nur den „Unterwegs- und Gelegenheitsbedarf" der Verbraucher zu decken.
- Das Pfandsystem für Mehrwegbehälter sollte im gesamten Bundesgebiet vereinheitlicht werden.
- Die Hersteller von Erfrischungsgetränken und die Verpackungsindustrie verzichteten auf das Inverkehrbringen von großvolumigen Kunststofflaschen.
- Die Hohlglasindustrie versprach, die Altglasverwertung um rund 50% zu steigern.
- Die Stahlindustrie sagte zu, den kommunalen und privaten Trägern der Abfallentsorgung aussortierten Weißblechmüll bis zu einer Jahresmenge von ca. 250.000 t abzunehmen.

Die Bundesregierung versprach im Gegenzug, von ihrer Verordnungsermächtigung in § 14 AbfG keinen Gebrauch zu machen, solange die Zusagen eingehalten würden und stellte ergänzend eine großzügige Förderung von abfallwirtschaftlichen Forschungs- und Entwicklungsvorhaben in Aussicht.

---

[70] Vgl. *Hartkopf/Bohne,* Umweltpolitik I, S. 453.

Die Zusagen erfolgten mündlich im Rahmen einer Anhörung über Getränkeverpackungen beim Bundesminister des Inneren und wurden in einem Sitzungsprotokoll festgehalten. Die Stahlindustrie bestätigte ihre Zusagen im nachhinein schriftlich. Der Bundesinnenminister gab den Inhalt der Vereinbarung mehrfach öffentlich bekannt und erinnerte dabei die Beteiligten – unter Verweis auf die Möglichkeit einer Rechtsverordnung gemäß § 14 AbfG – an die Einhaltung ihrer Zusagen.

Die Absprachen über die Verwertung von Altglas und Weißblech sowie zur Vereinheitlichung des Pfandsystems wurden eingehalten. Die Glasindustrie steigerte die Altglasverwertung sogar um 60 % anstelle der zugesagten 50 %. Stahlindustrie und Schrottwirtschaft steigerten die wiederverwertete Weißblechmenge um 30 %; großvolumige Kunststofflaschen wurden während der Laufzeit der Absprache nicht auf den Markt gebracht.

Gescheitert ist dagegen die Absprache zur Erhaltung des Mehrwegbehältersystem. Der Trend zu Einwegbehältern setzte sich fort: Der Mehrweganteil am Gesamtbehälteraufkommen sank von ca. 79 % im Jahre 1979 auf ca. 75 % im Jahre 1980. 1988 wurde von der Bundesregierung durch Rechtsverordnung ein Zwangspfand auf Plastikflaschen eingeführt.[71] Seit 1990 regelt die Verpackungsverordnung[72] eine grundsätzliche Rücknahme- und Verwertungspflicht u. a. für Getränkeverpackungen.

V. Absprache zum Altpapierrecycling

Ebenfalls der Vermeidung von Abfällen und der Wiederverwertung von Rohstoffen dient eine Absprache der Bundesregierung mit der Papier- und Druckindustrie zum Recycling von Altpapier.[73] Der Bundesminister für Umwelt, Naturschutz und Reaktorsicherheit hatte im Jahr 1993 den Entwurf einer – wiederum auf den damals geltenden § 14 AbfG gestützten – Altpapierverordnung vorgelegt, die bestimmte Rücknahme und Verwertungspflichten vorsah. Daraufhin organisierten sich die Verbände der Papier herstellenden Industrie, der Papierimporteure, des Papiergroßhandels, der Druckindustrie sowie der Verleger in einer „Arbeitsgemeinschaft Altpapier-Recycling", die in einer „Erklärung an das Bundesumweltministerium" eine „Selbstverpflichtung" zur Rücknahme und Verwertung von Altpapier abgab. In der Erklärung sagten die beteiligten Industriekreise eine Steigerung der Wiederverwertungsquote bis zum Jahr 2000 um 60 % zu. Weiterhin verpflichtete sich die Arbeitsgemeinschaft zu Forschungsanstrengungen, zu Modellversuchen in Abstimmung

---

[71] Verordnung über die Rücknahme und Pfanderhebung von Getränkeverpackungen aus Kunststoffen vom 20.12.1988, BGBl. I, S. 2455.

[72] Verordnung über die Vermeidung von Verpackungsabfällen vom 12.6.1991, BGBl. I S. 1234, geändert durch VO vom 26.10.1993, BGB l. I., S. 1782.

[73] Vgl. zu dieser Absprache auch *Grewlich*, Umweltschutz durch „Umweltvereinbarungen", DÖV 1998, 54 (56).

mit den kommunalen Spitzenverbänden sowie zur regelmäßigen Berichterstattung gegenüber dem Bundesumweltministerium.

Der Bundesumweltminister reagierte mit einer Pressemitteilung, der die Selbstverpflichtung als Anlage beigefügt war. Darin hieß es, daß „die nächsten zwei bis drei Jahre zeigen" müßten, „daß die gesteckten Ziele erreicht werden und somit auf staatliche Lösungen, insbesondere auf eine Verordnung, verzichtet werden kann".[74]

Die der Bundesregierung vorgelegten Verwertungsnachweise belegten im folgenden, daß die zugesagten Verwertungsquoten erreicht wurden. Sie betrug bereits 1994 64 %. 1995 belief sich die Verwertungsquote sogar auf 73 %. Dies war nach Angaben der Bundesregierung vor allem auf starke Steigerungen der Verwertungskapazitäten in den neuen Ländern und eine verbesserte Erfassungseffizienz zurückzuführen.[75]

VI. Absprachen mit der Wasch- und Reinigungsmittelindustrie

Mit den Verbänden der Wasch- und Reinigungsmittelindustrie sind mehrere Absprachen getroffen worden, die auf eine Verbesserung der Umweltverträglichkeit der Produkte dieser Branche abzielen.[76]

1. Absprachen zum Verzicht auf Alkylphenolethoxylate (APEO) in Wasch- und Reinigungsmitteln in Deutschland

Alkylphenolethoxylate (APEO) sind eine Gruppe sog. nichtionischer Tenside, die bei der Herstellung von Wasch- und Reinigungsmitteln eingesetzt werden. 1985 wurde bekannt, daß diese Stoffe zwar schnell biologisch abgebaut werden, dabei jedoch Zwischenprodukte entstehen können, die eine toxische Wirkung auf Fische haben, wenn sie mit den wasch- und reinigungsmittelhaltigen Abwässern in Berührung kommen. Diese Erkenntnisse waren Gegenstand der Beratungen des sog. Hauptausschusses „Detergentien" beim Bundesumweltministerium, dem neben Vertretern der Bundesministerien für Umwelt und Wirtschaft Vertreter der chemischen Industrie angehören. In diesem Gremium findet ein regelmäßiger informeller

---

[74] Pressemitteilung des Bundesministeriums für Umwelt, Naturschutz und Reaktorsicherheit 206/94 S vom 14.10.1994.

[75] Vgl. die Stellungnahme der Bundesregierung zu einer Großen Anfrage der Abgeordneten Monika Ganseforth, Michael Müller (Düsseldorf), Elke Ferner und der SPD-Fraktion (BT-Drucks 13/3988), BT-Drucks 13/6704, S. 7.

[76] Dargestellt werden im folgenden zwei Beispielsfälle, die wegen ihrer jeweiligen Besonderheiten ausgewählt wurden. Zu den weiteren Absprachen zwischen Vertretern des Bundesumweltministeriums und der Wasch- und Reinigungsmittelindustrie vgl. *Bundesministerium für Umwelt, Naturschutz und Reaktorsicherheit*, Auswertung der Stellungnahmen der jeweils federführenden Referate zu Selbstverpflichtungen in Deutschland, 1995, S. 54 ff.

Informationsaustausch zwischen den Ministerien und den Wirtschaftsverbänden statt; insbesondere werden Gesetzes- und Verordnungsvorhaben erörtert. Dementsprechend wurden auch mögliche gesetzgeberische Konsequenzen aus den neuen Erkenntnissen über die APEO diskutiert und von den Vertretern der Bundesregierung eine „freiwillige Lösung" durch eine Selbstbeschränkung der Industrie angeregt.[77] Im Januar 1986 gaben daraufhin mehrere Industrieverbände gegenüber dem Bundesinnenministerium Erklärungen zur Reduktion der APEO ab. Der Industrieverband Körperpflege und Waschmittel (IKW) sowie der Industrieverband Putz- und Pflegemittel (IPP) verpflichteten sich, ihren Mitgliedsunternehmen den Verzicht auf APEO bis zum Ende des Jahres 1986 „nachdrücklich zu empfehlen".[78] Der Verband der Textilhilfs-, Lederhilfs-, Gerbstoff- und Waschrohstoffindustrie (TEGEWA) und die Fachvereinigung Industriereiniger (FIR) sagten für den industriellen Bereich eine stufenweise Substitution der APEO zu. Danach sollten von den Anfang des Jahres 1986 zur Herstellung von Industriereinigern eingesetzten 5.300t innerhalb von 3 Jahren zunächst 2.000t und innerhalb weiterer 3 Jahre weitere 1.000t ersetzt werden.[79] Schließlich erklärten sich sämtliche Verbände bereit, das Bundesinnenministerium jährlich über den Verlauf des Substitutionsprozesses zu informieren. Dies sollte in Form von Umfragen geschehen, die die Verbände jeweils bei ihren Mitgliedsunternehmen durchführen, die ihrerseits die anonymisierten Daten an eine Treuhandstelle weiterleiten sollten. Die zugesagten Reduktionsraten hat die Industrie eingehalten. Sowohl die im IPP als auch die im IKW zusammengeschlossenen Unternehmen haben bis zum 1.1.1986 vollständig auf den Einsatz von APEO verzichtet.[80] Im Bereich der Industriereiniger wurde die Menge der verwendeten APEO bereits zum Ende des Jahres 1989 auf 1.000t reduziert.

2. Absprachen zur Information über Inhaltsstoffe von Wasch- und Reinigungsmitteln in Deutschland

Eine weitere Absprache des Bundesumweltministeriums mit der Wasch- und Reinigungsmittelbranche betrifft die „freiwillige" Mitteilung der Daten zur Umweltverträglichkeit ihrer Produkte durch die Industrie. Eine wirkungsvolle Kontrolle der Umweltverträglichkeit von Wasch- und Reinigungsmitteln durch staatliche Stellen setzt eine hinreichend genaue Kenntnis der Inhaltsstoffe der in diesem Bereich angebotenen Produkte voraus, um rechtzeitig umweltgefährdende Stoffe identifizieren und bewerten zu können. Entsprechende Daten lagen indes noch Mitte der 80er Jah-

---

[77] *Lautenbach/Steger/Weihrauch*, Evaluierung freiwilliger Branchenvereinbarungen im Umweltschutz, 1992, S. 102.

[78] Schreiben der genannten Verbände an den damaligen Bundesinnenminister *Zimmermann* vom 14. Januar 1986, abgedruckt in BT-Drucks 11/4315, S. 78.

[79] Schreiben der genannten Verbände an den damaligen Bundesinnenminister *Zimmermann* vom 22. Januar 1986, abgedruckt in BT-Drucks 11/4315, S. 80.

[80] Vgl. dazu im einzelnen: *Lautenbach/Steger/Weihrauch*, Evaluierung freiwilliger Branchenvereinbarungen im Umweltschutz, 1992, S. 102.

re – insbesondere infolge unklarer und uneinheitlicher Begrifflichkeiten – nicht vor. Dieses Informationsdefizit führte dazu, daß im Zuge der Novellierung des Wasch- und Reinigungsmittelgesetzes (WRMG) in den § 9 WRMG eine Verordnungsermächtigung aufgenommen wurde, die die Bundesregierung ermächtigt, umweltrelevante Daten bei den Herstellern von Wasch- und Reinigungsmitteln zu erheben. Obwohl nunmehr die Möglichkeit einer einseitig-hoheitlichen Regelung bestand, stellte die Bundesregierung der Industrie in Aussicht, auf eine entsprechende Rechtsverordnung zu verzichten, wenn die Daten im Rahmen einer freiwilligen Selbstverpflichtung zur Verfügung gestellt würden. Dies führte zunächst dazu, daß das Bundesumweltministerium im Oktober 1986 eine Vereinbarung mit den Industrieverbänden Körperpflege- und Waschmittel (IKW), Putz- und Pflegemittel (IPP), Verband der Textilhilfsmittel- Lederhilfsmittel-, Gerbmittel- und Waschrohstoffindustrie (TEGEWA) und der Fachvereinigung Industriereiniger schloß, in denen diese sich verpflichten, ihren Mitgliedsunternehmen „nachdrücklich zu empfehlen", die Rahmenrezepturen und andere Daten zur Umweltverträglichkeit über ihre Verbände dem Umweltbundesamt (UBA) mitzuteilen.[81] In weiteren zweijährigen Verhandlungen wurde mit den Industrieverbänden ein Verfahren der Informationsgewinnung und -übermittlung ausgehandelt, das Gegenstand einer Erklärung vom 5.12.1988 war.[82] Im November 1989 wurden erstmals vom Industrieverband TEGEWA dem UBA die Rezepturen von ca. 700 Handelsprodukten zur Verfügung gestellt. Das UBA zeigte sich mit den übermittelten Datensätzen zufrieden.[83]

VII. Absprachen mit den Herstellern und Betreibern von Spielautomaten mit Geldgewinnen

Ein in mehrfacher Hinsicht bemerkenswertes Beispiel normvermeidender Kooperation bilden die Absprachen der Bundesregierung mit den Herstellern und Betreibern von Geldspielautomaten. Seit Anfang der 80er Jahre war – vor allem im Bereich der Innenstädte und Ortskerne – eine erhebliche Expansion von Spielhallen zu verzeichnen. Sie wurde begünstigt durch neue Generationen von Spielautomaten, die ein variantenreicheres Spiel ermöglichten und dadurch verstärkte Spielanreize setzten. Diese Entwicklung rief zum einen die städteplanerische Befürchtung hervor, daß die Verdrängung der bisher in den Innenstädten ansässigen Einzelhandelsbetriebe den betroffenen Gebieten den Charakter von Vergnügungsvierteln geben könne, und daß das Stadt- und Straßenbild unter den zahlreichen Spielhallen leiden

---

[81] Schreiben der genannten Industrieverbände an den damaligen Bundesumweltminister *Wallmann* vom 28.10.1986; vgl. dazu *Lautenbach/Steger/Weihrauch*, Evaluierung freiwilliger Branchenvereinbarungen im Umweltschutz, 1992, S. 107.

[82] Schreiben der genannten Industrieverbände vom 5.12.1988 an den damaligen Bundesumweltminister *Töpfer*, abgedruckt im Bundesanzeiger Nr. 40 a vom 25.02.1985.

[83] *Umweltbundesamt*, Waschmitteldaten an das Umweltbundesamt übergeben, Presseinformation, Berlin, 21.11.1989.

werde. Zum anderen wurde davor gewarnt, daß die technisch anspruchsvolleren Geräte besondere Gefahren für die angesprochenen Spieler bergen würden, weil sich die Anreize für ein übertriebenes Gewinnspiel verstärken würden; dies sei vor allem unter dem Gesichtspunkt des Jugendschutzes bedenklich.[84]

Diese Situation bildete den Hintergrund für einen Beschluß des Deutschen Bundestages vom 20. April 1989, in dem dieser die Bundesregierung aufforderte, „zur Vermeidung gesetzlicher Maßnahmen" Verhandlungen mit der Automatenwirtschaft mit dem Ziel aufzunehmen,

- daß sichergestellt werde, daß die in § 13 Nr. 7 Spielverordnung genannten Gewinnspielobergrenzen nicht überschritten würden[85] und
- daß eine Selbstbeschränkungsvereinbarung zustandekomme, die gewährleiste, daß die von den Geldspielautomaten ausgehenden Spielanreize gemindert würden und in geeigneter Weise auf die Gefahren des Vielspielens und Therapiemöglichkeiten hingewiesen werde.[86]

Es kam daraufhin zu intensiven Verhandlungen zwischen dem Bundesministerium für Wirtschaft, dem Bundesministerium für Jugend, Familie, Frauen und Gesundheit sowie der Physikalisch-Technischen Bundesanstalt einerseits und den Verbänden der Automatenwirtschaft andererseits, die zum Abschluß zweier Selbstbeschränkungsvereinbarungen der Automatenwirtschaft führten, denen eine gemeinsame Präambel vorangestellt ist.[87]

1. Absprache über die Bauart von Geldspielautomaten

Die erste Selbstbeschränkungsvereinbarung betrifft die Bauartzulassung von Geldspielautomaten. Sie wurde von allen, auch den nicht verbandsgebundenen, Herstellern von Geldspielgeräten unterzeichnet. In der Vereinbarung verpflichteten sich die Hersteller zum einen gegenüber ihren Konkurrenten „als Vertragspartner", zum anderen gegenüber den auf staatlicher Seite beteiligten Bundesministerien für Wirtschaft und für Jugend, Familie und Gesundheit, sowie der Physikalisch-Tech-

---

[84] Vgl. sowohl zu den städtebaulichen Auswirkungen der Spielhallen als auch zu den Gefahren für die Spieler BT-Drucks 11/3999, S. 1–3.

[85] Die auf Grundlage von § 33 e GewO ergangene Spielverordnung (Veordnung über Spielgeräte und andere Spiele mit Gewinnmöglichkeit vom 6.2.1962 [BGBl. I, S. 153], zuletzt geändert durch Verordnung vom 8.11.1999 [BGBl. I S. 2202]) regelt Vorgaben für die technische Ausgestaltung der Geräte und die Ausstattung der Spielhallen. § 13 Nr. 7 SpielVO sieht in diesem Zusammenhang verschiedene Grenzen für die zulässige Anzahl von sog. Sonderspielen vor.

[86] BT-Drucks 11/3999, Ziffer II.4. und II.7.

[87] Die Selbstbeschränkungsvereinbarungen sind abgedruckt im Anhang zum Bericht der Bundesregierung zu den abgeschlossenen Selbstbeschränkungsvereinbarungen, BT-Drucks 11/6224.

nischen Bundesanstalt (PTB), bei der Bauartzulassung über die Vorschriften der Spielverordnung hinaus diejenigen der freiwilligen Selbstbeschränkung zu beachten. Die Beschränkungen betreffen die Anzahl der durch Kumulierung erzielbaren Sonderspiele, den Höchstbetrag für den Münzspeicher der Geräte, eine Begrenzung der sog. Risikoleiter, eine kurzzeitige automatische Zwangsabschaltung des Geräts nach Dauerbetrieb von mehr als einer Stunde sowie eine Verpflichtung zur Anbringung von Hinweisen auf die Gefahren des Vielspielens auf dem Gerät.

Außerdem verpflichteten sich die Unterzeichner zur Einrichtung einer Schiedsstelle, die über Streitigkeiten bei der Durchführung der Vereinbarung entscheiden soll. Die Schiedsstelle soll im Vorfeld von Bauartzulassungen entscheiden, ob die vorgesehene Gestaltung des Automaten mit der Selbstbeschränkungsvereinbarung im Einklang steht und den Hersteller ggf. zu einer Änderung seines Antrags veranlassen. Bringt ein Hersteller ein Gerät ohne Beteiligung der Schiedsstelle auf den Markt oder verstößt er gegen eine Vorgabe der Schiedsstelle, sind erhebliche Konventionalstrafen vorgesehen: Neben einer Pauschale von DM 100.000,00 sind für jedes abredewidrig in den Verkehr gebrachte Gerät DM 1.000,00 zu zahlen. Die Schiedsstelle ist mit einem Vorsitzenden sowie zwei Stellvertretern besetzt, wobei der Vorsitzende die Befähigung zum Richteramt haben muß, während die übrigen Mitglieder Mathematiker, Statistiker oder Ingenieure sein müssen. Der Vorsitzende wird im Einvernehmen mit den beteiligten Bundesministerien bestimmt; für alle Mitglieder muß nach der Vereinbarung sichergestellt sein, daß sie nicht in unmittelbarer Abhängigkeit oder Verbindung zu den Unternehmen oder Verbänden der Automatenwirtschaft stehen.[88]

Die Absprache dient nach dem Willen der Beteiligten ausdrücklich dazu, die Vorschriften bei der Zulassung von Geldspielgeräten zu reduzieren. Hierzu wird an die PTB appelliert, die von ihr in Durchführung der spielrechtlichen Vorschriften im Laufe von Jahrzehnten festgelegten Einzelanforderungen, die nicht durch die Selbstbeschränkungsvereinbarung der Automatenwirtschaft aufgehoben werden können, im Benehmen mit dem Verband der Automatenindustrie e.V. (VDAI) und, sofern keine Übereinstimmung erzielt werden kann, unter Einschaltung des Bundesministeriums für Wirtschaft, auf ihre Notwendigkeit zu überprüfen".[89]

Am Ende der Absprache wird Wert auf die Feststellung gelegt, daß die Vereinbarung „freiwillig" zustande gekommen sei und sich nunmehr die „Gesamtheit der Einschränkungen, die sich auf die Bauart von Unterhaltungsautomaten mit Geldspielgewinnen beziehen, ... aus der Gewerbeordnung, der Spielverordnung und der vorliegenden selbstbeschränkenden Vereinbarung"[90] ergeben. In einer sog. salvatorischen Klausel ist geregelt, daß die Unwirksamkeit einzelner Bestimmungen „dieses Vertrages" die Wirksamkeit im übrigen unberührt lassen solle.[91] Schließlich ist

[88] BT-Drucks 11/6224, S. 10.
[89] BT-Drucks 11/6224, S. 5.
[90] BT-Drucks 11/6224, S. 11.
[91] BT-Drucks 11/6224, S. 11.

für jedes der unterzeichnenden Unternehmen ein Recht zur Kündigung der Vereinbarung mit einer Frist von 12 Monaten zum Quartalsende vorgesehen.[92]

2. Absprache über die Aufstellung von Geldspielautomaten

Die zweite Selbstbeschränkungsvereinbarung betrifft die Information über die mit dem Geldspielen verbundenen Suchtgefahren am Ort der Aufstellung der Automaten, die Verhinderung des gleichzeitigen Bespielens mehrerer Automaten, die Beschränkung der Werbung für Geldspielautomaten und die Fassadengestaltung der Spielhallen. Als Vereinbarungspartner wären zur Erreichung dieser Ziele deshalb eigentlich in erster Linie die Aufsteller von Geldautomaten in Betracht gekommen. Die Selbstbeschränkungsvereinbarung ist aber von Verbänden der Automatenwirtschaft unterzeichnet. Zur Begründung verweist die Bundesregierung darauf, daß wegen der Vielzahl von etwa 4.500 Gewerbetreibenden, die sich mit der Aufstellung von Geldautomaten befassen, „aus organisatorischen Gründen" ein solch großer Kreis von „Vertragspartnern" nicht „als Unterzeichner in die Selbstbeschränkungsvereinbarung eingebunden werden" könne.[93]

Statt dessen verpflichteten sich in der „freiwilligen selbstbeschränkenden Vereinbarung" der Verband der Deutschen Automatenindustrie e.V. (VDAI), die Zentralorganisation der Automatenunternehmer e.V. (ZOA), der Deutsche Automaten-Großhandels-Verband e.V. (DAGV), der Wirtschaftsverband des Automaten-Spielhallengewerbes innerhalb der Bundesrepublik und Berlin e.V. sowie die Interessengemeinschaft des Münz-Automatengewerbes im Gebiet der Bundesrepublik Deutschland und Berlin (West) e.V. (IMA) wiederum „gegenseitig und gegenüber dem Bundesministerium für Wirtschaft und dem Bundesministerium für Jugend, Familie und Gesundheit, „gegenüber ihren Mitgliedern darauf hinzuwirken",[94] daß grundsätzlich nicht mehr als zwei Geldspielautomaten so eng nebeneinander aufgestellt werden, daß sie gleichzeitig bespielt werden können.[95] Auf diese Weise soll verhindert werden, daß suchtgefährdete Spieler binnen kurzer Zeit größere Einsätze verspielen. Die Zusage wird allerdings unter die Einschränkung gestellt, daß „nicht auszuschließen ist, daß sich einzelne Gewerbetreibende nicht an die Selbstbeschränkungsvereinbarung halten". Insoweit verweisen die beteiligten Verbände an die „örtlichen Ordnungsbehörden" darauf, „bei Unternehmen, die sich offensichtlich in die freiwillige Beschränkung nicht einfügen" die Vorgaben der Spielverordnung durch einseitig-hoheitliche Maßnahmen gegenüber diesen Unternehmen durchzusetzen.[96]

---

92 BT-Drucks 11/6224, S. 11.

93 BT-Drucks 11/6224, S. 5.

94 BT-Drucks 11/6224, S. 12.

95 Für die bereits existierenden Spielhallen enthält die Selbstbeschränkung Übergangsfristen.

96 BT-Drucks 11/6224, S. 13.

Zur Werbung für Geldspielautomaten versprach die Automatenwirtschaft, sich im Hinblick auf Inhalt, Aussage und Gestaltungsform einer Selbstüberprüfung zu unterwerfen. So soll insbesondere nicht mit Kindern, Lehrern und Geistlichen geworben werden und darauf verzichtet werden, den Eindruck zu erwecken, daß an Geldspielautomaten hohe Gewinne erzielt werden können.

Im Hinblick auf die Fassadengestaltung sieht die Vereinbarung vor, daß die Verbände auf ihre Mitglieder mit dem Ziel einwirken werden, daß die Außenfronten der Spielhallen so gestaltet werden, daß sich Fassaden, Schaufenster und Außenwerbung harmonisch in das Straßenbild einfügen.

Die Verbände der Automatenindustrie verpflichteten sich schließlich zur Einrichtung einer Telefonnummer, unter der zum Ortstarif Aufklärungshinweise zu den Suchtgefahren des Geldspielens abgerufen werden können. In Zusammenarbeit mit der Deutschen Hauptstelle gegen Suchtgefahren sollen Vorschläge für eine verbesserte Prävention des problematischen Spielverhaltens erarbeitet werden. Spielhallenbetreiber und deren Personal sollen im Umgang mit suchtgefährdeten Spielern besonders geschult werden.

Den Abschluß der Vereinbarung bilden auch hier Klauseln, die das Außerkrafttreten sonstiger Vereinbarungen, die Unwirksamkeit einzelner Klauseln „des Vertrages" und ein Kündigungsrecht der beteiligten Wirtschaftsverbände vorsehen.

VIII. Absprachen mit der Energiewirtschaft

Auf eine lange Tradition blicken Verhaltensabstimmungen zwischen Staat und Wirtschaft im Bereich der Energiewirtschaft zurück.

1. Absprachen mit der Mineralölindustrie in den 50er und 60er Jahren

Zu den ersten Absprachen kam es aus Anlaß der Kohlekrise in den späten 50er und den 60er Jahren.[97] Der Steinkohlebergbau war aufgrund der wachsenden Konkurrenz durch Heizöl und Importkohle in Absatzschwierigkeiten geraten. Die Bundesregierung wollte den einheimischen Steinkohlebergbau erhalten und die Anpassung an die gesunkene Nachfrage zumindest möglichst sanft gestalten.

Um die Importkohle zurückzudrängen, wurde zu „klassischen" Steuerungsmitteln gegriffen: Die Einfuhren, vornehmlich aus den USA, wurden kontingentiert und die Importkohle mit einem Kohlezoll belegt. Bei der Kontrolle des Heizölangebots verzichtete man dagegen auf eine Kontingentierung. Die Bundesregierung versuch-

[97] Vgl. hierzu *H. P. Ipsen,* Rechtsfragen der Wirtschaftsplanung, in: Ders., Öffentliches Wirtschaftsrecht, 1985, S. 555 (628).

te statt dessen, die Mineralölkonzerne dazu zu bewegen, auch ohne hoheitliche Reglementierung auf die Belange der Steinkohlewirtschaft Rücksicht zu nehmen. Diese Bemühungen führten am 20. Dezember 1958 zum sog. Kohle-Öl-Kartell. Die Vereinbarung wurde von acht Bergbau- und Mineralölunternehmen geschlossen und enthielt die Verpflichtung der beteiligten Unternehmen, Heizöl künftig nur noch zu bestimmten, am Weltmarkt orientierten, einheitlichen Preisen zu verkaufen, keine Umstellungsbeihilfen für neue Abnehmer von Heizöl zu gewähren und bis zum 31. Dezember 1959 oder bis zum Abbau der bestehenden Kohlehalden auf 7 Millionen Tonnen keine neuen Abnehmer für schweres Heizöl zu werben. Der Zusammenschluß wurde am 17. Dezember 1959 vom Bundeswirtschaftsminister gemäß § 8 GWB aus überwiegenden Gründen der Gesamtwirtschaft und des Gemeinwohls genehmigt.[98] Die Absprache scheiterte allerdings bereits acht Monate später daran, daß nicht an der Absprache beteiligte Unternehmen Heizöl unter dem vereinbarten Preis anboten und dadurch ihren Marktanteil wesentlich vergrößerten.[99]

Trotzdem unternahm die Bundesregierung im Herbst 1964 einen weiteren Versuch, eine relative Verminderung des Heizölangebots durch freiwillige Maßnahmen der Industrie zu erreichen.[100] In Gesprächen mit Vertretern der Mineralölindustrie[101] drohte die Bundesregierung Einfuhrbeschränkungen für Heizöl an. Die Verhandlungen führten zu einer Vereinbarung, in der sich die beteiligten Unternehmen bereit erklärten, zunächst für das Jahr 1965 den Absatz von leichtem und schwerem Heizöl zu beschränken. Dazu wurden zunächst zwischen dem Bundeswirtschaftsministerium und der Arbeitsgemeinschaft Erdölgewinnung und Verarbeitung (AEV) bestimmte maximale Zuwachsraten für Einfuhr und Absatz von Heizöl festgelegt. Sodann erarbeitete ein unabhängiges Gremium von Sachverständigen gemeinsam mit dem Bundeswirtschaftsministerium Grundsätze über die Aufteilung der Gesamtmenge und die Berechnung der Einzelquoten für die einzelnen Unternehmen der Branche.

Die jeweiligen Unternehmen gaben gegenüber dem Bundeswirtschaftsministerium Verpflichtungserklärungen ab, in denen sie die Einhaltung der vom Sachverständigenrat ermittelten Quoten zusagten. Im folgenden schickten die Quoteninhaber jeweils monatliche Kontrollberichte an das Bundeswirtschaftsministerium. Eine weitere Kontrolle übte das Bundesamt für Wirtschaft im Rahmen der Gewährung von Einfuhrlizenzen nach § 10 Außenwirtschaftsgesetz aus. Das Amt kannte die Fir-

---

[98] WuW/E BWM 118.

[99] Vgl. die Ausführungen von Bundeswirtschaftsminister Erhard in der Bundestagssitzung vom 4. November 1959, BT-Drucks 3/4618.

[100] Die zwischenzeitliche Einführung einer Steuer auf Heizöl (Gesetz zur Änderung des Mineralölsteuergesetzes vom 26. April 1960, BGBl. I S. 241) hatte das weitere Vordringen dieses Energieträgers nicht verhindern können.

[101] Beteiligt waren auf Seiten der Wirtschaft die folgenden Unternehmen: Esso, Deutsche Shell, BP, Mobil Oil Deutschland, DEA, Gelsenberg, Scholven, Wintershall und Union Kraftstoff; vgl. *Schlarmann*, Die Wirtschaft als Partner des Staates – Formen einer herrschaftslosen und kooperativen Wirtschaftspolitik, Diss. Hamburg 1972, S. 119.

menquoten und verrechnete die jeweiligen Einfuhrmengen mit den Quotenkonten. Quotenüberschreitende Lizenzanträge wurden dem Bundeswirtschaftsministerium zur Entscheidung vorgelegt, das die Unternehmen auf informellem Wege zur Rücknahme ihres Antrags aufforderte oder die Lizenzgewährung hinauszögerte.[102]

2. Absprachen zur friedlichen Nutzung der Atomenergie

Später verlagerte sich die normvermeidende Kooperation von Staat und Wirtschaft im Energiesektor auf den Bereich der friedlichen Nutzung der Atomenergie.

a) Absprache über die Atomabfallentsorgung

So ist aus dem Jahr 1988 eine Absprache des Bundesumweltministers mit den Betreibern von Atomkraftwerken über die Entsorgung von atomaren Abfällen bekannt.[103]

Den Anlaß dieser Absprache bildete die illegale Entsorgung von Atomabfällen durch den Hanauer Entsorgungsbetrieb Transnuklear, die im Frühjahr 1988 bekannt wurde. Die Bundesregierung beabsichtigte deshalb, die Atomabfallentsorgung auf bestimmte Entsorgungsunternehmen zu konzentrieren, um deren Kontrolle zu erleichtern. Das Atomgesetz enthielt dafür aber keine Ermächtigung. Es kam daraufhin zu Verhandlungen mit den deutschen Stromversorgungsunternehmen, als deren Ergebnis die Stromerzeuger sich in einer Selbstverpflichtungserklärung verpflichteten, bei der Entsorgung radioaktiver Abfälle nur bestimmte Unternehmen in Anspruch zu nehmen. Die Betreiber der Atomkraftwerke gründeten daraufhin die Gesellschaft für Nuklear-Service als Gemeinschaftsunternehmen und einigten sich darauf, mit der Abfallbehandlung nur noch dieses Unternehmen zu beauftragen. Diese Absprache wurde jedoch vom Bundeskartellamt als kartellrechtswidrig angesehen und untersagt.[104]

b) Energiekonsensgespräche

In jüngerer Zeit konzentrieren sich die Gespräche zwischen der Bundesregierung und Vertretern der Energieversorgungsunternehmen auf die Modalitäten eines Ausstiegs aus der friedlichen Nutzung der Atomenergie. Die im September 1998 neugewählte rot-grüne Bundesregierung hatte sich das Ziel gesetzt, die Atomenergienutzung wegen „der großen Sicherheitsrisiken mit der Gefahr unübersehbarer Schäden" so schnell wie möglich zu beenden. Die Koalitionsvereinbarung sah dazu ein

---

[102] Vgl. hierzu die Bekanntmachung des Bundeswirtschaftsministeriums vom 28.09.1965, BAnz. Nr. 188 vom 6.10.1965.

[103] *Dempfle,* Normvertretende Absprachen, Diss. Trier 1993, S. 10.

[104] Frankfurter Allgemeine Zeitung vom 19.8.1988, S. 11.

dreistufiges „Ausstiegskonzept“ vor: In einem ersten Schritt sollte innerhalb von 100 Tagen nach der Regierungsübernahme eine erste Änderung des Atomgesetzes erfolgen, mit der u. a. der bisherige, auf die Förderung der Kernenergie gerichtete Zweck des Gesetzes in eine auf die sichere und geordnete Beendigung der Atomenergienutzung ausgerichtete Zielsetzung geändert werden sollte. Nach dieser Änderung des Atomgesetzes wollte die Bundesregierung die Energieversorgungsunternehmen zu sog. Energiekonsensgesprächen über die künftige Energiepolitik und die Modalitäten des Ausstiegs aus der Atomenergie einladen. Der Versuch einer einvernehmlichen Lösung sollte nach der Koalitionsvereinbarung auf ein Jahr befristet sein. Für den Fall, daß bis dahin keine Einigung mit den Energieversorgungsunternehmen zustande gekommen sein sollte, beabsichtigte die Bundesregierung die Einbringung eines Gesetzes, das den Ausstieg aus der Kernenergie einseitig-hoheitlich regelt.[105]

Im folgenden wurde vom Bundesumweltministerium ein Entwurf zur Änderung des Atomgesetzes mit dem in der Koalitionsvereinbarung vorgesehenen Inhalt erarbeitet, der neben der Änderung des Förderzwecks des Gesetzes u. a. ein Verbot der Wiederaufarbeitung abgebrannter Kernbrennstäbe zum Ende des Jahres 1999 sowie eine zusätzliche Sicherheitsüberprüfung der bestehenden Atomkraftwerke vorsah.[106] Die Energieversorgungsunternehmen sahen in diesem Gesetzentwurf eine unangemessene Vorfestlegung im Hinblick auf die geplanten Energiekonsensgespräche; insbesondere das Verbot der Wiederaufarbeitung sei nicht akzeptabel, da es zu ernsten Schwierigkeiten bei der Atomabfallentsorgung führe und den Betrieb der bestehenden Kernkraftwerke gefährde.[107] Nachdem die Vorstandsvorsitzenden der vier größten Energieversorgungsunternehmen in einem Gespräch im Januar 1999 mit dem Bundeskanzler wegen des mit dem Gesetzentwurf verbundenen „Vertrauensbruchs“ mit einem Abbruch der Konsensgespräche gedroht hatten, zog die Bundesregierung den Gesetzentwurf zunächst zurück.[108]

Nachdem im März 1999 eine weitere Gesprächsrunde zwischen den Energieversorgungsunternehmen und der Bundesregierung ohne Ergebnis geblieben war,[109] entwickelte der Bundeswirtschaftsminister Müller ein neues Ausstiegskonzept, in dessen Zentrum der Abschluß eines öffentlich-rechtlichen Vertrages mit den Energieversorgungsunternehmen stehen sollte:[110] In diesem öffentlich-rechtlichen Ver-

---

[105] Vgl. zu alledem den Koalitionsvertrag, IV. 4. Kap.: Ökologische Modernisierung 3. Moderne Energiepolitik, Oktober 1998.

[106] Frankfurter Allgemeine Zeitung vom 14.01.1999.

[107] Frankfurter Allgemeine Zeitung vom 20.01.1999.

[108] Frankfurter Allgemeine Zeitung vom 26.01.1999. An dem Gespräch waren auf Seiten der Energieversorgungsunternehmen beteiligt die Vorstandsvorsitzenden Simon (Viag AG), Goll (Energie Baden-Württemberg AG), Kuhnt (RWE AG) und Hartmann (VEBA AG). Auf Seiten der Bundesregierung waren neben Bundeskanzler Schröder der Kanzleramtsminister Hombach, Umweltminister Trittin und Wirtschafsminister Müller beteiligt.

[109] Handelsblatt vom 10.03.1999.

[110] Vorschlag zur „Verständigung über Eckpunkte zur Beendigung der Nutzung der vorhandenen Kernkraftwerke in Deutschland zwischen der Bundesregierung (BR) und den Eigentü-

trag sollte die Laufzeit der bestehenden Atomkraftwerke auf insgesamt 35 Kalenderjahre beschränkt werden.[111] Die Bundesregierung sollte sich verpflichten, die Ausnutzung der Restlaufzeit „nicht durch behördliche Interventionen zu stören".[112] Ferner schrieb der Vertragsentwurf Grundsätze der Energiepolitik der Bundesregierung fest. So sollte beispielsweise die Summe aller mit Vorrang zu versehenden Stromeinspeisungen aus erneuerbaren Energien auf maximal 10% der jährlichen Nettostromerzeugung in der Bundesrepublik beschränkt werden.[113] Bei Vertragsverletzungen sollte für beide Seiten ein Kündigungsrecht vorgesehen werden, das die vorherige Anrufung eines Schiedsgerichts voraussetzt, das mit dem Präsidenten des BVerwG sowie zwei OVG-Präsidenten besetzt ist.[114] Im Atomgesetz sollte nach dem Konzept des Bundeswirtschaftsministers u. a. eine Restlaufzeit der bestehenden Atomkraftwerke von 40 Volllastjahren, das entspricht etwa 50 bis 55 Kalenderjahren, geregelt[115] und der Sicherheitsmaßstab der bestehenden Regelwerke festgeschrieben werden.[116] In der Divergenz zwischen der im Vertrag und der im Atomgesetz vorgesehenen Restlaufzeit sollte das entscheidende Mittel für die Energieversorger zur Durchsetzung der Zusagen der staatlichen Seite liegen: Würde sich die Bundesregierung nicht an die vereinbarten Zusagen halten, könnten die Energieversorgungsunternehmen den Vertrag kündigen und die „Luxuslaufzeit"[117] von 40 Volllastjahren ausnutzen, die in der Neufassung des Atomgesetzes vorgesehen ist.

Insbesondere die im Konzept des Bundeswirtschaftsministers vorgesehene Restlaufzeit der bestehenden Atomkraftwerke von 35 Kalenderjahren stieß jedoch auf den Widerstand der Grünen, die eine deutlich frühere Stillegung verlangten.[118] In der rechtswissenschaftlichen Literatur wurden zudem Zweifel geäußert, ob ein rechtsverbindlicher öffentlich-rechtlicher Vertrag mit dem vom Bundeswirtschaftsminister vorgeschlagenen Inhalt überhaupt wirksam geschlossen werden könne.[119]

---

mern/Betreibern der in Deutschland errichteten Kernkraftwerkskapazitäten (E/B)" vom 17.06.1999 (im folgenden: „Eckpunktepapier"). Vgl. zu dem Eckpunktepapier auch *Koch/Roßnagel*, Neue Energiepolitik und Ausstieg aus der Kernenergie, NVwZ 2000, 1 (2); *Roßnagel*, Rechtsprobleme des Ausstiegs aus der Kernenergie, ZfU 1999, 241 (243).

[111] Nr. 10 Eckpunkte-Papier.

[112] Nr. 12 Eckpunkte-Papier.

[113] Nr. 22 Eckpunkte-Papier.

[114] Nr. 13 Eckpunkte-Papier.

[115] Nr. 14 Eckpunkte-Papier.

[116] Nr. 10 Eckpunkte-Papier.

[117] *Koch/Roßnagel*, Neue Energiepolitik und Ausstieg aus der Kernenergie, NVwZ 2000, 1 (2).

[118] Frankfurter Allgemeine Zeitung vom 23.06.1999.

[119] *Roßnagel*, Rechtsprobleme des Ausstiegs aus der Kernenergie – Einführung und Überblick, ZfU 1999, 241 (243). Die Frage, ob und inwieweit rechtsverbindliche normvermeidende Verträge zulässig sind, wird noch eingehend untersucht (vgl. unten 5. Teil Kapitel C. II.). Ebenso wird die Frage der Rechtsverbindlichkeit der letztlich geschlossenen Vereinbarung zum Ausstieg aus der Atomenergie und der anderen als Beispielsfälle angeführten Absprachen noch untersucht werden (vgl. unten 3. Teil Kapitel C. I.).

Es kam daraufhin zu weiteren Verhandlungen, als deren Ergebnis die Mitglieder einer von Vertretern der Bundesregierung und von Vertretern der Energieversorgungsunternehmen gebildeten Arbeitsgruppe am 14. Juni 2000 eine Vereinbarung paraphierten,[120] in der eine Strommenge festgelegt wurde, die jedes der existierenden Atomkraftwerke noch produzieren darf. Diese sog. Reststrommenge wurde auf Basis einer Regellaufzeit der bestehenden Kraftwerke von 32 Kalenderjahren ermittelt.[121] Sobald die Reststrommenge erreicht ist, ist das betreffende Kraftwerk stillzulegen. Den Kraftwerksbetreibern ist es allerdings gestattet, Strommengen von weniger wirtschaftlichen alten Kraftwerken auf solche jüngere Anlagen zu übertragen, die wirtschaftlicher zu betreiben sind.[122] Die Bundesregierung verpflichtete sich im Gegenzug, während der verbleibenden Nutzungsdauer den Betrieb der Kraftwerke nicht durch eine Verschärfung von gesetzlichen Anforderungen zu behindern.[123] Auch sonst verpflichtete sich die Bundesregierung, „keine Initiative zu ergreifen, mit der die Nutzung der Kernenergie durch einseitige Maßnahmen diskriminiert wird".[124] Die Vereinbarung enthält ferner eine Reihe von Regelungen zur Entsorgung der entstehenden Atomabfälle (Zwischenlager, Wiederaufarbeitung, Transporte, Endlager).[125]

Die Bundesregierung kündigte in der Vereinbarung an, auf Grundlage der in der Vereinbarung festgelegten Eckpunkte eine Novelle des Atomgesetzes zu erarbeiten.[126] Die Beteiligten erklärten hierzu ausdrücklich, daß sie die Vereinbarung „auf der Grundlage schließen, daß das zu novellierende Atomgesetz die Inhalte der Vereinbarung umsetzt". Weiter heißt es, daß „über die Umsetzung in der AtG-Novelle auf Grundlage des Regierungsentwurfs vor der Kabinettsbefassung zwischen den

120 Am 15. Juni 2000 fand ein Gespräch statt zwischen Bundeskanzler Schröder, dem Chef des Bundeskanzleramtes Staatssekretär Steinmeier, Bundeswirtschaftsminister Müller und Bundesumweltminister Trittin auf Seiten der Bundesregierung sowie den Vorstandvorsitzenden Hartmann (VEBA AG), Simson (VIAG AG), Kuhnt (RWE AG) und Goll (Energie Baden-Würtemberg AG) auf Seiten der Energieversorgungsunternehmen, in dem sich beide Seiten auf die paraphierte Vereinbarung „verständigten". Die „endgültige Unterzeichnung der Vereinbarung" soll erst erfolgen, wenn die vorgesehene Novelle des Atomgesetzes abgeschlossen ist (vgl. hierzu auch noch am Ende dieses Abschnitts). Die Vereinbarung zwischen der Bundesregierung und den Energieversorgungsunternehmen ist abgedruckt in der Beilage Nr. IV/2000 zu NVwZ Heft 10/2000. Vgl. zu der Vereinbarung auch *Schorkopf*, Die „vereinbarte" Novellierung des Atomgesetzes, NVwZ 2000, 1111.

121 Ziffer II. der Vereinbarung vom 14./15. Juni 2000 (im folgenden „Vereinbarung").

122 Ziffer II. 4. der Vereinbarung. Die RWE AG verpflichtet sich ferner, den Genehmigungsantrag für das Kernkraftwerk Mühlheim-Kärlich und die gegen das Land Rheinland-Pfalz wegen der Verweigerung der Genehmigung gerichtete Schadenersatzklage zurückzunehmen. Im Gegenzug ist die RWE AG auch insoweit berechtigt, eine Strommenge von 107,25 TWh auf andere Kraftwerke zu übertragen (Ziffer II. 5 der Vereinbarung).

123 Die Bundesregierung gewährleistet bei „Einhaltung der atomrechtlichen Anforderungn" einen „ungestörten Betrieb der Anlagen", vgl. Ziffer III.1 der Vereinbarung.

124 Ziffer III.2 der Vereinbarung. Dort heißt es weiter: „Dies gilt auch für das Steuerrecht".

125 Ziffer IV. der Vereinbarung.

126 Ziffer V. der Vereinbarung.

Verhandlungspartnern beraten"[127] wird. In einer „Summarischen Darstellung" der geplanten Novelle[128] ist neben einer Änderung des Förderzwecks des Atomgesetzes in die geordnete Beendigung der friedlichen Nutzung der Kernenergie und einem Verbot neuer Genehmigungen für Kraftwerke u. a. eine nachträgliche Befristung der erteilten Betriebserlaubnisse auf die zwischen Bundesregierung und Energieversorgungsunternehmen vereinbarte Restlaufzeit der jeweiligen Kraftwerke vorgesehen.[129]

Um die Umsetzung der Vereinbarung zu überwachen, ist die Einsetzung einer Arbeitsgruppe vorgesehen, die sich aus jeweils drei Vertretern der Bundesregierung und der beteiligten Unternehmen zusammensetzt.[130] Die Arbeitsgruppe soll unter Vorsitz des Chefs des Bundeskanzleramtes jeweils einmal im Jahr – ggf. unter Heranziehung externen Sachverstands – gemeinsam die Einhaltung der in der Vereinbarung getroffenen Vereinbarungen überwachen.

Schließlich erklärten die Beteiligten, daß sie davon ausgehen, „daß die Vereinbarung und ihre Umsetzung nicht zu Entschädigungsansprüchen zwischen den Beteiligten führt".[131]

Die „endgültige Unterzeichnung der Vereinbarung"[132] durch Bundeskanzler, den Wirtschafts- und Umweltminister auf der einen sowie die Vorstandsvorsitzenden der beteiligten Energieversorgungsunternehmen auf der anderen Seite sollte erst nach Abschluß des Gesetzgebungsverfahrens zur Novelle des Atomgesetzes erfolgen.

Am 11.06.2001 unterzeichneten die Bundesregierung und die Energieversorgungsunternehmen die Vereinbarung, obwohl zu diesem Zeitpunkt das Gesetzgebungsverfahren zur Atomgesetznovelle nicht einmal begonnen hatte. In der Presseerklärung der Bundesregierung heißt es hierzu, daß das „Bundesumweltministerium in Kürze einen Referentenentwurf vorlegen" werde, „mit dem die Vereinbarung rechtlich umgesetzt wird".[132a]

---

[127] Ziffer V. 2. der Vereinbarung.

[128] Anlage 5 zur Vereinbarung.

[129] Die Strommengen pro Kraftwerk sollen in einer Anlage zum Atomgesetz aufgelistet werden (vgl. Anlage 5 Ziffer 2 der Vereinbarung). Wie in der Vereinbarung vom 14./15. Juni 2000 soll auch nach der gesetzlichen Regelung die Übertragung von Strommengen von einem Kraftwerk auf das andere zulässig sein (Anlage 5 Ziffer 2.2 der Vereinbarung).

[130] Ziffer VII. der Vereinbarung.

[131] Dieser Gesichtspunkt war immer wieder als Argument für einen konsensualen Ausstieg aus der Atomenergie angeführt worden, da in der rechtswissenschaftlichen Diskussion die Auffassung vertreten wurde, daß eine gesetzliche Festlegung von Restlaufzeiten der bestehenden Atomkraftwerke Entschädigungsansprüche der Kraftwerksbetreiber auslösen würde, vgl. dazu *Ossenbühl,* Verfassungsrechtliche Fragen eines Ausstiegs aus der friedlichen Nutzung der Kernenergie, AöR 124 (1999), S. 1 ff.; *Koch/Roßnagel*, Neue Energiepolitik und Ausstieg aus der Kernenergie. NVwZ 2000, 1 (5), jeweils m. w. Nachweisen zu den in der Literatur vertretenen Standpunkten.

[132] So die Formulierung der Bundesregierung in einer Presseerklärung der Bundesregierung vom 15. Juni 2000.

[132a] Bundesregierung, Pressemitteilung Nr. 238/01 vom 11.06.2001.

IX. Absprache zur Expansion von Warenhäusern in kleinen Städten

Aus dem Jahr 1965 stammt eine Absprache des Bundeswirtschaftsministeriums mit elf großen Warenhausunternehmen über die Expansion von Warenhäusern in kleinen Städten.[133] Die Bundesregierung betrachtete damals mit Sorge, daß sich Warenhäuser immer mehr gegen den herkömmlichen mittelständischen Einzelhandel durchsetzten und drohte deshalb ausdrücklich damit, gegen die „unerwünschte Veränderung der Marktstruktur" gesetzliche Maßnahmen zu ergreifen.[134] Es kam daraufhin zu Verhandlungen mit elf Warenhausbetreibern, als deren Ergebnis sich diese in einer als „Äußerung unter ehrbaren Kaufleuten" bezeichneten Erklärung verpflichteten, für die Dauer von zweieinhalb Jahren in Städten mit weniger als 200.000 Einwohnern keine neuen Geschäfte zu eröffnen. Die Absprache wurde von den Kaufhausbetreibern eingehalten. Da aber gleichzeitig Verbrauchermärkte anstelle der Warenhäuser kräftig expandierten, wurde die Vereinbarung 1968 nicht verlängert; die Warenhauskonzerne stellten wieder auf ungebremstes Wachstum um.[135]

X. Absprachen zur Zigarettenwerbung

Mit der deutschen Zigarettenindustrie hat die Bundesregierung mehrere Absprachen über die Beschränkung ihrer Werbung in verschiedenen Medien geschlossen. So hatte der Verband der Cigarettenindustrie e.V. (VdC) bereits 1966 auf Anregung des Bundesgesundheitsministeriums die „Richtlinien für die Werbung auf dem deutschen Cigarettenmarkt" beschlossen.[136] Darin wurden gesundheitsbezogene Aussagen in der Werbung untersagt, Werbedarstellungen mit prominenten Persönlichkeiten, Spitzensportlern und Jugendlichen verboten, sowie Hinweise, „die zu einem übermäßigen Zigarettengenuß auffordern und das Inhalieren des Rauches als besonderen Genuß erscheinen lassen".[137]

1970 legte die Bundesregierung einen Novellierungsentwurf zu § 22 LebensmittelG vor, der ein gesetzliches Verbot der Fernsehwerbung für Zigaretten vorsah.[138] Um diesem gesetzlichen Verbot zuvorzukommen, kam 1971 eine „Vereinbarung

---

133 Zu dieser Absprache *Hübner*, Außerkartellrechtliche Einschränkungen des Kartellverbots, 1971, S. 14; *Nickel*, Absprachen zwischen Staat und Wirtschaft – die öffentlich-rechtlichen Aspekte der Selbstbeschränkungsabkommen der deutschen Industrie, Diss. Hamburg 1979, S. 7; *Schlarmann*, Die Wirtschaft als Partner des Staates, Formen einer herrschaftslosen und kooperativen Wirtschaftspolitik, Diss. Hamburg 1972, 118 ff.

134 Stellungnahme der Bundesregierung zum Tätigkeitsbericht des Bundeskartellamts für 1965, BT-Drucks 5/530, S. 2.

135 *Schlarmann*, Die Wirtschaft als Partner des Staates, Formen einer herrschaftslosen und kooperativen Wirtschaftspolitik, Diss. Hamburg 1972, S. 121.

136 *Bundeskartellamt*, Tätigkeitsbericht 1966, S. 58.

137 *Hübner*, Außerkartellrechtliche Beschränkungen des Kartellverbots, 1971, S. 9 f.

138 BR-Drucks. 73/71.

über eine Beschränkung der Fernsehwerbung für Cigaretten" zustande, in der sich die beteiligten Unternehmen verpflichteten, die Fernsehwerbung für Zigaretten zunächst bis zum 1. Juli 1971 zu halbieren und mit dem Ende des Jahres 1972 ganz auf sie zu verzichten. Die Bundesregierung strich daraufhin das Werbeverbot aus dem Gesetzentwurf.[139] Der Bundeswirtschaftsminister genehmigte die Vereinbarung gemäß § 8 GWB und verwies zur Begründung darauf, daß dem Schutz der Volksgesundheit Vorrang gegenüber wettbewerbspolitischen Bedenken zukomme.[140] Obwohl die Zigarettenindustrie die Absprache im folgenden beachtete, verabschiedete der Deutsche Bundestag gegen den ausdrücklichen Widerstand der Bundesregierung ein gesetzliches Verbot der Fernsehwerbung für Zigaretten.[141]

XI. Ähnliche Absprachеformen außerhalb Deutschlands

Absprachen zwischen Staat und Wirtschaft zur Vermeidung gesetzlicher Regelungen sind nicht nur in der Bundesrepublik Deutschland anzutreffen. Auch in anderen europäischen und außereuropäischen Ländern sowie auf der Ebene der Europäischen Gemeinschaft sind ähnliche Phänomene zu beobachten. Die folgende Zusammenstellung beschränkt sich auf einen ersten Überblick über die dortige Praxis; auf die Einzelheiten wird im Rahmen der Untersuchung der deutschen Absprachen einzugehen sein.

1. Absprachen auf der Ebene der Europäischen Gemeinschaft

Auch auf europäischer Ebene gibt es Absprachen zwischen Organen der europäischen Union und Vertretern europäischer Industrieverbände. Es gehört zu den ausdrücklichen Vorgaben gemeinschaftlicher Umweltpolitik, „freiwilligen Vereinbarungen" mit der Wirtschaft als „marktorientiertem Instrument" besondere Beachtung zu schenken.[142] Umweltprobleme sollen durch „das Prinzip der Zusammenarbeit zwischen allen Beteiligten" gelöst werden; als Ergebnis des „Dialogs mit der Industrie" werden „freiwillige Vereinbarungen" angestrebt, die an die Stelle normativer Ge- und Verbote treten.[143] Dieses Konzept wurde durch die EG-Kommission und den Rat bereits mehrfach durch entsprechende Absprachen mit der Industrie umgesetzt.[144]

---

139 BT-Drucks. 7/255, S. 10 f.

140 BB 1972, 463 ff. mit ablehnender Anmerkung *Möschel.*

141 Vgl. § 22 Abs. 1 LMBG.

142 Vorschlag der EG-Kommission für einen Beschluß des Europäischen Parlaments und des Rates über die Prüfung eines Programms der Europäischen Gemeinschaft für Umweltpolitik und Maßnahmen im Hinblick auf eine dauerhafte und umweltgerechte Entwicklung, KOM (95) 647 endg. vom 24.1.1996, Art. 3.1. c).

143 Fünftes Aktionsprogramm im Bereich der Umwelt „Für eine dauerhafte und umweltgerechte Entwicklung", KOM (92) 23 endg. vom 3.4.1992, Nr. 31, ABlEG. C 138 vom 17.5.1993. Auch der Rat hat die Notwendigkeit der Erweiterung der Palette der verfügbaren Instrumente unter Einschluß „freiwilliger Systeme" anerkannt, vgl. die Entschließung 93/C/138/0 des Rates und der im Rat vereinigten Vertreter der Mitgliedstaaten vom 01.01.1993, ABlEG. Nr. C 138 vom 17.05.1993, S. 3.

a) Absprachen zur Reduktion von FCKW

Als ein Beispiel für das Zustandekommen derartiger Vereinbarungen mögen die Absprachen zur Reduktion von FCKW auf europäischer Ebene dienen. Ebenso wie auf nationaler Ebene werden die Verhandlungen zwischen den Vertretern europäischer Organe und der Industrie nicht öffentlich geführt. Es existieren keine offen zweiseitigen Vereinbarungen. Die Vertreter der Wirtschaft geben vielmehr scheinbar einseitige Selbstverpflichtungserklärungen ab. So verpflichteten sich die europäischen Dachverbände der Aerosol-, der Kunstschaumstoff- und Kühlmittelindustrie, die verwendete Menge von FCKW in ihren Produkten schrittweise zu reduzieren. Die EG-Kommission hatte diese Erklärungen zuvor durch Anregungen[145] an die jeweiligen Industriezweige induziert: Aufgrund einer Entschließung des Rates[146] wurden entsprechende Empfehlungen der EG-Kommission gem. Art. 211 EGV abgegeben[147]. Inhaltlich bleiben die zugesagten Reduktionsquoten hinter dem Niveau der entsprechenden Absprachen in der Bundesrepublik Deutschland zurück. So sagte der Dachverband der europäischen Aerosolindustrie eine Reduktion ihres FCKW-Verbrauchs um 90 % gegenüber dem Verbrauch von 1976 erst bis zum Jahr 1990 zu; auf nationaler Ebene wurde diese Quote durch die Wirtschaft bereits für das Jahr 1989 zugesagt und auch erreicht.[148]

b) Absprachen zur Kennzeichnung von Detergentien und Reinigungsmitteln

Auch für den Bereich der Wasch- und Reinigungsmittel existieren Absprachen auf europäischer Ebene. Die europäischen Dachverbände des entsprechenden Industriezweigs, die zusammen etwa 90 % der Unternehmen der Branche repräsentieren,[149] gaben 1989 gegenüber der EG-Kommission eine Erklärung zur ausführlicheren[150] Kennzeichnung von Wasch- und Reinigungsmitteln ab. Danach verpflichten

---

[144] Vgl. den Überblick über die geschlossenen Umweltvereinbarungen im Anhang der Mitteilung der EG-Kommission an den Rat und das Europäische Parlament, KOM (96) 561 endg. vom 27.11.1996, Nr. 40, S. 21.

[145] Dazu heißt es, die Selbstverpflichtungen seien von der Kommission „gefördert" bzw. „anerkannt" worden, so *Grewlich*, Umweltschutz durch „Umweltvereinbarungen" nach nationalem Recht und Europarecht, DÖV 1998, 54 (60). Auch den normvermeidenden Absprachen auf europäischer Ebene gehen also informelle Verhandlungsprozesse voraus.

[146] Entschließung des Rates 88/C/285/01, ABlEG. C 285 v. 9.11.1988.

[147] Empfehlung der Kommission 89/349/EWG, ABlEG. L 144 v. 27.05.1989, S. 56; Empfehlung der Kommission 90/438/EWG, ABlEG L 227 v. 21.8.1990, S. 28, 30.

[148] Vgl. dazu im einzelnen bereits oben 1. Teil Kapitel A. I. 1.

[149] Die nationalen Verbände der Wasch- und Reinigungsmittelindustrie sind zusammengeschlossen in der Association Internationale de la Savonnerie et de la Détergence (AIS) sowie der Fédération Internationale des Associations de Fabricants de Produit d'Entretien (FIFE).

[150] Zum Zeitpunkt der Abgabe der Erklärung unterlagen Wasch- und Reinigungsmittel bereits mehreren europäischen Richtlinien über die Kennzeichnung: Vgl. die Richtlinie des Ra-

sich die beteiligten Verbände, die Vorgaben einer Empfehlung der Kommission zur Angabe der Inhaltsstoffe der Wasch- und Reinigungsmittel auf der Verpackung zu befolgen[151]. Die Einhaltung der Empfehlung soll durch entsprechende Verpflichtungserklärungen der nationalen Verbände gewährleistet werden, die zugleich die zuständigen Behörden der Mitgliedsstaaten über die Einhaltung der Zusagen unterrichten. Die Mitgliedsstaaten wiederum beraten in regelmäßigen Abständen, mindestens jedoch einmal jährlich, mit den europäischen Dachverbänden der Industrie und der EG-Kommission über den Stand der Durchführung der Empfehlung.

2. Absprachen in anderen europäischen und außereuropäischen Ländern

a) Frankreich

Eine längere Tradition kooperativer Verhaltensabstimmungen zwischen Staat und Wirtschaft existiert in Frankreich. Zu nennen sind hier die *quasi-contrat d'exécution du plan* der französischen *planification* der 60er und 70er Jahre.[152] Der *quasi-contrat* bildete damals ein Mittel, die Wirtschaft zur Befolgung der Vorgaben von staatlichen Plänen zu bewegen, die umfassende Zielfestlegungen für die wirtschaftspolitische und soziale Entwicklung enthielten.[153] Der *quasi-contrat* kam durch einen Briefwechsel zwischen einzelnen Unternehmen oder ihren Verbänden und der Verwaltung zustande. Die beteiligten Wirtschaftskreise legten in den Brie-

---

tes 73/404/EWG vom 22.11.1973 zur Angleichung der Rechtsvorschriften der Mitgliedstaaten über Detergentien, ABlEG Nr. L 347 v. 17.12.1973, S. 51; geändert durch die Richtlinie 86/94/EWG, ABlEG. Nr. L80 vom 25.3.1986, S. 51 sowie die Richtlinie 88/379/EWG des Rates v. 7.7.1988 zur Angleichung der Rechts- und Verwaltungsvorschriften der Mitgliedsstaaten für die Einstufung, Verpakkung und Kennzeichnung gefährlicher Zubereitungen, ABlEG L 187 vom 16.7.1988, S. 14, geändert durch die Richtlinie 89/178/EWG, ABlEG L 64 vom 8.3.1989, S. 18.

[151] Empfehlung der Kommission vom 13. September 1989 über die Kennzeichnung von Wasch- und Reinigungsmitteln, 89/342/EWG, ABlEG. Nr. L 291 v. 10.10.1989, S.55.

[152] *Colson,* Droit public économique, 1995, S. 337 ff.; *Delvolvé,* Droit public de l'économie, 1998, Rn. 314; *Batailler,* Les quasi-contrats d'exécution du plan, Rev. science financière 1964, S. 365; *Toeche-Mittler,* Das Verbandskartell als Instrument der Wirtschaftsplanung, 1969, S. 43 ff., 54 ff.; *Hettlage,* Die Wirtschaft zwischen Zwang und Freiheit, 1971, 39 ff. Ein Vergleich der deutschen Selbstbeschränkungsabkommen der 60er und 70er Jahre mit den *quasi-contrats* findet sich bei *Nickel,* Absprachen zwischen Staat und Wirtschaft – die öffentlich-rechtlichen Aspekte der Selbstbeschränkungsabkommen der Industrie, Diss. Hamburg 1979, S. 73 ff.

[153] Zu den verschiedenen Plantypen der französischen *planification* vgl. *Delvolvé,* Droit public de la économie, 1998, Rn. 271 ff. Das Instrument des *quasi-contrat* ist im Rahmen des *plan intérimaire* von 1960 und im Rahmen des *IVe plan* zum Vollzug des Planes eingesetzt worden, vgl. zu den – insgesamt nur wenigen – bekannt gewordenen Fällen *Arrighi de Casanova,* Les quasi-contrats du plan, 1965, S. 341 ff.

fen ein Forschungs-, Produktions- oder Investitionsvorhaben dar, für das sie öffentliche Beihilfen begehrten. Die staatliche Seite prüfte dieses Begehren in einem mehrere Monate dauernden Verfahren darauf, ob das Vorhaben mit dem jeweiligen Plan im Einklang stand und ob eine gesetzliche Grundlage sowie ausreichende Haushaltsmittel für die beantragten Subventionen zur Verfügung standen.[154] Wenn diese Voraussetzungen gegeben waren, bestätigten der Industrie- und Finanzminister in einem Brief, daß der Staat bereit sei, die Vorhaben der Wirtschaft „im Rahmen der finanziellen Möglichkeiten zu fördern".[155] Die auf diese Weise zustande gekommene Willensübereinstimmung hat nach der französischen Doktrin nicht den Charakter einer Vertragsbindung. Vielmehr soll den Zusagen nur eine moralische Bindungswirkung zukommen.[156] Ebensowenig stehen den beteiligten Unternehmen nach Stellungnahmen in der französischen Literatur unter Vertrauensschutzgesichtspunkten Entschädigungs- oder Schadenersatzansprüche zu, wenn sich die staatliche Seite nicht an die gegebene Zusicherung hält. Zur Begründung wird auf den fehlenden Bindungswillen des Staates beim Zustandekommen des *quasi-contrat* verwiesen. Dies schließe auch eine sekundäre Sanktionierung enttäuschten Vertrauens der Wirtschaft aus.[157]

Ebenfalls unterhalb der Schwelle vertraglicher Verpflichtungen blieben – trotz ihrer insoweit irreführenden Bezeichnung – die *contrats de stabilité, contrats des programme* und *contrats anti-hausse* der französischen *planification.*[158] Bei diesen Vereinbarungen handelte es sich um Absprachen zwischen staatlichen Stellen einerseits und Unternehmen bzw. Wirtschaftsverbänden andererseits, in denen sich die beteiligten Wirtschaftskreise zur Beachtung bestimmter Vorgaben der staatlichen Pläne im Interesse der gesamtwirtschaftlichen Entwicklung bereiterklärten und die staatliche Seite im Gegenzug auf einen einseitig-hoheitlichen Eingriff verzichtete. Die französische Rechtsprechung vertrat zu diesen Absprachen die Auffassung, daß die Zusage den Staat nicht daran hindere, später eine eingreifende Regelung zu erlassen. So wies der *Conseil d'Etat* eine Klage des nationalen Schuhhandelsverbandes gegen das französische Finanz- und Wirtschaftsministerium ab, mit der sich der Verband gegen eine hoheitliche Festlegung der Handelspreise für Schuhe zur Wehr setzte, die einer vorhergehenden Absprache zwischen dem Verband und den Ministerien über den Verzicht auf eine solche Preisfestlegung widersprach. Der *Conseil d'Etat* sprach dieser Abrede eine vertragliche Bindungswirkung ab. Die staatliche Seite sei jederzeit berechtigt, ihren Standpunkt zur Notwendigkeit einer Regulierungsmaßnahme zu verändern.[159]

---

154 Zum Verfahren vgl. *Batailler,* Les quasi-contrats d'exécution du plan, Rev. science financière 1964, S. 365 (374 f.).

155 *Batailler,* S. 375.

156 *Colson,* Droit public économique, 1995, 337; *Batailler,* S. 365 (374 f.).

157 *Batailler*, S. 377.

158 Zu diesen Vereinbarungen *Colson,* Droit public économique, 1995, S. 338.

159 C. E. 4 juillet 1975, *Syndicat national du commerce de la chaussure*, Rec. 404.

Seit 1982 sieht nunmehr ein Gesetz zur Reform der *planification*[160] den *contrat du plan* als ein Mittel zum Vollzug der staatlichen Wirtschaftspläne vor.[161] Durch diese Verträge sollen die Vorgaben der Pläne durch verbindliche Vereinbarungen durchgesetzt werden. Als Vertragspartner des stets beteiligten Zentralstaats sind dabei – neben den einzelnen französischen Regionen – öffentliche und private Unternehmen vorgesehen. In der Praxis sind allerdings bisher fast ausschließlich Verträge mit Regionen[162] und öffentlichen Unternehmen[163] zustande gekommen. Die hier vornehmlich interessierenden Verträge staatlicher Stellen mit Privatunternehmen und ihren Verbänden finden sich bisher kaum.[164]

In der französischen Umweltpolitik sind schließlich bereits seit geraumer Zeit die *accords de branche* zwischen der französischen Regierung auf der einen und Industrievertretern auf der anderen Seite als Handlungsform bekannt.[165] Mit dem Begriff *accord de branche* werden Abkommen zwischen der französischen Regierung und einzelnen Industriezweigen bezeichnet, in denen Reduktionspläne und -fristen für umweltschädliche Produktionsstoffe vereinbart werden. Im Gegenzug gegen die Zusagen der Industrie verzichtet die beteiligte Regierung vorläufig auf die einseitig-hoheitliche Festlegung von Immissionsgrenzwerten. Bereits in den 70er Jahren wurden etwa 20 derartige Vereinbarungen abgeschlossen. Beispielhaft seien genannt die Absprache mit der Papier herstellenden Industrie und dem Brennereigewerbe jeweils zur Reduzierung der Wasserverschmutzung, die Abkommen mit der wollverarbeitenden Industrie zur Reduzierung von Schadstoffemissionen sowie ein der deutschen Asbestzementabsprache entsprechendes Abkommen.[166] Die jüngsten Absprachen betreffen die Reduktion von Verpackungsabfällen, das Recycling von Autowracks und die Reduktion von CO_2-Emissionen.[167] Die staatliche Seite beschränkt sich im Rahmen der französischen Absprachen nicht auf die Androhung einer normativen Regelung, sondern stellt darüber hinaus staatliche Beihilfen für den Fall ab-

---

[160] V. Reforme du plan de la Nation de 29 julliet 1982, La documentation française, 1982. Das Gesetz enthält neben Vorgaben zum Vollzug der Pläne vor allem Modifikationen des Verfahrens der Planaufstellung und der zu beteiligenden Organe, vgl. dazu *Delvolvé,* Droit public de la économie, Rn. 298 ff.

[161] Zum *contrat du plan* vgl. *Delvolvé,* Droit public de l'économie, Rn. 314 ff.; *Mescheriakoff,* Droit public économique, 1994, Rn. 187 ff.; *Vlachos,* Droit public économique français et communautaire, 1996, S. 183 ff.

[162] Vgl. hierzu *Vlachos*, Droit public économique, S. 183 ff.; *Delvolvé,* Rn. 319.

[163] Vgl. hierzu *Vlachos*, S. 194 ff.; *Delvolvé,* Rn. 626.

[164] *Mescheriakoff,* Droit public économique, 1994, Rn. 187.

[165] Im Bereich des Umweltschutzes geht der Einsatz des Instruments der Absprachen auf entsprechende Initiative des ersten französischen Umweltministers, *Robert Poujade* zurück, dazu *Autexier,* Branchenabkommen in Frankreich, Dokumentation zur 7. wissenschaftlichen Fachtagung der Gesellschaft für Umweltrecht, 1984, 195 (196).

[166] Weitere Beispiele sowie umfangreiche Nachweise aus der französischen Literatur bei *Autexier,* Die Branchenabkommen in Frankreich, S. 204 ff.

[167] Mitteilung der *Kommission* an den Rat und das Europäische Parlament über Umweltvereinbarungen, KOM 96, 561 endg., Anhang, S. 29.

sprachegemäßen Verhaltens in Aussicht. So sagte die staatliche Seite in den oben genannten Beispielsfällen den beteiligten Unternehmen Subventionen zur teilweisen Abdeckung der durch die Umweltschutzmaßnahmen verursachten Investitionen zu. Diese Beihilfen schwankten zwischen 10 und 50% der Investitionskosten.[168]

b) Belgien

Auch in Belgien sind seit 1980 14 Vereinbarungen über die Wiederverwendung und Verwertung von Abfällen, die schrittweise Reduktion von FCKW und die Substitution anderer umweltgefährdender Stoffe in Produkten wie Batterien abgeschlossen worden.[169] In Europa bislang einmalig ist eine Verordnung über Umweltvereinbarungen, die seit 1994 in der belgischen Region Flandern gilt. Die Verordnung legt detaillierte Voraussetzungen für die Wirksamkeit der Absprachen fest: So müssen die Umweltvereinbarungen in rechtlich bindender Vertragsform abgeschlossen werden. Die privaten Beteiligten müssen nachweisen, daß sie über ein Mandat des gesamten betroffenen Industriesektors verfügen. Der Vereinbarungsentwurf ist im Amtsblatt zu veröffentlichen, verschiedene öffentliche Körperschaften müssen angehört werden. Die Höchstgeltungsdauer der Vereinbarungen beträgt fünf Jahre; innerhalb dieses Zeitraums ist es den Gesetzgebungsorganen der Region verwehrt, strengere Rechtsvorschriften der Materie zu erlassen.

c) Dänemark

In Dänemark sind seit 1987 16 Absprachen zwischen dem Minister für Umwelt und Energie und den betroffenen Industriezweigen getroffen worden. Gegenstand der Vereinbarungen waren Maßnahmen zur Energieeinsparung, die Reduktion und kontrollierte Entsorgung von Abfällen (mit FCKW belastete Kühlschränke, Elektronikschrott, Altautos) sowie der schrittweise Ausstieg aus der Verwendung umweltbelastender Stoffe wie Lösemittel in Farben und Lacken und PVC.[170] Seit 1991 existiert in Dänemark eine allgemeine Ermächtigung zum Abschluß von Absprachen: Das neue Umweltschutzgesetz eröffnet dem Umweltminister die Möglichkeit, mit Unternehmen und Verbänden Vereinbarungen zur Verbesserung der Umweltsituation abzuschließen. Der Minister wird ferner ermächtigt, allgemeine Bedingungen für den Abschluß von Absprachen zu erlassen. Besonders bemerkenswert ist dabei die Befugnis, Maßnahmen gegen sog. Trittbrettfahrer zu erlassen, die sich nicht an

---

[168] *Autexier*, Die Branchenabkommen in Frankreich, Branchenabkommen in Frankreich, Dokumentation zur 7. wissenschaftlichen Fachtagung der Gesellschaft für Umweltrecht, 1984, 195 (207).

[169] Mitteilung der *Kommission* an den Rat und das Europäische Parlament über Umweltvereinbarungen vom 27.11.1996, KOM (96) 561 endg., Anhang, S. 25.

[170] Mitteilung der *Kommission* an den Rat und das Europäische Parlament über Umweltvereinbarungen, KOM 96, 561 endg., Anhang, S. 26.

der Absprache beteiligen und stattdessen den verminderten Wettbewerbsdruck zum eigenen Vorteil ausnutzen. Schließlich regelt auch das dänische Umweltschutzgesetz Anhörungsrechte von Umwelt- und Wirtschaftsorganisationen sowie verschiedener örtlich und sachlich betroffener Behörden. Im April 1996 wurde die erste Vereinbarung auf Grundlage der neuen Ermächtigung geschlossen. Sie betrifft die Einsammlung und Rückgewinnung von Bleiakkumulatoren.[171]

d) Niederlande

Besonders zahlreich sind die Absprachen in den Niederlanden: Es wurden bereits über einhundert Vereinbarungen zwischen Staat und Wirtschaft geschlossen. Sie haben wie anderenorts vor allem die Abfallwirtschaft, die Emissionsminderung, Energieeinsparung, die Sanierung kontaminierter Böden sowie Strategien zur Minderung der Lärmemissionen von Industriebetrieben zum Gegenstand. Die rechtliche Qualität der Vereinbarungen ist auch in den Niederlanden nicht eindeutig. Vielfach finden sich Absprachen, die als „covenant" (= Vertrag) bezeichnet werden;[172] an anderer Stelle wird die Bezeichnung „Absichtserklärung" oder „Verhaltenskodex" verwendet. Selbst für die als „covenant" bezeichneten Vereinbarungen wird überwiegend davon ausgegangen, daß die eingegangenen Verpflichtungen nicht einklagbar sind.[173] Das Verfahren beim Abschluß der Absprachen ist rechtlich nicht geregelt; es hat sich jedoch mittlerweile eine weitgehend übliche Praxis herausgebildet: Der zuständige Minister teilt den beiden Kammern des Parlaments seine Absicht zum Abschluß der Absprache mit. Im Rahmen der folgenden Verhandlungen wird von den Behörden einschließlich der Provinz- und Gemeinderäte und dem jeweiligen Industriezweig ein sog. integrierter Zielplan erstellt, der die Grundlage der Absprache bildet. Sofern die Branche ein ausreichendes Maß an Homogenität aufweist, werden diese Vereinbarungen brancheneinheitlich geschlossen; sonst werden individuelle Lösungen für einzelne Unternehmen oder Unternehmensgruppen erarbeitet. Unterzeichnete „covenants" werden im Amtsblatt veröffentlicht.

e) Österreich

Die Praxis in Österreich entspricht weitgehend derjenigen in der Bundesrepublik Deutschland. Auch in Österreich bilden Selbstverpflichtungen der Industrie den Regelfall, an denen sich staatliche Stellen zwar nicht offen beteiligen, denen aber eingehende Verhandlungen des zuständigen Ministeriums und der jeweiligen Industrie-

---

[171] Mitteilung der *Kommission* an den Rat und das Europäische Parlament über Umweltvereinbarungen, KOM 96, 561 endg., Anhang, S. 26.

[172] Dazu *Erasmus Universität*, Environmental Contracts and Covenants – New Instruments for a realistic Enviromental Policy?, Rotterdam 1992.

[173] Mitteilung der *Kommission* an den Rat und das Europäische Parlament über Umweltvereinbarungen, KOM 96, 561 endg., Anhang, S. 31.

verbände zugrunde liegen. Auch thematisch sind ähnliche Bereiche betroffen: Die meisten der seit 1980 abgeschlossenen etwa 25 Vereinbarungen betreffen die Verwertung von Abfällen wie ausgedienten Kraftfahrzeugen, Papier, Batterien etc. Außerdem existiert auch in Österreich seit 1994 eine sog. Klimakoalition, die vor allem Verpflichtungen staatlicher Stellen zur umweltfreundlichen Ausrichtung der öffentlichen Dienstleistungen und des Beschaffungswesens enthält; daneben sind allerdings auch Industriebetriebe an der Absprache beteiligt. Auffällig ist im Vergleich zur bundesdeutschen Praxis, daß die Mehrzahl der Absprachen auf Landesebene zustande gekommen ist.[174]

f) Schweiz

Aus der Schweiz sind bereits seit den 60er Jahren sog. gentlemen's agreements als Instrument der Geldpolitik bekannt.[175] Die Existenz dieser Absprachen erklärt sich vor allem daraus, daß das Schweizer Notenbankrecht kein dem deutschen Bundesbankgesetz vergleichbares einseitiges Lenkungsinstrumentarium kennt. Die geldpolitischen Steuerungsimpulse beruhen stattdessen auf gentlemen's agreements zwischen der Schweizer Notenbank auf der einen und den Geschäftsbanken auf der anderen Seite. In diesen Vereinbarungen verpflichten sich die beteiligten Banken, bei ihren Geschäften die entweder von der Notenbank einseitig oder im Rahmen von Verhandlungen einverständlich festgelegten geldpolitischen Richtlinen zu beachten. In jüngerer Zeit gewinnt auch in der Schweiz die normvermeidende Kooperation zwischen Staat und Wirtschaft im Bereich des Umweltschutzes an Bedeutung: Im März 1997 hat der Schweizer Bundesrat ein Bundesgesetz zur Reduktion der CO_2-Emissionen an das Parlament überwiesen, das vorsieht, daß die betroffenen Unternehmen der für das Jahr 2004 vorgesehenen Einführung einer sog. CO_2-Abgabe auf den Energieverbrauch dadurch entgehen können, daß sie sich „freiwillig" zur Reduktion ihrer Emissionen verpflichten.[176]

g) Schweden

In Schweden existieren einige als gentlemen's agreements oder Absichtsschreiben der Industrie bezeichnete Vereinbarungen von Staat und Wirtschaft, die von den Beteiligten als nicht rechtsverbindlich angesehen werden. Absprachepartner sind

---

174 Mitteilung der *Kommission* an den Rat und das Europäische Parlament über Umweltvereinbarungen, KOM 96, 561 endg., Anhang, S. 32.

175 Dazu *Tuchtfeld,* Gentlemen's agreement als Instrument schweizerischer Gelpolitik, in: Andrae (Hrsg.), Geldtheorie und Geldpolitik, Festschrift für Günther Schmölders, 1968, S. 138 ff.; allgemein zu kooperativen Kontakten zwischen Staat und Wirtschaft in der Schweiz *Schweizer,* Verträge und Abmachungen zwischen der Verwaltung und Privaten in der Schweiz, VVDStRL 52 (1993), 133 ff.

176 Vgl. dazu die Schweizer Nationalrätin *Vallender,* Die CO_2-Abgabe – auf sicher oder nur im Notfall, Neue Züricher Zeitung Nr. 23/98 vom 29.01.1998.

die jeweils zuständigen Minister und Industrieverbände, nur in seltenen Ausnahmefällen einzelne Unternehmen. Thematisch sind auch in Schweden die Abfallwirtschaft, Energieeinsparung sowie der schrittweise Verzicht auf bestimmte Produktionsmittel betroffen.[177]

h) Finnland

In Finnland sind Vereinbarungen über die schrittweise Reduzierung der Verwendung von FCKW über die Einsparung von Energie sowie die Reduzierung von Verpakkungsabfällen abgeschlossen worden. Auch in Finnland werden die Absprachen von Ministerien und Wirtschaftverbänden geschlossen; der Abschluß von normvermeidenden Absprachen ist Teil einer Gesamtstrategie der finnischen Regierung, nach der „freiwilligen" Vereinbarungen mit der Wirtschaft auch in anderen Bereichen Vorrang vor einseitig-hoheitlichen Regelungen eingeräumt werden soll. So finden gegenwärtig Verhandlungen über den Abschluß entsprechender Absprachen für weitere Produktgruppen (Kraftfahrzeuge, Reifen, Kraftfahrzeugbatterien, elektronische Geräte, Haushaltsgeräte) statt.[178]

i) Großbritannien

Die britische Regierung hat seit Anfang der 70er Jahre ebenfalls einige Vereinbarungen mit Wirtschaftsvertretern geschlossen. Parallelen zu bundesdeutschen Absprachen bestehen in Absprachen zum Verzicht auf APEO in Waschmitteln und mehreren Absprachen zum Klimaschutz. So schloß die britische Regierung im Januar 1996 drei Abkommen mit den Verbänden der Aerosol-, Klima- und Kühlanlagen-, Feuerschutz- und Schaumstoffindustrie ab.[179] Daneben finden sich institutionalisierte Formen des Dialogs zwischen Staat und Wirtschaft in Form sog. Beratender Ausschüsse für Umwelt und Handel sowie örtlicher „Green Business Clubs".

j) Irland

In Irland finden sich kaum zweiseitige Vereinbarungen, sondern nur scheinbar einseitige Handels„initiativen", die – ähnlich wie in Deutschland – anschließend von der Regierung „begrüßt" werden. Auch in Irland gehen die Erklärungen der Wirtschaft indes zumeist auf entsprechende „Anregungen" des Staates zurück.[180]

---

[177] Mitteilung der *Kommission* an den Rat und das Europäische Parlament über Umweltvereinbarungen, KOM 96, 561 endg., Anhang, S. 33.

[178] Mitteilung der *Kommission* an den Rat und das Europäische Parlament über Umweltvereinbarungen, KOM 96, 561 endg., Anhang S. 33.

[179] Mitteilung der *Kommission* an den Rat und das Europäische Parlament über Umweltvereinbarungen, KOM 96, 561 endg., Anhang, S. 34.

[180] So veröffentlichte das Umweltministerium 1994 eine Verwertungsstrategie für Abfälle, in der die Industrie ausdrücklich aufgefordert wurde, „freiwillige" Vereinbarungen vorzuschla-

Hinzu kommt auch hier der Druck offener Regelungsandrohungen des Staates: So räumt beispielsweise das Mitte 1996 in Kraft getretene Abfallwirtschaftsgesetz der irischen Regierung umfangreiche Regelungsbefugnisse im Hinblick auf die Verwertung von Verpackungsmaterialien ein. Gleichzeitig überläßt es das Gesetz dem Minister aber ausdrücklich, auf eine entsprechende Verordnung zu verzichten, sofern eine Vereinbarung mit der Wirtschaft zustande kommt, die den Anforderungen des Gesetzes entspricht.[181] Vor diesem Hintergrund ist die Vereinbarung zwischen Umweltministerium und den Verbänden des irischen Einzelhandels über die Reduzierung von Verpackungsabfällen von 1996[182] zu sehen. Sie wird von der irischen Regierung bisher als ausreichend angesehen; auf den Erlaß über die Vereinbarung hinausgehender Vorschriften hat sie bisher verzichtet.

k) Italien

In Italien sind bisher elf Vereinbarungen auf nationaler und regionaler Ebene geschlossen worden. Hervorzuheben sind die Ende der 80er Jahre vom Umweltministerium und dem FIAT-Konzern ausgetauschten „Absichtsschreiben" über die Verminderung der Luftverschmutzung und des Lärms in Stadtgebieten. Der Briefwechsel mündete in ein Protokoll „Umwelt und Entwicklung", in dem der Fiat-Konzern u. a. die Entwicklung umweltfreundlicher Fahrzeuge zusagte.[183]

l) Spanien

Auch in Spanien wird der kooperativen Durchsetzung von Gemeinwohlzielen insbesondere im Bereich der Umweltpolitik wachsende Bedeutung zugemessen.[184] Es existieren bereits Absprachen zur Reduzierung des Verbrauchs von FCKW in Aerosolen, in der Abfallwirtschaft, über ausgediente Kraftfahrzeuge sowie Altreifen. Eine ausdrückliche Ermächtigung zum Abschluß normvermeidender Absprachen enthält der Königliche Erlaß 484/1995. Danach werden die Wasserwirtschafts-

---

gen. Vor diesem Hintergrund ist das sog. REPAK-Abkommen in Irland zu sehen, daß im Februar 1996 die Reduzierung von Verpackungsabfällen zum Gegenstand hatte, dazu *Kommission,* S. 29.

181 Der Wirkungsmechanismus entspricht insofern der Regelungsandrohung in § 6 der deutschen Verpackungsverordnung; vgl. dazu und zur Kategorie der *normakzessorischen Absprachen*, auf deren Zustandekommen derartige *Androhungsgesetze* abzielen, vgl. 1. Teil Kapitel B. I. sowie unten 5. Teil Kapitel C. I.

182 Das bereits in Anm. 200 erwähnte sog. REPAK-Abkommen.

183 Mitteilung der *Kommission* an den Rat und das Europäische Parlament über Umweltvereinbarungen, KOM 96, 561 endg., Anhang, S. 30.

184 In seiner „Strategie für Energie und Umwelt für die Jahre 1995–2000" anerkannte das Ministerium für Industrie und Energie Vereinbarungen mit der Industrie „als eines der Instrumente zur Durchführung von kurz- und mittelfristigen Umweltzielen", dazu Mitteilung der *Kommission* an den Rat und das Europäische Parlament über Umweltvereinbarungen, KOM 96, 561 endg., Anhang, S. 28.

behörden ermächtigt, mit den Industrieverbänden sog. Sektorpläne für die Abwasserkontrolle auszuhandeln. Diese Pläne treten an die Stelle entsprechender normativer Regelungen der Materie.

m) Portugal

In Portugal sind seit 1984 insgesamt zehn Vereinbarungen zwischen Staat und Wirtschaft geschlossen worden. Sie haben vor allem die verminderte Verwendung verschiedener Stoffe zum Gegenstand. 1994 schloß die Regierung mit den beteiligten Industriekreisen eine Rahmenvereinbarung über eine dauerhafte umweltgerechte Entwicklung. Auf Grundlage dieser Rahmenvereinbarung finden derzeit Verhandlungen zwischen den Ministerien für Umwelt, Wirtschaft und Industrie auf der einen und verschiedenen – teils landesweiten, teils regionalen – Verbänden der portugiesischen Industrie und Landwirtschaft statt. Ziel dieser Verhandlungen ist die Entwicklung sektoraler Umweltpläne, deren Einhaltung die Industrie zusagen soll. Die Regierungsseite will sich im Gegenzug verpflichten, während der Laufzeit der Vereinbarungen keine neuen umweltrechtlichen Vorschriften einzuführen. Die Einhaltung der Zusagen der Wirtschaft soll durch die Einsetzung eines sog. Lenkungsausschusses überwacht werden, dem Vertreter aller Beteiligten angehören.[185]

n) Japan

Interessante Anregungen für die Diskussion kooperativer Formen der Interessenabstimmung von Staat und Wirtschaft ergibt der Blick nach Japan. Dort existieren auf nahezu allen Ebenen des Staatshandelns Verhandlungsmodelle zur Lösung gesellschaftlicher Konflikte.[186] Den Ausgangspunkt dieser Entwicklung bildeten erste Verhandlungen von Staat und Wirtschaft in den fünfziger Jahren, die auf eine Verbesserung der Lebensverhältnisse der Bevölkerungskreise abzielten, die infolge industrieller Umweltverschmutzung gravierende Gesundheitsschäden erlitten hatten.[187] In den sechziger Jahren verschärften sich die Umweltprobleme, ohne daß den staatlichen Stellen ein ausreichendes gesetzliches Instrumentarium zu deren Bewältigung zur Verfügung stand. Dies führte zu zahlreichen Absprachen zwischen regionalen Behörden und Wirtschaftsvertretern, die normative Regelungen der Materie

---

[185] Zum Ganzen Mitteilung der *Kommission* an den Rat und das Europäische Parlament über Umweltvereinbarungen, KOM 96, 561 endg., Anhang, S. 32.

[186] *Folianty-Jost,* Kommunale Umweltpolitik in Japan – Alternativen zur rechtsförmlichen Steuerung, 1988, S. 45 ff., 88 ff.; *Dies.,* Kooperation statt Konfrontation, ZAU 1990, 36 f.; *Kloepfer,* „Gyosei Shido" und das informelle Verwaltungshandeln, in: Coing/Hirano u. a. (Hrsg.), Die Japanisierung westlichen Rechts, S. 83 f.; *Kunig/Rublack,* Aushandeln statt Entscheiden?, Jura 1990, 1 (2); *Tsuru/Weidner,* Ein Modell für uns: Die Erfolge japanischer Umweltpolitik, 1985, S. 71 ff.

[187] *Folianty-Jost,* Kooperation statt Konfrontation, ZAU 1990, 36 (38 f.); *Kunig/Rublack,* Aushandeln statt Entscheiden?, Jura 1990, 1 (2).

entbehrlich machen sollten.[188] Diese Absprachen wurden anfänglich schriftlich fixiert; gleichwohl wurden sie als gentlemen's agreements eingestuft, die keine einklagbaren Erfüllungsansprüche begründen sollten.[189] Seit Mitte der siebziger Jahre bilden die normvermeidenden Absprachen eine Erscheinungsform des sog. „Gyosei Shido". Unter diesem Begriff werden in Japan Handlungsformen der Verwaltung zusammengefaßt, die das Ziel verfolgen, öffentliche Zwecke durch formal rechtswirkungslose Kontakte mit Privaten zu verwirklichen.[190] Der Entwurf eines allgemeinen Verwaltungsverfahrensgesetzes für Japan sieht nunmehr einige rechtliche Anforderungen an diese Form des Staatshandelns vor.[191]

o) USA

In den USA wird unter dem Stichwort „Alternative Dispute Resolution"[192] ein breites Spektrum kooperativer Problemlösungsstrategien diskutiert; dazu gehören auch Absprachen zwischen Staat und Wirtschaft, die an die Stelle gesetzlicher Regelungen treten. Als besondere Verhandlungsverfahren haben sich dabei die sog. „negotiation" und die sog. „mediation" etabliert. Das Grundmodell der „negotiation" besteht darin, daß zunächst auf freiwilliger Verhandlungsbasis versucht wird, die gemeinsamen Interessen der Beteiligten zu ermitteln, anstatt – wie sonst in Konflikten üblich – die gegensätzlichen Positionen und Forderungen zu betonen.[193] Die „mediation" erweitert dieses Konzept dahingehend, daß in die Verhandlungen eine

---

188 Bis 1986 existierten nach *Folianty-Jost* (Umweltpolitik in Japan – Alternativen zur rechtsförmlichen Steuerung, 1988, S. 46) insgesamt 28.581 Absprachen dieser Art.

189 *Folianty-Jost*, ebd., unter Verweis auf den japanischen Verwaltungsrechtler *Harada*, Kogai to gyosei-ho (Umweltzerstörung und Verwaltungsrecht), 1980, S. 163.

190 *Gyosei Shido* läßt sich in etwa übersetzen mit „Führung oder Anleitung durch die Verwaltung", vgl. dazu *Futja*, Gyosei Shido, Rechtsprobleme eines Hauptmittels der gegenwärtigen Verwaltung in Japan, Die Verwaltung 15 (1982) 226 (232); *Ders.*, in: Hoffmann-Riem/Schmidt-Aßmann, Reform des allgemeinen Verwaltungsrechts, Bd. I, S. 289 (290). Die Beziehungen von Staat und Wirtschaft in Japan sind gekennzeichnet von vielfältigen Formen staatlicher Einflußnahme jenseits einseitiger rechtsverbindlicher Anordnungen: Neben den hier interessierenden regulativen Absprachen finden sich auch zahlreiche Absprachen im Bereich des Gesetzesvollzugs. Zu den verschiedenen Formen des *Gyosei Shido* und zur Vergleichbarkeit mit ähnlichen Phänomenen in der Bundesrepublik vgl. *Brohm*, Rechtsstaatliche Vorgaben für informelles Verwaltungshandeln, DVBl. 1994, 133 ff.; *Shiono*, Verwaltungsrecht und Verwaltungsstil, in: Coing/Hirano (Hrsg.), Die Japanisierung westlichen Rechts, S. 45 (56 f.).

191 Entwurf eines allgemeinen Verwaltungsverfahrensgesetzes in Japan, Art. 26 ff., abgedruckt in: VerwArch 84 (1993), S. 56 ff.; dazu *Shiono,* Anmerkungen zum Entwurf eines Verwaltungsverfahrensgesetzes in Japan, ebd., S. 45 ff.; *Bullinger*, Zwecke und Neuerungen des japanischen Verwaltungsverfahrensgesetzes, ebd., S. 45 ff.

192 Vgl. *Susskind/Cruikshank*, Breaking the Impasse. Consensual approaches to Resolving Public Disputes; zum übergreifenden Konzept der Deregulierung in den USA *Hoffmann-Riem,* Umweltschutz zwischen staatlicher Regelungsverantwortung und unternehmerischer Eigeninitiative, WiVerw 1983, 120.

193 Zur Unterscheidung zwischen *Positionen* und *Interessen* vgl. *Passavant*, Mittlergestütze Kooperation in komplexen Verwaltungsverfahren, DÖV 1987, 516 (517).

neutrale private Person als Vermittler eingeschaltet wird. Dieser „mediator“[194] besitzt keine Kompetenz zur verbindlichen Entscheidung des Konflikts, sondern soll den Verhandlungsprozeß durch Vermittlung zwischen den Beteiligten und die Unterbreitung eigener Entscheidungsvorschläge vorantreiben.[195]

B. Die normvermeidende Absprache – Begriff und Typologie

Nachdem ein Überblick über einige Selbstverpflichtungserklärungen der Industrie und die ihnen vorangehenden Verhandlungen zwischen Staat und Vertretern der Wirtschaft gegeben wurde, soll nun der Untersuchungsgegenstand der Arbeit in Form einer Definition des Begriffs der normvermeidenden Absprache näher gekennzeichnet und von anderen Formen instrumentalisierter Selbstregulierung abgegrenzt werden (I.). Anschließend wird eine Typologie der verschiedenen Formen normvermeidender Absprachen entwickelt (II.).

I. Begriff und Abgrenzung von anderen Formen staatlich induzierter Selbstregulierung der Wirtschaft

Als *normvermeidende Absprachen* werden im folgenden Willensübereinstimmungen zwischen staatlichen Stellen einerseits und Unternehmen bzw. ihren Verbänden andererseits verstanden, die das Ziel verfolgen, eine Regelung des Gegenstandes der Absprache durch ein Gesetz oder eine Rechtsverordnung entbehrlich zu machen. Erforderlich ist eine Kommunikationsbeziehung zwischen den Absprachepartnern, die dazu führt, daß sich der eine Teil zu einer Beschränkung seiner Aktivitäten im öffentlichen Interesse, der andere Teil zum Verzicht auf eine Normsetzungsinitiative bereiterklärt. Diese Kommunikationsbeziehung weist zwei notwendige Merkmale auf:

- *Erstens* die staatliche Drohung mit dem Normerlaß;
- *Zweitens* ein Tauschgeschäft zwischen den Beteiligten, mit dem Inhalt, daß der Staat im Gegenzug gegen die Zusage eines bestimmten Verhaltens der Wirtschaft auf eine Normsetzungsinitiative verzichtet.

---

[194] In deutschen Bearbeitungen auch *Konfliktmittler* genannt, vgl. *Hoffmann-Riem,* Konfliktmittler in Verwaltungsverhandlungen, 1989; *Ders.,* DVBl. 1994, 1381 (1388); *Ders.*, in: Hoffmann-Riem/Schmidt-Aßmann/Schuppert, Reform des Allgemeinen Verwaltungsrechts, Bd. I, Grundfragen, 1993, 115 (157 ff.).

[195] *Brohm*, Verwaltungsverhandlungen mit Hilfe von Konfliktmittlern?, DVBl. 1990, 321 (324); *Ders.*, Beschleunigung des Verwaltungsverfahrens – Straffung oder konsensuales Verwaltungshandeln?, NVwZ 1991, 1025 (1031); *Benz*, Verhandlungen, Verträge und Absprachen in der öffentlichen Verwaltung, Die Verwaltung 23 (1990), S. 83 (93 ff.); *Passavant*, Mittlergestütze Kooperation in komplexen Verwaltungsverfahren, DÖV 1987, 516 (519).

Zur Kennzeichnung des Phänomens ist der Begriff der *normvermeidenden* bzw. der *normabwendenden*[196] Absprache der im Schrifttum anzutreffenden Bezeichnung als *normersetzender*[197] oder *normvertretender*[198] Absprache vorzuziehen: Die Absprachen sollen eine normative Regelung der Materie zwar überflüssig machen, entsprechen in ihrer Rechtswirkung einer imperativen Regelung – wie noch zu zeigen sein wird[199] – aber gerade nicht. Deshalb sind sie weder darauf angelegt noch dazu in der Lage, eine normative Regelung zu *ersetzen*, sondern eben nur zu *vermeiden*.

Zur Bezeichnung der Absprachen zwischen Staat und Wirtschaft ungeeignet sind auch die Begriffe *Selbstbeschränkungsabkommen*[200] und *Selbstverpflichtung*,[201] die in der Literatur verschiedentlich verwendet werden. Diese Bezeichnungen lassen den Bezug zum staatlichen Normsetzungsverzicht nicht erkennen. Es überrascht deshalb nicht, daß der Begriff der Selbstverpflichtung teilweise auch für Absprachen verwendet werden, an denen nur Privatrechtssubjekte beteiligt sind.[202] Derartige rein horizontale Absprachen kommen in der Praxis durchaus vor: So verpflichtete sich beispielsweise der Verband der Lackindustrie e.V. in einem Schreiben an den Bundesminister des Inneren vom 21. Mai 1983 zu einem Verzicht auf bestimmte Lösungsmittel in Lacken, die sich als umweltschädlich herausgestellt hatten,

---

196 Zwischen dem Begriff der *normvermeidenden* und dem der *normabwendenden* Absprache besteht aus rechtswissenschaftlicher Sicht kein sachlicher Unterschied, so daß diese Begriffe synonym verwendet werden können.

197 *Baudenbacher,* Kartellrechtliche und verfassungsrechtliche Aspekte gesetzesersetzender Vereinbarungen zwischen Staat und Wirtschaft, JZ 1988, 689 ff.; *Brohm,* Rechtsgrundsätze für normersetzende Absprachen, DÖV 1992, 1025 ff.; *Grewlich,* Umweltschutz durch „Umweltvereinbarungen", DÖV 1998, 54 (55); *Scherer,* Rechtsprobleme normersetzender Absprachen zwischen Staat und Wirtschaft am Beispiel des Umweltrechts, DÖV 1991, 1 ff.; *Stober,* Rückzug des Staates im Wirtschaftsverwaltungsrecht, 1997, S. 60.

198 *Becker,* Informales Verwaltungshandeln zur Steuerung wirtschaftlicher Prozesse, DÖV 1985, 1003 (1007); *Bohne,* Informales Verwaltungs- und Regierungshandeln als Instrument des Umweltschutzes, VerwArch 75 (1984), 343; *Ders.*, Informales Verwaltungshandeln, in: Handwörterbuch des Umweltrechts, Sp. 1046 ff. (1057); *Dempfle*, Normvertretende Absprachen, Diss. Trier 1993.

199 Unten 3. Teil.

200 *Nickel*, Absprachen zwischen Staat und Wirtschaft – Die öffentlich-rechtlichen Aspekte der Selbstbeschränkungsabkommen der deutschen Industrie, Diss. Hamburg 1979; *Oldiges*, Staatlich inspirierte Selbstbeschränkungsabkommen in der Privatwirtschaft, WiR 1973, S. 1 ff.; *Jarass*, Wirtschaftsverwaltungsrecht mit Wirtschaftsverfassungsrecht, § 7 Rn. 33 ff.; *Stober*, Allgemeines Wirtschaftsverwaltungsrecht, § 28 III, S. 282 und § 29 VI 3 c), S. 296; deutlich wird der Zusammenhang zur staatlichen Regelungsandrohung dagegen bei der von *Stober*, § 30 III 2 b) gewählten Bezeichnung der Absprachen als *„Wirtschaftslenkung durch Veranlassung zur Selbstbeschränkung"*.

201 *Di Fabio*, Selbstverpflichtungen der Wirtschaft – Grenzgänger zwischen Freiwilligkeit und Zwang, JZ 1997, 969 ff.

202 *Beyer,* Der öffentlich-rechtliche Vertrag, informales Verwaltungshandeln der Behörden und Selbstverpflichtungen Privater als Instrument des Umweltschutzes, Diss. Köln 1986, S. 271 ff.

ohne daß dem eine entsprechende Anregung staatlicher Stellen vorausgegangen wäre. Die Lackindustrie legte in der Selbstverpflichtungserklärung ausdrücklich Wert darauf, daß die Erklärung „aus freien Stücken und ohne Druck von irgendeiner Seite“ zustande gekommen sei.[203] Die spezifischen Probleme, die sich aus der staatlichen Drohung mit dem Normerlaß ergeben, treten bei derartigen rein horizontalen Absprachen aber nicht auf. Nur bei Absprachen unter staatlicher Beteiligung stellt sich ein Großteil der Fragen, denen diese Arbeit nachgehen will: So können nur bei diesem Absprachetyp öffentlich-rechtliche Bindungen für die staatliche Mitwirkung an den Absprachen bestehen. Ebenso treten die mit der Delegation von staatlicher Gemeinwohlverantwortung auf Private verbundenen Probleme nicht auf, wenn es um eine reine Übereinkunft Privater geht. Der Erfassung dieser Rechtsprobleme dient die Bildung des Begriffs der normvermeidenden Absprache. Auf die rein horizontalen Absprachen wird deshalb nur verschiedentlich zu Abgrenzungszwecken ein Seitenblick zu werfen sein; normvermeidende Absprachen im Sinne der dieser Arbeit zugrunde liegenden Definition sind sie indes nicht.[204]

Das bedeutet allerdings nicht, daß im Rahmen dieser Arbeit nicht auch die horizontalen Interessenabstimmungen untersucht würden, mit denen die auf Seiten der Wirtschaft beteiligten Unternehmen und Verbände die im vertikalen Verhältnis zum Staat übernommenen Verpflichtungen umsetzen. Wie noch zu zeigen sein wird, erhalten diese staatlich induzierten horizontalen Vereinbarungen und Interessenabstimmungen ihr Gepräge durch die staatliche Einflußnahme.[205] Auch wenn die eigentliche normvermeidende Absprache im vertikalen Verhältnis zwischen Staat und Wirtschaft zustande kommt, gehören deshalb die horizontalen Vereinbarungen, mit denen die normvermeidende Absprachen vollzogen werden, zum Untersuchungsgegenstand der Arbeit. Auf der Ebene der Umsetzung der normvermeidenden Absprachen kann auch der Begriff der Selbstverpflichtung verwendet werden: Wie ebenfalls noch im einzelnen entwickelt wird, bilden die von der Wirtschaft abgegebenen Selbstverpflichtungserklärungen eine Form der Umsetzung der normvermeidenden Absprachen.[206]

Ausgeblendet werden mit der Beschränkung auf *normvermeidende* Absprachen auch diejenigen Absprachen zwischen Staat und Wirtschaft, die im Bereich des Gesetzesvollzugs anzutreffen sind. Sie waren in jüngerer Zeit Gegenstand einer Vielzahl rechts- und verwaltungswissenschaftlicher Untersuchungen.[207] Es geht dort um

---

203 Vgl. zu dieser Absprache im einzelnen *Rengeling,* Das Kooperationsprinizp im Umweltrecht, 1988, S. 40 ff.

204 *Selbstverpflichtungen* sind eine Form der Umsetzung normvermeidender Absprachen. Der Begriff der Selbstverpflichtung tritt insofern neben den der normvermeidenden Absprache; ich werde hierauf im Rahmen der sogleich folgenden Typologie der normvermeidenden Absprachen zurückkommen.

205 Vgl. unten 3. Teil Kapitel B. II. 2.

206 Vgl. unten 1. Teil Kapitel B. II. 2. b).

207 *Bauer,* Informelles Verwaltungshandeln im öffentlichen Wirtschaftsrecht, VerwArch 78 (1987), 241 ff.; *Benz/Seibel,* Zwischen Kooperation und Korruption – Abweichendes Verhalten

informelle Absprachen zwischen Behörden und einzelnen Unternehmen, die sich auf ein Verhalten der Behörde bei der Durchsetzung gesetzlicher Vorschriften beziehen: So wird der Inhalt von Genehmigungen zwischen Behörden und antragstellenden Unternehmen häufig informell abgestimmt. In anderen Fällen beziehen sich Arrangements auf die „freiwillige" Beseitigung gesetzeswidriger Zustände durch die betroffenen Unternehmen; die beteiligten Behörden verzichten im Gegenzug auf ein hoheitliches Einschreiten. Diese informellen Verhaltensabstimmungen zwischen Behörden und einzelnen Unternehmen beim Gesetzesvollzug werfen zwar teilweise Fragen auf, die in ähnlicher Weise auch bei normvermeidenden Absprachen auftreten. Hierauf werde ich insbesondere bei der Einordnung der staatlichen Mitwirkung an den normvermeidenden Absprachen in das System staatlicher Handlungsformen zurückkommen.[208] Die besonderen Probleme, die sich aus der Disposition staatlicher Stellen über Gesetzgebungsrechte ergeben – und denen das Interesse dieser Arbeit gilt –, stellen sich bei den Absprachen beim Gesetzesvollzug aber nicht.

Nicht norm*vermeidend* sind schließlich die Absprachen, durch die die Normadressaten lediglich die Realisierung eines bereits existierenden Gesetz- oder Verordnungsbefehls zu vermeiden suchen. Diesen Wirkungsmechanismus repräsentieren Verpackungsverordnung und Duales System: Die auf Grundlage des damals geltenden § 14 AbfG im Jahr 1991 erlassene Verpackungsverordnung (VerpackVO)[209] ordnet in § 6 Abs. 2 für Hersteller und Vertreiber von Waren an, daß die vom Endverbraucher gem. § 6 Abs. 1 VerpackVO zurückgegebenen Verpackungen zurückzunehmen und einer erneuten Verwendung oder einer stofflichen Verwertung außerhalb der öffentlichen Abfallentsorgung zuzuführen sind. Dieser Pflicht kann gem. § 6 Abs. 3 VerpackVO derjenige Hersteller und Vertreiber entgehen, der sich an einem Abholungs- und Sortiersystem beteiligt, das flächendeckend im Verkaufsbereich der Waren tätig wird. Die Wirtschaft hat von dieser Möglichkeit mit der Gründung der Duales System Deutschland Gesellschaft für Abfallvermeidung und Sekundärrohstoffgewinnung mbH (DSD) Gebrauch gemacht. Dieses Wirtschaftsun-

---

der Verwaltung, 1992; *Bohne,* Informales Verwaltungshandeln im Gesetzesvollzug, JbRSoz 1980, 20; *Bulling*, Kooperatives Verwaltungshandeln (Vorverhandlungen, Arrangements, Agreements und Verträge) in der Verwaltungspraxis, DÖV 1989, 277; *Burmeister*, Verträge und Absprachen zwischen der Verwaltung und Privaten, VVDStRL 52 (1993), 190 ff.; *Eberle*, Arrangements im Verwaltungsverfahren, DV 17 (1984), 439 ff.; *Henneke*, Informales Verwaltungshandeln im Wirtschaftsverwaltungs- und Umweltrecht, NuR 1991, 267 ff.; *Hill (Hrsg.)*, Verwaltungshandeln durch Verträge und Absprachen, 1990; *Hoffmann-Riem/Schmidt-Aßmann,* Konfliktbewältigung durch Verhandlungen, Bd. I: Informelle und mittlergestützte Verhandlungen im Verwaltungsverfahren, 1990; *Kunig*, Verträge und Absprachen zwischen Verwaltung und Privaten, DVBl. 1992, 1193 ff.; *Kunig/Rublack*, Aushandeln statt Entscheiden?, Jura 1990, 1 ff.; *Lübbe-Wolff*, Das Kooperationsprinzip im Umweltrecht – Rechtsgrundsatz oder Deckmantel eines Vollzugsdefizits?, NuR 1989, 295 ff.; *Randelzhofer/Wilke*, Die Duldung als Form flexiblen Verwaltungshandelns, 1981; *Tomerius,* Informelle Projektabsprachen im Umweltrecht, 1995.

[208] Vgl. unten 3. Teil Kapitel C. III. 2.

[209] Verordnung über die Vermeidung von Verpackungsabfällen vom 12.6.1991, BGBl. I S. 1234, geändert durch VO vom 26.10.1993, BGBl. I., S. 1782.

ternehmen sammelt Verpackungsabfälle und führt sie nach bestimmten Quoten einer Verwertung zu, sofern sie mit dem sog. Grünen Punkt gekennzeichnet sind. Die Hersteller und Vertreiber von Produkten zahlen für die Verwendung des Grünen Punktes eine Lizenzgebühr an das DSD. Solange dieses System funktioniert, sind die Hersteller und Vertreiber von ihren Pflichten gem. § 6 Abs. 2 VerpackVO freigestellt. Die Pflicht der Normadressaten wird in diesem Fall durch eine imperative Regelung ausgelöst, die Norm also gerade nicht im obigen Sinne *vermieden*. Den Normadressaten wird lediglich die Möglichkeit eingeräumt, dem Normbefehl durch ein eigenes – ebenfalls gesetzlich umrissenes – Verhalten zu entgehen.[210] Auf diese *normakzessorische* Spielart der Absprachen zwischen Staat und Wirtschaft werde ich im Rahmen der Suche nach Alternativen zu normvermeidenden Absprachen zurückkommen.[211]

II. Typologie normvermeidender Absprachen

Die Vielfalt der Erscheinungsformen normvermeidender Absprachen wird durch die vorstehende – notwendig abstrakte – Begriffsdefinition und die negative Abgrenzung zu anderen Formen der staatlichen Kooperation mit der Wirtschaft noch nicht hinreichend deutlich. Im folgenden wird deshalb der Versuch unternommen, anhand verschiedener Systematisierungskriterien eine Typologie der normvermeidenden Absprachen zu entwickeln, an die im Rahmen der weiteren Arbeit angeknüpft werden kann, wenn es um mögliche Differenzierungen in der rechtlichen Beurteilung geht.

1. Vertikale und horizontale Absprachen

Nach den Beteiligten lassen sich vertikale Interessenabstimmungen zwischen staatlichen Stellen und Privaten einerseits und andererseits daran anknüpfende Absprachen von Privaten untereinander unterscheiden.[212]

---

[210] *Schmidt-Preuß*, VVdStRL 56 (1996), S. 162 (215) spricht in diesem Zusammenhang in Anlehnung an die zivilrechtliche Terminologie davon, daß dem Privaten die Möglichkeit gegeben werde, anstelle der rechtsförmlich ausgelösten „Primärpflicht erfüllungshalber" tätig zu werden. Zum Steuerungskonzept von Verpackungsverordnung und Dualem System vgl. *Koch*, Vereinfachung des materiellen Umweltrechts, NVwZ 1996, 215 (218 f.); *Ekkenga*, Die Verpackungsverordnung zwischen Administration und privatwirtschaftlicher Kooperation, BB 1993, 945 ff.; *Flanderka*, Struktur und Ausgestaltung des dualen Systems in Deutschland, BB 1996, 649 ff. sowie die Begründung der Bundesregierung zum Entwurf der Verpackungsverordnung, BR-Drucks 817/90, S. 24. Zu den verfassungsrechtlichen Problemen dieser Form der Wirtschaftslenkung vgl. *Di Fabio,* Die Verfassungskontrolle indirekter Umweltpolitik am Beispiel der Verpackungsverordnung, NVwZ 1995, 1 ff. sowie unten 5. Teil Kapitel C. I. 3.

[211] Siehe unten 5. Teil Kapitel C. I.

[212] *Brohm,* Rechtsgrundsätze für normersetzende Absprachen, DÖV 1992, 1025 (1027 f.).

Die eigentliche normvermeidende Absprache kommt im vertikalen Verhältnis zwischen staatlichen Stellen und Vertretern der Wirtschaft zustande. In diesem Verhältnis droht der Staat mit dem Normerlaß, und es kommt anschließend das Tauschgeschäft zustande, indem die Wirtschaftsvertreter ein bestimmtes Verhalten im Gegenzug gegen den staatlichen Regelungsverzicht zusagen. Auf Seiten des Staates sind an diesen vertikalen normvermeidenden Absprachen bisher stets Mitglieder der Exekutive beteiligt: Die Absprachen werden von einem oder mehreren Fachministern ausgehandelt oder angeregt.[213] In einigen Fällen macht sich die beteiligte Regierung insgesamt die Absprache zu eigen, in dem sie auf einen bereits verabschiedungsreifen Gesetz- oder Verordnungsentwurf verzichtet.[214] Die Legislative ist an den vertikalen normvermeidenden Absprachen in der Praxis bisher allenfalls indirekt beteiligt: So beruhte beispielsweise die Aufnahme der Verhandlungen im Fallbeispiel der Absprachen mit der Automatenindustrie auf einem Beschluß des Deutsches Bundestages, mit dem dieser die Bundesregierung aufgefordert hatte, eine „freiwillige Selbstbeschränkung" der Automatenwirtschaft herbeizuführen.[215] In ähnlicher Weise forderte der Deutsche Bundestag die Bundesregierung auf, die existierende Absprache mit der Aerosolindustrie zu verschärfen.[216] Die Verhandlungen mit der Wirtschaft wurden indes auch in diesen Beispielsfällen von Vertretern der Bundesregierung geführt. Auch gaben die Vertreter der Wirtschaft ihre Zusagen gegenüber dem jeweils zuständigen Bundesminister ab, der wiederum mit der Zusage des vorläufigen Normsetzungsverzichts reagierte.

Auf Seiten der Wirtschaft sind im vertikalen Verhältnis entweder Wirtschaftsverbände oder einzelne Unternehmen beteiligt. Im Hinblick auf diese Beteiligten auf Seiten der Wirtschaft und im Hinblick auf die unterschiedlichen Formen des Vollzugs der vertikalen normvermeidenden Absprache im horizontalen Verhältnis der betroffenen Unternehmen untereinander lassen sich die folgenden Absprachetypen bilden:

a) Rein vertikale Absprachen

Den einfachsten Typus bildet die vertikale normvermeidende Absprache staatlicher Stellen mit einzelnen Unternehmen. Als Beispiel kann auf eine Absprache zwischen der Rheinischen Braunkohle-Bergwerke AG und der nordrhein-westfälischen Landesregierung aus dem Jahr 1984 verwiesen werden. Dort hatten Vertreter des Ministeriums für Wirtschaft, Mittelstand und Verkehr des Landes Nordrhein-West-

---

213 Vgl. die Beispielsfälle 1. Teil Kapitel A. I. 1. (FCKW-Reduktion), A. I. 2 (CO_2-Abkommen), A. II. (Asbest), A. III. (Altautorücknahme), A. V. (Altpapierrecycling), A. VI. (Wasch- und Reinigungsmittelindustrie), A. VIII. 1 (Erdöl-Kohle-Kartell), A. VIII. 2. a) (Atomabfallentsorgung) und A. IX. (Investitionsstop für Warenhäuser).

214 So in den Beispielsfällen 1. Teil Kapitel A. IV. (Getränkeverpackungen); A. VII. (Spielautomaten) und A. X. (Zigarettenwerbung).

215 Vgl. zu dieser Absprache oben 1. Teil Kapitel A. VII.

216 Vgl. zu dieser Absprache oben 1. Teil Kapitel A. I. 1.

falen mit der Rheinischen Braunkohle-Bergwerke-AG Leitlinien für die Regulierung von Bergschäden erarbeitet, die über die Vorgaben der §§ 114 ff. BBergG hinausgingen und eine Besserstellung der Geschädigten sicherstellen sollten. Der Vereinbarung gingen intensive Kontakte zwischen dem betroffenen Unternehmen und den Vertretern des Ministeriums voran; als Folge der Absprache konnte auf eine Verschärfung der gesetzlichen Vorschriften verzichtet werden.[217]

Ebenfalls zur Gruppe der rein vertikalen Absprachen gehört die Vereinbarung der italienischen Regierung mit dem FIAT-Konzern über die Verminderung der Luftverschmutzung und des Lärms in Stadtgebieten.[218] Dort hatte das italienische Umweltministerium direkt mit dem FIAT-Konzern ein Protokoll „Umwelt und „Entwicklung“ ausgehandelt, das eine umweltfreundlichere Produktion von Fahrzeugen sicherstellen sollte.

Insgesamt kommen rein vertikale normvermeidende Absprachen des Staates mit einzelnen Unternehmen in der Praxis aber nur selten vor. Dies dürfte sich dadurch erklären lassen, daß ein Verzicht auf eine abstrakt-generelle Rechtsvorschrift, der das Ziel einer normvermeidenden Absprache ist, üblicherweise voraussetzt, daß sich ein größerer Kreis potentieller Normadressaten bereit erklärt, sein Verhalten an dem jeweiligen öffentlichen Interesse auszurichten.

b) Vertikale normvermeidende Absprachen, die zu ihrer Umsetzung weitere horizontale Interessenabstimmungen Privater erforderlich machen

Weit häufiger sind deshalb normvermeidende Absprachen, die zu ihrer Umsetzung weitere horizontale Interessenabstimmungen Privater untereinander erforderlich machen. Innerhalb dieser Gruppe lassen sich folgende Absprachetypen unterscheiden:

aa) Normvermeidende Absprachen mit mehreren Unternehmen ohne Verbandsbeteiligung

In der Praxis eher die Ausnahme sind Absprachen staatlicher Stellen mit mehreren Unternehmen ohne Beteiligung der jeweiligen Wirtschaftsverbände. Genannt

---

[217] Damit lag auch in diesem Beispielsfall eine Kommunikationsbeziehung vor, die die Anforderungen an eine *normvermeidende Absprache* erfüllt. Hierzu reicht es aus, wenn eine konkludente Einigung dahingehend zustande kommt, daß die staatliche Seite wegen der Zusagen der Wirtschaft auf eine gesetzliche Regelung verzichtet. A. A. für den Beispielsfall der Absprache zwischen der nordrhein-westfälischen Landesregierung und der Rheinischen Braunkohle AG *Beyer,* Der öffentlich-rechtliche Vertrag, informales Handeln der Behörden und Selbstverpflichtungen Privater als Mittel des Umweltschutzes, Diss. Köln, 1986, S. 275 f., der diese Absprache der Gruppe der einseitigen Selbstverpflichtungen ohne Einflußnahme staatlicher Stellen zuordnet. Wie hier *Dempfle,* Normvertretende Absprachen, Diss. Trier, 1993, S. 9.

[218] Vgl. zu dieser Absprache oben 1.Teil Kapitel A. XI. 2. k).

sei hier die Absprache des Bundeswirtschaftsministers mit elf Warenhausunternehmen aus dem Jahr 1968, in der diese sich verpflichteten, auf eine Expansion in den Innenstädten kleiner Städte zu verzichten.[219] Diese Absprache war das Ergebnis von Verhandlungen, die direkt zwischen dem Bundeswirtschaftsministerium und den Vertretern der Warenhausbetreiber geführt wurden. Ebenfalls zu dieser Gruppe gehören das Erdöl-Kohle-Kartell von 1958 und das Heizölselbstbeschränkungsabkommen von 1964. Auch diese Absprachen kamen direkt zwischen den betroffenen Unternehmen und dem Bundeswirtschaftsminister zustande.[220] Auch über einen konsensualen Ausstieg aus der Kernenergie wurde von der Bundesregierung direkt mit den betroffenen Energieversorgungsunternehmen verhandelt; mit diesen soll auch die bereits paraphierte Vereinbarung zustande kommen.[221]

Es liegen in dieser Fallgruppe also bei genauer Betrachtung mehrere vertikale Absprachen vor – jeweils zwischen den beteiligten Regierungsvertretern und dem einzelnen Unternehmen. Hinzu kommt eine zumindest konkludente Interessenabstimmung der Unternehmen untereinander: Voraussetzung der Selbstbeschränkung war in sämtlichen der angesprochenen Beispielsfälle die Erwartung der beteiligten Unternehmen, daß sich die übrigen privaten Absprachеteilnehmer ebenfalls an die Absprachen halten würden. So erwarteten beispielsweise die an der Absprache zur Begrenzung der Expansion von Warenhäuser beteiligten Unternehmen, daß sämtliche an der Absprache beteiligte Unternehmen auf die Eröffnung weiterer Warenhäuser in kleineren Städten verzichten und nicht den infolge der Absprache verminderten Wettbewerbsdruck ausnutzen würden. Entsprechendes gilt für die am Erdöl-Kohle-Kartell beteiligten Unternehmen: Voraussetzung der Vereinbarung eines bestimmten Preisniveaus für Heizöl war die horizontale Interessenabstimmung der beteiligten Unternehmen untereinander.

bb) Normvermeidende Absprachen unter Verbandsbeteiligung

Den Regelfall normvermeidender Kooperation bilden Absprachen, die unter Beteiligung von Wirtschaftsverbänden zustande kommen. Diesen Absprachen ist gemeinsam, daß Vertreter von Wirtschaftsverbänden an den Verhandlungen beteiligt sind, die der Absprache vorangehen. Es gibt auch hier zwei Unterfälle:

(1) Einzelne Unternehmen als Vereinbarungspartner trotz Verbandsbeteiligung

Auch wenn an den Verhandlungen Verbandsvertreter beteiligt sind, kommt es vor, daß die normvermeidende Absprache in einer Vereinbarung dokumentiert wird,

219 Vgl. zu dieser Absprache 1. Teil Kapitel A. IX.

220 Vgl. zu diesen Absprachen oben 1. Teil Kapitel A. VIII. 1.

221 Eine Absprache ist in diesem Fallbeispiel allerdings noch nicht zustande gekommen; vgl. hierzu im einzelnen oben 1. Teil Kapitel A. VIII. 2. b).

die – jedenfalls neben dem Verband – von den letztlich betroffenen Unternehmen unterzeichnet wird. Als Beispiel mag die Vereinbarung mit den Herstellern von Spielautomaten über die Bauart der Geldspielautomaten dienen.[222] Die Verhandlungen wurden hier von den Verbänden der Automatenwirtschaft geführt, als Vereinbarungspartner traten aber neben dem Verband auch die betroffenen Hersteller von Spielautomaten auf. Ein Grund hierfür dürfte darin gelegen haben, daß auch der einzige nicht verbandsgebundene deutsche Hersteller von Spielautomaten zu einer Teilnahme an der Absprache bewegt werden konnte und dieses Unternehmen durch die Verbände nicht repräsentiert wurde.

(2) Verbände als Vereinbarungspartner

In allen übrigen der oben untersuchten Beispielsfälle waren ausschließlich Wirtschaftsverbände als Vereinbarungspartner an der vertikalen normvermeidenden Absprache beteiligt. Die Verbände treten entweder als Partner einer offen zweiseitigen Vereinbarung mit staatlichen Stellen auf oder sie geben in Vollzug einer zuvor (informell) getroffenen Absprache Selbstverpflichtungserklärungen ab. Auf die zuletzt genannten unterschiedlichen Formen der Umsetzung des Absprachеinhalts wird sogleich[223] im Rahmen der weiteren Systematisierung der Absprachen zurückzukommen sein.

In beiden Fallgruppen kommt es zu einer weiteren horizontalen Verhaltensabstimmung der betroffenen Unternehmen. Die Unternehmen treffen entweder ausdrückliche horizontale Vereinbarungen, in denen sie sich untereinander und/oder gegenüber dem beteiligten Verband zur Einhaltung der Zusagen verpflichten, die der Verband im vertikalen Verhältnis zum Staat abgegeben hat. Ein Beispiel hierfür ist die Vereinbarung der Unternehmen der Zigarettenindustrie über die Beschränkung ihrer Werbung.[224] Praktisch häufiger ist eine faktische Verhaltensabstimmung der betroffenen Unternehmen aufgrund einer sog. Verbandsempfehlung. In dieser Fallgruppe fordert der beteiligte Verband seine Mitgliedsunternehmen zur Einhaltung der im vertikalen Verhältnis gegebenen Zusagen auf. Die betroffenen Unternehmen unterwerfen sich diesen Restriktionen in der Erwartung, daß die übrigen Mitgliedsunternehmen dasselbe tun werden. Sie verhalten sich also faktisch koordiniert. Die Beispiele solcher Verbandsempfehlungen in der bundesdeutschen Absprachepraxis sind zahlreich: Zu nennen sind die Absprache mit der Aerosolindustrie,[225] das CO_2-Abkommen,[226] die Altautoabsprache,[227] die Absprachen mit der

---

[222] Vgl. im einzelnen zu dieser Absprache oben 1. Teil Kapitel A. VII. 1.

[223] Nachfolgend 2.

[224] Vgl. zu dieser Absprache oben 1. Teil Kapitel A. X.

[225] Vgl. oben 1. Teil Kapitel A. I. 1.

[226] Vgl. oben 1. Teil Kapitel A. I. 2.

[227] Vgl. oben 1. Teil Kapitel A. III.

Wasch- und Reinigungsmittelindustrie[228] und die Absprache mit der Spielautomatenindustrie über die Aufstellung der Spielautomaten.[229]

c) Zwischenergebnis

Als Zwischenergebnis kann festgehalten werden, daß sich im Hinblick auf die Beteiligten an den normvermeidenden Absprachen und den zu ihrem Vollzug getroffenen Vereinbarungen folgende Typen unterscheiden lassen:

- Rein horizontale Absprachen Privater ohne staatliche Einflußnahme, die mangels Drohung mit dem Normerlaß keine normvermeidenden Absprachen im Sinne dieser Arbeit sind;
- Rein vertikale normvermeidende Absprachen zwischen staatlichen Stellen und einzelnen Unternehmen;
- Vertikale normvermeidende Absprachen, die zu ihrer Umsetzung weitere horizontale Interessenabstimmungen Privater erforderlich machen. Diese Gruppe zerfällt in
- Absprachen staatlicher Stellen mit mehreren Unternehmen ohne Beteiligung von Wirtschaftsverbänden;
- Absprachen unter Beteiligung von Wirtschaftsverbänden. Hier gibt es folgende Untergruppen:
  - Absprachen, bei denen zwar die Verhandlungen von Wirtschaftsverbänden geführt werden, die aber mit einzelnen Unternehmen geschlossen werden;
  - Absprachen, die von staatlichen Stellen mit Wirtschaftverbänden geschlossen werden und durch horizontale Vereinbarungen oder faktische Verhaltensabstimmungen der betroffenen Unternehmen umgesetzt werden.

2. Offen zweiseitige Vereinbarungen/ Staatlich inspirierte Selbstverpflichtungen

Ein weiteres mögliches Unterscheidungskriterium besteht darin, ob sich der Staat auf die Anregung einer Selbstverpflichtungserklärung der Wirtschaft beschränkt oder sich offen an einer Vereinbarung mit der Wirtschaft beteiligt.[230]

---

228 Vgl. oben 1. Teil Kapitel A. VI.

229 Vgl. oben 1. Teil Kapitel A. VII. 2.

230 Zu diesem Systematisierungsansatz auch *Dempfle,* Normvertretende Absprachen, Diss. Trier 1993, S. 18.

a) *Offen zweiseitige Vereinbarungen*

Als Beispiel für eine offen zweiseitige Vereinbarung, die den Abspracheinhalt dokumentiert, kann auf die Absprachen zur Erhaltung des Mehrwegsystems bei Getränkeverpackungen verwiesen werden. Dort wurden die Zusagen der Getränke-, Verpakkungs-, Glas-, Stahl- und Schrottindustrie zur Erhaltung des Mehrwegbehältersystems sowie der vorläufige staatliche Verzicht auf eine Rechtsverordnung in schriftlichen Protokollnotizen festgehalten,[231] Auch die Vereinbarung der Bundesregierung mit den Energieversorgungsunternehmen über einen Ausstieg aus der Kernenergie ist in Form einer von beiden Seiten unterzeichneten schriftlichen Vereinbarung geschlossen worden.[232] Gängig ist das Modell offen zweiseitiger Vereinbarungen in einigen anderen europäischen Ländern: So wurden die oben angeführten Absprachen in Belgien[233], Finnland[234] und den Niederlanden[235] in Form von zweiseitigen Vereinbarungen festgehalten.

b) *Staatlich inspirierte Selbstverpflichtungen*

In Deutschland – und ähnlich auch in Österreich und Irland[236] – ist es demgegenüber häufiger, daß entweder der Verband oder die betroffenen Unternehmen nach dem Zustandekommen der Einigung mit den staatlichen Stellen eine sog. Selbstverpflichtungserklärung abgeben, in der diese sich – vordergründig einseitig – zu dem Verhalten verpflichten, das sie im Rahmen der normvermeidenden Absprache zugesagt haben. So sind beispielsweise die Zusagen der Verbände der Aerosolindustrie zur FCKW-Reduktion[237] in die Form von Selbstverpflichtungen gekleidet. Auch die „Erklärung der deutschen Wirtschaft zur Klimavorsorge“[238] ist – jedenfalls auf den ersten Blick – eine einseitige Zusage der beteiligten Industrieverbände. Gleiches gilt für die Zusagen der Asbestzementindustrie[239] und der Wasch- und Reinigungsmittelindustrie[240] sowie die Selbstverpflichtungen zur Altautorücknahme[241] und zum Altpapierrecycling.[242]

Die eigentliche normvermeidende Absprache ist bereits zustande gekommen, bevor die Selbstverpflichtungserklärungen abgegeben werden.[243] Die Einigung kommt

---

[231] Vgl. zu dieser Absprache oben 1. Teil Kapitel A. IV.
[232] Vgl. 1. Teil Kapitel A. VIII. 2. b).
[233] Vgl. 1. Teil Kapitel A. XI. 2. b).
[234] Vgl. 1. Teil Kapitel A. XI. 2. h).
[235] Vgl. 1. Teil Kapitel A. XI. 2. d).
[236] Vgl. 1. Teil Kapitel A. XI. 2. e) und A. XI. 2. j).
[237] Vgl. oben 1. Teil Kapitel A. I. 1.
[238] Vgl. oben 1. Teil Kapitel A. I. 2.
[239] Vgl. oben 1. Teil Kapitel A. II.
[240] Vgl. oben 1. Teil Kapitel A. VI.
[241] Vgl. oben 1. Teil Kapitel A. III.
[242] Vgl. oben 1. Teil Kapitel A. V.
[243] Vgl. hierzu auch bereits oben 1. Teil Kapitel B. I.

im Rahmen der vorangehenden Verhandlungen zustande, die die staatlichen Stellen entweder mit den Verbänden oder einzelnen Unternehmen führen. Am Anfang steht zumeist die staatliche „Anregung" einer Selbstverpflichtung der Wirtschaft, über deren Inhalt sodann verhandelt wird. Erst wenn eine Einigung – die eigentliche vertikale normvermeidende Absprache – zustande gekommen ist und die staatliche Seite signalisiert hat, daß sie eine bestimmte Selbstverpflichtung als ausreichend ansehen würde, um auf eine Normsetzungsinitiative verzichten zu können, geben die Wirtschaftsvertreter die Selbstverpflichtungserklärung ab. Die Selbstverpflichtung ist also eine Form des Vollzugs einer normvermeidenden Absprache.

Daß die Selbstverpflichtung in Vollzug einer normvermeidenden Absprache erfolgt, ist ihr zumeist nicht ohne weiteres anzusehen. Nur in einzelnen Fällen wird zumindest der Bezug zur staatlichen Normsetzung deutlich, indem in der Erklärung auf die „Gegenleistung" des Staates Bezug genommen wird. Beispielsweise äußerten die am CO_2-Abkommen beteiligten Verbände in der „Erklärung der deutschen Wirtschaft zur Klimavorsorge" die Erwartung, daß der Staat „im Gegenzug auf eine hoheitliche Regelung der Materie verzichten" werde.[244] In anderen Fällen reagiert der Minister, dem gegenüber die Selbstverpflichtung abgegeben worden ist, mit einer Antwort, die den Zusammenhang mit der normvermeidenden Absprache deutlich werden läßt: So erklärte der Bundesinnenminister als Reaktion auf die an ihn adressierte Selbstverpflichtung der Asbestzementindustrie, auf eine gesetzliche Regelung zu verzichten, sofern der in der Erklärung angekündige Prozeß der Substitution von Asbest durchgehalten werde.[245] Im Fallbeispiel der Absprache zum Altpapierrecycling war der Zusammenhang zwischen den Zusagen der Wirtschaft und dem staatlichen Normsetzungsverzicht dadurch erkennbar, daß die Selbstverpflichtungserklärung einer Pressemitteilung des Bundesumweltministers beigefügt war, in der dieser erklärte, daß „die nächsten zwei Jahre zeigen" müßten, ob „die gesteckten Ziele erreicht werden und somit auf staatliche Lösungen, insbesondere auf eine Verordnung, verzichtet werden kann".[246]

Festzuhalten bleibt aber, daß das in der normvermeidenden Absprache liegende Tauschgeschäft zwischen den Beteiligten in der Fallgruppe der scheinbar einseitigen Selbstverpflichtungen der Wirtschaft für Außenstehende nur schwer erkennbar ist. Dies dürfte nicht zufällig, sondern von den Beteiligten beabsichtigt sein. Die scheinbar einseitigen Selbstverpflichtungen bieten der Wirtschaft die Möglichkeit, ihre Zusagen in der Öffentlichkeit als ein freiwilliges Engagement für die Belange der Allgemeinheit darzustellen. Dies ist in vielen Fällen mit einem Imagegewinn für die beteiligten Unternehmen verbunden. Ich werde hierauf zurückkommen, wenn es um die Voraussetzungen der faktischen Einhaltung der Absprachen geht: Die Möglichkeit, die eigenen Bemühungen insbesondere für die Belange des Umweltschut-

[244] Vgl. oben 1. Teil Kapitel A. I. 2.

[245] Vgl. oben 1. Teil Kapitel A. II.

[246] Pressemitteilung des Bundesministeriums für Umwelt, Naturschutz und Reaktorsicherheit 206/94 S vom 14.10.1994. Vgl. im übrigen zu dieser Absprache oben 1. Teil Kapitel A. V.

zes darzustellen, bietet für die Wirtschaft einen wichtigen Anreiz, getroffene Absprachen einzuhalten.[247]

3. Druckmittel des Staates

Als weiteres Differenzierungskriterium kann auf die Druckmittel abgestellt werden, die von der staatlichen Seite eingesetzt werden. Nach der obigen Definition normvermeidender Absprachen ist die Drohung mit dem Normerlaß notwendiges Merkmal normvermeidender Absprachen. Sie muß allerdings nicht das einzige Mittel staatlicher Überzeugungsarbeit sein.

So ist insbesondere aus Frankreich die Kombination der Regelungsandrohung mit dem Inaussichtstellen staatlicher Beihilfen für den Fall absprachegemäßen Verhaltens bekannt. Bestandteil der dortigen Branchenabkommen mit verschiedenen Industriezweigen zur Reduzierung der Luftverschmutzung war neben der Drohung mit der Festlegung von Immissionsrichtwerten das Inaussichtstellen von Investitionsbeihilfen für die Unternehmen, um ihnen die Umstellung auf umweltfreundlichere Produktionsanlagen zu ermöglichen.[248] Auch im Rahmen der *quasi-contrats* der französischen *planification* der 60er und 70er Jahre bestand die staatliche „Gegenleistung" für ein plankonformes Verhalten der beteiligten Unternehmen vor allem in der Zusage von Fördermitteln.[249] In der deutschen Absprachepraxis bildet die Absprache zur Reduzierung von Verpackungsabfällen ein Beispiel für staatliche Subventionen im Zusammenhang mit normvermeidenden Absprachen: Dort stellte die Bundesregierung den beteiligten Industriekreisen im Rahmen der Absprache Förderungsmittel für abfallwirtschaftliche Forschungs- und Entwicklungsvorhaben in Aussicht.[250]

In anderen Fällen wird die Drohung mit dem Normerlaß kombiniert mit einer Mischung aus Überzeugungsarbeit und moralischem sowie psychologischem Druck auf den Verhandlungspartner. Diese „sanfte" Form der Einflußnahme durch Überzeugungsarbeit wird in der Literatur auch als „moral suasion" bezeichnet.[251] So appellierte die staatliche Seite beispielsweise im Vorfeld von Absprachen zum Verzicht auf umweltgefährdende oder gesundheitsschädliche Stoffe immer wieder an das Verantwortungsbewußtsein der beteiligten Wirtschaftskreise: Dem CO_2-Ab-

---

247 Vgl. unten 2. Teil Kapitel A. II. 1.

248 Vgl. *Autexier*, Die Branchenabkommen in Frankreich, Dokumentation zur 7. wissenschaftlichen Fachtagung der Gesellschaft für Umweltrecht, 1984, S. 195 (204 ff.) sowie oben 1. Teil Kapitel A. XI. 2. a).

249 Zu den *quasi-contrats* vgl. *Colson*, Droit public économique, 1995, S. 337 ff.; *Batailler*, Les quasi-contrats d'exécution du plan, Rev. science financière 1964, S. 365; *Toeche-Mittler*, Das Verbandskartell als Instrument der Wirtschaftsplanung, 1969, S. 43 ff., 54 ff. sowie oben 1. Teil Kapitel A. XI. 2. a).

250 Vgl. oben 1. Teil Kapitel A. IV.

251 *v. Zezschwitz*, Wirtschaftsrechtliche Lenkungstechniken, JA 1978, 497 (498).

kommen gingen mehrere Appelle an die Wirtschaft voraus, ihren Beitrag zu leisten, um eine weitere Erwärmung der Erdatmosphäre zu verhindern.[252] Der Bundesgesundheitsminister wies die Zigarettenindustrie im Vorfeld der Absprachen zur Beschränkung der Zigarettenwerbung auf ihre Verantwortung für die besonderen Gesundheitsgefahren hin, die das Rauchen für Jugendliche auslösen kann.[253] In ähnlicher Weise versuchte die Bundesregierung, die Spielautomatenindustrie für die Suchtgefahren der Spielautomaten für sog. „Problemspieler" zu sensibilisieren und die Industrie auf diese Weise zur Beachtung bestimmter Maßregeln bei der Aufstellung der Automaten zu bewegen.[254]

Gravierender kann sich für die Betroffenen eine Ausrichtung der öffentlichen Nachfrage nach Produkten und Dienstleistungen an dem Ziel auswirken, das durch die Absprache erreicht werden soll. Diese Beeinflussungsform ist im Rahmen der Absprache zur Substitution von Asbest in Zementprodukten praktisch geworden. Die staatliche Seite drohte der Zementindustrie nicht nur mit einem gesetzlichen Verbot von Asbest, sondern fragte parallel dazu als Nachfrager von Bauleistungen nur noch asbestfreie Produkte nach.[255] In ähnlicher Weise haben sich in Österreich die beteiligten Regierungskreise im Rahmen der sog. Klimakoalition verpflichtet, bei der Vergabe öffentlicher Aufträge Unternehmen den Vorzug zu geben, die besondere Anstrengungen zur Energieeinsparung unternehmen.[256]

Es kann festgehalten werden, daß dem Staat neben der Drohung mit dem Normerlaß folgende Mittel zur Verfügung stehen, die er – auch kumulativ – einsetzen kann, und die in der jeweiligen Kombination weitere Absprachetypen ergeben:

- Inaussichtstellen von Beihilfen und sonstigen Vergünstigungen;
- Überzeugungsarbeit, Appelle an die gesamtstaatliche Verantwortung der Wirtschaft (moral suasion);
- zielkonforme Ausrichtung der öffentlichen Nachfrage.

4. Rechtsnatur der angedrohten Norm

Mit Blick auf die Rechtsnatur der angedrohten Norm lassen sich folgende Absprachetypen unterscheiden:

- *Parlamentsgesetzesvermeidende Absprachen,* die den Erlaß oder die Verschärfung eines Parlamentsgesetzes entbehrlich machen sollen. Sie sind in Deutschland bisher selten. Von den untersuchten Beispielsfällen hat das CO_2-Abkommen

[252] Vgl. oben 1. Teil Kapitel A. I. 2.

[253] Vgl. oben 1. Teil Kapitel A. X. sowie *Brandmair,* Die freiwillige Selbstkontrolle der Werbung, 1978, S. 232.

[254] Vgl. zu dieser Absprache oben 1. Teil Kapitel A. VII.

[255] Vgl. oben 1. Teil Kapitel A. II.

[256] Vgl. oben 1. Teil Kapitel A. XI. 2. e).

teilweise gesetzesvermeidenden Charakter, weil zur Einführung einer CO_2-/Energiesteuer ein Parlamentsgesetz erforderlich gewesen wäre[257]. Auch die Absprache zum Ausstieg aus der friedlichen Nutzung der Kernenergie hat gesetzesvermeidenden Charakter, weil mit ihr Regelungen im Atomgesetz vermieden werden sollen.[258]

- *Rechtsverordnungsvermeidende Absprachen.* Sie bilden in Deutschland bisher den Regelfall: Mit der FCKW-Absprache sollte eine Novellierung der 2. Bundesimmissionsschutzverordnung vermieden werden,[259] das CO_2-Abkommen diente auch zur Vermeidung einer Wärmeschutzverordnung,[260] die Altautoabsprache sowie die Absprachen zum Altpapierrecycling[261] und zu den Getränkeverpackungen[262] sollten jeweils den Erlaß einer Rechtsverordnung auf Grundlage des damals geltenden § 14 AbfG entbehrlich machen, die Absprache zur Information über die Inhaltsstoffe von Wasch- und Reinigungsmitteln[263] diente dazu, den Erlaß einer Rechtsverordnung nach § 9 WRMG zu verhindern.

5. Zwischenergebnis

Die Vielfalt normvermeidender Absprachen und der zu ihrem Vollzug abgegebenen Erklärungen läßt sich anhand verschiedener Kriterien systematisieren:

- Nach den Beteiligten an den Absprachen lassen sich unterscheiden die eigentlichen vertikalen normvermeidenden Absprachen zwischen Staat und Wirtschaft einerseits und die horizontalen Absprachen von Privaten untereinander andererseits. Weitere Differenzierungen ergeben sich daraus, ob an der vertikalen normvermeidenden Absprache Verbände oder einzelne Unternehmen beteiligt sind und ob im horizontalen Verhältnis der Unternehmen ausdrückliche Vereinbarungen getroffen werden oder lediglich eine konkludente Verhaltensabstimmung stattfindet.
- Im Hinblick auf die äußere Form der Tauschbeziehung im vertikalen Verhältnis zwischen Staat und Wirtschaft können offen zweiseitige Vereinbarungen von hoheitlich inspirierten Selbstverpflichtungen der Wirtschaft unterschieden werden.
- Als Druckmittel kann sich der Staat entweder darauf beschränken, mit dem Normerlaß zu drohen oder zusätzlich moralischen Druck ausüben, Beihilfen für absprachegemäßes Verhalten in Aussicht stellen oder die öffentliche Nachfrage absprachekonform ausrichten.

---

[257] Vgl. oben 1. Teil Kapitel A. I. 2.
[258] Vgl. oben 1. Teil Kapitel A. VIII. 2. b).
[259] Vgl. oben 1. Teil Kapitel A. I. 1.
[260] Vgl. oben 1. Teil Kapitel A. I. 2.
[261] Vgl. oben 1. Teil Kapitel A. V.
[262] Vgl. oben 1. Teil Kapitel A. IV.
[263] Vgl. oben 1. Teil Kapitel A. VI.

- Nach dem Gegenstand der staatlichen Regelungsandrohung kann zwischen gesetzesvermeidenden und rechtsverordnungsvermeidenden Absprachen differenziert werden.

Die genannten Systematisierungsansätze schließen sich gegenseitig nicht aus. Vielmehr ergibt sich der jeweilige Absprachetyp aus einer Kombination der verschiedenen Kriterien: So ist beispielsweise die Absprache zur Reduktion von FCKW in Spraydosen

- eine rechtsverordnungsvermeidende Absprache,
- bei der die beteiligten staatlichen Stellen neben der Drohung mit dem Normerlaß an die moralische Verantwortung der Wirtschaft appellierten, eine weitere Gefährdung der Ozonschicht zu verhindern und
- die durch eine Selbstverpflichtungserklärung der beteiligten Verbände umgesetzt wurde, in der die Verbände eine Verbandsempfehlung an ihre Mitgliedsunternehmen abgaben, der die betroffenen Unternehmen im Rahmen eines faktisch abgestimmten Verhaltens folgten.

Auf die Systematisierungskriterien wird im Rahmen der weiteren Untersuchung zurückzukommen sein. Es wird sich zeigen, daß die entwickelten Unterscheidungen geeignet sind, den Blick auf Ansatzpunkte für rechtliche und tatsächliche Differenzierungen zu lenken.[264]

[264] Vgl. unten 2.–4. Teil.

Zweiter Teil

Effizienz normvermeidender Absprachen als Instrument staatlicher Wirtschaftslenkung

Bevor die Rechtswirkungen der normvermeidenden Absprachen untersucht und die rechtlichen Grenzen der staatlichen Mitwirkung an ihnen ermittelt werden, soll im folgenden Abschnitt die politisch-ökonomische Effizienz der Absprachen untersucht werden. Diesem Fragenkreis kommt vor dem Hintergrund der Diskussion über die Möglichkeiten und Grenzen gesellschaftlicher Selbstregulierung besonderes Gewicht zu: Mit dem Einsatz des Instruments der normvermeidenden Absprache delegiert der Staat Verantwortung für das Gemeinwohl auf Private. Durch Wirtschaftsverbände organisierte private Kräfte sollen staatlich definierte öffentliche Zwecke verwirklichen;[1] der Staat induziert die private Aktivität durch eine gezielte Einwirkung auf gesellschaftliche Organisationen. Diese neuartige Form von gesteuerter[2] oder instrumenteller[3] Selbstregulierung verwischt die Grenze zwischen Staat und Gesellschaft: Der Staat aktiviert selbstregulative Beiträge der Privaten als Mittel staatlicher Steuerung.[4]

Hintergrund des Trends von imperativer Gestaltung hin zu kooperativ induzierter Selbstregulierung ist der eher resignative Befund über die abnehmende Steuerungskraft des Rechts.[5] Insbesondere im Bereich des Umweltrechts wird immer wieder

---

[1] *Di Fabio*, Verwaltung und Verwaltungsrecht zwischen gesellschaftlicher Selbstregulierung und staatlicher Steuerung, VVDStRL 56 (1996), 235 (238). Zum Begriff öffentlicher Aufgaben *Isensee,* in: Isensee/Kirchhof (Hrsg.), HdbStR III, 1988, § 57 Rn. 136. Zur Frage nach der Gemeinwohlorientierung von Wirtschaftsverbänden und zum grundlegenden Wandel der Beziehungen zwischen Staat und Verbänden im Rahmen neokorporatistischer Beziehungsgeflechte vgl. *Mayntz,* Interessenverbände und Gemeinwohl – Die Verbändestudie der Bertelsmannstiftung, in: Mayntz (Hrsg.), Verbände zwischen Mitgliederinteressen und Gemeinwohl, 1992, S. 11 ff. (13 f., 31 ff.).

[2] *Schmidt-Preuß*, Verwaltung und Verwaltungsrecht zwischen gesellschaftlicher Selbstregulierung und staatlicher Steuerung, VVDStRL 56 (1996), 162 (165).

[3] *Mayntz/Scharpf*, Steuerung und Selbstorganisation in staatsnahen Sektoren, in: Mayntz/Scharpf (Hrsg.), Gesellschaftliche Selbstregelung und politische Steuerung, 1995, S. 9 (20).

[4] *Trute,* Die Verwaltung und das Verwaltungsrecht zwischen gesellschaftlicher Selbstregulierung und staatlicher Steuerung, DVBl. 1996, 950 (955). Zum Begriff staatlicher Steuerung aus interdisziplinärer sozialwissenschaftlicher Sicht *Voigt,* in: König/Dose (Hrsg.), Instrumente und Formen staatlichen Handelns, 1993, 289 (290 ff.).

[5] Allgemein zum partiellen Versagen des Staates bei der Erfüllung seiner Aufgaben *Schuppert*, Zur Neubelebung der Staatsdiskussion: Entzauberung des Staates oder „Bringing the state back in", Der Staat 28 (1989), S. 91 f.

das angebliche Defizit beim Vollzug gesetzlicher Regelungen beklagt[6] und daran anknüpfend die Steuerungskapazität des einseitig-hoheitlichen Instrumentariums insgesamt in Frage gestellt.[7]

Demgegenüber sollen kooperative Formen der Einflußnahme dazu führen, daß die Bereitschaft der Privaten zur Befolgung öffentlicher Vorgaben wächst.[8] Die frühzeitige Beteiligung der Rechtsunterworfenen soll die zielgenaue Implementation staatlicher Maßnahmen sichern.[9] Auf diese Weise soll der bei regulativen staatlichen Eingriffen stets bestehenden Gefahr begegnet werden, daß die faktische Wirksamkeit staatlicher Maßnahmen durch langwierige Rechtsschutzverfahren und eine unzureichende Durchsetzung des Gesetzesvollzugs beeinträchtigt werde.[10]

Hinzu kommt das Bedürfnis nach einer Eindämmung der vielbeschworenen[11] Gesetzesflut: Die ausufernde Normierung weiter Teile des Gemeinschaftslebens hat den Ruf nach Deregulierung, nach Verschlankung des Staates lauter werden lassen.[12] Einen solchen Entlastungseffekt verspricht man sich von der Aktivierung

---

[6] Grundlegend *Mayntz/Bohne/Derlien/Hesse/Hucke/Müller,* Vollzugsprobleme der Umweltpolitik, 1978; vgl. daneben *Hill,* Gesetzesgestaltung und Gesetzesanwendung im Leistungsrecht, VVDStRL 47 (1989), 172 (180f.); *Ders.*, Rechtsstaatliche Bestimmtheit oder situationsgerechte Flexibilität des Verwaltungshandelns, DÖV 1987, 885ff.; *Hoffmann-Riem,* in: Hoffmann-Riem/Schmidt-Aßmann/Schuppert (Hrsg.), Reform des Allgemeinen Verwaltungsrechts, 1993, 115 (118ff.); *Winter,* Das Vollzugsdefizit im Wasserrecht. Ein Beitrag zur Soziologie des öffentlichen Rechts, 1975, S. 19ff.

[7] Zu dieser Diagnose und den Gründen für die Steuerungsschwächen *Grimm,* Der Wandel der Staatsaufgaben und die Krise des Rechtsstaats, in: Grimm (Hrsg.), Wachsende Staatsaufgaben – Sinkende Steuerungsfähigkeit des Rechts, 1990, S. 291 ff.; *Ders.*, Die Zukunft der Verfassung, 1991, S. 411 ff.; *Lange,* Staatliche Steuerung aus rechtswissenschaftlicher Perspektive, in: König/Dose (Hrsg.), Instrumente und Formen staatlichen Handelns, S. 173ff.; *Mayntz,* Politische Steuerung und gesellschaftliche Steuerungsprobleme. Anmerkungen zu einem theoretischen Paradigma, in: Ellwein/Hesse/Jens/Mayntz/Scharpf (Hrsg.), Jahrbuch zur Staats- und Verwaltungswissenschaft, Bd. 1, 1987, S. 89ff.

[8] *Hesse,* Aufgabe einer Staatsrechtslehre heute, in: Ellwein/Hesse/Jens/Mayntz/Scharpf (Hrsg.), Jahrbuch zur Staats- und Verwaltungswissenschaft, Bd. 1, 1989, S. 57 (80) beschreibt diese Entwicklung als „Weg vom hoheitlichen zum kooperativen Staat..., von der regulativen Steuerung zur partnerschaftlichen Übereinkunft, von der Normsetzung zur Überzeugung".

[9] In diesem Sinne etwa *Baudenbacher,* Aspekte gesetzesersetzender Vereinbarungen zwischen Staat und Wirtschaft, JZ 1988, 689 (692).

[10] Zu dieser Gefahr vgl. *Mayntz,* Regulative Politik in der Krise?, in: Sozialer Wandel in Westeuropa, Verhandlungen des 19. Deutschen Soziologentages 1979, S. 55ff. (65).

[11] *Kloepfer,* Gesetzgebung im Rechtsstaat, VVDStRL 40 (1982), 68ff.; *Isensee*, Mehr Recht durch weniger Gesetze?, ZRP 1985, 142ff. Die „Normenflut" wird zugleich als Ausdruck der schwindenden Fähigkeit des Gesetzgebers angesehen, komplexe gesellschaftliche Verhältnisse in dauerhaften Kodifikationen zu ordnen, vgl. dazu die Zusammenfassung der umfangreichen Literatur bei *Horn,* Experimentelle Gesetzgebung unter dem Grundgesetz, 1989, S. 16ff.

[12] *Stober,* Dimensionen der Deregulierung, in: Ders. (Hrsg.), Deregulierung im Wirtschafts- und Umweltrecht, 1990, S. 1 ff.; *Ders.,* Rückzug des Staates im Wirtschaftsverwaltungsrecht. Zur Deregulierungsdebatte in Deutschland, 1997; *Benz*, Regulierung, Deregulierung und Reregulierung – Staatsentlastung? in: Beck u. a., FS König, 1995, 45ff., 56ff.; *Dies.*, Privatisierung und Deregulierung – Abbau von Staatsaufgaben?, Die Verwaltung 28 (1995) 337

selbstregulativer Kräfte.[13] Der Staat habe sich erkennbar übernommen in dem Bemühen, sämtliche Bereiche des Zusammenlebens durch normative Regelungen zu ordnen.[14] Die Folgerung liegt auf der Hand: Der Staat soll sich aus einigen Bereichen der Sozialgestaltung teilweise zurückziehen und dem Bürger die Verantwortung für bestimmte Gemeinwohlinteressen zurück übertragen.[15]

Hier setzt die Kritik derjenigen an, die die staatliche Letztverantwortung für die Verwirklichung von Gemeinwohlzielen in Gefahr sehen. Maßstab neuartiger staatlicher Handlungsformen müsse die Fähigkeit sein, öffentliche Zwecke jenseits organisierter Partikularinteressen zu verwirklichen.[16] Kooperative Kontakte des Staates mit der Wirtschaft dürften nicht zu einer Verwässerung staatlicher Ordnungsvorstellungen oder zu einem Interessenausgleich zu Lasten nicht an der Vereinbarung beteiligter Dritter führen.[17]

Die normvermeidenden Absprachen werfen als neuartige kooperative Handlungsform also grundlegende Fragen der Reichweite und Delegationsfähigkeit staatlicher Gemeinwohlverantwortung auf,[18] zu denen im folgenden Stellung genommen werden soll. Den Ausgangspunkt der Beantwortung dieser Fragen muß die Beurteilung der tatsächlichen Effizienz der Absprachen bilden. Nur wenn nämlich ihr Steuerungseffekt dem vor der Wahl des Instruments definierten Gemeinwohlziel

(343 ff.); *Möschel,* Privatisierung, Deregulierung und Wettbewerbsordnung, JZ 1988, 885 (888 ff.); *Ronellenfitsch*, Selbstverantwortung und Deregulierung im Ordnungs- und Umweltrecht, 1995, S. 40 ff.; Zur Deregulierung und ihren Grenzen im Umweltrecht vgl. *P. M. Huber,* Weniger Staat im Umweltschutz, DVBl. 1999, S. 489 ff.

13 Teilweise wird versucht, dem Grundgesetz ein Postulat der größtmöglichen Aktivierung selbstregulativer Beiträge zu entnehmen: So soll sich aus den wirtschaftsbezogenen Freiheitsrechten und dem Ordnungsprinzip der freiheitlich-sozialen Marktwirtschaft ein leitbildhafter Vorrang der Privatinitiative vor staatlicher Steuerung ergeben. So etwa *Schmidt-Preuß*, VVDStRL 56 (1996), 162 (171). Zum sog. Subsidiaritätsprinzip auch *Isensee*, in: Isensee/Kirchhof (Hrsg.), HdbStR III, 1988, § 57 Rn. 165 ff.; *Ders.,* Subsidiaritätsprinzip und Verfassungsrecht, 1968, S. 220 ff., 295 ff.; *Schmidt-Bleibtreu/Klein,* GG, Art. 2 Rn. 9; *Schmidt-Aßmann*, in: Hoffmann-Riem/Schmidt-Aßmann (Hrsg.), Öffentliches Recht und Privatrecht als wechselseitige Auffangordnungen, 1996, 7 (36 f.); *Hoffmann-Riem*, ebd., S. 310 ff.

14 *Di Fabio*, Verwaltung und Verwaltungsrecht zwischen gesellschaftlicher Selbstregulierung und staatlicher Steuerung, VVDStRL 56 (1996), 236 (238), der darauf hinweist, daß diese Entwicklung vor allem durch die fordernde Erwartungshaltung der Bürger verursacht wurde.

15 Den Gedanken der Re-Implementierung von Verantwortung betont die *Bundesregierung* im Umweltbericht 1976, BT-Drucks. 7/5684.

16 In diesem Sinne bereits *Krüger,* Die Auflage als Instrument der Wirtschaftsverwaltung, DVBl. 1955, 380 ff., 450 ff., 518 ff. (520), der einen „Ausverkauf von Hoheitsrechten" befürchtete.

17 *v. Zezschwitz*, Wirtschaftsrechtliche Lenkungstechniken, JA 1978, 497; *Kirchhof*, in: Isensee/Kirchhof (Hrsg.), HdbStR, Bd. III, § 59 Rn. 159.

18 *Lange*, Staatliche Steuerung durch offene Zielvorgabe im Lichte der Verfassung, VerwArch 82 (1991), 1 (9), der die Frage, inwieweit der Staat gesellschaftliche Vorgänge selbst steuert oder aber die Zielkonkretisierung Privaten überläßt, als verfassungsrechtliche „Grundsatzfrage ersten Ranges" bezeichnet.

zumindest nahe kommt, kann in ihnen ein akzeptabler Beitrag zur Erfüllung öffentlicher Ausgaben liegen (A.).

Die Tauglichkeit der normvermeidenden Absprachen als Mittel der Deregulierung und die Frage, ob die normvermeidenden Absprachen eine verbesserte Implementierung staatlicher Ordnungsvorstellungen gewährleisten, ist im Rahmen der Vorzüge und Nachteile der Absprachen im Vergleich zu einem regulären Normsetzungsverfahren zu untersuchen. Diese Fragestellung weist zudem Bezüge zur Gesetzgebungslehre auf: Es geht aus Sicht der handelnden staatlichen Organe um das Problem, anhand welcher Kriterien die Erforderlichkeit einer normativen Regelung zu beurteilen und in welchen Fällen eine normvermeidende Absprache als Alternative in Betracht zu ziehen ist (B.).

A. Tauglichkeit normvermeidender Absprachen zur Verwirklichung von Gemeinwohlzielen

Die Analyse der Zwecktauglichkeit[19] normvermeidender Absprachen als Instrument staatlicher Wirtschaftslenkung zerfällt in zwei Ebenen: Zunächst ist zu untersuchen, inwieweit der Absspracheinhalt dem vor der Wahl des Instruments staatlicherseits verfolgten Steuerungsziel entspricht (I.). Auf der Umsetzungsebene stellt sich danach die Frage, ob und ggf. unter welchen tatsächlichen Voraussetzungen – noch ungeachtet der Frage nach der Rechtsverbindlichkeit der Absprachen[20] – die Wirtschaft ihre Zusagen einhält (II.).

I. Durchsetzbarkeit staatlicher Ordnungsvorstellungen im Rahmen der Verhandlungen zwischen Staat und Wirtschaft

Während der Verhandlungen, die der eigentlichen normvermeidenden Absprache vorangehen, droht eine Verwässerung staatlicher Regelungsziele. Das liegt daran, daß Staat und Wirtschaft mit den Absprachen unterschiedliche, nicht selten sogar gegensätzliche Handlungsziele verfolgen: Der Staat erstrebt die Verbesserung gesamtgesellschaftlicher Bedingungen. Die steuernde Beeinflussung des Marktgeschehens soll mit der gesamtwirtschaftlichen Entwicklung und dem Umweltschutz öffentlichen Zwecken dienen. Leitmotiv privaten wirtschaftlichen Handelns ist dagegen das legitime Interesse an Gewinnerzielung.

[19] Die Zwecktauglichkeit des Staatshandelns ist als Bestandteil des Verhältnismäßigkeitsgrundsatzes auch von erheblicher rechtlicher Bedeutung: Zu den verfassungsrechtlichen Grenzen, die insofern für die staatliche Mitwirkung an normvermeidenden Absprachen bestehen, vgl. unten 4. Teil Kapitel B. II. 5. a).

[20] Dazu noch unten 3. Teil Kapitel C. I.

Beim Einsatz imperativer staatlicher Lenkungsmittel wird der Konflikt dadurch gelöst, daß der Staat den Ordnungsrahmen vorgibt, in dem sich die Privatinitiative entfalten kann. Kooperative Formen der Interessenabstimmung verwischen diese Grenze: Art und Umfang der Erreichung des öffentlichen Zwecks werden zum Gegenstand von Verhandlungen. Das System von Leistung und Gegenleistung, welches normvermeidende Absprachen kennzeichnet, birgt die Gefahr, daß der Staat Abstriche vom ursprünglich anvisierten Regelungsniveau in Kauf nimmt, um einen Konsens mit der Wirtschaft zu erzielen. Das hat den normvermeidenden Absprachen den Vorwurf eingebracht, daß bei ihnen eine „Händlermentalität an die Stelle staatlichen Ordnungswillens“[21] trete. Insbesondere im Bereich des Umweltschutzes wird der Interessengegensatz zwischen dem Rentabilitätsstreben der Wirtschaft und dem gesamtstaatlichen Interesse an einem möglichst hohen Schutzniveau für die Umwelt für so groß gehalten, daß es zwingend zu einer Einigung auf dem kleinsten gemeinsamen Nenner kommen müsse.[22] Das Instrument der Absprache sei daher allenfalls als „Schönwetterinstrument“ für Interventionen von niedriger Eingriffsintensität geeignet.[23]

In eine ähnliche Richtung zielt die These, daß von vornherein nur bestimmte Gegenstände einer normvermeidenden Absprache zugänglich seien. So meint Bohne,[24] daß sich die Absprache inhaltlich auf die Erhaltung eines ökonomisch und ökologisch akzeptablen status quo beschränken oder eine ohnehin laufende technische Entwicklung unterstützen müsse. Träfe dies zu, wäre dadurch das Steuerungsvermögen des Instruments gravierend eingeschränkt: Wären nämlich die Absprachen grundsätzlich auf die bloße Fixierung dessen beschränkt, was die technische Entwicklung vorgibt und von den betroffenen Unternehmen ohne Kostennachteil umzusetzen ist, bliebe nur ein geringer Spielraum für die Umsetzung staatlich definierter Gemeinwohlziele. Die Durchsetzbarkeit von Allgemeininteressen würde überall

---

[21] *Oldiges*, Staatlich inspirierte Selbstbeschränkungsabkommen der Privatwirtschaft, WiR 1973, 1 (19); ähnlich *Lange*, Staatliche Steuerung durch offene Zielvorgabe im Lichte der Verfassung, VerwArch 82 (1991), 1 (6). In gleicher Richtung auch *Schmidt-Preuß*, Verwaltung und Verwaltungsrecht zwischen gesellschaftlicher Selbstregulierung und staatlicher Steuerung, VVDStRL 56 (1997), 161 (219), der davor warnt, daß sich „der demokratische Rechtsstaat nicht durch Selbstbeschränkungsabkommen an organisierte Partikularinteressen und korporalistische Gruppenteilhabe ausliefern“ dürfe.

[22] *Rennings/Brockmann/Koschel/Bergmann/Kühn*, Nachhaltigkeit, Ordnungspolitik und freiwillige Selbstverpflichtung, 1996, S. 143; *v. Zezschwitz*, Wirtschaftsrechtliche Lenkungstechniken, JA 1978, 497.

[23] *Tuchtfeld*, Gentlemen's Agreements als Instrument der schweizerischen Geldpolitik, in: Andrae (Hrsg.), Festschrift für Günther Schmölders, Berlin 1968, 135 (148), der diesen Befund für die Schweizer Notenbankpolitik empirisch belegt.

[24] *Bohne*, Informales Verwaltungs- und Regierungshandeln als Instrument des Umweltschutzes, VerwArch 75 (1984), S. 343 (366); *Ders.*, „Informales“ Staatshandeln als Instrument des Umweltschutzes – Alternativen zu Rechtsnorm, Vertrag, Verwaltungsakt und anderen rechtlich geregelten Handlungsformen?, Dokumentation zur 7. wissenschaftlichen Fachtagung der Gesellschaft für Umweltrecht, 1984, S. 97 ff. (131).

dort an ihre Grenzen stoßen, wo sie mit dem – durchaus anerkennenswerten – privaten Interesse an Gewinnmaximierung kollidiert.[25]

Für die Richtigkeit dieser These lassen sich einige Belege finden: So entsprachen beispielsweise die Reduktionsquoten, die die Aerosolindustrie im Rahmen der Absprachen zur FCKW-Reduktion zusagte,[26] zwar im wesentlichen den staatlichen Zielvorstellungen am Beginn der Verhandlungen. Die anfänglichen Reduktionserfolge wurden aber dadurch begünstigt, daß auf Seiten der Wirtschaft Ersatzstoffe bekannt waren, deren Einsatz nicht mit starken Kostensteigerungen verbunden war.[27] Hinzu kam, daß Absatzeinbußen für FCKW-haltige Sprays einen erheblichen Druck auf die betroffenen Treibgashersteller ausübten. In diesem Produktbereich wurden demgemäß weitgehende Reduktionsquoten zugesagt. Im Bereich der industriellen Verwendung von FCKW war der Druck der privaten Nachfrage dagegen geringer; dies führte dazu, daß die Wirtschaft auch nur in weit geringerem Ausmaß zu Zugeständnissen bereit war. Andererseits belegt das Fallbeispiel der Absprachen zur Reduktion von FCKW auch, daß der Einsatz des „weichen" Instruments der Absprache nicht notwendig dazu führen muß, daß der Staat das ursprünglich anvisierte Regelungsniveau aus den Augen verliert. Die beteiligten staatlichen Stellen zeigten sich bemerkenswert konsequent, als sich die Wirtschaft dem Verlangen nach einer weiteren Substitution der FCKW gänzlich widersetzte: Die Drohung mit dem Erlaß einer normativen Regelung wurde verwirklicht; die FCKW-Halonverbotsverordnung trat an die Stelle der normvermeidenden Absprachen in diesem Bereich.

Weniger standhaft blieb die staatliche Seite im Fallbeispiel des CO_2-Abkommens. Hier ist es der Wirtschaft gelungen, die staatliche Seite zu Abstrichen von den ursprünglich verfolgten Regelungszielen zu bewegen. Am Beginn der Verhandlungen hatte die Bundesregierung noch das Ziel verfolgt, im Rahmen einer sog. Energiesparvariante die Reduktionsquoten zu ermitteln und durchzusetzen, die unter Ausschöpfung der technischen Möglichkeiten erreicht werden könnten.[28] Dieses Ziel wurde im Laufe der Verhandlungen aufgegeben; die vereinbarten Quoten halten

---

[25] Dies würde nicht nur faktisch die Tauglichkeit der normvermeidenden Absprachen als Instrument der Wirtschaftslenkung gravierend einschränken, sondern hätte auch verfassungsrechtliche Bedeutung: Staatliche Steuerung, die nur formal staatlich ist, materiell aber von Kräften bestimmt wird, die nicht in einem demokratischen Legitimationszusammenhang stehen, wären mit dem Demokratieprinzip gem. Art. 20 Abs. 1, 28 Abs. 1 GG nur schwerlich in Einklang zu bringen. Vgl. dazu *Lange,* Staatliche Steuerung durch offene Zielvorgabe im Lichte der Verfassung, VerwArch 82 (1991), 1 (10f.) sowie unten 2. Teil Kapitel A. II. 3. und 2. Teil Kapitel B. III.

[26] Vgl. zu dieser Absprache im einzelnen oben 1. Teil Kapitel A. I. 1.

[27] *Rennings/Brockmann/Koschel/Bergmann/Kühn*, Nachhaltigkeit, Ordnungspolitik und freiwillige Selbstverpflichtung, 1996, S. 211.

[28] *Bundesministerium für Umwelt- und Naturschutz und Reaktorsicherheit*, Beschluß der Bundesregierung zur Verminderung der CO_2-Emissionen und anderen Treibhausgasemissionen in der Bundesrepublik Deutschland auf Grundlage des dritten Berichts der interministeriellen Arbeitsgruppe „CO_2-Reduktion", 1994.

sich im Rahmen der ohnehin laufenden technischen Entwicklung, d.h. sie schreiben lediglich die Entwicklung des industriellen Energieverbrauchs in den letzten vor der Absprache liegenden Jahren fort, ohne von der Wirtschaft eine rationellere Energieverwendung zu verlangen: Die Zusage der Wirtschaft entsprach einer jährlichen Reduktion der spezifischen CO_2-Emissionen um 1,8%. In den Jahren 1970 bis 1993 waren diese spezifischen CO_2-Emissionen sogar um insgesamt 42%, also um jährlich 2,3% gesunken.[29] Die „besonderen Anstrengungen" zur Reduktion der Emissionen, die die Wirtschaft versprochen hatte, waren also nicht zu erkennen.[30]

Ein besonderes Detail, das unter dem Gesichtspunkt der autonomen staatlichen Definition von Gemeinwohlzielen von Interesse ist, enthält die Zusage der Vereinigung deutscher Elektrizitätswerke (VDEW)[31] im Rahmen des CO_2-Abkommens: Die Einhaltung der zugesagten Reduktionsquoten wird in dieser Erklärung unter die Bedingung bestimmter energiepolitischer Grundentscheidungen gestellt. So will sich die Energiewirtschaft nur dann an die Reduktionszusagen halten, wenn die Nutzung der Kernenergie nicht in Frage gestellt und die im Verband zusammengeschlossenen Unternehmen in der Wahl der verwendeten Kraftwerksbrennstoffe nicht reguliert werden. Über den eigentlichen Verhandlungsgegenstand hinaus – das konkrete staatliche Normsetzungsvorhaben – hat die Wirtschaft in diesem Fall also versucht, Grundentscheidungen des gesamten betroffenen Politikbereichs in einer ihr günstigen Weise zu beeinflussen. Dies erscheint einerseits legitim, wenn man in Rechnung stellt, daß die Energiewirtschaft bei Zusage bestimmter Emissionswerte in der Lage sein muß, selbst zu bestimmen, wie dieses Ziel erreicht werden soll. Es ist durchaus einsichtig, daß die Einhaltung von CO_2-Grenzwerten bei der Energieerzeugung auf Schwierigkeiten stoßen muß, wenn eine staatliche Intervention die Nutzung der Kernenergie verbietet. Gerade in der Freiheit der Wirtschaft, den Weg der Erreichung des staatlich definierten Gemeinwohlziels zu bestimmen, liegt zudem eine besonders wichtige Funktion der instrumentalisierten Selbstregulierung: Man verspricht sich von ihr eine Aktivierung privaten Sachverstands bei der Problemlösung, auf dessen Vorzüge ich noch zurückkommen werde.[32] Andererseits zeigt das Beispiel mit besonderer Deutlichkeit, welche Gefahr von den normvermei-

---

29 *Deutsches Institut für Wirtschaftsforschung [DIW]*, Energieverbrauch und CO_2-Emissionen in Deutschland in der ersten Hälfte der neunziger Jahre, in: DIW-Wochenbericht 4/96, S. 73–79.

30 Ebenso das *Umweltbundesamt*, Jahresbericht 1993, S. 167, wo es heißt, daß „die von der Wirtschaft angebotenen Emissionsreduktionen weitgehend im Rahmen des Referenzpfades" lagen, der „eine *business as usual*-Strategie umsetzt und somit keine Verpflichtung über das Maß enthält, die ohnehin angestrebt worden wäre".

31 *Verband deutscher Elektrizitätswerke (VDEW)*, Bericht 1996 zur „Erklärung der VDEW zum Klimaschutz" in: Bundesverband der deutschen Industrie e.V. (BDI): Aktualisierte Erklärung der deutschen Wirtschaft zur Klimavorsorge, Köln, 1996. Vgl. zu dieser Erklärung auch *Hoffmann-Riem*, Umweltschutz als Gesellschaftsziel – illustriert an Beispielen aus der Energiepolitik, GewArch 1996, 1 (4ff.).

32 Sogleich 2. Teil Kapitel B. III.

denden Absprachen für die autonome Definition staatlicher Gemeinwohlziele ausgeht. Indem der Staat in den Verhandlungen den Erlaß einzelner normativer Regelungen zur Disposition stellt, begünstigt er Versuche, die staatliche Letztverantwortung für die Zieldefinition in dem betroffenen Sachbereich insgesamt in Frage zu stellen.

Eine gewisse Relativierung des staatlichen Steuerungsziels dürfte auch im Fallbeispiel der Absprache zum Ersatz von Asbest in Zementprodukten vorgelegen haben.[33] Die Absprachen führten zwar letztlich zu einer vollständigen Substitution des Werkstoffs, im Hinblick auf die Geschwindigkeit des Ausstiegs sahen die Selbstverpflichtungen allerdings recht großzügige Übergangsfristen von 3–5 bzw. 6 Jahren vor. Eine feste Reduktionsquote als Zwischenziel war zunächst nur für ein Jahr der Laufzeit festgeschrieben.[34] Um diese Spielräume hatte die Industrie gebeten, um den Substitutionsprozeß flexibel gestalten zu können und zur Begründung auf die fehlenden Erfahrungen mit Ersatzstoffen verwiesen.[35] Auch dies stellt ein typisches Merkmal kooperativer Problemlösungen dar: In den Verhandlungen, die der Absprache vorangehen, hat die Wirtschaft Gelegenheit, auf die aus ihrer Sicht bestehenden Probleme bei der Erreichung der staatlicherseits angestrebten Ziele hinzuweisen. Dies hat Vorteile, insbesondere im Hinblick auf die bereits erwähnte Nutzung privaten Sachverstands, auf die ich noch im einzelnen eingehen werde.[36] Hier soll zunächst nur festgehalten werden, daß die Rücksichtnahme auf Bedenken der Wirtschaft mit einer Verzögerung oder Verwässerung des Steuerungsimpulses verbunden sein kann.

Die Absprache über die Rücknahme und das Recycling von Autowracks bildet schließlich ein weiteres Beispiel dafür, wie staatliche Regelungsziele im Rahmen von Verhandlungen mit der Wirtschaft ausgehöhlt werden können. Die Zusagen der Automobilindustrie bleiben weit hinter dem zurück, was von Seiten der Bundesregierung ursprünglich angestrebt worden war. Dies gilt zum einen für die Altersgrenze, innerhalb derer Autowracks von der Industrie kostenlos zurückgenommen wer-

---

[33] Vgl. im einzelnen zu dieser Absprache oben 1. Teil Kapitel A. II.

[34] So sah die erste Absprache zur asbestfreien Produktion von Hochbauprodukten vom 22.01.1982 nur für 1982 eine festgelegte Reduktionsquote von 15 % vor. Erst in der Absprache vom 13.03.1983 wurden auch für die weiteren Jahre konkrete Reduktionsquoten festgelegt.

[35] *Lautenbach/Steger/Weihrauch*, Evaluierung freiwilliger Branchenvereinbarungen im Umweltschutz, 1992, S. 49. Kritisch zum Ausstiegstempo, das durch die Asbestzementabsprache erreicht wurde, die Große Anfrage der Abgeordneten Monika Ganseforth, Michael Müller (Düsseldorf), Elke Ferner, weiterer Abgeordneter sowie der Fraktion der SPD, BT-Drucks 13/3988, Frage 14. Vgl. dazu auch die Anwort der Bundesregierung, BT-Drucks 13/6704, die anwortete, daß ein sofortiges Verbot von Asbest „*unter Abwägung des damaligen Wissens um die Gesundheitsschädlichkeit von Asbestfasern einerseits, der Sicherung von Arbeitsplätzen andererseits, der Durchsetzbarkeit eines sofortigen Verbots sowie der Notifizierungspflicht ... auch aus heutiger Sicht die damalige Selbstverpflichtung als wirkungsvoller Weg zum Schutz von Umwelt und Gesundheit angesehen*“ werden könne.

[36] Vgl. unten 2. Teil Kapitel B. III.

den. Im Verordnungsentwurf des Bundesumweltministeriums war ursprünglich eine Altersgrenze von 15 Jahren vorgesehen.[37] Der Autoindustrie gelang es im Rahmen der Verhandlungen, diese Grenze auf 12 Jahre abzusenken. Diese Abänderung hat aus mehreren Gründen große praktische Bedeutung: Zum einen sind die meisten der zu entsorgenden Autos deutlich älter als 12 Jahre[38] und fallen deswegen nicht unter die übernommene kostenlose Rücknahmepflicht. Zum anderen weisen die Autos, die jünger als 12 Jahre sind, in der Regel noch einen positiven Marktwert auf, d. h. der Materialwert übersteigt die Verwertungskosten.[39] An einer kostenlosen Rücknahme dieser Fahrzeuge ist demgemäß kaum ein Halter interessiert, da er durch eine Veräußerung des Wracks an bestehende Verwertungsbetriebe einen Erlös erzielen kann. Aus Sicht der Industrie stellt die Zusicherung der kostenlosen Rücknahme dieser Fahrzeuge kein nennenswertes Kostenrisiko dar. Ebenso deutlich läßt sich die Zielverwässerung anhand eines Vergleichs der ursprünglich anvisierten zu den in der Absprache vereinbarten Wiederverwendungs- und Verwertungsquoten für die einzelnen Bestandteile der Autowracks illustrieren. Sowohl der Verordnungsentwurf von 1992 als auch jener von 1994 enthielten spezifische Quoten für die verschiedenen Materialien, aus denen Autowracks bestehen. Der Autoindustrie gelang es, als Inhalt der normvermeidenden Absprache stattdessen die Festlegung eines Gewichtsanteils als aggregierte Verwertungsquote durchzusetzen. Diese aggregierte Quote von 85 % des Gewichts muß erst im Jahr 2002 erreicht werden. Beide Verordnungsentwürfe sahen demgegenüber einen Verwertungsanteil von 91 % bereits bis zum Jahr 2000 vor, wenn man die materialspezifischen Verwertungsquoten entsprechend umrechnet.[40] Ebenfalls kaum einen Beitrag zur Erreichung des Zieles der Bundesregierung, das Aufkommen an Shredderabfällen aus Automobilwracks zu reduzieren, stellt schließlich die von der Industrie übernommene Verpflichtung dar, ein flächendeckendes Netz von Verwertungsbetrieben zu schaffen. Es bestand nämlich schon vor Zustandekommen der normvermeidenden Absprache ein Netz von unabhängigen Entsorgungsbetrieben, in denen jeder Letzthalter sein Auto zu marktüblichen Konditionen entsorgen lassen konnte. Die Konsequenz der Zusage der Automobilindustrie, ein Netz „lizensierter Entsorgungsbetriebe" zu schaffen, besteht also lediglich darin, daß die Industrie das lukrative Entsorgungsgeschäft an sich zieht, ohne allerdings – wie ursprünglich von der Bundesregierung beabsichtigt – gleichzeitig die Produktverantwortung für die Altfahrzeuge zu übernehmen, deren Entsorgung Kosten verursacht.

---

37 Süddeutsche Zeitung vom 30.1.1996, S. 7.

38 Nach den Angaben des ADAC beträgt das Durchschnittsalter eines Autos bei Stillegung 13,2 Jahre (zit. nach Süddeutsche Zeitung vom 12.3.1996, S. 6).

39 Bulletin der *Arbeitsgemeinschaft der Autorecyclingbetriebe GmbH* 1996, S. 1.

40 Der Berechnung liegen Gewichtsanteile in Höhe von 63 % für Stahl, Nichteisen-Metalle 9,5 %, Kunststoffe 13 %, Glas 13 % Reifen 5 % und sonstige Fraktionen von 6 % zugrunde. Berechnung nach *Enquête-Kommission „Schutz des Menschen und der Umwelt" des Deutschen Bundestages (Hrsg.),* Die Industriegesellschaft gestalten – Perspektiven für einen nachhaltigen Umgang mit Stoff- und Materialströmen, Bonn 1994, S. 252.

In diesem Zusammenhang ist beachtenswert, daß bei einigen der betroffenen Automobilhersteller die Bereitschaft zu weitergehenden Zugeständnissen durchaus vorhanden war. Schon 1991 – also lange vor Zustandekommen der heute gültigen normvermeidenden Absprache der Bundesregierung mit dem Verband der Automobilindustrie – hatten sich einzelne Hersteller vorbehaltlos verpflichtet, zukünftig verkaufte Neuwagen kostenlos zurückzunehmen.[41] Hier wirkt es sich aus, daß der an der normvermeidenden Absprache beteiligte Verband auf eine Vielzahl von Einzelinteressen der zusammengeschlossenen Unternehmen Rücksicht nehmen muß. Dies führt häufig dazu, daß die Unternehmen mit dem größten Beharrungsvermögen den Kurs des Verbandes in den Verhandlungen mit staatlichen Stellen bestimmen.[42] Die Verwässerung der staatlichen Zielvorstellungen ist bei Beteiligung von Verbänden also zum Teil strukturell bedingt: Bereits der Verhandlungsprozess innerhalb des Verbandes führt zu Abstrichen am angestrebten Schutzniveau. In den Verhandlungen mit dem Staat ist der Verband häufig nur zu geringem Umfang zu Zugeständnissen bereit, weil er sich einem besonderen Rechtfertigungsdruck seiner Mitglieder ausgesetzt sieht. Die Unternehmen fordern Belege dafür ein, daß sich der Verband nicht vom Staat hat vereinnahmen lassen,[43] sondern ihre Interessen mit dem nötigen Nachdruck vertritt. Dies führt dazu, daß die Vertreter der Verbände in besonderer Weise bemüht sind, im Rahmen der normvermeidenden Absprache die Zusagen der Wirtschaft auf kostenneutrale Maßnahmen zu beschränken.

Als Zwischenergebnis kann somit festgehalten werden, daß der inhaltliche Gestaltungsspielraum beim Abschluß normvermeidender Absprachen durch eine Reihe von Faktoren eingeschränkt wird: Die Wirtschaft sagt im Rahmen der Absprachen in der Regel nur solche Verhaltensweisen zu, die entweder weitgehend kostenneutral sind oder einer Entwicklung der Marktsituation Rechnung tragen. Das staatliche Drohpotential, das in der Ankündigung einer normativen Regelung der betreffenden Materie liegt, reicht nur selten aus, darüber hinausgehende Zugeständnisse zu erreichen und auch insoweit staatlicherseits autonom definierte Gemeinwohlziele durchzusetzen. Die Wirtschaft verlangt als Gegenleistung für die Bereitschaft zu einer konsensualen Problemlösung Abstriche am Eingriffsniveau: Würde im Rahmen der Absprache derselbe – kostenintensive – Regelungsinhalt vereinbart, der ansonsten Gegenstand der zu erlassenen Rechtsnorm wäre, böte die Absprache in der Sache für die Wirtschaft kaum Vorteile. Die betroffenen Unternehmen könnten in diesem Fall ebenso gut den Erlaß der Rechtsnorm abwarten, anstatt sich an der Absprache zu beteiligen. Eine Absprache kommt in diesen Fällen nur zustande, wenn der Staat wegen der sonstigen Vorteile der Absprachen, die vor allem in der erhöhten

---

[41] *Rennings/Brockmann/Koschel/Bergmann/Kühn,* Nachhaltigkeit, Ordnungspolitik und freiwillige Selbstverpflichtung, 1996, S. 244. Die Zusagen der Hersteller wurden allerdings später wieder zurückgenommen.

[42] *Rat von Sachverständigen für Umweltfragen (SRU),* Umweltgutachten 1996 – Zur Umsetzung einer dauerhaft umweltgerechten Entwicklung, Tz. 166.

[43] Zur grundrechtlichen Bedeutung dieser Vereinnahmung der Verbände durch den Staat vgl. unten 4. Teil Kapitel B. II. 3.

Folgebereitschaft der Betroffenen begründet liegen,[44] Zugeständnisse in der Sache macht. Die Folge ist eine Verwässerung staatlicher Zielvorstellungen.

Dabei darf freilich nicht verkannt werden, daß auch im Rahmen eines regulären Normsetzungsverfahrens die Interessenvertreter der Wirtschaft auf die Entscheidungsfindung Einfluß nehmen.[45] Auch dort gelingt es den Verbänden nicht selten, eine ursprünglich ins Auge gefaßte Regelung aufzuweichen, etwa indem Übergangsregelungen und Ausnahmen für einzelne Bereiche durchgesetzt werden. Als Vergleichsbeispiel besonders geeignet ist insofern die Ökosteuer, die zwischenzeitlich das untersuchte CO_2-Abkommen abgelöst hat.[46] Im Rahmen des Gesetzgebungsverfahrens ist es den Industrieverbänden gelungen, unter Verweis auf Auswirkungen der Steuer auf die betroffenen Unternehmen zahlreiche Ausnahmen von der Steuerpflicht durchzusetzen, darunter ausgerechnet solche für besonders energieintensive Branchen. Das ursprüngliche Regelungsziel – Energieeinsparung und Verringerung der CO_2-Emissionen durch Verteuerung des Energieverbrauchs – wurde dabei zumindest vernachlässigt.[47]

Daß die Wirtschaftsvertreter unabhängig vom Instrument der normvermeidenden Absprachen immer mehr Einfluß auf die Entscheidungsfindung staatlicher Stellen gewinnen, zeigt auch die jüngste Entwicklung auf dem Gebiet der Altautoverwertung.[48] Hier hatten sich auf europäischer Ebene die Umweltminister der Mitgliedsstaaten bereits informell auf den Entwurf einer EG-Richtlinie verständigt, der – ähnlich wie der ursprüngliche Verordnungsentwurf der Bundesregierung vor Eintritt in die Verhandlungen mit der Industrie über die normvermeidende Absprache – die Verpflichtung der Automobilhersteller vorsah, ab 2003 sämtliche Autowracks kostenlos zurückzunehmen und zu verwerten.[49] Im folgenden gelang es jedoch der deutschen Automobilindustrie, die Verabschiedung des Entwurfs zu verhindern. Der Vorstandsvorsitzende des VW-Konzerns *Piëch* – der zugleich als Vorsitzender des europäischen Automobilverbandes ACEA fungierte – nutzte seine guten Kontakte zum deutschen Bundeskanzler *Schröder* und erreichte, daß die Bundesregierung den Entwurf der EG-Altautorichtlinie im Rat unter Verweis auf die Kosten, die für die Industrie mit der Rücknahme der Wracks verbunden sind, ablehnte.[50] Da es *Schröder* und *Piëch* außerdem gelungen war, auf informellem Wege

---

[44] Vgl. hierzu im einzelnen unten 2. Teil Kapitel B.

[45] Zur Einflußnahme der Verbände auf die Definition von Gemeinwohlzielen im Rahmen „neokorporativer" Beziehungen von Staat und Verbänden vgl. *Mayntz,* Interessenverbände und Gemeinwohl, in: Dies. (Hrsg.), Verbände zwischen Mitgliederinteressen und Gemeinwohl, S. 13.

[46] „Gesetz zum Einstieg in die ökologische Steuerreform" vom 23.03.1999 (BGBl. I, S. 1257).

[47] Kritisch insoweit auch *Hey,* Fortführung der ökologischen Steuerreform – Übergang zur Routine, NJW 2000, 640 (641).

[48] Hierzu bereits oben 1. Teil Kapitel A. III.

[49] Frankfurter Allgemeine Zeitung Nr. 145/99 vom 26.7.1999.

[50] Frankfurter Allgemeine Zeitung Nr. 145/99 vom 26.7.1999.

die britische und die spanische Regierung für eine Stimmenthaltung zu gewinnen,[51] wäre im Falle einer Abstimmung die Richtlinie an der Sperrminorität dieser drei EG-Mitgliedsländer gescheitert. Von einer Beschlußfassung wurde deshalb zunächst abgesehen. Der mittlerweile vorliegende neue Entwurf einer EG-Altautorichtlinie sieht ab 2001 nur eine Pflicht zur Rücknahme von neu zugelassenen Fahrzeugen vor; die übrigen Fahrzeuge müssen von den Autoherstellern erst ab 2006 zurückgenommen werden. Im Hinblick auf die Kosten der Rücknahme ist keine zwingende Kostentragungspflicht der Automobilindustrie mehr vorgesehen. Statt dessen heißt es im Richtlinienentwurf nunmehr, daß der Automobilindustrie „alle Kosten *oder ein wesentlicher Teil der Kosten*" der Rücknahme auferlegt werden sollen.[52] Der Automobilindustrie ist es also auch hier gelungen, das anvisierte Regelungsniveau erheblich abzumildern.

Die Einflußnahme der Industrie auf die Entscheidungsfindung staatlicher Stellen ist demnach nicht auf die Kooperation beim Zustandekommen normvermeidender Absprachen beschränkt. Vielmehr versteht es die Wirtschaft auch in regulären Normsetzungsverfahren in zunehmendem Maße, die ursprünglichen Regelungsziele zu verwässern. Festzuhalten bleibt aber auch, daß die Gefahr der Relativierung staatlicher Ordnungsvorstellungen bei normvermeidenden Absprachen zum Teil strukturell bedingt ist: Es entspricht dem Charakter des Instruments als kooperativer Handlungsform, daß der Staat in den Verhandlungen seine Ziele zur Disposition stellt, anstatt sie einseitig-hoheitlich durchzusetzen. Die normvermeidenden Absprachen sind insofern zwar nicht Ursache, wohl aber ein Symptom des wachsenden Einflusses insbesondere der Wirtschaftsverbände auf staatliche Entscheidungen.

II. Faktische Voraussetzungen für die Einhaltung der Zusagen

Die Effizienz normvermeidender Absprachen als Mittel der Wirtschaftssteuerung hängt neben der Durchsetzung der staatlichen Regelungsziele im Rahmen der Verhandlungen davon ab, ob die beteiligten Wirtschaftssubjekte – noch ungeachtet der Frage nach der Rechtsverbindlichkeit der Absprachen – ihre Zusagen faktisch einhalten.

In einem zweiten Schritt der Untersuchung der Effizienz der Absprachen soll daher ermittelt werden, ob Inhalt und Rahmenbedingungen der erfolgreichen Abspra-

---

[51] Nach Presseberichten wiesen Schröder und Piëch auf die Bedeutung der VW-Tochter SEAT für die spanische und der BMW-Tochter Rover für die britische Wirtschaft hin. Im Umweltrat erklärte die spanische Ministerin daraufhin, sie sei zwar einverstanden mit der Richtlinie, müsse sich jedoch bei der Abstimmung enthalten. Der britische Minister Meacher versicherte ebenfalls, daß sein Land „voll und ganz" zu der Richtlinie stehe, aber Rücksicht auf die Schwierigkeiten nehmen müsse, die Deutschland mit der Richtlinie habe, vgl. zum Ganzen Frankfurter Allgemeine Zeitung vom 25. Juni 1999, S. 13; Frankfurter Allgemeine Zeitung vom 26. Juni 1999, S. 4.

[52] Süddeutsche Zeitung vom 24./25. Juli 1999. Hervorhebung vom Verfasser.

chen Übereinstimmungen aufweisen, die den Schluß zulassen, daß bestimmte Voraussetzungen generell gegeben sein müssen, um die faktische Einhaltung des Zugesagten durch die Wirtschaft zu gewährleisten.

1. Partielle Interessenidentität von Staat und Wirtschaft

Auch im Rahmen der Umsetzung der Absprachen ist es für die Folgebereitschaft der Industrie günstig, wenn der Abspracheinhalt einer ohnehin laufenden technischen oder wirtschaftlichen Entwicklung entspricht und/oder keine erheblichen zusätzlichen Kosten für die Wirtschaft verursacht.

Dies läßt sich beispielhaft am unterschiedlichen Erfolg der verschiedenen Absprachen zu den Getränkeverpackungen aus dem Jahr 1977 illustrieren:[53] Die Absprache über die Steigerung des wiederverwerteten Anteils der Glas- und Weißblechverpackungen wurde u. a. deswegen eingehalten, weil sie nicht nur dem staatlichen Interesse an einer Reduzierung der Abfallmenge, sondern – zumindest teilweise – auch dem Gewinninteresse der Wirtschaft entsprach. Die Glas- und Stahlindustrie hatte angesichts steigender Rohstoff- und Energiepreise bereits vor der Absprache Anstrengungen unternommen, den Verwertungsanteil zu steigern.[54] Diese Bemühungen wurden durch die Absprache gefördert und in der Verwirklichung beschleunigt.

Dagegen widersprach die Erhaltung des bestehenden Mehrwegbehältersystems den wirtschaftlichen Interessen der beteiligten Industriekreise. Auf der Hand liegt dies für die Verpackungshersteller: Die Produktion von Einwegbehältern bietet für sie weit größere Absatzchancen als die Produktion von Mehrwegbehältern, bei denen sich der Umsatz naturgemäß auf den Ersatzbedarf beschränkt. Aber auch im Hinblick auf die übrigen beteiligten Wirtschaftskreise entsprach das Mehrwegbehältersystem nicht den wirtschaftlichen Interessen der betroffenen Unternehmen. Für die Getränkehersteller lief das Festhalten am Mehrwegbehältersystem dem Prozeß der Unternehmenskonzentration zuwider, der in den 70er Jahren in diesem Bereich zu beobachten war. Einwegverpackungen versprachen insbesondere eine Vereinfachung des überregionalen Vertriebs der Getränke. Für den Handel war mit dem Einsatz von Einwegverpackungen schließlich ein beträchtliches Einsparpotential bei Personal- und Verwaltungskosten verbunden, weil die Notwendigkeit des Einsammelns von Leergut entfiel. Angesichts dieser wirtschaftlichen Interessen reichten auch die wiederholten Drohungen des Bundesinnenministers nicht aus, anstelle der Absprache eine Rechtsverordnung gemäß § 14 AbfG zu erlassen, um die Wirtschaft zu einer Einhaltung der Absprache zu bewegen.[55]

---

[53] Zu diesen Absprachen im einzelnen oben 1. Teil Kapitel A. IV.

[54] *Hartkopf/Bohne*, Umweltpolitik I, S. 458.

[55] Vgl. hierzu oben 1. Teil Kapitel A. IV.

Demgegenüber bildet das CO_2-Abkommen[56] ein weiteres Beispiel für eine Absprache, bei der die Wirtschaft ihre Zusagen eingehalten hat, weil das staatlicherseits verfolgte Gemeinwohlziel jedenfalls nicht vollkommen gegenläufig zum Gewinnerzielungsinteresse der Wirtschaft war. Die von der Wirtschaft zugesagte – im Vergleich zu den ursprünglich verfolgten staatlichen Regelungszielen relativ geringfügige[57] – Verminderung von CO_2-Emissionen durch eine Verringerung des Verbrauchs fossiler Energieträger machte zwar teilweise zusätzliche Investitionen erforderlich, verringerte für die Wirtschaft aber zugleich die Energiekosten. Die in der Absprache versprochene Verbesserung der Energienutzungseffizienz war also auch mit Kostenvorteilen für die Wirtschaft verbunden. Die Wirtschaft war überdies bereits in den Jahren vor dem Zustandekommen der Absprache bemüht gewesen, durch eine Optimierung der Produktionsabläufe und technische Verbesserungen Energieeinsparungen zu erzielen.[58] Der Absspracheinhalt entsprach insofern einer ohnehin laufenden technischen Entwicklung. Dies dürfte ein weiterer Grund für die weitgehende Einhaltung der Zusagen der Wirtschaft gewesen sein.

Zusammenfassend läßt sich sagen, daß auch die faktische Einhaltung der normvermeidenden Absprachen wesentlich davon abhängt, inwieweit der Absspracheinhalt mit den Gewinnerzielungsinteressen der Wirtschaft kollidiert: Eingehalten werden die Zusagen in der Regel dann, wenn der Absspracheinhalt mit den betriebswirtschaftlichen Zielsetzungen der einzelnen Unternehmen in Einklang zu bringen ist. Dagegen reicht die staatliche Drohung mit dem Normerlaß zumeist nicht aus, die Einhaltung von Absprachen zu erzwingen, die der technischen und wirtschaftlichen Entwicklung zuwider laufen und/oder für die Wirtschaft mit erheblichen zusätzlichen Kosten verbunden sind.

Auch im Hinblick auf die Einhaltung der Absprachen ist es daneben günstig, wenn die Entwicklung der öffentlichen oder privaten Nachfrage das Absprachezziel unterstützt. Als Beispiel kann insoweit erneut auf die Absprachen mit der asbestzementverwendenden Industrie[59] verwiesen werden, deren Bereitschaft zur Einhaltung der Zusagen wesentlich dadurch gefördert wurde, daß als Folge der Berichte über die Gesundheitsgefahren von Asbest[60] die Akzeptanz dieses Werkstoffs bei den Abnehmern der Industrie deutlich gesunken war.[61] In ähnlicher Weise war infolge der öffentlichen Diskussion über die umweltschädlichen Auswirkungen von

---

[56] Vgl. zu dieser Absprache im einzelnen oben 1. Teil Kapitel A. I. 2.

[57] Siehe dazu bereits oben 2. Teil Kapitel A. I.

[58] Die spezifischen CO_2-Emissionen der Industrie hatten in den Jahren 1970–1993 ohnehin jährlich um 2,3 % abgenommen, vgl. dazu *Rennings/Brockmann/Koschel/Bergmann/Kühn*, Nachhaltigkeit, Ordnungspolitik und freiwillige Selbstverpflichtung, 1996, S. 213.

[59] Vgl. zu diesen Absprachen im einzelnen oben 1. Teil Kapitel A. II.

[60] Vgl. insbesondere den sog. „Blauen Bericht" des Umweltbundesamtes: *Umweltbundesamt,* Luftqualitätskriterien, Umweltbelastung durch Asbest und andere faserige Feinstäube, Bericht 7/80, 1980.

[61] *Lautenbach/Steger/Weihrauch*, Evaluierung freiwilliger Branchenvereinbarungen im Umweltschutz, 1992, S. 44.

FCKW[62] die Bereitschaft der Industrie gewachsen, auf diesen Stoff als Treibmittel in Spraydosen zu verzichten. Der Druck der Öffentlichkeit begünstigte auch die Einhaltung der Zusagen im Rahmen der normvermeidenden Absprache: Die Aerosolindustrie war bemüht, die von der öffentlichen Diskussion hervorgerufenen Vorbehalte der Verbraucher gegen die Treibgase in Sprays durch eine offensive Darstellung der Erfolge der normvermeidenden Absprache zu zerstreuen. Nachdem die Industrie die Produktion auf FCKW-freie Ersatzstoffe umgestellt hatte, entwickelte sie gemeinsam mit dem Bundesumweltministerium ein Emblem, mit dem FCKW-freie Sprays im folgenden gekennzeichnet wurden.[63] Die beteiligten Unternehmen konnten auf diese Weise ihr Umweltbewußtsein öffentlichkeitswirksam herausstellen. Hierin liegt aus Sicht der beteiligten Wirtschaftskreise ein besonderer Vorzug der normvermeidenden Absprachen im Vergleich zu einer gesetzlichen Regelung gleichen Inhalts: Die scheinbar freiwilligen Zusagen im Rahmen der Absprachen rücken die Wirtschaft in ein besonders günstiges Licht. Die beteiligten Unternehmen können gegenüber der Öffentlichkeit den Eindruck erwecken, daß sie ihre Aktivitäten ohne staatlichen Zwang einem Gemeinwohlziel unterordnen. Dies dürfte ein Grund für die in Deutschland gängige Praxis sein, normvermeidende Absprachen nicht als offen zweiseitige Vereinbarung zwischen Staat und Wirtschaft abzuschließen, sondern die Zusagen der Wirtschaft in scheinbar einseitige Selbstverpflichtungen zu fassen, die die staatliche Seite sodann billigend zur Kenntnis nimmt.[64] Für den vorliegenden Zusammenhang kann festgehalten werden, daß es die Einhaltung der Zusagen der Wirtschaft in besonderer Weise begünstigt, wenn die Befolgung der Absprache mit einem öffentlichkeitswirksamen Imagegewinn der beteiligten Unternehmen verbunden ist.

2. Hoher Organisationsgrad und homogene Branchenstruktur

Eine weitere Erfolgsbedingung für die Einhaltung der Absprachen stellt nach den bisherigen Erfahrungen die Struktur der betroffenen Branche dar. Dieser Gesichtspunkt wird in den vorliegenden rechtswissenschaftlichen Untersuchungen überwiegend mit der Anzahl der von der Absprache betroffenen Unternehmen erfaßt. So wird gesagt, daß eine Absprache nur dann eingehalten werde, wenn von ihr nicht mehr als etwa 10 Unternehmen betroffen seien[65]. Dies trifft zwar in der Regel zu; die Zahl der betroffenen Unternehmen bildet allerdings nur eines von mehreren Indi-

---

[62] Vgl. zur diesbezüglichen Absprache mit der Aerosolindustrie oben 1. Teil Kapitel A. I. 1.

[63] *Lautenbach/Steger/Weihrauch*, Evaluierung freiwilliger Branchenvereinbarungen im Umweltschutz, 1992, S. 66.

[64] Vgl. zu der Unterscheidung zwischen offen zweiseitigen Vereinbarungen und vordergründig einseitigen Selbstverpflichtungen der Industrie bereits oben 1. Teil Kapitel B. II. 2.

[65] *Bohne*, Informales Verwaltungs- und Regierungshandeln als Instrument des Umweltschutzes, Verw Arch 75 (1984), 343 (366); ähnlich *Brohm*, Rechtsgrundsätze für normvermeidende Absprachen, DÖV 1992, 1025 (1026), der davon spricht, das der Kreis der betroffenen Unternehmen „überschaubar" sein müsse.

zien für die Existenz einer Branchenstruktur, die die Bildung eines brancheneinheitlichen Willens ermöglicht. Diese Struktur ist es, die notwendige Erfolgsvoraussetzung der Umsetzung der Absprachen ist. Von Bedeutung sind dabei mehrere Faktoren: Erstens der Organisationsgrad der Branche. Wenn die an der Verhandlungslösung beteiligten Wirtschaftsverbände einen hohen Anteil der von ihren Auswirkungen betroffenen Unternehmen repräsentieren, ist die Gefahr der Torpedierung der Absprache durch nicht beteiligte Außenseiter gering. Der zweite Erfolgsfaktor besteht in einer im Hinblick auf Marktteilnehmer und angebotene Produkte übersichtlichen Struktur der Branche. Als vorteilhaft hat sich eine oligopolistische Marktform auf der Angebotsseite herausgestellt.

Ein Paradebeispiel bildet insofern die Absprache des Bundeswirtschaftsministeriums mit den Herstellern von Geldautomaten.[66] An dieser Absprache waren alle zehn inländischen Hersteller von Geldautomaten beteiligt; ein nennenswertes Importgeschäft gab es nicht. Neun der zehn deutschen Hersteller sind im Verband der Deutschen Automatenindustrie (VDAI e.V.) organisiert. Im Rahmen der Verhandlungen, die der Absprache vorangingen, gelang es, auch den einzigen nicht verbandsgebundenen Hersteller zur Unterzeichnung der Selbstbeschränkungserklärung zu bewegen, mit der die Absprache umgesetzt wurde. Diese Absprache wurde im folgenden von den privaten Beteiligten eingehalten.

Auch der Erfolg der Absprachen mit der Asbestzementindustrie dürfte u. a. darauf beruhen, daß große Teile des betreffenden Marktes von wenigen Herstellern beherrscht wurden und diese Unternehmen über ihre Verbände an der Absprache beteiligt waren.[67] Eine derartige Branchenstruktur erleichtert zum einen die Herbeiführung eines Konsenses, weil mit nur wenigen Vereinbarungspartnern eine Einigung erzielt werden muß. Zum anderen kann die Kontrolle des Zugesagten wesentlich effizienter gestaltet werden, wenn nur wenige Anbieter überwacht werden müssen.[68] Der Staat kann auf diese Weise durch die Einigung mit wenigen einen ganzen Wirtschaftssektor steuern.[69]

Umgekehrt ist in den Fällen, in denen nur ein niedriger Organisationsgrad der Branche vorlag, zu beobachten, daß die nicht beteiligten Unternehmen den infolge der Absprache verminderten Wettbewerbsdruck ausnutzten. So scheiterte beispielsweise das sog. Erdöl-Kohle-Kartell daran, daß die an der Absprache beteiligten Unternehmen nur etwa 80% des Mineralölangebots repräsentierten. Diese Unternehmen sahen sich bereits nach acht Monaten nicht mehr in der Lage, ihre Zusage ein-

---

66 Vgl. zu dieser Absprache im einzelnen oben 1.Teil Kapitel A. VII. 1.

67 Vgl. zu dieser Absprache im einzelnen oben 1.Teil Kapitel A. II.

68 Zur Kontrolle der Einhaltung der Absprachen im einzelnen sogleich 3.

69 So auch *v. Zezschwitz*, Wirtschaftsrechtliche Lenkungstechniken, JA 1978, 497 (501); *Rüfner*, Unternehmen und Unternehmer in der verfassungsrechtlichen Ordnung der Wirtschaft, DVBl. 1976, 689 (694); *Oebbecke*, Die staatliche Mitwirkung an gesetzesabwendenden Vereinbarungen, DVBl. 1986, 793 (796); *Dempfle*, Normvertretende Absprachen, Diss. Tier 1993, S. 36.

zuhalten, Mineralöl zum Schutz der einheimischen Steinkohle zu einem bestimmten über Marktniveau liegenden Preis anzubieten, weil dieser Preis von Unternehmen, die nicht an der Absprache beteiligt waren, unterboten wurde.[70]

Auch die Absprache zur Reduzierung von Getränkeverpackungen[71] scheiterte – neben dem oben erwähnten Umstand, daß der Abspracheinhalt den wirtschaftlichen Interessen der beteiligten Industriekreise zuwiderlief[72] – an sog. Trittbrettfahrern, die nicht an der Absprache beteiligt waren und den infolge der Absprache verringerten Wettbewerbsdruck ausnutzten. Insbesondere der nicht an der Absprache beteiligte ALDI-Konzern nutzte die betriebswirtschaftlichen Vorteile von Einwegverpackungen und verbesserte so seine Wettbewerbsposition.[73]

Für den Erfolg der Absprache entscheidend ist demnach neben einer möglichst übersichtlichen Zahl der beteiligten Unternehmen ein hinreichend hoher Marktanteil dieser Unternehmen und ein hoher Organisationsgrad der Branche. Als Faustregel kann man sagen, daß ein etwa 90%iger Anteil der Absprachеteilnehmer am Gesamtumsatz der Branche üblicherweise ausreichend ist, um zu vermeiden, daß die Absprache unterlaufen wird.[74] Wo genau die Grenze verläuft, läßt sich allerdings nur für den jeweiligen Einzelfall beantworten. Dabei sind die branchenspezifischen Besonderheiten zu berücksichtigen, beispielsweise inwieweit die Produkte der Absprachеteilnehmer schnell durch Produkte anderer Anbieter substituiert werden können, wie hoch die Flexibilität der Marktteilnehmer und die Transparenz des Marktes ist und ob ausländische Anbieter die Beschränkungen der Absprache unterlaufen. Der letztgenannte Gesichtspunkt gewinnt in Zeiten der Globalisierung der Wirtschaft noch an Bedeutung. Selbst wenn auf nationaler Ebene ein großer Anteil der Anbieter an der Absprache beteiligt ist, nützt dies wenig, wenn Importeure, die an die Vorgaben der Absprache nicht gebunden sind,[75] die günstige Wettbewerbssi-

---

[70] Vgl. dazu BKartA, TB 1965, 15; *Biedenkopf,* Zur Selbstbeschränkung auf dem Heizölmarkt, BB 1966, S. 1113 ff.; *v. Zezschwitz,* Wirtschaftsrechtliche Lenkungstechniken, JA 1978, 497 (498); *Oldiges,* Staatlich inspirierte Selbstbeschränkungsabkommen, WiR 1973, S. 1 ff.; *Kaiser,* Industrielle Absprachen im öffentlichen Interesse, NJW 1971, 585 f. sowie oben 1. Teil Kapitel A. VII. 1.

[71] Vgl. dazu im einzelnen oben 1. Teil Kapitel A. IV.

[72] Vgl. dazu soeben 1.

[73] Vgl. dazu *Bundesministerium für Umwelt, Naturschutz und Reaktorsicherheit (BMU),* Selbstverpflichtungen in Deutschland – Auswertung der Stellungnahmen der einzelnen Referate des BMU, 1995, S. 40.

[74] *Lautenbach/Steger/Weihrauch,* Evaluierung freiwilliger Branchenvereinbarungen, 1992, S. 131. Die in der belgischen Region Flandern geltende Verordnung über Umweltvereinbarungen verlangt deshalb, daß die an der Absprache beteiligten Industriekreise nachweisen, daß sie über ein Mandat des gesamten betroffenen Industriesektors verfügen, vgl. dazu Mitteilung der *Kommission* an den Rat und das europäische Parlament über Umweltvereinbarungen vom 27.11.1996, KOM (96) 561 endg., Anhang, S. 25 sowie oben 1. Teil Kapitel A. XI. 2. b).

[75] Erneut soll noch nichts über die Rechtsverbindlichkeit der Absprachen gesagt werden. Auch wenn die Absprachen eine nur faktische Bindungswirkung haben sollten, würde diese nur die an der Absprache beteiligten Unternehmen und Verbände erfassen.

tuation ausnutzen. Als Ausweg kommen hier nur grenzüberschreitende Absprachen mit den Industrievertretern mehrerer Länder in Betracht. Erste Ansätze in dieser Richtung lassen sich auf europäischer Ebene mit den Absprachen zwischen der EG-Kommission und verschiedenen europäischen Industrieverbänden erkennen. Wie oben erwähnt,[76] hat die EG-Kommission sowohl zur FCKW-Reduktion als auch zur Kennzeichnung von Detergentien in Wasch- und Reinigungsmitteln mit den jeweiligen europäischen Industrieverbänden Vereinbarungen getroffen.

3. Funktionierende Überwachungsinstrumente

Als unverzichtbar für die faktische Einhaltung der Absprachen haben sich des weiteren funktionierende Instrumente der Erfolgskontrolle erwiesen.[77] Der Ausgestaltung des sog. *monitoring* wird deswegen in den neueren Absprachen zurecht besondere Aufmerksamkeit gewidmet.[78]

Der Grundstein einer wirksamen Erfolgskontrolle muß dabei bereits im Rahmen der normvermeidenden Absprache selbst gelegt werden. Es muß nämlich eindeutig festgelegt werden, welche Ziele seitens der Industrie zu erreichen sind:[79] Reduktionsquoten für umweltgefährdende Stoffe, Bezugsjahre für die Berechnung der Quoten und Stichtage für die Umstellung eines Produktionsprozesses müssen so eindeutig feststehen, daß sie wirksam kontrolliert werden können. Daß dies keineswegs selbstverständlich ist, zeigen beispielhaft die aufgetretenen Schwierigkeiten bei der Kontrolle der Umsetzung des CO_2-Abkommens von 1995.[80] Die in Erfüllung der normvermeidenden Absprache abgegebenen Selbstverpflichtungserklärungen enthielten kaum exakte Energieeinsparziele.[81] So ließen die Erklärungen der einzelnen Verbände zum Teil offen, ob bei der Berechnung der Energieeinsparziele der Eigenstromverbrauch der jeweiligen Branchen berücksichtigt werden sollte.[82] Ebenso

---

[76] 1. Teil Kapitel A. XI. 1.

[77] *Bundesministerium für Umwelt, Naturschutz und Reaktorsicherheit (BMU)*, Selbstverpflichtungen in Deutschland – Auswertung der Stellungnahmen der einzelnen Referate des BMU, 1995, S. 40. Die *EG-Kommission* (Mitteilung an den Rat und das europäische Parlament über Umweltvereinbarungen, KOM [96] 561 endg., S. 13) formuliert in diesem Zusammenhang besonders plastisch, daß die Wirtschaft nach dem Leitsatz *„Don't trust us, track us"* verfahre.

[78] Die diesbezüglichen Bemühungen begrüßt auch *Schmidt-Preuß*, Verwaltung und Verwaltungsrecht zwischen gesellschaftlicher Selbstregulierung und staatlicher Steuerung, VVDStRL 56 (1997), 161 (220).

[79] So auch *Kordes*, Institutionelle Rahmenbedingungen und Realisierungsmöglichkeiten für Verhandlungen im Umweltschutz, 1994, S. 79; *Rat der Sachverständigen für Umweltfragen*, Umweltgutachten 1996 – Zur Umsetzung einer dauerhaft umweltgerechten Entwicklung, 1996, Ziffer 166, S. 98.

[80] Vgl. zu dieser Absprache im einzelnen oben 1. Teil Kapitel A. I. 2.

[81] *Umweltbundesamt*, „Denkhilfe" für die Wirtschaft aus dem Umweltbundesamt, Ökologische Briefe 1996, S. 2.

[82] Auf die daraus resultierenden Schwierigkeiten für das *monitoring* verweisen auch *Kohlhaas/Praetorius*, Selbstverpflichtung der Wirtschaft zur CO_2-Reduktion: Kein Ersatz für eine

fehlten vielfach Angaben zu Referenz- und Zieljahren, zur Entwicklung des spezifischen Verbrauchs je technischer Größe sowie nach Energieträgern erfaßte absolute Energieverbräuche.[83] Erst nachdem das Umweltbundesamt die genannten Punkte bemängelt hatte,[84] präzisierte die Wirtschaft ihre Zusagen in einer Form, die eine Kontrolle ermöglichte. Die Wirtschaft verpflichtete sich nunmehr, für ein Basisjahr, das Vorjahr und das Berichtsjahr jeweils den Gesamtbrennstoffeinsatz fossiler Energieträger, den Nettofremdstoffbezug, den Energieeinsatz sowie die daraus errechneten spezifischen CO_2-Emissionen und den spezifische Energieeinsatz anzugeben.[85]

Wie wichtig eine präzise Fassung der Kontrollziele ist, zeigen auch die Erfahrungen mit der Absprache über die Reduktion von Alkylphenolethoxilaten (APEO) in Waschmitteln. Die Absprache und die in deren Erfüllung abgegebene Verzichtserklärung des Verbandes der Textilveredelungsindustrie bezogen sich auf einen Verzicht auf APEO *in* Haushaltswasch- und Reinigungsmitteln. Demgegenüber erfaßten die vom Verband zur Kontrolle der Zielerreichung ermittelten Werte nur die *als* Wasch- und Reinigungsmittel verwendeten APEO. Mischrezepturen, die unter anderem APEO enthielten, wurden nicht kontrolliert und die insoweit verwendeten APEO-Mengen nicht gemeldet.[86] Dies führte dazu, daß eine 1991 von der Industrie durchgeführte Erhebung einen Verbrauch von ca. 2500 t/a APEO feststellte. Eine Parallelkontrolle des Umweltbundesamtes ergab ein anderes Bild: Tatsächlich wurde noch eine Gesamtmenge zwischen 3350 t/a und 4800 t APEO verwendet.[87]

Mit der Beteiligung des Umweltbundesamtes an der Kontrolle der APEO-Absprache ist eine weitere wesentliche Voraussetzung einer wirksamen Kontrolle der Einhaltung der Zusagen der Wirtschaft angesprochen. Es kommt entscheidend darauf an, von wem und in welcher Form die Kontrolle durchgeführt wird. Selbstkontrollen der Industrie reichen in der Regel nicht aus; zu groß ist offenbar die Versuchung, das Erreichte in einem besonders strahlenden Licht erscheinen zu lassen. Erforderlich ist eine Beteiligung entweder staatlicher Stellen oder neutraler Kontrolleure. Dabei hat sich – abhängig von den Gegebenheiten des jeweiligen Einzelfalls – sowohl die Verpflichtung der Wirtschaft zur regelmäßigen Berichterstattung

aktive Klimapolitik, in: DIW-Wochenberichte 1995, S. 277 ff. (279 f.). Ebenso *Laschke*, Selbstverpflichtungen der deutschen Industrie zur CO_2-Reduzierung: Anstrengung oder Selbstlauf?, in: Institut für Wirtschaftsforschung Halle, Mitteilungen 6/95, S. 11 ff.

83 *Umweltbundesamt*, „Denkhilfe" für die Wirtschaft aus dem Umweltbundesamt, Ökologische Briefe 1996, S. 2.

84 *Umweltbundesamt*, ebenda.

85 *Bundesverband der deutschen Industrie e.V. (BDI)*, CO_2-monitoring. Konzept für die Erstellung von regelmäßigen Fortschrittsberichten zur transparenten und nachvollziehbaren Verifikation der Erklärung der deutschen Wirtschaft zur Klimavorsorge vom 10. März 1995, Köln 1996.

86 *Kordes*, Institutionelle Rahmenbedingungen und Realisierungsmöglichkeiten für Verhandlungen im Umweltschutz, 1994, S. 79.

87 *Umweltbundesamt*, Auswertung der Mitteilungen nach § 9 WRMG (Rahmenrezepturen) in Bezug auf den Einsatz von Alkylphenolethoxilaten, 1993.

dem zuständigen Ministerium oder dem Umweltbundesamt gegenüber, wie auch die Beteiligung von Notaren oder Treuhandbüros bewährt. Die Berichtspflicht öffentlichen Stellen gegenüber bildet dabei bisher den Grundtypus der Kontrolle der Einhaltung der Absprachen. Erstattet werden die Berichte entweder von Vertretern der beteiligten Verbände[88] oder von eigens für diese Aufgabe installierten Gremien. Die Besetzung der Gremien variiert: Das Spektrum reicht von verbandsinternen Beiräten[89] bis zu Beratergremien, die drittelparitätisch mit Vertretern der Industrie, Wissenschaft und Behörden besetzt sind.[90] Die Vereinbarung über die Berichterstattung sollte wo immer möglich mit einer Verpflichtung der Verbände zur Vorlage von Nachweisen über die vorgelegten Daten verbunden werden. Ist auf der Seite des Staates der nötige Sachverstand vorhanden, kann zur Überprüfung auch auf vorhandene Informationen zurückgegriffen werden, aus denen sich der Grad der Zielerreichung schließen läßt: So konnte das Umweltbundesamt bei der Kontrolle der APEO-Absprache aus den vorgelegten Rahmenrezepturen der hergestellten Waschmittel die ungefähre Menge der verwendeten APEO ermitteln.[91]

Eine andere Art der Erfolgskontrolle bildet die Einschaltung „neutraler" Kontrolleure wie Notare, Treuhandbüros oder Wirtschaftsforschungsinstitute. Es hat sich als äußerst förderlich für die faktische Einhaltung der Absprachen erwiesen, wenn eine zwischen den Beteiligten an der Absprache stehende Instanz Zugang zu allen betrieblichen Informationen der betroffenen Unternehmen hat und so die Einhaltung der Zusagen im einzelnen kontrollieren kann.[92] Die Beteiligung von Notaren oder Treuhandbüros ist insbesondere überall dort angezeigt, wo die betroffenen Unternehmen zur Erfolgskontrolle der Absprachen sensible unternehmensbezogene Daten aufdecken müssen und dies ungern staatlichen Stellen gegenüber tun. Die zwischengeschalteten Notare und Treuhandbüros können in diesem Fall die verbandsinterne Datensammlung überwachen, ohne daß ein Geheimhaltungsinteresse der Unternehmen berührt wird.

Eine besondere – durchaus nachahmenswerte – Form der Kontrolle durch private Dritte wurde im Fall der Absprache zur Reduktion von Asbest in Zementprodukten

---

[88] So im Fallbeispiel der Absprachen zur FCKW-Reduktion, vgl. oben 1. Teil Kapitel A. I. 1.

[89] So im Fallbeispiel der Absprache zum Altpapierrecycling, deren Einhaltung vom sog. Altpapierrat überwacht wurde, den die an der Absprache beteiligten Verbände gegründet hatten, vgl. dazu *Bundesumweltministerium*, Selbstverpflichtungen in Deutschland, Auswertung auf Grundlage der Stellungnahmen der einzelnen Referate des BMU, S. 9 und oben 1. Teil Kapitel A. V.

[90] So im Fall der Absprache zur Überprüfung der Altstoffe in der chemischen Industrie von 1982 das sog. Beratergremium für umweltrelevante Altstoffe (BUA), das organisatorisch der Gesellschaft deutscher Chemiker angegliedert wurde, vgl. dazu *Lautenbach/Steger/Weihrauch*, Evaluierung freiwilliger Branchenvereinbarungen im Umweltschutz, 1992, S. 110ff. (112).

[91] *Umweltbundesamt*, Auswertung der Mitteilungen nach § 9 WRMG (Rahmenrezepturen) in Bezug auf den Einsatz von Alkylphenolethoxilaten, Berlin 1993.

[92] Die Bedeutung neutraler Kontrolleure für die Einhaltung der Absprachen betont auch *Bohne*, VerwArch 75 (1984), 343ff. (366).

gewählt: Dort trat der frühere Staatssekretär im Bundesinnenministerium *Hartkopf* – der bereits im Rahmen der Verhandlungen als Vermittler fungiert hatte – dem Aufsichtsrat des Marktführers Eternit AG bei und wurde mit einem umfassenden Zugangsrecht zu allen Produktionsanlagen der Eternit AG ausgestattet.[93]

Bewährt hat sich auch die Einschaltung von Wirtschaftsforschungsinstituten bei der Kontrolle der Einhaltung der Absprachen. So wurde beispielsweise die Einhaltung des CO_2-Abkommens vom Rheinisch-Westfälischen Institut für Wirtschaftsforschung (RWI) überwacht. Das RWI erstattete 1997 ein Gutachten über die Entwicklung des CO_2-Austosses der Industrie zwischen 1990 und 1996, das die erreichten Fortschritte äußerst differenziert darstellte und kommentierte. Festgestellt wurde einerseits, daß die Wirtschaft die zugesagte Reduzierung des CO_2-Ausstosses bis zum damaligen Zeitpunkt bereits zu etwa 77% erreicht habe und zu erwarten sei, daß die Wirtschaft ihre Zusage, den spezifischen Energieverbrauch bis 2005 um 20% gegenüber 1990 zu senken, voraussichtlich einhalten werde. Gleichzeitig wies das RWI aber auch darauf hin, daß ein erheblicher Teil der Reduzierung der CO_2-Emissionen auf die Sanierung der ostdeutschen Industrie zurückzuführen sei und sich aus den ermittelten Daten ein Spielraum der Wirtschaft für weitergehende Zusagen ergebe.[94] Die Erfolgskontrolle durch das RWI beschränkte sich also nicht auf die Ermittlung der „nackten" Zahlen zur Rückführung der CO_2-Emissionen der Industrie, sondern vermittelte der beteiligten Bundesregierung im Rahmen der Kommentierung der ermittelten Werte zugleich wertvolle Informationen für das weitere Vorgehen. So schloß sich die Bundesregierung der Einschätzung des RWI an, daß das Einsparpotential mit der bisherigen Zusage der Wirtschaft nicht ausgeschöpft sei, und verlangte eine weitergehende Verpflichtung.[95] Die Wirtschaft verweigerte allerdings eine Verschärfung der Reduktionszusagen; letztlich wurde das CO_2-Abkommen durch die neugewählte Bundesregierung von der sog. Ökosteuer abgelöst.[96]

Bemerkenswert bleibt in allen Varianten der Kontrast zwischen der erforderlichen *Fremd*kontrolle der Wirtschaft und dem Konzept der *Selbst*regulierung, das normvermeidenden Absprachen im übrigen zugrunde liegt. Um seiner Gemeinwohlverantwortung gerecht werden zu können, darf sich der Staat nicht darauf beschränken, die Selbstverpflichtung der Wirtschaft zu induzieren und anschließend darauf zu vertrauen, daß diese sich aus freien Stücken an ihre Zusagen hält. Übertragen wird auf die Wirtschaft im Rahmen der Absprachen nur die „Erfüllungsverantwortung" für die Erreichung des Gemeinwohlziels, d. h., es bleibt der Wirtschaft überlassen,

93 *Lautenbach/Steger/Weihrauch,* Evaluierung freiwilliger Branchenvereinbarungen im Umweltschutz, 1992, S. 49.

94 Frankfurter Allgemeine Zeitung Nr. 269/97 vom 19.11.1997.

95 Angestrebt wurde von der Bundesregierung eine zusätzliche Einsparung von 10 bis 20 Millionen Tonnen CO_2, vgl. dazu den 4. Bericht der interministeriellen Arbeitsgruppe der *Bundesregierung* zur Kohlendioxid-Reduktion.

96 Vgl. im einzelnen oben 1. Teil Kapitel A. I. 2.

wie im einzelnen das Ziel erreicht werden soll. Der Staat bleibt jedoch „Überwachungsgarant".[97] Er muß in angemessener Form überprüfen, ob die Wirtschaft ihrer Erfüllungsverantwortung gerecht wird, um ggf. erneut über die Notwendigkeit einer normativen Regelung der Materie befinden zu können.

Dies setzt vor allem eine hinreichende Kenntnis der tatsächlichen Entwicklung nach Abschluß der normvermeidenden Absprache voraus. Der Staat betreibt mit den Absprachen Wirtschaftssteuerung. Dazu gehört eine wirksame Kontrolle des Steuerungserfolgs, um erforderlichenfalls Korrekturen vornehmen zu können. Diese Kontrolle darf der Staat nicht allein den betroffenen Wirtschaftssubjekten überlassen, weil diese – verständlicherweise – nicht immer bereit sein werden, eigene Defizite bei der Einhaltung der Absprachen von sich aus offenzulegen. Überprüft dagegen ein – staatlicher oder neutraler – Kontrolleur die Richtigkeit der Angaben der Wirtschaft, so verfügt der Staat über das erforderliche Steuerungswissen,[98] um die Frage beantworten zu können, ob die normvermeidende Absprache zur Erreichung des Steuerungsziels ausreicht oder ob dazu andere Mittel in Erwägung gezogen werden müssen.

Auch die Notwendigkeit externer Kontrollen stellt sich damit als ein Strukturmerkmal instrumentalisierter Selbstregulierung durch die Absprachen dar: Der normvermeidende Charakter der Absprachen macht es erforderlich, daß auch nach Abschluß der Absprachen durch staatliche oder neutrale Stellen überprüft wird, ob die Wirtschaft der von ihr übernommenen Erfüllungsverantwortung für das in Rede stehende Gemeinwohlziel gerecht wird. Nur so ist sichergestellt, daß der Ordnungsrahmen für die Wirtschaftstätigkeit letztlich von der normativen Regelung gesetzt wird, die der Staat angedroht hat.

Damit ist zugleich eine rechtliche Grenze des Einsatzes normvermeidender Absprachen als Instrument der Wirtschaftslenkung markiert. Die beteiligten staatlichen Stellen sind rechtlich verpflichtet, sich verläßliche Informationen darüber zu verschaffen, inwieweit die Absprache eingehalten und das verfolgte Gemeinwohlziel erreicht wird. Soweit es um rechtsverordnungsvermeidende Absprache geht, folgt eine entsprechende Kontrollpflicht bereits aus dem in der Verordnungsermächtigung liegenden Regelungsauftrag an die Exekutive. Zwar verpflichtet eine Verordnungsermächtigung die Exekutive nicht zum Erlaß einer entsprechenden Regelung.[99] In der Übertragung der Legislativgewalt liegt vielmehr die vollständige Übertragung des Rechtssetzungsermessens auf die Exekutive. Dies schließt grundsätzlich die Möglichkeit ein, auf eine Regelung zugunsten einer normvermeidenden

[97] *Schmidt-Preuß,* Verwaltung und Verwaltungsrecht zwischen gesellschaftlicher Selbstregulierung und staatlicher Steuerung, VVDStRL 56 (1997), S. 162 (172).

[98] Dazu *Landfried,* Zur Bedeutung des Steuerungswissens für den Erfolg staatlicher Steuerung, in: König/Dose (Hrsg.), Instrumente und Formen staatlichen Handelns, 1993, S. 323 ff.

[99] *Pieroth,* in: Jarass/Pieroth, GG, Art. 80 Rdn. 22; *Degenhart,* Staatsrecht I, Rn. 242.

Absprache zu verzichten.[100] Der Verordnungsgeber ist aber zur Erreichung des Gesetzeszwecks, der von der Ermächtigungsnorm vorgegeben wird, verpflichtet.[101] Dies führt dazu, daß der Verordnungsgeber nur solche Mittel ergreifen darf, die zur Erreichung des Gesetzeszwecks nicht offensichtlich untauglich sind. Verordnungsvermeidende Absprachen sind deshalb unzulässig, sofern sie zur Erreichung des Gesetzeszwecks offenkundig ungeeignet sind.[102] Daraus folgt, daß sich der Verordnungsgeber aus verläßlichen Quellen darüber informieren muß, ob die Absprache im konkreten Fall eingehalten und das Regelungsziel der Verordnungsermächtigung damit erreicht wird oder ob hierzu der Erlaß der angedrohten Verordnung erforderlich ist.

Aber auch bei gesetzesvermeidenden Absprachen ist die staatliche Seite zur sachgerechten Ausübung ihres Normsetzungsermessens auf verläßliche Informationen darüber angewiesen, ob die Wirtschaft ihre Zusagen im Rahmen einer normvermeidenden Absprache einhält oder ob statt dessen eine gesetzliche Regelung initiiert werden sollte. Daß die staatliche Seite verpflichtet ist, die hierzu erforderlichen Informationen aus verläßlichen Quellen zu verschaffen, folgt aus allgemeinen rechtsstaatlichen und demokratischen Erwägungen: Die Delegation von Gemeinwohlverantwortung im Rahmen der Absprache ist nur akzeptabel, solange der Staat das Steuerungsmandat nicht vernachlässigt, das insbesondere dem Gesetzgeber durch die demokratische Ordnung des Grundgesetzes zugewiesen ist. Erforderlich sind deshalb Schutzvorkehrungen, die sicherstellen, daß sich der Staat im Rahmen der Absprachen nicht an organisierte Partikularinteressen ausliefert.[103] Hierzu gehört eine ausreichende Kontrolle des Beitrags der Absprachen zur Erreichung der angestrebten Ziele: Nur wenn der Staat aus eigenen oder neutralen Quellen über die Auswirkungen der Absprachen informiert ist, kann er seine Steuerungsfunktion in der erforderlichen Unabhängigkeit von den jeweiligen Unternehmen und Verbänden wahrnehmen, die an den Absprachen beteiligt sind.

4. Zwischenergebnis

Als ein weiteres Zwischenergebnis kann festgehalten werden, daß die Einhaltung der Zusagen der Wirtschaft im Rahmen der normvermeidenden Absprachen von mehreren Faktoren abhängig ist: *Erstens* davon, inwieweit der Abspracheinhalt mit

---

[100] BVerfGE 78, 232, 272 ff.; *Degenhart,* Staatsrecht I, Rn. 242. Zum Entschließungsermessen des Verordnungsgebers *v. Danwitz,* die Gestaltungsfreiheit des Verordnungsgebers, 1989, S. 179 ff.; *Zuleeg,* Die Ermessenfreiheit des Verordnungsgebers, DVBl. 1979, 157 ff.

[101] BVerfG, EuGRZ 1988, 408 (415); BVerfGE 13, 248 (254); 16, 332 (338); *Pieroth,* in: Jarass/Pieroth, GG, Art. 80 Rn. 22; *Degenhart,* Staatsrecht I, Rn. 242.

[102] Dem Verordnungsgeber steht bei der Beurteilung der instrumentellen Eignung der Absprachen allerdings ein Einschätzung- und Beurteilungsspielraum zu, vgl. dazu im einzelnen unten 4. Teil Kapitel B. II. 5. a).

[103] *Preuß,* Verwaltung und Verwaltungsrecht zwischen gesellschaftlicher Selbstregulierung und staatlicher Steuerung, VVDStRL 56 (1997), 162 (217).

den Gewinnerzielungsinteressen der Wirtschaft kollidiert. Eingehalten werden die Zusagen in der Regel dann, wenn der Abspracheinhalt mit den betriebwirtschaftlichen Zielsetzungen der einzelnen Unternehmen in Einklang zu bringen ist. Dagegen reicht die staatliche Drohung mit dem Normerlaß zumeist nicht aus, wenn die Einhaltung von Absprachen zu erzwingen, die der technischen und wirtschaftlichen Entwicklung zuwiderlaufen und/oder für die Wirtschaft mit erheblichen zusätzlichen Kosten verbunden sind. Dagegen befolgt die Wirtschaft die Absprachen insbesondere, wenn das zugesagte Verhalten einer Entwicklung der öffentlichen und/oder privaten Nachfrage entspricht. *Zweitens* ist für den Erfolg der Absprachen eine Branchenstruktur erforderlich, die aufgrund der Anzahl der Anbieter und des Organisationsgrades der Branche gewährleistet, daß ein hinreichend großer Teil der Anbieter durch eine Absprache mit dem Verband erfaßt wird. Ist dies nicht der Fall, unterlaufen häufig sog. Trittbrettfahrer, die nicht an der Absprache beteiligt sind, die Absprache. *Drittens* sind ausreichende Kontrollen der Einhaltung der Absprachen erforderlich, die entweder in Form von Berichten gegenüber staatlichen Stellen oder unter Einschaltung „neutraler" Kontrolleure durchgeführt werden können.

B. Sonstige Vor- und Nachteile der normvermeidenden Absprachen im Vergleich zu einem Normsetzungsverfahren

Nachdem die Steuerungseffizienz der Absprachen untersucht worden ist, können nunmehr die sonstigen Vorzüge und Nachteile der Absprachen im Vergleich zu einem regulären Normsetzungsverfahren beleuchtet werden.

I. Geringerer Zeitbedarf?

Ein immer wieder ins Feld geführter Vorteil normvermeidender Absprachen soll in dem geringeren Zeitbedarf bestehen, den das Zustandekommen und die Umsetzung der Absprachen angeblich beanspruchen. So weist bereits *Kaiser*[104] – im Prinzip völlig zu Recht – darauf hin, daß ein Erfolgskriterium staatlicher Steuerungsimpulse in zunehmendem Maße die Rechtzeitigkeit des Eingreifens sei. Auch die EG-Kommission verspricht sich von den Vereinbarungen mit der Wirtschaft auf europäischer Ebene eine „raschere Verwirklichung der Ziele".[105] Die Rechtssetzungsverfahren dauerten oft mehrere Jahre. Hinzu komme die für den Vollzug der Rege-

---

[104] *Kaiser*, Industrielle Absprachen im öffentlichen Interesse, NJW 1971, 585 (586); zust. *Baudenbacher*, Aspekte gesetzesersetzender Vereinbarungen zwischen Staat und Wirtschaft, JZ 1988, 689 (692).

[105] Mitteilung der Kommission an den Rat und das Europäische Parlament über Umweltvereinbarungen, KOM (96) 561 endg., S. 7.

lung erforderliche Zeit. Absprachen seien demgegenüber „das raschere und infolgedessen wirksamere Aktionsmittel".[106]

Zweifelhaft ist jedoch, ob die normvermeidenden Absprachen tatsächlich eine solche Beschleunigung des Steuerungseffekts gewährleisten. Für einige Absprachen gilt eher das Gegenteil: Die Verhandlungen ziehen sich zuweilen über einen längeren Zeitraum hin. So lagen im Fallbeispiel der Absprachen zum Altautorecycling[107] zwischen der Vorlage des ersten Verordnungsentwurfs durch den Bundesumweltminister im Jahr 1990 und der Selbstverpflichtung der Automobilindustrie im Jahr 1996 fast sechs Jahre. Im Fallbeispiel des CO_2-Abkommens[108] hatte der BDI bereits im Jahr 1991 „freiwillige Lösungen" in Aussicht gestellt. Die Verhandlungen über das der Wirtschaft zumutbare Maß der CO_2-Reduktion zogen sich dann aber bis 1995 hin. Berücksichtigt man weiter, daß erst die erweiterte Erklärung der „Deutschen Wirtschaft" aus dem Jahr 1996 eine Überwachung der Absprache ermöglichte, haben die Verhandlungen insgesamt sogar fünf Jahre gedauert. Ein Gesetzgebungsverfahren wäre in diesen Fällen mindestens ebenso schnell durchzuführen gewesen wie der oft mühevolle Prozeß der Konsensfindung.

Noch ungünstiger für die normvermeidenden Absprachen wird das Bild, wenn man die letztlich gescheiterten Verhandlungen in die Betrachtung miteinbezieht. Werden die Verhandlungen mit der Wirtschaft ergebnislos abgebrochen, oder entschließt sich der Staat später, auf die Nichteinhaltung der Absprachen mit dem Erlaß einer Rechtsvorschrift zu reagieren, verzögert der Versuch, zu einer kooperativen Problemlösung zu gelangen, die staatliche Einflußnahme erheblich. So hätte im Fallbeispiel der letztlich gescheiterten Absprache zur Erhaltung des Mehrwegbehältersystems bei Getränkeverpackungen[109] bereits wesentlich früher ein Zwangspfand für Getränkeverpackungen oder eine Rücknahmepflicht einseitig-hoheitlich festgelegt werden können.

Nicht selten haben zudem in der Vergangenheit die Verhandlungen über normvermeidende Absprachen dazu geführt, daß bereits verabschiedungsreife Gesetzes- und Verordnungsentwürfe zunächst zurückgestellt wurden. So lagen bereits mehrere Entwürfe einer Altautoverordnung vor; trotzdem nahm die Bundesregierung die erwähnte Verhandlungsdauer von fast sechs Jahren in Kauf, um eine normvermeidende Absprache mit der Automobilindustrie zustande zu bringen.[110] Ebenso hatte

[106] *Kommission*, ebenda; Ebenso *Kaiser* Industrielle Absprachen im öffentlichen Interesse, NJW 1971, 585 (586); *Baudenbacher*, Aspekte gesetzesersetzender Vereinbarungen zwischen Staat und Wirtschaft, JZ 1988, 689 (692); *Brohm*, Rechtsgrundsätze für normersetzende Absprachen, DÖV 1992, 1025 (1026); *Oldiges*, Staatlich inspirierte Selbstbeschränkungsabkommen der Privatwirtschaft, WiR 1973, 1 (5).; *Lorenz*, Staatlich inspirierte Selbstbeschränkungsabkommen und Kartellrecht, Diss. FU Berlin 1977, S. 75.

[107] Zu dieser Absprache im einzelnen oben 1. Teil Kapitel A. III.

[108] Zu dieser Absprache im einzelnen oben 1. Teil Kapitel A. I. 2.

[109] Zu dieser Absprache im einzelnen oben 1. Teil Kapitel A. IV.

[110] Zu den Einzelheiten vgl. oben 1. Teil Kapitel A. III.

das Bundesumweltministerium bereits 1991 den Entwurf einer Wärmeschutzverordnung erarbeitet. Trotzdem wurde bis 1995 mit der Industrie über die Bedingungen einer normvermeidenden Absprache zu Energieeinsparungen und Klimaschutz verhandelt, ehe das CO_2-Abkommen zustande kam.[111]

Daß häufig bereits zu Beginn der Verhandlungen ein fertiger Verordnungsentwurf vorliegt, ist kein Zufall, sondern liegt in der Struktur der normvermeidenden Absprachen begründet. Die Drohung mit dem Normerlaß gewinnt an Wirksamkeit, wenn die staatliche Seite auf ein Normsetzungsvorhaben verweisen kann, das sich bereits konkretisiert hat. Die Wirtschaft kann in diesem Fall die Nachteile relativ genau einschätzen, die mit einem Scheitern der Verhandlungen verbunden wären. Außerdem wächst aus Sicht der Wirtschaft der Einigungsdruck, wenn die staatliche Seite auf die Möglichkeit verweisen kann, die angedrohte Norm binnen kurzer Frist zu erlassen. Die mit den Absprachen verbundene Zeitersparnis verringert sich dadurch allerdings: Soll im Rahmen der Verhandlungen auf einen Verordnungs- oder Gesetzesentwurf verwiesen werden, muß die für seine Erarbeitung erforderliche Zeit bereits im Vorfeld der Absprache veranschlagt werden. Insofern trifft es nur zum Teil zu, daß die normvermeidenden Absprachen – wie *Brohm* meint – den komplizierten Prozeß der Formalisierung rechtlicher Anordnungen vermeiden und deswegen zu einer Zeitersparnis führen.[112] Die für die Erarbeitung eines Normentwurfs erforderliche Zeit ist häufig bereits verstrichen, ehe die Verhandlungen überhaupt beginnen.

Zum anderen verzögert die Interessenabstimmung des Staates mit den Wirtschaftsverbänden den Prozeß der Entscheidungsfindung erheblich. Verzögerungen durch die Einflußnahme gesellschaftlicher Gruppen sind zwar auch in der Gesetzgebung mittlerweile die Regel.[113] Normvermeidende Absprachen bilden aber kein probates Mittel, um diesen Auswirkungen des Wandels von einer „Abstimmungsdemokratie zu einer Verhandlungsdemokratie"[114] zu begegnen.[115] Das Phänomen, daß staatliche Entscheidungen durch die oft zeitraubende Berücksichtigung von Gruppen- und Verbandsinteressen verzögert werden, ist bei den normvermeidenden Absprachen vielmehr noch stärker ausgeprägt als in einem alternativ durchzuführenden Gesetzgebungsverfahren. Die Absprachen institutionalisieren die Rücksicht-

---

[111] Vgl. zu dieser Absprache im einzelnen oben 1. Teil Kapitel A. I. 2.

[112] *Brohm,* Rechtsgrundsätze für normersetzende Absprachen, DÖV 1992, 1025 (1026).

[113] Dies liegt vor allem daran, daß angemessene Rahmenbedingungen für die Berücksichtigung von Verbandsinteressen nach wie vor fehlen. Vgl. dazu *Böckenförde*, Die politische Funktion wirtschaftlich-sozialer Verbände und Interessenträger in der sozialstaatlichen Demokratie, Der Staat 15 (1976), 457 ff. *Leßmann*, Die öffentlichen Aufgaben und Funktionen der privaten Wirtschaftsverbände, 1976; *Teubner*, Organisationsdemokratie und Verbandsverfassung, 1978. Zur Problematik „ausgehandelter" Gesetze allgemein auch *Kloepfer,* Gesetzgebung im Rechtsstaat, VVDStRL 40 (1982), 63 (89 f.).

[114] So die Formulierung von *Neidhardt*, Plebiszit und pluralitäre Demokratie, 1970, S. 287.

[115] So aber *Baudenbacher*, Aspekte gesetzesersetzender Vereinbarungen zwischen Staat und Wirtschaft, JZ 1988, 689 (692).

nahme auf die Interessen der Wirtschaftsverbände gerade; sie bilden gewissermaßen den Schlußpunkt des angesprochenen Übergangs zur Verhandlungsdemokratie.

Ein Beschleunigungseffekt ist mit den Absprachen nur insofern verbunden, als die kooperative Interessenabstimmung Verzögerungen bei der Implementation normativer Regelungen und langwierige Rechtsschutzverfahren verhindert.[116] Bei regulativen staatlichen Eingriffen besteht die Gefahr, daß die Rechtsunterworfenen die Wirksamkeit der Maßnahmen durch eine Ausschöpfung des Instanzenzuges verzögern und so eine schnelle Implementation der Regelung verhindern.[117] Die Beteiligung am Prozeß der Entscheidungsfindung erhöht demgegenüber die Folgebereitschaft der Betroffenen. Ein staatlicher Vollzug des Absprachεinhalts ist deswegen weitgehend entbehrlich.[118] Da sie das Verhandlungsergebnis selbst beeinflußt haben, ist bei den an der Absprache Beteiligten zudem die Neigung gering, das Ergebnis gerichtlich anzugreifen.[119] Ohne der Frage vorgreifen zu wollen, ob und in welcher Form überhaupt Rechtsschutzmöglichkeiten gegenüber normvermeidenden Absprachen bestehen,[120] läßt sich sagen, daß faktisch auf der Ebene der Implementation des Absprachεinhalts die erhöhte Folgebereitschaft der Betroffenen einen gewissen Beschleunigungseffekt zur Folge hat. Dieser Vorteil wird allerdings in den vielen Fällen durch den langwierigen Prozeß der Konsensfindung im Vorfeld der Absprachen überkompensiert.

Zusammenfassend kann daher festgehalten werden, daß sich die These von der schnelleren Gestaltung gesellschaftlicher Verhältnisse durch die normvermeidenden Absprachen in ihrer vielfach vertretenen Pauschalität[121] nicht aufrechterhalten läßt. Vergleichbare Steuerungseffekte hätten sich in den angeführten Fällen durch ein Gesetzgebungsverfahren vielmehr sogar schneller erzielen lassen.

---

[116] *Baudenbacher*, Aspekte gesetzesersetzender Vereinbarungen zwischen Staat und Wirtschaft, JZ 1988, 689 (692).; *Müggenborg*, Formen des Kooperationsprinzips im Umweltrecht in der Bundesrepublik Deutschland, NVwZ 1990, 909 (915); ähnlich *Brohm*, Rechtsgrundsätze für normersetzende Absprachen, DÖV 1992, 1025 (1026), der davon spricht, daß es „u. U. schneller zu dauerhaften Konfliktbereinigungen kommt".

[117] Vgl. dazu *Mayntz*, Regulative Politik in der Krise? in: Matthes (Hrsg.), Sozialer Wandel in Westeuropa, Verhandlungen des 19. Deutschen Soziologentages 1979, 55 (65).

[118] Der Staat kann sich vielmehr auf die Überwachung der Umsetzung der Absprache beschränken, dazu 2. Teil, Kapitel A. II. 3.

[119] Auf diesen Vorteil verweisen auch *von Lersner*, Verwaltungsrechtliche Instrumente des Umweltschutzes, 1983, S. 18; *Baudenbacher*, Aspekte gesetzesersetzender Vereinbarungen zwischen Staat und Wirtschaft, JZ 1988, 689 (692); *Dempfle*, Normvertretende Absprachen, Diss. Trier 1993, S. 33.

[120] Dazu unten 4. Teil.

[121] Vgl. insoweit nochmals Mitteilung der Kommission an den Rat und das Europäische Parlament über Umweltvereinbarungen, KOM (96) 561 endg., S. 7; *Kaiser*, Industrielle Absprachen im öffentlichen Interesse, NJW 1971, 585 (586); *Baudenbacher*, Aspekte gesetzesersetzender Vereinbarungen zwischen Staat und Wirtschaft, JZ 1988, 689 (692); *Brohm*, Rechtsgrundsätze für normersetzende Absprachen, DÖV 1992, 1025 (1026); *Oldiges*, Staatlich inspirierte Selbstbeschränkungsabkommen der Privatwirtschaft, WiR 1973, 1 (5).; *Lorenz*, Staatlich inspirierte Selbstbeschränkungsabkommen und Kartellrecht, Diss. FU Berlin 1977, S. 75.

II. Erhöhte Flexibilität und Zielgenauigkeit?

Ein weiterer Vorteil normvermeidender Absprachen soll in ihrer erhöhten Flexibilität und Zielgenauigkeit liegen. Diese Eigenschaften sollen dazu führen, daß die Absprachen in besonderer Weise zur Bewältigung der Schwierigkeiten geeignet sind, die sich für die staatliche Wirtschaftslenkung aus der zunehmenden Komplexität ökonomischer und ökologischer Zusammenhänge und dem raschen Wandel gesellschaftlicher Rahmenbedingungen ergeben.[122]

Der Befund ist nicht neu. Die Schwierigkeiten, denen sich die staatliche Wirtschaftslenkung in einem modernen Industriestaat ausgesetzt sieht, wenn sie sich ausschließlich auf den Einsatz einseitig-hoheitlicher Gestaltungsmittel verläßt, wurden schon frühzeitig erkannt:[123] Es fehlt häufig an den erkenntnismäßigen Voraussetzungen für eine zielgenaue und rechtzeitige Intervention durch eine gesetzliche Regelung.[124] Viele Wirkungszusammenhänge werden selbst von Experten kaum noch durchschaut; die Interdependenz verschiedener Sachbereiche führt dazu, daß ungewollte Nebeneffekte eintreten.[125] Diese Entwicklung hat sich in den letzten Jahren verschärft. Insbesondere im Bereich des Umweltrechts erschwert die zunehmende Globalisierung von Problemen die staatliche Steuerung.[126] Hinzu kommt die hohe Geschwindigkeit, mit der sich die Rahmenbedingungen für einen staatlichen Eingriff wandeln. Die technische Entwicklung hat ein Tempo erreicht, mit dem ge-

---

[122] *Becker*, Informales Verwaltungshandeln zur Steuerung wirtschaftlicher Prozesse im Zeichen der Deregulierung, DÖV 1985, 1003 (1010); *Bohne*, Der informale Rechtsstaat, 1981, S. 273 (275); *Ders.*, Privatisierung des Staates – Absprachen zwischen Industrie und Regierung in der Umweltpolitik, JhbRSoz 1982, 266 (274); *Ders.*, Informales Verwaltungs- und Regierungshandeln als Instrument des Umweltschutzes, VerwArch 75 (1984), 343 (361); *Dempfle*, Normersetzende Absprachen, Diss. Trier 1993, S. 40; *Oebbecke*, Die staatliche Mitwirkung an gesetzesabwendenden Vereinbarungen, DVBl. 1986, 793 (794); *Hartkopf/Bohne*, Umweltpolitik I, S. 228; *Kloepfer*, Umweltrecht, § 5 Rn. 189, S. 284; *Rengeling*, Das Kooperationsprinizip im Umweltrecht, 1988, S. 71; *Tuchtfeld*, Gentlemen's Agreements als Instrument der schweizerischen Geldpolitik, FS Günther Schmölders, 1968, S. 135 ff. (145 ff.); *Bundesministerium für Umwelt, Naturschutz und Reaktorsicherheit (Hrsg.)*, Begründung zum Entwurf der Unabhängigen Sachverständigenkommission beim BMU für ein Umweltgesetzbuch, S. 502 f.

[123] Grundlegend *Krüger*, Von der Notwendigkeit einer freien und auf lange Sicht angelegten Zusammenarbeit von Staat und Wirtschaft, in: Schriftenreihe der Freiherr-von-Stein-Gesellschaft, Heft 5, 1966.

[124] Eingehend *Ritter*, Der kooperative Staat, AöR 104 (1979), 389 ff. Vgl. auch *Lange*, Die staatliche Steuerung durch offene Zielvorgaben im Lichte der Verfassung, VerwArch 81 (1991) 1 (3); *Wahl*, Rechtsfragen der Landesplanung und Landesentwicklung, Bd. I, 1978, S. 53 ff.; *Bülow*, Gesetzgebung, in: Benda/Maihofer/Vogel (Hrsg.), Handbuch des Verfassungsrechts, S. 1491 Rdn. 61.

[125] *Baudenbacher*, Aspekte gesetzesersetzender Vereinbarungen zwischen Staat und Wirtschaft, JZ 1988, 689 (692); Mayntz, *Mayntz*, Regulative Politik in der Krise? in: Matthes (Hrsg.), Sozialer Wandel in Westeuropa, Verhandlungen des 19. Deutschen Soziologentages 1979, 55 (71 ff.).

[126] Dieses Phänomen zeigt sich im Bereich des Klimaschutzes besonders deutlich.

setzliche Regelungen häufig nur schwer Schritt halten können.[127] Ebenso ist das Verhalten der Marktteilnehmer von einer Vielzahl von Faktoren abhängig, die ihrerseits einem ständigen Wandel unterliegen.[128]

Für die imperative Steuerung durch Gesetze und Rechtsverordnungen ergibt sich daraus das Problem der mit Prognosen verbundenen Unsicherheit. Staatliche Stellen müssen vor Erlaß der Regelung sowohl den Wirkungsmechanismus des Eingriffs als auch die Entwicklung der sonstigen Bedingungen abschätzen. Wird das Steuerungsziel verfehlt, weil sich die Prognose zumindest teilweise als unrichtig erweist, wird der Erlaß von Ergänzungs- oder Änderungsgesetzen erforderlich. Dieses Vorgehen ist wegen der erforderlichen Gesetzgebungsverfahren zeitaufwendig. Nicht selten führt diese zeitliche Verzögerung dazu, daß die korrigierte Intervention wiederum zu spät kommt.

1. Schnelle Anpassung an veränderte Rahmenbedingungen und zügige Korrektur von Prognosefehlern?

Normvermeidende Absprachen sollen für Abhilfe sorgen. Man verspricht sich von ihnen ein erhöhtes Maß an Flexibilität, um so dem ständigen technologischen und wirtschaftlichen Wandel in einem Industriestaat besser Rechnung tragen zu können.[129] Das Instrument soll in besonderer Weise geeignet sein, neue Wege der Problemlösung im Wege des „trial and error" zu erproben.[130] Dies trifft insofern zu, als sich die normvermeidenden Absprachen im Wege von Nachverhandlungen außerhalb eines durch gesetzliche Regeln formalisierten Verfahrens[131] an veränderte

---

[127] Zu den besonderen Schwierigkeiten, die sich aus der mangelnden Dynamisierung des Umweltschutzes durch das herkömmliche einseitig-hoheitliche Instrumentarium ergeben, vgl. *Meßerschmidt,* Umweltabgaben als Rechtsproblem, 1986, S. 60.

[128] *Wahl,* Rechtsfragen der Landesplanung und Landesentwicklung, Bd. I, 1978, S. 53ff.

[129] *Bohne*, Der informale Rechtsstaat, 1981, S. 273, 275; *Ders.*, Privatisierung des Staates – Absprachen zwischen Staat und Wirtschaft in der Umweltpolitik, JhbRSoz 1982, 266 (274); *Ders.*, Informales Verwaltungs- und Regierungshandeln als Instrument des Umweltschutzes, VerwArch 75 (1984), 343 (361); *Becker*, Informales Verwaltungshandeln, DÖV 1985, 1003 (1010); *Dempfle*, Normersetzende Absprachen, 1993, S. 40; *Hartkopf/Bohne*, Umweltpolitik I, S. 228; *Kuhnt*, Energie und Umweltschutz in europäischer Perspektive, DVBl. 1996, 1082 (1089); *Müggenborg,* Formen des Kooperationsprinzips im Umweltrecht in der Bundesrepublik Deutschland, NVwZ 1990, 906 (915); *Oebbecke*, Die staatliche Mitwirkung an gesetzesabwendenden Vereinbarungen, DVBl. 1986, 793 (794), *Rengeling*, Das Kooperationsprinzip im Umweltrecht, 1988, S. 71; *Tuchtfeld*, Gentlemen's agreements als Instrument der schweizerischen Geldpolitik, FS Günther Schmölders, 1968, S. 135ff. (145ff.); Jahreswirtschaftsbericht 1994 der *Bundesregierung*, BT-Drucks 12/6676, Tz. 100; Antwort der *Bundesregierung* auf die große Anfrage der SPD zur „Umsetzung der Selbstverpflichtungserklärung deutscher Wirtschafts- und Industrieverbände zum Klimaschutz", BT-Drucks. 13/6704, S. 2f.

[130] Dazu *Schulze-Fielitz,* Der informale Verfassungsstaat, 1984, S. 103.

[131] Völlig frei von formalen Bindungen ist allerdings auch die staatliche Mitwirkung an normvermeidenden Absprachen nicht. Vielmehr sind einige der für das Gesetzgebungsverfah-

ökonomische und ökologische Rahmenbedingungen anpassen lassen. Vor dem Hintergrund immer länger dauernder Gesetzgebungsverfahren stellt dies einen nicht zu unterschätzenden Vorteil dar.

Der Flexibilitätsgewinn, der im weitgehenden Fehlen gesetzlich fixierter Verfahrensregeln besteht, wird allerdings dadurch eingeschränkt, daß zur Abänderung der Absprachen erneut ein – unter Umständen langwieriger – Verhandlungsprozess mit der Wirtschaft erforderlich ist, der die Reaktion des Staates verzögert. Auch die Anpassung an eine gewandelte Situation oder neue staatliche Zielvorstellungen setzt also einen Konsens mit der Wirtschaft voraus; hierin liegt ein Flexibilitätsnachteil gegenüber gesetzlichen Regelungen, die einseitig geändert werden können. Eine zügige Anpassung an gewandelte Verhältnisse ermöglichen die Absprachen deshalb nur, wenn sich auch die abgeänderte Fassung im Rahmen dessen hält, was unter dem Gesichtspunkt der Kostenbelastung und der Entwicklung der Nachfrage im betreffenden Markt den beteiligten Unternehmen und ihren Verbänden akzeptabel erscheint. Insofern kann an die obigen Ergebnisse der Untersuchung der Steuerungseffizienz der Absprachen angeknüpft werden: Auch für spätere Abänderungen der Absprachen gilt, daß der staatliche Gestaltungsspielraum dadurch eingeschränkt wird, daß nur Regelungsziele durchgesetzt werden können, die bei den betroffenen Unternehmen keine erheblichen zusätzlichen Kosten verursachen oder von einer ohnehin vonstatten gehenden Entwicklung der Marktsituation flankiert werden.[132] Hält sich die veränderte staatliche Zielvorstellung allerdings in diesem Rahmen, überwiegen im Hinblick auf die Flexibilität des Instruments die Vorzüge gegenüber einem regulären Gesetzgebungsverfahren. Dieses Ergebnis wird bestätigt durch die praktischen Erfahrungen mit nachträglichen Abänderungen von Absprachen. So wurde sowohl die Absprache zur Reduktion von FCKW[133] als auch die Absprachen zur Reduktion von Asbestzement[134] – bei denen die vorgenannten Voraussetzungen einer zügigen Verhandlungslösung vorlagen – binnen kurzer Zeit nachträglich verschärft, nachdem die öffentliche Seite entsprechende Zielkorrekturen vorgenommen hatte. Gesetzgebungsverfahren wären in vergleichbarer Zeit kaum durchzuführen gewesen.

2. Verbesserte Zielgenauigkeit des Lenkungseffekts?

Es wurde bereits herausgearbeitet, daß die erhöhte Folgebereitschaft der Betroffenen eine gewisse Beschleunigung des Lenkungseffekts im Vergleich zu imperati-

ren geltenden Vorschriften auch auf die Absprachen anzuwenden, vgl. dazu näher unten 4. Teil Kapitel A.

[132] Zu dieser Einschränkung des staatlichen Gestaltungsspielraums vgl. bereits 2. Teil Kapitel A. I.

[133] Vgl. oben 1. Teil Kapitel A. I. 1.

[134] Vgl. oben 1. Teil Kapitel A. II.

ven Formen der Einflußnahme auf die Wirtschaft hat.[135] Die kooperative Form der Interessenabstimmung bewirkt aber nicht nur eine schnellere, sondern auch eine zielgenauere Implementation des Steuerungsimpulses.[136] Die Beteiligung der betroffenen Unternehmen bzw. ihrer Verbände am Prozeß der Entscheidungsfindung führt dazu, daß das Verhandlungsergebnis nur selten nachträglich in Frage gestellt wird. Der Zielerreichungsgrad wird deshalb nur in geringem Maße dadurch beeinträchtigt, daß die Vereinbarungen nur lückenhaft durchgesetzt werden können. Bei Gesetzen und Rechtsverordnungen sind Vollzugsdefizite[137] dagegen die Regel: Die gleichmäßige zwangsweise Durchsetzung der Regelungen stößt angesichts der begrenzten Kapazitäten der Verwaltung an ihre Grenzen. Hinzu kommt, daß die Interpretation neuer gesetzlicher Regelungen oftmals Gegenstand gerichtlicher Auseinandersetzungen ist, die die Zielerreichung relativieren.[138] Im Vergleich zu regulativen staatlichen Eingriffen entstehen bei den Absprachen also weniger Reibungsverluste bei der Umsetzung des staatlichen Steuerungsimpulses.

Es darf allerdings nicht verkannt werden, daß die Verwässerung staatlicher Zielvorstellungen teilweise nur auf die Ebene der Entscheidungsfindung verlagert wird. Wie bereits oben[139] ermittelt wurde, kommt es in den Fällen, in denen von der Wirtschaft kostenverursachende Zugeständnisse verlangt werden, häufig zu einer Relativierung der verfolgten Regelungsziele im Rahmen der Verhandlungen. Auch insofern gilt deshalb: Die Zielgenauigkeit der Absprachen ist infolge der Folgebereitschaft der Betroffenen nur erhöht, wenn sich die staatlichen Zielvorstellungen im Rahmen dessen halten, was von der Wirtschaft ohne wesentliche zusätzliche Kosten zu verwirklichen ist oder von der öffentlichen oder privaten Nachfrage ohnehin vorgegeben wird.

---

135 Vgl. oben 2. Teil Kapitel B. II. 1.

136 Ebenso *Baudenbacher*, Aspekte gesetzesersetzender Vereinbarungen zwischen Staat und Wirtschaft, JZ 1988, 689, (692); *Oldiges*, Staatlich inspirierte Selbstbeschränkungsabkommen in der Privatwirtschaft, WiR 1973, 1 (5); Mitteilung der *Kommission* an den Rat und das Europäische Parlament über Umweltvereinbarungen, KOM (96) 561 endg., S. 7; *Lorenz*, Staatlich inspirierte Selbstbeschränkungsabkommen und Kartellrecht, Diss. FU Berlin 1977, S. 76. Zu der verfahrenssoziologischen Erkenntnis, daß ein auf Konsenserzielung und Kooperation ausgerichtetes Verfahren größere Chancen zweckrationaler Umsetzung bietet als einseitige Administration vgl. bereits *Luhmann*, Legitimation durch Verfahren, 1969, S. 208; *Stober*, Rückzug des Staates im Wirtschaftsverwaltungsrecht – Zur Deregulierungsdebatte in Deutschland, 1997, S. 60.

137 Dazu *Mayntz/Bohne/Derlieu/Hesse/Hucke/Müller*, Vollzugsprobleme der Umweltpolitik, 1978; *Lange*, Staatliche Steuerung durch offene Zielvorgabe im Lichte der Verfassung, VerwArch 82 (1991), 1 (2).

138 *Mayntz*, Regulative Politik in der Krise?, in: Matthes (Hrsg.), Sozialer Wandel in Westeuropa, Verhandlungen des 19. Deutschen Soziologentages 1979, S. 55 (65).

139 2. Teil Kapitel A. I.

III. Nutzung privaten Sachverstands

Als ein weiterer Vorteil normvermeidender Absprachen wird die Möglichkeit der Nutzung privaten Sachverstands bei der Problemanalyse und -bewältigung genannt.[140] Die Defizite bei der Verhaltenssteuerung durch Gesetze beruhen nämlich häufig darauf, daß auf Seiten des Staates nur unzureichende Kenntnisse über die tatsächlichen Voraussetzungen und die Wirkungsweise des Einschreitens vorhanden sind.[141] Darunter leidet die Zielgenauigkeit mancher Intervention: Die präzise Implementation des Steuerungsimpulses setzt ausreichende Informationen über die Gegebenheiten in den betroffenen Unternehmen und die daraus resultierenden Möglichkeiten der Umsetzung staatlicher Ziele voraus. Im Rahmen kooperativer Kontakte mit der Wirtschaft kann dieses Defizit teilweise durch die Aktivierung privaten Sachverstands behoben werden.[142] Die Vertreter der Wirtschaft verfügen zumeist über genaue Kenntnisse der Produktionsabläufe und die Möglichkeiten zu deren ressourcenschonender Veränderung. Diese Kenntnisse können im Rahmen der Verhandlungen genutzt werden, wenn Wege der Problemlösung von Staat und Wirtschaft gemeinsam gesucht werden.

Allerdings birgt dieses Vorgehen auch Risiken: Die Wirtschaft verfügt über einen Informationsvorsprung, der die Durchsetzung von Gemeinwohlinteressen gefährdet.[143] Die Wirtschaftsvertreter stellen ihren Sachverstand nämlich in erster Linie in den Dienst ihres legitimen Interesses an Gewinnerzielung; dieses Interesse bildet folglich auch die Leitlinie der Entscheidungsvorschläge der Wirtschaft. Verläßt sich der Staat ungeprüft auf die Angaben der Wirtschaft, läuft er Gefahr, daß ihm unbemerkt Lösungsalternativen entgehen, die zwar dem Profitinteresse der Wirtschaft zuwiderlaufen, aber eine verbesserte Verwirklichung von Gemeinwohlinteressen gewährleisten würden. Es stellt sich insoweit erneut das Problem einer ausreichen-

140 *Lübbe-Wolff*, Das Kooperationsprinzip im Umweltrecht – Rechtsgrundsatz oder Deckmantel eines Vollzugsdefizits?, NuR 1989, 295 (300); *Müggenborg,* Das Kooperationsprinzip im Umweltrecht der Bundesrepublik Deutschland, NVwZ 1990. 909 (915); *Dempfle*, Normersetzende Absprachen, Diss. Trier 1993, S. 28; *Mayntz,* Vollzugsprobleme der Umweltpolitik, 1978, S. 144; *Bundesministerium für Umwelt, Naturschutz und Reaktorsicherheit (Hrsg.),* Begründung zum Entwurf der Unabhängigen Sachverständigenkommission beim BMU für ein Umweltgesetzbuch, 1998, S. 503.

141 Hierzu *Landfried,* Zur Bedeutung des Steuerungswissens für den Erfolg staatlicher Steuerung, in: König/Dose (Hrsg.), Instrumente und Formen staatlichen Handelns, 1993, S. 232 ff.; *Ritter*, Der kooperative Staat, AöR 104 (1979), S. 389 ff.

142 Diesem Aspekt der Kooperation mit der Wirtschaft wurde auch von der Bundesregierung besondere Bedeutung beigemessen. So heißt es etwa im Umweltbrief Nr. 33 vom 17.12.1986 (hrsg. vom Bundesministerium für Umwelt, Naturschutz und Reaktorsicherheit), S. 20: „Unternehmen und Verbände kennen besser als jeder andere die Möglichkeiten und Verfahren zur Verminderung von Stoffeinträgen".

143 Allgemein zu den Gefahren der Nutzung privaten Sachverstands bei der Wirtschaftssteuerung *Schmidt-Aßmann*, VVDStRL, 294 ff. (297): „Wenn er (*der Staat, Anm. d. Verf.*) sich ausliefert an privaten Sachverstand, kann er nicht mehr steuern. Steuern kann man nur, wenn man weiß, wie Steuerung funktioniert."

den Unabhängigkeit staatlicher Entscheidungen von Partikularinteressen. Es wurde bereits oben im Zusammenhang mit der Frage einer ausreichenden Kontrolle der Einhaltung der normvermeidenden Absprachen durch die Wirtschaft darauf hingewiesen, daß die instrumentalisierte gesellschaftliche Selbstregulierung im Rahmen der Absprachen nicht dazu führen darf, daß der Staat sein demokratisches Steuerungsmandat vernachlässigt.[144] Dies bedeutet für den vorliegenden Zusammenhang, daß sich der Staat die Handlungsherrschaft insofern bewahren muß, als er sich aus eigenen oder neutralen Quellen ausreichende Informationen verschafft, um eine autonome Entscheidung über das zu erreichende Gemeinwohlziel treffen zu können.

Soweit grundsätzliche Fragen der Umsetzbarkeit staatlicher Ordnungsvorstellungen betroffen sind, muß sich der Staat deshalb neutralen externen Sachverstands bedienen, wenn ihm selbst die erforderlichen Kenntnisse zur Erarbeitung von Vorschlägen zur Problemlösung fehlen.[145] Die Definition des erreichbaren Zieles darf nicht allein auf Grundlage der sachverständigen Äußerungen der von den Auswirkungen des Eingriffs betroffenen Wirtschaftskreise erfolgen. Zu groß ist die Gefahr, daß die Intervention zu schwach ausfällt, weil Wirtschaftsvertreter wegen einer Gefährdung ihrer Gewinninteressen die vermeintlich negativen Auswirkungen des Eingriffs in das Marktgeschehen übertrieben darstellen. Das heißt nicht, daß der Staat insoweit auf die Nutzung des privaten Sachverstands im Rahmen der Verhandlungen gänzlich verzichten müßte. Die Äußerungen der Wirtschaft können vielmehr wertvolle Ansatzpunkte zur Problemlösung liefern. Zur Überprüfung der Vorschläge der Wirtschaft sowie ggf. zur Erarbeitung von Alternativvorschlägen sollten allerdings staatliche oder neutrale Sachverständige hinzugezogen werden.

Relativ unbedenklich ist die Nutzung des Sachverstands der Wirtschaft dagegen, wenn es um die Erarbeitung technischer Details bei der Umsetzung zuvor autonom definierter staatlicher Ziele geht. Auf welchem Wege etwa ein bestimmtes Reduktionsziel erreicht werden kann, wissen in der Regel diejenigen am besten, die den Produktionsprozeß täglich steuern. Auch ist es hier zumeist unschädlich, wenn die Wirtschaftsvertreter Wege der Zielerreichung vorschlagen, die möglichst wenig Kosten verursachen. Vor dem Hintergrund des Verhältnismäßigkeitsprinzips ist es vielmehr sogar geboten, den Alternativen den Vorzug zu geben, die die Wirtschaft so geringfügig wie möglich belasten. Bei der Suche nach einer solchen Alternative kann der in der Wirtschaft vorhandene private Sachverstand eine wertvolle Hilfestellung leisten.

Die meisten der bisher zustande gekommenen Absprachen verwirklichen diesen Ansatz insofern, als sie gänzlich auf Detailvereinbarungen zu der Frage verzichten, *wie* die angestrebten Ziele im einzelnen erreicht werden sollen. So legen die Absprachen zur Verminderung der CO_2-Emissionen,[146] der Verwendung von FCKW in

---

[144] Vgl. oben 2. Teil Kapitel A. II. 3.

[145] Ähnlich *Grüter*, Umweltrecht und Kooperationsprinzip in Deutschland, 1990, S. 96.

[146] Vgl. oben 1. Teil Kapitel A. I. 2.

Treibmitteln[147] und Asbest in Zementprodukten[148] sowie zum Altpapierrecycling[149] und zur Wiederverwertung von Altautos[150] nur Reduktions- und Wiederverwertungsquoten fest. Es bleibt also der Wirtschaft überlassen, durch welche Maßnahmen sie die Zielvorgaben der Absprachen erreichen will. Dies ist nach dem Vorstehenden begrüßenswert, da auf diese Weise der Sachverstand der Wirtschaft bei der Umsetzung der Absprachen optimal genutzt wird.

IV. Entlastung des Staates?

Die vorstehenden Überlegungen zur Nutzung privaten Sachverstands lenken den Blick auf die generelle Frage, ob mit den Absprachen ein nennenswerter Entlastungseffekt für den Staat verbunden ist.[151] Dieser Aspekt wird als Vorteil der Absprachen besonders hervorgehoben.[152] Das bisherige Untersuchungsergebnis bestätigt die These in mehrfacher Hinsicht: Die Überwachung der Einhaltung der Vereinbarungen verursacht für den Staat einen wesentlich geringeren Aufwand, als es beim Vollzug einer gesetzlichen Regelung der Fall wäre. Dies folgt aus der Beteiligung der Verbände an der Kontrolle und der bereits mehrfach erwähnten erhöhten Folgebereitschaft der Betroffenen. Die Nutzung privaten Sachverstands erspart dem Staat zudem – zumindest teilweise – die Beanspruchung eigener Ressourcen. Insgesamt ist mit den Absprachen eine Übertragung von Gemeinwohlverantwortung auf die Wirtschaft verbunden; dies entlastet den Staat und trägt – bei allen bisher aufgezeigten Risiken dieses Vorgehens – in nicht unerheblichem Maße dazu bei, daß der mittlerweile allgegenwärtigen Überforderung des Staates entgegengewirkt wird.

---

[147] Vgl. oben 1. Teil Kapitel A. I. 1.

[148] Vgl. oben 1. Teil Kapitel A. II.

[149] Vgl. oben 1. Teil Kapitel A. V.

[150] Vgl. oben 1. Teil Kapitel A. III.

[151] Zum immer lauter werdenden Ruf nach Deregulierung und Verschlankung des Staates vgl. *Möschel,* Privatisierung, Deregulierung und Wettbewerbsordnung, JZ 1988, 885 (888 ff.); *Angelika Benz,* Regulierung, Deregulierung und Reregulierung – Staatsentlastung, Beck u. a., in: FS König, 1995, 45 ff., 56 ff.; *Dies.,* Privatisierung und Deregulierug – Abbau von Staatsaufgaben?, Die Verwaltung 28 (1995), 337 (348 ff.); *Ronellenfitsch,* Selbstverantwortung und Deregulierung im Ordnungs- und Umweltrecht, 1995, 40 ff.; *Stober,* Rückzug des Staates im Wirtschaftsverwaltungsrecht – Zur Deregulierungdebatte in Deutschland, 1997.

[152] So etwa *Di Fabio,* Verwaltung und Verwaltungsrecht zwischen gesellschaftlicher Selbstregulierung und staatlicher Steuerung, VVDStRL 56 (1996), 235 (239): „Aber der fruchtbarste aller Böden für die instrumentelle Selbstregulierung ist die Entlastungsidee". In gleicher Richtung *Bundesministerium für Umwelt, Naturschutz und Reaktorsicherheit (Hrsg.),* Begründung zum Entwurf der Unabhängigen Sachverständigenkommission beim BMU für ein Umweltgesetzbuch, S. 503.

V. Zwischenergebnis

Als Ergebnis der Untersuchung der Vor- und Nachteile normvermeidender Absprachen im Vergleich zu einem regulären Normsetzungsverfahren kann festgehalten werden, daß die Beteiligung der Betroffenen am Prozeß der Entscheidungsfindung im Rahmen der Absprachen zu einer erhöhten Folgebereitschaft der Betroffenen führt, die zur Folge hat, daß das Verhandlungsergebnis nur selten nachträglich in Frage gestellt wird. Dies reduziert im Vergleich zu einer alternativ in Betracht kommenden gesetzlichen Vorschrift den Aufwand zur Implementation des staatlichen Steuerungsimpulses. Anstelle einer zwangsweisen Durchsetzung gesetzlicher Pflichten kann sich der Staat auf die weniger aufwendige Überwachung der Einhaltung der Absprachen beschränken. Hinzu kommt, daß Rechtsstreitigkeiten über den Absprachеinhalt vermieden werden. Diesen Vorteilen steht allerdings der häufig langwierige Prozeß der Entscheidungsfindung gegenüber: Die Verhandlungen mit den beteiligten Wirtschaftskreisen dauern zumeist länger, als ein alternativ durchzuführendes Gesetzgebungsverfahren gedauert hätte. Die Notwendigkeit der Konsensfindung beeinträchtigt auch die Flexibilität des Instruments. Zwar können die Absprachen außerhalb eines gesetzlich formalisierten Verfahrens abgeändert werden. Dazu ist aber wiederum ein Konsens mit der Wirtschaft erforderlich, dessen Herbeiführung erhebliche Zeit in Anspruch nehmen kann. Entlastend wirkt für den Staat die Möglichkeit der Nutzung privaten Sachverstands. Allerdings birgt die Einbeziehung der Privaten in den Entscheidungsprozeß auch Risiken: Die staatliche Seite muß sicherstellen, daß sie ihre Handlungsherrschaft nicht dadurch einbüßt, daß sie sich ungeprüft auf die Lösungsvorschläge der Wirtschaft verläßt.

C. Praktische Verwendung der bisherigen Untersuchungsergebnisse

Diese Vor- und Nachteile ergeben in der Zusammenschau mit den oben ermittelten Voraussetzungen der Durchsetzung von Gemeinwohlzielen durch normvermeidende Absprachen ein Prüfungsraster, anhand dessen die handelnden staatlichen Stellen die instrumentelle Eignung normvermeidender Absprachen zur Erreichung des angestrebten Ziels im jeweiligen Einzelfall abschätzen können.

Von dieser Eignung hängt es ab, ob und in welchen Fällen die Absprachen als Alternative zu einer Normsetzungsinitiative in Betracht gezogen werden sollten. Die im Rahmen der bisherigen Untersuchung entwickelten Kriterien sollten deshalb Eingang finden in die vom Bundesminster des Inneren und dem Bundesminister für Justiz bereits vor einiger Zeit herausgegebenen „Prüffragen zur Notwendigkeit, Wirksamkeit und Verständlichkeit von Rechtsetzungsvorhaben des Bundes".[153] Dieser Fragenkatalog verfolgt das Ziel, die existierenden rechtlichen Regelungen zu vereinfachen und Überreglementierungen zu vermeiden. Dazu werden eine Reihe von Fragen formuliert, die von den handelnden staatlichen Stellen vor der Initiierung einer gesetzlichen Regelung bedacht werden sollen. Der Fragenkatalog betrifft dabei weniger die rechtlichen Grenzen, die dem Gesetz- und Verordnungsgeber bei der Entscheidung gesetzt sind, *ob* er eine normative Regelung initiiert. Insoweit besteht ein weiter Gestaltungsspielraum des Gesetzgebers. Seine Grenzen werden im Rahmen der rechtlichen Konturierung der Absprachen noch zu erörtern sein.[154] Im vorliegenden Zusammenhang geht es dagegen darum, ob innerhalb des dem Gesetzgeber rechtlich zustehenden Gestaltungsspielraums eine gesetzliche Regelung initiiert werden *soll.* Mit dieser Frage befaßt sich der Prüfkatalog der Bundesminister des Inneren und der Justiz; sie gehört thematisch zum Gebiet der Gesetzgebungslehre.

Der Katalog enthält u. a. die Frage,

- ob überhaupt gehandelt werden muß (Ziffer 1 des Katalogs), bejahendenfalls,
- ob dazu ein Gesetz erforderlich ist (Ziffer 4 des Katalogs) oder ob Alternativen in Betracht kommen (Ziffer 2 des Katalogs).[155]

Der Katalog wird ergänzt durch Erläuterungen der Bundesminister des Inneren und der Justiz zu den einzelnen Fragen. Dort heißt es zu Ziffer 2 des Katalogs (Alternativen zu einer gesetzlichen Regelung) u. a.:

- Mit welchen generell geeigneten Handlungsinstrumenten kann das angestrebte Ziel vollständig oder mit vertretbaren Abstrichen erreicht werden? (z. B. Maßnahmen zur wirksamen Anwendung und Durchsetzung vorhandener Vorschriften, Öffentlichkeitsarbeit, *Absprachen*, ...).

Zur Beantwortung der Frage, unter welchen Voraussetzungen normvermeidende Absprachen als Alternative zu einer gesetzlichen Regelung in Betracht kommen, können die bisherigen Untersuchungsergebnisse der Praxis konkretere Maßstäbe liefern. Es wurde gezeigt, daß bei der Beantwortung der vorstehenden Frage beachtet werden muß, daß

- die Absprachen nur zur Durchsetzung von Zielen geeignet sind, die für die Wirtschaft ohne wesentlichen Kostenaufwand zu verwirklichen sind oder einer ohnehin bestehenden Entwicklung der öffentlichen oder privaten Nachfrage entsprechen;

---

[153] Abgedruckt bei *Badura,* Die parteienstaatliche Demokratie und die Gesetzgebung, 1986, S. 25 ff. Zum Fragenkatalog insgesamt vgl. *König,* Zur Überprüfung von Rechtssetzungsvorhaben des Bundes, 1986, S. 16.

[154] Vgl. unten 4. Teil Kapitel B. I. zu den bestehenden Gesetzgebungspflichten.

[155] Insgesamt sollen nach dem Prüfkatalog die folgenden zehn Fragen gestellt werden: 1.) Muß überhaupt etwas geschehen? 2.) Welche Alternativen gibt es? 3.) Muß der Bund handeln? 4.) Muß ein Gesetz gemacht werden? 5.) Muß jetzt gehandelt werden? 6.) Ist der Regelungsumfang erforderlich? 7.) Kann die Geltungsdauer beschränkt werden? 8.) Ist die Regelung bürgernah und verständlich? 9.) Ist die Regelung praktikabel? 10.) Stehen Kosten und Nutzen in einem angemessenen Verhältnis?

- die Absprachen nur geschlossen werden sollten, wenn ein hinreichend hoher Organisationsgrad und eine homogene Struktur der betroffenen Branche gewährleistet ist;
- die Absprachen von der Wirtschaft nur eingehalten werden, wenn eine staatliche oder neutrale Kontrolle gewährleistet ist;
- die Absprachen nicht immer eine Beschleunigung der Implementation des Steuerungseffekts gewährleisten, sondern für die Verhandlungen mit der Wirtschaft häufig mehrere Jahre einkalkuliert werden müssen,
- die Absprachen in Betracht gezogen werden sollten, wenn mit Schwierigkeiten beim Vollzug der alternativ in Betracht kommenden einseitig-hoheitlichen Regelung zu rechnen wäre. Es wurde gezeigt, daß die Beteiligung der Betroffenen an der Entscheidungsfindung eine erhöhte Folgebereitschaft der Betroffenen zur Folge hat. Dies bewirkt eine verbesserte Zielgenauigkeit des Lenkungseffekts und hat zur Folge, daß die Implementation des Steuerungsimpulses in der Praxis bisher nicht durch Rechtsstreitigkeiten über das Absprachenergebnis verzögert wird;
- die Absprachen insbesondere dann in Betracht zu ziehen sind, wenn der Sachverstand der Wirtschaft zur Erarbeitung von Lösungsvorschlägen nutzbar gemacht werden soll. Dabei ist allerdings zugleich dafür Sorge zu tragen, daß die Definition des erreichbaren Zielniveaus nicht allein auf Grundlage der sachverständigen Äußerungen der Wirtschaft erfolgt, sondern der Staat seine Handlungsherrschaft erforderlichenfalls durch die Hinzuziehung neutralen Sachverstands sichert.

Erforderlich ist aus Sicht der handelnden staatlichen Stellen also eine gründliche Untersuchung der instrumentellen Eignung der normvermeidenden Absprachen im Einzelfall. Nochmals betont sei, daß Ausgangspunkt der Überlegungen dabei stets die autonome staatliche Entscheidung darüber sein muß, ob in einem bestimmten Bereich das Bedürfnis nach einem steuernden staatlichen Eingriff besteht und welches Gemeinwohlziel erreicht werden soll. Die nach dem Fragenkatalog des Bundesjustizministeriums vorrangig zu klärende Frage, *ob* in einer bestimmten Sachfrage Handlungsbedarf besteht, muß allein von den demokratisch legitimierten staatlichen Stellen beantwortet werden. Auch während der folgenden Verhandlungen muß dafür Sorge getragen werden, daß sich der demokratische Rechtsstaat[156] nicht an organisierte Partikularinteressen und korporalistische Gruppenteilhabe ausliefert.[157] Es ist deshalb besonders darauf zu achten, daß die staatlichen Ordnungsvorstellungen im Rahmen der Verhandlungen nicht verwässert werden, und daß durch ausreichende staatliche oder neutrale Kontrollen eine Einhaltung der Absprachen sichergestellt ist.

---

[156] Zu den Grenzen, die Rechtsstaats- und Demokratieprinzip der staatlichen Mitwirkung an normvermeidenden Absprache im einzelnen setzen vgl. unten 4. Teil.

[157] *Preuß*, Verwaltung und Verwaltungsrecht zwischen gesellschaftlicher Selbstregulierung und staatlicher Steuerung, VVDStRL 56 (1997), 162 (217).

Ditter Teil

Rechtswirkungen der normvermeidenden Absprachen

Nachdem die faktischen Wirksamkeitsbedingungen normvermeidender Absprachen und ihre Tauglichkeit als Instrument staatlicher Wirtschaftslenkung untersucht worden sind, stellt sich nunmehr die Frage nach den Rechtswirkungen der Absprachen.

Dazu ist zunächst zu fragen, ob die Absprachen überhaupt an rechtlichen Vorgaben gemessen werden können (A.) Nachdem dies bejaht worden sein wird, können die Absprachen und die zu ihrem Vollzug abgegebenen Erklärungen einem Rechtsgebiet zugeordnet werden (B.). Anschließend wird untersucht, ob die Absprachen einklagbare vertragliche Erfüllungsansprüche der Beteiligten begründen (C. I.). Daneben ist zu fragen, ob die staatliche Seite auch ohne vertragliche Erfüllungsansprüche für die betätigten Erwartungen der privaten Absprachepartner einstehen muß (C. II.). Zum Abschluß des Kapitels wird der staatliche Mitwirkungsakt an den Absprachen in das System staatlicher Handlungsformen eingeordnet (C. III.).

A. Rechtliche Relevanz normvermeidender Absprachen

Es ist nicht selbstverständlich, daß sich die normvermeidenden Absprachen überhaupt an rechtlichen Vorgaben messen lassen müssen. In der Literatur wird immerhin verschiedentlich betont, daß es sich bei ihnen um Absprachen „politischer Natur“ bzw. *gentlemen's agreements* handele, die lediglich auf „tatsächliche Wirkungen“ ausgerichtet seien.[1] Daraus könnte man ableiten, daß die Absprachen dem Recht insgesamt entzogen seien, weil sie sich lediglich im politisch-gesellschaftlichen Bereich bewegen.

Dies ist jedoch nicht der Fall. Ohne daß hier bereits geklärt werden müßte, ob die Beteiligten beim Abschluß der Absprachen tatsächlich ohne Rechtsbindungs- oder

[1] *Bohne*, Informales Verwaltungs- und Regierungshandeln als Instrument des Umweltschutzes, VerwArch 75 (1984), 343 (361); *Becker*, Informales Verwaltungshandeln zur Steuerung wirtschaftlicher Prozesse, DÖV 1985, 1003 (1010); *Kloepfer*, Zu den neuen umweltrechtlichen Handlungsformen des Staates, JZ 1991, 737 (739); *Müggenborg*, Formen des Kooperationsprinzips im Umweltrecht der Bundesrepublik Deutschland, NVwZ 1990, 909 (515); *Rengeling*, Das Kooperationsprinzip im Umweltrecht, § 11 IV 3 a, S. 172.

Rechtsfolgewillen handeln,[2] bewegen sich die Absprachen jedenfalls nicht im rechtsfreien Raum. Selbst wenn die Absprachepartner eine wechselseitige rechtliche Bindung nicht eingehen wollen, müßten sich die faktischen Auswirkungen der Absprachen an der Rechtsordnung messen lassen.[3]

Für die staatliche Mitwirkung an den Absprachen ergibt sich dies bereits aus der Bindung der beteiligten staatlichen Organe an Gesetz und Recht gemäß Art. 20 Abs. 3 GG. Die handelnden Mitglieder der Exekutive dürfen bei ihrem Handeln nicht gegen höherrangiges Recht verstoßen. Dieser Gesetzesvorrang gilt ausnahmslos und unabhängig von der Rechtsform des staatlichen Handelns.[4] Daraus folgt, daß die Rechtsbindung der handelnden staatlichen Organe auch unabhängig davon besteht, ob die Absprachen den Grad der Rechtsverbindlichkeit eines öffentlich-rechtlichen Vertrages erreichen oder ob die staatliche Mitwirkung an den Vereinbarungen mangels Rechtsbindungswillen als Realakt zu qualifizieren ist. In keinem Fall kann sich der Staat aber seiner grundsätzlichen Bindung an Gesetz und Verfassung dadurch entziehen, daß er auf die Begründung einklagbarer Erfüllungsansprüche verzichtet und sich stattdessen auf eine politische Bindungswirkung verläßt. Die Vorgaben der Zuständigkeitsordnung und die materiell-rechtlichen Grenzen des Staatshandelns gelten auch für neuartige staatliche Handlungsformen.[5]

Aber auch unabhängig von der staatlichen Beteiligung an den Absprachen würde das Fehlen eines Rechtsbindungswillens der Beteiligten nicht ausreichen, um die Absprachen dem rein gesellschaftlichen Bereich zuzuordnen. Dies ist in der zivilrechtlichen Literatur für die dort diskutierten gentlemen's agreements weitgehend anerkannt.[6] Damit sind dort Vereinbarungen gemeint, deren Einhaltung nach dem Willen der Beteiligten nicht rechtlich sanktioniert werden soll, sondern dem „kaufmännischen Anstand" der Beteiligten überlassen bleiben soll. Dies schließt zwar gerichtlich einklagbare primäre Erfüllungsansprüche aus, die faktischen Auswirkungen derartiger Vereinbarungen müssen sich aber an den Vorgaben der Rechtsordnung, insbesondere dem Kartellrecht, messen lassen.[7] Übertragen auf die normvermeidenden Absprachen bedeutet dies, daß auch deren faktische Auswirkungen unabhängig vom Rechtsbindungswillen der Beteiligten dem Recht unterstehen.

---

[2] Diese Frage wird unten (3. Teil Kapitel C. I.) eingehend untersucht.

[3] *Bauer*, Informelles Verwaltungshandeln im öffentlichen Wirtschaftsrecht, VerwArch 78 (1987), 241 (260); *Dempfle*, Normvertretende Absprachen, Diss. Trier 1993, S. 56.

[4] *Herzog*, in: Maunz/Dürig, Art. 20 II Rdn. 37.

[5] *Becker*, Informales Verwaltungshandeln zur Steuerung wirtschaftlicher Prozesse, DÖV 1985, 1003 (1010); *Oebbecke*, Die staatliche Mitwirkung an gesetzesabwendenden Vereinbarungen, DVBl. 1986, 793 (795); *Schmidt-Preuß*, Verwaltung und Verwaltungsrecht zwischen gesellschaftlicher Selbstregulierung und staatlicher Steuerung, VVDStRL 56 (1997), 161 (218); *Schulte*, Schlichtes Verwaltungshandeln, 1995, S. 147 ff.

[6] *Bantje*, Gentlemen's agreements und abgestimmtes Verhalten, S. 97 ff.; MüKo-*Kramer*, BGB, Vor 241 Rdn. 39.

[7] *Immenga*, in: Immenga/Mestmäcker, GWB, § 2 Rn. 116 ff.

B. Zuordnung der normvermeidenden Absprachen und der zu ihrem Vollzug abgegebenen Erklärungen und Vereinbarungen zum öffentlichen Recht oder zum Privatrecht?

Nachdem geklärt ist, daß die normvermeidenden Absprachen nicht im rechtsfreien Raum zustande kommen und existieren, sind die Absprachen zunächst dem öffentlichen oder privaten Recht zuzuordnen. Die Absprachen müssen sich an den Maßstäben des Teiles der Rechtsordnung messen lassen, der für sie gilt.

Der Frage, ob die Absprachen dem öffentlichen oder dem privaten Recht zuzuordnen sind, kommt in weiten Teilen prägende Bedeutung für die weitere Untersuchung zu. Von ihr hängt nicht nur der für etwaige Streitigkeiten im Zusammenhang mit den Absprachen zu beschreitende Rechtsweg ab, sondern auch materiell-rechtlich werden in mehrfacher Hinsicht die Weichen gestellt – etwa für die Anwendbarkeit des Wettbewerbsrechts oder aber der Maßgeblichkeit verfassungs- und/oder verwaltungsrechtlicher Bindungen.

I. Übersicht über die bisherigen Zuordnungsversuche

Normvermeidende Absprachen bewegen sich an der Schnittstelle von Staat und Gesellschaft[8]. Das macht ihre Zuordnung zu einem der Rechtsgebiete schwierig; das existierende Schrifttum ergibt ein entsprechend unübersichtliches Bild:

1. Zuordnung zum Privatrecht durch die kartellrechtliche Literatur

Die kartellrechtliche Literatur geht überwiegend wie selbstverständlich davon aus, daß das, was sie unter Bezeichnungen wie freiwillige Selbstbeschränkung,[9] Umweltkartell[10] und Selbstbeschränkungsabkommen[11] diskutiert, privatrechtlicher Natur sei. Dies wird zum Teil ausdrücklich gesagt.[12] Andernfalls ergibt es sich mit-

---

[8] Dazu bereits im einzelnen oben 3. Teil Kapitel B. sowie *Schulte,* Schlichtes Verwaltungshandeln, S. 4, der in Anbetracht der neuartigen staatlichen Handlungsformen „die Berechtigung eines der letzten Dualismen im Öffentlichen Recht grundsätzlich in Frage gestellt" sieht.

[9] *Baumann*, Rechtsprobleme freiwilliger Selbstbeschränkung, Diss. Tübingen 1978; *von Gamm,* Kartellgesetz, § 1 Rdn. 45.

[10] *von Wallenberg,* Die Zulässigkeit von Umweltschutzkartellen, GRUR 1980, 883 ff.

[11] *Huber/Baums,* in: Glassen/v. Hähn/Kersten/Rieger, Frankfurter Kommentar zum GWB, § 1 Rn. 208 ff.; *Immenga,* in: Immenga/Mestmäcker, GWB – Kommentar zum Kartellgesetz, § 8 Rn. 41 f.; *Horstmann,* Selbstbeschränkungsabkommen und Kartellverbot, 1977; *Lorenz*, Staatlich inspirierte Selbstbeschränkungsabkommen und Kartellrecht, Diss. Berlin 1978; *Schlarmann,* Die kartellrechtliche Behandlung von Selbstbeschränkungsabkommen, NJW 1971, 1349; *Ders.,* Die Wirtschaft als Partner des Staates, Diss. Hamburg 1972; *Schüssler*, Wann sind private Selbstbeschränkungsabkommen zulässig?, NJW 1962, 2275 ff.

[12] *Immenga*, Politische Instrumentalisierung des Kartellrechts, Tübingen 1976, S. 23. Deutlich auch *Ders.,* in: Immenga/Mestmäcker, GWB, § 8 Rn. 42.

telbar daraus, daß ohne weiteres davon ausgegangen wird, daß die untersuchten Vereinbarungen entweder den Tatbestand einer wettbewerbsbeschränkenden Vereinbarung gem. § 1 GWB,[13] den des abgestimmten Verhaltens gem. 25 Abs. 1 GWB[14] oder einer verbotenen Empfehlung § 38 I Nr. 11 GWB[15] erfüllen. All diese Überlegungen setzen die Annahme voraus, daß die untersuchten Vereinbarungen nicht wegen ihrer Zugehörigkeit zum öffentlichen Recht dem Anwendungsbereich des Kartellrechts von vornherein entzogen sind.

Die Zuordnung zum Privatrecht hat dabei zum Teil seine Ursache darin, daß Absprachen untersucht werden, die keine normvermeidenden Absprachen im Sinne der obigen Definition sind. Unter den von den Kartellrechtlern untersuchten Absprachen finden sich nämlich Vereinbarungen, die ohne staatliche Einflußnahme zustande gekommen sind.[16] Solche rein horizontalen Absprachen von privatrechtlichen Wirtschaftssubjekten, die aus freien Stücken oder als Reaktion auf eine Veränderung der Situation am Markt geschlossen werden, sollen nach Auffassung dieser Autoren nicht deswegen dem öffentlichen Recht zuzuordnen sein, weil die Selbstbeschränkung möglicherweise zugleich im öffentlichen Interesse liegt. Dem wird man zustimmen können;[17] von der dieser Arbeit zugrunde liegenden Definition normvermeidender Absprachen sind derartige rein horizontale Absprachen – wie bereits oben gesagt[18] – aber ohnehin ausgenommen, da es an dem hier interessierenden staatlichen Mitwirkungsakt fehlt.

---

[13] *Biedenkopf*, Zur Selbstbeschränkung auf dem Heizölmarkt, BB 1966, 1113 (1117); *Dörinkel*, Zur kartellpolitischen Lage in der Bundesrepublik Deutschland, WuW 1966, 933 (943); *Fikentscher*, Wirtschaftsrecht II, 223 (273); *Immenga*, in: Immenga/Mestmäcker, GWB, § 1 Rn. 379; *Möschel*, Recht der Wettbewerbsbeschränkungen, Rdn. 213; *Müller-Henneberg/Schwartz/Benisch*, Gesetz gegen Wettbewerbsbeschränkungen und Europäisches Kartellrecht, § 1 Rdn. 111; *Müller/Gießler/Scholz*, Wirtschaftskommentar – Kommentar zum GWB, § 1 Rn. 149 ff.; *Rieger*, Das Problem der Güterabwägung bei der Anwendung des Kartellverbots, Diss. Frankfurt a. M. 1967, 200; *Schüssler*, Wann sind private Selbstbeschränkungsabkommen zulässig?, NJW 1962, 2275 (2280); *Loewenheim/Belke*, GWB Kommentar, § 1 Rdn. 91; einschränkend *Huber/Baums*, in: Glassen/v. Hahn/Kersten/Rieger, Frankfurter Kommentar zum GWB, § 1 Tz. 209, die § 1 GWB nur anwenden wollen, sofern für die Absprache keine ausdrückliche gesetzliche Ermächtigung zur Verfügung steht.

[14] *Monopolkommission*, Sondergutachten 14: Die Konzentration im Lebensmittelhandel, 1985, Ziffer 196; *Mestmäcker*, Freier oder selbstverwalteter Wettbewerb?, 1985, 15; *Möschel*, Kartellgesetz heute – aus ordoliberaler Sicht, in: Ludwig-Erhard-Stiftung (Hrsg.), Recht und Gesittung in einer freien Gesellschaft, Zur Erinnerung an Franz Böhm aus Anlaß seines 90. Geburtstages, 1985, S. 43.

[15] *Biedenkopf*, S. 1117; *Schüssler*, S. 2276.

[16] So bei *Müller/Gießer/Scholz*, Wirtschaftskommentar, Kommentar zum GWB, Bd. I, § 1 Rdn. 150 f. sowie bei *Huber/Baums* in: Glassen/v. Hahn/Kersten/Rieger, Frankfurter Kommentar zum GWB, § 1 Tz. 212 f.; *Horstmann*, Selbstbeschränkungsabkommen und Kartellverbot, 1977, S. 111 ff.; *Lorenz*, Staatlich inspirierte Selbstbeschränkungabkommen und Kartellrecht, Diss. Berlin 1978, S. 65.

[17] So auch *Brohm*, Rechtsgrundsätze für normersetzende Absprachen, DÖV 1992, 1025 (1027).

[18] Vgl. 1. Teil Kapitel B. I.

Aber auch soweit die Kartellrechtler hoheitlich inspirierte Verhaltensabreden untersuchen, leugnen sie überwiegend deren öffentlich-rechtlichen Charakter. Ihre Aufmerksamkeit gilt allerdings auch hier vor allem den oben als Vollzug der eigentlichen normvermeidenden Absprache gekennzeichneten horizontalen Vereinbarungen der Privatrechtssubjekte untereinander. Dies ist vom Standpunkt des Kartellrechts aus auch naheliegend: Die wettbewerbsbeschränkende Wirkung geht ja erst von dem am Markt spürbaren abgestimmten Verhalten der privaten Wirtschaftssubjekte aus. Daß dem Abschluß dieser Vereinbarungen eine staatliche Beeinflussung voranging, wird von dieser Gruppe von Autoren überwiegend für gänzlich unbeachtlich gehalten[19] oder unter Hinweis darauf vernachlässigt, daß für die beteiligten Unternehmen kein rechtlicher Zwang zum Abschluß der Vereinbarungen bestehe.[20]

2. Differenzierung zwischen vertikalen und horizontalen Absprachen

In der öffentlich-rechtlichen Literatur herrscht eine differenzierte Betrachtungsweise vor: Während die normvermeidenden Absprachen zwischen staatlichen Stellen und Vertretern der Wirtschaft dem öffentlichen Recht zugeordnet werden, sollen die zu ihrem Vollzug getroffenen Vereinbarungen und Erklärungen privatrechtlicher Natur sein.[21] Zur Begründung wird hinsichtlich der normvermeidenden Absprachen darauf verwiesen, daß es hier um die Ausübung staatlichen Rechtsetzungsermessens gehe. Ein derartiger Vereinbarungsgegenstand müsse dem öffentlichen Recht zugeordnet werden. Dagegen entsprächen die von den Verbänden und einzelnen Unternehmen in Vollzug der Absprachen getroffenen Verhaltensabstimmungen jedem an-

---

[19] Deutlich *Immenga,* in: Immenga/Mestmäcker, GWB, § 8 Rn. 42, wo es heißt: „*Die Tatsache, daß diese Abkommen auf direkte oder indirekte staatliche Veranlassung hin zustandegekommen sind, ist dabei ebenso unbeachtlich wie die Mitwirkung der Unternehmen an der Vollziehung öffentlichen Willens*".

[20] *Freitag/Hansen/Markert/Strauch*, Umweltschutz und Wettbewerbsordnung, Frankfurt a. M. 1973, S. 66; *Kloepfer*, Umweltschutz als Kartellprivileg?, JZ 1980, 781 (785); *Bunte,* in: Langen/Bunte, Kommentar zum deutschen und europäischen Kartellrecht, Bd. 1, Art. 85, Rdn. 127. Differenzierend *Huber/Baums,* in: Glassen/v. Hahn/Kersten/Rieger, Frankfurter Kommentar zum GWB § 1 Tz. 209, die die prägende Wirkung der hoheitlichen Beeinflussung nur anerkennen wollen, wenn sie auf einer besonderen gesetzlichen Grundlage beruht. Ansonsten veranlasse der Staat „die Beteiligten zu einer autonomen Regelung"; es fehle an einer „hoheitlichen Beeinflussung".

[21] *Becker*, Informales Verwaltungshandeln, DÖV 1985, 1003 (1009), der von einer „Janusköpfigkeit" der Absprachen spricht; *Brohm*, Rechtsgrundsätze für normersetzende Absprachen, DÖV 1992, 1025 (1028); unter ausdrücklicher Aufgabe seiner bisherigen Auffassung (vgl. die Nachweise unten Anm. 464) nunmehr auch *Bohne*, Informales Verwaltungshandeln, in: Kimminich/v. Lersner/Storm, HdbdUR, Bd. I, Sp. 1046 (1070); *Kloepfer*, Umweltrecht, § 6 Rn. 245; *Nickel,* Absprachen zwischen Staat und Wirtschaft – die öffentlich-rechtlichen Aspekte der Selbstbeschränkungsabkommen der Industrie, Diss. Hamburg 1979, S. 3, 60; *Oldiges*, Staatlich inspirierte Selbstbeschränkungsabkommen der Privatwirtschaft, WiR 1973, 1 (10); *Scherer*, Rechtsprobleme normersetzender „Absprachen" zwischen Staat und Wirtschaft am Beispiel des Umweltrechts, DÖV 1991, 1 (3); *von Zezschwitz,* Wirtschaftsrechtliche Lenkungstechniken, JA 1978, 497 (502).

deren durch Rechtsgeschäft begründeten Rechtsverhältnis zwischen Privatrechtssubjekten. Daß zur Erfüllung öffentlich-rechtlicher Pflichten privatrechtliche Rechtsgeschäfte erforderlich seien, sei nichts Ungewöhnliches und führe auch sonst nicht dazu, daß diese dadurch ihre zivilrechtliche Qualifikation verlören.[22]

3. Zuordnung zum öffentlichen Recht

Letzteres wird schließlich von einer dritten Auffassung bestritten, die auch die zur Erfüllung der normvermeidenden Absprachen getroffenen Vereinbarungen dem öffentlichen Recht unterstellen will.[23] Mit den horizontalen Vereinbarungen übernähmen die Privatrechtssubjekte lediglich die bereits zwischen Staat und Wirtschaftsverband begründeten öffentlich-rechtlichen Pflichten.[24] Dies sei zudem mittelbare Folge des staatlicherseits ausgeübten Zwanges, so daß auch unter dem Gesichtspunkt eines Über-/Unterordnungsverhältnisses der äußerlich privatrechtliche Charakter der Vollzugsakte überlagert werde.

II. Eigener Lösungsansatz

Die Übersicht über die in der Literatur vertretenen Auffassungen zeigt, wie schwer sich die Rechtswissenschaft auch im Fall der normvermeidenden Absprachen mit der Einordnung neuartiger staatlicher Handlungsformen tut. Indem der Staat Wirtschaftsverbände und Unternehmen im Rahmen kooperativer Verhaltensabstimmungen an der Erfüllung öffentlicher Aufgaben beteiligt, verwischt er die Grenzen zwischen dem privaten und dem öffentlichen Bereich. Hinzu kommt, daß die an der Absprache Beteiligten den Erlaß eines Gesetzes oder einer Rechtsverordnung entbehrlich machen wollen, also gerade die Entstehung einer Norm verhindern, die herkömmlicherweise den wichtigsten Anknüpfungspunkt für die Zuordnung eines Rechtsverhältnisses zum öffentlichen oder privaten Recht bildet. Damit versagen auf den ersten Blick zumindest diejenigen der traditionellen Abgrenzungs-

---

[22] *Brohm*, S. 1028; *Oldiges*, S. 10.

[23] *Baudenbacher*, Kartellrechtliche und verfassungsrechtliche Aspekte gesetzesersetzender Vereinbarungen zwischen Staat und Wirtschaft, JZ 1988, 689 (694); *Baumann*, Rechtsprobleme freiwilliger Selbstbeschränkung, Diss. Tübingen 1978, S. 49 f.; *Bohne*, Informales Verwaltungs- und Regierungshandeln als Instrument des Umweltschutzes, VerwArch 75 (1984), 343 (362); *Ders.*, „Informales" Staatshandeln als Instrument des Umweltschutzes – Alternativen zu Rechtsnorm, Vertrag, Verwaltungsakt und anderen rechtlich geregelten Handlungsformen?, Dokumentation zur 7. wissenschaftlichen Fachtagung der Gesellschaft für Umweltrecht, S. 97 (128 f.); *Hartkopf/Bohne*, Umweltpolitik I, S. 231; ähnlich auch *Dempfle*, Normvertretende Absprachen, Diss. Trier 1993, S. 60 ff., der die Kriterien der Rechtsverhältnislehre für die einheitliche Zuordnung der Absprachen zum öffentlichen Recht fruchtbar machen will.

[24] So vor allem *Bohne*, Informales Verwaltungs- und Regierungshandeln als Instrument des Umweltschutzes, VerwArch 75 (1984), 343 (362).

theorien, die – wie etwa die modifizierte Subjektstheorie[25] – die Rechtsnatur der jeweiligen gesetzlichen Grundlage des Staatshandelns zum Maßstab der Unterscheidung zwischen öffentlichem und privatem Recht machen.

Zur Abgrenzung ist deshalb auf andere Kriterien zurückzugreifen, die im folgenden entwickelt werden. Dabei ist mit einer Analyse den eigentlichen normvermeidenden Absprachen, also den vertikalen Absprachen, zu beginnen (1.). Anschließend können die horizontalen Verhaltensabstimmungen Privater beleuchtet werden, mit denen die Absprache umgesetzt wird (2.).

1. Zuordnung der vertikalen normvermeidenden Absprache

Die eigentliche normvermeidende Absprache kommt zustande zwischen staatlichen Stellen einerseits und einem oder mehreren Unternehmen bzw. einem Wirtschaftsverband andererseits.[26] Wie bereits im Rahmen der obigen Typologie der Absprachen entwickelt wurde, tritt die vertikale Absprache entweder in einer offen zweiseitigen Vereinbarung zutage oder kommt in einer Selbstverpflichtung der beteiligten Unternehmen oder Verbände zum Ausdruck.[27] Im letztgenannten Fall geht die eigentliche Absprache der Selbstverpflichtungserklärung voraus. Die vertikale Übereinkunft kommt bereits im Rahmen der Verhandlungen zustande, die der Selbstverpflichtung der Wirtschaft vorangehen; mit der Selbstverpflichtungserklärung erfüllt die Wirtschaft ihre Zusage im Rahmen der Absprache.

a) Drohung mit dem Normerlaß

Sucht man nach Anhaltspunkten für eine Zuordnung der vertikalen Absprachen zu einem Rechtsgebiet, springt zunächst die staatliche Drohung mit dem Normerlaß ins Auge. Sie steht am Anfang der Verhandlungen und besteht darin, daß die beteiligten staatlichen Stellen den Erlaß oder die Verschärfung einer Rechtsnorm für den Fall ankündigen, daß keine normvermeidende Absprache mit der Wirtschaft zustande kommen sollte. Die Vertreter des Staates verweisen also auf ein ihnen zustehendes Initiativrecht in einem Normsetzungsverfahren und drohen an, daß ihnen zustehende Normsetzungsermessen in einer bestimmten Weise auszuüben.

Damit machen sie – wenigstens mittelbar – von hoheitlichen Gestaltungsmitteln Gebrauch. Grundlage eines Normerlasses wären das Grundgesetz und einfachgesetzliche öffentlich-rechtliche Verordnungsermächtigungen. Diese öffentlich-recht-

---

[25] Auch Sonderrechtstheorie genannt. Dazu *Bachof*, Festgabe BVerwG, S. 9 ff.; *Ehlers*, Verwaltung und Verwaltungsrecht, in: Erichsen (Hrsg.), Allgemeines Verwaltungsrecht, § 2 III 3, S. 39 ff.; *Maurer*, Allgemeines Verwaltungsrecht, § 3 Rn. 17; *Koch/Rubel*, Allgemeines Verwaltungsrecht, Rn. 52; *Wolff/Bachof/Stober*, Verwaltungsrecht I, § 22 Rn. 25 ff.

[26] Zur Unterscheidung von vertikalen und horizontalen Absprachen vgl. bereits oben 1. Teil Kapitel B. II. 1.

[27] Vgl. oben 1. Teil Kapitel B. II. 2. b).

lichen Vorschriften weisen den an den Absprachen beteiligten staatlichen Stellen ein Initiativrecht im Normsetzungsverfahren zu. Dieses Initiativrecht setzen die staatlichen Beteiligten an einer normvermeidenden Absprache ein, um die private Seite zur Zusage eines bestimmten Verhaltens zu bewegen. Die Absprachen werden demnach geprägt von der mittelbaren Ausübung von Sonderrechten, die öffentlichrechtliche Vorschriften ausschließlich staatlichen Stellen zuweisen.

Die beteiligten staatlichen Stellen nutzen also die ihnen von der Rechtsordnung übertragenen Sonderrechte, um Private unter Druck zu setzen. Daraus resultiert ein Über-/Unterordnungsverhältnis, wie es von der Subordinationstheorie zur Begründung des öffentlich-rechtlichen Charakters eines Rechtsverhältnisses als entscheidend angesehen wird[28].

b) Gegenstand der Tauschbeziehung

Aber selbst wenn man diese mittelbare Zwangswirkung außer acht ließe, könnte sich der öffentlich-rechtliche Charakter der Absprachen aus ihrem Gegenstand ergeben. Für die Zuordnung der Absprachen könnte auf die Kriterien zurückgegriffen werden, die für die Zuordnung öffentlich-rechtlicher Verträge anerkannt sind. Damit soll erneut noch nichts über die Rechtsverbindlichkeit der Absprachen gesagt werden. Selbst wenn diese hinter derjenigen öffentlich-rechtlicher Verträge zurückbleiben sollte, käme zumindest eine entsprechende Anwendung der Grundsätze in Betracht, nach denen öffentlich-rechtliche von privatrechtlichen Verträgen abgegrenzt werden. Ebenso wie bei öffentlich-rechtlichen Verträgen liegt bei den normvermeidenden Absprachen eine Tauschbeziehung zwischen staatlichen Stellen und Privaten vor, auf deren Inhalt es für die Zuordnung ankommt. Anders als bei einseitig-hoheitlichen Maßnahmen, deren öffentlich-rechtlicher Charakter sich ohne weiteres aus dem imperativen Einsatz von Hoheitsrechten ergibt, muß bei konsensualen Beziehungen maßgeblich auf den Gegenstand der Vereinbarung abgestellt werden.

Dies ist für die Zuordnung von Verträgen weitgehend anerkannt. Dort soll es zur Abgrenzung auf den Gegenstand des Vertrages ankommen,[29] der wiederum maßgeb-

---

[28] Vgl. dazu RGZ 167, 284; BGHZ 14, 227; 27, 383; *Forsthoff*, Allgemeines Verwaltungsrecht, S. 113. Zu den Wurzeln der Subordinationstheorie *Maurer*, Allgemeines Verwaltungsrecht, § 3 Rn. 16. Zu ihren Kriterien vgl. auch *Menger*, Fortschritte des Verwaltungsrechts, in: Menger (Hrsg.), Festschrift f. H. J. Wolff, 1973, 154f.; *Achterberg*, Der öffentlich-rechtliche Vertrag, JA 1979, 357.

[29] Sog. Gegenstandstheorie. Vgl. dazu bereits den Wortlaut des § 54 VwVfG: „Ein Rechtsverhältnis auf dem Gebiet des öffentlichen Rechts kann durch Vertrag ...". Aus der Rechtsprechung: GmS-OGB BGHZ 97, 312 (313f.) = BVerwGE 74, 368 (370); BGHZ 32, 214 (216); 35, 69f.; 56, 365 (368); 116, 339 (342); BVerwGE 22,138; 25, 299 (301); 42, 331 (332); 74, 368 (370); 84, 236 (238); BVerwG NJW 1992, 2908; BGHZ 22, 246; 32, 214; 35, 69; 54, 287 (291); 56, 365; 57, 130; 58, 386 (388); OVG Nordrhein-Westfalen, NVwZ 1984, 522, 523. Aus der Literatur: *Achterberg*, Der öffentlich-rechtliche Vertrag, JA 1979, 357; *Ders.*, Allgemeines Verwaltungsrecht, § 21 Rn. 227; *Bull*, Allgemeines Verwaltungsrecht, § 13 Rn. 684; *Erichsen*, Das Verwaltungshandeln, in Ders. (Hrsg.), Allgemeines Verwaltungsrecht, § 24 I Rn. 2; *Kopp*,

lich durch den Inhalt der übernommenen Leistungspflichten, den Zweck der Vereinbarung und den Gesamtcharakter der Abrede bestimmt wird.[30] Diese Kriterien können auch für die normvermeidenden Absprachen herangezogen werden. Der Gegenstand der Absprachen besteht einerseits in der Zusage des Staates, auf eine Normsetzungsinitiative zu verzichten, andererseits in der Zusage der Wirtschaft, ihr Verhalten in einer bestimmten Weise öffentlichen Zwecken unterzuordnen.

Im Hinblick auf den staatlichen Normsetzungsverzicht kann an die obigen Ausführungen zur Drohung mit dem Normerlaß angeknüpft werden. Auch in der Zusage, eine Normsetzungsinitiative unterlassen zu wollen, liegt eine Ausübung des Normsetzungsermessens, das durch öffentlich-rechtliche Vorschriften begründet ist und nur staatlichen Stellen zusteht. Hinzu kommt, daß auch die Rechtsvorschriften, auf die nach der staatlichen Zusage verzichtet werden soll, öffentlich-rechtlichen Charakter hätten. So würde ein Verbot von FCKW oder Asbest als Produktionsmittel, ein Verbot der Fernsehwerbung für Zigaretten oder die Festlegung einer bestimmten Bauart für Geldspielautomaten die Freiheit der betroffenen Unternehmen durch klassische Ge- und Verbotsgesetze bzw. -verordnungen beschränken. Es besteht also ein enger Sachzusammenhang der staatlichen Verzichtserklärung mit öffentlich-rechtlichen Vorschriften.[31] Daß der staatliche Verzicht auf eine Normsetzungsinitiative öffentlich-rechtlicher Natur ist, dürfte deshalb nach allem kaum einem Zweifel unterliegen.

Dieser Normsetzungsverzicht und die vorangehende Drohung mit dem Normerlaß prägen die vertikale Absprache. Zwar sagen die privaten Teilnehmer im Gegenzug eine Beschränkung ihrer privatrechtlichen Aktivitäten zu, indem sie versprechen, ihre Wirtschaftstätigkeit den Vorgaben der Absprache unterzuordnen. Jedenfalls im Hinblick auf die vertikalen Absprachen vermag dies aber nichts an deren öffentlich-rechtlichem Charakter zu ändern. Wie bei öffentlich-rechtlichen Verträgen reicht es auch im Rahmen anderer konsensualer Beziehungen zwischen Staat und Privaten aus, wenn *eine* der übernommenen Leistungspflichten öffentlich-rechtlicher Natur ist, um die kooperative Beziehung insgesamt als öffentlich-rechtlich qualifizieren zu können.[32] Es ist nichts Ungewöhnliches, daß die privaten Beteilig-

---

VwVfG § 54 Rn. 6; *Hennecke*, in: Knack, Verwaltungsverfahrensgesetz, § 54 Rn. 2; *Maurer*, Allgemeines Verwaltungsrecht, § 14 Rn. 10; *Meyer*, in: Meyer/Borgs, VwVfG, § 54 Rn. 25; *Scherzberg*, Grundfragen des verwaltungsrechtlichen Vertrages, JuS 1992, 205 (206).

[30] BVerwGE 23, 213; 42, 331 (332f.).

[31] Dieser Aspekt wird von *Baudenbacher*, Kartellrechtliche und verfassungsrechtliche Aspekte gesetzesersetzender Vereinbarungen zwischen Staat und Wirtschaft, JZ 1988, 689 (694) und *Scherer*, Rechtsprobleme normersetzender Absprachen zwischen Staat und Wirtschaft am Beispiel des Umweltrechts, DÖV 1991, 1 (3) für sich genommen als ausreichend angesehen, um die Absprachen insgesamt dem öffentlichen Recht zuzuordnen. Zum Kriterium des Sachzusammenhangs bei der Einordnung öffentlich-rechtlicher Verträge vgl. BVerwGE 22, 138 (140ff.).

[32] Vgl. für öffentlich-rechtliche Verträge: *Maurer*, Allgemeines Verwaltungsrecht, § 14 Rn.11; *Erichsen*, in: Ders. (Hrsg.), Allgemeines Verwaltungsrecht, § 24 II Rn.4; *K. Lange*, Die Abgrenzung von öffentlich-rechtlichem und privatrechtlichem Vertrag, JuS 1982, 500 (503).

ten in einem öffentlich-rechtlichen Vertrag eine Leistungspflicht übernehmen, die entweder privatrechtlich oder neutral ist – wie etwa eine Geldzahlung. Die Privaten verfügen – abgesehen vom Ausnahmefall der Beleihung – typischerweise gar nicht über öffentlich-rechtliche Befugnisse, die sie zum Gegenstand einer Vereinbarung machen könnten. Kennzeichen der öffentlich-rechtlichen Tauschbeziehung ist es deshalb, daß der Staat die Ausübung von Hoheitsrechten im Gegenzug gegen ein *privates* Verhalten zur Disposition stellt. Erforderlich ist lediglich, daß es den Privaten bei der Erbringung seiner Leistung darum geht, das begehrte öffentlich-rechtliche Verhalten des Staates zu bewirken.[33] Dies ist bei normvermeidenden Absprachen der Fall: Die beteiligten Wirtschaftssubjekte wollen erreichen, daß die staatlichen Stellen ihr Normsetzungsermessen in einer bestimmten Weise ausüben. Dies prägt den Gesamtcharakter der vertikalen Absprache. Sie ist deshalb auch ihrem Gegenstand nach als öffentlich-rechtlich zu qualifizieren.

2. Zuordnung der horizontalen Erklärungen und Vereinbarungen, mit denen die normvermeidenden Absprachen umgesetzt werden

Zu klären bleibt der Rechtscharakter der horizontalen Verhaltensabstimmungen, mit denen die normvermeindenden Absprachen umgesetzt werden. Bereits im Rahmen der Systematisierung der Absprachen wurde herausgearbeitet, daß es insoweit unterschiedliche Absprachetypen gibt:[34]

Wird die vertikale normvermeidende Absprache mit einem Verband geschlossen und gibt dieser in Erfüllung der vertikalen Absprache eine Verbandsempfehlung ab,[35] kommt es zu einer zumindest konkludenten Verhaltensabstimmung der betroffenen Unternehmen: Die Verbände empfehlen ihren Mitgliedern, die gegenüber dem Staat abgegebenen Zusagen zu erfüllen. Die Verbandsmitglieder folgen dieser Empfehlung in der Erwartung, daß sich die übrigen Mitglieder ebenso verhalten werden; es liegt also zumindest ein faktisch koordiniertes Verhalten vor. Häufig dürfte den vertikalen Absprachen zudem eine verbandsinterne Willensbildung vorangehen. Es ist anzunehmen, daß im Vorfeld und während der Verhandlungen des Verbandes mit staatlichen Stellen die jeweilige Linie innerhalb des Verbandes abgestimmt wird. Auch wenn hierzu keine gesicherten empirischen Erkenntnisse vorliegen, weil die Verbände – verständlicherweise – nicht bereit sind, ihre inneren Entscheidungsprozesse aufzudecken, spricht viel dafür, daß die Verbandsvertreter in den Verhandlungen, beim Abschluß der vertikalen Absprache und bei einer etwaigen Verbandsempfehlung mit einem entsprechenden „Mandat" ihrer Mitglieder handeln. Auch in dieser verbandsinternen Abstimmung liegt eine horizontale Absprache.

---

[33] *Maurer*, Allgemeines Verwaltungsrecht, § 14 Rn. 11.

[34] Vgl. oben 1. Teil Kapitel B. II. 1. b).

[35] Vgl. 1. Teil Kapitel B. II. 1. b) bb) (1) mit Beispielen.

In anderen Fällen tritt die horizontale Übereinkunft in ausdrücklichen Vereinbarungen der betroffenen Unternehmen untereinander zutage, in denen sich die Unternehmen zur Einhaltung der Zusagen der vertikalen Absprache verpflichten.[36]

Gemeinsam ist den horizontalen Absprachen, daß an ihnen nur noch private Rechtssubjekte beteiligt sind. Die beteiligten Verbände unterliegen privatem Vereinsrecht; die beteiligten Unternehmen sind ebenfalls in Privatrechtsform organisiert. Ebenso betreffen die horizontalen Absprachen vordergründig nur die privatrechtlichen Aktivitäten der beteiligten Unternehmen: So einigt sich etwa die Autoindustrie, nicht nur Autos zu produzieren und zu verkaufen, sondern auch zu im einzelnen festgelegten Konditionen mit ihren Abnehmern privatrechtliche Verträge über die Rücknahme von Altautos zu schließen; andere Wirtschaftszweige vereinbaren den Verzicht auf bestimmte Stoffe im Produktionsprozeß oder versprechen, Produktionsverfahren so zu verändern, daß weniger Energie verbraucht wird.

All dies spricht zunächst dafür, die horizontalen Absprachen nach Privatrecht zu beurteilen.[37] Wenn man es bei dieser Erkenntnis beließe, würde allerdings außer acht gelassen, daß die Erklärungen nicht „aus heiterem Himmel", sondern in Erfüllung der zuvor geschlossenen normvermeidenden Absprache abgegeben werden. Unternehmen und Verbände vollziehen mit ihnen die vertikale Absprache, als deren prägender Gegenstand der staatliche Normsetzungsverzicht identifiziert wurde. Es ist deshalb zu untersuchen, ob der öffentlich-rechtliche Charakter der vertikalen normvermeidenden Absprache auch auf die horizontalen Absprachen „durchschlägt", mit der Folge, daß auch die horizontalen Absprachen an der öffentlich-rechtlichen Natur der vertikalen Absprachen teilhaben.

Dies ist nicht etwa deswegen von vornherein ausgeschlossen, weil an den horizontalen Absprachen nur noch Private beteiligt sind. Die Problematik entspricht insofern der viel diskutierten Frage, ob öffentlich-rechtliche Verträge unter Privaten denkbar sind. Dies wird zum Teil mit der Begründung verneint, daß die Annahme eines öffentlich-rechtlichen Vertrages voraussetze, daß zumindest eine Vertragspartei als Sonderrechtsträger zu qualifizieren sei. Öffentlich-rechtliche Verträge unter Privaten seien deshalb nur möglich, soweit Privatpersonen zugleich beliehene Hoheitsträger seien und kraft dieser Rechte paktierten.[38] Überwiegend wird dagegen

---

[36] Vgl. 1. Teil Kapitel B. II. 1. b) bb) (2) mit Beispielen.

[37] So *Oldiges*, Staatlich inspirierte Selbstbeschränkungsabkommen in der Privatwirtschaft, WiR 1973, 1 (10); *Brohm*, Rechtsgrundsätze für normersetzende Absprachen, DÖV 1992, 1025 (1028); *Becker*, Informales Verwaltungshandeln zur Steuerung wirtschaftlicher Prozesse im Zeichen der Deregulierung, DÖV 1985, 1009; *v. Zezschwitz*, Wirtschaftliche Lenkungstechniken, JA 1978, 502.

[38] So *Gern*, Der Vertrag zwischen Privaten über öffentlich-rechtliche Berechtigungen und Verpflichtungen, 1977, S. 40 ff.; *Ders.*, Öffentlich-rechtliche Verträge unter Privaten, NJW 1979, 694 (695); *Kasten/Rapsch*, Der öffentlich-rechtliche Vertrag unter Privaten – Phänomen oder Phantom, NVwZ 1986, 708 (710); *Schimpf*, Der verwaltungsrechtliche Vertrag unter besonderer Berücksichtigung seiner Rechtswidrigkeit, 1982, S. 71 ff.

zutreffend an die bereits oben entwickelten Kriterien zur Bestimmung des Rechtscharakters eines öffentlich-rechtlichen Vertrages angeknüpft: Wenn es auf den Gegenstand der Vereinbarung ankommt, ist damit zugleich entschieden, daß die Identität der Parteien diese Qualifizierung nicht überlagert.[39] Dies ist für den umgekehrten Fall auch unbestritten: Niemand bezweifelt, daß auch öffentliche Rechtsträger untereinander privatrechtliche Verträge schließen können. Entscheidend ist auch hier der Inhalt der Leistungspflichten, nicht die rechtliche Einordnung der Parteien. Nichts anderes kann für die hier interessierende Konstellation einer öffentlich-rechtlichen Vereinbarung unter Privaten gelten.[40]

Für die Qualifikation des Vertrages ist es schließlich auch unerheblich, ob das einfache Recht Privaten eine Dispositionsbefugnis über den Regelungsgegenstand einräumt. Die gegenteilige Auffassung[41] vermengt Fragen der Rechtsnatur und der Zulässigkeit öffentlich-rechtlicher Verträge. Für die Einordnung des Vertrages ist allein entscheidend, ob der Vertrag ein öffentlich-rechtliches Rechtsverhältnis betrifft. Ein etwaiges Fehlen der Befugnis der Privaten, einen Gegenstand mit öffentlich-rechtlicher Wirkung zu regeln, kann allein über Rechtmäßigkeit und Rechtswirkungen des Vertrages entscheiden. An der Rechtsnatur der Vereinbarung vermag ein etwaiger Verstoß gegen eine entsprechende Vorschrift dagegen nichts zu ändern.[42]

---

[39] Für die grundsätzliche Zulässigkeit öffentlich-rechtlicher Verträge unter Privaten bereits die Begründung zum Entwurf des VwVfG, 1963, S. 194; ebenso – wenn auch teilweise mit verschiedenen Einschränkungen: BVerwG NJW 1992, 2908; BGHZ 35, 175 (177); OVG Lüneburg OVGE 27, 341 (343); *Apelt,* Der verwaltungsrechtliche Vertrag, 1920, S. 53; *Forsthoff,* Verwaltungsrecht, S. 273; *Imboden*, Der verwaltungsrechtliche Vertrag, 1958, S. 43 f.; *Kopp,* VwVfG, § 54 Rn. 10; *Ule/Laubinger,* Verwaltungsverfahrensrecht, § 67 Rn. 6; *Menger/Erichsen,* Der öffentlich-rechtliche Vertrag, VerwArch 58 (1967), 171 (178); *Möllgaard,* in: Knack, VwVfG, § 54 Rn. 4.1; *Obermayer,* Leistungsstörung beim öffentlich-rechtlichen Vertrag, BayVBl. 1977, 546 (548); *Lange*, Die Abgrenzung von öffentlich-rechtlichem und privatrechtlichem Vertrag, JuS 1982, 500 (504); *Stern*, Zur Grundlegung einer Lehre des öffentlich-rechtlichen Vertrags, VerwArch 49 (1958), 106 (148, 155).

[40] *Achterberg*, Der öffentlich-rechtlichvfe Vertrag, JA 1979, 357; *Ders.*, Allgemeines Verwaltungsrecht, § 21 Rn. 227.

[41] *Erichsen*, in: Ders. (Hrsg.), Allgemeines Verwaltungsrecht, § 24 Rn. 9; *Hennecke*, in: Knack (Begr.), VwVfG, § 54 Rn. 4.1; neuerdings unter Aufgabe seines früheren Standpunkts auch *Bohne*, Informales Verwaltungshandeln, in: Kimminich/von Lersner/Storm (Hrsg.), Handwörterbuch des Umweltrechts, Bd. II, Sp. 1046 (Sp. 1070).

[42] Wie hier *Kopp*, VwVfG, § 54 Rn. 10 sowie BVerwGE 42, 331 (332); 74, 368 (370), wo für die Einordnung ebenfalls allein auf den Vertragsgegenstand abstellt wird. Eine wiederum andere Frage ist es, ob die §§ 54 ff. VwVfG auf derartige Verträge Anwendung finden. Gegen eine direkte Anwendbarkeit dürfte der Wortlaut des § 1 Abs. 1 S. 1 VwVfG sprechen, wonach das VwVfG nur für die öffentlichrechtliche Tätigkeit *der Behörden* gilt; in Betracht kommt aber eine entsprechende Anwendung der §§ 54 ff. VwVfG. Nichts anderes stellt die Entscheidung des 7. Senats des Bundesverwaltungsgerichts vom 12.6.1992 (NJW 1992, 2908) klar, die im übrigen offensichtlich von der grundsätzlichen Zulässigkeit öffentlich-rechtlicher Verträge unter Privaten ausgeht, wenn es im Leitsatz heißt: „§ 57 VwVfG findet auf *öffentlich-rechtliche Verträge unter Privaten* keine unmittelbare Anwendung" (BVerwG, ebd.).

Damit spitzt sich das Problem auf die Frage zu, ob der Inhalt der horizontalen Absprachen öffentlich-rechtlichen Charakter hat. Dafür spricht, daß auch die horizontalen Vereinbarungen das Ergebnis einer gezielten hoheitlichen Beeinflussung sind. Bereits oben wurde herausgearbeitet, daß die vertikalen Absprachen durch die staatliche Drohung mit einer Normsetzungsinitiative zustande kommen, die Absprachen also das beabsichtigte Ergebnis des Einsatzes öffentlich-rechtlicher Befugnisse sind. Diese Zwangswirkung ist aber nicht auf die vertikalen Absprachen beschränkt. Vielmehr geht die Intention der handelnden staatlichen Stellen gerade dahin, die Privaten letztlich zum Abschluß der horizontalen Absprachen zu veranlassen. Erst diese Vereinbarungen führen den beabsichtigten tatsächlichen Effekt herbei, weil nur die an ihnen beteiligten Unternehmen ihr Verhalten in der Weise ändern können, wie es in der vertikalen Absprache vorgesehen ist.

Entsprechend weist die horizontale Absprache auch aus Sicht der Unternehmen, die sie abschließen, einen untrennbaren Bezug zur staatlichen Normsetzung auf: Die Unternehmen treffen diese Absprachen, um einen Verzicht auf eine Normsetzungsinitiative zu bewirken. Daß dazu eine weitere horizontale Absprache erforderlich ist, beruht nur auf dem – zufälligen – Umstand, daß der betreffende Markt nicht von einem einzelnen Unternehmen beherrscht wird. Wäre letzteres der Fall, würde es – wie schon oben angedeutet – genügen, wenn dieses eine Unternehmen eine vertikale Absprache mit dem Staat trifft, um den beabsichtigten Effekt herbeizuführen und den Staat zu einem Regelungsverzicht zu bringen. Daß es in der Regel mehrere Unternehmen sind, die ihr Verhalten am Inhalt der normvermeidenden Absprache ausrichten müssen, um dieses Ziel zu erreichen und/oder die vertikalen Absprachen von Wirtschaftsverbänden geschlossen werden, rechtfertigt keine abweichende Beurteilung.

Es bleibt auch in dieser Konstellation dabei, daß die horizontalen Vereinbarungen nur geschlossen werden, um den staatlichen Normsetzungsverzicht zu bewirken. Ein solcher Bezug zu einer öffentlich-rechtlichen Leistung reicht aus, um auch ein äußerlich zivilrechtliches Geschäft dem öffentlichen Recht zuzuordnen.[43] Dies ist beispielsweise für zivilrechtliche Grundstücksverträge anerkannt, die mit Blick auf öffentlich-rechtliche Leistung abgeschlossen werden: So reicht nach einer Entscheidung des Bundesverwaltungsgerichts[44] zur Einordnung eines Grundstückstauschvertrages als öffentlich-rechtlich aus, daß dieser im Zusammenhang mit umstrittenen Straßenanliegerbeiträgen geschlossen wurde. Ähnliches gilt für Grundstückskaufverträge, die im Hinblick auf den Erlaß eines bestimmten Bebauungsplanes geschlossen werden.[45] Es kommt nicht darauf an, ob die jeweilige öffentlich-rechtliche Pflicht im Vertrag enthalten ist. Ausreichend ist vielmehr, daß das entsprechende Hoheitshandeln Geschäftsgrundlage des äußerlich zivilrechtlichen Geschäfts ist.

---

43 *Maurer*, Allgemeines Verwaltungsrecht, § 14 Rdnr. 11.

44 BVerwG NJW 1976, 2360.

45 BVerwG NJW 1980, 2538; DÖV 1981, 878.

Genau dies ist im Hinblick auf den Zusammenhang zwischen den horizontalen Absprachen und der staatlichen Zusage des Normsetzungsverzichts im vertikalen Verhältnis der Fall: die horizontale Absprache „steht und fällt“ mit dem staatlichen Normsetzungsverzicht.

Es besteht zwischen vertikaler und horizontaler Ebene ein übergreifender öffentlich-rechtlicher Zusammenhang, der eine isolierte Betrachtung der horizontalen Absprachen ausschließt. Die horizontalen Absprachen sind lediglich unselbständige Auswirkungen der hoheitlichen Beeinflussung. Ihr Inhalt ist bereits im Rahmen der vertikalen Absprache festgelegt worden. Den Unternehmen bleibt nur die Möglichkeit, diesen Inhalt durch Absprachen untereinander umzusetzen oder den Erlaß der angedrohten Rechtsnorm in Kauf zu nehmen.

Damit gerät letztlich sogar die Qualifikation der horizontalen Ebene als selbständige „Absprache“ in die Nähe einer Fiktion. Eine autonome Abstimmung ihrer privaten Interessen ist den betroffenen Unternehmen aufgrund der staatlichen Regelungsandrohung nicht möglich. Ihnen bleibt nur die Möglichkeit, entweder die Bedingungen der vertikalen Absprache zu akzeptieren und damit in der Sache selbst zum Partner dieser vertikalen Absprache zu werden, oder aber auf eine Beteiligung an den Absprachen gänzlich zu verzichten.

Daß dennoch von einigen Stimmen in der Literatur die prägende Wirkung der hoheitlichen Beeinflussung dann anerkannt wird, wenn es um eine vertikale Absprache mit einem einzelnen Unternehmen geht, aber geleugnet wird, wenn horizontale Verhaltensabstimmungen der Unternehmen erforderlich sind,[46] dürfte sich dadurch erklären lassen, daß diese Autoren den Weg zu einer Kontrolle der horizontalen Absprachen durch das Kartellrecht nicht von vornherein versperren wollen. Um so überraschender ist es, daß beispielsweise *Brohm* anschließend vorschlägt, den Anwendungsbereich des Kartellrechts „im Wege der Güterabwägung aus dem Gedanken heraus“ dahingehend zu beschränken, daß „das Recht auf freie wirtschaftliche Betätigung seine Grenze an der Sicherheit übergeordneter Güter finden müsse“.[47] Damit ist in der Tat der entscheidende Punkt angesprochen: Es liegt eben keine Absprache unter Privaten über ein wettbewerbsbeschränkendes Verhalten im Rahmen irgendeiner privatwirtschaftlichen Betätigung, sondern ein Akt staatlicher Wirtschaftslenkung vor, der nicht dadurch seinen Rechtscharakter verliert, daß er von Privaten umgesetzt wird. Dies wird letztlich auch von *Brohm* erkannt, der ausführt, daß „zuwenig bedacht“ werde, daß „diese Absprachen“ (gemeint sind die horizon-

---

[46] *Brohm*, Rechtsgrundsätze für normersetzende Absprachen, DÖV 1992, 1025 (1027 f.); ähnlich *Becker*, Informales Verwaltungshandeln zur Steuerung wirtschaftlicher Prozesse, DÖV 1985, 1003 (1009); *Schlarmann*, Die kartellrechtliche Behandlung von Selbstbeschränkungsabkommen, NJW 1971, 1394 (1395); Letzterer will die Zuordnung der Vollzugshandlungen zum öffentlichen Recht davon abhängig machen, wie groß der Koordinierungsbedarf der betroffenen Unternehmen untereinander ist.

[47] *Brohm*, Rechtsgrundsätze für normersetzende Absprachen, DÖV 1992, 1025 (1027).

talen Absprachen, *d. Verf.*) zur Erfüllung staatlicher wirtschaftslenkender Maßnahmen erfolgen.[48] Es läßt sich deshalb mit einer früheren Formulierung *Bohnes* sagen, daß die Privaten auf der horizontalen Ebene „die öffentlich-rechtlichen Pflichten des Verbandes aus der Absprache mit dem Staat übernehmen".[49] Auch die horizontale Beziehung der Unternehmen untereinander teilt deshalb den öffentlich-rechtlichen Charakter der normvermeidenden Absprachen.

C. Grad der Rechtsverbindlichkeit normvermeidender Absprachen und Rechtsnatur des staatlichen Mitwirkungsakts

Mit der Zuordnung der normvermeidenden Absprachen zum öffentlichen Recht ist deren Rechtscharakter noch nicht geklärt. Es stellt sich vielmehr die Frage, ob mit den Absprachen einklagbare vertragliche Ansprüche auf Einhaltung der Zusagen begründet werden (I.) und inwieweit sich aus einem etwaigen in Anspruch genommenen Vertrauen Rechtspflichten ergeben (II.). Anschließend kann die Rechtsnatur des staatlichen Mitwirkungsakts an den Absprachen geklärt werden (III.).

I. Öffentlich-rechtlicher Vertrag mit einklagbaren Erfüllungsansprüchen?

Es könnte sich bei den normvermeidenden Absprachen um öffentlich-rechtliche Verträge handeln. In diesem Fall bestünde ein wechselseitiger Anspruch auf Erfüllung der Zusagen.

1. Meinungsstand

Es ist aber gerade zweifelhaft, ob den normvermeidenden Absprachen ein öffentlich-rechtlichen Verträgen entsprechender Grad der Rechtsverbindlichkeit zukommt. In den bisherigen Stellungnahmen in der Literatur wird dies ganz überwiegend mit der Begründung verneint, daß die Absprachen von den Beteiligten ohne Rechtsbindungs-[50] bzw. Rechtsfolgewillen[51] geschlossen würden. Es gehe den Be-

---

[48] *Brohm*, ebenda. Zur Frage der Anwendung des Kartellrechts auf die normvermeidenden Absprache und die zu ihrem Vollzug abgegebenen Erklärungen Privater vgl. im einzelnen noch unten 4. Teil Kapitel B. III. 2.

[49] *Bohne,* Informales Verwaltungs- und Regierungshandeln als Instrument des Umweltschutzes, VerwArch 75 (1984), 343 (362).

[50] *Dempfle*, Normvertretende Absprachen, Diss. Trier 1993, S. 49; *Kloepfer,* Umweltrecht, § 5 Rdn. 206; *Hoppe/Beckmann*, Umweltrecht, § 9 Rdn. 32.

[51] *Becker*, Informales Verwaltungshandeln zur Steuerung wirtschaftlicher Prozesse im Zeichen der Deregulierung, DÖV 1085, 1003 (1010); *Bohne,* Informales Verwaltungs- und Regierungshandeln als Instrument des Umweltschutzes, VerwArch 75 (1984), S. 343 (361); *Ders.,*

teiligten darum, eine verbindliche Regelung und damit die Einklagbarkeit der wechselseitigen Zusagen zu vermeiden. Hierin liege gerade „der Witz“[52] dieser Form der Absprachen. Gegen die Annahme der Rechtsverbindlichkeit spreche auch, daß sich beide Seiten die Option der Lösung von der Vereinbarung offenhalten wollten: Die Unternehmen und Wirtschaftsverbände wollten für den Fall einer Verschlechterung der Wirtschaftslage an ihre Zusagen nicht gebunden sein; der Staat wolle sich nicht gehindert sehen, später einseitig-hoheitliche Regelungen durch Gesetz oder Rechtsverordnung zu treffen.

Lediglich vereinzelt werden Anhaltspunkte für rechtlich verbindliche Ansprüche der Beteiligten gesehen. So sah *H. P. Ipsen* „jedenfalls Anlaß zu der Annahme, daß die derart beteiligten Wirtschaftsverbände jene „Absprachen“ als echte Verträge ansehen“.[53] *Stober* will zwischen dem staatlichen Normsetzungsverzicht und den Zusagen der Wirtschaft unterscheiden und meint, daß die in Erfüllung normvermeidender Absprachen abgegebenen Selbstverpflichtungserklärungen der Wirtschaft *einseitig* verbindlich seien. Diese Erklärungen unterschieden sich von einem Vertrag allein durch das Fehlen einer Gegenleistung; die Wirtschaft verpflichte sich aber *mit Bindungswillen* zu einem konkreten Tun, Dulden oder Unterlassen.[54] Hinsichtlich des staatlichen Normsetzungsverzichts teilt *Stober* dagegen die herrschende Auffassung, daß vom Staat allenfalls eine tatsächliche Bindung gewollt sei.[55]

2. Eigene Analyse

Das Abstellen auf den Rechtsbindungswillen der Parteien ist im Ausgangspunkt zutreffend. Die rechtsgeschäftliche Begründung von einklagbaren Leistungspflich-

---

„Informales“ Staatshandeln als Instrument des Umweltschutzes – Alternativen zu Rechtsnorm, Vertrag, Verwaltungsakt und anderen rechtlich geregelten Handlungsformen?, Dokumentation zur 7. wissenschaftlichen Fachtagung der Gesellschaft für Umweltrecht, S. 97 (128); *Ders.*, Informales Verwaltungshandeln, in: Kimminich/von Lersner/Storm, HdbdUR, Bd. II, Sp. 1046 (1047); *Brohm*, Rechtsgrundsätze für normersetzende Absprachen, DÖV 1992, 1025 (1029); *Hartkopf/Bohne*, Umweltpolitik I, S. 226; *Oebbecke*, Die staatliche Mitwirkung an gesetzesabwendenden Vereinbarungen, DBVl. 1986, 793 (794); *Müggenborg,* Formen des Kooperationsprinzips im Umweltrecht der Bundesrepublik Deutschland, NVwZ 1990, 909 (915).

[52] *Bohne*, Informales Verwaltungs- und Regierungshandeln als Instrument des Umweltschutzes, VerwArch 75 (1984), S. 343 (361); Ähnlich entschieden auch *Grewlich*, Umweltschutz durch „Umweltvereinbarungen“, DÖV 1998, 54 (56): Eine rechtliche Verpflichtung werde „offensichtlich“ nicht eingegangen.

[53] *H. P. Ipsen*, Rechtsfragen der Wirtschaftsplanung, in: Öffentliches Wirtschaftsrecht, 1985, S. 555 (628). *H. P. Ipsen* bezieht sich dabei auf die oben als Beispielsfall genannten Absprachen mit der Mineralölwirtschaft zur Begrenzung der Mineralöleinfuhren (vgl. 1. Teil Kapitel A. VIII. 1.) und die Absprache mit den Warenhausbetreibern zur Begrenzung der Expansion in Großstädten (vgl. oben 1. Teil Kapitel A. IX.).

[54] *Stober*, Handbuch des Wirtschaftsverwaltungs- und Umweltrechts, 1989, S. 821.

[55] *Stober,* ebenda; An anderer Stelle (Allgemeines Wirtschaftsverwaltungsrecht, § 29 IV 3, S. 296) bezeichnet *Stober* die normvermeidenden Absprachen allerdings als *gentlemen's agreements.*

ten setzt – auch soweit es um öffentlich-rechtliche Verträge geht[56] –, grundsätzlich den Willen der Beteiligten voraus, eine Rechtsbindung einzugehen. Abreden, die lediglich auf einem politischen oder moralischen Geltungsgrund beruhen, sind demgegenüber keine Schuldverhältnisse im Rechtssinn und deswegen zumindest in der Regel nicht geeignet, einklagbare Primäransprüche zu begründen.[57] Insofern könnte in der Tat eine Parallele bestehen zwischen der politischen Motivation zum Abschluß normvermeidender Absprachen und zivilrechtlichen Abreden „gesellschaftlicher Natur“,[58] die auf Freundschaft, Kollegialität oder Nachbarschaft beruhen sowie den ebenfalls vornehmlich im Zivilrecht diskutierten sog. *gentlemen's agreements*,[59] bei denen die Beteiligten eine Vereinbarung bewußt nicht der Rechtsordnung unterstellen, sondern ihre Einhaltung bewußt dem kaufmännischen Anstand überlassen wollen.

Ob und inwieweit die Beteiligten an einer Absprache mit Rechtsbindungswillen handeln, bedarf allerdings der sorgfältigen Prüfung im Einzelfall.[60] Die Vielfalt der Abspracheformen in der Praxis macht es erforderlich, den von den Beteiligten gewollten Grad der Rechtsverbindlichkeit jeweils individuell zu ermitteln. Nicht ausreichend ist es, lediglich pauschal auf die angeblich allein politische Motivation der Beteiligten zum Abschluß der Absprachen zu verweisen, um die fehlende Rechtsverbindlichkeit der Absprachen zu begründen.[61] Auch eine primär politische Motivation schließt die Begründung von einklagbaren Erfüllungsansprüchen nicht von vornherein aus. Ebenso wie in Fällen, in denen es den Beteiligten an einem zivilrechtlichen Geschäft in erster Linie auf einen wirtschaftlichen Erfolg ankommt, würde es ausreichen, wenn der politische Erfolg als ein rechtlich gesicherter und anerkannter gewollt wäre.[62] Dazu wäre nicht erforderlich, daß die Beteiligten bei

---

[56] Die entsprechende Anwendbarkeit der zivilrechtlichen Grundsätze über das Zustandekommen von Verträgen ergibt sich aus § 62 der Verwaltungsverfahrensgesetze des Bundes und der Länder. Zu Inhalt und Umfang der Verweisung vgl. *Hennecke,* in: Knack, VwVfG, § 62 Rn. 3; *Bonk,* in: Stelkens/Bonk/Sachs, VwVfG, § 62 Rn. 26 ff.

[57] Vgl. für das Zivilrecht RGZ 128, 39 ff.; BGHZ 21, 102 ff.; 56, 204 ff.; BGH NJW 1968, 1874; BGHZ 71, 1404; Palandt-*Heinrichs*, BGB, Einf v. § 241 Rn. 9; MüKo-*Kramer,* BGB, Vor § 145 Rn. 22 a. *Bantje,* Gentlemen's agreements und abgestimmtes Verhalten, 1982. Gegen die Maßgeblichkeit des Rechtsbindungswillens *Flume*, Allgemeiner Teil des Bürgerlichen Rechts, Bd. II: Das Rechtsgeschäft, § 7/2 mit der Begründung, daß die Annahme eines Rechtsbindungswillens auf reiner Fiktion beruhe.

[58] Auch Gefälligkeitsverhältnisse genannt, vgl. dazu BGHZ 21, 102 (107); *Kallmeyer,* Die Gefälligkeitsverhältnisse – eine rechtsdogmatische Untersuchung, Diss. Göttingen 1968, S. 15 ff.; MüKo-*Kramer,* BGB, § 241 Rn. 29 ff.; *Pallmann*, Rechtsfolgen aus Gefälligkeitsverhältnissen, Diss. Tübingen 1971, S. 3 ff.; *Willoweit*, Schuldverhältnisse und Gefälligkeit – Dogmatische Grundfragen – JuS 1984, 915.

[59] MüKo-*Kramer*, BGB, Vor § 241 Rdn. 39; *Bantje,* Gentlemen's agreements und abgestimmtes Verhalten, 1982.

[60] So auch *Scherer*, Rechtsprobleme normersetzender „Absprachen“ zwischen Staat und Wirtschaft am Beispiel des Umweltrechts, DÖV 1991, 1 (4).

[61] So aber *Bohne*, Informales Verwaltungs- und Regierungshandeln als Instrument des Umweltschutzes, VerwArch 75 (1984), S. 343 (361).

Abschluß der Vereinbarung eine ins einzelne gehende Vorstellung von der rechtlichen Durchsetzung der Pflichten im Streitfall gehabt hätten.

Bei der Beurteilung, ob die Parteien mit Rechtsbindungswillen gehandelt haben, kommt es darauf an, wie sich das Verhalten der Beteiligten bei Würdigung aller Umstände einem objektiven Betrachter darstellt.[63] Entscheidend ist also nicht der bloß innere Wille der Beteiligten,[64] sondern eine am objektiven Empfängerhorizont orientierte Auslegung. Diese Auslegung muß beim Wortlaut der Absprachen ansetzen; daneben sind die weiteren Umstände des Zustandekommens der Erklärungen zu berücksichtigen. In der bisherigen Praxis lassen sich insoweit folgende Absprachetypen unterscheiden:

a) Ausdrückliche gentlemen's agreements

Es gibt Fälle, in denen die Beteiligten kaum einen Zweifel daran lassen, daß sie einklagbare vertragliche Erfüllungsansprüche nicht begründen wollen. So bezeichnen beispielsweise die Warenhausunternehmen ihre Zusagen zur Begrenzung der Expansion in den Innenstädten kleiner Städte ausdrücklich als „Äußerung unter ehrbaren Kaufleuten". In derartigen Fällen ergibt sich bereits aus dem Wortlaut der Absprache, daß die Beteiligten ihre Vereinbarung als *gentlemen's agreement* verstehen, d. h., daß sie davon ausgehen, daß die jeweils übernommene Verpflichtung auf einem außerrechtlichen Geltungsgrund beruht. Die beteiligten Unternehmen stellen klar, daß sie sich (nur) durch ihre „Kaufmannsehre" an die Absprache gebunden fühlen. Auf eine rechtliche Sanktionierung der Verpflichtung wird also gerade verzichtet. Ebensowenig gibt es in der Fallgruppe der gentlemen's agreements Anhaltspunkte für einen gegen die staatliche Seite gerichteten vertraglichen Anspruch auf Einhaltung der Zusage, zunächst auf eine Normsetzung zu verzichten. Es entspricht auch insoweit der Natur der Vereinbarung, daß sich die Beteiligten anstelle einer rechtlichen Bindungswirkung auf das politische Wort der Gegenseite verlassen.

*b) Selbst*verpflichtungen *der Wirtschaft*

Weniger eindeutig ist das Bild, wenn man die in Vollzug normvermeidender Absprachen abgegebenen Erklärungen betrachtet, in denen die Wirtschaft eine Selbst*verpflichtung* übernimmt. So trägt beispielsweise die Erklärung der Verbände der

---

[62] Vgl. zur angesprochenen Parallele zu zivilrechtlichen Rechtsgeschäften, die primär die Herbeiführung eines wirtschaftlichen Erfolges bezwecken: BGH NJW 1993, 2100; Palandt-*Heinrichs*, BGB, Vorbm. § 116 Rn. 4; Soergel-*Hefermehl*, BGB, § 116 Rdn. 19.

[63] Ganz h. M. für zivilrechtliche Verträge, vgl. nur BGHZ 21, 102 (106); 56, 204 (210); Staudinger-*Dilcher*, BGB, Vor § 149 Rdn. 10; Erman-*Hefermehl*, BGB, Vor § 145 Anm. 63. Für das Zustandekommen öffentlich-rechtlicher Verträge gelten diese Grundsätze gem. § 62 VwVfG entsprechend.

[64] Vgl. § 116 BGB i.V. m. § 62 VwVfG.

Automobilindustrie und der an Autoentsorgung beteiligten Wirtschaftskreise die Überschrift „Freiwillige Selbst*verpflichtung* zur umweltgerechten Altautoverwertung";[65] ebenso *verpflichten* sich die Hersteller von Unterhaltungsautomaten mit Geldgewinnen sowie die Verbände der Unterhaltungsautomatenwirtschaft, die Beschränkungen über die Bauart und Aufstellung der Automaten einzuhalten.[66] Der Wortlaut dieser Erklärungen scheint zumindest die Interpretation zuzulassen, daß – jedenfalls von der Wirtschaft – echte rechtliche Verpflichtungen eingegangen werden.

aa) Verbandsempfehlungen

Dieser Eindruck verflüchtigt sich jedoch recht schnell, soweit an den vertikalen Absprachen mit dem Staat auf Seiten der Wirtschaft Verbände beteiligt sind und sich die Selbstverpflichtung auf eine sog. Verbandsempfehlung[67] beschränkt. In diesen Fällen geben nicht die einzelnen betroffenen Unternehmen Verpflichtungserklärungen ab, sondern der an der Absprache mit dem Staat beteiligte Verband beschränkt sich darauf, seine Mitglieder zu einem bestimmten Verhalten aufzufordern oder ihnen ein bestimmtes Verhalten zu empfehlen. So enthält beispielsweise die Selbstverpflichtungserklärung der Verbände der Aerosolindustrie zur FCKW-Reduktion lediglich die „Aufforderung" an die Mitgliedsunternehmen, die zugesagten Reduktionsquoten einzuhalten.[68] Die Verbände der Spielautomatenindustrie verpflichten sich, „auf ihre Mitglieder einzuwirken", bestimmte Maßnahmen zu ergreifen, die suchtgefährdete Spieler vom gleichzeitigen Bespielen mehrerer Automaten abhalten sollen.[69] Noch schwächer sind etwa die Formulierungen in den Erklärungen der Wasch- und Reinigungsmittelindustrie, die sich nur verpflichtet hat, ihren Mitgliedern „nachdrücklich zu empfehlen" auf die Verwendung von APEO zu verzichten und staatlichen Stellen die Zusammensetzung der Wasch- und Reinigungsmittel mitzuteilen.[70]

Der Wortlaut dieser Erklärungen spricht dagegen, daß durch die Absprachen verbindliche Rechtspflichten zur Einhaltung der Zusagen der Wirtschaft begründet werden sollen. Die beteiligten Verbände übernehmen mit der Verpflichtung zur Abgabe der angesprochenen Empfehlungen erkennbar keine Erfüllungshaftung für die Einlösung der Zusagen durch die betroffenen Unternehmen. Die Verbandsempfehlungen werden von den Mitgliedsunternehmen im Innenverhältnis zum Verband als

---

[65] Vgl. oben 1. Teil Kapitel A. III.

[66] Vgl. oben 1. Teil Kapitel A. VII.

[67] Vgl. zu diesem Typ normvermeidender Absprachen oben 1. Teil Kapitel B. II. 1. b) bb) (2).

[68] Vgl. oben 1. Teil Kapitel A. I. 1.

[69] Vgl. oben 1. Teil Kapitel A. VII. 2.

[70] Vgl. oben 1. Teil Kapitel A. VI.

unverbindlich angesehen.[71] Aus der Tatsache, daß die Verbände im Verhältnis zu ihren Mitgliedern gleichwohl nur das „sanfte" Mittel der Empfehlung wählen, lassen sich Rückschlüsse auf das vertikale Verhältnis zwischen den Verbänden und den staatlichen Absprachepartnern ziehen: Hätten die Verbände im Verhältnis zum Staat die inhaltlichen Zusagen als echte Rechtspflicht übernommen, müßten sie dafür Sorge tragen, daß diese Verpflichtungen von ihren Mitgliedern mit gleicher Verbindlichkeit übernommen werden.

Die Verbände verzichten aber in der Fallgruppe der Verbandsempfehlungen auf horizontal verbindliche Vereinbarungen und verlassen sich stattdessen auf den politischen Druck, der von einer Zusage des Verbandes für seine Mitglieder ausgeht. Dieser politische Druck entsteht für die im Verband zusammengeschlossenen Unternehmen daraus, daß ihr Verband nur dann auch künftig als Kooperationspartner im Rahmen von Absprachen in Erwägung gezogen werden wird, wenn er glaubhaft vermitteln kann, „mit einer Stimme" für seine Mitglieder zu sprechen. Lehrt die Erfahrung dagegen, daß häufig einzelne Unternehmen „ausscheren" und sich nicht an eine Verbandsempfehlung halten, wird der Verband als Vereinbarungspartner für staatliche Stellen uninteressant. Der damit verbundene Verlust an Einflußmöglichkeiten würde nicht im Interesse der Verbandsmitglieder liegen: Sie haben sich in dem Verband u. a. deswegen zusammengeschlossen, damit ihre kollektiven Interessen staatlichen Stellen gegenüber effizient vertreten werden. Festzuhalten bleibt aber, daß es in der Fallgruppe der Verbandsempfehlungen erkennbar an einem Rechtsbindungswillen der beteiligten Wirtschaftskreise fehlt. Die eingegangenen Verpflichtungen bleiben politisch-tatsächlicher Natur.

Den rechtlich unverbindlichen Verpflichtungen der Verbände steht auch in dieser Fallgruppe eine ebenfalls nur politische Verpflichtung der staatlichen Seite gegenüber, auf eine Normsetzungsinitiative bei Einhaltung der Zusagen der Wirtschaft zu verzichten. In den Verbandsempfehlungen wird der staatliche Normsetzungsverzicht allenfalls in der Form erwähnt, daß zurückhaltend „die Erwartung" geäußert wird, daß der Staat im Gegenzug auf eine „einseitig-hoheitliche Regelung der Materie" verzichten wird. In der Mehrzahl der Verbandserklärungen wird die staatliche „Gegenleistung" überhaupt nicht erwähnt. Bereits dies spricht aus mehreren Gründen gegen die Existenz eines vertraglichen Erfüllungsanspruchs gegen den Staat: Würde ein solcher Anspruch existieren, läge es aus Sicht der beteiligten Verbände nahe, diesen schriftlich zu fixieren, um über eine gesicherte Grundlage für eine eventuelle spätere Rechtsverfolgung zu verfügen. Hinzu kommt folgende Überlegung: Würden durch die normvermeidende Absprache rechtsverbindliche Erfüllungsansprüche begründet, würde es sich bei den Absprachen um öffentlich-rechtliche Verträge handeln, die dem Schriftformerfordernis des § 57 VwVfG unterfielen. Dieses Schriftformerfordernis wird verletzt, wenn die staatliche Zusage, auf eine Normsetzungsinitiative verzichten zu wollen, nur mündlich im Vorfeld einer Selbst-

---

[71] *Umweltbundesamt,* Jahresbericht 1993, S. 167.

verpflichtungserklärung der Wirtschaft abgegeben wird. Aber auch in den Fällen, in denen die staatliche Seite auf die Selbstverpflichtung der Wirtschaft mit einer schriftlichen Presseerklärung reagiert,[72] bestünden erhebliche Zweifel, ob dies den Anforderungen des § 57 VwVfG genügt. In diesen Fällen wird nämlich der sog. Grundsatz der Urkundeneinheit[73] verletzt, der nach wohl überwiegender Auffassung gemäß § 62 VwVfG iVm. § 126 Abs. 2 S. 1 BGB auch für öffentlich-rechtliche Verträge gilt.[74] Zwar läßt die Verletzung eines Formerfordernisses nicht ohne weiteres den Schluß zu, daß die Parteien das formgültige Rechtsgeschäft nicht gewollt hätten. Insbesondere wenig rechtskundigen Beteiligten sind Formvorschriften häufig schlicht nicht bekannt. Bei den normvermeidenden Absprachen liegen die Dinge freilich anders. Von Vertretern von Bundes- und Landesregierungen auf der einen und Vertretern von Wirtschaftsverbänden auf der anderen Seite wird man erwarten können, daß ihnen die Regelung es § 57 VwVfG bekannt ist. Ignorieren sie die Formvorschrift gleichwohl, läßt sich daraus ein Indiz für den fehlenden Rechtsfolgewillen der Beteiligten ableiten.

Daß die staatliche Seite ohne den Willen handelt, einen rechtsverbindlichen Verzicht auf eine Normsetzungsinitiative zu erklären, wird bestätigt durch den Wortlaut der als Reaktion auf die Selbstverpflichtungserklärungen der Wirtschaft abgegebenen Erklärungen staatlicher Stellen. So erklärte beispielsweise die Bundesregierung als Reaktion auf die „Erklärung der deutschen Wirtschaft zur Klimavorsorge" lediglich, daß man „ordnungsrechtliche Maßnahmen zur Klimavorsorge vorerst zurückstellen" werde.[75] Noch vorsichtiger ist die Formulierung im Fallbeispiel der Abspra-

---

[72] So beispielsweise bei der Absprache zum Altpapierrecycling, vgl. oben 1. Teil Kapitel A. V.

[73] Der Grundsatz der Urkundeneinheit besagt, daß die Schriftform nur gewahrt ist, wenn beide Parteien dieselbe Urkunde unterzeichnen, vgl. dazu für das Zivilrecht RGZ 105, 62; 112, 200; BGH NJW-RR 1994, 281; Palandt-*Heinrichs,* § 126 Rn. 12.

[74] Für die Geltung des Grundsatzes der Urkundeneinheit auch für öffentlich-rechtliche Verträge OVG Lüneburg, NJW 1992, 1404 (1405); *Kopp,* VwVfG, § 57 Rn. 6; *Obermayer,* VwVfG, § 57 Rn. 15; *Ule/Laubinger,* Verwaltungsverfahrensrecht, § 69 IV Rn. 8; *Meyer,* in: Meyer/Borgs, VwVfG, § 57 Rn. 3; Für die Zulässigkeit getrennter schriftlicher Vertragserklärungen demgegenüber *Bonk,* in: Stelkens/Bonk/Sachs, VwVfG, § 57 Rn. 20 *Hennecke,* in: Knack, VwVfG, § 57 Rn. 2.4; *Weihrauch*, Verwaltungsrechtlicher Vertrag und Urkundeneinheit, VerwArch 1991, 543. Differenzierend BVerwGE 96, 326 (332 ff.), wonach einseitig verpflichtende Verträge nicht dem Grundsatz der Urkundeneinheit unterliegen sollen, die Streitfrage im übrigen aber offen gelassen wird.

[75] *Bundesregierung*, Erklärung der deutschen Wirtschaft zur Klimavorsorge, Pressemitteilung Nr. 118/96. Ebenso das CO_2-Minderungsprogramm der Bundesregierung, in: *Bundesministerium für Umwelt, Naturschutz und Reaktorsicherheit,* Umwelt Nr. 2/96, S. 182 (184). Die Formulierungen der staatlichen Beteiligten an den deutschen Absprachen sind ähnlich vage wie die Zusagen der staatlichen Seite im Rahmen der *quasi-contrats* der französischen *planification* (vgl. hierzu bereits oben 1. Teil Kapitel A. XI. 2. a): Dort sicherte die staatliche Seite stets nur zu, „im Rahmen der finanziellen Möglichkeiten" bestimmte Investitionsvorhaben von Privatunternehmen zu fördern, die mit den Vorgaben der staatlichen Pläne im Einklang standen. U. a. aus diesen unverbindlichen Formulierungen wird in der französichen Literatur

che zum Altpapierrecycling: Dort erklärte der Bundesumweltminister, daß „die nächsten zwei Jahre zeigen“ müßten, ob „die gesteckten Ziele erreicht werden und somit auf staatliche Lösungen, insbesondere auf eine Verordnung, verzichtet werden kann“.[76] Dieser Erklärung läßt sich deutlich entnehmen, daß sich der Staat die Option einer imperativen Regelung vorbehält.

Die Interessenabstimmung findet auch im Hinblick auf die staatliche „Gegenleistung“ auf einer politischen Ebene statt. Daß sich die beteiligten staatlichen Stellen an die Vereinbarung halten, liegt auch bei ihnen in erster Linie daran, daß sie ihre politische Verläßlichkeit nicht in Frage stellen wollen. Auch ihre Tauglichkeit als Absprachepartner hängt maßgeblich davon ab, daß die privaten Beteiligten auch ohne vertraglichen Erfüllungsanspruch darauf vertrauen, daß die Absprachen eingehalten werden. Ob sich aus dieser Inanspruchnahme von Vertrauen Ansprüche ableiten lassen, wird noch zu untersuchen sein;[77] hier soll zunächst festgehalten werden, daß vertragliche Erfüllungsansprüche gegen den Staat auch beim Absprachetyp „Normsetzungsverzicht gegen Verbandsempfehlung“ nicht bestehen.

bb) Selbstverpflichtungen mit horizontal verbindlichen Verträgen zwischen Privaten

Es gibt in der Praxis schließlich Selbstverpflichtungen, die durch horizontal rechtsverbindliche Vereinbarungen der betroffenen Unternehmen untereinander umgesetzt werden. Auch in dieser Fallgruppe werden im vertikalen Verhältnis zwischen Staat und Wirtschaft aber bisher keine einklagbaren Erfüllungsansprüche begründet.

Als Beispiel kann auf die Absprache mit der Automatenwirtschaft zur Bauart von Spielautomaten mit Geldgewinnen verwiesen werden.[78] Die diesbezügliche „Freiwillige selbstbeschränkende Vereinbarung“ wurde von sämtlichen inländischen Herstellern der betroffenen Branche unterzeichnet. Es handelt sich also um eine Selbstverpflichtung ohne Verbandsbeteiligung im Sinne der obigen Typologie[79] der Absprachen. In der Vereinbarung lassen sich einige Anhaltspunkte für rechtsverbindliche Ansprüche finden. So „verpflichten“ sich die einzelnen Hersteller dieser Automaten „gegenseitig und auch gegenüber dem Bundeswirtschaftsministerium und der Physikalisch-Technischen Bundesanstalt (PTB)“, bestimmte Beschränkungen hinsichtlich der Bauart der Automaten einzuhalten. Die Vereinbarung wird aus-

---

abgeleitet, daß die *quasi-contrats* keinen verbindlichen Vertragsscharakter haben (vgl. *Batailler,* Les quasi-contrats d'exécution du plan, Rev. science financière 1964, S. 365 [374 f.]).

[76] Pressemitteilung des Bundesministeriums für Umwelt, Naturschutz und Reaktorsicherheit 206/94 S vom 14.10.1994.

[77] Vgl. unten 3. Teil Kapitel C. II.

[78] Vgl. oben 1. Teil Kapitel A. VII. 1.

[79] 1. Teil Kapitel B. II. 1. b) aa).

drücklich als „Vertrag" bezeichnet.[80] Daß der Inhalt von den beteiligten Unternehmen als verbindlich angesehen wird, läßt sich ferner aus einer Klausel der Erklärung schließen, in der es heißt, daß sich „die „Gesamtheit der Einschränkungen, die sich auf die Bauart von Unterhaltungsautomaten mit Geldspielgewinnen beziehen", ergebe „aus der Gewerbeordnung, der Spielverordnung und der vorliegenden selbstbeschränkenden Vereinbarung". Dies erweckt den Eindruck, als wollten die Unternehmen die selbstbeschränkende Vereinbarung in ihrer rechtlichen Wirkung den im übrigen geltenden gesetzlichen Vorschriften auf eine Stufe stellen.

Aus anderen Klauseln der Vereinbarung ergibt sich andererseits, daß die Durchsetzung der übernommenen Verpflichtung allein auf der horizontalen Ebene der Unternehmen erfolgen soll. Die Vereinbarung sieht die Einrichtung einer Schiedsstelle vor, die im Einzelfall entscheiden soll, ob eine geplante Bauart eines Geldspielautomaten mit den Vorgaben der Selbstbeschränkung im Einklang steht. Für die beteiligten Unternehmen hat das Votum der Schiedsstelle beträchtliche Konsequenzen. In der Schiedsordnung, die Bestandteil der Selbstbeschränkung ist, sind erhebliche Konventionalstrafen für den Fall vorgesehen, daß ein Unternehmen einen Spielautomaten entgegen dem Votum der Schiedsstelle auf den Markt bringt.[81]

Für die beteiligten staatlichen Stellen soll die Entscheidung der Schiedsstelle dagegen keine Auswirkungen haben. So heißt es bereits in der Einleitung der selbstbeschränkenden Vereinbarung, daß die Physikalisch-technische Bundesanstalt unabhängig vom Votum der Schiedsstelle und „allein aufgrund der geltenden Rechtslage" zu bescheiden habe. Anschließend heißt es ausdrücklich, daß der PTB „keine Handhabe" zustehen solle, „die Selbstbeschränkungsvereinbarung gegen den Willen der Beteiligten durchzusetzen".

Auch in dieser Fallgruppe besteht also kein gegen die beteiligten Unternehmen gerichteter einklagbarer vertraglicher Erfüllungsanspruch des Staates. Trotz des verbindlichen Vertrages der betroffenen Unternehmen untereinander besteht im vertikalen Verhältnis zwischen Staat und Unternehmen wiederum nur eine politische Verpflichtung zur Einhaltung der Selbstbeschränkung.

Dem entspricht wiederum eine nur tatsächliche Verpflichtung des Staates zum Verzicht auf den Normerlaß. Zwar tritt die staatliche Drohung mit dem Normerlaß im Fallbeispiel der Absprache mit der Automatenindustrie besonders deutlich zutage. Der Deutsche Bundestag hatte die Bundesregierung ausdrücklich aufgefordert, die Automatenindustrie „zur Vermeidung gesetzlicher Maßnahmen" zur Abgabe einer Selbstbeschränkungserklärung zu bewegen.[82] Die Selbstbeschränkungserklä-

80 So heißt es in Ziffer 8 der Selbstbeschränkungserklärung (BT-Drucks 11/6224, S. 11): „Sollte eine der Bestimmungen *dieses Vertrages* unwirksam sein oder werden, so hat dies nicht die Unwirksamkeit der übrigen Bestimmungen des Vertrages zur Folge. An die Stelle der unwirksamen Bestimmung tritt vielmehr eine solche wirksame, die dem wirtschaftlich Gewollten möglichst nahe kommt" (Hervorhebung v. Verf.).

81 Vgl. dazu im einzelnen oben 1. Teil Kapitel A. VII. 1.

82 BT-Drucks 11/3999.

rung nimmt auf diese Aufforderung des Bundestages und die nachfolgenden Verhandlungen mit den beteiligten Bundesministerien Bezug, indem es heißt, daß die Selbstbeschränkung „in Erfüllung der Aufforderung des Deutschen Bundestages und auf Ersuchen des Bundesministeriums für Wirtschaft sowie für Jugend, Frauen und Gesundheit" abgegeben werde.[83] Näheres zur Verpflichtung des Staates, auf den Normerlaß zu verzichten, enthält die Vereinbarung aber nicht. Auch hier gelten deshalb die obigen Ausführungen zur nur politischen Bindung des Staates: Die beteiligten Wirtschaftskreise verzichten auf eine rechtliche Sanktionierung der staatlichen Verpflichtung zum Normsetzungsverzicht.

c) Offen zweiseitige Vereinbarungen/ Normvermeidende öffentlich-rechtliche Verträge

Denkbar sind schließlich auch rechtsverbindliche normvermeidende öffentlich-rechtliche Verträge, die wechselseitige Erfüllungsansprüche begründen. Solche Verträge sind aus anderen europäischen Ländern bekannt. So schreibt beispielsweise in der belgischen Region Flandern eine Verordnung über die Wirksamkeitsbedingungen von Umweltvereinbarungen vor, daß diese in rechtlich bindender Vertragsform geschlossen werden müssen.[84] In den Niederlanden werden ebenfalls im Umweltbereich sog. *convenants* geschlossen, die zumindest ihrem äußeren Erscheinungsbild nach öffentlich-rechtlichen Verträgen entsprechen.[85] In der deutschen Absprachepraxis finden sich dagegen nur vereinzelte Beispielsfälle rechtsverbindlicher normvermeidender Verträge. Sie stammen aus dem Bereich des Bauplanungsrechts und haben einen anderen Gegenstand als die im Rahmen dieser Arbeit untersuchten Absprachen: Sie betreffen die Verpflichtung einzelner Gemeinden zum Nichterlaß eines Bebauungsplans im Gegenzug gegen ein bestimmtes Verhalten Privater.[86] Es handelt sich also um *satzungsabwendende* Verträge.

Auf der Ebene der rechtsverordnungs- und parlamentsgesetzesvermeidenden Kooperation wird in Deutschland dagegen bisher auf die Begründung rechtsverbindlicher Erfüllungsansprüche bisher auch dann verzichtet, wenn die Beteiligten eine offen zweiseitige Vereinbarung schließen. So beschränkt sich beispielsweise in der jüngst paraphierten Vereinbarung zwischen der Bundesregierung und den Energieversorgungsunternehmen über die Begrenzung der Restlaufzeit der bestehenden Atomkraftwerke wiederum auf eine nur politische Bindungswirkung.[87] Dies ist vor

---

[83] Bericht der Bundesregierung über die geschlossenen Selbstbeschränkungsvereinbarungen, BT-Drucks 11/6224.

[84] Mitteilung der *Kommission* an den Rat und das Europäische Parlament über Umweltvereinbarungen vom 27.11.1996, KOM (96) 561 endg., Anhang, S. 25.

[85] *Kommission*, KOM (96) 561 endg., Anhang, S. 31; *Erasmus Universität*, Environmental Contracts and Convenants – New Instruments for a realistic Environmental Policy?, 1992.

[86] BVerwG NJW 1980, 2538 f.; DVBl. 1977, 529 ff.; DÖV 1981, 878 f.; BGH NJW 1980, 826 ff.; BGHZ 71, 386 (390 f.); 76, 16 (22); OVG Lüneburg DVBl. 1978, 178 f.

[87] Vgl. zu dieser Vereinbarung im einzelnen oben 1. Teil Kapitel A. VIII. 2. b).

allem deshalb bemerkenswert, weil zuvor auf Vorschlag des Bundeswirtschaftsministers der Abschluß eines bindenden öffentlich-rechtlichen Vertrages über diesen Gegenstand diskutiert worden war.[88] Der Entwurf des Bundeswirtschaftsministers hatte die verbindliche Garantie einer Restlaufzeit der bestehenden Atomkraftwerke von 35 Jahren und den Verzicht auf eine Verschärfung der geltenden gesetzlichen Anforderungen während der Geltungsdauer der Vereinbarung durch die Bundesregierung vorgesehen. Parallel dazu sollte in einer Neufassung des Atomgesetzes eine wesentlich längere Restlaufzeit der Atomkraftwerke von etwa 50 bis 55 Kalenderjahren geregelt werden. Der Zwang zur Einhaltung der Absprache sollte sich daraus ergeben, daß die Energieversorgungsunternehmen im Falle einer Verletzung der Pflichten der Bundesregierung aus der Vereinbarung berechtigt sein sollten, die Vereinbarung zu kündigen und fortan die wesentlich längere gesetzliche Restlaufzeit auszunutzen.

Gegen eine derartige Beschränkung des der Bundesregierung zustehenden Normsetzungsermessens waren in der rechtswissenschaftlichen Literatur Bedenken angemeldet worden: Es wurde insbesondere auf die Gefährdung der Wahrnehmungsbefugnisse des Parlaments verwiesen und die Auffassung vertreten, daß eine verbindliche Vereinbarung mit einem derartigen Gegenstand mit den zwingenden Vorschriften über das Gesetzgebungsverfahren nicht in Einklang zu bringen sei. Daneben wurde darauf hingewiesen, daß eine Bindung späterer Bundesregierungen ohnehin nicht erreicht werden könne.[89]

Ob und inwieweit diese Einwände gegen die vom Bundeswirtschaftsminister vorgeschlagene Vereinbarung stichhaltig waren, soll nicht an dieser Stelle, sondern erst im Rahmen der Untersuchung der Zulässigkeit normvermeidender Verträge geklärt werden[90]. Für den vorliegenden Zusammenhang ist jedoch interessant, daß die genannten Bedenken die Bundesregierung offenbar dazu bewogen haben, anstelle eines öffentlich-rechtlichen Vertrages eine Vereinbarung mit nur politischer Bindungswirkung zu schließen. Die jüngst paraphierte Vereinbarung über einen Ausstieg sieht zwar eine Restlaufzeit von 32 Jahren und die Verpflichtung der Bundesregierung vor, während dieses Zeitraums auf eine einseitig-hoheitliche Behinderung des Betriebs der Kernkraftwerke zu verzichten. Diese Pflichten werden aber nur in politisch-tatsächlicher Hinsicht übernommen: Die Bundesregierung kündigt in der Vereinbarung lediglich an, eine den getroffenen Vereinbarungen entsprechende Novelle des Atomgesetzes zu erarbeiten. Die verbindliche Regelung der Materie bleibt aber gerade dieser gesetzlichen Regelung vorbehalten. Erst wenn die Novelle zum

---

[88] Vorschlag zur „Verständigung über Eckpunkte zur Beendigung der Nutzung der vorhandenen Kernkraftwerke in Deutschland zwischen der Bundesregierung (BR) und den Eigentümern/Betreibern der in Deutschland errichteten Kernkraftwerkskapazitäten (E/B)" vom 17.06.1999. Vgl. zu dem Eckpunktepapier auch *Koch/Roßnagel*, Neue Energiepolitik und Ausstieg aus der Kernenergie, NVwZ 2000, 1 (2); *Roßnagel*, Rechtsprobleme des Ausstiegs aus der Kernenergie, ZfU 1999, 241 (243).

[89] *Roßnagel,* Rechtsprobleme des Ausstiegs aus der Kernenergie, ZfU 1999, 241 (243).

[90] Unten 5. Teil Kapitel C. II.

Atomgesetz vom Parlament beschlossen worden ist, wollen die Bundesregierung und die beteiligten Unternehmen die Vereinbarung „endgültig unterzeichnen“. Die Abrede bleibt bis dahin eine nur politisch wirkende Absichtserklärung. Die Beteiligten schließen sie ausdrücklich „auf der Grundlage, daß das Atomgesetz die Vorgaben umsetzt“. Von einem mittelbaren rechtlichen Zwang zur Einhaltung der Absprache ist keine Rede mehr: Hält sich die Bundesregierung nicht an ihre Zusagen, bleibt dies rechtlich folgenlos.

Für die weitere Untersuchung ist demnach zweierlei festzuhalten: *Erstens*, daß verbreitete Unsicherheit über die Zulässigkeit rechtsverbindlicher normvermeidender Verträge dazu führt, daß die staatliche Seite eine nur politische Bindungswirkung der Absprachen vorzieht. Dies mag in Zweifelsfällen ein weiteres Indiz für die Auslegung von Vereinbarungen sein, deren Rechtscharakter sich nach ihrem Wortlaut und den Umständen ihres Zustandekommens nicht eindeutig klären läßt. *Zweitens*, daß rechtlich verbindliche normvermeidende Verträge in Deutschland bisher die Ausnahme darstellen. Im Rahmen der folgenden Überlegungen wird deshalb zunächst der Typus der normvermeidenden Absprache ohne vertraglich begründete Erfüllungsansprüche im vertikalen Verhältnis zwischen Staat und Wirtschaft zugrunde gelegt. Auf die normvermeidenden Verträge wird erst im Rahmen der Suche nach Alternativen zu den gegenwärtig praktizierten Absprachen zurückzukommen sein.[91]

3. Zwischenergebnis

Als Zwischenergebnis zur Frage, inwieweit durch die normvermeidenden Absprachen und die zu ihrem Vollzug getroffenen horizontalen Vereinbarungen Privater vertragliche Erfüllungsansprüche begründet werden, kann festgehalten werden, daß

- die Beteiligten an der vertikalen normvermeidenden Absprache zwischen Staat und Wirtschaft in den untersuchten Beispielsfällen aus der deutschen Absprachepraxis ohne Rechtsbindungswillen handeln und vertragliche Erfüllungsansprüche in diesem Verhältnis deshalb ausscheiden;
- im horizontalen Verhältnis der beteiligten Unternehmen und Verbände untereinander sowohl Fälle einer rein tatsächlichen Bindung (*gentlemen's agreements* und faktisch abgestimmtes Verhalten aufgrund einer sog. Verbandsempfehlung) als auch bindende vertragliche Vereinbarungen anzutreffen sind.

[91] Vgl. nochmals unten 5. Teil Kapitel C. II.

II. Vertrauensschutz ohne vertraglichen Erfüllungsanspruch?

Im vertikalen Verhältnis zwischen Staat und Wirtschaft schließt sich an die Feststellung, daß vertragliche Erfüllungsansprüche aufgrund der bisher in Deutschland geschlossenen Absprachen nicht bestehen, die Frage an, ob sich aus einem etwaigen in Anspruch genommenen Vertrauen der privaten Absprachepartner Ansprüche gegen die staatliche Seite ableiten lassen.

In der Literatur finden sich hierzu einige Ansätze: So will Oldiges[92] eine Parallele zu einem Plangewährleistungsanspruch der an der Absprache beteiligten Privatrechtssubjekte anerkennen, die dazu führen soll, daß sich die öffentliche Seite bei unveränderten Gesamtumständen nicht ohne Schadenersatzpflicht von der Absprache lösen können soll. In ähnlicher Weise hält Rüfner[93] eine Plangewährleistung für denkbar, wenn mit einer „vertragsähnlichen Absprache ... ein Vertrauenstatbestand geschaffen wurde". Maurer[94] deutet an, daß die Grundsätze der *culpa in contrahendo* zur Begründung von Schadenersatzansprüchen herangezogen werden könnten, ohne allerdings näher auf die hierfür geltenden Voraussetzungen einzugehen. Dempfle meint, daß ein Anspruch der an der Absprache Beteiligten auf schonenden Übergangsregeln bestehen kann, bevor eine gesetzliche Regelung initiiert wird.[95] Di Fabio[96] schließlich hält „sekundärrechtliche Entschädigungsansprüche für hoheitlich fehlgeleiteten privaten Aufwand" für denkbar, wenn Voraussetzungen eines Vertrauenstatbestandes erfüllt sind. In anderen Untersuchungen der normvermeidenden Absprachen werden mögliche Vertrauensschutzansprüche entweder nicht geprüft[97] oder mit der Begründung verneint, daß den Absprachen jegliche rechtliche Verbindlichkeit fehle und deswegen auch kein Raum für ein irgendwie geartetes Vertrauensverhältnis zwischen den Beteiligten bestehe.[98]

---

92 *Oldiges*, Staatlich inspirierte Selbstbeschränkungsabkommen der Privatwirtschaft, WiR 1973, 1 (9); ähnlich *Dempfle*, Normvertretende Absprachen, 1993, S. 79 ff.

93 *Rüfner*, in: Erichsen (Hrsg.), Allgemeines Verwaltungsrecht, § 49 VII Rdn. 57. Im Ergebnis offen *Stober*, Allgmeines Wirtschaftsverwaltungsrecht, § 28 III, der die (von ihm als *Selbstbeschränkungsabkommen* bezeichneten) Absprachen der Kategorie der Wirtschaftsplanung zuweist und Ansprüche auf Plantreue und Plangewährleistung allgemein für gegeben hält, „wenn Pläne subjektivrechtliche Wirkungen haben und Vertrauensschutz begründen".

94 *Maurer*, Allgemeines Verwaltungsrecht, § 15 Rn. 20, der die Möglichkeit sieht, die Grundsätze der *culpa in contrahendo* in *„vorsichtiger Weise entsprechend"* anzuwenden, gleichzeitig aber betont, daß dadurch nicht die Verbindlichkeit der Absprachen *„durch die Hintertür"* begründet werden dürfe.

95 *Dempfle,* Normvertretende Absprachen, Diss. Trier 1993, S. 83 f.

96 *Di Fabio,* Selbstverpflichtungen der Wirtschaft – Grenzgänger zwischen Freiheit und Zwang, JZ 1997, 969 (971) unter Verweis auf den Rechtsgedanken der §§ 48, 49 VwVfG.

97 So etwa von *Brohm,* Rechtsgrundsätze für normersetzende Absprachen, DÖV 1992, 1025 (1029); *Baudenbacher,* Aspekte gesetzesabwendender Vereinbarungen zwischen Staat und Wirtschaft, JZ 1988, 689 ff.; *Oebbecke,* Die staatliche Mitwirkung an gesetzesabwendenden Vereinbarungen, DVBl. 1986, 793 ff.

Aus den normvermeidenden Absprachen abgeleiteter Vertrauensschutz kommt in zweierlei Hinsicht in Betracht: Zum einen könnten Vertrauenstatbestände dazu führen, daß sich die privaten Absprachepartner gegen eine absprachewidrige Gesetzgebung zur Wehr setzen können. Zum anderen könnte die staatliche Seite auch ohne vertragliche Erfüllungsansprüche für die betätigten Erwartungen der privaten Absprachepartner einzustehen haben. Insoweit wird zu untersuchen sein, ob durch die Absprachen veranlaßte Dispositionen der Wirtschaft im Falle einer absprachewidrigen Gesetzgebung entwertet werden und ob die Wirtschaft eine Entschädigung für derartige enttäuschte Erwartungen verlangen kann.

1. Culpa in contrahendo?

Ein Anspruch der privaten Beteiligten aus einer entsprechenden Anwendung des zivilrechtlichen Instituts der culpa in contrahendo[99] scheidet aus. Es wurde oben nachgewiesen, daß die staatliche Zusage, auf eine Normsetzungsinitiative verzichten zu wollen, ohne Rechtsbindungswillen abgegeben wird. Es wird von der staatlichen Seite auch im Vorfeld der Absprachen zu keinem Zeitpunkt der Eindruck erweckt, daß die Eingehung einer echten vertraglichen Verpflichtung beabsichtigt ist. Damit fehlt es an einem auf Abschluß eines Vertrages gerichteten Kontakt der Beteiligten, wie er Voraussetzung eines Anspruchs aus culpa in contrahendo ist.[100]

2. Vertragsähnliches Vertrauensschuldverhältnis?

In Betracht kommt aber ein Anspruch aus einem vertragsähnlichen Vertrauensschuldverhältnis. Auch wenn die Beteiligten an den normvermeidenden Absprachen auf die Begründung vertraglicher Erfüllungsansprüche verzichten, treten sie im Rahmen der Absprachen doch in einen sozialen Kontakt, der möglicherweise eine entsprechende Anwendung der Grundsätze der Vertragshaftung rechtfertigt.

---

[98] *Bohne*, Informales Verwaltungs- und Regierungshandeln als Instrument des Umweltschutzes, VerwArch 75 (1984), 343 (361). Besonders deutlich *Becker*, Informales Verwaltungshandeln zur Steuerung wirtschaftlicher Prozesse im Zeichen der Deregulierung, DÖV 1985, 1003 (1010), wo es heißt: „*Aus dem Paktieren zwischen Staat und Unternehmen läßt sich auch kein Vertrauensverhältnis konstruieren. Jede Partei trägt das Risiko des Fehlschlags selbst. Ein Bruch der Absprache bleibt generell ohne rechtliche Wirkung*".

[99] Als Rechtsgrundlage für Vertrauensschutzansprüche gegenüber dem Gesetzgeber wird das Rechtsinstitut der *culpa in contrahendo* ferner in Erwägung gezogen von *Lerche*, Übermaß und Verfassungsrecht, S. 269, Anm. 51. Für eine „vorsichtige entsprechende Heranziehung der Rechtsgrundsätze der culpa in contrahendo im Verhältnis zwischen Staat und Bürger (wie bereits erwähnt) auch *Maurer*, Allgemeines Verwaltungsrecht, § 15 Rdnr. 20.

[100] Vgl. für das Zivilrecht statt aller Palandt-*Heinrichs*, BGB, § 276 Rdnr. 66. Ablehnend gegenüber einer Anwendung des Instituts der *culpa in contrahendo* zur Begründung von Ansprüchen gegenüber dem Gesetzgeber in Fällen, in denen kein auf Zustandekommen eines Vertrges gerichteter Kontakt vorliegt, auch *Schenke*, Gewährleistung bei der Änderung staatlicher Wirtschaftsplanung, AöR 101 (1976), 337 (343).

Für den Bereich des Zivilrechts ist anerkannt, daß es zwischen den Polen echter Schuldverhältnisse mit wechselseitigen Erfüllungspflichten auf der einen Seite und reinen Gefälligkeitshandlungen und *gentlemen's agreements* ohne jedwede Rechtsbindung auf der anderen Seite ein facettenreiches Spektrum von Beziehungen gibt, bei denen die Anwendung der Grundsätze der Vertragshaftung in Betracht kommt.[101] Als Rechtsgrundlage solcher vertragsähnlicher Ansprüche wird im Zivilrecht entweder auf einen – gewissermaßen abgeschwächten – Rechtsbindungswillen der Beteiligten verwiesen, der sich auf die Begründung vertraglicher Schutz- und Sorgfaltspflichten bezieht.[102] Oder es wird aus dem Grundsatz von Treu und Glauben gemäß § 242 BGB ein gesetzliches Schuldverhältnis im Rahmen von Sonderverbindungen abgeleitet, aus dem sich entsprechende Pflichten ergeben.[103]

Es ist allerdings zweifelhaft, ob sich diese Überlegungen ohne weiteres auf die öffentlich-rechtliche Beziehung zwischen den Beteiligten an einer normvermeidenden Absprache übertragen lassen. Zwar gilt auch im öffentlichen Recht der Grundsatz von Treu und Glauben.[104] Auch treten die Beteiligten an den Absprachen in einen sozialen Kontakt, der möglicherweise geeignet ist, eine Verpflichtung der staatlichen Seite zur Rücksichtnahme auf die Vermögensinteressen der Gegenseite zu begründen. Es geht bei der Frage nach Vertrauensschutzansprüchen der privaten Beteiligten an den Absprachen aber um Ansprüche gegen den grundsätzlich „souveränen" Gesetzgeber. Diese Rechtsbeziehung läßt sich mit derjenigen zwischen den Beteiligten an einem zivilrechtlichen Gefälligkeitsverhältnis oder *gentlemen's agreement* nur bedingt vergleichen. Die Frage, unter welchen Voraussetzungen der soziale Kontakt der Beteiligten an den Absprachen dazu führt, daß das Vertrauen der Privaten in einen Fortbestand der bisherigen Rechtslage schutzwürdig ist, muß aus einer spezifisch öffentlich-rechtlichen Perspektive beantwortet werden.

3. Rechtsstaatsprinzip und Grundrechte

Generell ablehnend gegenüber Vertrauensschutzansprüchen gegen den Gesetzgeber ist insofern das Reichsgericht in seiner *Gefrierfleischentscheidung*[105] gewesen.

---

[101] Vgl. zu vertragsähnlichen Ansprüchen bei Gefälligkeitsverhältnissen *Kallmeyer,* Die Gefälligkeitsverhältnisse: Eine rechtsdogmatische Untersuchung, Diss. Göttingen 1968, S. 15 ff.; MüKo-*Kramer,* BGB, Einl § 241 Rn. 28 ff.; *Pallmann,* Rechtsfolgen aus Gefälligkeitsverhältnissen, 1971, S. 3 ff.; Staudinger-*Schmidt,* BGB, § 241 Rdn. 174 ff. Zu einer vertragsähnlichen Haftung im Rahmen von *gentlemen's agreements Bantje,* Gentlemen's agreements und abgestimmtes Ver-halten, 1982, S. 179 ff.

[102] BGHZ 21, 102 (107); *Kallmeyer,* Die Gefälligkeitsverhältnisse, 1968, S. 85 ff.; Soergel-*Wolf,* BGB, Vor § 145 Rn. Rdn. 79 ff.

[103] MüKo-*Kramer,* BGB, Einl § 241 Rn. 33; Staudinger-*Dilcher,* BGB, Vorbm. 145 ff. Rn. 12; *Pallmann,* Rechtsfolgen aus Gefälligkeitsverhältnissen, 1971, S. 84 ff.; *Thiele,* Leistungsstörung und Schutzpflichtverletzung, JZ 1967, 649 (652).

[104] *Kirchhof,* in: Isensee/Kirchhof (Hrsg.), HdbStR, Bd. III, S. 126; *Forsthoff,* Verwaltungsrecht I, § 9 S. 169 ff. mit weiteren umfangreichen Nachweisen.

[105] RGZ 139, 177 ff.

Das Reichsgericht hatte über eine Klage von Fleischimporteuren zu entscheiden, die den Ersatz von Investitionskosten u. a. für Kühlhäuser zur Lagerung von Gefrierfleisch verlangten, die sie im Vertrauen auf den Fortbestand einer Regierungsverordnung errichtet hatten, die bestimmte Importerleichterungen für Gefrierfleisch vorsah. Diese Rechtsverordnung hatte die Reichsregierung 1923 zur Sicherstellung der Versorgung der Bevölkerung erlassen. Die Regelung war ausdrücklich auf eine Mindestgeltungsdauer von 10 Jahren terminiert. Diese Terminierung war die Folge intensiver und langdauernder Verhandlungen zwischen der Reichsregierung und den betroffenen Importeuren gewesen, in denen die Importeure die Mindestgeltungsdauer verlangt und durchgesetzt hatten, um über eine verläßliche Grundlage für umfangreiche Investitionen – v. a. für die erforderlichen Kühlhäuser in Seehäfen – zu verfügen. Bereits 1925 erholte sich die einheimische Viehproduktion, so daß die Regierungsverordnung von 1923 wieder aufgehoben wurde. Daraufhin verlangten die Gefrierfleischimporteure den Ersatz ihres fehlgeleiteten Investitionsaufwands vom Deutschen Reich. Das Reichsgericht wies die Klage mit der Begründung ab, daß das Vertrauen in den Fortbestand einer gesetzlichen Regelung generell nicht schutzwürdig sei. In den Entscheidungsgründen heißt es: „*Wer seine geschäftlichen Maßnahmen auf den jeweiligen Stand der allgemeinen Gesetzgebung aufbaut und ohne vertragsmäßige Regelung einer Entschädigungspflicht, auch ohne verfassungsmäßige Gewähr für den Fortbestand der maßgeblichen Gesetze, welche ihm die gewinnbringende Ausnutzung seiner geschäftlichen Unternehmungen erst ermöglichen, seinen Betrieb entsprechend ausgestaltet..., übernimmt damit naturgemäß das Wagnis, daß spätere Gesetze, welche die Wirtschaft in dieser oder jener Richtung beeinflussen, seine geschäftlichen Pläne stören oder den Fortbestand seines Unternehmens vereiteln. Eine bloße Selbstbefristung mag ihm dieses Wagnis nicht abzunehmen, weil die Frist als Bestandteil dieses Gesetzes wie dieses selbst späteren gesetzlichen Änderungen unterworfen ist, deren Zweckmäßigkeit und Notwendigkeit sich nach den jeweiligen wirtschaftlichen und politischen Verhältnissen richtet*...“. Dann folgt als griffige Zusammenfassung der Haltung des Reichsgerichts der Satz: „*Der Gesetzgeber ist selbstherrlich und an keinerlei Schranken gebunden als diejenigen, die er sich selbst in der Verfassung und in anderen Gesetzen gezogen hat*“.[106]

Dagegen lassen sich der Rechtsprechung sowohl des Bundesverfassungsgerichts (a) als auch des Bundesgerichtshofes (b) durchaus Anhaltspunkte dafür entnehmen, daß Selbstbindungen des Gesetzgebers zu schutzwürdigen Vertrauenstatbeständen der Adressaten führen können. In der Literatur werden ähnliche Phänomene unter dem Stichwort von Plangewährleistungsansprüchen der Adressaten untersucht (c).

---

[106] RGZ 139, 177.

a) Vertrauensschutz bei der Rückwirkung von Gesetzen

Das Bundesverfassungsgericht befaßt sich mit möglichen Selbstbindungen des Gesetzgebers im Rahmen seiner Rechtsprechung zur Zulässigkeit der Rückwirkung von Gesetzen.[107]

Zu nennen ist vor allem die sog. *Berlinhilfe-Entscheidung.*[108] In diesem Verfahren wandten sich Unternehmen der Zigarettenindustrie gegen den Wegfall von Steuervergünstigungen für das damalige West-Berlin. § 15 Abs. 2 des Berlinhilfegesetzes von 1959 hatte als Anreiz für unternehmerische Initiativen in West-Berlin Umsatzsteuerbefreiungen vorgesehen, die nach dem ausdrücklichen Wortlaut des Gesetzes bis zum 31. Dezember 1964 in Anspruch genommen werden konnten. Nachdem im Jahr 1961 die Berliner Mauer gebaut worden war, entstand auf Seiten des Bundes ein Bedürfnis nach weiteren Fördermaßnahmen für Berlin, die allerdings ohne Kürzung der bisherigen Hilfen nicht zu finanzieren waren. Ein Änderungsgesetz zum Berlinhilfe-Gesetz vom 27. Juni 1962 sah deshalb vor, daß die Umsatzsteuerbefreiungen für Zigaretten schon für die Zeit ab dem 1. Januar 1963, also zwei Jahre vor

---

[107] Der Begriff der Rückwirkung von Gesetzen wird hier als ein Oberbegriff verstanden, der sämtliche Auswirkungen von Gesetzen auf in der Vergangenheit liegende Tatbestände erfaßt. Das Bundesverfassungsgericht unterscheidet nach herkömmlicher – und vom 1. Senat bis heute verwendeter – Terminologie zwischen einer *echten* und einer *unechten Rückwirkung* von Gesetzen: Eine *echte Rückwirkung* soll vorliegen, wenn ein Gesetz nachträglich in abgewickelte, in der Vergangenheit liegende Tatbestände eingreift (vgl. BVerfGE 30, 367 [386] sowie die weiteren Nachweise bei *Pieroth,* Rückwirkung und Übergangsrecht, 1981, S. 30 ff.). Eine *echte Rückwirkung* wird vom Bundesverfassungsgericht als grundsätzlich unvereinbar mit den rechtsstaatlichen Grundsätzen des Vertrauensschutzes und der Rechtssicherheit angesehen (vgl. BVerfG 45, 142 [167 f.]; 72, 200 [242]; 83, 89 [109 f.]. Zu den Ausnahmefällen, in denen eine echte Rückwirkung zulässig sein soll, vgl. die Zusammenstellungen in BVerfGE 13, 261 [272]; 88, 384 [404]). Eine *unechte Rückwirkung* wird vom BVerfG angenommen, wenn ein Gesetz auf gegenwärtige, noch nicht abgeschlossene Tatbestände einwirkt (BVerfGE 11, 139 [146]; 30, 367 [386]; 95, 64 [86] sowie die weiteren Nachweise bei *Pieroth,* Rückwirkung und Übergangsrecht, 1981, S. 36). Eine solche *unechte Rückwirkung* soll grundsätzlich zulässig sein (vgl. BVerfGE 30, 392 [402]; 95, 64 [86]). Der 2. Senat des Bundesverfassungsgerichts hat später eine abweichende Begrifflichkeit entwickelt: Er unterscheidet zwischen der *Rückbewirkung von Rechtsfolgen* und der *tatbestandlichen Rückanknüpfung* von Gesetzen. Eine *Rückbewirkung von Rechtsfolgen* soll vorliegen, wenn die Rechtsfolge einer gesetzlichen Regelung bereits für einen vor dem Zeitpunkt ihrer Verkündung liegenden Zeitraum eintreten soll; sie soll – ebenso wie die *echte Rückwirkung* nach herkömmlicher Terminologie – nur ausnahmsweise zulässig sein (BVerfGE 63, 343 [352]; 72, 200 [241]; 97, 67 [80]). Eine *tatbestandliche Rückanknüpfung* soll anzunehmen sein, wenn eine Norm den Eintritt ihrer Rechtsfolgen von Gegebenheiten abhängig macht, die vor ihrer Verkündung „ins Werk gesetzt" worden sind. Die tatbestandliche Rückanknüpfung unterliegt weniger strengen Beschränkungen als die Rückbewirkung von Rechtsfolgen und ist – ebenso wie die unechte Rückwirkung – grundsätzlich zulässig. Im Ergebnis haben die abweichenden Begrifflichkeiten bisher keine Auswirkungen auf die verfassungsgerichtlichen Anforderungen an die Zulässigkeit gesetzgeberischer Maßnahmen gehabt (vgl. zum Verhältnis der Rechtsprechung beider Senate auch *Maurer*, Staatsrecht, § 17 Rdnr. 106; *Arndt/Schumacher,* Echte Fortschritte bei der unechten Rückwirkung?, NJW 1998, 1538).

[108] BVerGE 30, 393 ff.

dem ursprünglich vorgesehenen Endtermin, nur noch auf das auf 1/3 gekürzte Entgelt Anwendung finden sollten. Hiergegen wandten sich die Unternehmen der Zigarettenindustrie mit der Begründung, daß sie auf den Bestand der Steuervergünstigungen bis zum ursprünglich vorgesehenen Endtermin vertraut hätten. Das Bundesverfassungsgericht entnahm der im Gesetz vorgesehenen Geltungsdauer von fünf Jahren, daß das Gesetz einen „*Vertrauenstatbestand*" geschaffen habe, „*auf den sich die begünstigten Steuerpflichtigen grundsätzlich verlassen durften*". Es sei Sinn und Zweck der beschlossenen Verlängerung der Steuervorteile um fünf Jahre gewesen, „*die besonderen Risiken aufzufangen, mit denen insbesondere nach dem Berlin-Ultimatum der Sowjetunion 1958 jede unternehmerische Initiative in Berlin belastet war. Ausreichende Anreize für längerfristige und wirtschaftliche Dispositionen in Westberlin konnten aber nur dann geschaffen werden, wenn die Steuervorteile bis zum Ablauf der Frist aufrechterhalten blieben. Andernfalls wäre die Regelung nicht geeignet gewesen, die aus der gerade damals besonders labilen Lage Westberlins erwachsenen Vorbehalte gegen längerfristige Investitionen in der Stadt zu überwinden*".[109] Es sei deshalb eine Abwägung zwischen dem Vertrauensschaden der betroffenen Unternehmen und der Bedeutung des gesetzgeberischen Anliegens für das Wohl der Allgemeinheit vorzunehmen. Ob der Bürger eine Rücksichtnahme durch den Gesetzgeber billigerweise erwarten dürfe, hänge ab von einer Abwägung zwischen dem Vertrauensschaden der Betroffenen und der Bedeutung des gesetzgeberischen Anliegens für das Wohl der Allgemeinheit.[110] Im zu entscheidenden Fall gab das Bundeverfassungsgericht dem gesetzgeberischen Anliegen den Vorzug. Dies vor allem deshalb, weil die Zigarettenindustrie bereits bis 1963 in einem Maße von den Steuervergünstigungen profitiert hatte, das die Investitionen überwog.

Abstrahiert man aus der Berlinhilfe-Entscheidung die Anknüpfungspunkte für Vertrauensschutz gegenüber dem Gesetzgeber, so ergeben sich die folgenden Elemente eines Vertrauenstatbestandes:[111]

- *Erstens* die legislative Veranlassung zu Investitionen durch Steuerbefreiungen;
- *Zweitens* die ausdrückliche Terminierung der Steuerbefreiung mit dem Ziel, das Vertrauen der Wirtschaft in die Beständigkeit der Rahmenbedingungen für längerfristige Investitionen zu wecken;
- *Drittens* ein Vertrauensschaden der Begünstigten der Steuerbefreiung durch die vorzeitige Aufhebung der Vergünstigung, der sich in Abwägung mit dem Gemeinwohlinteresse, dem die vorzeitige Gesetzesänderung gilt, als unverhältnismäßig erweist.

---

109 BVerfGE 30, 393 (404).

110 BVerfGE 30, 393 (404); zust. *Sachs,* in: Ders., GG Kommentar, Art. 20 Rdnr. 137; *Weber-Dürler*, Vertrauensschutz im öffentlichen Recht, 1983, S. 276 ff.; krit. *Maurer*, in: Isensee/Kirchhof, HdbStR III, § 60 Rdnr. 58 f.

111 *Ossenbühl,* Vertrauensschutz im sozialen Rechtsstaat, DÖV 1972, 25 (31).

Mißt man die staatliche Mitwirkung an den normvermeidenden Absprachen an diesen Kriterien, so sticht zunächst ins Auge, daß es bei den Absprachen an einer *legislativen* Veranlassung von Dispositionen der Wirtschaft fehlt. Anknüpfungspunkt des Bundesverfassungsgerichts für den angenommenen Vertrauenstatbestand war die im Berlinhilfe-Gesetz selbst geregelte befristete Steuerbefreiung. Es ging also um eine *Selbst*bindung des Gesetzgebers, die vom Bundesverfassungsgericht – mit den Mitteln der Auslegung – *aus dem Gesetz* entwickelt wurde. Demgegenüber wird die Zusage eines Normsetzungsverzichts im Rahmen der normvermeidenden Absprachen – jedenfalls in den bisher praktisch gewordenen Fällen – von Regierungsmitgliedern, also von Vertretern der Exekutive abgegeben. Es stellt sich die Frage, ob eine derartige Zusage der Exekutive überhaupt geeignet sein kann, den Gesetzgeber zu binden.

Mit einer vergleichbaren Fragestellung hatte sich das Bundesverfassungsgericht in einem Urteil vom 3. Dezember 1997[112] zu befassen. Dort ging es um die Verfassungsbeschwerden mehrerer Beteiligter an einem sog. Schiffsfinanzierungsmodell, die im Vertrauen auf eine Äußerung der Bundesregierung zum Fortbestand einer steuerlichen Sonderabschreibung wirtschaftliche Dispositionen getroffen hatten, die später enttäuscht wurden. Die Beschwerdeführer waren im Rahmen eines Anlagemodells am Abschluß eines Kaufvertrages über ein Containerschiff mit einer Werft in Taiwan beteiligt. Sie beriefen sich darauf, den Kaufvertrag im Vertrauen darauf geschlossen zu haben, daß Sonderabschreibungen für derartige Handelsschiffe erst für Verträge aufgehoben würden, die nach dem 30. April 1996 geschlossen würden. Sie hätten bei Abschluß der Verträge auf eine vom Bundesministerium für Wirtschaft herausgegebene Dokumentation vertraut, in der die Bundesregierung angekündigt habe, daß „die Abschreibungsmöglichkeit für Schiffe und Flugzeuge ... für Aufträge nach dem 30. April 1996 gestrichen“ werden solle. Im Gegensatz zu dieser Ankündigung der Bundesregierung sah das am 7. November 1996 vom Bundestag beschlossene und am 27. Dezember 1996 verkündete Jahressteuergesetz 1997 Sonderabschreibungen nur noch für Schiffe vor, die aufgrund eines vor dem 25. April 1996 geschlossenen Kaufvertrages erworben wurden. Das Bundesverfassungsgericht sah diese Regelung als echte Rückwirkung bzw. Rückbewirkung von Rechtsfolgen[113] an, die allerdings durch zwingende Gründe des gemeinen Wohls gerechtfertigt sei. Die Schiffbausubvention sei von der Bundesregierung als wirtschaftlich unsinnig angesehen worden und habe deshalb alsbald abgeschafft werden sollen. Um zu verhindern, daß von den Steuerpflichtigen der Zeitraum bis zur Beendigung des Gesetzgebungsverfahrens ausgenutzt werde, um noch in den Genuß

[112] BVerfGE 97, 67 ff. = NJW 1998, 1547 ff.

[113] Der im genannten Fall zuständige 2. Senat verwendete in der Entscheidung die Begriffspaare *unechte Rückwirkung/tatbestandliche Rückanknüpfung* und *echte Rückwirkung/Rückbewirkung von Rechtfolgen* (vgl. zur Terminologie oben Anm. 105) jeweils als Synonyme: Hinter dem der Terminologie des 2. Senats entsprechenden Begriff der *tatbestandlichen Rückanknüpfung/Rückbewirkung von Rechtsfolgen* ist jeweils der herkömmliche Begriff der *unechten/echten Rückwirkung* als Klammerzusatz erwähnt (vgl. BVerfG, NJW 1998 1547 [1548]).

der bisherigen Regelung zu kommen, sei es gerechtfertigt, die Rechtsfolgen bereits auf einen Zeitpunkt vor der Verkündung des Gesetzes zu beziehen. Für den vorliegenden Zusammenhang ist interessant, daß das Bundesverfassungsgericht auch die Ankündigung der Bundesregierung, die Abschreibungsbegünstigung erst für Aufträge nach dem 30. April 1996 streichen zu wollen, nicht als Vertrauensschutzgrundlage ansah. Der Bundesregierung stehe im Gesetzgebungsverfahren nur ein Initiativrecht zu. Zu welchem Zeitpunkt und mit welchem Inhalt das Parlament einen Gesetzesbeschluß fasse, sei dem Einfluß der Bundesregierung entzogen. Verbindliche Aussagen könne die Bundesregierung allenfalls über den Erlaß einer Rechtsverordnung machen; im vorliegenden Fall sei es aber um die Änderung eines Parlamentsgesetzes gegangen.

Dem wird man zustimmen können: Eine Bindung des Parlaments an Zusagen der Exekutive, die sich auf den Erlaß und Inhalt eines Parlamentsgesetzes beziehen, würde den Gewaltenteilungsgrundsatz verletzen.[114] Die Gesetzgebung ist insoweit allein Aufgabe des Parlaments. Dies verbietet es auch, eine Bindung des Gesetzgebers an Zusagen der Regierung – wie der Verfassungsrichter *Kruis* in seiner abweichenden Meinung zu der genannten Schiffsfinanzierungs-Entscheidung des Bundesverfassungsgerichts[115] – gewissermaßen „durch die Hintertür" damit zu begründen, daß der Gesetzgeber die Erklärung der Regierung als Rechtstatsache vorfinde und im Rahmen seiner ihm rechtsstaatlich gebotenen Erwägungen zu berücksichtigen habe. Ein schutzwürdiges Vertrauen *in den Fortbestand* eines Parlamentsgesetzes vermag eine Zusage der Exekutive bereits deswegen nicht zu begründen, weil dieser Gegenstand der Disposition der Regierung entzogen ist. Dies schließt nicht aus, daß die Regierung aufgrund ihrer Zusage zu Schadenersatz oder Entschädigung verpflichtet ist, wenn die geweckten Erwartungen enttäuscht werden.[116] Hierauf wird im Bezug auf die normvermeidenden Absprachen noch zurückzukommen sein. In der *Berlinhilfe-Entscheidung* ging es aber um einen Vertrauenstatbestand, der der *Änderung* eines Parlamentsgesetzes entgegen steht. Einen solchen Vertrauenstatbestand vermögen die normvermeidenden Absprachen bereits deswegen nicht zu begründen, weil die handelnden Regierungsvertreter im Rahmen der Absprachen nur über ihr Gesetzesinitiativrecht disponieren. Ein Vertrauen in ein bestimmtes Verhalten des Parlaments, das an die Zusage der Regierung nicht gebunden ist, läßt sich daraus nicht ableiten.

Denkbar bleibt ein auf die Beibehaltung der bisherigen Rechtslage gerichteter Vertrauensschutz aus den normvermeidenden Absprachen in den Fällen, in denen sich die Zusage von Regierungsvertretern auf den Nichterlaß einer Rechtsverordnung bezieht[117] oder in dem – bisher nicht praktisch gewordenen – Fall einer Betei-

---

[114] Vgl. dazu auch unten 4. Teil Kapitel A. II. 2.

[115] BVerfG NJW 1998, 1547 (1549 f.).

[116] *Maurer*, in: Isensee/Kirchhof, HdbStR III, 1988, § 60 Rn. 61.

[117] Diese Absprachefom kann nach der obigen Typologie als *rechtsverordnungsvermeidende* Absprache bezeichnet werden (vgl. 1. Teil Kapitel B. II. 4.).

ligung des Parlaments an einer normvermeidenden Absprache. Der (Nicht-)Erlaß einer Rechtsverordnung steht im Ermessen der Stelle der Exekutive, die Adressat der Verordnungsermächtigung ist; die Legislative hat ihr Gesetzgebungsrecht insoweit delegiert.[118] Damit kommen die Bedenken, die oben gegen eine Bindung des Parlaments an Zusagen der Regierung entwickelt wurden, bei rechtsverordnungsvermeidenden Absprachen nicht zum Tragen.[119] In entsprechender Weise stünde der (Nicht-)Erlaß eines Parlamentsgesetzes zur Disposition des Parlaments, so daß ein aus einer Zusage des Parlaments abgeleiteter Vertrauensschutz unter dem Gesichtspunkt des Gewaltenteilungsgrundsatzes unbedenklich wäre.

Es fehlt aber auch in diesen Fällen an den weiteren Voraussetzungen eines Vertrauenstatbestandes, wie sie vom Bundesverfassungsgericht in der *Berlinhilfe-Entscheidung* entwickelt wurden: Wie bereits oben erwähnt, hat das Bundesverfassungsgericht den Vertrauenstatbestand der Nutznießer der Steuervergünstigung in der Berlinhilfe-Entscheidung aus der im Gesetz festgelegten fünfjährigen Geltungsdauer abgeleitet. Die festgelegte Geltungsdauer habe dazu dienen sollen, das Vertrauen der potentiell Begünstigten in die Beständigkeit der Regelung während des vorgesehenen Geltungszeitraums und damit in die Verläßlichkeit der Regelung als Dispositionsgrundlage für Investitionen zu festigen.

Äußerungen der an den normvermeidenden Absprachen beteiligten Regierungsvertreter, die in vergleichbarer Weise geeignet wären, ein Vertrauen in die Beständigkeit des staatlichen Regelungsverzichts zu begründen, sucht man vergebens. Vielmehr enthalten die bereits oben bei der Prüfung vertraglicher Erfüllungsansprüche erwähnten Erklärungen der an den Absprachen beteiligten Regierungsvertreter keinerlei konkrete Zusagen. So sagte beispielsweise die Bundesregierung als Reaktion auf die Erklärung der Deutschen Wirtschaft zur Klimavorsorge nur zu, daß gesetzgeberische Maßnahmen „vorerst" zurückgestellt würden.[120] In ähnlicher Weise reagierte der Bundesinnenminister auf den Brief des Verbandes der Zementindustrie zur Reduktion von Asbest in ihren Produkten lediglich mit der Zusage, einseitig-hoheitliche Regelungen der Materie „zunächst" zurückzustellen.[121] Aber auch soweit in den Verlautbarungen öffentlicher Stellen vereinzelt konkrete Jahreszahlen ge-

---

[118] Zur Gestaltungsfreiheit des Verordnungsgebers *Ossenbühl*, Rechtsverordnung, in: Isensee/Kirchhof, HdbStR, Bd. III, § 64, Rdn. 33 ff., 43; *von Danwitz*, Die Gestaltungsfreiheit des Verordnungsgebers, 1989, 161 ff., 187 ff.; *Rengeling*, Das Kooperationsprinzip im Umweltrecht, 1988, S. 188 f. Zu den Einschränkungen der Gestaltungsfreiheit, die sich daraus ergeben können, daß sich die Verordnungsermächtigung zu einer Gesetzgebungspflicht verdichtet, vgl. unten 4. Teil Kapitel B. I. 4.

[119] Wie bereits oben erwähnt, hält auch das Bundesverfassungsgericht in seiner Entscheidung zum Wegfall der Steuervergünstigungen für Schiffskäufe (NJW 1998, 1547 [1549]) einen gegen den Erlaß einer Rechtsverordnung gerichteten Vertrauenstatbestand aufgrund einer Zusage der Regierung für möglich.

[120] CO_2-Minderungsprogramm der Bundesregierung, in: Umwelt 5/1995, S. 182 f. sowie oben 1. Teil Kapitel A. I. 2.

[121] Vgl. oben 1. Teil Kapitel A. II.

nannt werden, behält sich die staatliche Seite die Option einer imperativen Regelung offen: Es wurde ebenfalls bereits oben die Erklärung der Bundesregierung zur Errichtung eines Altpapierrates erwähnt, in der es heißt, daß „die nächsten zwei Jahre zeigen" müßten, ob die gesteckten Ziele erreicht werden und somit auf staatliche Lösungen, insbesondere eine Verordnung, verzichtet werden" könne.[122] Die Bundesregierung behielt sich also auch hier die alleinige Kompetenz zur Entscheidung über die Notwendigkeit einer gesetzlichen Regelung vor.

Dies entspricht im übrigen dem Charakter der Absprachen als informellem, nur auf eine politische Bindungswirkung ausgerichteten Instrument: Die beteiligten staatlichen Stellen wählen diese Beeinflussungsform gerade deswegen, weil sie einen verbindlichen Verzicht auf eine Normsetzungsinitiative scheuen. Damit zerstören sie zugleich einen etwaigen auf die Verläßlichkeit des Regelungsverzichts gerichteten Vertrauenstatbestand: Im Bereich der kooperativen Handlungsformen stünde als rechtsverbindliche Handlungsform der öffentlich-rechtliche Vertrag zur Verfügung. Sofern die privaten Beteiligten auf eine verläßliche Grundlage für ihre Dispositionen Wert legen, müssen sie auf dem Abschluß eines solchen rechtsverbindlichen Vertrages bestehen. Daß dieses Begehren nicht von vornherein chancenlos wäre, zeigen die gegenwärtig stattfindenden Verhandlungen der Bundesregierung mit den Energieversorgungsunternehmen über die Modalitäten der Stillegung von Atomkraftwerken:[123] Wie bereits oben erwähnt, wurde hier vom Bundeswirtschaftsminister ein öffentlich-rechtlicher Vertrag über die Restlaufzeit der bestehenden Kraftwerke vorgeschlagen. Dies dürfte sich damit erklären lassen, daß die beteiligten Energieversorgungsunternehmen angesichts der erheblichen Investitionsentscheidungen, die mit dem Ausstieg aus der Atomenergie verbunden sind, nicht bereit wären, eine rechtlich unverbindliche normvermeidende Absprache über diesen Gegenstand zu schließen, sondern eine sichere rechtliche Grundlage für ihre Dispositionen verlangen. Als Alternative zu einer Änderung des Atomgesetzes kommt als kooperatives Instrument hier deshalb in erster Linie ein öffentlich-rechtlicher Vertrag in Betracht.[124] Lassen sich die privaten Beteiligten dagegen auf das rechtlich unverbindliche Instrument der Absprache ein, schließt dies auch einen in die Fortgeltung der Absprache gerichteten Vertrauenstatbestand aus.

b) Enteignender/Enteignungsgleicher Eingriff?

Zu prüfen bleibt, ob den privaten Absprachteilnehmern im Falle einer absprachewidrigen Gesetzgebung ein Anspruch aus enteignendem oder enteignungsgleichem Eingriff zustehen kann. Dies würde voraussetzen, daß eine absprachewidrige

---

[122] Pressemitteilung des Bundesministeriums für Umwelt, Naturschutz und Reaktorsicherheit 206/94 S vom 14.10.1994 sowie oben 1. Teil Kapitel A. V.

[123] Vgl. hierzu im einzelnen oben 1. Teil Kapitel A. VIII. 2. b).

[124] Vgl. zu den rechtsverbindlichen normvermeidenden Verträgen als Alternative zu den normvermeidenden Absprachen unten 5. Teil Kapitel C. II.

Gesetzgebung als Eingriff in geschützte Eigentumspositionen der privaten Abspracheteilnehmer anzusehen ist. Ob und unter welchen Voraussetzungen eine Veränderung der gesetzlichen Rahmenbedingungen einen solchen Eigentumseingriff darstellen kann und damit Entschädigungsansprüche auszulösen vermag, war – neben der bereits genannten Gefrierfleischentscheidung des Reichsgerichts – Gegenstand einer Reihe von Entscheidungen des Bundesgerichtshofs.

In der sog. *Märchenfilmentscheidung*[125] hatte der Bundesgerichtshof über die Klage einer Herstellerin und Verleiherin von Märchenfilmen zu entscheiden, die sich durch eine Änderung des Jugendschutzgesetzes in einer Verwertung ihres Filmbestandes und der Fortführung ihres Gewerbebetriebs gehindert sah. Die Klägerin hatte bis in das Jahr 1957 Märchenfilme an Filmtheater verliehen, die die Filme in Sondervorstellungen einem überwiegend aus Kindern unter sechs Jahren bestehenden Publikum vorgeführt hatten. Mit Wirkung vom 1. Oktober 1957 verbot eine Neufassung des Jugendschutzgesetzes die Anwesenheit von Kindern unter sechs Jahren bei öffentlichen Filmveranstaltungen.[126] Die Klägerin konnte deshalb die von ihr hergestellten und angekauften Märchenfilme nicht im bisherigen Umfang verwerten. Der Bundesgerichtshof lehnte einen Anspruch der Klägerin auf Entschädigung für die erlittenen Umsatzverluste mit der Begründung ab, daß die Klägerin nicht auf den Fortbestand der bisherigen Rechtslage habe vertrauen können. Soweit die Klägerin bei ihren geschäftlichen Entscheidungen vom Fortbestand der gesetzlichen Regelung ausgegangen sei, sei „*... dies ein Wagnis, daß sie – bei richtiger wertender Betrachtungsweise – nicht so sehr im Interesse der Allgemeinheit, als vielmehr im Rahmen ihrer privatwirtschaftlichen Betätigung einging*“.[127] Wer im Vertrauen auf die wirtschaftliche Betätigungsfreiheit Kapital in die Anlage eines Gewerbebetriebs investiere, habe kein Recht darauf, in seinem Vertrauen geschützt zu werden.[128]

Erste Ansätze für Vertrauensschutz enthielt die *Knäckebrot-Entscheidung* des Bundesgerichtshofs.[129] Hier ging es darum, daß der Zollsatz für die Einfuhr von Knäckebrot in die Bundesrepublik von 25 % auf 10 % gesenkt wurde und dadurch der Import von Knäckebrot aus Schweden mit der Folge erheblich zunahm, daß die inländischen Knäckebrotproduzenten hohe Einnahmeverluste erlitten. Der *BGH* wies die Entschädigungsklage eines deutschen Produzenten von Knäckebrot wegen

---

125 BGH NJW 1964, 769.

126 Vgl. Art. I § 6 Abs. 1, Art. V des Gesetzes vom 27.7.1957, BGBl. I 1058.

127 BGH NJW 1964, 769 (770).

128 Der BGH folgte in der Märchenfilmentscheidung also noch weitgehend dem Standpunkt des Reichgerichts in der Gefrierfleischentscheidung, das – wie bereits oben angesprochen – Vertrauensschutzansprüche gegen den Gesetzgeber grundsätzlich abgelehnt hatte. In den Entscheidungsgründen heißt es im Anschluß an das oben erwähnte wörtliche Zitat: „*Insoweit kann auf RGZ 139, 177 186/187 (betreffend die Frage einer Enteignung im Zusammenhang mit der Wiedereinführung von Beschränkungen der Gefrierfleischeinfuhr) verwiesen werden.*

129 BGHZ 45, 83 = NJW 1966, 877.

mit der Absenkung des Einfuhrzolls für Knäckebrot verbundener Einnahmeverluste mit der Begründung ab, daß ein Unternehmer keinen Anspruch darauf habe, daß ihm durch die Beibehaltung eines Zollsatzes sein Umsatz oder Marktanteil erhalten bleibe. Die Aussicht, weiterhin durch gleichbleibende Zollsätze vor ausländischen Wettbewerbern geschützt zu werden, sei als Erwerbs*chance* unter dem Gesichtspunkt der Enteignung vielmehr grundsätzlich irrelevant. Allerdings wies der *BGH* auch darauf hin, daß etwas anderes gelten könnte, wenn „*durch die besonderen Umstände des Falles ein Vertrauenstatbestand geschaffen worden wäre, aufgrund dessen sich ein Unternehmer auf das Weiterbestehen eines Zollsatzes hätte verlassen können, etwa wenn er durch die Bundesregierung unter Hinweis auf das Bestehen des Schutzzolles zu erhöhten Aufwendungen und Investitionen veranlaßt worden wäre*". In einem solchen Fall könne eine Enteignungsentschädigung in Frage kommen, wenn entgegen der beim Unternehmer begründeten Erwartung ein Schutzzoll alsbald wieder aufgehoben oder in einer ins Gewicht fallenden Weise gesenkt würde.[130]

In der sog. *Blinkleuchten-Entscheidung*[131] hatte sich der Bundesgerichtshof mit der Frage zu befassen, ob ein entschädigungspflichtiger Eingriff in den eingerichteten und ausgeübten Gewerbebetrieb vorliegt, wenn gesetzliche Bestimmungen geändert werden, auf die ein Unternehmen seine Produktion eingestellt hat. Ein Produzent von Kraftfahrzeugzubehör hatte auf Ersatz von Investitionen für die Entwicklung und Verbesserung der Fabrikationsmöglichkeiten von Blinkleuchten geklagt, die den bis dahin geltenden Bestimmungen über die Ausrüstung land- und forstwirtschaftlicher Anhänger entsprachen. Nachdem die betreffenden Vorschriften geändert worden waren, erwiesen sich diese Investitionen als nutzlos. Zwar wies der Bundesgerichtshof auch in diesem konkreten Fall die Entschädigungsklage mit der Begründung ab, daß die Voraussetzungen einer Enteignung nicht vorlägen. Der BGH stellte zunächst nochmals klar, daß für den einzelnen Betrieb grundsätzlich kein Recht auf einen Fortbestand einer ihm günstigen rechtlichen oder tatsächlichen Lage bestehe. Die Sach- und Rechtslage, von der ein Unternehmen bei seiner Tätigkeit ausgehe, sei grundsätzlich etwas, das außerhalb des Betriebes stehe. Sie könne zwar Aussichten und Risiko des Unternehmens entscheidend beeinflussen, berühre aber den Betrieb als wirtschaftliche Einheit nicht.[132] Die Aussicht, daß ein Umsatz oder Marktanteil erhalten bleibe, der auf einer bestimmten Rechtslage aufbaut, gehöre deshalb grundsätzlich nicht zu dem von Art. 14 GG geschützten Gewerbebetrieb.[133] Unter Verweis auf die *Knäckebrot-Entscheidung* wies der BGH dann aber darauf hin, daß etwas anderes gelten könne, „*wenn durch besondere Umstände des Einzelfalles ein Vertrauenstatbestand begründet wird, auf Grund dessen der Unternehmer auf den Fortbestand der gesetzlichen Regelung rechnen darf, insbesondere wenn er von behördlicher Seite unter Hinweis auf geltende Bestimmungen oder ein*

130 BGHZ 45, 83 = NJW 1966, 877.

131 BGH NJW 1968, 293 ff.

132 BGHZ 45, 83 (87); BGH NJW 1968, 293 (294).

133 BGHZ 45, 83 (87); BGH NJW 1968, 293 (294).

öffentliches Interesse zu erhöhten Aufwendungen und Investitionen veranlaßt worden wäre".[134] In diesem Falle könne ausnahmsweise eine Entschädigung gerechtfertigt sein, wenn entgegen der Erwartung des Unternehmers die Rechtslage geändert werde und sich dies geradezu als Eingriff in die Struktur des Betriebes darstelle.[135]

Aus den vorstehenden Entscheidungen des Bundesgerichtshofes läßt sich entnehmen, daß prinzipiell zwei Anknüpfungspunkte für Entschädigungsansprüche von Wirtschaftsteilnehmern bei einer Veränderung der gesetzlichen Rahmenbedingungen der privaten Wirtschaftstätigkeit in Betracht kommen: Bei Vorliegen eines besonderen Vertrauenstatbestandes kann ein vermögenswerter Unterlassungsanspruch gegen den Gesetzgeber bestehen, der sich gegen eine Abänderung der Gesetzeslage richtet und dessen Verletzung einen Eingriff in Eigentumsrechte darstellt. Dieser Gesichtspunkt stand in der *Märchenfilm-* und der *Knäckebrot-Entscheidung* im Vordergrund. Die betätigten Erwartungen der Wirtschaftsteilnehmer können außerdem als Bestandteil des eingerichteten und ausgeübten Gewerbebetriebs als Eigentumsposition im Sinne von Art. 14 GG geschützt sein. So weist der Bundesgerichtshof in der *Blinkleuchten-Entscheidung* darauf hin, daß bei Vorliegen eines besonderen Vertrauenstatbestandes die Entwertung von Aufwendungen und Investitionen, die von Unternehmen im Vertrauen auf den Fortbestand einer gesetzlichen Regelung getätigt wurden, ausnahmsweise zum verfassungsrechtlich geschützten eingerichteten und ausgeübten Gewerbebetrieb gehören können, wenn sich die spätere Änderung der Rechtslage die (durch die frühere Rechtslage veranlaßte) grundlegende Struktur des Betriebes verletze.

Überträgt man zunächst die Kriterien des BGH aus der *Blinkleuchten-Entscheidung* auf die normvermeidenden Absprachen, so stellt sich die Frage, inwieweit die beteiligten Wirtschaftskreise im Rahmen der Absprachen überhaupt „*zu erhöhten Aufwendungen und Investitionen veranlaßt*" werden, die als eventueller Bestandteil des ausgeübten und eingerichteten Gewerbebetriebs durch eine absprachewidrige Gesetzgebung entwertet werden. Von vorneherein kein entschädigungsfähiger Vermögensnachteil der privaten Abspracheteilnehmer ist nämlich ersichtlich, wenn die staatliche Seite entgegen ihrer Zusage im Rahmen der Absprache die *angedrohte Rechtsnorm* erläßt. Die durch die Absprachen veranlaßten Investitionen der Wirtschaft werden in diesem Fall nicht entwertet, sondern bleiben wirtschaftlich sinnvoll.[136] Auch dies soll anhand einiger der angeführten Beispiele normvermeidender Absprachen verdeutlicht werden: Seit die CO_2-/Energiesteuer an die Stelle des CO_2-Abkommens getreten ist – die staatliche Seite also die Regelungsandrohung

---

134 BGH NJW 1968, 293 (294).

135 BGH, ebd.

136 Dies verkennt *Di Fabio*, Selbstverpflichtungen der Wirtschaft, JZ 1998, 969 (971), der meint, daß „*eine Selbstbindung der öffentlichen Gewalt angenommen werden*" dürfe, „*wenn sie eine Stillhalteerklärung abgegeben hat, um eine Selbstverpflichtung herbeizuführen und sodann sich nach nur politischer Opportunität darüber hinwegsetzen will*" und daraus „*Sekundäransprüche für hoheitlich fehlgeleiteten privaten Aufwand*" ableiten will.

entgegen der getroffenen Absprache verwirklicht hat –, ergibt sich aus den in Erfüllung der Absprache ergriffenen Maßnahmen zur Energieeinsparung ein Steuervorteil für die betroffenen Unternehmen. Die Anforderungen der absprachewidrigen FCKW-/Halonverbotsverordnung konnten von den betroffenen Unternehmen deswegen relativ leicht erfüllt werden, weil sie den Anteil an FCKW als Treibmittel bereits im Rahmen der vorangehenden normvermeidenden Absprache reduziert hatten. Es fehlt im Falle der Verwirklichung der Regelungsandrohung im Rahmen der Absprachen also bereits an einer Entwertung der Dispositionen der Wirtschaft, die Anknüpfungspunkt eines Entschädigungsanspruchs sein könnte.

In Betracht kommt eine Entwertung der Investitionen der Wirtschaft aufgrund der Absprachen allerdings dann, wenn später ein Gesetz erlassen wird, das einen anderen Inhalt als die Regelungsandrohung im Rahmen der Absprache hat. Eine solche Entwicklung ist durchaus denkbar: Es kann sich beispielsweise – aus politischer Opportunität oder aufgrund neuer naturwissenschaftlicher Erkenntnisse – das Bedürfnis ergeben, einen Stoff als Produktionsmittel zu verbieten, der von der Wirtschaft aufgrund einer Absprache zur Substitution eines anderen Stoffes eingeführt worden ist. So wäre beispielsweise denkbar gewesen, daß die von der Wirtschaft aufgrund der FCKW-Absprache eingeführten Ersatzstoffe zu einem späteren Zeitpunkt gesetzlich verboten werden. In einer derartigen Konstellation werden die von der Absprache ausgelösten finanziellen Aufwendungen der Wirtschaft durch die spätere gesetzliche Regelung, die andere Anforderungen als die Absprache enthält, nutzlos.

Dennoch scheidet ein Entschädigungsanspruch der privaten Absprachteilnehmer wegen eines Eingriffs in den eingerichteten und ausgeübten Gewerbebetrieb auch in diesen Fällen aus. Zwar scheinen einige der oben genannten Kriterien des BGH bei den normvermeidenden Absprachen auf den ersten Blick durchaus erfüllt zu sein: Es findet eine individualisierte Form der staatlichen Einflußnahme auf die an der Absprache beteiligten Unternehmen statt. Es wurde bereits oben darauf hingewiesen, daß die staatliche Seite ihre Absprachepartner gezielt zu wirtschaftlichen Dispositionen – etwa einer bestimmten Veränderung der Produktgestaltung – veranlaßt. Diese Beeinflussung erfolgt im Sinne der Blinkleuchten-Entscheidung auch durchaus „*unter Hinweis auf bestimmte öffentliche Interessen*",[137] nämlich das Gemeinwohlziel, das sonst mit dem angedrohten Gesetz verfolgt würde. Auch unter dem Gesichtspunkt möglicher Entschädigungsansprüche ist aber entscheidend, daß die Beteiligten an den Absprachen zwar in einen engen, von Kooperation gekennzeichneten Kontakt treten, auf die Begründung eines Erfüllungsanspruchs aber bewußt verzichten. Die Beteiligten beschränken sich auf eine rechtlich unverbindliche Absprache, anstatt eine bindende vertragliche Vereinbarung zu treffen. Damit wird eine Verfestigung der Erwartung verhindert, daß die durch die Absprache veranlaßten Dispositionen nicht durch eine spätere Veränderung der Rechtslage entwertet werden. Die staatliche Seite macht vielmehr mit der Wahl des informellen Instru-

[137] Vgl. BGH NJW 1968, 293 (294).

ments der Absprache deutlich, daß sie ihre Handlungsfreiheit gerade nicht durch die Verfestigung von Rechtspositionen einschränken will.

Aus den gleichen Gründen scheidet auch ein Vertrauenstatbestand aus, der einen gegen den Gesetzgeber gerichteten vermögenswerten Unterlassungsanspruch begründen könnte und dessen Verletzung – wie vom BGH in der *Märchenfilm-* und der *Knäckebrot-Entscheidung* angedeutet wurde – einen Entschädigungsanspruch im Falle einer Änderung der Gesetzslage begründen könnte. Es liegen im Sinne der Rechtsprechung des Bundesgerichtshofes keine „besonderen Umstände des Falles" vor, die in den privaten Absprachepartnern die begründete Erwartung wecken könnten, daß die bisherige Rechtslage unverändert bleibe. Vielmehr ist auch im Hinblick auf mögliche Entschädigunganspruhe entscheidend, daß der Wortlaut der staatlichen Zusagen im Rahmen der Absprachen keinen Raum für einen in die Fortgeltung der Absprachen gerichteten Vertrauenstatbestand läßt. Die bereits oben erwähnten staatlichen Erklärungen lassen vielmehr deutlich erkennen, daß sich der Staat stets die Option hoheitlicher Gestaltung offen hält und seinen Handlungsspielraum insoweit auch nicht durch etwaige Entschädigunganspruche der privaten Absprachetelnehmer einschränken will.[138]

Festgehalten werden kann damit, daß ein etwaiges Vertrauen der betroffenen Unternehmen in einen – der normvermeidenden Absprache entsprechenden – Fortbestand der bisherigen Rechtslage weder als vermögenswerter Unterlassungsanspruch gegen den Gesetzgeber, noch als Bestandteil des eingerichteten und ausgeübten Gewerbebetriebs eine Eigentumsposition darstellt, deren Verletzung Entschädigungsansprüche aus enteignendem oder enteignungsgleichem Eingriff auslösen könnte.

c) Plangewährleistungsansprüche

Aus den vorstehenden Gründen lassen sich auch mit einer Parallele zur Kategorie der Plangewährleistung keine Ansprüche der privaten Absprachetelnehmer begründen.[139]

Mit dem auf H. P. Ipsen zurückgehenden Begriff der Plangewährleistung wird von Teilen der Literatur das Spannungsverhältnis zwischen der notwendigen Flexibilität

---

[138] Auch insoweit besteht eine Parallele zu den *quasi-contrats* der französischen *planification*: Wie bereits oben im einzelnen erwähnt, sagte bei diesen *quasi-contrats* die staatliche Seite lediglich zu, „im Rahmen ihrer finanziellen Möglichkeiten" bestimmte Investitionsvorhaben von Unternehmen finanziell zu fördern, die sich den Vorgaben eines staatlichen Plans unterordneten. Aus diesem Vorbehalt leitet beispielsweise *Bataille*r, Les quasi-contrats d'exécution du plan, Rev. science financière 1964, S. 365 (374 f.). ab, daß Schadenersatz- oder Entschädigungsansprüche der betroffenen Unternehmen ausscheiden, sofern sich die staatliche Seite nicht an ihre Zusage hält.

[139] Eine solche Parallele wird gezogen von *Oldiges,* Staatlich inspirierte Selbstbeschränkungsabkommen der Privatwirtschaft, WiR 1973, 1 (9); *Dempfle,* Normvertretende Absprachen, Diss. Trier 1993, S. 79 ff.

staatlicher Pläne und einem etwaigen Vertrauensschutz der Planadressaten erfaßt.[140] Die dortigen Ansatzpunkte für Vertrauensschutzansprüche führen aber nicht über die bereits angestellten Überlegungen zum Vertrauensschutz gegenüber Legislativakten hinaus: Soweit in der Literatur der Frage nachgegangen wird, inwieweit sich aus einem öffentlich-rechtlichen Vertrag oder den Rechtsinstituten der *culpa in contrahendo*[141] sowie des enteignenden/enteignungsgleichen Eingriffs[142] Plangewährleistungsansprüche der Adressaten ableiten lassen, kann auf die obigen Ausführungen zu diesen Anspruchsgrundlagen verwiesen werden.

Aber auch soweit die Plangewährleistung als ein Anspruchsinstitut *sui generis* angesehen wird, das seine Rechtsgrundlage in einem faktischen Vertragsverhältnis,[143] im Rechts- oder Sozialstaatsprinzip[144] oder im Gedanken der Zumutbarkeit und dem Verhältnismäßigkeitsgrundsatz[145] hat, bleibt es bei dem Ergebnis, daß kei-

---

[140] *H. P. Ipsen* hatte bereits Anfang der 50er Jahre die Frage aufgeworfen, inwieweit der Adressat eines staatlichen Planes darauf vertrauen könne, daß der Plan „durchgehalten" wird (vgl. das von *H. P. Ipsen* erstattete Gutachten „Über die Auswirkungen der Liberalisierung der Fettwirtschaft auf die Rechtslage der Ölmühlen" vom 7.9.1950, auszugsweise abgedruckt in *H. P. Ipsen*, Plangewährleistung, Festschrift für E. R. Huber, 1973, S. 219 ff.). Größere Aufmerksamkeit fand die Frage der Plangewährleistung in den 70er Jahren, als die staatliche Praxis als Folge der Regierungsübernahme der sozialliberalen Koalition und angeregt durch die französische *planification* von einer regelrechten Planungseuphorie erfaßt wurde. Erneut war es *H. P. Ipsen*, der den Versuch unternahm, die verschiedenen Formen der Wirtschaftsplanung zu typisieren und Ansätze eines Plangewährleistungsrechts zu entwickeln (vgl. *H. P. Ipsen*, Fragestellungen zu einem Recht der Wirtschaftsplanung, in: Kaiser [Hrsg.], Planung I, 1965, S. 29 ff.). In der Folgezeit war die Plangewährleistung Gegenstand einer Vielzahl von Untersuchungen: *Oldiges*, Grundlagen eines Plangewährleistungsrechts, 1970; *Egerer*, Plangewährleistungsanspruch, 1971; *Ossenbühl*, Die Plangewährleistung, JuS 1975, 545 ff.; *Schenke*, Die Gewährleistung bei Änderung staatlicher Wirtschaftsplanung, AöR Bd. 101 (1976), S. 337 ff.; *Thiele*, Zur Problematik des Plangewährleistungsanspruchs, DÖV 1980, 109 ff.; *Brohm*, Plangewährleistungsrechte, Jura 1986, 617 ff. Vgl. außerdem die Darstellung bei *Ossenbühl*, Welche normativen Anforderungen stellt der Verfassungsgrundsatz des demokratischen Rechtsstaats an die planende staatliche Tätigkeit, dargestellt am Beispiel der Entwicklungsplanung, Gutachten B zum 50. DJT, 1974, S. 196 ff.

[141] *Thiele*, Zur Problematik des Plangewährleistungsanspruchs, DÖV 1980, 109 (114); *Lerche*, Übermaß und Verfassungsrecht, 1961, S. 269, Anm. 51.

[142] *Brohm*, Plangewährleistungsrechte, Jura 1986, 617 (624); *Lerche*, Rechtsprobleme wirtschaftslenkender Verwaltung, DÖV 1961, 486 (489); *Ders.*, Übermaß und Verfassungsrecht. Zur Bindung des Gesetzgebers an die Grundsätze der Verhältnismäßigkeit und Erforderlichkeit, 1961, S. 269, Anm. 51; *Burmeister*, Die Verwaltung 1969, 21 (42); *Schenke*, Gewährleistung bei der Änderung staatlicher Wirtschaftsplanung, AöR 101 (1976), 336 (347 ff.).

[143] *H. P. Ipsen*, Die staatliche Intervention im Bereich der Wirtschaft, VVDStRL 11 (1953), S. 129; *Ders.*, Fragestellungen zu einem Recht der Wirtschaftsplanung, in: Kaiser (Hrsg.), Planung, I, S. 35 ff. (105); *v. Simson*, Planänderung als Rechtsproblem, in: Kaiser (Hrsg.), Planung I, S. 409 (417 ff.); *Herbert Krüger*, Allgemeine Staatslehre, S. 616; *Ders.*, Die Auflage als Instrument der Wirtschaftsverwaltung, DVBl. 1955, 380 (450).

[144] *Fritz Werner*, Allgemeine Verwaltungsgerichtsbarkeit und Sozialgerichtsbarkeit, NJW 1954, 1625 (1627 Anm. 18).

[145] *Lerche*, Übermaß und Verfassungsrecht, 1961, S. 269, Anm. 51; *Redeker*, Staatliche Planung im Rechtsstaat, JZ 1968, 537 (542).

ne Vertrauensschutzansprüche der privaten Beteiligten an den Absprachen in Betracht kommen. Zwar lassen sich einige Parallelen zwischen influenzierenden Plänen im Bereich der Wirtschaftslenkung und den normvermeidenden Absprachen erkennen. Die influenzierenden Pläne[146] sind dadurch gekennzeichnet, daß der Staat seine planerischen Zielvorstellungen in der Weise zu verwirklichen sucht, als er entweder Anreize für ein plankonformes Verhalten setzt – etwa in Form von Steuervorteilen oder Subventionen – oder Nachteile für planwidriges Verhalten – etwa steuerliche Nachteile – in Aussicht stellt. Der Staat verzichtet also auf unmittelbaren imperativen Zwang zugunsten einer nur mittelbar wirkenden Einflußnahme auf das private Verhalten. Dem Bürger bleibt freigestellt, ob er sich den Zielvorstellungen der staatlichen Planung beugen will; zeigt er sich allerdings nicht folgsam, muß er Nachteile hinnehmen. Diese Mischung aus Freiwilligkeit und Zwang ähnelt derjenigen bei normvermeidenden Absprachen. Auch das Spannungsverhältnis von Flexibilität staatlicher Wirtschaftslenkung und Vertrauensschutz ist bei den influenzierenden Plänen ein ähnliches wie bei den normvermeidenden Absprachen. Die influenzierenden Pläne haben einerseits den Zweck, die Adressaten zu einem bestimmten Verhalten zu veranlassen. Dies setzt voraus, daß die Adressaten sich für ihre Dispositionen und Investitionen – zumindest in gewissen Grenzen – auf den Bestand der staatlichen Vorgaben verlassen können. Könnten staatliche Planungen ständig folgenlos revidiert werden, würde die Bereitschaft der Privaten, sich der Einflußnahme zu beugen, immer geringer. Andererseits basieren die Pläne in aller Regel auf der Annahme bestimmter Gegebenheiten in der politischen, sozialen und wirtschaftlichen Wirklichkeit. Diese Annahmen können sich als von vornherein fehlerhaft erweisen oder durch einen Wandel der Verhältnisse überholt werden. In beiden Konstellationen besteht ein Bedürfnis nach Korrektur des Planes. Auf diese Anpassung sind häufig gerade influenzierende Pläne im Bereich der Wirtschaftslenkung angelegt, da der Entscheidungsfindung selten so verläßliche Daten und volkswirtschaftliche Erkenntnisse zugrunde liegen, daß eine punktgenaue Steuerung möglich wäre.[147]

---

146 Zum Begriff des influenzierenden Planes vgl. *Ossenbühl.*, Staatshaftungsrecht, § 49 Ziff. 3 a), S. 323: *Influenzierende* Pläne werden einerseits unterschieden von *indikativen* (bzw. *informativen* Plänen), die lediglich Orientierungsdaten für den Bürger setzen, aber keine Befolgungspflichten oder Obliegenheiten begründen, sowie andererseits *imperativen* Plänen, die verbindliche Bestimmungen für den Bürger setzen. Zur Unterscheidung vgl. auch *Schenke*, Gewährleistung bei Änderung der Wirtschaftsplanung, AöR 101 (1976), S. 337 (339); *Maurer,* Allgemeines Verwaltungsrecht, § 16 Rn. 16 f.

147 Die Notwendigkeit laufender Plananpassung ist insofern vorhergesehen und beabsichtigt: „Zur Planung selbst gehört, nicht als seltene Ausnahme, sondern als praktische Bedingung ihres Erfolges, die Veränderlichkeit des Planes" (*v. Simson,* Planänderung als Rechtsproblem, in: Kaiser [Hrsg.], Planung I, S. 405 [420]. Zur Variabilität und Instabilität als Wesensmerkmal des Planes vgl. auch *Burmeister,* Zur Staatshaftung für Planschäden der Wirtschaft, Die Verwaltung 1969, 21 (36 f.); *Egerer,* Der Plangewährleistungsanspruch, 1971, S. 31; *Ipsen,* Rechtsfragen der Wirtschaftsplanung, in: Kaiser (Hrsg.), Planung II, 1966, S. 63 (107); *Ossenbühl,* Welche normativen Anforderungen stellt der Verfassungsgrundsatz des demokratischen Rechtsstaates an die planende staatliche Tätigkeit, dargestellt am Beispiel der Entwicklungs-

Der Vertrauensschutz der Adressaten genießt gegenüber dem Bedürfnis nach Planflexibilität nur den Vorrang, wenn ein besonderer Vertrauenstatbestand einen Plangewährleistungsanspruch begründet. Ein solcher Vertrauenstatbestand läßt sich aus den Absprachen nicht ableiten: Den Absprachen liegt kein umfassender rechtlich fixierter staatlicher Plan[148] zugrunde, auf dessen Beständigkeit die privaten Beteiligten vertrauen würden. Soweit man die den Absprachen zugrunde liegende politische Intention als Wirtschaftsplanung in einem weiteren Sinn[149] ansehen will, bleibt diese Planung unverbindlich. Es wurde bereits oben herausgearbeitet, daß die Entstehung eines in die Beständigkeit des staatlichen Regelungsverzichts gerichteten Vertrauenstatbestandes durch den informellen Charakter der Absprachen ausgeschlossen wird. Hinzu kommt auch unter dem Gesichtspunkt möglicher Plangewährleistungsansprüche, daß die Dispositionen der privaten Absprachepartner im Falle einer Verwirklichung der Regelungsandrohung nicht entwertet werden würden. Es fehlt in diesem Fall bereits an einer Enttäuschung des „Planvertrauens" der Adressaten.

---

planung?, Gutachten B zum 50. DJT, 1974, S. 32 ff.; *Ders.*, Staatshaftungsrecht, § 49 Ziff. 3 a), S. 322).

[148] *Nickel*, Absprachen zwischen Staat und Wirtschaft – Die öffentlich-rechtlichen Aspekte der Selbstbeschränkungsabkommen der Industrie, Diss. Hamburg 1979, S. 73, weist zu Recht darauf hin, daß die Absprachen keine Pläne im Sinne einer umfassenden Konzeption wirtschaftlicher Abläufe sind. Als Beispiel für eine derartige umfassende staatliche Wirtschaftsplanung kann auf die in Frankreich praktizierte *planification* verwiesen werden: Zentrales Instrument der *planification* sind Fünfjahrespläne, die von einem staatlichen Planungskommissariat unter Mitwirkung von Vertretern von Unternehmen und Arbeitnehmern entwickelt und vom Parlament beschlossen werden. Als Mittel zur Erreichung der Steuerungsziele sehen die Pläne influenzierende Beeinflussungsmechanismen wie Subventionen und Steuervorteile sowie ein plankonformes Verhalten staatlicher und halbstaatlicher Unternehmen vor (vgl. zur *planification* im einzelnen *Delvolvé,* Droit public de l'économie, 1998, Rn. 271 ff.; *Mescheriakoff,* Droit public économique, 1994, Rn. 171 ff.). Aus der Fixierung der den Einzelmaßnahmen zugrundeliegenden Gesamtplanung ergeben sich besondere Anknüpfungspunkte für Vertrauensschutz, die bei normvermeidenden Absprachen nicht vorliegen.

[149] So lassen sich die Absprachen beispielsweise subsumieren unter die von *H. P. Ipsen* (Rechtsfragen der Wirtschaftsplanung, in: Kaiser [Hrsg.], Planung II, S. 63 [81]) vorgeschlagene Definition der Wirtschaftsplanung als *„Gesamtheit hoheitlicher zielverbundener Handlungen in der Absicht, wirtschaftspolitsche Ziele öffentlichen Interesses dadurch zu verwirklichen, daß das Verhalten der privaten Wirtschaft oder die Bedingungen ihrer Marktteilnahme für den Planungszeitraum unter Respektierung, d. h. unter möglichst geringer Beeinträchtigung ihrer grundrechtlichen Wirtschaftsfreiheit im Zielinteresse beeinflußt werden"*. Wirtschaftsplanung vollzieht sich in einer Vielzahl von Rechtsformen, zu denen sich auch die normvermeidenden Absprachen zählen lassen. So erwähnt auch *H. P. Ipsen,* S. 85) in seiner Typologie der Planungsformen „vertragsartige Gestaltungen ... in höchster Ebene zwischen Regierung und Wirtschaftsverbänden". Auch *Stober* (Handbuch des Wirtschaftsverwaltungs- und Umweltrechts, 1989, S. 610) ordnet „staatlich angeregte Selbstbeschränkungsabkommen" dem Bereich der Wirtschaftsplanung zu. *Dempfle* (Normvertretende Absprachen, Diss. Trier 1993, S. 81 f.) meint schließlich, daß man die Absprachen als *„ausgehandelte Pläne"* beschreiben könne.

4. Anwendung der Rechtsgedanken der §§ 48, 49 VwVfG?

Am unverbindlichen Charakter der Absprachen scheitert auch eine Anwendung der Rechtsgedanken der §§ 48, 49 VwVfG auf die normvermeidenden Absprachen, wie sie Di Fabio[150] vorgeschlagen hat. Anders als ein Verwaltungsakt, der – jedenfalls unter bestimmten Voraussetzungen – bei seinem Adressaten die schützenswerte Erwartung in den Fortbestand der mit ihm getroffenen Regelung zu begründen vermag, fehlt es bei normvermeidenden Absprachen an einem vergleichbaren Vertrauenstatbestand, der die Grundlage der Dispositionen der Wirtschaft bilden könnte. Es gibt – anders als Di Fabio[151] andeutet – keinen allgemeinen, aus dem Rechtsstaatsprinzip herzuleitenden Grundsatz, daß der Staat für betätigte Erwartungen der Bürger einzustehen hat, wenn er sie hervorgerufen hat. Erforderlich ist dafür vielmehr gerade, daß der Staat den Eindruck der Beständigkeit hervorruft; dazu steht im Rahmen kooperativer Kontakte das Instrument des öffentlich-rechtlichen Vertrages zur Verfügung.

5. Amtshaftung gemäß Art. 34 GG, § 839 BGB?

Schließlich lassen sich auch unter dem Gesichtspunkt der Amtshaftung gemäß Art. 34 GG, 839 BGB keine Vertrauensschutzansprüche der privaten Beteiligten an den Absprachen begründen. Eine abspachewidrige Gesetzgebung würde auch die vom BGH verschiedentlich angenommene „Amtspflicht zu konsequentem und rücksichtsvollem Verhalten“[152] nicht verletzen. Auch eine solche Amtspflichtverletzung kommt nur in Betracht, wenn ein Vertrauenstatbestand zur Schutzwürdigkeit einer bestimmten Erwartung an das staatliche Handeln führt. Es wurde bereits im Rahmen der vorstehenden Überlegungen zu den anderen Anspruchsgrundlagen für Vertrauensschutzansprüche dargelegt, daß die beteiligten Regierungsvertreter nicht den Eindruck erwecken, sich auch nur für einen bestimmten Zeitraum auf den Verzicht auf eine Gesetzesinitiative festlegen zu wollen.

---

[150] *Di Fabio,* Selbstverpflichtungen der Wirtschaft, JZ 1997, 969 (971).

[151] *Di Fabio,* Selbstverpflichtungen der Wirtschaft, JZ 1997, 969 (S. 971 Anm. 30).

[152] BGH NJW 1963, 644 (645); NJW 1960, 2334 f.; NJW 1962, 793 (795). Vgl. auch *Arndt/Schumacher,* Echte Fortschritte bei der unechten Rückwirkung?, NJW 1998, 1538 [1639], die im oben erwähnten Fall des Wegfalls der Steuervergünstigungen für Handelsschiffe (BVerfGE NJW 1998, 1547 ff.) einen Amtshaftunganspruch der Beschwerdeführer gegen die Bundesregierung für möglich halten wegen des enttäuschten Vertrauens in die Verbindlichkeit der Ankündigung der Bundesregierung, daß die Steuervergünstigung für Handelsschiffe erst für nach dem 30. April 1996 abgeschlossene Verträge entfallen werde, während das vom Bundestag beschlossene Jahressteuergesetz den Wegfall der Vergünstigungen bereits zum 25. April 1996 vorsah.

6. Zwischenergebnis

Aus den normvermeidenden Absprachen ergibt sich für die privaten Beteiligten kein Vertrauenstatbestand, aus dem sich Ansprüche auf eine Beibehaltung der bestehenden Rechtslage oder auf eine Entschädigung für Investitionen, die die betroffenen Unternehmen aufgrund der Absprache getätigt haben, ableiten ließen. Der bewußte Verzicht auf die Einräumung eines rechtsverbindlichen vertraglichen Erfüllungsanspruchs zerstört jeden Anknüpfungspunkt für ein in die Beständigkeit des staatlichen Regelungsverzichts gesetzten Vertrauen. Die staatliche Seite hält sich – für die beteiligten Wirtschaftskreise erkennbar – stets die Option einer hoheitlichen Programmierung[153] offen. Im Falle des Erlasses des im Rahmen der Absprachen angedrohten Gesetzes ist zudem kein Vertrauensschaden der privaten Absprachepartner erkennbar, weil die Dispositionen der Wirtschaft aufgrund der Absprache wirtschaftlich sinnvoll bleiben: Die Investitionen der Wirtschaft erleichtern in diesem Fall zumindest die Erfüllung der gesetzlichen Anforderungen.

Damit bleibt es bei dem oben nach der Prüfung vertraglicher Erfüllungsansprüche festgehaltenen Zwischenergebnis, daß die vertikalen normvermeidenden Absprachen in ihrer gegenwärtig praktizierten Form nur eine politische Bindungswirkung für die Beteiligten entfalten. Abschließend ist darauf hinzuweisen, daß dies dazu führt, daß sich sowohl die staatliche Seite als auch die beteiligten Wirtschaftskreise jederzeit ohne rechtliche Konsequenzen von der Absprache lösen können. Die Frage nach der Möglichkeit einer Kündigung, bei der es um die Beseitigung der *rechtlichen* Bindungswirkung ginge, stellt sich deshalb nicht. Die beteiligte Regierung kann jederzeit ein absprachewidriges Gesetz oder eine Rechtsverordnung initiieren, ohne daß sich die an der Absprache beteiligten Unternehmen und Verbände hiergegen gerichtlich zur Wehr setzen könnten. Ebensowenig stehen der staatlichen Seite Rechtsmittel zur Verfügung, wenn sich die Wirtschaft nicht an die gegebenen Zusagen hält. Eine Verletzung der Absprache hat allerdings politische Konsequenzen: Es wurde bereits oben darauf hingewiesen, daß die Verläßlichkeit beider Seiten als Partner künftiger Absprachen auf dem Spiel steht, wenn sich eine Seite ohne sachlichen Grund nicht an die Absprache hält.[154] Aus Sicht der Wirtschaft kommt hinzu, daß die staatliche Drohung mit dem Normerlaß fortbesteht, die zum Abschluß der Absprache geführt hat. Halten sich die betroffenen Unternehmen nicht an die Absprache, müssen sie damit rechnen, daß die angedrohte Norm erlassen wird. Dies erzeugt eine erhebliche faktische Bindungswirkung.

Aus der nur politischen Bindungswirkung der Absprachen folgt auch, daß jeweils nur die Regierung an die Absprache gebunden ist, die die Absprache geschlossen hat. Es liegt in der Natur einer politischen Bindung, daß sie sich auf die Amtszeit der Regierung beschränkt, auf deren politischer Entscheidung die Wahl des Instruments

[153] *Scheuing,* Selbstbindungen der Verwaltung, VVDStRL 40 (1982), 153 (163).

[154] Vgl. oben 3. Teil Kapitel C. I. 2. a) aa).

und der Inhalt der Absprache beruht. Dies relativiert den Wert der Absprachen aus Sicht der beteiligten Wirtschaftskreise erheblich, weil im Falle eines Regierungswechsels keinerlei Gewähr dafür besteht, daß die neue Regierung den von ihrer Vorgängerin eingeschlagenen Weg der induzierten Selbstregulierung fortsetzt. Ein praktisches Beispiel bildet insoweit das CO_2-Abkommen: Die im September 1998 neugewählte Bundesregierung hielt die Zusagen der Wirtschaft zur Reduktion der Kohlendioxid-Emissionen nicht für ausreichend, um auf einseitig-hoheitliche Mittel verzichten zu können und initiierte ein Gesetz zur Einführung einer Ökosteuer. Eine solche zusätzliche Besteuerung des Energieverbrauchs hatte die Wirtschaft mit der Absprache mit der Vorgängerregierung verhindern wollen.[155]

III. Rechtsnatur des staatlichen Mitwirkungsakts

Nachdem festgestellt wurde, daß die normvermeidenden Absprachen weder vertragliche Erfüllungsansprüche begründen, noch unter dem Gesichtspunkt in Anspruch genommenen Vertrauens Ansprüche der privaten Beteiligten an den Absprachen in Betracht kommen, soll zum Abschluß des Kapitels die Rechtsnatur des staatlichen Mitwirkungsakts an den Absprachen untersucht werden.

Eine Qualifikation der vertikalen Absprachen zwischen Staat und Wirtschaft als öffentlich-rechtliche Verträge scheidet wegen des fehlenden Rechtsbindungswillens der Beteiligten aus. Ebensowenig kann die staatliche Mitwirkung an den Absprachen der Gesetzgebung zugeordnet werden: Zwar machen die staatlichen Beteiligten im Rahmen der Absprachen von dem ihnen zustehenden Normsetzungsermessen Gebrauch, indem sie die Entscheidung treffen, auf eine Gesetzes- oder Verordnungsinitiative zunächst verzichten zu wollen. Die Entstehung einer Rechtsnorm wird durch die Absprachen aber gerade verhindert.[156]

Zur Einordnung der staatlichen Mitwirkung an den Absprachen in die hergebrachten Kategorien staatlicher Handlungsformen verbleibt mithin zunächst nur die des sog. schlichten Staatshandelns.[157] Mit diesem Begriff werden traditionell die staatlichen Maßnahmen erfaßt, die nicht auf einen rechtlichen, sondern nur auf einen tatsächlichen Erfolg gerichtet sind. Letzteres ist mit der ausschließlich politischen Bindung, die die Beteiligten bei den untersuchten Absprachen eingehen wollen, der Fall.

---

155 Vgl. zu dieser Absprache im einzelnen oben 1. Teil Kapitel A. I. 2.

156 Daß die normvermeidenden Absprachen selbst nicht als Rechtsnorm qualifiziert werden können, dürfte auf der Hand liegen: Der Begriff der Rechtsnorm läßt sich definieren als abstrakt-generelle Regelung, die Rechte und Pflichten für den Bürger oder sonstige selbstständige Rechtspersonen begründet, ändert oder aufhebt (vgl. *Maurer*, Allgemeines Verwaltungsrecht, § 4 Rn. 3). Die Absprachen enthalten weder einen imperativen Rechtsbefehl noch richten sie sich an einen unbestimmten Personenkreis.

157 Zum Begriff *Robbers,* Schlichtes Verwaltungshandeln, DÖV 1987, 272; ausführlich *Schulte,* Schlichtes Verwaltungshandeln, 1995, § 2, S. 17 ff.

Für die rechtliche Konturierung der Absprachen ist damit allerdings noch nicht viel gewonnen. Als Auffangkategorie umfaßt der Begriff des schlichten Staatshandelns eine Vielzahl höchst unterschiedlicher Erscheinungsformen staatlicher Aktivität: Genannt seien nur rein tatsächliche Verrichtungen und Durchführungshandlungen[158] wie die Auszahlung eines Geldbetrages oder die Fahrt mit einem Dienstfahrzeug auf der einen und die in jüngerer Zeit viel diskutierten Auskünfte und Warnungen staatlicher Stellen[159] auf der anderen Seite. Wegen der Vielgestaltigkeit der Erscheinungsformen schlichten Staatshandelns ist die Kategorisierung rechtlich weitgehend folgenlos, d. h. es lassen sich kaum für alle Realakte geltende Rechtsregeln entwickeln.[160]

1. Informales Staatshandeln als eigenständige Kategorie?

Dies hat dazu geführt, daß in der verwaltungsrechtlichen Literatur zunehmend versucht wird, den sehr weiten und diffusen Bereich der staatlichen Realakte weiter zu strukturieren. Für den hier interessierenden Bereich der Absprachen zwischen staatlichen Stellen und Privatrechtssubjekten werden dazu Begriffe wie informelles[161] oder informales[162] Verwaltungs- bzw. Staatshandeln vorgeschlagen.

---

[158] Zu diesen Kategorien schlichten Verwaltunghandelns vgl. *Wolff/Bachof/Stober*, Verwaltungsrecht I, § 57 Rn. 7 f.

[159] Dazu *Dolde*, Behördliche Warnungen vor nicht verkehrsfähigen Lebensmitteln, 1988; *Heintzen*, Behördliche Warnungen als Grundrechtsproblem, VerwArch 81 (1990), 532 ff.; *Leidinger*, Hoheitliche Warnungen, Empfehlungen und Hinweise im Spektrum hoheitlicher Informationstätigkeit, DÖV 1993, 925 ff.; *Ossenbühl*, Umweltpflege durch behördliche Warnungen und Empfehlungen, 1986; *Phillip*, Staatliche Verbraucherinformation im Umwelt- und Gesundheitsrecht, 1989; *Schulte*, Schlichtes Verwaltungshandeln, 1995, S. 88 ff.; *Lege*, Nochmals: Staatliche Warnungen, DVBl. 1999, 569 ff.

[160] Vielmehr wurde die rechtswissenschaftliche Diskussion schlichten Verwaltungshandelns lange Zeit von der pessimistischen Einschätzung *E. R. Hubers* (Wirtschaftsverwaltungsrecht, Bd. I 2. Aufl. 1953, S. 53) beherrscht, wonach „schlichtes Verwaltungshandeln rechtlich nicht faßbar, überhaupt weithin unsichtbar, undefinierbar und unkontrollierbar“ sei.

[161] *Bauer*, Informelles Verwaltungshandeln im öffentlichen Wirtschaftsrecht, VerwArch 78 (1987), S. 241.; *Becker*, Informelles Verwaltungshandeln zur Steuerung wirtschaftlicher Prozesse im Zeichen der Deregulierung, DÖV 1085, 1003; *Brohm*, Rechtsstaatliche Vorgaben für informelles Verwaltungshandeln, DVBl. 1994, 133 ff.

[162] *Bohne*, Der informale Rechtsstaat, 1981; *Ders.*, Absprachen zwischen Industrie und Regierung in der Umweltpolitik, JbRSoz 1982, 266; *Ders.*, Informales Verwaltungs- und Regierungshandeln als Instrument des Umweltschutzes, VerwArch 75 (1984), 343; *Ders.*, in: Kimminich/v. Lersner/Storm, HdbUR, Bd. II, Sp. 1046 ff.; *Henneke*, Informelles Verwaltungshandeln im Wirtschaftsverwaltungs- und Umweltrecht, NuR 1991, 267; *Kloepfer*, Umweltrecht, § 5 Rn. 206, S. 292; *Schultze-Fielitz*, Der informale Verfassungsstaat, 1984, S. 11 ff.; *Scherer*, Rechtsprobleme normersetzender „Absprachen“, DÖV 1991, 1.

a) Begriff informalen Staatshandelns nach Bohne

Der Begriff des informalen Staatshandelns geht dabei auf *Bohne*[163] zurück. Er versteht darunter alle rechtlich nicht geregelten Tathandlungen öffentlicher Stellen sowie die darauf bezogenen Tathandlungen Privater, die anstelle von rechtlich geregelten Verfahrenshandlungen oder Rechtsfolgeentscheidungen vorgenommen werden, obwohl zur Herbeiführung des beabsichtigten Erfolges auch ein von der Rechtsordnung zur Verfügung gestelltes privat- oder öffentlich-rechtliches Verfahren bzw. eine Entscheidungsform zur Verfügung gestanden hätte. Das informale Verwaltungshandeln wird danach von drei Merkmalen gekennzeichnet: Die rechtliche Nichtregelung der gewählten Handlungsform bei fehlendem Rechtsbindungswillen der Beteiligten, das Alternativverhältnis zu rechtlich geregelten Verfahren bzw. Entscheidungsformen sowie einer Tauschbeziehung zwischen den Akteuren.[164]

Mit der „rechtlichen Nichtregelung" ist dabei das Fehlen unmittelbar auf das untersuchte Staatshandeln anwendbarer Rechtssätze im Zeitpunkt der Vornahme der Handlung gemeint. Damit soll nach *Bohne* allerdings noch kein Urteil über Rechtmäßigkeit oder Rechtswidrigkeit des staatlichen Handelns gefällt sein. Der Begriff des „Informalen" sei weder gleichbedeutend mit dem des „Illegalen", noch bestehe eine generelle Vermutung für die Rechtswidrigkeit derartiger Realakte.[165] Es gehe vielmehr lediglich darum, das Fehlen unmittelbar auf den konkreten Sachverhalt anwendbarer Rechtssätze zu kennzeichnen; das schließe Analogieschlüsse oder die Anwendung allgemeiner Rechtsgrundsätze nicht aus.[166]

---

[163] Begriffsprägend *Bohne,* Der informale Rechtsstaat, 1981.

[164] In der japanischen Verwaltungsrechtswissenschaft werden vergleichbare Phänomene bereits seit den 60er Jahren unter dem eigenständigen Begriff des *Gyosei Shido* untersucht. Unter diesem mit „Anleitung durch die Verwaltung" nur unvollkommen zu übersetzenden Begriff faßt man dort Handlungsweisen der Verwaltung zusammen, die „mittels eines formal rechtswirkungslosen Verhaltens direkt auf den Verwaltungsadressaten einwirken, in der Erwartung, beim Verwaltungsadressaten ein bestimmtes Verhalten (Tun oder Unterlassen) zu erzielen" (so die Definition von *Shiono*, Verwaltungsrecht und Verwaltungsstil, in: Coing/Hirano [Hrsg.], Die Japanisierung westlichen Rechts, Tübingen 1988, S. 45 [57]; ähnlich *Pape,* Gyosei shido und das Anti-Monopol-Gesetz in Japan, 1980, S. 17). Als ein Unterfall des *Gyosei Shido* werden in Japan als „regulative Umweltabsprachen" Phänomene diskutiert, die weitgehend den im Rahmen dieser Arbeit behandelten normvermeidenden Absprachen entsprechen. Zu den Übereinstimmungen und Unterschieden zwischen den Begriffen des *Gyosei Shido* und des informalen Staatshandelns in der Bundesrepublik vgl. im einzelnen *Kloepfer*, „Gyosei Shido" und das informelle Verwaltungshandeln, in: Coing/Hirano (Hrsg.), Die Japanisierung westlichen Rechts, 1988, S. 83 (91 ff.).

[165] So aber wohl *Schulze-Fielitz*, Informales oder illegales Verwaltungshandeln, in: Benz/Seibel (Hrsg.), Zwischen Kooperation und Korruption, 1992, S. 233 (236).

[166] *Bohne*, Informales Staatshandeln, in: Kimminich/von Lersner/Storm (Hrsg.), HdbdUR, Sp. 1048.

b) Stellungnahmen und abweichende Kategorisierungen in der Literatur

Die Begriffsbildung Bohnes hat in der Literatur viele Anhänger gefunden;[167] das informale Staatshandeln wird mittlerweile vielerorts zur eigenständigen Kategorie des öffentlichen Rechts erhoben[168] und hat als solche nach anfänglicher Zurückhaltung mittlerweile auch Eingang in die gängigen Lehrbücher des allgemeinen Verwaltungsrechts gefunden.[169] Der „Siegeszug des Informalen"[170] hat allerdings auch Kritiker auf den Plan gerufen. Der Begriff des informalen Verwaltungshandelns wird teils mit terminologischen Einwänden,[171] teils aus verwaltungspolitischen Gründen[172] für unbrauchbar gehalten. An anderer Stelle wird der Begriff des informalen Verwaltungshandelns auf rechtlich nicht geregelte Handlungsformen ausgedehnt, denen das von *Bohne* als begriffsprägend angesehene Tauschverhältnis zwischen den Beteiligten fehlt: So will eine Gruppe von Autoren den Begriff des informalen Staatshandelns auch auf einseitige Handlungsformen wie behördliche Warnungen und Appelle erstrecken; an die Stelle des Begriffsmerkmals des Tauschverhältnisses soll hier das Merkmal der Finalität des Staatshandelns treten.[173]

---

[167] *Rengeling,* Das Kooperationsprinzip im Umweltrecht, 1986, S. 64 ff.; *Beyer,* Der öffentlich-rechtliche Vertrag, informales Handeln der Behörden und Selbstverpflichtungen Privater als Instrument des Umweltschutzes, Diss. Köln 1986; *Erbguth,* Rechtssystematische Fragen des Umweltrechts, 1987, 79; *Bauer,* Informelles Verwaltungshandeln im öffentlichen Wirtschaftsrecht, VerwArch 78 (1987), 241 ff.; *Breuer,* Verhandlungslösungen aus Sicht des deutschen Umweltschutzrechts, in: Hoffmann-Riem/Schmidt-Assmann (Hrsg.), Konfliktbewältigung durch Verhandlungen, 1990, 231 (240); *Hoffmann-Riem,* Reform des allgemeinen Verwaltungsrechts als Aufgabe, – Ansätze am Beispiel des Umweltschutzes, AöR 115 (1990), 423; *Kunig/Rublack,* Aushandeln statt Entscheiden?, Jura 1990, 1 ff.; *Kunig,* Verträge und Absprachen zwischen Verwaltung und Privaten; DVBl. 1992, 1193 ff.; *Brohm,* Rechtsstaatliche Vorgaben für informelles Verwaltungshandeln, DVBl. 1994, 133 ff.

[168] Vgl. vor allem *Schulze-Fielitz,* Der informale Verfassungsstaat, 1984.

[169] *Bull,* Allgemeines Verwaltungsrecht, § 5 Rn. 245, § 9 Rn. 486; *Erichsen,* in: Ders., Allgemeines Verwaltungsrecht, § 32; *Faber,* Allgemeines Verwaltungsrecht, § 7 V; *Maurer,* Allgemeines Verwaltungsrecht, § 15 Rn. 14 ff.; kritisch gegenüber der Aussagekraft des Begriffs *Wolff/Bachof/Stober,* Verwaltungsrecht, § 57 Rn. 5.

[170] So abschätzig *Isensee* in einer Besprechung des Buches „Der informale Verfassungsstaat" von *Schulze-Fielitz,* DVBl. 1986, 955.

[171] *Isensee,* ebenda; *Faber,* Verwaltungsrecht, § 7 V, S. 46 f.; *Stober,* Handbuch des Wirtschaftsverwaltungs- und Umweltrechts, 1989, S. 816.

[172] *Bulling,* Kooperatives Verwaltungshandeln (Vorverhandlungen, Arrangements, Agreements und Verträge) in der Verwaltungspraxis, DÖV 1989, 277; *Ders.,* Umweltschutz und Wirtschaftsüberwachung, in: Hill (Hrsg.), Verwaltungshandeln durch Verträge und Absprachen, 1990, 147 (155).

[173] *Benz,* Verhandlungen, Verträge und Absprachen in der öffentlichen Verwaltung, DV 23 (1990), 83; *Grüter,* Umweltrecht und Kooperationsprinzip in Deutschland, 1990, S. 59 ff.; *Hennecke,* Informelles Verwaltungshandeln im Wirtschaftsverwaltungs- und Umweltrecht, NuR 1991, 267; *Ossenbühl,* Informelles Hoheitshandeln im Gesundheits- und Umweltschutz, Jb. des Umwelt- und Technikrechts 1987, 27 (29); *Püttner,* Der informale Rechtsstaat, KritV 1992, 1, 63; *Schulte,* Informales Verwaltungshandeln als Mittel staatlicher Umwelt- und Gesund-

2. Zwecktauglichkeit des Begriffes des informalen Staatshandelns unter rechtswissenschaftlichen Gesichtspunkten

Im Hinblick auf den Untersuchungsgegenstand dieser Arbeit sind somit mehrere Fragen zu klären. Erstens, ob der Begriff des informalen Staatshandelns einen rechtswissenschaftlichen Erkenntnisgewinn verspricht und wie er gegebenenfalls zu definieren ist. Zweitens, ob dieser Begriff geeignet ist, die mit der staatlichen Mitwirkung an normersetzenden Absprachen verbundenen Rechtsprobleme zu erfassen oder ob dazu eine andere Rechtsfigur notwendig ist.

Der verwaltungswissenschaftliche Befund ist unbestritten: Auf nahezu allen Ebenen des Staatshandelns sind mehr oder weniger neuartige Entscheidungsformen und Konfliktbewältigungsstrategien anzutreffen, die sich außerhalb der rechtlich geregelten Handlungsformen der Verwaltung bewegen.[174] So wird etwa im Bereich des Gesetzesvollzugs über den Genehmigungsinhalt oftmals vorab mit dem Antragsteller verhandelt; das Verhandlungsergebnis bestimmt dann wesentlich den Inhalt der zu erteilenden Genehmigung.[175] In anderen Fällen schreiten Behörden bewußt gegen ein als rechtswidrig erkanntes Verhalten von Unternehmen nicht ein, weil sich Behörde und Unternehmen über eine anderweitige Verbesserung des Umweltzustandes geeinigt haben.[176] Auf der Ebene des Verfassungsrechts wird im Rahmen „runder Tische“ von Regierungen mit Wirtschaft und Gewerkschaften über gesetzgeberische Maßnahmen beraten.[177] Die normvermeidenden Absprachen bilden also

heitspflege, DVBl. 1988, 512; *Schulze-Fielitz*, Der informale Verfassungsstaat, 1984, S. 236; ähnlich *Stober*, Deregulierung im Wirtschaftsverwaltungsrecht, 1997, S. 60 ff., der den Begriff des *informalen* Handelns lediglich für einseitig-informale Praktiken verwendet.

[174] Grundlegend hierzu *Schulze-Fielitz*, Der informale Verfassungsstaat, 1984. Ebenso bereits die einhellige Auffassung der Referenten und Diskussionsteilnehmer der 7. wissenschaftlichen Fachtagung der Gesellschaft für Umweltrecht im Jahre 1984, dazu *Wilke*, Ergebnisse des Arbeitskreises C „Informales“ Staatshandeln als Instrument des Umweltschutzes, Dokumentation, Berlin 1984, S. 245 (246).

[175] Hierzu umfassend: *Mayntz/Bohne/Derlien/Hesse/Hucke/Müller*, Vollzugsprobleme in der Umweltpolitik, S. 318 ff.; *Bohne*, Der informale Rechtsstaat, S. 50 ff.; *Ders.*, Informales Verwaltungshandeln im Gesetzesvollzug, JbRSoz 1980, 20 (29 ff.); *Ders.*, VerwArch 75 (1984), S. 347 ff.; *Rengeling*, Das Kooperationsprinzip im Umweltrecht, S. 74, 150 ff. Zu weiteren Abspracheformen zwischen Staat und Wirtschaft im Bereich des Gesetzesvollzugs vgl. *Bauer*, Informelles Verwaltungshandeln im öffentlichen Wirtschaftsrecht, VerwArch 78 (1987), 241 ff.; *Bulling*, Kooperatives Verwaltungshandeln (Vorverhandlungen, Arrangements, Agreements und Verträge) in der Verwaltungspraxis, DÖV 1989, 277; *Burmeister*, Verträge und Absprachen zwischen der Verwaltung und Privaten, VVDStRL 52 (1993), 190 ff.; *Eberle*, Arrangements im Verwaltungsverfahren, DV 17 (1984), 439 ff.; *Henneke*, Informales Verwaltungshandeln im Wirtschaftsverwaltungs- und Umweltrecht, NuR 1991, 267 ff.; *Kunig*, Verträge und Absprachen zwischen Verwaltung und Privaten, DVBl. 1992, 1193 ff.; *Kunig/Rublack*, Aushandeln statt Entscheiden?, Jura 1990, 1 ff.; *Lübbe-Wolff*, Das Kooperationsprinzip im Umweltrecht – Rechtsgrundsatz oder Deckmantel eines Vollzugsdefizits?, NuR 1989, 295 ff.

[176] *Fluck*, Die Duldung des unerlaubten Betreibens genehmigungsbedürftiger Anlagen, NuR 1990, 197 ff.; *v. Lersner*, Verwaltungsrechtliche Instrumente des Umweltschutzes, S. 19; *Randelzhofer/Wilke*, Die Duldung als Form flexiblen Verwaltungshandelns, 1981.

nur ein Beispiel für das Verhalten eines Staates, der zunehmend mit dem Bürger kooperiert, anstatt mit Rechtsakten imperativen Zwang auszuüben. Dieser empirische Befund rechtfertigt aber noch keine rechtswissenschaftliche Begriffsbildung; er ist zunächst nur geeignet, die Bildung einer verwaltungswissenschaftlichen Kategorie zu begründen. Genau dies ist dem Begriff des informalen Verwaltungshandelns vorgeworfen worden: Er sei allenfalls zur Beschreibung der bestehenden Verwaltungspraxis geeignet. Aus rechtswissenschaftlicher Sicht stelle er einen konturenlosen Sammelbegriff dar, der keine Schlüsse auf die für das Verhalten des Staates geltenden rechtlichen Maßstäbe zulasse.[178]

Den Anforderungen an die rechtswissenschaftliche Begriffsbildung ist beizupflichten. Diese ist nämlich nicht willkürlich, sondern wird bestimmt durch den Untersuchungszweck:[179] Ein Begriff muß geeignet sein, das Erkenntnisinteresse der jeweiligen Wissenschaft zu fördern.[180] Für die Rechtswissenschaft bedeutet dies, daß der Begriff der Ableitung von Rechtsregeln für das untersuchte Verhalten dienlich sein muß. Dies gilt in besonderer Weise für die Bildung von Kategorien wie der des informalen Staatshandelns. Ein Sammelbegriff bleibt rechtlich unergiebig, wenn er nicht die Aufmerksamkeit des Rechtsanwenders auf bestimmte, allen der zusammengefaßten Erscheinungsformen des Staatshandelns gemeinsame Rechtsprobleme lenkt.[181] Die Begriffsbildung Bohnes wird diesen Anforderungen allerdings – nach einigen weiteren Differenzierungen, die im folgenden entwickelt werden – gerecht. So soll nach *Bohne* das informale Staatshandeln neben dem fehlenden Rechtsfolgewillen der Beteiligten geprägt werden durch das Alternativverhältnis zu rechtlich geregelten Handlungsformen. Damit ist ein auch rechtlich möglicherweise folgenreicher Gesichtspunkt benannt. Wenn die Beteiligten auf rechtlich nicht geregelte Kooperationsinstrumente ausweichen, obwohl die Rechtsordnung zur Herbeifüh-

---

[177] Bereits die in § 3 StabG nur als Begriff erwähnte *Konzertierte Aktion* wurde informal besetzt und praktiziert, vgl. dazu *Andersen,* Konzertierte Aktion, in: Sontheimer/Röhring, Handbuch des politischen Systems der Bundesrepublik Deutschland, 1977, S. 338 ff. Daneben bestehen bei verschiedenen Bundesministerien zahlreiche sog. Beiräte, in denen Vertreter von Gewerkschaften und Wirtschaftsverbänden auf politische Entscheidungen informal Einfluß nehmen (dazu *H. Schröder,* Vorschläge zur Transparenz des Verbandseinflusses auf die Gesetzgebung, ZParl 8 [1977], 491 ff. [497, 498]). Hierzu und zu weiteren informellen Formen der Kooperation von Staat und Wirtschaft auf der Ebene des Verfassungsrechts vgl. *Schulze-Fielitz,* Der informale Verfassungsstaat, S. 66 ff.

[178] *Scherer,* Rechtsprobleme normersetzender Absprachen, DÖV 1991, 1. Noch weitergehend *Faber*, Verwaltungsrecht, § 7 V, S. 46 f., der meint, daß sich informale Praktiken der rechtswissenschaftlichen Erfassung durch die staatliche Handlungsformenlehre grundsätzlich entzögen, weil sie gerade aus dem Kontrast zum Recht ihren besonderen Charakter gewännen.

[179] *Larenz/Canaris*, Methodenlehre der Rechtswissenschaft, S. 328; *Zippelius*, Einführung in die Rechtsphilosophie, S. 5.

[180] *Schulte,* Schlichtes Verwaltungshandeln, 1995, S. 28, mit dem Hinweis, „daß begrifflich-systematische Klarheit eine elementare Rationalitätsbedingung jeder Wissenschaft ist".

[181] Ähnlich *Schmidt-Aßmann* VVDStRL 56 (1997), 294 f. (295), der auf die Funktion von Typologien verweist, Gefährdungen, die von neuartigen Handlungsformen für die demokratisch-rechtsstaatliche Verfassung ausgehen, besser analysieren zu können.

rung des gewünschten Erfolges für den Staat eine dafür vorgesehene Handlungsform bereithält, wirft dies zum einen die Frage nach einer entsprechenden Anwendbarkeit der für den formalisierten Rechtsakt geltenden Rechtsregeln auf.[182] Zum anderen könnte in allen der zusammengefaßten Fallgruppen bereits die Tatsache, daß die Beteiligten der Rechtsordnung bewußt ausweichen, zumindest ein Indiz für die Rechtswidrigkeit der Praktiken darstellen. Auch das dritte Merkmal des informalen Staatshandelns nach *Bohne*, das Tauschverhältnis zwischen den Beteiligten, kennzeichnet nicht nur einen tatsächlichen Befund, sondern ist geeignet, den Blick auf besondere Rechtsprobleme zu lenken. Gerade dieses Tauschverhältnis begründet eine besondere Gefährdungslage für die Rechte Dritter. Ebenso droht der von verschiedener Seite befürchtete „Ausverkauf von Hoheitsrechten“[183] gerade deswegen, weil der Staat sich auf die Ebene der Gleichordnung begibt, die Ausübung der ihm durch die Rechtsordnung zur Verfügung stehenden imperativen Befugnisse zum Gegenstand von Verhandlungen macht und auf ihre Ausübung im Gegenzug gegen privates Wohlverhalten verzichtet. Als Zwischenergebnis läßt sich mithin festhalten, daß die von Bohne vorgenommene Kategorisierung unter rechtswissenschaftlichen Gesichtspunkten zwecktauglich ist. Die gewählte Definition informalen Verwaltungshandelns faßt mit der staatlichen Mitwirkung an Absprachen auf der Ebene der Normsetzung sowie auf der des Normvollzugs Erscheinungsformen nichtregelnden Verwaltungshandelns zusammen, die übereinstimmende Rechtsprobleme aufwerfen und sich durch diese zugleich von anderen Formen schlichten Hoheitshandelns abheben.

3. Unterscheidung von einseitig-informalem und kooperativ-informalem Staatshandeln

Dieser Gewinn an Unterscheidbarkeit verschiedener Formen nichtregelnden Verwaltungshandelns würde wieder eingeebnet, wenn man auf das Tauschverhältnis zwischen den Beteiligten oder das Alternativverhältnis zu rechtlich formalisierten Handlungsformen verzichten würde.[184] Daß dies von denjenigen, die den Begriff des informalen Staatshandelns auch auf behördliche Warnungen, Empfehlungen und Auskünfte erstrecken wollen, vorgeschlagen wird, lenkt den Blick allerdings auf eine entscheidende Schwäche der Begriffsbildung *Bohnes*. Begriffe müssen nämlich die Merkmale ihres jeweiligen Gegenstandes so genau bezeichnen, daß Dritte mit den Begriffen die gleichen Sachverhalte und rechtlichen Vorstellungen verbinden.[185] So sehr die von *Bohne* erfaßten Sachverhalte nach dem Vorstehenden einen eigenständigen rechtswissenschaftlichen Begriff verdienen, so wenig kommt

[182] Dazu im einzelnen für normvermeidende Absprachen unten 4. Teil.

[183] *Krüger*, Die Auflage als Instrument der Wirtschaftsverwaltung, DVBl. 1955, 380ff.; 450ff.; 518ff.; (520).

[184] So auch *Burmeister*, Verträge und Absprachen zwischen der Verwaltung und Privaten, VVdStRL 52 (1993), 190 (203).

in der von *Bohne* gewählten Begrifflichkeit zum Ausdruck, was gemeint ist. Die Bezeichnung als „informales" Staatshandeln legt als Gegenbegriff zu „formalem" Handeln zunächst tatsächlich nur die Assoziation des „rechtlich nicht Geregelten", des „rechtlich nicht Formalisierten" nahe. Daß allein von *Absprachen* die Rede sein soll, die durch ein Tauschverhältnis zwischen den Beteiligten gekennzeichnet sind, kommt nicht zum Ausdruck.

Auch die übrigen als rechtserheblich erkannten Merkmale der untersuchten Sachverhalte müssen sich daher in der Begriffsbildung niederschlagen. Dabei steht zur Kennzeichnung der einverständlichen Verhaltensabstimmung zwischen den Beteiligten der im Umweltrecht bereits zum Prinzip des Staatshandelns erhobene Terminus der *Kooperation* von Staat und Gewaltunterworfenen zur Verfügung.[186] Durch das Merkmal des kooperativen Zusammenwirkens der Beteiligten lassen sich sowohl die normvermeidenden Absprachen als auch die Absprachen im Bereich des Gesetzesvollzugs von einseitigen Handlungsformen abgrenzen, die wie Warnungen oder Empfehlungen öffentlicher Stellen ebenfalls nicht ausdrücklich von der Rechtsordnung vorgesehen werden. Dabei kann durch die Bezeichnung als *kooperatives* Handeln der interaktive Charakter[187] der Übereinkunft mit der Wirtschaft noch prägnanter bezeichnet werden, als dies bei der von *Hennecke* vorgeschlagenen Unterscheidung zwischen einseitig-informalem und *zweiseitig*-informalem Handeln der Fall ist.[188]

Andererseits darf auch der informelle Charakter der Übereinkunft nicht verschüttet werden. Es verstellt daher ebenfalls den Blick auf Wesentliches, wenn die normvermeidenden Absprachen mancherorts der Kategorie des „*kooperativen Rechts*" zugeordnet werden:[189] Bei den normvermeidenden Absprachen handelt es sich gerade nicht um einen Akt der *Recht*setzung, sondern um ein Verhalten, das rechtlich geregelten Handlungsformen auszuweichen versucht; auf die Bezeichnung als *informales* Handeln kann deshalb nicht verzichtet werden. Ebenfalls vernachlässigt

---

185 *Larenz/Canaris*, Methodenlehre der Rechtswissenschaft, S. 329. Zu den wissenschaftstheoretischen Vorgaben für die Begriffsbildung vgl. auch *Schulte,* Schlichtes Verwaltungshandeln, 1995, S. 28 ff.

186 Zum Kooperationsprinzip *Di Fabio,* Das Kooperationsprinzip – ein allgemeiner Rechtsgrundsatz des Umweltrechts, NVwZ 1999, 1153 ff.; *Müggenborg,* Formen des Kooperationsprinzips im Umweltrecht der Bundesrepublik Deutschland, NVwZ 1990, 909 ff.; *Rengeling*, Das Kooperationsprinzip im Umweltrecht, 1988; *Ders.*, Kooperationsprinzip, in: Kimminich/von Lersner/Storm (Hrsg.), HdbdUR, Bd. II, Sp. 1286; *Grüter*, Umweltrecht und Kooperationsprinzip in Deutschland, 1990; *Lübbe-Wolff*, Das Kooperationsprinzip in Deutschland – Rechtsgrundsatz oder Deckmantel eines Vollzugsdefizits?, NuR 1989, 295 ff.

187 Zum Begriff der *Interaktion*, der das aufeinander bezogene Handeln zweier oder mehrerer Personen bzw. die Wechselbeziehung zwischen Handlungspartnern bezeichnet, vgl. *Schulte*, Schlichtes Verwaltungshandeln, 1995, S. 40.

188 *Henneke*, Informelles Verwaltungshandeln im Umwelt- und Technikrecht, NuR 1991, 267 (270).

189 So etwa *Schulze-Fielitz,* Kooperatives Recht im Spannungsfeld von Rechtsstaatsprinzip und Verfahrensökonomie, DVBl. 1994, 658 ff.

wird dieser *informale* Charakter der Übereinkunft in der Begriffsbildung von Schulte,[190] der zwischen einem auf *Interaktion* gerichteten Verhalten der Beteiligten und auf *Information* ausgerichtetem schlichten Staatshandeln unterscheiden will. Vorzugswürdig ist nach allem mit dem *informal-kooperativen Staatshandeln* ein Begriff, der nicht nur die Anforderungen an eine sinnvolle Kategorisierung erfüllt, sondern den untersuchten Gegenstand auch hinreichend genau kennzeichnet.[191] Mit dieser Kategorie des kooperativ-informalen Staatshandelns können neben der Mitwirkung an den im Rahmen dieser Arbeit untersuchten rechtsverordnungs- und gesetzesvermeidenden Absprachen zwischen Staat und Wirtschaft auch die informalen Absprachen im Bereich des Gesetzesvollzugs erfaßt werden. Der Begriff des *informalen Staatshandelns* kann weiterhin als Oberbegriff Verwendung finden, der *informal-kooperative* und *einseitig-informale* Praktiken zusammenfaßt und diese von den übrigen Formen schlichten Hoheitshandelns abgrenzt, denen das Alternativverhältnis zu rechtlich geregelten Handlungsformen fehlt.

IV. Zwischenergebnis

Normvermeidende Absprachen begründen in ihrer gegenwärtig in Deutschland praktizierten Form weder wechselseitige primäre Erfüllungsansprüche noch einen Vertrauenstatbestand, der dazu führen würde, daß die privaten Absprachteilnehmer sich gegen eine absprachewidrige Gesetzgebung zur Wehr setzen oder eine Entschädigung für Investitionen verlangen könnten, die durch eine absprachewidrige Gesetzgebung entwertet werden.

Der staatliche Mitwirkungsakt an den Absprachen kann durch den Begriff des informal-kooperativen Staatshandelns erfaßt werden. Diese Kategorie faßt mit den normvermeidenden Absprachen und informellen Absprachen auf der Ebene des Gesetzesvollzugs Erscheinungsformen schlichten Staatshandelns zusammen, die vergleichbare Rechtsprobleme aufwerfen und grenzt die Absprachen gleichzeitig von einseitig-informalen Praktiken wie Empfehlungen und Warnungen staatlicher Stellen ab.

---

[190] *Schulte,* Schlichtes Verwaltungshandeln, 1995, S. 40 ff.

[191] Im Ergebnis wie hier *Grüter*, Kooperationsprinzip und Umweltrecht, S. 61 ff., der ebenfalls zwischen *einseitig-* und *kooperativ-informalem* Staatshandeln unterscheidet. In gleicher Richtung auch *Neumann,* Freiheitsgefährdung im kooperativen Sozialstaat, 1992, S. 432, der meint, daß „*die Kriterien einseitig/kooperativ zumindest gleichberechtigt neben den Merkmalen formell/informell*" stehen.

Vierter Teil

Rechtliche Grenzen der staatlichen Mitwirkung an den normvermeidenden Absprachen

Nachdem Effizienz und Rechtswirkungen normvermeidender Absprachen untersucht worden sind, sind nunmehr die rechtlichen Grenzen der staatlichen Mitwirkung an den Absprachen zu ermitteln. Diesem Fragenkreis kommt besonderes Gewicht zu, weil – anders als etwa in der belgischen Region Flandern, wo eine Rechtsverordnung mittlerweile Voraussetzungen des wirksamen Zustandekommens sog. Umweltvereinbarungen regelt[1], und in Dänemark, wo das neue Umweltschutzgesetz zumindest Rahmenbedingungen für die Absprachen vorsieht[2] – in der Bundesrepublik einfachgesetzliche Vorgaben für die Absprachen bislang fehlen.[3]

Es muß deshalb der Versuch unternommen werden, aus dem Grundgesetz und einer möglichen analogen Anwendung einfachgesetzlicher Vorschriften, die für den zu vermeidenden Rechtsetzungsakt gelten, Rechtsregeln für normvermeidende Absprachen abzuleiten. Dies schließt selbstverständlich nicht aus, diese Rechtsregeln zu einem späteren Zeitpunkt zur Basis einer einfachgesetzlichen Regelung der Absprachen zu machen; ob und mit welchem Inhalt eine solche Kodifikation sinnvoll wäre, wird noch zu untersuchen sein.[4]

An dieser Stelle sind auf Grundlage des geltenden Rechts zum einen formelle Fragen (A.) zu klären. Das Bundesstaatsprinzip ist betroffen, soweit es um die Verteilung der Verbandskompetenzen zwischen Bund und Ländern geht (I.). Innerhalb der jeweiligen Verbände stellt sich die Frage, wie die Zuständigkeiten zur Mitwirkung an den Absprachen zwischen Exekutive und Legislative verteilt sind. Hier gilt

---

[1] Vgl. oben 1. Teil Kapitel A. XI. 2. b).

[2] Vgl. oben 1. Teil Kapitel A. XI. 2. c). Ein weiterer Kodifikationsversuch findet sich in Japan, wo der Entwurf eines Verwaltungsverfahrensgesetzes einfachgesetzliche Vorgaben für das „*Gyosei shido*" enthält. Dazu und zur Vergleichbarkeit des Gyosei shido mit der Kategorie des informellen Staathandelns in der Bundesrepublik vgl. *Shiono,* Anmerkungen zum Entwurf des Verwaltungsverfahrensgesetzes in Japan, VerwArch 84 (1993), S. 45 ff.; *Bullinger,* Zwecke und Neuerungen des japanischen Verwaltungsverfahrensgesetzes, VerwArch 84 (1993), S. 65 ff. sowie bereits oben 1. Teil Kapitel A. XI. 2. n).

[3] Einfachgesetzliche Rahmenbedingungen für normvermeidende Absprachen sieht der Entwurf der Sachverständigenkommission für ein Umweltgesetzbuch beim Bundesministerium für Umwelt, Naturschutz und Reaktorsicherheit vor: In § 35 UBG-Kom-E sind einige Anforderungen an das zum Abschluß der Absprachen führende Verfahren und eine Pflicht zur Veröffentlichung der Absprachen vorgesehen.

[4] Vgl. unten 5. Teil Kapitel A.

es die Grenzen zu ermitteln, die der Gewaltenteilungsgrundsatz und das Demokratieprinzip der staatlichen Mitwirkung an den Absprachen setzen (II.). Um bundesstaatliche Aspekte geht es erneut, wenn untersucht wird, ob dem Bundesrat ein Mitwirkungsrecht zusteht (III. 1. lit. a). Innerhalb der an den Absprachen beteiligten Regierung stellt sich die Frage, ob der zuständige Fachminister einen Kabinettsbeschluß über die Beteiligung an einer normvermeidenden Absprache herbeiführen muß (III.1. lit. b). Anschließend wird untersucht, ob gesellschaftlichen Gruppen Mitwirkungsrechte zustehen (III.2). Schließlich ist zu klären, ob eine Pflicht zur Veröffentlichung des Absprachеinhalts besteht (III. 4.).

In materieller Hinsicht (B.) ist zunächst der Frage nachzugehen, ob und inwieweit Gesetzgebungspflichten bestehen, die der staatlichen Mitwirkung an normvermeidenden Absprachen entgegen stehen (I.) Daneben berühren die Absprachen rechtsstaatliche Gewährleistungen (II.): Die Absprachen greifen möglicherweise sowohl in Grundrechte der an der Absprache Beteiligten als auch in Grundrechte unbeteiligter Dritter ein (1.). Daran anknüpfend stellt sich die Frage nach der Erforderlichkeit und Existenz einer hinreichenden gesetzlichen Grundlage für die Absprachen (2.). Anschließend werden weitere rechtsstaatliche Grenzen des staatlichen Drohpotentials abgesteckt (3.). Schließlich ist zu untersuchen, ob sich aus Wettbewerbs- und Europarecht Bindungen ergeben, die durch die Absprachen verletzt werden (III.).

A. Formelle Grenzen

I. Verbandskompetenz

In formeller Hinsicht sind zunächst die rechtlichen Grenzen der staatlichen Mitwirkung an normvermeidenden Vereinbarungen abzustecken, die sich aus der Verteilung von Verbandskompetenzen zwischen Bund und Ländern sowie aus den Regelungen der Organkompetenzen innerhalb der jeweiligen Verbände ergeben. Obwohl die staatliche Mitwirkung an normvermeidenden Absprachen als informal-kooperative Staatstätigkeit keiner der gesetzlich geregelten Handlungsformen der Verwaltung zuzuordnen ist, gilt auch für sie die Zuständigkeitsordnung.[5] Die rechtlich fixierte Verteilung von Kompetenzen zwischen den verschiedenen Rechtsträgern und Organen des Staates ist ein Ausfluß des Rechtsstaatsprinzips: Die Einhaltung der Zuständigkeitsordnung ist für die Voraussehbarkeit und Berechenbarkeit des Staatshandelns unerläßlich.[6] Die Verpflichtung zur Wahrung der Zuständigkeitsord-

[5] *Becker*, Informales Verwaltungshandeln zur Steuerung wirtschaftlicher Prozesse, DÖV 1985, 1003 (1010); *Oebbecke*, Die staatliche Mitwirkung an gesetzesabwendenden Vereinbarungen, DVBl. 1986, 793 (795); *Schmidt-Preuß*, Verwaltung und Verwaltungsrecht zwischen gesellschaftlicher Selbstregulierung und staatlicher Steuerung, VVDStRL 56 (1997), 161 (218); *Schulte*, Schlichtes Verwaltungshandeln, 1995, S. 147 ff.

[6] *Stern*, Das Staatsrecht der Bundesrepublik Deutschland I, § 20 IV d), S. 824; *Schulte*, Schlichtes Verwaltungshandeln, 1995, S. 147.

nung folgt außerdem bereits aus der Bindung aller staatlichen Gewalt an Gesetz und Verfassung gemäß Art. 20 Abs. 3 GG: Die handelnden staatlichen Stellen dürfen diese Bindung nicht unterlaufen, indem sie sich neuartiger Handlungsformen bedienen. Eine normvermeidende Absprache ist demnach unabhängig von ihrem Inhalt rechtswidrig, wenn sie unter Beteiligung einer unzuständigen Stelle zustande gekommen ist.[7]

Hinsichtlich der Verbandskompetenz sind in den Art. 70 ff., 83 ff. GG nur die Zuständigkeiten von Bund und Ländern für die Gesetzgebung und die Exekutive geregelt. Welche dieser Kompetenzen für die Mitwirkung an normvermeidenden Absprachen maßgeblich ist, bedarf genauerer Untersuchung. Ihrem äußeren Erscheinungsbild nach sind die Absprachen nämlich keinem der Bereiche eindeutig zuzuordnen. Einerseits gehören die handelnden Organe – regelmäßig Mitglieder einer Regierung – der Exekutive an. Ebenso scheint die Qualifizierung der staatlichen Mitwirkung als informeller Realakt auf ein Verwaltungshandeln hinzudeuten.[8] Schließlich haben auch die Mittel, derer sich Minister und Regierung zur Überwachung der Einhaltung der Vereinbarungen bedienen, administrativen Charakter: So erhalten verschiedene Abkommen im Umweltbereich Verpflichtungen zur jährlichen Berichterstattung oder zur Vorlage von Nachweisen beim Bundesministerium für Umwelt, Naturschutz und Reaktorsicherheit oder dem Umweltbundesamt;[9] in anderen Fällen werden Arbeitskreise der zuständigen Minister mit Vertretern der Industrie gebildet, um die tatsächliche Umsetzung der Selbstverpflichtungen zu überwachen.[10]

Für die Maßgeblichkeit der Legislativkompetenzen spricht dagegen der Hauptzweck der Vereinbarungen. Sie sollen gesetzliche Regelungen entbehrlich machen; diese Zielrichtung schlägt sich nicht zuletzt in der Begriffsbildung der *normvermeidenden* Absprache nieder. Gesetzgeberische Untätigkeit kann aber nur der Verband glaubwürdig in Aussicht stellen, der die Gesetzgebungskompetenz für den fraglichen Bereich besitzt.[11] Diese faktische Verhandlungsposition entspricht im übrigen

[7] So allgemein für Realakte: *Maurer*, Allgemeines Verwaltungsrecht, § 15 Rn. 5.

[8] *Di Fabio*, Selbstverpflichtungen der Wirtschaft, JZ 1997, 969 (972).

[9] So in den Beispielsfällen oben 1. Teil Kapitel A. I. 1. (FCKW), A. II. (Asbest) und VI. (Wasch- und Reinigungsmittel).

[10] So z. B. der vom Bundesinnenminister und Vertretern der Stahlindustrie gebildete Arbeitskreis zur Kontrolle des Abkommens über die verbesserte Verwertung von Weißblechabfällen, dazu *Bohne*, Privatisierung des Staates – Absprachen zwischen Staat und Wirtschaft in der Umweltpolitik, in: Gesner/Winter (Hrsg.), Verflechtungen von Staat und Wirtschaft, Jahrbuch für Rechtssoziologie und Rechtstheorie, Bd. VIII, 1982, s. S. 267 ff. (271 f.).

[11] So auch *Oebbecke*, Staatliche Mitwirkung an gesetzesabwendenden Vereinbarungen, DVBl. 1986, 793 (795), der einen Parallelfall zum Institut der Zusage im allgemeinen Verwaltungsrecht sieht: Auch dort müsse, wenn die Zusage sinnvoll sein solle, die Kompetenz für die Zusage bei derselben Stelle liegen wie die Zuständigkeit für den Gegenstand der Zusage. Ähnlich *Rengeling*, Kooperationsprinzip im Umweltrecht, 1988, S. 178. Zur verwaltungsrechtlichen Zusage vgl. den Wortlaut des § 38 Abs. 1 VwVfG („von der *zuständigen* Behörde") sowie *Hennecke,* in: Knack, VwVfG, § 38 Rn. 3.1.3.

auch dem materiellen Gehalt der Legislativkompetenzen. Sie fixieren Bereiche rechtlicher Verantwortlichkeit, die auch bei der Wahl informal-kooperativer Instrumente Geltung beanspruchen:[12] Wenn das Grundgesetz einem Verband die Gesetzgebungskompetenz für einen bestimmten Bereich überträgt, liegt darin nicht nur die Übertragung einer formellen Kompetenz, sondern zugleich die materielle Zuständigkeit für einen Sachbereich. Mit ihr erhält der jeweilige Verband unter anderem den Auftrag, über die Erforderlichkeit einer normativen Regelung der Materie zu befinden. Eine Form der Ausübung dieses Normsetzungsermessens stellt die Entscheidung dar, auf eine verbindliche Regelung durch Gesetz oder Rechtsverordnung zu verzichten und stattdessen einer normvermeidenden Absprache den Vorzug zu geben. Daher hat die Beantwortung der Frage nach der Verbandskompetenz zur Mitwirkung an normvermeidender Vereinbarung bei der Verteilung der Gesetzgebungszuständigkeiten zwischen Bund und Ländern anzusetzen.

Begrifflich etwas ungenau ist es allerdings, wenn in diesem Zusammenhang davon gesprochen wird, daß die Verbandskompetenz zur Mitwirkung an normvermeidenden Absprachen als „Annex" der entsprechenden Gesetzgebungskompetenz bezeichnet werden könne.[13] Mit dem Begriff der Annex-Kompetenz wird üblicherweise die Zuständigkeit für Sachbereiche gekennzeichnet, die sich auf die Vorbereitung und Durchführung eines durch einen Kompetenztitel ausdrücklich zugewiesenen Sachbereiches beziehen.[14] Es geht dort um den Erlaß einer Anhang-*Regelung*, die in einem engen funktionalen Verhältnis zu dem ausdrücklich zugewiesenen Sachbereich steht, und in ihrer Zielsetzung auf diesen bezogen ist.[15] Insofern steht der Begriff der Annex-Kompetenz der staatlichen Mitwirkung an normvermeidenden Absprachen sicherlich näher als der der Kompetenz kraft Sachzusammenhangs. Während nämlich letztere gekennzeichnet wird durch den Übergriff in einen materiell anders gearteten Sachbereich, erweitert die Annex-Kompetenz die Zuständigkeit nur insoweit, als Regelungen gestattet werden, die in einem engen, unlösbaren Zusammenhang zu dem ausdrücklich zugewiesenen Sachbereich stehen.[16] Die Mitwir-

[12] *Brohm*, Rechtsgrundsätze für normersetzende Absprachen, DÖV 1992, 1025 (1029).

[13] So *Oebbecke*, Staatliche Mitwirkung an gesetzesabwendenden Vereinbarungen, DVBl. 1986, 793 (795) und *Rengeling*, Das Kooperationsprinzip im Umweltrecht, 1988, S. 178; zustimmend *Schulte*, Schlichtes Verwaltungshandeln, 1995, S. 148.

[14] *Degenhart,* in: Sachs, GG, Art. 70 Rn. 34; *Kunig,* in: v. Münch/Kunig, GG, Bd. 3, Art. 70 Rn. 25; *Maunz*, in: Maunz/Dürig, GG, Art. 70 Rn. 49; *Pieroth,* in: Jarass/Pieroth, GG, Art. 70 Rn. 7; *Stern,* Das Staatsrecht der Bundesrepublik Deutschland I, § 19 III 3 α–β.

[15] *Degenhart*, Staatsrecht I, Rn. 106.

[16] Die Annexkompetenz geht nach einer einprägsamen Formulierung von *G. Scholz*, Grundgesetz II, S. 68 f. *„in die Tiefe"*, während die Kompetenz kraft Sachzusammenhangs *„in die Breite"* geht (a. A. *Pieroth,* in: Jarass/Pieroth, GG, Art. 70 Rn. 7 und *v. Münch,* Staatsrecht, Rn. 539, die die Annexkompetenz als Unterfall der Kompetenz kraft Sachzusammenhangs ansehen). Beispiele für die Wahrnehmung einer Annexkompetenz finden sich im Bereich Straßenverkehrsrecht mit den auf Art. 74 Nr. 22 GG gestützten Regelungen über den Straßenverkehr behindernde Werbeanlagen, vgl. dazu BVerfG NJW 1976, 559 sowie in der auf Art. 73 Nr. 1 GG gestützten Errichtung der Bundeswehrhochschulen.

kung an normvermeidenden Vereinbarungen ist indes noch enger mit der Gesetzgebungszuständigkeit verbunden als eine Annex-Kompetenz. Die Absprache stellt sich thematisch als eine Form der Wahrnehmung des kompetenziell ausdrücklich zugewiesenen Bereiches dar; lediglich die Form der Ausübung der Zuständigkeit ist mit dem Verzicht auf den Normerlaß eine andere. Im bewußten Verzicht auf den Normerlaß liegen aber gerade besondere kompetenzielle Probleme, die bei den mit dem Begriff der Annex-Kompetenz erfaßten Fällen nicht auftreten. Diese Unterschiede würden verschüttet, wenn man die Absprachekompetenz ebenfalls als Annex-Kompetenz der Gesetzgebungszuständigkeit bezeichnen würde.[17] Bei der Kompetenz zur Mitwirkung an normvermeidenden Absprachen handelt es sich vielmehr um eine mit der Gesetzgebungszuständigkeit verbundene Kompetenz eigener Art, für die eigene Grundsätze gelten, die im folgenden entwickelt werden.

1. Bereich ausschließlicher Gesetzgebungskompetenzen

In den Gebieten ausschließlicher Gesetzgebungszuständigkeit von Bund und Ländern entspricht die Kompetenz zur Mitwirkung an normvermeidenden Vereinbarungen der Gesetzgebungskompetenz und wirft keine weiteren Probleme auf.

2. Bereich konkurrierender Gesetzgebungskompetenzen

Schwieriger ist die Lage im Bereich konkurrierender Gesetzgebungskompetenzen. Hier liegt überdies in der Praxis der Schwerpunkt der bisher zustande gekommenen Absprachen, die sich überwiegend auf die Materien des Umwelt- und Verbraucherschutzes[18] sowie des Rechts der Wirtschaft[19] bezogen. Bei der Lösung des Problems ist zunächst danach zu differenzieren, ob bereits eine normative Regelung besteht. Hat der Bund bereits gem. Art. 72, 73 GG rechtsfehlerfrei eine abschließende Regelung der betreffenden Materie getroffen, so entfaltet die bundesgesetzliche Regelung eine Sperrwirkung hinsichtlich der Landeskompetenz.[20] Daher kann der Bund in diesen Fällen auch ohne Verletzung von Gesetzgebungszuständigkeiten der Länder in Aussicht stellen, eine Änderung – in der Regel eine Verschärfung – dieser Regelung zu unterlassen. Dagegen sind die Länder daran gehindert, normvermeidende Absprachen über die Materie zu treffen.

Anders ist die Konstellation zu beurteilen, in denen es um die erstmalige Regelung eines Gegenstandes der konkurrierenden Gesetzgebung geht. Hier kann der

[17] Ganz wohl scheint auch den Befürwortern der Gleichsetzung bei der Wahl des Begriffes nicht zu sein: So setzt etwa *Schulte*, Schlichtes Verwaltungshandeln, 1995, S. 148 unten, den Begriff der „Annex-Kompetenz" in Anführungszeichen.

[18] Art. 74 Nr. 20 und Nr. 24 GG.

[19] Art. 74 Nr. 11 GG.

[20] *Degenhart,* in: Sachs, GG, Art. 72 Rn. 17; *Kunig,* in: v. Münch/Kunig, GG, Art. 72 Rn. 10; *Schmidt-Bleibtreu/Klein,* GG, Art. 72 Rn. 14; *Pieroth,* in: Jarass/Pieroth, GG, Art. 72 Rn. 2.

Bund zum einen nur mit einer gesetzlichen Regelung drohen, zu der er nach dem Grundgesetz befugt wäre. Es muß deshalb schon für die Absprache ein gem. Art. 72 Abs. 2 GG erforderliches Bedürfnis nach bundeseinheitlicher Regelung der betreffenden Frage bestehen.[21] Zum anderen ist zu beachten, daß der Bund von seinem Gesetzgebungsrecht gerade keinen Gebrauch macht, wenn er eine normvermeidende Absprache initiiert. Hier liegt eines der oben angesprochenen besonderen Probleme der mit der Legislativzuständigkeit verbundenen Kompetenz zur Mitwirkung an den Absprachen. Der Bund macht nämlich lediglich von einer zwar mit der Gesetzgebungskompetenz zusammenhängenden, aber nicht mit ihr übereinstimmenden Kompetenz Gebrauch. Dies spricht dafür, eine Sperrwirkung der Absprachen zu Lasten der Ländergesetzgebung abzulehnen.[22] Die Folge wären Mehrfachzuständigkeiten von Bund und Ländern[23] für einen Sachbereich: Wenn der Bund im Rahmen einer Absprache verspricht, von seiner konkurrierenden Gesetzgebungszuständigkeit keinen Gebrauch zu machen, könnte dies für die Länder gerade die Möglichkeit eröffnen, ihrerseits eine gesetzliche Regelung der Materie zu schaffen.[24]

Diesem Ergebnis wird man für das Verhältnis einer normvermeidenden Absprache des Bundes zu einer landesgesetzlichen Regelung zustimmen können. Die im Grundgesetz geregelte konkurrierende Gesetzgebungszuständigkeit der Länder wird nur durch ein verfassungsgemäß zustande gekommenes Bundesgesetz blokkiert. Mit der normvermeidenden Absprache macht der Bund eben nicht im Sinne von Art. 72 Abs. 1 GG „von seiner Gesetzgebungszuständigkeit ... *durch ein Gesetz* Gebrauch",[25] sondern bedient sich bewußt einer informellen Handlungsform. Folglich sind die Länder durch eine Absprache des Bundes nicht gehindert, eigene Gesetze über die jeweilige Materie zu erlassen.

---

21 Zu den Kriterien für das Bedürfnis nach einer bundeseinheitlichen Regelung vgl. BVerfGE 13, 233 sowie *Degenhart*, Staatsrecht, Rn. 107 ff. Zum Spielraum des Gesetzgebers bei der Beurteilung der Frage, ob Rechtseinheit und Gleichwertigkeit der Lebensverhältnisse angestrebt werden sollen, vgl. BVerfGE 2, 224; 4, 127; 26, 338; 34 (39) sowie *Degendardt,* in: Sachs, GG, Art. 72 Rn. 14. Zu den Auswirkungen der Neufassung des Art. 72 Abs. 2 GG vom 27.10.1994 (BGBl. I, S. 3146) auf die Kontrolldichte vgl. *Degenhart,* in: Sachs, GG, Art. 72, Rn. 11 ff.

22 So *Schulte*, Schlichtes Verwaltungshandeln, 1995, S. 149; *Schmidt-Preuß*, Verwaltung und Verwaltungsrecht zwischen gesellschaftlicher Selbstregulierung und staatlicher Steuerung, VVDStRL 56 (1997), 161 (218).

23 Vgl. dazu grundsätzlich: *Oebbecke*, Mehrfachzuständigkeiten in der Verwaltung als Rechtsproblem, in: Küper/Welp (Hrsg.), Beiträge zur Rechtswissenschaft, Festschrift für Walter Stree und Johannes Wessels zum 70. Geburtstag, 1993, S. 1119 ff.

24 Insofern handelte es sich in diesen Fällen nicht um eine *unechte Konkurrenz*, also um eine Vorrangzuständigkeit des Bundes (zu diesem Begriff vgl. *Kunig,* in: v. Münch/Kunig, GG, Art. 72 Rn. 1, *Rengeling,* in: Isensee/Kirchhof, HdStR IV, § 100 Rn. 111), sondern um eine *echte Konkurrenz*, d. h. Bund und Ländern können nebeneinander tätig werden (zu diesem Begriff vgl. *Stern*, Staatsrecht II § 19 III 4 1 m. w. Nachw.).

25 Seine gegenwärtige Fassung („durch ein Gesetz ...") erhielt Art. 72 Abs. 1 GG im Rahmen des 42. Gesetzes zur Änderung des Grundgesetzes vom 27.10.1994 (BGBl. I S. 3146). Dazu und zu Umfang Grenzen der Sperrwirkung vgl. *Badura,* Staatsrecht, Kapitel F Rn. 34, 37; *Kunig,* in: v. Münch/Kunig, GG, Bd. III, Art. 72 Rn. 7; *Degenhart,* in: Sachs, GG, Art. 72, Rn. 18 ff.

Vorschnell wäre es allerdings, diese Überlegung ohne weiteres auch auf das Konkurrenzverhältnis von Absprachen auf beiden Ebenen zu übertragen.[26] Die Frage, ob eine Absprache des Bundes eine entsprechende Absprache auf Länderebene blockiert, ist mit der Erkenntnis, daß der Bund von seiner *Gesetzgebungs*zuständigkeit noch keinen Gebrauch gemacht hat, noch nicht beantwortet. Vielmehr ist es sachgerecht, die Kompetenz zur Mitwirkung an den normvermeidenden Absprachen als eine selbständige – wenn auch an die Gesetzgebungskompetenz angelehnte – Zuständigkeit zu begreifen. Die Befugnis der Länder zur Beteiligung an einer Absprache wird demnach nicht nur durch ein Bundesgesetz mit der betreffenden Materie, sondern auch durch eine Absprache auf Bundesebene ausgeschlossen. Das Verhältnis der Absprachen untereinander bemißt sich also in entsprechender Anwendung der Art. 72, 74 GG danach, ob schon eine Absprache des Bundes im entsprechenden Bereich besteht. Auf diese Weise wird einerseits der Gleichwertigkeit der Absprachen von Bund und Ländern als informeller Instrumente untereinander Rechnung getragen. Andererseits haben es die Länder in der Hand, die Zuständigkeit für den Sachbereich wiederzuerlangen, indem sie ein formelles Gesetz initiieren, das der Bund wiederum nur durch ein entsprechendes Bundesgesetz torpedieren kann. So wird zum einen die grundgesetzlich vorgesehene Kompetenzordnung auch für das informelle Instrument der Absprache durchgehalten und zum anderen das Stufenverhältnis von Absprache und formellem Gesetz zum Ausdruck gebracht.

II. Organkompetenz

Innerhalb der jeweiligen Verbände stellt sich die Frage, welchen Stellen die Organkompetenz für die Mitwirkung an normvermeidenden Absprachen zukommt. Auch dieser Frage kommt grundlegende Bedeutung zu: Mit der Verteilung der Zuständigkeiten von Regierung und Parlament ist der in Art. 20 Abs. 2 GG normierte Gewaltenteilungsgrundsatz betroffen.

1. Rechtsverordnungsvermeidende Absprachen

Bei Absprachen, die den Erlaß einer Rechtsverordnung entbehrlich machen sollen, ergeben sich insofern wenig Probleme. Die Zuständigkeit für die Vereinbarung liegt hier bei der Stelle der Exekutive, der nach dem ermächtigenden Gesetz auch die Erlaßkompetenz für die entsprechende Verordnung zukäme. Das Prinzip der Gewaltenteilung wird in diesen Fällen nicht berührt. Das Parlament hat seine Legislativkompetenz nach Art. 80 Abs. 1 GG in zulässiger Weise an die Exekutive delegiert. Es steht nunmehr im politischen Ermessen der Regierung, ob sie von dieser Ermäch-

---

[26] So aber offenbar *Schulte*, Schlichtes Verwaltungshandeln, 1995, S. 149.

tigung Gebrauch machen oder zugunsten einer normvermeidenden Absprache darauf verzichten will.[27]

2. Parlamentsgesetzesvermeidende Absprachen

Bei gesetzesvermeidenden Absprachen stellt sich dagegen die Frage, ob und inwieweit das in Aussicht gestellte staatliche Verhalten zur Disposition der handelnden Mitglieder der Exekutive steht. Ihrem Inhalt nach betreffen diese Absprachen Parlamentsgesetze, also Gegenstände, die zum Aufgabenbereich der Legislative gehören. Dies hat zu dem verschiedentlich geäußerten Bedenken geführt, es bestehe die Gefahr, daß die Exekutive in den Kernbereich der Legislative einbreche und so die Balance zwischen beiden Gewalten beeinträchtige.[28]

Dem läßt sich entgegenhalten, daß die Exekutive im Rahmen der Absprachen nur über die ihr zustehenden Initiativrechte im Gesetzgebungsverfahren disponiert.[29] Eine weitergehende Zusage – etwa mit dem Inhalt, daß ein bestimmtes Gesetz vom Parlament nicht beschlossen werde – kann und darf von der Exekutive nicht abgegeben werden. Die Regierungsvertreter können vielmehr nur versprechen, daß sie keine Gesetzesinitiative auf den Weg bringen werden. Bundestag und Bundesrat sind durch diese Zusage nicht gehindert, ihrerseits einen entsprechenden Gesetzesentwurf einzubringen und zu verabschieden.

Damit ist allerdings noch nicht der faktische Zwang berücksichtigt, der sich aus einer Zusage der Regierung insbesondere für die sie tragenden Fraktionen im Parlament ergibt. Hierin liegt eine eigenständige Gefährdung der Kompetenzen des Parlaments. In der politischen Wirklichkeit wird eine Zusage der Regierung, auf eine Gesetzesinitiative zu verzichten, im Parlament von den Regierungsfraktionen nur in besonderen Ausnahmefällen durch eine eigene Gesetzesinitiative unterlaufen werden. Letztlich ist es zudem erst diese faktische Zwangswirkung, die der Zusage der

---

[27] Die Einschränkungen des exekutiven Rechtssetzungsermessens, die sich daraus ergeben können, daß aus der Ermächtigung zum Erlaß einer Rechtsverordnung eine Pflicht zum Normerlaß folgt, werden unten (4. Teil Kapitel B. I. 4.) im Zusammenhang mit anderen Gesetzgebungspflichten erörtert, die normvermeidenden Absprachen entgegenstehen können.

[28] *Oldiges*, Staatlich inspirierte Selbstbeschränkungsabkommen in der Privatwirtschaft, WiR 1973, 21; *Becker*, Informales Verwaltungshandeln zur Steuerung wirtschaftlicher Prozesse, DÖV 1985, 1010; *Müggenborg,* Formen des Kooperationsprinzips im Umweltrecht der Bundesrepublik Deutschland, NVwZ 1990, 909 (917); *Di Fabio,* Selbstverpflichtungen der Wirtschaft – Grenzgänger zwischen Freiwilligkeit und Zwang, JZ 1997, 969 (972).

[29] *Becker*, Informales Verwaltungshandeln zur Steuerung wirtschaftlicher Prozesse, DÖV 1985, 1010; *Brohm*, Rechtsgrundsätze für normersetzende Absprachen, DÖV 1992, 1029; *Müggenborg,* Formen des Kooperationsprinzips im Umweltrecht der Bundesrepublik Deutschland, NVwZ 1990, 909 (917); *Oebbecke*, Staatliche Mitwirkung an gesetzesabwendenden Vereinbarungen, DVBl. 1986, 793 (796); *Rengeling,* Das Kooperationsprinzip im Umweltrecht, 1988, S. 178; *Schmidt-Preuß*, Verwaltung und Verwaltungsrecht zwischen gesellschaftlicher Selbstregulierung und staatlicher Steuerung, VVDStRL 56 (1997), 161 (218); *Stober,* Rückzug des Staates im Wirtschaftsverwaltungsrecht, 1997, S. 61.

Regierung ihr Gewicht gibt. Nur weil die Wirtschaftsvertreter davon ausgehen, daß die Regierung in der Lage sein wird, die mit der Absprache vertretene Linie auch im Parlament durchzusetzen, sind sie ihrerseits zu Gegenleistungen bereit. Es läßt sich nicht verkennen, daß auf diese Weise die grundgesetzliche Funktionenordnung zumindest gefährdet wird. *Faktisch* werden Sachbereiche, die nach dem Grundgesetz einer gesetzlichen Regelung durch das Parlament zugewiesen sind, zum Gegenstand exekutiver Wirtschaftslenkung durch kooperativ-informale Handlungsformen. Fraglich ist allerdings, wann diese tatsächliche Verschiebung der Wahrnehmungsbefugnisse verfassungs*rechtlich* relevant wird. Der Gewaltenteilungsgrundsatz verbietet nämlich nicht jedweden Übergriff in den Kompetenzbereich einer anderen Staatsgewalt. Geschützt wird nur der Kernbereich der jeweiligen Staatstätigkeit; der Grundsatz der Gewaltenteilung schließt nur die Preisgabe der einer Gewalt in der Verfassung zugeschriebenen typischen Aufgaben aus.[30] Insofern kommt letztlich doch dem Gesichtspunkt entscheidendes Gewicht zu, daß das Parlament *rechtlich* durch die normvermeidenden Absprachen nicht gehindert wird, die ihm von der Verfassung zugewiesenen Aufgaben wahrzunehmen. Eine Gesetzesinitiative aus der Mitte des Parlaments bleibt trotz der Zusage der Regierung möglich. Eine Gefährdung des Kernbereichs der Kompetenzen der Legislative durch die *faktischen* Auswirkungen der Absprachen ließe sich allenfalls annehmen, wenn diese in ihrer Zahl und hinsichtlich der betroffenen Materien einen solchen Umfang annehmen würden, daß sich die verfassungsmäßige Aufgabenverteilung grundlegend verschöbe.[31] Es dürfte jedoch kaum möglich sein, hierfür allgemein präzise und damit justiziable Maßstäbe zu entwickeln.[32] Die Feststellung eines Verfassungsverstosses muß vielmehr einer Einzelfallprüfung vorbehalten bleiben. Die bisherige Praxis überschreitet diese Grenze noch nicht. Bei den untersuchten Beispielsfällen handelt es sich mit Ausnahme des CO_2-Abkommens[33] und der Vereinbarung zum Atomausstieg,[34] die gesetzesvermeidende Elemente enthalten – um rechtsverordnungsvermeidende Absprachen, die – wie oben gezeigt – unter dem Gesichtspunkt des Gewaltenteilungsgrundsatzes unproblematisch sind.

Eine andere Frage ist es, ob die staatliche Mitwirkung an den Absprachen hinreichend demokratisch legitimiert ist, insbesondere, ob die Absprachen die Gefahr bergen, daß dem Parlament – jedenfalls faktisch – die Kompetenz für Fragen entzogen wird, die als „wesentlich" im Sinne der Rechtsprechung des Bundesverfassungsge-

---

30 BVerfGE 34, 52 (59).

31 *Oldiges*, Staatlich inspirierte Selbstbeschränkungsabkommen, WiR 1973, 1 (22).

32 So auch *Oldiges*, ebenda, unter Verweis auf *Ossenbühl*, VVDStRL 29 (1970), S. 161, der in ähnlichem Zusammenhang „pauschale Grenzziehungen" und „fixe Richtpunkte" nicht für möglich hält.

33 Gegenstand der Absprache war u. a. der Verzicht auf eine sog. CO_2-/Energiesteuer, die nur durch ein Parlamentsgesetz hätte eingeführt werden können (dazu im einzelnen oben 1. Teil Kapitel A. I. 2.).

34 Hier ging es darum, Regelungen im Atomgesetz überflüssig zu machen, vgl. dazu im einzelnen oben 1. Teil Kapitel A. I. 2.

richts anzusehen sind und deswegen einem Parlamentsvorbehalt unterfallen. Dieser Frage wird später im Rahmen der Überlegungen zu Geltung und Reichweite des Gesetzesvorbehalts nachzugehen sein.[35]

III. Verfahren

1. Beteiligung von Bundesrat und/oder Bundeskabinett?

Eng mit der Kompetenz zur Initiierung normvermeidender Absprachen verbunden ist die Frage, welche Instanzen neben dem meist federführenden Fachminister an der Verhandlungslösung zu beteiligen sind. Die Erforderlichkeit der Mitwirkung anderer Instanzen läßt sich nicht pauschal unter Verweis auf die fehlende Rechtsverbindlichkeit der Absprachen verneinen. Die normvermeidenden Vereinbarungen entfalten eine Reihe von faktischen Wirkungen, die sowohl die Kontrollaufgaben des Bundesrats als auch die Kompetenzen von Bundesregierung, Kanzler und einzelner Minister beeinträchtigen könnten.[36] Andererseits besteht der Zweck der Absprachen wie u. a. gerade darin, die Komplexität und damit die Dauer des Verfahrens zu reduzieren.[37] Dieser Vorzug ginge verloren, wenn man unterschiedslos alle Mitwirkungsrechte, die für den zu vermeidenden förmlichen Rechtsetzungsakt gelten, auf die Absprachen übertrüge. Die Absprachen büßten damit einen erheblichen Teil ihres Reizes für die beteiligten Wirtschaftskreise ein; ihre Funktion als besonderes Lenkungsmittel wäre in Gefahr. Brohm[38] weist in diesem Zusammenhang zutreffend darauf hin, daß eine „Reformalisierung“ des Verfahrens bei Absprachen dazu führen könnte, daß sich informelle Praktiken wiederum in das Vorfeld der dann rechtlich erfaßten informellen Absprachen verlagern würde. Damit müßte der Versuch, die Absprachen rechtsstaatlichen Regeln zu unterwerfen, als gescheitert angesehen werden. Ob und inwieweit die Mitwirkungsbefugnisse anderer Instanzen auf informelle Verhandlungslösungen entsprechend anzuwenden sind, bedarf somit einer differenzierten, an der Funktion der jeweiligen Regelungen orientierten Betrachtung.

a) Beteiligung des Bundesrats an Absprachen auf Bundesebene?

Es könnte sich aus einer entsprechenden Anwendung Art. 84, 85 GG[39] die Verpflichtung ergeben, die Zustimmung des Bundesrates zu den Absprachen einzuho-

---

[35] Vgl. unten 4. Teil Kapitel B. II. 4.

[36] *Bohne*, Informales Verwaltungs- und Regierungshandeln als Instrument des Umweltschutzes, VerwArch 75 (1984), 343 (363); *Ders.*, Informales Verwaltungshandeln, in: Kimminich/v. Lersner/Storm (Hrsg.), Handwörterbuch des Umweltrechts, Bd. II, Sp. 1067.

[37] Dazu oben 2. Teil Kapitel B. I. und B. II.

[38] *Brohm*, Rechtsgrundsätze für normersetzende Absprachen, DÖV 1992, 1025 (1030).

[39] Bei Rechtsverordnungen jeweils i. V. m. Art. 80 Abs. 2 GG.

len. Diese Vorschriften sehen die Zustimmungsbedürftigkeit zu Gesetzen und auf ihnen beruhenden Rechtsverordnungen wegen der Abweichung vom Regelfall des Art. 83 GG vor, wonach die Länder Bundesgesetze als eigene Angelegenheit ausführen. Schutzgut ist also die Eigenständigkeit der Länder beim Vollzug von Bundesgesetzen.[40] Fraglich ist, inwieweit sich dieser Gedanke auf die gesetzes- und verordnungsvermeidenden Absprachen übertragen läßt: Eine dem Gesetzesvollzug vergleichbare Ausführung der Absprachen durch die Länder findet – jedenfalls bisher – nicht statt. Bereits dies wird von Brohm[41] als ausreichend angesehen, um eine entsprechende Anwendung der Art. 84, 85 GG auf die Absprachen abzulehnen.

Zu berücksichtigen ist aber, daß die den Art. 83 ff. GG zugrunde liegende Kompetenzverteilung zwischen Bund und Ländern durch die Absprachen durchaus tangiert wird. Es besteht die Gefahr, daß der Bund mit Hilfe der Absprachen den Ländern insgesamt Vollzugsaufgaben entzieht.[42] Die Absprachen zwischen Regierung und Wirtschaftsverbänden auf Bundesebene haben zur Folge, daß gerade keine gesetzliche Regelung zustande kommt, die die Länder vollziehen könnten: So führt beispielsweise die Absprache des Bundes mit den Verbänden der Geldspielautomatenindustrie über die Aufstellung von Geldautomaten in Spielhallen[43] dazu, daß keine bundesrechtliche Regelung für diesen Sachbereich zustande gekommen ist, deren Einhaltung von Behörden der Länder überwacht werden könnte. Es liegt deshalb nahe, die in den Art. 83 ff. GG vorgesehene Aufgabenverteilung zwischen Bund und Ländern insofern auf die Absprachen zu übertragen, als der Bund im Regelfall die notwendigen Kontrollen der Befolgung der Absprachen den Ländern überlassen muß.[44]

Eine andere Frage ist es, ob im Falle einer Abweichung von dieser Grundregel in entsprechender Anwendung der Art. 84, 85 GG die Zustimmung des Bundesrates verlangt werden sollte. Dagegen spricht auch in diesem Zusammenhang, daß mit einer zu starken Reformalisierung des Verfahrens ein wesentlicher Vorzug des informalen Instruments der Absprachen verloren ginge.[45]

---

[40] BVerfGE 37, 363 (379 ff.); 55, 274 (319); *Badura,* Staatsrecht, Kapitel G Rn. 48; *Dittmann,* in: Sachs, Grundgesetz Kommentar, Art. 84 Rn. 14; *Lerche*, in: Maunz/Dürig, Grundgesetz, Art. 84 Rn. 63.

[41] *Brohm*, Rechtsgrundsätze für normersetzende Absprachen, DÖV 1992, 1025 (1030).

[42] *Bohne,* Informales Verwaltungshandeln, in: Kimminich/v. Lersner/Storm, HbdUR, Sp. 1069.

[43] Vgl. zu dieser Absprache im einzelnen oben 1. Teil Kapitel A. VII. 2.

[44] *Oebbecke*, Die staatliche Mitwirkung an gesetzesabwendenden Vereinbarungen, DVBl 1986, 793, (796); zustimmend *Schulte*, Schlichtes Verwaltungshandeln, 1995, S. 149.

[45] Für einen Verzicht auf das Zustimmungserfordernis bei normvermeidenden Absprachen unter dem Gesichtspunkt erforderlichen Flexibilität: *Bohne*, Informales Verwaltungs- und Regierungshandeln als Instrument des Umweltschutzes, VerwArch 75 (1984), S. 364; *Ders.*, Informales Verwaltungshandeln, in: Kimminich/v. Lersner/Storm (Hrsg.), HdbUR, Bd. II, Sp. 1069; *Rengeling*, Das Kooperationsprinzip im Umweltrecht, 1988, S. 192.

Zu berücksichtigen ist ferner, daß der Bundesrat die Möglichkeit hat, selbst ein Gesetz zu initiieren und auf diese Weise auch die Kompetenz zum Vollzug dieses Gesetzes für die Länder zurückzuerlangen. Wie bereits oben[46] entwickelt wurde, disponiert die Bundesregierung im Rahmen der Mitwirkung an den Absprachen nur über das ihr zustehende Gesetzesinitiativrecht. Die Befugnis des Bundesrates, einen eigenen Gesetzesentwurf zu initiieren, bleibt davon unberührt. Um durch eine eigene Gesetzesinitiative auf eine normvermeidende Absprache reagieren zu können, muß der Bundesrat allerdings von Existenz und Inhalt der getroffenen Vereinbarungen in Kenntnis gesetzt werden. Dieses Informationsbedürfnis bildet einen Ansatzpunkt für das Eingreifen des Prinzips der Bundestreue: Aus ihm ergibt sich die Verpflichtung der Bundesregierung, den Bundesrat über die geschlossenen Vereinbarungen zu informieren.[47] In der Praxis findet eine solche gezielte Information des Bundesrats bisher nicht statt: Der Bundesrat erfährt von den Absprachen der Bundesregierung in der Regel erst aus Presseveröffentlichungen. Aber auch in den seltenen Fällen, in denen der Abspracheinhalt in amtlichen Publikationsorganen veröffentlicht wird,[48] fehlt es an einer an den Bundesrat adressierten Mitteilung, wie sie dem Prinzip der Bundestreue entspräche.

b) Beteiligung des Bundeskabinetts?

aa) Rechtsverordnungsvermeidende Absprachen

Rechtsverordnungsvermeidende Absprachen kommen in der Praxis häufig unter Federführung des zuständigen Bundesministers zustande. Auf diese Absprachen könnten die § 15 lit. a) und lit. b) GeschOBReg sowie § 68 GGO II entsprechend anzuwenden sein. Nach diesen Vorschriften müssen Entwürfe von Rechtsverordnungen, die von der Bundesregierung zu erlassen sind, sowie Verordnungsentwürfe von allgemeinpolitischer Bedeutung dem Bundeskabinett vorgelegt werden. Die Verfahrensregelung konkretisiert die in Art. 65 GG festgelegte Verteilung von Verantwortlichkeiten innerhalb der Bundesregierung: Sie soll die in Art. 65 S. 1 GG verankerte Richtlinienkompetenz des Bundeskanzlers und Einheitlichkeit der Politik der Bundesregierung nach Art. 65 S. 2 GG sichern.[49] Diese Belange können auch betroffen

---

[46] Dazu bereits oben 4. Teil Kapitel A. II. 2.

[47] So auch *Brohm*, Rechtsgrundsätze für normersetzende Absprachen, DÖV 1992, 1025 (1030), der in Anm. 34 zutreffend darauf hinweist, daß es dabei nicht um eine analoge Anwendung der Art. 84, 85, 80 Abs. 2 GG geht; in gleicher Richtung *Bohne*, Informales Verwaltungshandeln, in: Kimminich/v. Lersner/Storm (Hrsg.), HdbUR, Bd. II, Sp. 1069. Zur Verpflichtung zur Veröffentlichung der Absprachen vgl. im übrigen sogleich Abschnitt 3.

[48] So wurde etwa die Absprache zur Mitteilung der Rahmenrezepturen in Wasch- und Reinigungsmitteln im Bundesanzeiger veröffentlicht, vgl. Bundesanzeiger Nr. 40 a/1989 vom 28. Februar 1989, vgl. zu dieser Absprache im einzelnen oben 1. Teil Kapitel A. VI. 2.

[49] Zu Inhalt und Funktion von Art. 65 GG vgl. *Schenke*, Aufgabenverteilung innerhalb der Bundesregierung, Jura 1982, 339; *Stern*, Das Staatsrecht der Bundesrepublik Deutschland, Bd. II, § 31 IV 2 a).

sein, wenn anstelle des Erlasses einer Rechtsverordnung eine Absprache getroffen wird. Grundlegende politische Entscheidungen müssen von der Gesamtverantwortung der Regierung gedeckt sein; sie dürfen nicht dem Interessenausgleich einzelner Fachminister und den betroffenen Wirtschaftskreisen überlassen werden. Fraglich ist allerdings, ob damit eine förmliche Beschlußfassung des Bundeskabinetts, wie sie die einschlägigen Vorschriften der GOBReg und der GGO II für den Erlaß einer Rechtsverordnung vorgesehen ist, erforderlich ist. Dies wird zum Teil unter Hinweis auf den informellen Charakter der verordnungsvermeidenden Absprachen und auf die gewünschte Flexibilität des Instruments verneint.[50] Ausreichend wäre danach die bloße Information des Bundeskabinetts über die beabsichtigte Absprache durch den zuständigen Minister. Diese Einschränkung ist indes wenig überzeugend: Soll sich die Beteiligung des Bundeskabinetts nicht in einer inhaltsleeren Förmlichkeit erschöpfen, muß der zuständige Fachminister dem Kabinett seine Absicht, mit der Wirtschaft eine normvermeidende Absprache zu schließen, ebenso gründlich erläutern wie einen entsprechenden Verordnungsentwurf. Das Bundeskabinett muß seine Gesamtverantwortung sodann in einem förmlichen Beschluß dokumentieren.[51] Nur so ist gewährleistet, daß das Bundeskabinett die ihm durch § 15 lit. a) und lit. b) GeschOBReg und § 68 GGO II zugewiesene Rolle bei der Ausübung des Normsetzungsermessens über den Erlaß einer Rechtsverordnung von allgemeinpolitischer Bedeutung sachgerecht wahrnehmen kann. Wie bereits erwähnt, stellt die Beteiligung an einer normvermeidenden Absprache eine Form der Ausübung dieses Normsetzungsermessens dar; § 15 lit. a) und lit. b) GeschOBReg und § 68 GGO II sind demnach auf rechtsverordnungsvermeidende Absprachen entsprechend anzuwenden.

bb) Parlamentsgesetzesvermeidende Absprachen

Eine Pflicht zur Information des Bundeskabinetts durch den zuständigen Fachminister kommt schließlich auch für gesetzesvertretende Absprachen in Betracht. Zumindest bei Absprachen, die einen Gegenstand von allgemeinpolitischer Bedeutung betreffen, ist auch bei ihnen die Richtlinienkompetenz des Bundeskanzlers betroffen.[52] Damit ergibt sich eine Unterrichtungspflicht bereits unmittelbar aus Art. 65 GG, §§ 1 Abs. 1 S. 2, 1 Abs. 2 GOBReg. Daneben dürfte auch hier eine förmliche Beschlußfassung des Bundeskabinetts in Analogie zu § 15 Abs. 1 lit. a) GO BReg erforderlich sein. Insoweit kann auf die vorstehenden Ausführungen zu rechtsverordnungsabwendenden Absprachen verwiesen werden.

---

[50] *Bohne*, Informales Verwaltungshandeln, in: Kimminich/v. Lersner/Storm (Hrsg.), HdbUR, Bd. II, Sp. 1069, Sp. 1069.

[51] Wie hier *Brohm*, Rechtsgrundsätze für normersetzende Absprachen, DÖV 1992, 1025 (1030).

[52] *Kirchhof*, Verwalten durch „mittelbares“ Einwirken, 1977, S. 152, nennt die gesetzesabwendenden Absprachen vielsagend *„Kanzlerabsprachen“*.

2. Beteiligung nichtstaatlicher Instanzen

Bislang wenig Beachtung gefunden hat die Frage, ob und inwieweit gesellschaftliche Gruppen an den Verhandlungen im Vorfeld von Absprachen zu beteiligen sind. Für den Erlaß von Rechtsverordnungen wird ein solches Mitwirkungsrecht von verschiedenen einfachgesetzlichen Vorschriften vorgesehen. So ermächtigt beispielsweise § 35 BImSchG die Bundesregierung erst „nach Anhörung der beteiligten Kreise“[53] zum Erlaß einer Rechtsverordnung über Anforderungen an die Zusammensetzung und das Verfahren zur Herstellung von Stoffen, die schädliche Umwelteinwirkungen durch Luftverunreinigungen hervorrufen können. § 35 BImSchG wäre beispielsweise auf eine Rechtsverordnung anzuwenden gewesen, die die Verwendung von Asbest in Hochbauprodukten verbietet; die Vorschrift könnte deshalb auch auf die Absprache gleichen Inhalts entsprechend anzuwenden sein. In entsprechender Weise könnte § 35 BImSchG bei der Absprache zur Reduktion von FCKW eine Verpflichtung zur Anhörung der beteiligten Kreise begründen. Auch im Bereich der Abfallwirtschaft ist die Bundesregierung ist eine „Anhörung der beteiligten Kreise“[54] vor dem Erlaß von Rechtsverordnungen vorgesehen: Erst nach dieser Anhörung ist die Bundesregierung nach §§ 23, 24 KrW-/AbfG berechtigt, abfallwirtschaftliche Anforderungen an die Produktbeschaffenheit oder Rücknahme- und Verwertungspflichten für Verpackungsabfälle zu regeln. Auch die analoge Anwendung dieser Vorschrift auf die Absprachen hätte erhebliche praktische Bedeutung, weil die Erfahrung zeigt, daß dieser Bereich in besonderer Weise für normvermeidende Absprachen geeignet ist.[55] Ein weiteres Beispiel einfachgesetzlicher Beteiligungsrechte nichtstaatlicher Verbände vor dem Erlaß einer Rechtsverordnung bildet § 29 Abs. 1 Nr. 1 BNatSchG. Nach dieser Vorschrift ist vor dem Erlaß von Rechtsverordnungen durch die für den Naturschutz und die Landschaftpflege zuständigen Behörden den anerkannten rechtsfähigen Naturschutzverbänden Gelegenheit zur Äußerung zu geben.[56]

Zur Begründung der Auffassung, daß die vorstehenden einfachgesetzlichen Beteiligungsrechte auch auf die normvermeidenden Absprachen angewendet werden sollen, wird auf den Zweck der Beteiligung im förmlichen Rechtssetzungsverfahren verwiesen: Neben der Verbesserung der Akzeptanz der Entscheidungen in der Be-

---

[53] Wer zu den „beteiligten Kreisen“ gehört, ist in § 51 BImSchG geregelt: Danach sind vor Erlaß einer Rechtsverordnung ein jeweils auszuwählender Kreis von Vertretern der Wissenschaft, der Betroffenen, der beteiligten Wirtschaft, des beteiligten Verkehrswesens und der für den Immissionsschutz zuständigen Landesbehörde zu hören. Vgl. zum Begriff der „beteiligten Kreise“ im einzelnen *Koch*, in: Ders./Scheuing, Gemeinschaftskommentar zum BImSchG, § 51 Rn. 23 ff.

[54] Der Begriff der beteiligten Kreise gemäß § 60 KrW-/AbfG entspricht demjenigen in § 51 BImSchG.

[55] Vgl. die Absprachen zu Getränkeverpackungen (oben 1. Teil Kapitel A. IV.) und zum Altpapierrecycling (oben 1. Teil Kapitel A. V.).

[56] Zu Art und Umfang der Verbandsbeteiligung vgl. im einzelnen *Kloepfer*, Umweltrecht, § 5 Rdn. 70 ff., S. 231 f.

völkerung dienten sie vor allem dazu, außerhalb der Verwaltung vorhandenes Fachwissen für die Behörde fruchtbar zu machen. Beide Aspekte kämen bei verordnungsvermeidenden Absprachen in gleicher Weise zum Tragen.[57]

In der Tat nehmen außerhalb der Verwaltung stehende Organisationen und Interessengruppen gerade in den politisch sensiblen Bereichen des öffentlichen Wirtschafts- und Umweltrechts, die in zunehmendem Maße Gegenstand informeller Absprachen sind, eine wichtige Funktion wahr. Sie artikulieren Interessen der Allgemeinheit und individuell betroffener Dritter, deren Berücksichtigung bei der Entscheidungsfindung staatlicher Stellen unentbehrlich ist. Insbesondere die Beteiligung von Umweltschutzverbänden ist als Gegengewicht zu den unmittelbar an der Verhandlungslösung beteiligten Interessenvertretern der Wirtschaft naheliegend. Zweifelhaft bleibt aber, ob dem in Form einer analogen Anwendung der einfachgesetzlichen Beteiligungsrechte gesellschaftlicher Gruppen, die für das förmliche Rechtssetzungsverfahren gelten, Rechnung getragen werden soll. Unter einer solchen „Reformalisierung"[58] des Verfahrens würde die Flexibilität des Instruments leiden; damit verlören die Absprachen einen ihrer wesentlichen Vorzüge sowohl für die beteiligte Regierung als auch für die beteiligten Wirtschaftskreise.[59] Vor diesem Hintergrund kann am ehesten auf solche Beteiligungsrechte verzichtet werden, die sich selbst für den förmlichen Rechtssetzungsakt in einer bloßen Anhörung erschöpfen. Die genannten Beteiligungsrechte begründen nämlich ausnahmslos keine echten Mitentscheidungsrechte der betroffenen gesellschaftlichen Gruppen; die Verletzung der Anhörungsrechte löst nur in wenigen Fällen rechtliche Folgen aus[60] und kann von den Verbänden – mit Ausnahme des Mitwirkungsrechts nach § 29 Abs. 1 BnatSchG –[61] nicht als Verletzung subjektiver Rechte vor Gericht geltend gemacht werden. Damit überwiegen mit dem Beschleunigungseffekt der Absprachen und dem Bedürfnis nach Reduktion der Verfahrenskomplexität die Gesichtspunkte, die gegen eine entsprechende Anwendung einfachgesetzlicher Beteiligungsrechte auf die Absprachen sprechen.[62]

Dies schließt selbstverständlich nicht aus, die Verbände ohne förmliches Beteiligungsrecht an den Verhandlungen im Vorfeld der Absprache zu beteiligen. Dies kann aus Sicht der handelnden staatlichen Stellen insbesondere sinnvoll sein, um den in diesen Verbänden vorhandenen Sachverstand fruchtbar zu machen. Es wurden bereits oben[63] die Gefahren für die Durchsetzung von Gemeinwohlbelangen angesprochen, die sich ergeben können, wenn sich die staatliche Seite ungeprüft auf

---

[57] *Di Fabio*, Vertrag statt Gesetz?, DVBl 1990, 338 (345).

[58] *Brohm*, Rechtsgrundsätze für normersetzende Absprachen, DÖV 1992, 1025 (1030).

[59] *Grewlich*, Umweltschutz durch „Umweltvereinbarungen", DÖV 1998, 54 (59).

[60] Vgl. §§ 45, 46 VwVfG.

[61] Vgl. dazu BVerwGE 87, 62 (70, 72), wonach die staatliche Anerkennung der Naturschutzverbände deren Mitwirkungsrecht diese in die Nähe eines staatlichen Kompetenzträgers rückt.

[62] *Brohm*, Rechtsgrundsätze für normersetzende Absprachen, DÖV 1992, 1025 (1031).

[63] Vgl. oben 2. Teil Kapitel B. III.

die Angaben der Wirtschaft zu den in Betracht kommenden Problemlösungen verläßt. Bei der Suche nach Alternativen sollte sich die staatliche Seite nicht nur auf den im eigenen Apparat vorhandenen Sachverstand verlassen, sondern beispielsweise auch fachkundige Vertreter von Umweltschutzverbänden um Vorschläge bitten. Dies sollte – dem Charakter der normvermeidenden Absprachen entsprechend – allerdings auf informellem Wege erfolgen. In der Praxis geschieht dies offenbar bisher zu wenig. In den untersuchten Beispielsfällen ist nichts darüber bekannt geworden, daß Verbandsvertreter um Lösungsvorschläge gebeten oder an den Verhandlungen beteiligt gewesen wären.

3. Auskunfts- und Veröffentlichungspflichten

Im Zusammenhang mit der Beteiligung des Bundesrats an den normvermeidenden Absprachen wurde festgestellt, daß dieser über den Inhalt von normvermeidenden Absprachen zu informieren ist, damit er von der Möglichkeit, seinerseits eine Gesetzesinitiative auf den Weg zu bringen, Gebrauch machen kann.[64] Darüber hinaus könnte generell eine Verpflichtung bestehen, die getroffenen Absprachen zu veröffentlichen.

Dies ist nicht etwa deswegen – wie Rengeling[65] meint – von geringem praktischen Interesse, weil die Absprachen üblicherweise ohnehin veröffentlicht würden. Nur in wenigen der untersuchten Beispielsfälle war der Abspracheinhalt ohne weiteres öffentlich zugänglich: Nur die Absprache zur Mitteilung von Rahmenrezepturen in Wasch- und Reinigungsmitteln wurde im Bundesanzeiger veröffentlicht.[66] Die Absprachen mit der Spielautomatenwirtschaft wurden als Bundestagsdrucksache veröffentlicht,[67] weil die Bundesregierung vom Bundestag zu entsprechenden Verhandlungen aufgefordert worden war.[68] In der Regel liegen dagegen nur Verlautbarungen der Wirtschaft vor, in denen diese ihre – scheinbar freiwilligen – Zusagen herausstellt.[69] Diese Verlautbarungen dienen allerdings vornehmlich dazu, die Wirtschaft in einem günstigen Licht erscheinen zu lassen. Daß die staatliche Gegenleistung im Verzicht auf eine gesetzliche Regelung der Materie besteht, bleibt allzu häufig völlig im Dunkeln; ebensowenig lassen sich den Erklärungen der Wirtschaft die Details der übernommenen Verpflichtungen entnehmen. In anderen Fällen sind die Beteiligten überhaupt nicht bereit, den Abspracheinhalt zu veröffentlichen: So lehnte es beispielsweise der Verband der Cigarettenindustrie ab, dem Verfasser die

---

64 Siehe oben 4. Teil Kapitel A. III. 1. a).

65 *Rengeling,* Das Kooperationsprinzip im Umweltrecht, 1988, S. 184.

66 Bundesanzeiger Nr. 40 a/1989 vom 28. Februar 1989.

67 BT-Drucks 11/6224.

68 Vgl. BT-Drucks. 11/3999.

69 So beispielsweise bei den Absprachen zur FCKW-Reduktion (vgl. oben 1. Teil Kapitel A. I. 1.), dem CO_2-Abkommen (1. Teil Kapitel A. I. 2.) und den Absprachen mit der Wasch- und Reinigungsmittelindustrie (1. Teil Kapitel A. VI.).

Werbebeschränkungen der Zigarettenindustrie zur Verfügung zu stellen. Auf eine entsprechende Anfrage antwortete der Verband, daß es sich bei den Werbebeschränkungen um eine Vereinbarung handele, die „der sogenannten Privatöffentlichkeit unterliege".[70] Eine Veröffentlichungspflicht für die Absprachen wäre also durchaus folgenreich: Die Veröffentlichung in einer allgemein zugänglichen Quelle und mit der Gewähr inhaltlicher Richtigkeit und Vollständigkeit würde einen erheblichen Gewinn an Transparenz bedeuten.

Eine Pflicht zur Veröffentlichung der Absprachen könnte sich zum einen ergeben aus einer entsprechenden Anwendung des Art. 82 Abs. 1 GG, der die Verkündung der Rechtsvorschriften vorschreibt, auf die nach der normvermeidenden Absprache verzichtet werden soll. Die Pflicht zur Verkündung sowohl von Rechtsverordnungen als auch von formellen Gesetzen soll sicherstellen, daß sich die Rechtsunterworfenen einfach und verläßlich über den Inhalt der für sie geltenden Rechtsregeln informieren können.[71] Dieser Gedanke läßt sich indes nicht ohne weiteres auf die normvermeidenden Absprachen übertragen: Einen imperativen Rechtsbefehl des Staates enthalten sie – wie bereits festgestellt wurde –[72] gerade nicht.

Eine Veröffentlichungspflicht läßt sich aber zum einen mit allgemeinen rechtsstaatlichen Erwägungen begründen. Aus Art. 20 Abs. 1 GG ergibt sich unter anderem das Gebot der Bestimmtheit und Klarheit staatlicher Vorgaben für das Verhalten des Bürgers. Schutzzweck dieses Verfassungsprinzips ist die Gewährleistung von Dispositionssicherheit.[73] Dieser rechtsstaatliche Grundsatz gilt nicht nur für Normen, die in ihrem Inhalt und ihren Voraussetzungen nach so formuliert sein müssen, daß die von ihr Betroffenen die Rechtslage erkennen und ihr Verhalten darauf einstellen können.[74] Die freiheitsbegrenzende Wirkung normvermeidender Absprachen entspricht in vielerlei Hinsicht derjenigen imperativer Regelungen.[75] Das rechtsstaatliche Gebot der Eingriffsklarheit ist deswegen in gleicher Weise betroffen; bereits aus ihm folgt eine Pflicht zur Veröffentlichung der Absprachen.

Hinzu kommt die Rechtsschutzgarantie gem. Art. 19 Abs. 4 GG als Bestandteil der grundgesetzlichen Rechtsstaatlichkeit. Eine wirksame gerichtliche Kontrolle der staatlichen Mitwirkung an normvermeidenden Absprachen setzt voraus, daß sich die Betroffenen Kenntnis vom genauen Inhalt des Vereinbarten verschaffen können. Nur so können sie Rechtsverletzungen, die möglicherweise in den Absprachen liegen, substantiiert geltend machen. Dies gilt insbesondere für nicht an den

---

[70] Brief des Verbandes der Cigarettenindustrie an den Verfasser vom 18. Februar 1999.

[71] BVerfG 65, 283 (291).; BVerwGE 26, 129 (130); *Jarass*, in: Jarass/Pieroth, GG, Art. 20 Rn. 66.

[72] Oben 3. Teil Kapitel C. I.

[73] *Degenhart*, Staatsrecht I, Rdn. 300.

[74] Vgl. zum Gebot der Rechtsklarheit und Bestimmtheit von Normen BVerfGE 21, 79; 52, 1 (41).

[75] Dazu im einzelnen, insbesondere zur Grundrechtsrelevanz normvermeidender Absprachen unten 4. Teil Kapitel B. II.

Absprachen beteiligte Dritte. Die mittelbaren Beeinträchtigungen der wirtschaftlichen Betätigung Dritter durch die staatliche Mitwirkung an Absprachen löst möglicherweise Abwehr- und Entschädigungsansprüche aus,[76] die von den betroffenen Unternehmen nur auf Grundlage einer hinreichend genauen Kenntnis des Inhalts der Vereinbarung beurteilt werden können.

Ein Rückgriff auf Art. 19 Abs. 4 GG ist insoweit auch nicht deswegen entbehrlich, weil das Umweltinformationsgesetz (UIG) vom 8. Juli 1994[77] mittlerweile eine einfachgesetzliche Ausgestaltung der individualrechtlichen Komponente des Rechtsstaatsprinzips enthält: Zwar regelt § 4 UIG einen Anspruch des Einzelnen auf freien Zugang zu Informationen über die Umwelt, die bei einer Behörde vorhanden sind. Der Anspruch erfaßt gem. § 3 Abs. 1 Nr. 1 UIG aber nicht die Tätigkeit oberster Bundes- und Landesbehörden, soweit sie" im Rahmen der Gesetzgebung oder beim Erlaß einer Rechtsverordnung tätig werden". Von dieser Einschränkung ist auch die staatliche Mitwirkung an normvermeidenden Absprachen im Umweltbereich erfaßt, da sie eine Ausübung von Befugnissen darstellt, die den staatlichen Beteiligten im Rahmen des Normsetzungsverfahrens zustehen.

Schließlich ist eine Veröffentlichung der Absprachen auch zur Sicherung der Aufgaben des Parlaments geboten. Die Legislative ist zur wirksamen Ausübung seiner Kontrollrechte darauf angewiesen, über den genauen Inhalt der von der Exekutive getroffenen Absprachen informiert zu werden. Dies gilt in besonderer Weise für rechtsverordnungsvermeidende Absprachen. Hier kann das Parlament ohne Kenntnis des Absprachewortlauts nicht kontrollieren, ob der in der Verordnungsermächtigung liegende Regelungsauftrag von der Regierung ordnungsgemäß wahrgenommen wurde.[78] Aber auch bei gesetzesvermeidenden Vereinbarungen bedarf die Legislative zur sachgerechten Ausübung ihres Normsetzungsermessens ausreichender Informationen. Wie bereits oben dargelegt wurde, disponiert die Regierung mit dem Abschluß der Absprache nur über das ihr zustehende Gesetzesinitiativrecht; die Gesetzgebungsbefugnis des Parlaments bleibt davon unberührt.[79] Die Entscheidung über die Erforderlichkeit eines die Absprache ablösenden Gesetzes setzt aber voraus, daß dem Parlament der Inhalt der Zusagen der Wirtschaft im Rahmen der Absprache bekannt ist. Nur wenn das Parlament über den materiellen Gehalt der Zusagen der Wirtschaft im Bilde ist, kann es beurteilen, ob ein Gesetz – jedenfalls vorläufig – entbehrlich ist.

---

[76] Dazu näher unten 4. Teil Kapitel B. II. 2. und 4. Teil Kapitel C. III. 2.

[77] BGBl. I, S. 1490.

[78] *Bohne*, Informales Verwaltungshandeln als Instrument des Umweltschutzes, VerwArch 75 (1984), 343 (364); *Schulte*, Schlichtes Verwaltungshandeln, S. 147. Zu den Regelungsaufträgen, die in Ermächtigungen zum Erlaß von Rechtsverordnungen liegen, sowie zu der Frage, unter welchen Voraussetzungen sich dieser Regelungsauftrag zu einer Pflicht zum Verordnungserlaß verdichtet, vgl. unten 4. Teil Kapitel B. I. 4.

[79] Dazu oben 4. Teil Kapitel A. II. 2.

Dem kann auch nicht entgegen gehalten werden, daß es bei der Information über den Inhalt etwaiger Absprachen um die Erlangung tatsächlicher Informationen gehe, die sich der Gesetzgeber auch sonst selbst beschaffen müßte. Die Kenntnis des Abspracheinhalts ist vielmehr zur demokratischen Kontrolle der an den Absprachen beteiligten Mitglieder der Exekutive erforderlich. Dem Parlament ist neben der Gesetzgebung generell die Aufgabe der Kontrolle der Regierungstätigkeit zugewiesen. Dies folgt unmittelbar aus dem demokratischen Prinzip des Grundgesetzes.[80] Dem Parlament obliegt es demnach, die Einhaltung der rechtlichen Grenzen der staatlichen Mitwirkung an den Absprachen durch die Regierung zu überwachen und die politische Frage nach der Effizienz des Instruments der Absprache im konkreten Einzelfall zu stellen. Um gezielt Schwachstellen, Versäumnisse und Rechtsverstösse aufdecken zu können, muß das Parlament über den Abspracheinhalt im einzelnen informiert werden. Parlamentarische Anfragen – insbesondere durch Oppositionsfraktionen – können nur effizient formuliert werden, wenn der genaue Wortlaut der Absprachen bekannt ist.[81]

Zugleich wird mit der Information des Parlaments sichergestellt, daß das Parlament seine Stellung als maßgebliches Forum für die Öffentlichkeit der politischen Willensbildung behält. Auch diese sog. Öffentlichkeitsfunktion des Parlaments folgt aus dem grundgesetzlichen System der parlamentarischen Demokratie.[82] Maßgebliche politische Weichenstellungen dürfen danach nicht geheimen Verhandlungen zwischen Regierung und Wirtschaftsvertretern vorbehalten bleiben, sondern müssen in der Öffentlichkeit des Parlaments diskutiert werden. Mit der Veröffentlichung der Absprachen werden politische Verantwortlichkeiten offen gelegt: Die Regierung muß sowohl für die Wahl des Instruments als auch für das erreichte Regelungsniveau öffentlich einstehen.

Es ergibt sich also sowohl aus dem Rechtsstaats- als auch aus dem Demokratieprinzip eine Pflicht zur Veröffentlichung der Absprachen. Dieser Pflicht können die beteiligten staatlichen Stellen durch eine Aufnahme des Wortlauts der getroffenen Absprachen in amtliche Publikationsorgane, wie etwa dem Bundesanzeiger oder dem Gemeinsamen Ministerialblatt, entsprechen. Wie bereits oben angesprochen,[83] ist dies im Beispielsfall der Absprachen zur Mitteilung der Rahmenrezepturen von Wasch- und Reinigungsmitteln geschehen.[84] Zwingend ist diese Form der Veröffentlichung indes nicht. Ausreichend ist vielmehr jede Art der Verlautbarung, die

---

80 *Stern*, Das Staatsrecht der Bundesrepublik Deutschland, Bd. II, § 26 II 1 lit. a), § 26 II 2 lit. a); *Hesse*, Grundzüge des Verfassungsrechts der Bundesrepublik Deutschland, § 15 I, S. 231; *H. H. Klein*, Aufgaben des Bundestages, in: Isensee/Kirchhof, HdbStR, Bd. II, § 40 Rn. 30 ff.

81 *Bohne*, Informales Verwaltungshandeln als Instrument des Umweltschutzes, VerwArch 75 (1984), 343 (365) weist zu Recht darauf hin, daß insbesondere parlamentarische Anfragen nur in Kenntnis des Wortlauts der Absprachen.

82 Vgl. *H. H. Klein*, in: Isensee/Kirchhof, Handbuch des Staatsrechts, Bd. II, § 40 Rdnr. 39 ff.

83 Vgl. oben 1. Teil Kapitel A. VI. 2.

84 Vgl. Bundesanzeiger Nr. 40 a/1989 vom 28. Februar 1989.

geeignet ist, den genauen Inhalt der Absprache den Betroffenen, dem Parlament und der interessierten Öffentlichkeit zur Kenntnis zu bringen. Es reicht daher beispielsweise aus, wenn die Absprache – wie im Fall der Absprachen zur Reduzierung von FCKW geschehen – im Fachblatt „Umwelt" abgedruckt werden, das vom Bundesministerium für Umwelt, Naturschutz und Reaktorsicherheit herausgegeben wird.[85] Dies folgt daraus, daß es sich bei der Veröffentlichungspflicht nicht um einen formalisierten Verkündungsakt, sondern um eine unmittelbar aus Verfassungsprinzipien abgeleitete Rechtspflicht handelt. Wie einer derartigen Pflicht Rechnung getragen wird, ist verfassungsrechtlich nicht vorgegeben.[86]

Abschließend ist darauf hinzuweisen, daß die Veröffentlichung der Absprachen auch für die beteiligten Unternehmen Vorteile hat: Sie steigert die Glaubwürdigkeit des Einsatzes für Gemeinwohlbelange und kann damit – insbesondere bei Beteiligung an Absprachen im Umweltbereich – einen wirtschaftlich bedeutsamen Imagegewinn der Unternehmen zur Folge haben. Gleichzeitig wird durch die Mobilisierung der Öffentlichkeit der Druck verstärkt, die Absprachen auch tatsächlich einzuhalten. Der verhaltensinduzierende motivationale Druck der Veröffentlichung ähnelt insofern dem Effekt des gemeinschaftsrechtlich eingeführten sog. *Öko-Audits*, bei dem sich Unternehmen freiwillig dem internen Reglement einer EG-Verordnung unterwerfen können, das Verbesserungen des betrieblichen Umweltschutzes über das bisher geltende Recht hinaus vorsieht. Ein unabhängiger Umweltgutachter überprüft die Einhaltung der Bedingungen und erteilt ggf. die sog. Umwelterklärung über das jeweilige Unternehmen, das der Öffentlichkeit zugänglich gemacht wird.[87] Die Beteiligung an einer normvermeidenden Absprache, deren Inhalt veröffentlicht wird, kann für die beteiligten Unternehmen einen vergleichbar günstigen Effekt im öffentlichen Ansehen haben.

---

85 Vgl. Umwelt 1988, 310 und Umwelt 1990, 346f.

86 BVerfGE 65, 283 (291): Dort hatte das BVerfG über die Verfassungsmäßigkeit des damals geltenden § 12 BBauG zu entscheiden, der vorsah, daß Bebauungspläne nicht mit ihrem vollständigen Inhalt in amtlichen Publikationsorganen bekanntzumachen waren, sondern lediglich die Genehmigung des Bebauungsplan sowie der Hinweis, bei welcher Dienststelle der Bebauungsplan eingesehen werden könne, zu veröffentlichen war. Das BVerfG entschied, daß dieses Verfahren ausreiche, um den Normadressaten die Möglichkeit zu geben, sich aus verläßlichen Quellen über das geltende Recht zu informieren; nur dies verlange das Rechtsstaatsprinzip. Für normvermeidende Absprachen im Ergebnis wie hier *Dempfle*, Normvertretende Absprachen, Diss. Trier 1993, S. 139.

87 Verordnung [EWG] Nr. 1836/93 des Rates über die freiwillige Beteiligung gewerblicher Unternehmen an einem Gemeinschaftssystem für das Umweltmanagement und die Umweltbetriebsprüfung vom 29.6.1993, ABlEG. Nr. L 168 v. 10.7.1993 [Öko-Audit-VO]. Dazu *Lübbe-Wolff,* Die EG-Verordnung zum Umwelt-Audit, DVBl. 1994, 361 (362ff.). Zum Öffentlichkeitsprinzip des EG-Umweltrechts allgemein *v. Schwanenflügel,* DVBl. 1991, 93 (97ff.).

4. Zwischenergebnis

Als Zwischenergebnis zu Zuständigkeit und Verfahren bei der staatlichen Mitwirkung an normvermeidenden Absprachen kann folgendes festgehalten werden: Die Kompetenzverteilung zwischen Bund und Ländern zur Mitwirkung an normvermeidenden Absprachen ergibt sich aus einer entsprechenden Anwendung der Art. 70 ff. GG. Innerhalb der jeweiligen Verbände darf die Exekutive im Rahmen gesetzesvermeidender Absprachen nur über das ihr zustehende Initiativrecht im Rahmen des Gesetzgebungsverfahrens disponieren; eine weitergehende Zusage würde den Gewaltenteilungsgrundsatz verletzen. Eine Zustimmung des Bundesrats zu Absprachen auf Bundesebene ist auch dann nicht erforderlich, wenn die zu vermeidende Rechtsvorschrift nach Art. 84, 85 GG zustimmungsbedürftig wäre. Dagegen gebietet es die Kompetenzordnung innerhalb der Bundesregierung, vor Absprachen von allgemeinpolitischer Bedeutung einen Kabinettsbeschluß herbeizuführen. Die einfachgesetzlichen Anhörungs- und Beteiligungsrechte von Verbänden und beteiligten Kreisen sind auf die Absprachen nicht entsprechend anzuwenden; es empfiehlt sich aber in der Regel, die Verbände informell zu beteiligen. Aus dem Rechtsstaats- und dem Demokratieprinzip folgt schließlich eine Verpflichtung zur Veröffentlichung der Absprachen.

B. Materielle Grenzen

Auch in materieller Hinsicht werfen die normvermeidenden Absprachen eine Vielzahl von Fragen auf. Rechtliche Grenzen für die staatliche Mitwirkung an den Absprachen könnten sich zum einen aus bestehenden Gesetzgebungspflichten ergeben (I.). Grundlegende verfassungsrechtliche Fragestellungen werden berührt, wenn die Vereinbarkeit der Absprachen mit Grundrechten und – damit eng verbunden – die Frage nach der Erforderlichkeit einer gesetzlichen Grundlage untersucht wird (II.). Schließlich ist die Vereinbarkeit der Absprachen mit den Vorgaben des Wettbewerbs- und Europarechts zu klären (III.).

I. Gesetzgebungspflichten

Die Ankündigung staatlicher Stellen, auf eine Gesetzesinitiative verzichten zu wollen, könnte rechtswidrig sein, wenn und soweit eine Pflicht zur Gesetzgebung besteht. Wer nämlich von Rechts wegen zum Handeln verpflichtet ist, könnte dadurch bereits gehindert sein, das Inaussichtstellen rechtswidrigen Untätigbleibens zum Mittel seines Handelns zu machen.[88] Es drängt sich insofern eine Parallele zur verwaltungsrechtlichen Zusage auf: Dort ist anerkannt, daß Behörden im Fall einer

---

[88] *Oebbecke*, Die staatliche Mitwirkung an gesetzesabwendenden Vereinbarungen, DVBl. 1986, 793 (796); *Müggenborg*, Formen des Kooperationsprinzips im Umweltrecht der Bundesrepublik Deutschland, NVwZ 1990, 909 (917).

gesetzlich angeordneten Pflicht zum Einschreiten nicht versprechen dürfen, auf ein Tätigwerden zu verzichten. Bereits die Ankündigung pflichtwidrigen Unterlassens ist in dieser Konstellation rechtswidrig.[89] Daß die staatliche Zusage, auf eine Gesetzesinitiative verzichten zu wollen, im Unterschied zur verwaltungsrechtlichen Zusage[90] nicht rechtsverbindlich ist, rechtfertigt keine abweichende Beurteilung. Zwar liegt in der Bindungswirkung der Zusage eine besondere Gefahr: Sie ergibt sich insbesondere daraus, daß zumindest die Zusicherung eines Verwaltungaktes gem. § 38 VwVfG als Unterfall der Zusage die Behörde fehlerunabhängig bindet (vgl. § 38 Abs. 2 VwVfG).[91] Es ist jedoch auch ohne Rechtsbindung mit rechtsstaatlichen Grundsätzen unvereinbar, wenn staatliche Stellen ihre Untätigkeit in Aussicht stellen, obwohl dies einer Rechtspflicht widerspräche. Dies folgt aus dem Gesetzesvorrang und der Bindung aller Staatsorgane an die Verfassung: Wenn in einer höherrangigen Rechtsquelle ein Handlungsauftrag enthalten ist, darf dieser nicht durch gegenteilige Zusagen konterkariert werden.

Dem kann auch nicht entgegengehalten werden, daß eine normvermeidende Absprache der Erreichung des materiellen Regelungsziels, das hinter einem Gesetzgebungsauftrag steht, möglicherweise zuträglich ist. Sofern und soweit sich aus dem Grundgesetz oder aus europarechtlichen Vorgaben die Verpflichtung ergibt, eine gesetzliche Regelung für einen bestimmten Sachbereiches zu schaffen, ist dieser Auftrag formgebunden: Eine tatsächliche Praxis aufgrund einer normvermeidenden Absprache ist nicht nur ungeeignet, die Gesetzgebungspflicht zu erfüllen. Es ist vielmehr sowohl der Exekutive als auch der Legislative verwehrt, den Gesetzgebungsauftrag gewissermaßen „sehenden Auges" zu mißachten, indem eine gesetzliche Regelung, die geeignet wäre, die Gesetzgebungspflicht zu erfüllen, im Rahmen einer normvermeidenden Absprache nur angedroht wird. Eine Gesetzgebungspflicht führt also dazu, daß die staatlichen Stellen verpflichtet sind, die erforderliche gesetzliche Regelung unverzüglich auf den Weg zu bringen. Eine normvermeidende Absprache ist im Geltungsbereich von Gesetzgebungspflichten deshalb unzulässig; woraus sich solche Gesetzgebungspflichten ergeben können, wird im folgenden zu untersuchen sein.

1. Ausdrückliche Gesetzgebungsaufträge des Grundgesetzes

Im Grundgesetz finden sich eine Vielzahl ausdrücklicher Gesetzgebungsaufträge. Überall dort, wo die Regelung der Einzelheiten eines bestimmten Sachbereiches

---

89 *Wolff/Bachof/Stober,* Verwaltungsrecht I, § 53 Rn. 15; *Stelkens,* in: Stelkens/Bonk/Sachs, VwVfG § 38 Rn. 54.

90 Die Zusage wird vom Bundesverwaltungsgericht als „hoheitliche Selbstverpflichtung *mit Bindungswillen* zu einem späteren Tun oder Unterlassen (BVerwGE 26, 31 [36], Hervorhebung vom *Verf.*). Zum Bindungswillen auch *Stelkens,* in: Stelkens/Bonk/Sachs, VwVfG, § 38 Rn. 25.

91 Inwieweit auch Zusagen außerhalb des Anwendungsbereichs des § 38 Abs. 2 VwVfG Bindungswirkung entfalten, ist nach wie vor nicht abschließend geklärt, vgl. dazu *Maurer,* Allgemeines Verwaltungsrecht, § 9 Rn. 61.

durch ein Bundesgesetz angeordnet wird, liegt darin zugleich der Auftrag, eine normative Regelung der betreffenden Materie zu schaffen.[92] Das Grundgesetz bedient sich hierzu der Formulierung „Das Nähere regelt ein Bundesgesetz", so etwa in Art. 4 Abs. 3 S. 2, 12 a Abs. 2 S. 3, 21 Abs. 3, 26 Abs. 1 S. 2, 29 Abs. 4 S. 2, Abs. 7 S. 2, 41 Abs. 3, 45 c Abs. 2, 48 Abs. 3 S. 3; 54 Abs. 7; 94 Abs. 2 S. 2; 98 Abs. 1 GG. Die betreffenden Verfassungsbestimmungen gehören damit zur Kategorie der verpflichtenden Staatsaufgabennormen des Grundgesetzes;[93] sie schreiben verpflichtend die Regelung eines bestimmten Sozialbereiches durch eine gesetzliche Regelung vor.

Die Mehrzahl dieser Gesetzgebungsaufträge des Grundgesetzes betrifft allerdings Sachbereiche, die einer normvermeidenden Absprache aus tatsächlichen Gründen nicht zugänglich sein dürften, weil es zu viele Betroffene gibt, die an der Vereinbarung beteiligt werden müßten. Wie bereits nachgewiesen wurde, ist die Überschaubarkeit des Kreises der Beteiligten eine Grundvoraussetzung des Erfolges und damit in tatsächlicher Hinsicht auch der praktischen Anwendung des Instruments der Absprachen.[94] Es gibt aber auch Materien, für die einerseits ein grundgesetzlicher Gesetzgebungsauftrag besteht, die andererseits aber durchaus als Gegenstand einer normvermeidenden Absprache in Betracht kämen. Zu denken wäre beispielsweise an die nach Art. 26 Abs. 2 S. 2 GG in einem Bundesgesetz festzulegenden Einzelheiten der Herstellung, Beförderung und Verbreitung von Kriegswaffen. In diesem Regelungsbereich wären durchaus Absprachen mit den betroffenen Rüstungsunternehmen denkbar. Eine solche Absprache hätte wegen der oligopolistischen Struktur der betroffenen Branche durchaus gute tatsächliche Erfolgsaussichten.

Damit wird die Frage nach dem Adressaten etwaiger Gesetzgebungspflichten virulent. Eine Pflicht zur Gesetzgebung richtet sich in erster Linie an die für diesen Bereich zuständige Staatsgewalt, also die Legislative.[95] Ohne große Schwierigkeiten läßt sich daher begründen, daß Gesetzgebungspflichten normvermeidenden Absprachen entgegen stünden, an denen sich das Parlament beteiligt. Dieser Fall ist indes bisher noch nicht praktisch geworden. Die Regel bilden vielmehr Absprachen, an denen auf der Seite des Staates Vertreter der Exekutive tätig wurden. Diese Regierungsvertreter disponieren im Rahmen der Mitwirkung an normvermeidenden Vereinbarungen aber – wie bereits herausgearbeitet wurde[96] – lediglich über ihr Gesetzesinitiativrecht; eine weitergehende Zusage würde den Gewaltenteilungsgrundsatz verletzen. Die Legislative ist deswegen durch die normvermeidende Absprache nicht gehindert, ihrerseits ein entsprechendes Gesetz zu erlassen und auf diese Weise einer Gesetzgebungspflicht zu entsprechen. Es ist daher keineswegs so selbstver-

[92] *Lücke*, Grundrechte als Staatszielbestimmungen und Gesetzgebungsaufträge, AöR 107 (1982), 15 (22); *Oebbecke*, Die staatliche Mitwirkung an gesetzesabwendenden Vereinbarungen, DVBl. 1986, 793 (796).

[93] *Badura*, in: Isensee/Kirchhof (Hrsg.), HdbStR VII, § 159, Rn. 14 ff.

[94] Vgl. oben 2. Teil Kapitel A. II. 2.

[95] *Pieroth*, in: Jarass/Pieroth, GG, Art. 70 Rn. 13.

[96] Vgl. oben 4. Teil Kapitel A. II. 2.

ständlich, wie es offenbar Oebbecke[97] erscheint, daß eine etwaige Gesetzgebungspflicht auch Regierungsmitglieder am Abschluß einer Absprache hindern soll. Dies setzt einen größeren Begründungsaufwand voraus: Abgestellt werden kann auf die faktische Wirkung einer Zusage der Regierung für die sie tragenden Fraktionen im Parlament.[98] Sie wird in der Praxis zumeist zur Folge haben, daß sich im Parlament kaum eine Mehrheit für eine abspracheweidrige Gesetzesinitiative finden wird. Faktisch wird die Beteiligung der Exekutive an der Absprache also die Erfüllung der Gesetzgebungspflicht vereiteln. Da dies auch gerade die Intention der handelnden Regierungsvertreter ist, kann zur Begründung der Bindung der Exekutive an die Gesetzgebungspflicht erneut auf allgemeine rechtsstaatliche Überlegungen zurückgegriffen werden: Auch wenn die Regierung nicht unmittelbarer Adressat der Gesetzgebungsaufträge ist, ist sie an die Verfassung als höherrangiges Recht gebunden. Es ist ihr daher verwehrt, bewußt der Erfüllung grundgesetzlicher Pflichten durch andere Staatsgewalten entgegenzuwirken.[99]

Damit kann als Zwischenergebnis festgehalten werden, daß überall dort, wo das Grundgesetz ausdrückliche Gesetzgebungsaufträge enthält, sowohl der Exekutive als auch der Legislative die Mitwirkung an normvermeidenden Absprachen verwehrt ist.

2. Staatliche Schutzpflichten für Grundrechte

Schwieriger ist die Ableitung von Gesetzgebungspflichten aus staatlichen Schutzpflichten für Grundrechte. Die grundrechtlichen Gewährleistungen des Grundgesetzes dienen vorrangig der Abwehr staatlicher Eingriffe in die Individualsphäre des Einzelnen.[100] Der Schutzgehalt der Grundrechte erschöpft sich aber nicht in diesem *status negativus.*[101] Es kann vielmehr mittlerweile als gesicherter Bestandteil der Grundrechtsdogmatik angesehen werden, daß die Grundrechte in bestimmten Konstellationen den Staat verpflichten können, Grundrechtsbeeinträchtigungen durch Dritte zu verhindern.[102] Derartige Schutzpflichten sind zum Teil im

---

[97] *Oebbecke,* Die staatliche Mitwirkung an gesetzesabwendenden Vereinbarungen, DVBl. 1986, 793 (796).

[98] Zu dieser faktischen Wirkung ebenfalls oben 4. Teil Kapitel A. II. 2.

[99] Ähnlich BVerfGE 8, 210 (216f.); 25, 167 (173), wo davon die Rede ist, daß in der Anweisung an den Gesetzgeber, eine bestimmte sachliche Regelung zu treffen, zugleich eine entsprechende Wertentscheidung liege, an die auch die übrgien Staatsorgane gebunden seien. In gleicher Richtung *Badura,* in: Isensee/Kirchhof (Hrsg.), HdbStR VII, § 159 Rn. 18, der von einer „Garantiewirkung" der Gesetzgebungsaufträge spricht, sowie *Tsai,* Die verfassungsrechtliche Umweltschutzpflicht des Staates, 1995, S. 38, wo es heißt, daß die Gesetzgebungsaufträge „in ihrem materiellen Gehalt gewissermaßen auch auf die Exekutive" ausstrahlen.

[100] Die abwehrrechtliche Dimension der Grundrechte wird auch vom BVerfG immer wieder besonders betont, BVerfGE 7, 198 (204f.); 21, 362 (369); 50, 290 (336, 337); 61, 82 (101); 68, 193 (205). Vgl. auch *Isensee,* in: Isensee/Kirchhof (Hrsg.), HdbStR Bd. V, § 111, Rn. 1 ff., 37 ff.

[101] Zum Begriff *G. Jellinek*, System der öffentlichen Rechte, 2. Aufl. 1919, S. 87, 94 ff.

[102] Allgemein zu staatlichen Schutzpflichten aus Grundrechten vgl. *Isensee,* in: Isensee/Kirchhof (Hrsg.), HdbStR IV, 1992, § 111 Rn. 86 ff.; *Ders.,* Das Grundrecht auf Sicherheit,

Grundgesetz ausdrücklich normiert: So legt Art. 1 Abs. 1 S. 2 GG aller staatlichen Gewalt die Verpflichtung auf, die Würde des Menschen zu achten und zu schützen.[103] Daraus läßt sich ohne große rechtsdogmatische Schwierigkeiten ableiten, daß die Schutzverpflichtung des Staates auch den in anderen Grundrechten enthaltenen „Menschenwürdekern" umfaßt.[104] Weitere Schutzzuweisungen finden sich Art. 6 Abs. 1, Art. 6 Abs. 2 und Art. 6 Abs. 4 GG, die dem Staat eine besondere Verantwortung für den Schutz von Ehe und Familie sowie die Pflege und Erziehung der Kinder zuweisen.[105] Über diese dem Text des Grundgesetzes zu entnehmenden Fälle hinaus hat das Bundesverfassungsgericht bereits frühzeitig staatliche Schutzpflichten aus dem Gehalt der einzelnen Grundrechte als objektiv-rechtliche Wertentscheidungen hergeleitet;[106] diese Konstruktion hat auch in der Literatur überwiegend Zustimmung gefunden.[107] Danach beschränkt sich die Gewährleistungsfunktion der Grundrechte nicht auf ihren Charakter als relative, staatsgerichtete subjektive Abwehrrechte, sondern weist daneben auch eine absolute Komponente auf: Den Grundrechten lassen sich objektive Grundentscheidungen entnehmen, die in bestimmten Konstellationen den Staat verpflichten können, nicht nur ungerechtfertigte

---

1983, 34 ff.; *Stern*, Das Staatsrecht der Bundesrepublik Deutschland, Bd. III/1, 1988, 937 ff.; *Böckenförde*, Grundrechte als Grundsatznormen, Der Staat 29 (1990), 1 (12 f.); *Hesse*, in: Benda/Maihofer/Vogel (Hrsg.), Handbuch des Verfassungsrechts der Bundesrepublik Deutschland, § 5 Rn. 49 ff.; *Häberle*, Grundrechte und parlamentarische Gesetzgebung im Verfassungsstaat, AöR 114 (1981), 361 (378); *Jarass*, in: Jarass/Pieroth, GG, Vorbm. vor Art. 1 Rn. 10; *E. Klein*, Grundrechtliche Schutzpflichten des Staates, NJW 1989, 1633 (1636 ff.); *Schmidt-Aßmann*, Anwendungsprobleme des Art. 2 Abs. 2 GG im Immissionsschutzrecht, AöR 106 (1981) 205 (215 ff.); *Horn*, Staat und Gesellschaft in der Verwaltung des Pluralismus, Die Verwaltung 26 (1993), 545 (571); *Faber*, Gesundheitliche Gefahren des Tabakrauchens und staatliche Schutzpflichten, DVBl. 1998, 745 ff.

103 Zum Schutzgehalt dieser Bestimmung *Jarass*, in: Jarass/Pieroth, GG, Art. 1 Rn. 9 f.; *Stern*, Das Staatsrecht der Bundesrepublik Deutschland, Bd. III/1, § 58 II 6 b), S. 28 ff.; *Hermes*, Das Recht auf Schutz von Leben und Gesundheit, S. 138 ff.; *Zippelius*, in: Bonner Kommentar zum GG, Art. 1 Rn. 23 f.

104 *Murswiek*, Die staatliche Verantwortung für die Risiken der Technik, 1985, S. 125.

105 Dazu *Stern*, Das Staatsrecht der Bundesrepublik Deutschland, Bd. III/1, § 69 IV 3 b), S. 934 ff.

106 BVerfGE 6, 55 (71); 7, 198 (205); 35, 79 (114); 39, 1 (41 f.) 49, 89 (141); 73, 261 (269); 76, 1 (49).

107 *Alexy*, Theorie der Grundrechte, 1985, S. 71 ff.; *Böckenförde*, Grundrechte als Grundsatznormen, in: Ders. (Hrsg.), Staat, Verfassung, Demokratie, 1990, S. 159 ff.; *Grimm*, Rückkehr zum liberalen Freiheitsverständnis?; in: Ders., Die Zukunft der Verfassung, 1988, S. 221 (229 ff.); *Hermes*, Das Grundrecht auf Schutz von Leben und Gesundheit, 1987, S. 187 ff.; *Isensee*, Das Grundrecht auf Sicherheit, S. 27 ff.; *Ders.*, in Isensee/Kirchhof (Hrsg.), HdbStR V, § 111, Rn. 80 ff.; *Jarass*, Grundrechte als Wertentscheidungen, AöR 110 (1985), 363 ff.; *Jean d'Heur*, Grundrechte im Spannungsverhältnis zwischen subjektiven Freiheitsgarantien und objektiven Grundsatznormen, JZ 1995, 161 (162); *E. Klein*, Grundrechtliche Schutzpflichten des Staates, NJW 1989, 1633 ff.; *H. H. Klein*, Die grundrechtlliche Schutzpflicht, DVBl. 1994, 489 ff.; *Lübbe-Wolff*, Die Grundrechte als Eingriffsabwehrrechte, 1988, S. 224 ff.; *Stern*, Das Staatsrecht der Bundesrepublik Deutschland, Bd. III/1, § 67 V 2, S. 730 ff. Kritisch dagegen *Schwabe*, Probleme der Grundrechtsdogmatik, S. 213 ff.; *Murswiek*, Die staatliche Verantwortung für die Risiken der Technik, 1985, S. 89 ff.

Eingriffe in Grundrechte zu unterlassen, sondern die grundrechtlichen Schutzgüter vor drittvermittelten Beeinträchtigungen vorbeugend zu schützen. So hat das Bundesverfassungsgericht in mehreren Entscheidungen angenommen, daß sich aus Art. 2 Abs. 2 S. 1 i.V.m. Art. 1 Abs. 1 S. 2 GG die Pflicht des Staates ergeben kann, Gefährdungen des menschlichen Lebens und der menschlichen Gesundheit durch geeignete Schutzvorkehrungen zu verhindern: Es soll eine Pflicht des Staates zum Schutz des ungeborenen Lebens gegen Schwangerschaftsabbrüche bestehen,[108] in ähnlicher Weise wurden eine Verpflichtung des Staates zum Schutz vor atomaren Gefahren,[109] vor terroristischen Anschlägen,[110] vor Flug-[111] und Straßenverkehrslärm, gegen die chemische Verseuchung und Schädigung von Luft und Wald[112] sowie auf Schutz vor Elektrosmog[113] und einem Abbau der Ozonschicht[114] aus Grundrechten abgeleitet.[115] Verallgemeinernd läßt sich dieser Rechtsprechung entnehmen, daß staatliche Schutzvorkehrungen vor allem in zwei Konstellationen verlangt werden können: Zum einen, wenn die Grundrechtsverletzung, die sich aus einer bisher lediglich vorliegenden Grundrechtsgefährdung zu entwickeln droht, irreparabel wäre, zum anderen, wenn die Entwicklung, die die Grundrechtsverletzung hervorzubringen droht, unbeherrschbar wäre.[116]

Bei der Frage, wie die Schutzpflicht zu erfüllen ist, läßt das Bundesverfassungsgericht dem Staat einen gewissen Entscheidungsspielraum, der in Abhängigkeit vom Ausmaß der Gefährdung variiert. Jedenfalls soll der mit der Schutzpflicht verbundene Schutzanspruch des Bürgers dahin gehen, daß „die öffentliche Gewalt Schutzvorkehrungen trifft, die nicht gänzlich ungeeignet oder völlig unzulänglich sind.[117] Damit stellt sich die Frage, ob normvermeidende Absprachen diesen Anfor-

---

[108] BVerfGE 39, 1.

[109] BVerfGE 49, 89 (142); BVerfGE 53, 30.

[110] BVerfGE 46, 160.

[111] BVerfGE 56, 54.

[112] BVerfG NJW 1983, 2931.

[113] BVerfG NJW 1997, 2509.

[114] BVerfG NJW 1996, 651.

[115] Staatliche Schutzpflichten sind nach der Rechtsprechung des BVerfG aber nicht nur denkbar, soweit Grundrechte aus Art. 2 Abs. 2 S. 1 GG betroffen sind. Eine objektiv-rechtliche Gewärleistungsfunktion dahingehend, daß grundsätzlich auch ein Anspruch auf staatliche Schutzvorkehrungen in Betracht kommen kann, hat das Bundesverfassungsgericht auch Art. 5 Abs. 3 GG (E 55, 37 [68]) und Art. 7 Abs. 4 GG (E 7, 40 [62 ff.]) zuerkannt, daraus bisher allerdings nur zurückhaltend konkrete Schutzpflichten abgeleitet.

[116] *Pieroth/Schlink*, Staatsrecht II Grundrechte, Rn. 92.

[117] BVerfGE 77, 170 (215). Die Auswahl der Mittel hat sich demnach am Gebot des effektiven Rechtsgüterschutzes zu orientieren. Dazu *Stern,* Das Staatsrecht der Bundesrepublik Deutschland, Bd. III/1, § 69 IV 6, S. 952; *Hermes,* Das Grundrecht auf Schutz von Leben und Gesundheit, 1987, S. 268; *Isensee,* Grundrecht auf Sicherheit, S. 40; *Preu*, Freiheitsgefährdung durch die Lehre von den grundrechtlichen Schutzpflichten, JZ 1991, 265 (270). Daraus ergibt sich zugleich, daß der Gesetzgeber nicht gegen das sog. Untermaßverbot verstoßen darf, d. h. daß das zum wirksamen Schutz des Rechtsgutes erforderliche Maß nicht unterschritten werden darf. Dazu *Isensee*, in: Isensee/Kirchhof (Hrsg.), HdbStR V, S. 143 ff.; der Begriff des Untermaßverbots wurde später auch vom BVerfG (EuGRZ 1993, 229 [243]) übernommen.

derungen genügen können. Dagegen spricht ihre eingeschränkte Effizienz als Instrument der Verhaltenssteuerung: Wie oben nachgewiesen wurde, stoßen die Absprachen dort an ihre Grenzen, wo der Wirtschaft einschneidende Maßnahmen abverlangt werden. Die Absprachen sind daher als Mittel der Gefahrenabwehr nur begrenzt tauglich; ihr Anwendungsbereich liegt im Bereich der „weichen" Wirtschaftssteuerung. Die Absprachen sind deswegen dort zur Erfüllung einer staatlichen Schutzpflicht ungeeignet, wo diese aus einer akuten Gefährdungslage resultiert oder wenn eine gesetzliche Sanktionierung erforderlich ist, um das erforderliche Schutzniveau zu gewährleisten.[118] In diesen Fällen verengt sich die Schutzpflicht zu einer Gesetzgebungspflicht;[119] Absprachen sind – nicht zuletzt wegen ihrer fehlenden Rechtsverbindlichkeit – unzureichend.

Reicht es dagegen aus, einem schleichenden Prozeß der Verschärfung einer Grundrechtsgefährdung durch „sanfte" Maßnahmen entgegenzuwirken, können normvermeidende Absprachen durchaus ein geeignetes Instrument zur Erfüllung einer grundrechtlichen Schutzpflicht sein. Auch wenn nämlich das Umschlagen in eine Grundrechtsverletzung irreparabel wäre, schließt dies nicht aus, daß die gefährdende Entwicklung durch Zusagen der Wirtschaft wirksam bekämpft werden kann, die sich im Rahmen von sog. „no-regrets"-Varianten halten. Im Gegenteil: Der oben beschriebene Vorzug der schnelleren Implementierung des Steuerungsimpulses infolge der erhöhten Folgebereitschaft der Betroffenen kann sogar dazu führen, daß die Absprachen im Rahmen der vorzunehmenden Ermessensausübung einer Gesetzesinitiative vorzuziehen sind.

Ebensowenig steht in dieser Konstellation die fehlende Rechtsverbindlichkeit der Absprachen der Erfüllung einer grundrechtlichen Schutzpflicht entgegen: Erfordert die Gefährdungslage kein sofortiges Eingreifen durch imperative Instrumente, reicht es zur Erfüllung der Schutzpflicht aus, wenn der Staat die Entwicklung beobachtet und ggf. rechtzeitig mit einer Gesetzesinitiative auf ein Scheitern der Absprache reagiert.[120]

Zusammenfassend kann damit festgehalten werden, daß staatliche Schutzpflichten für Grundrechte normvermeidenden Absprachen dann entgegenstehen, wenn sich die Schutzpflicht zu einer Gesetzgebungspflicht verdichtet hat.[121] In diesem

---

[118] Ähnlich *Lange,* Staatliche Steuerung durch offene Zielvorgabe, VerwArch 82 (1991), S. 1 (11).

[119] So etwa, wenn es um den Schutz ungeborenen Lebens geht. Hier hat das Bundesverfassungsgericht nicht nur eine gesetzliche Regelung, sondern sogar den Schutz eines Strafgesetzes für erforderlich gehalten, vgl. dazu BVerfGE 49, 89 (142). Ähnlich für den Schutz Minderjähriger vor sexuellen Vergehen EGMR, NJW 1985, 2075.

[120] Zur Pflicht staatlicher Organe, die Wirksamkeit der Absprachen zu überwachen und die Absprachen erforderlichenfalls durch eine einseitig-hoheitliche Regelung abzulösen, vgl. bereits oben 2. Teil Kapitel A. II. 3. sowie unten 4. Teil Kapitel B. II. 5. a).

[121] Ähnlich wohl *Oebbecke,* Die staatliche Mitwirkung an gesetzesabwendenden Vereinbarungen, DVBl. 1986, 793 (797); *Müggenborg,* Formen des Kooperationsprinzips im Umweltrecht in der Bundesrepublik Deutschland, NVwZ 1990, 909 (917).

Fall reichen normvermeidende Absprachen wegen ihrer eingeschränkten Tauglichkeit zur Durchsetzung von Gemeinwohlzielen nicht aus, dem grundrechtlichen Schutzauftrag zu entsprechen.[122]

3. Gesetzgebungspflichten aus Art. 20 a GG?

Weitere Gesetzgebungsaufträge könnten sich aus dem in das Grundgesetz aufgenommenen[123] Art. 20 a GG ergeben. Die Staatszielbestimmung[124] des Art. 20 a GG erhebt den Schutz der natürlichen Lebensgrundlagen des Menschen in den Rang eines Verfassungsprinzips, das als solches nicht mehr zur Disposition der handelnden Staatsorgane steht. *Ob* der Gesetzgeber im Interesse des Umweltschutzes tätig wird, steht damit nicht mehr in seinem Belieben; die Staatszielbestimmung enthält einen Handlungs- und Konkretisierungsauftrag und eine normative Richtlinie für den parlamentarischen Gesetzgeber.[125] Sein Ermessen hinsichtlich des „Ob" einer gesetzlichen Regelung ist eingeschränkt, und zwar um so mehr, je mehr die Schutzgüter des Art. 20 a GG gefährdet sind und quantitativ wie qualitativ Schaden nehmen.[126] Dabei erstreckt sich der Schutzgegenstand in sachlicher Hinsicht auf alle Umweltgüter, die Grundlage des menschlichen, pflanzlichen und tierischen Lebens sind.[127] Trotzdem wird es nur selten gelingen, aus Art. 20 a GG konkrete Gesetzgebungspflichten abzuleiten: Die Vorgaben der Bestimmung treffen den Gesetzgeber nämlich ausdrück-

---

[122] Auch die grundrechtliche Schutzpflicht richtet sich in erster Linie an den Gesetzgeber, der den gebotenen Schutz durch den Erlaß von Gesetzen sicherstellen muß (BVerfGE 49, 89 [124 f.]; *Stern,* Das Staatsrecht der Bundesrepublik Deutschland, Bd. III/1, S. 951; *Isensee,* Das Grundrecht auf Sicherheit, 1983, S. 44). Ebenso wie in Fällen ausdrücklicher Gesetzgebungsaufträge ist es allerdings auch der Exekutive im Falle des Bestehens einer Gesetzgebungspflicht aus Schutzpflichten für Grundrechte verwehrt, ihr Gesetzesinitiativrecht im Rahmen einer vermeidenden Absprache zur Disposition zu stellen. Die obigen Ausführungen zu den Adressaten der ausdrücklichen Gesetzgebungsaufträge des Grundgesetzes gelten insoweit entsprechend.

[123] Zur Entstehungsgeschichte *Kloepfer,* Umweltschutz als Verfassungsrecht: Zum neuen Art. 20 a, DVBl. 1996, mit umfangreichen Nachweisen zur Diskussion bis zur Verabschiedung des Staatsziels in Anm. 2.

[124] Zum Begriff der Staatszielbestimmung vgl. *H. H. Klein,* Staatsziele im Verfassungsgesetz, DVBl. 1991, 728 (733); *v. Mangoldt/Klein/Starck,* GG, Präambel, Rn. 22; *Stern,* Das Staatsrecht der Bundesrepublik Deutschland, Bd. I, § 4 II 3; *Scheuner,* Staatszielbestimmungen, in: Schnur (Hrsg.), FS Forsthoff, S. 325 ff.

[125] *Schink,* Umweltschutz als Staatsziel, DÖV 1997, 221 (222).

[126] *Peters/Schlabach,* Umweltschutz – ein Staatsziel, VBlBW 1986, 47.

[127] Dazu gehören alle Umweltgüter, ohne die das Leben über längere Zeiträume nicht fortbestehen könnte und alle natürlichen Güter, ohne die ein physiologisch gesundes Leben nicht möglich ist, dazu *Müller-Bromley,* Staatszielbestimmung Umweltschutz im Grundgesetz, 1995, S. 104; *Murswiek,* in: Sachs, GG, Art. 20 a Rn. 27 ff.; *Kloepfer,* Umweltschutz als Verfassungsrecht. Zum neuen Art. 20 a GG, DVBl. 1996, 76. Erfaßt werden damit auch Lebensvoraussetzungen, die sich alleinigen Beeinflussung durch den nationalen Gesetzgeber entziehen, wie etwa das globale Klima und die Ozonschicht, vgl. dazu auch *Murswiek,* in: Sachs, GG, Art. 20 a Rn. 30.

lich nur „im Rahmen der verfassungsmäßigen Ordnung“. Diese im Gesetzgebungsverfahren als „Angstklausel“ bezeichnete Wendung[128] soll klarstellen, daß der Umweltschutz nicht anderen Verfassungsgütern übergeordnet, sondern mit den anderen Verfassungsgütern und -prinzipien in Ausgleich zu bringen ist.[129] Außerdem ist das zu erreichende Schutzniveau für die Umwelt in Art. 20 a GG nicht im einzelnen verbindlich festgeschrieben. Es unterliegt deshalb grundsätzlich weiterhin dem politischen Gestaltungswillen des Gesetzgebers, inwieweit er die bestehenden Regelungen für ausreichend hält oder aber im Rahmen der vorzunehmenden Abwägung anderen Verfassungswerten den Vorzug gibt.[130] Die Grenze zur verfassungswidrigen Nichterfüllung des Schutzauftrags für die Umwelt dürfte erst dort anzusiedeln sein, wo die akute Gefahr einer irreversiblen Zerstörung der Lebensgrundlagen besteht. Damit entsprechen die Kriterien weitgehend denjenigen, die oben für Gesetzgebungsaufträge aus grundrechtlichen Schutzpflichten entwickelt wurden: Der Gesetzgeber ist verpflichtet, Art und Ausmaß der Gefahr für die natürlichen Lebensgrundlagen zu ermitteln und auf dieser Grundlage geeignete Maßnahmen zu ihrer Bekämpfung zu ergreifen. Als ein solches Mittel kommen grundsätzlich auch normvermeidende Absprachen in Betracht. Dabei muß der Gesetzgeber allerdings die eingeschränkte Möglichkeit zur Durchsetzung einschneidender Veränderungen im Rahmen der Absprachen in Rechnung stellen; der Gesetzgeber muß sich deshalb vergewissern, daß die Gefährdungslage kein Einschreiten durch imperative Instrumente erfordert. Bei all diesen Schritten kommt dem Gesetzgeber ein Einschätzungs-, Wertungs- und Gestaltungsspielraum zu. Nur wenn das Instrument der normvermeidenden Absprachen gänzlich ungeeignet ist, das notwendige Schutzniveau für die Umwelt zu gewährleisten, ist die staatliche Mitwirkung an ihnen wegen Verstoßes gegen das Staatsziel Umweltschutz gem. Art. 20 a GG rechtswidrig.

4. Gesetzgebungspflicht aus parlamentsgesetzlicher Ermächtigung zum Erlaß einer Rechtsverordnung

In Fällen verordnungsvermeidender Absprachen könnten schließlich Gesetzgebungspflichten aus der Ermächtigung zum Erlaß der Rechtsverordnung folgen, auf die zugunsten der Absprache verzichtet werden soll. Zwar verpflichtet im Normalfall eine Verordnungsermächtigung die Exekutive nicht zum Erlaß einer entspre-

---

[128] Vgl. Abg. *Dr. Burkhard Hirsch*, BT-Prot. 12/18113 (c); Abg. *Kleinert*, BT-Prot. 12/1810 (B). Eigentlich ist die Wendung überflüssig: Daß Art. 20 a GG im Rahmen der übrigen verfassungsmäßigen Ordnung steht, ist eine Selbstverständlichkeit, die sich bereits aus Art. 20 Abs. 3 GG ergibt (so auch *Kloepfer*, DVBl. 1996, 75). Die Formulierung erklärt sich vor allem aus der Befürchtung des Gesetzgebers, daß sich die Rechtsprechung durch die Aufnahme des einschränkungslosen Umweltstaatsziels in die Verfassung dazu hätte berufen fühlen können, dem Umweltschutz am Gesetzgeber vorbei ein stärkeres Gewicht zu verleihen. Zu diesem Hintergrund der jahrelangen Streitigkeiten über die Formulierung vgl. *Sendler*, UPR 1995, 41 (42).

[129] *Murswiek*, in: Sachs, GG, Art. 20 a Rn. 58; *Schink*, Umweltschutz als Staatsziel, DÖV 1997, 221 (225).

[130] *Schink*, Umweltschutz als Staatsziel, DÖV 1997, 221 (226).

chenden Regelung.[131] In der Delegation der Legislativgewalt liegt vielmehr prinzipiell die vollständige Übertragung des Rechtsetzungsermessens an die Exekutive. Dies schließt grundsätzlich die Möglichkeit ein, auf eine Regelung – auch zugunsten einer normvermeidenden Absprache – zu verzichten.[132] Der Verordnungsgeber ist aber zur Erreichung des Gesetzeszwecks, der von der Ermächtigungsnorm vorgegeben wird, verpflichtet.[133] Die Ausübung des Normsetzungsermessens steht also unter einem Zweckmäßigkeitsvorbehalt: Die Exekutive ist verpflichtet, nur solche Mittel zu ergreifen, die zur Verwirklichung des politischen Gestaltungswillens des Gesetzgebers, wie er in der Ermächtigungsnorm zum Ausdruck kommt, geeignet sind. Auch insoweit wird man der Exekutive allerdings einen Einschätzungs- und Beurteilungsspielraum zugestehen müssen; nur offensichtlich untaugliche Versuche, den Vorgaben der Ermächtigungsnorm zu entsprechen, führen zur Rechtswidrigkeit der ergriffenen Maßnahme. Daraus folgt, daß nur dann, wenn eine normvermeidende Absprache zur Erreichung des Gesetzeszwecks offensichtlich ungeeignet ist, eine Normierungspflicht mit der Folge besteht, daß Absprachen unzulässig sind.[134]

5. Gesetzgebungspflichten aus europäischen Richtlinien gem. Art. 249 Abs. 3 EG-Vertrag

Weitere Gesetzgebungsaufträge, die der staatlichen Mitwirkung an normvermeidenden Absprachen entgegenstehen, könnten sich aus dem europäischen Recht ergeben. So könnte eine Pflicht zur Gesetzgebung im Regelungsbereich europäischer Richtlinien nach Art. 249 Abs. 3 EGV bestehen. Diese gemeinschaftsrechtlichen Richtlinien sind bekanntlich an die Mitgliedsstaaten gerichtet und verpflichten diese zur Erreichung eines bestimmten Zieles. Im Unterschied zur unmittelbar in den Nationalstaaten geltenden europarechtlichen Verordnung bedarf die Richtlinie noch der Umsetzung durch die Mitgliedsstaaten; erst der nationalstaatliche Umsetzungs-

---

[131] *Pieroth,* in: Jarass/Pieroth, GG, Art. 80 Rn. 22; *Degenhart,* Staatsrecht I, Rn. 242.

[132] Zum Entschließungsermessen des Verordnungsgebers *von Danwitz,* Die Gestaltungsfreiheit des Verordnungsgebers, 1989, S. 179 ff.; *Zuleeg,* Die Ermessensfreiheit des Verordnungsgebers, DVBl. 1979, 157 ff.

[133] BVerfG, EuGRZ 1988, 408 (415); BVerfGE 13, 248 (254); 16, 332 (38); *Pieroth,* in: *Jarass/Pieroth,* GG, Art. 80 Rn. 22.

[134] *Brohm,* Rechtsgrundsätze für normersetzende Absprachen, DÖV 1992, 1025 (1033) unter Hinweis auf ein Beispiel von *Bohne,* Informales Verwaltungs- und Regierungshandeln als Instrument des Umweltschutzes, VerwArch 75 (1984), S. 370 f.: Danach soll der Verzicht der zuständigen Landesminister auf Erlaß einer BelastungsgebietsVO zugunsten von Selbstverpflichtungserklärungen zur freiwilligen Abgabe von Emissionsmeldungen rechtswidrig sein, weil die Mitwirkung aller IHK-Mitglieder nicht gesichert sei und die Festsetzung eines Belastungsgebiets nach der TA Luft die Genehmigung bestimmter Anlagen unter erleichterten Voraussetzungen gestatte. Dem wird man zustimmen können: In diesem Fall wird in der Tat der Gesetzeszweck des § 44 Abs. 3 BImSchG, nämlich die Aufstellung eines zuverlässigen Emissionskatasters, durch eine unverbindliche Absprache nicht zu erfüllen sein. In einer derartigen Konstellation besteht deswegen eine Normierungspflicht.

akt entfaltet – jedenfalls grundsätzlich –[135] Rechtswirkungen für die Gemeinschaftsbürger. Zur Umsetzung der Richtlinien sind die Mitgliedsstaaten verpflichtet. Dies ergibt sich primärrechtlich aus Art. 10 Abs. 1 EGV;[136] die Pflicht zur Umsetzung ist zudem in der Regel in den Richtlinien selbst unter Angabe einer Frist, bis zu der sie zu erfolgen hat, festgelegt.[137]

Die entscheidende Frage für die Zulässigkeit normvermeidender Absprachen im Regelungsbereich europarechtlicher Richtlinien besteht nun darin, in welcher Form die Umsetzung der Richtlinien durch die Mitgliedsstaaten zu erfolgen hat. Normvermeidende Absprachen in ihrem Geltungsbereich wären unzulässig, wenn als Umsetzungsakt eine verbindliche innerstaatliche Rechtsvorschrift erforderlich wäre. Die bisherigen Stellungnahmen zu dieser Frage sind uneinheitlich: Während Becker[138] die Absprachen generell für ausreichend zur Umsetzung europäischer Richtlinien hält, wird dies von Bohne[139] und Grewlich[140] verneint. Oebbecke[141] will schließlich danach differenzieren, ob die Richtlinie ihrerseits auf die Erreichung eines wirtschaftlichen oder sozialen, also rein tatsächlichen Zieles gerichtet ist.[142] Wenn dies der Fall sei, seien auch normvermeidende Absprachen zur Umsetzung der Richtlinie zulässig. Ziele die Richtlinie dagegen auf eine Angleichung der staatlichen Rechtslage ab, genügten tatsächlich wirkende Vereinbarungen wie die Absprachen nicht.[143]

---

[135] Zu den Ausnahmen unmittelbarer Wirkung von Richtlinien in den Mitgliedsstaaten vgl. EuGH *Becker/Finanzamt Münster,* Slg.1982, S. 53 ff.; BVerfGE 75, 223; EuGH *Harz/Tradax*, Slg. 1984, S. 1921 ff. sowie *Streinz,* Europarecht, Rn. 394 ff. Zur Haftung der Mitgliedstaaten gegenüber den Bürgern für nicht umgesetzte Richtlinien EuGH, *Francovich ua./Italien*, Slg. 1991 I, S. 5357 ff.

[136] Vor der Neunumerierung durch den Vertrag von Amsterdam (ABlEG 1997 Nr. C 340, S. 1 ff.): Art. 5 EGV. Zur Umsetzungspflicht aus dem bisherigen Art. 5 EGV EuGH, *Kommission/Italien*, Slg. 1978, S. 1307 (1311); *Zuleeg*, in: von Groeben/Thiesing/Ehlermann (Hrsg.), Kommentar zum EWG-Vertrag, Art. 5 Rn. 5.

[137] *Streinz,* Europarecht, Rn. 388. Zur Ableitung der Umsetzungspflicht aus der jeweiligen Richtlinie i. V. m. Art. 249 Abs. 3 EGV vgl. *von Bogdansdy*, in: Grabitz/Hilf (Hrsg.), Das Recht der Europäischen Union, Altband 1, Art. 5 EGV Rn. 41; EuGH – *von Colson und Kamann* – Slg. 1984, 1891 (1906 f.); *Kolpinghaus Nijmegen* 1987, 3969 (3985).

[138] *Becker,* Informales Verwaltungshandeln zur Steuerung wirtschaftlicher Prozesse im Zeichen der Deregulierung, DÖV 1985, 1003 (1007).

[139] *Bohne,* Informales Verwaltungs- und Regierungshandeln als Instrument des Umweltschutzes, VerwArch 75 (1984), 343 (362); zust. *Schmidt-Preuß*, Verwaltung und Verwaltungsrecht zwischen gesellschaftlicher Selbstregulierung und staatlicher Steuerung, VVDStRL 56 (1997) 161 (220, Anm. 230).

[140] *Grewlich,* Umweltschutz durch „Umweltvereinbarungen" nach nationalem Recht und Europarecht, DÖV 1998, 54 (60).

[141] *Oebbecke,* Die staatliche Mitwirkung an gesetzesabwendenden Vereinbarungen, DVBl. 1986, 793 (797).

[142] *Oebbecke,* ebenda, nennt als Beispiel eine Richtlinie, die zur Sicherung der Mineralölversorgung Ölvorräte für 65 Tage in den Mitgliedsstaaten vorschrieb. Dazu auch *Bleckmann,* Europarecht, § 7 III, S. 164 Rn. 423.

Eine Lösung des Problems wird ihren Ausgangspunkt beim Wortlaut des Art. 249 Abs. 3 EGV nehmen müssen: Er spricht für die Zulässigkeit normvermeidender Absprachen, da die Richtlinien danach ausdrücklich nur hinsichtlich des zu erreichenden Zieles verbindlich sein sollen, die Wahl der Form und Mittel zur Erreichung dieses Zieles aber den Mitgliedsstaaten überlassen bleiben soll.[144] Von der generellen Erforderlichkeit einer verbindlichen normativen Regelung ist nicht die Rede.[145] Es sind vielmehr im Sinne Oebbeckes auch Richtlinien denkbar, deren Ziel in der Herbeiführung eines tatsächlichen Erfolges besteht. Der Europäische Gerichtshof (EuGH) hat allerdings bereits frühzeitig verlangt, daß die Mitgliedsstaaten bei der Wahl der Form und der Mittel diejenigen zu ergreifen haben, die für die Gewährleistung der praktischen Wirksamkeit der Richtlinien am besten geeignet sind.[146] Die Mitgliedstaaten müßten dazu grundsätzlich die Richtlinien in verbindliche innerstaatliche Rechtsvorschriften umsetzen, die den Erfordernissen der Rechtssicherheit und Rechtsklarheit genügen. Schlichte Verwaltungspraktiken, die beliebig geändert werden können, genügten dagegen nicht, um zwingende Gebote der Richtlinien zu erfüllen.[147] In seiner jüngeren Rechtsprechung hat der Gerichtshof die Anforderungen an die Umsetzung weiter konkretisiert: Erforderlich sei eine nationale Vorschrift, auf die sich die Betroffenen erforderlichenfalls vor Gericht berufen könnten. Dies setze den zwingenden Charakter sowie die Außenwirkung des nationalen Umsetzungsaktes und dessen Publikation voraus.[148] Diese Voraussetzungen erfüllen die normvermeidenden Vereinbarungen in ihrer gegenwärtig in der Bundesrepublik praktizierten Form nicht: Sie begründen weder einklagbare Erfüllungsansprüche der Beteiligten, noch werden sie in angemessener Form veröffentlicht. Ihr unverbindli-

143 Ähnlich auch *Bundesministerium für Umwelt, Naturschutz und Reaktorsicherheit (Hrsg.)*, Entwurf der Unabhängigen Sachverständigenkommission beim BMU für ein Umweltgesetzbuch, 1998, S. 504f.

144 *H.-P. Ipsen*, Europäisches Gemeinschaftsrecht, 1972, S. 458 spricht insoweit von „gestufter Verbindlichkeit". Zu den Schwierigkeiten, Ziele und Mittel der Umsetzung voneinander zu trennen, vgl. *Bleckmann*, Europarecht, § 7 III 2, Rdn. 423 ff.

145 Bei dieser Erkenntnis beläßt es *Becker*, Informales Verwaltungshandeln zur Steuerung wirtschaftlicher Prozesse im Zeichen der Deregulierung, DÖV 1985, 1003 (1007) und begründet damit die Zulässigkeit normvermeidender Absprachen im Geltungsbereich der Richtlinien.

146 EuGH, – *Royer* –, Slg. 1976, 497 (517).

147 Std. Rspr.: EuGH *Kommission/Belgien*, Slg. 1980, S. 1473 (1486); *Kommission/Niederlande*, Slg. 1982, S. 1791 (1804 ff.); *Kommission/Niederlande*, Slg. 1982, 1819 (1833); *Kommission/Niederlande*, Slg. 1982, 4637 (4642); *Kommission/Italien*, Slg. 1983, S. 449 (456); *Kommission/Italien*, Slg. 1988, S. 1237 (1243); *Kommission/Italien*, Slg. 1988, S. 1323, (1338).

148 EuGH *Kommission/Deutschland*, Slg. 1991 I, S. 2567; *Kommission/Deutschland*, Slg. 1991 I, S. 2607 ff. Gegenstand der beiden Rechtsstreitigkreiten zwischen der Kommission und der Bundesrepublik Deutschland war jeweils die Frage, ob die TA- Luft (GMBl. 1986 I, S. 95/202) als Verwaltungsvorschrift zur Umsetzung einer Richtlinie ausreicht. Diese Frage wurde in beiden Fällen vom EuGH verneint. Vgl. zu diesem Fragenkreis ferner: *Everling*, Umsetzung von Umweltrichtlinien durch normkonkretisierende Verwaltungsanweisungen, RIW 1992, 379 ff.; *Vedder*, Die TA-Luft vor dem EuGH, EWS 1991, 293 ff.; *Weber*, Zur Umsetzung von EG-Richtlinien im Umweltrecht, UPR 1992, 5 ff.

cher Charakter[149] führt dazu, daß sie keine verläßliche Rechtsgrundlage für die Beteiligten und Dritte begründen; dieser Umstand rückt sie in die Nähe einer schlichten Verwaltungspraxis, die der EuGH für unzureichend zur Umsetzung von Richtlinien gem. Art. 249 Abs. 3 EGV gehalten hat. Auch im Regelungsbereich europarechtlicher Richtlinien sind normvermeidende Absprachen somit unzulässig, weil aus den Richtlinien eine Pflicht der Mitgliedsstaaten zur Schaffung einer verbindlichen und justiziablen Rechtsquelle als Umsetzungsakt folgt.[150]

6. Zwischenergebnis

Als Zwischenergebnis kann festgehalten werden, daß Gesetzgebungspflichten zur Rechtswidrigkeit der staatlichen Mitwirkung an normvermeidenden Absprachen führen. Solche Gesetzgebungspflichten können sich ergeben aus ausdrücklichen Gesetzgebungsaufträgen des Grundgesetzes, aus staatlichen Schutzpflichten für Grundrechte, aus dem Staatsziel Umweltschutz, aus Ermächtigungen zum Erlaß einer Rechtsverordnung sowie aus europarechtlichen Richtlinien gem. Art. 249 Abs. 3 EGV.

II. Grundrechte und Gesetzesvorbehalt

Die staatliche Mitwirkung an normvermeidenden Absprachen wirft auch jenseits bestehender Gesetzgebungspflichten grundlegende rechtsstaatliche und demokratische Probleme auf. Im Vordergrund steht dabei die Frage nach Erforderlichkeit und Existenz einer gesetzlichen Ermächtigung für die Absprachen: Der Vorbehalt des Gesetzes könnte zum einen in seiner rechtsstaatlichen, eingriffsbezogenen Komponente zum Tragen kommen, weil mit den Absprachen Grundrechtsbeeinträchtigungen sowohl der an der Absprache beteiligten Unternehmen und Verbände als auch unbeteiligter Dritter verbunden sein könnten. Für die an der Absprache beteiligten Unternehmen, die aufgrund der Absprache den Umfang ihrer wirtschaftlichen Aktivitäten beschränken, stellt sich dabei mit der Frage nach der Eingriffsqualität der staatlichen Mitwirkung an den Absprachen vor allem das Problem der Zulässigkeit und Wirksamkeit eines Verzichts auf grundrechtlichen Schutz (1.). Weiterhin haben die Absprachen – in der Praxis zum Teil erhebliche – faktische Auswirkungen auf nicht an ihnen beteiligte Dritte. Zu untersuchen ist daher, ob und unter welchen Voraussetzungen diese Beeinträchtigungen als Grundrechtseingriffe zu qualifizieren

---

149 Vgl. oben 3. Teil Kapitel C.

150 Im Ergebnis ebenso die *EG-Kommission* in einer Mitteilung an den Rat und das Europäische Parlament über Umweltvereinbarungen, KOM 96, 561 endg., S. 18: *„Die Mitgliedsstaaten sind daher verpflichtet, verbindliche Maßnahmen zu ergreifen und können sich* (zur Umsetzung von Richtlinien, d. Verf.) *nicht auf die Anerkennung von Selbstverpflichtungen der Industrie berufen.* Etwas anderes könnte für rechtverbindliche normvermeidende Verträge gelten, deren Zulässigkeit und Tauglichkeit zur Umsetzung europarechtlicher Richtlinien unten (5. Teil Kapitel C. II. 5.) untersucht wird.

sind (2.). Eine Folge der Verwischung der Grenzen zwischen Staat und Gesellschaft sind mögliche Beeinträchtigungen der Funktionsfähigkeit der beteiligten Verbände, die ebenfalls vor dem Hintergrund der grundrechtlichen Gewährleistungen problematisch sind (3.). Die Erforderlichkeit einer gesetzlichen Grundlage für die staatliche Mitwirkung an normvermeidenden Vereinbarungen ist schließlich nicht nur unter dem Gesichtspunkt möglicher Grundrechtseingriffe, sondern auch als Konsequenz der demokratischen Komponente des Gesetzesvorbehalts und der Wesentlichkeitstheorie des Bundesverfassungsgerichts in Erwägung zu ziehen (4.). Den Abschluß des Abschnitts bildet die Ermittlung weiterer rechtsstaatlicher Schranken, denen das staatliche Drohpotential im Rahmen der Absprachen unterliegt (5.).

1. Grundrechte der an den Absprachen beteiligten Unternehmen

a) Betroffene Schutzbereiche

Thematisch werden durch die normvermeidenden Absprachen mehrere Komponenten der Unternehmerfreiheit[151] der privaten Absprachepartner des Staates berührt. Die auf privater Seite an den Absprachen beteiligten Unternehmen versprechen regelmäßig eine Beschränkung ihres wirtschaftlichen Aktionsradius. Damit kommt eine Beeinträchtigung der von Art. 12 Abs. 1 GG geschützten Berufsfreiheit der Unternehmen in Betracht. Dieses Hauptgrundrecht der wirtschaftlichen Betätigung schützt jede auf Dauer angelegte und nicht nur vorübergehende Betätigung zur Schaffung und Erhaltung der Lebensgrundlage.[152] Vom Berufsbegriff erfaßt sind dabei auch die gewerbliche[153] und unternehmerische[154] Betätigung; über Art. 19 Abs. 3 GG ist das Grundrecht auch auf inländische juristische Personen des Privatrechts anwendbar.[155] Wenn die beteiligten Unternehmen bestimmte Produktionsverfahren und -ergebnisse oder den Verzicht auf bestimmte Werkstoffe versprechen oder sich

151 Zum Begriff der Unternehmerfreiheit als grundrechtsübergreifendem Sammelbegriff *Badura,* in: Schmidt-Aßmann, Besonderes Verwaltungsrecht, 3. Abschnitt Kap. II lit. b), Rn. 40 ff.; *Dürig,* in: Maunz/Dürig, GG, Art. 2 Abs. 1 Rn. 46 ff.; *Scholz,* in: Maunz/Dürig, GG, Art. 12 Rdn. 123 f.; *Henseler,* Staatliche Verhaltenslenkung durch Subventionen im Spannungsfeld zur Unternehmerfreiheit des Begünstigten, VerwArch 77 (1986), S. 249 (252); *Ossenbühl,* Die Freiheiten des Unternehmers nach dem Grundgesetz, AöR 105 (1990), 1 (3). Auch das BVerfG verwendet den Begriff gelegentlich, vgl. z. B. BVerfGE 50, 290 (363).

152 BVerfGE 7, 377 (397); 50, 290 (362); BVerwGE 22, 286; *Pieroth,* in: Jarass/Pieroth, GG, Art. 12 Rn. 4; *Tettinger,* in: Sachs, GG, Art. 12 Rn. 29.

153 BVerfGE 7, 377 (399); 50, 290 (362 f.).

154 BVerwGE 71, 183 (188).

155 BVerfGE 21, 266. Dies gilt jedenfalls für die durch die Absprachen in der Regel tangierte Freiheit der Berufausübung. Ob auch die Freiheit der Berufswahl wegen ihres personalen Einschlags auf juristische Personen anwendbar ist, ist zweifelhaft, kann für den vorliegenden Zusammenhang aber offenbleiben. Vgl. dazu *Di Fabio,* Grundrechte im präzeptoralen Staat, JZ 1993, 689 (694). Zum personalen Schutzbereich der Berufsfreiheit auch BVerfGE 7, 377 (397); 50, 290 (362 f.).

verpflichten, staatliche Stellen über die Zusammensetzung der hergestellten Produkte zu informieren, liegen darin Einschränkungen der beruflichen Betätigung, die im Falle ihrer hoheitlichen Anordnung zweifellos einen Eingriff in den Schutzbereich der Berufsausübung gemäß Art. 12 Abs. 1 GG darstellen würden.

In Betracht kommt daneben auch eine Verletzung der von Art. 14 Abs. 1 GG geschützten Eigentumsfreiheit. Dieses Grundrecht schützt den jeweiligen Bestand an Vermögensrechten des Grundrechtsträgers; in Abgrenzung zu Art. 12 GG ist von Art. 14 Abs. 1 GG also nicht der Erwerb, sondern das Erworbene, das Ergebnis der wirtschaftlichen Betätigung geschützt.[156] Davon soll nach herkömmlicher[157] – neuerdings allerdings in Wanken geratener –[158] Auffassung auch der Gewerbebetrieb als die organisatorische Zusammenfassung der persönlichen und sachlichen Mittel zu einem auf Erwerb gerichteten Unternehmen erfaßt sein. Zwar ist mit den Absprachen keine Beeinträchtigung der Substanz der betroffenen Unternehmen in der Weise verbunden, daß diesen Produktionsmittel entzogen würden. Bestehendes Vermögen des Gewerbebetriebs wird aber in einigen Fällen – mehr oder weniger intensiv – entwertet. So ist etwa die Umstellung des Produktionsprozesses von einem Ausgangsstoff auf einen anderen grundsätzlich geeignet, ganze Produktionsanlagen nutzlos zu machen. Auch wenn der betreffende Gewerbebetrieb äußerlich unangestastet bleibt, bestünde im Falle der hoheitlichen Anordnung eines entsprechenden Verwendungsverbots kaum ein Zweifel, daß die Entwertung bestehenden Vermögens an Art. 14 GG zu messen wäre.[159]

Ebenfalls im Schutzbereich des Art. 14 Abs. 1 GG ressortiert das Interesse der Unternehmen an der Geheimhaltung ihrer Geschäfts- und Betriebsgeheimnisse.[160]

---

[156] BVerfGE 30, 292; BVerfG NJW 1990, 1349 (1352).

[157] Das Recht am eingerichteten und ausgeübten Gewerbebetrieb wird von BGH (vgl. etwa BGHZ 23, 157 [162 f.]; 92, 34 [37] sowie die Übersicht der BGH-Rechtsprechung bei *Krohn*, Der Eigentumschutz gewerblicher Betriebe in der neueren Rechtsprechung des Bundesgerichtshofes, GewArch 1981, 249 m. w. Nachw.), vom BVerwG (vgl. BVerwGE 62, 224 [226]) und der überwiegenden Auffassung in der Literatur (*Papier,* in: Maunz/Dürig, GG, Art. 14 Rn. 95 ff.; *Kimminich*, in: Bonner Kommentar zum GG, Art. 14 Rn. 77 ff.; *Jarass,* in: Jarass/Pieroth, GG, Art. 14 Rn. 10. Differenzierend *Byrde,* in: v. Münch/Kunig, GG, Bd. 1, Art. 14 Rn. 18 ff.) als von Art. 14 Abs. 1 GG erfaßt angesehen.

[158] Das BVerfG hat die skeptische Frage gestellt, ob „der Gewerbebetrieb als solcher die konstituierenden Merkmale des Eigentumsbegriffs aufweist" oder nicht vielmehr „... das Unternehmen die tatsächliche – nicht aber rechtliche – Zusammenfassung der zu einem Vermögen gehörenden Sachen und Rechte, die an sich schon vor verfassungswidrigen Eingriffen geschützt sind" ist (BVerfGE 51, 193 [221 f.]; 74, 129 [148]). Jedenfalls dürfe der Schutz des Gewerbebetriebs „nicht weiter gehen als der Schutz, den seine wirtschaftliche Grundlage genießt" (BVerfGE 58, 300 [353]).

[159] Damit soll indes nicht mehr gesagt sein, als daß ein entsprechendes Verbot im Anwendungsbereich von Art. 14 GG anzusiedeln wäre. Die Frage, ob eine entschädigungspflichtige Enteignung oder eine Konkretisierung der Sozialbindung des Eigentums vorläge, ist damit freilich noch nicht beantwortet. Vgl. zu dieser schwierigen Abgrenzung *Leisner*, Eigentum, in: Isensee/Kirchhof (Hrsg.), Handbuch des Staatsrechts, Bd. VI, § 149 Rn. 133 ff.; *Ossenbühl*, Staatshaftungsrecht, S. 144 ff.

Dieses Geheimhaltungsinteresse wird berührt, wenn die beteiligten Unternehmen im Rahmen der Kontrolle der Einhaltung der Absprachen Daten über ihren Produktionsprozeß offenbaren müssen. Entsprechende Verpflichtungen enthalten die meisten der Absprachen aus jüngerer Zeit:[161] Die Unternehmen müssen beispielsweise die im einzelnen verwendeten Produktionsmittel, ihren Energieverbrauch und Einzelheiten des Produktionsprozesses staatlichen Stellen gegenüber offenlegen.

b) Grundrechtseingriffe durch kooperativ-informales Staatshandeln

Fraglich ist indes, ob die staatliche Mitwirkung an normvermeidenden Vereinbarungen als Eingriff in die genannten Grundrechte der an den Absprachen beteiligten Unternehmen anzusehen ist. Es fehlt nämlich an einem imperativen Eingriff[162] im klassischen Sinn. Der Staat setzt nicht rechtsförmlichen Zwang ein, um das gewünschte Verhalten der privaten Absprachepartner zu erreichen, sondern droht lediglich den Erlaß einer Rechtsnorm an. Die Privaten sind nicht rechtlich verpflichtet, sich an der Absprache zu beteiligen; die Minderung ihres Freiheitsraumes beruht vielmehr auf ihrem eigenen Entschluß, im Rahmen der Absprache ein bestimmtes Verhalten zuzusagen. Allerdings geht von der staatlichen Regelungsandrohung eine faktische Zwangswirkung aus. Wenn gar keine oder keine den Vorstellungen der öffentlichen Seite entsprechende Absprache zustande kommt, muß die Wirtschaft mit einer normativen Regelung rechnen, die zumeist eine noch gravierendere Beschränkung des privaten Handlungsspielraums bedeuten würde. Diese „eigentümliche Mischung von faktischem Zwang und Kooperation"[163] wirft im Hinblick auf die an der Absprache beteiligten Unternehmen mehrere Fragen auf: Erstens stellt sich das grundsätzliche Problem der rechtlichen Erfassung faktischer Grundrechtsbeeinträchtigungen durch staatliche Lenkungsmaßnahmen (aa). Zweitens ist zu untersuchen, ob ein Grundrechtseingriff nicht jedenfalls deswegen abzulehnen ist, weil die Grundrechtsträger im Rahmen der Absprache – mehr oder weniger freiwillig – auf die Ausübung ihrer Grundrechte verzichtet haben (bb).

---

160 BVerfGE 67, 100 (142 ff.); *Breuer*, Schutz von Betriebs- und Geschäftsgeheimnissen im Umweltrecht, NVwZ 1986, 171 (174 f.); *Henseler*, Staatliche Verhaltenslenkung durch Subventionen im Spannungsfeld zur Unternehmerfreiheit des Begünstigten, VerwArch 77 (1986), S. 249 (268); *M. Schröder*, Geheimhaltungsschutz im Recht der Umweltchemikalien, 1980, S. 19 ff.; *Ossenbühl*, Die Freiheiten des Unternehmers nach dem Grundgesetz, AöR 115 (1990), S. 1 (29).

161 Vgl. die Beispielsfälle I.1, I.2, II. und IV. oben im 1. Teil Kapitel A. Wirksame Instrumente des *monitoring* wurden überdies oben (2. Teil Kapitel A. II. 3.) als eine Voraussetzung der faktischen Einhaltung der Absprachen durch die Wirtschaft ermittelt.

162 Vgl. zur Terminologie *Jarass*, Grundrechte als Wertentscheidungen, AöR 110 (1985), 363 (364); *Manssen*, Staatsrecht I, Rdn. 439 ff.

163 *Oldiges*, Staatlich inspirierte Selbstbeschränkungsabkommen, WiR 1973, 1 (7). Zu den grundrechtsdogmatischen Schwierigkeiten, die Auswirkungen der neuartigen indirekt wirkenden staatlichen Steuerungmittel grundrechtsdogmatisch zu erfassen, vgl. auch *Kloepfer*, VVDStRL 57 (1998), S. 120 ff.

aa) Abkehr vom herkömmlichen Eingriffsbegriff

Unter welchen Voraussetzungen die faktischen Auswirkungen nichtregelnden Staatshandelns als Grundrechtseingriff zu qualifizieren sind, ist nach wie vor nicht befriedigend geklärt. Einigkeit besteht allein darüber, daß der klassische Eingriffsbegriff seine Konturen verloren hat.[164] Ein solcher klassischer Grundrechtseingriff ist gekennzeichnet durch die Merkmale der Regelungsqualität und Finalität des staatlichen Handelns sowie durch die Unmittelbarkeit der Beeinträchtigung der grundrechtlichen Sphäre.[165] Das Merkmal mit der größten Aussagekraft ist dabei die Imperativität: Die durch Rechtsbefehl begründete Verhaltenspflicht begründet ohne weiteres die Freiheitsverkürzung.[166] Unbestritten ist mittlerweile auch, daß es Grundrechtseingriffe ohne Regelungsqualität geben kann. Dies ist das Ergebnis einer Diskussion, die seit den 60er Jahren vornehmlich für den Bereich der wirtschaftslenkenden Verwaltung geführt wurde.[167] Die Grundrechte binden gem. Art. 1 Abs. 3 GG alle staatliche Gewalt, gleichgültig, in welcher Erscheinungsform sie auftritt. Der Schutz der Freiheitsrechte darf nicht dadurch verkürzt werden, daß sich der Staat neuartiger Handlungsformen bedient, die auf die Zwangswirkung imperativer Eingriffe verzichten. Die faktischen Beeinträchtigungen, die von diesen staatlichen Maßnahmen ausgehen, können in ihrer Intensität herkömmlichen Eingriffen gleichkommen, sie im Einzelfall sogar übertreffen.[168] Es besteht deshalb im Grundsatz Einigkeit darüber, daß die Grundrechtsdogmatik der zunehmenden Bedeutung

---

164 Zu den Erosionssymptomen *Bethge,* Der Grundsrechtseingriff, VVDStRL 57 (1998), 1 (37 ff.); *Ossenbühl*, Grundrechtsgefährdungen, in: Zirnske u. a. (Hrsg.) FS für Martin Kriele, 1997, S. 147.

165 Zum tradierten Eingriffsbegriff: *Di Fabio*, Risikoentscheidungen im Rechtsstaat, 1994, S. 425 f.; *Eckhoff*, Der Grundrechtseingriff, 1991, S. 173 ff.; *Gallwas*, Faktische Beeinträchtigungen im Bereich der Grundrechte, 1970, S. 21 ff.; *Grabitz*, Freiheit und Verfassungsrecht, 1976, S. 24 ff.; *Isensee*, Das Grundrecht als Abwehrrecht und als staatliche Schutzpflicht, in: Isensee/Kirchhof, Handbuch des Staatsrechts, Bd. V, 1992, § 111 Rn. 58 ff.; *Pieroth/Schlink*, Staatsrecht II Grundrechte, Rdn. 238 ff.; *Lübbe-Wolff*, Die Grundrechte als Eingriffsabwehrrechte, 1988, S. 63 ff.; *Roth*, Verwaltungshandeln mit Drittbetroffenheit und Gesetzesvorbehalt, 1991, S. 134 ff.; *Ders.,* Faktische Eingriffe in Freiheit und Eigentum, 1994, S. 7 ff.; *Jörn Ipsen,* Gesetzliche Einwirkungen auf grundrechtlich geschützte Rechtsgüter, JZ 1997, 473 (478). Zum dogmengeschichtlichen Hintergrund *Sachs,* Die relevanten Grundrechtsbeeinträchtigungen, JuS 1995, 303 (304); *Ders.* in: Stern, Handbuch des Staatsrechts der Bundesrepublik Deutschland, III/2, 1994, S. 85 m. w. Nachw. Zur Entwicklung der Dogmatik in der Schweiz *Weber-Dürler,* Der Grundrechtseingriff, VVDStRL 57 (1998) 57 (74 f.).

166 *Sachs*, in: Ders. (Hrsg.), GG, Vor Art. 1 Rn. 80; *Ders.*, in: Stern, Das Staatsrecht der Bundesrepublik Deutschland, Bd III/2, 1994, S. 104 ff. (127); *Weber-Dürler,* Der Grundrechtseingriff, VVDStRL 57 (1997), S. 57 (69).

167 Vgl. dazu *Lerche*, Rechtsprobleme der wirtschaftslenkenden Verwaltung, DÖV 1961, 486 (490); *Friauf*, Zur Rolle der Grundrechte im Interventions- und Leistungsstaat, DVBl. 1971, 674 ff.

168 *Ramsauer*, Die faktischen Beeinträchtigungen des Eigentums, 1980, S. 126; *Ossenbühl*, Umweltpflege durch behördliche Warnungen und Empfehlungen, 1986, S. 16 f.; *Phillip*, Staatliche Verbraucherinformationen im Umwelt- und Gesundheitsrecht, 1989, S. 88 ff.

faktischer Beeinträchtigungen, die von staatlichen Maßnahmen ausgehen, die keine Eingriffe im klassischen Sinn darstellen, anpassen muß.[169] Keine Klarheit besteht allerdings über die Kriterien für die Relevanz faktischer Beeinträchtigungen der Grundrechtssphäre des Bürgers. Teilweise wird das Vorliegen einzelner der tradierten Eingriffsvoraussetzungen als ausreichend angesehen.[170] An anderer Stelle wird zusätzlich das Merkmal der Schwere oder der Zurechenbarkeit der Beeinträchtigung eingeführt.[171]

Zur Beurteilung des Eingriffscharakters der staatlichen Einwirkung auf die an den Absprachen beteiligten Unternehmen kann an die Versuche angeknüpft werden, die Auswirkungen der Subventionierung Privater für die begünstigten Unternehmen grundrechtsdogmatisch zu erfassen.[172] Der Wirkungsmechanismus der staatlichen Verhaltenslenkung weist nämlich in beiden Konstellationen beachtliche Parallelen auf. Der durch Subventionen begünstigte Unternehmer soll ebenfalls durch „sanften Druck" zu einer bestimmten Ausübung seiner Unternehmerfreiheit bewegt werden: Die Geld- oder Sachleistung wird zumeist an ein bestimmtes Wohlverhalten geknüpft, das in Förderungsbedingungen umschrieben ist. Der Unternehmer ist in diesen Fällen zwar nicht im Sinne einer Primärpflicht gezwungen, seine beruflichen Freiheiten in einer bestimmten Weise auszuüben. Beugt er sich den staatlichen Ziel-

---

169 Aus der Rechtsprechung BVerfGE 46, 120 (137 f.); 61, 291 (308); 85, 386 (398f.); 86, 122 (128); BVerwGE 71, 183 (190 ff.); 75, 109 (115 f.); 82, 76 (79); 87, 37 (39 ff.); 90, 112 (118ff.); BVerwG BayVBl. 1994, 568 (570). Aus dem Schrifttum *Albers,* Faktische Grundrechtsbeeinträchtigungen als Schutzbereichsproblem, DVBl. 1996, 233 (234); *Eckhoff,* Der Grundrechtseingriff, 1992, S. 100 ff.; *Gallwas*, Faktische Beeinträchtigungen im Bereich der Grundrechte, 1970, S. 49 ff.; *Jörn Ipsen,* Gesetzliche Einwirkungen auf grundrechtlich geschützte Rechtsgüter, JZ 1997, 473 ff.; *Kirchhof,* Verwalten durch „mittelbares" Einwirken, 1977, S. 189 ff.; *Pietzcker*, Grundrechtsbetroffenheit in der verwaltungsrechtlichen Dogmatik, in: Püttner (Hrsg.), FS Bachof, 1984, S. 131 ff. (143 ff.); *Pieroth/Schlink*, Grundrechte Staatsrecht II, Rdn. 240 ff.; *Bleckmann*, Allg. Grundrechtslehre, S. 235 ff.; *Jarass,* in: Jarass/Pieroth, GG, Vorbm. vor Art. 1 Rn. 26 f.; *Ossenbühl,* Umweltpflege durch behördliche Warnungen und Empfehlungen, 1986, S. 15 ff.; *Ramsauer*, Die faktischen Beeinträchtigungen des Eigentums, 1980, S. 127 ff.; *Sachs,* in: Stern, Das Staatsrecht der Bundesrepublik Deutschland, Bd. III/2, § 78 III 1 (S. 128 ff.).

170 *Di Fabio*, Grundrechte im präzeptoralen Staat, JZ 1993, 689 (695); *Roth*, Verwaltungshandeln mit Drittbetroffenheit und Gesetzesvorbehalt, 1991, S. 232; *Sachs,* in: Stern, Staatsrecht der Bundesrepublik Deutschland, Bd. III/2, § 78 III 1 mit umfangreichen Nachweisen zu Autoren, die jeweils auf einzelne der tradierten Eingriffsmerkmale abstellen. Auf die „Nähe zum klassischen Eingriff" schlechthin verweisen *Lübbe-Wolff,* Die Grundrechte als Eingriffsabwehrrechte, 1988, S. 278; und *Lerche,* Übermaß und Verfassungsrecht, 1961, S. 106 („eingriffsgleiche Tatbestände").

171 Dazu *Ramsauer*, Die faktischen Beeinträchtigungen des Eigentums, 1980, S. 171 ff.; *Ehlers*, Eigentumsschutz, Sozialbindung und Enteignung, VVDStRL 51 (1992), 211 (222).

172 Dazu *Breuer*, in: Isensee/Kirchhof (Hrsg.), Handbuch des Staatsrechts der Bundesrepublik Deutschland, Bd. V, § 148 Rdn. 70 ff.; *Henseler*, Staatliche Verhaltenslenkung durch Subventionen im Spannungsfeld zur Unternehmerfreiheit des Begünstigten, VerwArch 77 (1986), S. 249 ff. (252 ff.); *Zacher*, Verwaltung durch Subventionen, VVDStRL 25 (1967), S. 308 (343 ff.).

vorstellungen jedoch nicht, muß er auf die Subvention verzichten und die damit verbundenen Nachteile in Kauf nehmen.[173] Diese sekundäre Sanktionierung von Wohlverhalten entspricht der Einwirkung auf die an den Absprachen beteiligten Unternehmen. Sie sind gleichfalls nicht primärrechtlich gezwungen, dem Staat eine im Allgemeininteresse liegende Beschränkung ihrer wirtschaftlichen Aktivitäten zuzusagen. Kommt allerdings keine Einigung zustande, müssen die Unternehmen mit einer normativen Regelung rechnen, die ihren Freiheitsraum beschneidet.

Die Kernfrage besteht für beide Formen der Beeinflussung darin, ob die Lenkungswirkung einem Grundrechtseingriff durch eine normativ angeordnete Verhaltenspflicht gleichgestellt werden kann. Dafür spricht zunächst der Gesichtspunkt der Finalität des Staatshandelns.[174] Es geht den handelnden staatlichen Stellen gerade darum, die beteiligten Wirtschaftssubjekte zur teilweisen Preisgabe ihres grundrechtlich geschützten Freiheitsraumes zu bewegen.[175] Verfolgt eine staatliche Maßnahme bewußt das Ziel, die Freiheitsausübung in einem bestimmten Bereich zu begrenzen, liegt darin ein eigenständiger Ansatzpunkt für die Zurechnung der faktischen Auswirkungen des Staatshandelns. Diese Zurechnung läßt sich mit einer Parallele zum klassischen Grundrechtseingriff begründen: Im Rahmen des tradierten Eingriffsbegriffs geht das Merkmal der Finalität in der Imperativität des Staatshandelns auf; der staatliche Wille kommt in der getroffenen Regelung zum Ausdruck. Fehlt es – wie bei der staatlichen Mitwirkung an normvermeidenden Absprachen – an einer solchen verbindlichen Regelung, ändert dies nichts daran, daß der Staat die Grundrechtsbeeinträchtigung voraussieht und – wenn auch mittels eines „weichen“ informellen Instruments – auch gerade herbeiführen will. Diese Parallele erweist sich jedenfalls dann im Ausgangspunkt als tragfähig, wenn die Belastung die spiegelbildliche Folge der hoheitlichen Einflußnahme bildet. In diesem Fall kann davon gesprochen werden, daß der Staat unmittelbar grundrechtsspezifisch tätig wird[176] und auch insofern kein Unterschied zur imperativen Zweckverfolgung besteht. Im Hinblick auf die Auswirkungen der Absprachen auf die beteiligten Unternehmen ergeben sich auch insoweit keine Probleme: Die Folgen treten nicht erst aufgrund des Dazwischentretens weiterer Umstände und unbeteiligter Dritter, sondern unmittelbar aufgrund der Einwirkung des Staates ein. Anders als bei der Wirtschaftslenkung durch einseitig-informale Handlungsformen begibt sich der Staat in

[173] Allgemein zur Eingriffswirkung der Beeinträchtigung von Verhaltensfreiheit durch motivatorische Beeinflussung *Weber-Dürler*, Der Grundrechtseingriff, VVDStRL 57 (1998), 57 (69).

[174] Zur Bedeutung dieses Kriteriums *Di Fabio*, Grundrechte im präzeptoralen Staat, JZ 1993, 689 (695) und *Roth*, Verwaltungshandeln mit Drittbetroffenheit, 1991, S. 232. Kritisch dagegen zur Finalität als Eingriffskriterium *Schulte,* Schlichtes Verwaltungshandeln, 1995, S. 92 ff.

[175] Hinsichtlich ihrer Finalität kann die Rechtsbeinträchtigung deshalb – wie *Oebbecke* treffend formuliert – „ohne weiteres einer Polizeiverfügung gleichgestellt“ werden.

[176] Zu diesem Kriterium: BVerfGE 4, 96 (101); 46, 120 (137); 47, 1 (21); 53, 1 (14 f.); *Heintzen,* Staatliche Warnungen als Grundrechtsproblem, VerwArch 81 (1990), S. 532 (544).

unmittelbaren Kontakt mit den Absprachepartnern;[177] Zurechnungsprobleme, wie sie bei mittelbaren Grundrechtsbeeinträchtigungen die Regel sind, entfallen deswegen.

Gleichwohl tragen die Kriterien der Finalität des Staatshandelns und der Unmittelbarkeit der Auswirkungen die Eingriffsdiagnose für sich genommen noch nicht: Sie ließen sich etwa auch für einen allgemeinen staatlichen Appell an das Verantwortungsbewußtsein der Unternehmen ohne Androhung einer Sanktion bejahen. Der imperative Eingriff, der nach wie vor den Grundtypus der grundrechtsrelevanten Beeinträchtigung bildet, ist aber neben der Finalität vor allem gekennzeichnet durch die Zwangswirkung des Hoheitshandelns.[178] Nur wenn auch die verhaltensbeeinflussende Wirkung des nichtregelnden Staatshandelns faktisch dem imperativen Eingriff entspricht, ist die Gleichsetzung beider Handlungsformen gerechtfertigt. Damit ist die Kernfrage bei der Beurteilung der abwehrrechtlichen Relevanz normvermeidender Absprachen für die an ihnen beteiligten Unternehmen angesprochen: Es geht darum, ob der staatlichen Regelungsandrohung eine „zwangsgleiche“[179] oder „befehlsähnliche“[180] Wirkung zukommt. Daran könnte es vor allem deswegen fehlen, weil die privaten Wirtschaftssubjekte im Rahmen der Absprachen die Ausübung ihrer Grundrechte bewußt zur Disposition stellen. In Betracht kommt insofern ein sog. Grundrechtsverzicht der Privaten, der dazu führt, daß der Eingriffs-

---

177 Deshalb ist die Zurechnung der Auswirkungen der staatlichen Einwirkung auf die an der Absprache beteiligten Unternehmen einfacher als bei einseitig-informellen Handlungsformen: Dort wird die Zurechnung der wirtschaftlichen Einbußen der von Warnungen und Appellen betroffenen Unternehmen zum Problem, weil die Veränderung der Marktsituation erst infolge des Nachfrageverhaltens privater Käufer eintritt. Die Beeinträchtigung ergibt sich bei einseitg-informellen Handlungsformen also erst mittelbar aufgrund des Verhaltens Privater. Gleichfalls problematisch ist die Frage der Unmittelbarkeit der Auswirkungen im Hinblick auf die Grundrechtsbeeinträchtigungen für Unternehmen, die nicht an der Absprache beteiligt sind, weil sich diese Auswirkungen erst aufgrund des Verhaltens der privaten Absprachepartner des Staates ergeben. Dazu sogleich 4. Teil Kapitel B. II. 2.

178 Zu diesem Kriterium für Relevanz nicht klassisch eingreifender Grundrechtsbeeinträchtigungen *Becker*, Informelles Verwaltungshandeln, DÖV 1985, 1003 (1010); *Dürig*, in: Maunz/Dürig, GG, Art. 2 Abs. 2 GG Rn. 38; *Friauf*, Die Rolle der Grundrechte im Interventions- und Leistungsstaat, DVBl. 1966, 729 (731); *Grosser*, Die Spannungslage zwischen Verfassungsrecht und Verfassungswirklichkeit bei der Vergabe von staatlichen Wirtschaftsubventionen durch die öffentliche Hand, 1983, S. 87; *E. R. Huber*, Wirtschaftsverwaltungsrecht, Bd. 2, S. 122; *Kirchhof*, Verwalten durch „mittelbares“ Einwirken, 1977, S. 42, 191; *Oebbecke*, die staatliche Mitwirkung an gesetzesabwendenden Vereinbarungen, DVBl. 1986, 793 (798); *Lübbe-Wolf*, Die Grundrechte als Eingriffsabwehrrechte, 1988, S. 267 ff.; *Oldiges*, Die Grundlagen eines Plangewährleistungsrechts, 1970, S. 95 ff.; *Ders.*, Staatlich inspirierte Selbstbeschränkungsabkommen, WiR 1973, 1 (23); *Sachs*, in: Stern, Das Staatsrecht der Bundesrepublik Detuschland, Bd. III/2, § 78 III 1, S. 130.

179 BVerfGE 13, 230 (233) („zwangsläufig“); 21, 173 (182 f.) („innere Zwangslage“); 41, 251 (262) („faktischer Zwang“); 44, 322 (352) („Zwang oder Druck“).

180 *Selmer*, Steuerinterventionismus und Verfassungsrecht, 1972, S. 225; *Seidler*, Rechtsschutz bei staatlicher Wirtschaftsplanung, 1973, S. 97; *F. Klein*, Verfassungsrechtliche Grenzen der Steuerreform, Festschrift für W. Geiger, 1974, S. 712 f.; *Schwabe*, Probleme der Grundrechtsdogmatik, 1977, S. 189 ff.

charakter der staatlichen Mitwirkung an den normvermeidenden Absprachen entfällt.[181]

bb) Grundsätzliche Zulässigkeit eines Grundrechtsausübungsverzichts

Die Frage der Zulässigkeit eines Grundrechtsverzichts zählt zu den dogmatisch kaum bewältigten Problemen des öffentlichen Rechts.[182] Teilweise wird darauf verwiesen, daß ein Grundrechtseingriff – jedenfalls in aller Regel – einen aktuellen oder zu unterstellenden entgegenstehenden Willen des Betroffenen voraussetze:[183] Der Grundsatz *volenti non fit iniuria* gelte auch im öffentlichen Recht.[184] Dem stehen Autoren gegenüber, die einen Grundrechtsverzicht entweder generell[185] oder doch zumindest für bestimmte Grundrechte[186] für unzulässig halten. Die Rechtsprechung betont einerseits die Unverfüg- und Unverzichtbarkeit von Grundrechten und hat andererseits für einige Grundrechte die Möglichkeit eines Grundrechtsverzichts anerkannt.[187]

---

[181] *Lübbe-Wolff*, Die Grundrechte als Eingriffsabwehrrechte, 1988, S. 59; *Pieroth/Schlink*, Staatsrecht II Grundrechte, Rn. 141; *Schulte*, Schlichtes Verwaltungshandeln, 1995, S. 97. Soweit verschiedentlich davon ausgegangen wird, daß ein etwaiger Grundrechtsverzicht erst auf der Stufe der Rechtfertigung des Grundrechtseingriffs relevant werde (so *Eckhoff*, Der Grundrechtseingriff, 1991, S. 184f.; *Dempfle*, Normvertretende Absprachen, Diss. Trier, 1993, S. 105ff.; wohl auch *Robbers*, Der Grundrechtsverzicht. Zum Grundsatz *volenti non fit inuria* im öffentlichen Recht, JuS 1985, 925ff.) wird verkannt, daß die Zwangswirkung des Staatshandelns auch dann, wenn es an einem klassischen Eingriff fehlt, notwendiges Merkmal bereits der Annahme eines Grundrechtseingriffs ist.

[182] *Ehlers*, Verwaltung in Privatrechtsform, S. 220 spricht von einer „schillernden Rechtsfigur". Zur Problematik aus Sicht der Grundrechtstheorie: *Sturm*, Probleme des Verzichts auf Grundrechte, in: FS Geiger, 1974, S. 173 (190); *Pietzcker*, Die Rechtsfigur des Grundrechtsverzichts, Der Staat 17 (1978), 527 (540); *Schimpf*, Der verwaltungsrechtliche Vertrag unter besonderer Berücksichtigung seiner Rechtswidrigkeit, 1984, S. 214f.; *Bleckmann*, Probleme des Grundrechtsverzichts, JZ 1988, 57f.

[183] BVerfGE 85, 386 (398); *Isensee*, in: Ders./Kirchhof (Hrsg.), HdbStR V, 1992, § 111 Rn. 60; *Sachs*, Die relevanten Grundrechtsbeeinträchtigungen, JuS 1995, 303 (307).

[184] *Bleckmann*, Staatsrecht II, S. 399ff.; *Ders.*, Probleme des Grundrechtsverzichts, JZ 1988, 57f.; *Dürig*, Der Grundrechtssatz von der Menschenwürde, AöR 81 (1956) 117 (152); *Dreier*, in: Ders. (Hrsg.), GG, Bd. I, Vorbm. Rn. 83; *Göldner*, Gesetzmäßigkeit und Vertragsfreiheit im Verwaltungsrecht, JZ 1976, 352 (355); *Pietzcker*, Die Rechtsfigur des Grundrechtsverzichts, Der Staat 17 (1978), 527ff.; *Schwabe*, Die Probleme der Grundrechtsdogmatik, 1977, S. 92ff.

[185] *Sturm*, Probleme eines Verzichts auf Grundrechte, in: FS Geiger, 1974, S. 173ff.; *Erichsen*, Staatsrechts und Verfassungsgerichtsbarkeit I, S. 161f.; *Malorny*, Der Grundrechtsverzicht, JA 1974, 475; *Bussfeld*, Der Verzicht im öffentlichen Recht, DÖV 1976, 765 (771).

[186] *Stern*, Das Staatsrecht der Bundesrepublik Deutschland, Bd. III/1, 1994, § 86 II 5, S. 908ff.

[187] BVerfGE 65, 1, 41ff.; BVerwGE 30, 65ff.; BVerwGE 42, 331ff.; vgl. ferner die Übersichten über die Rechtsprechung zu dieser Frage bei *Robbers*, Der Grundrechtsverzicht, JuS 1985, 925, (930f.) und bei *Stern*, Das Staatsrecht der Bundesrepublik Deutschland, Bd. III/2, 1994, § 86 I 5 b), S. 897ff.

Die bisherige Diskussion über normvermeidende Absprachen spiegelt diese grundsätzliche Unsicherheit wider. Auch hier konnte bisher keine Einigkeit darüber erzielt werden, ob und inwieweit der Satz „*volenti non fit iniuria*“ für die staatliche Mitwirkung an normvermeidenden Absprachen gilt. Während Baudenbacher[188] einen Grundrechtsverzicht mit Blick auf die normvermeidenden Absprachen für möglich hält, wird dies von Brohm[189] bezweifelt. Oebbecke[190] und Schulte[191] wählen eine einzelgrundrechtliche Betrachtung und bejahen die Möglichkeit eines Grundrechtsverzichts für Art. 12 und 14 GG.

Der Text des Grundgesetzes gibt keine eindeutige Richtung für die Beantwortung der Frage nach der Zulässigkeit eines Grundrechtsverzichts vor. Zwar wird etwa in Art. 16 Abs. 1 GG die Schutzwirkung dieses Grundrechts ausdrücklich vom Willen des Bürgers abhängig gemacht: Aus Art. 16 Abs. 1 S. 2 GG ergibt sich, daß mit Willen des Betroffenen der Verlust der Staatsbürgerschaft eintreten darf. In ähnlicher Weise macht Art. 6 Abs. 3 GG seine Schutzwirkung davon abhängig, daß die Trennung eines Kindes von den Erziehungsberechtigten gegen deren Willen erfolgt. Auch kann ein Lehrer nach Art. 7 Abs. 3 S. 3 GG auf sein Recht verzichten, keinen Religionsunterricht erteilen zu müssen. Andererseits werden in Art. 9 Abs. 3 S. 2 GG die das Grundrecht der Koalitionsfreiheit behindernden Abreden ausdrücklich für unwirksam erklärt; insoweit ist eine Disposition über die Grundrechte aus Art. 9 Abs. 3 S. 1 also nicht zulässig. Die Textstellen bleiben jedoch punktuell und lassen wegen der Besonderheiten der jeweils betroffenen Grundrechtspositionen kaum Verallgemeinerungen zu.

Eine Lösung des Problems muß daher aus Grundüberlegungen zur Funktion der Grundrechte abgeleitet werden. Dabei stehen sich zwei Ausgangspositionen gegenüber. Auf der einen Seite steht das klassische Verständnis der Grundrechte als subjektiver Abwehrrechte des Bürgers gegen den Staat. Von diesem Standpunkt aus stellt sich der Grundrechtsverzicht als ein Akt der Freiheitsausübung dar: Das Schlagwort vom „Grundrechtsverzicht als Grundrechtsgebrauch“[192] umschreibt diese Betonung des Charakters der Grundrechte als Individualrechte besonders griffig. Danach gehört zur geschützten Freiheit immer auch das Recht, staatliches Handeln durch Einwilligungserklärungen zu beeinflussen. Die grundrechtlich verbürgte Freiheit wäre unvollkommen, wenn sie nicht das Recht umfaßte, Teile von ihr um eines anderen Vorteiles willen aufzugeben.

---

188 *Baudenbacher,* Kartellrechtliche und verfassungsrechtliche Aspekte gesetzesersetzender Vereinbarungen zwischen Staat und Wirtschaft, JZ 1988, 689 (697).

189 *Brohm,* Rechtsgrundsätze für normersetzende Absprachen, DÖV 1992, 1025 (1032 f.).

190 *Oebbecke,* Die staatliche Mitwirkung, DVBl. 1986, 793 (799).

191 *Schulte,* Schlichtes Verwaltungshandeln, 1995, S. 100 ff.; ähnlich wohl *Dempfle*, Normvertretende Absprachen, Diss. Trier 1993, S. 105 ff.

192 *Dürig*, Der Grundrechtssatz von der Menschenwürde, AöR 81 (1956), 117 (152); *Geiger*, Die Einwilligung in die Verarbeitung von persönlichen Daten als Ausübung des Rechts auf informationelle Selbstbestimmung, NVwZ 1989, 35.

Auf der anderen Seite hat inbesondere das Bundesverfassungsgericht von Anfang an den auch objektiv-rechtlichen Charakter der Grundrechte betont.[193] Danach erschöpfen sich die Grundrechte nicht in ihrem liberalen Gehalt als Eingriffsabwehrrechte, sondern verkörpern zugleich wertentscheidende Grundsatznormen, die eigenständig neben die Wirkung der Grundrechte als subjektive Rechte treten.[194] Diese Fortentwicklung der Grundrechtsdogmatik ist Ausdruck des Wandels vom liberalen zum sozialen Rechtsstaat: Während die Staatstheorie des 19. und frühen 20. Jahrhunderts von der Vorstellung beherrscht war, daß die bürgerliche Freiheit vor allem *Freiheit vom Staat* sei, etablierte sich nach dem zweiten Weltkrieg zunehmend die Überzeugung, daß der Staat erst die Bedingungen der Freiheit schaffen und sichern müsse. Dies führte dazu, daß zusätzliche Grundrechtswirkungen entwickelt wurden: Die Grundrechte sollen danach objektiv-rechtliche Verpflichtungen des Staates enthalten, durch vielfältige Vorkehrungen die Freiheit der Bürger erst zu schaffen und zu sichern.[195] Solche objektiv-rechtlichen Grundentscheidungen wären der Disposition des Einzelnen entzogen. Dies stünde einem Grundrechtsverzicht entgegen.[196] Die beiden Grundpositionen stehen sich allerdings nicht unversöhnlich gegenüber. Auch die Verfechter eines klassischen Grundrechtsverständnisses erkennen etwa an, daß die Menschenwürde einen Kern unveräußerlicher Rechte bildet, auf die der Betroffene nicht verzichten kann.[197] Umgekehrt schränken einige derjenigen, die sonst den objektiv-rechtlichen Gehalt der Grundrechte betonen, diesen Standpunkt für die vertragsnahen[198] Grundrechte aus Art. 12 und 14 GG ein, die sie für disponibel halten.[199]

---

193 Grundlegend das Lüth-Urteil BVerfGE 7, 198 (205); daneben BVerfGE 73, 261 (269); BVerfG NVwZ 1988, 237 (249) jeweils m. w. Nachw. Aus der Literatur zum objektiv-rechtlichen Gehalt der Grundrechte: *Häberle*, Die Wesensgehaltsgarantie des Art. 19 Abs. 2 GG, 1983, S. 98; *Hillgruber*, Der Schutz des Menschen vor sich selbst, 1992, S. 126 ff.; *Stern*, Das Staatsrecht der Bundesrepublik Deutschland, Bd. III/1, S. 898 ff.

194 Die Funktion der Grundrechte als Gemeinwohlkonkretisierungen, in denen auch öffentliche Interessen zum Ausdruck kämen, betonen die Vertreter der Auffassung, die einen Verzicht auf Grundrechte für grundsätzlich unzulässig halten: Vgl. *Sturm*, Probleme eines Verzichts auf Grundrechte, FS Geiger, 1974, S. 173 (197 f.); *Erichsen*, Staatsrecht und Verfassungsgerichtsbarkeit, S. 162; *Bussfeld*, Der Verzicht im öffentlichen Recht, DÖV 1976, 765 (771).

195 Zur Entwicklung der Grundrechtstheorie vgl. *Böckenförde*, Grundrechtstheorie und Grundrechtsinterpretation, NJW 1974, 1529 ff., der institutionelle, wertsystematische, demokratisch-funktionale und soziale Grundrechtswirkungen unterscheidet.

196 *Sturm*, Probleme eines Verzichts auf Grundrechte, FS Geiger, 1974, S. 173 ff.

197 *Pietzcker*, Die Rechtsfigur des Grundrechtsverzichts, Der Staat Bd. 17 (1978), S. 527 (542); *Hillgruber*, Der Schutz des Menschen vor sich selbst, 1992, S. 138.

198 So die Terminologie von *Menger*, Probleme der Handlungsformen bei der Vergabe von Wirtschaftssubventionen – Mitwirkungsbedürftiger Verwaltungsakt oder öffentlich-rechtlicher Vertrag? in: Westermann/Menger/Bielenberg/Hoppe/Schmidt-Aßmann *(Hrsg.)*, Raumplanung und Eigentumsordnung, Festschrift für Werner Ernst zum 70. Geburtstag, 1980, S. 301 (315).

199 *Oebbecke*, Die staatliche Mitwirkung an gesetzesabwendenden Vereinbarungen, DVBl. 1986, 793 (799); *Sachs*, Volenti non fit iniuria – Zur Bedeutung des Willens des Betroffenen im Verwaltungsrecht, VerwArch 76 (1985), 398 (419).

Diese vermittelnden Ansätze weisen in die richtige Richtung. Die Problematik der Zulässigkeit eines Grundrechtsverzichts ist einer pauschalen Lösung nicht zugänglich.[200] Sie verlangt vielmehr nach einer differenzierten, am jeweils betroffenen Grundrecht orientierten Betrachtung. Dabei ist vom Charakter der Grundrechte als Abwehrrechte auszugehen. Auch das Bundesverfassungsgericht betont immer wieder, daß die Grundrechte „in erster Linie Abwehrrechte des Bürgers gegen den Staat“[201] sind und verbindet dies mit der ausdrücklichen Warnung davor, *„die Funktion der Grundrechte als objektive Prinzipien ... von dem eigentlichen Kern zu lösen und zu einem Gefüge objektiver Normen zu verselbständigen, in denen der ursprüngliche und bleibende Sinn der Grundrechte zurücktritt“.*[202] Es spricht im Rahmen der vorzunehmenden einzelgrundrechtlichen Betrachtung also zunächst eine Vermutung für die Zulässigkeit des Verzichts. Grundrechte dienen in erster Linie der persönlichen Freiheitsentfaltung. Deswegen ist es grundsätzlich zulässig, den durch das Freiheitsrecht verbürgten Spielraum zum Gegenstand von Verhandlungen zu machen und gegebenenfalls gegen eine staatliche Leistung auf die Ausübung des Freiheitsrechtes zu verzichten. Dieser Ausübungsverzicht[203] stellt eine grundsätzlich zulässige Form der Verfügung über das dem Bürger zustehende subjektive Recht dar.[204] Nur wenn mit Blick auf die im Einzelfall betroffenen Grundrechte ausnahmsweise eine objektiv-rechtliche Komponente des grundrechtlichen Schutzes betroffen ist, ist eine Einschränkung geboten. Dies wird in der Regel anzunehmen sein, wenn das Grundrecht für den Prozeß der staatlichen Willensbildung von Bedeutung ist.[205] So ist etwa der Verzicht auf das Wahlrecht und dessen geheimen Gebrauch nicht zulässig.[206] In derartigen Fällen sind nicht nur Belange des Grundrechtsträgers, sondern grundgesetzliche Wertentscheidungen betroffen. Die normvermeidenden Absprachen weisen wegen der Betroffenheit des staatlichen Rechtsetzungsermessens zwar ebenfalls einen Bezug zur staatlichen Willensbildung auf.

---

200 Ebenfalls skeptisch gegenüber einer „vom Text abstrahierenden Grundrechtstheorie zur Lösung der Verzichtsproblematik“ *Pietzcker*, Die Rechtsfigur des Grundrechtsverzichts, Der Staat 17 (1978), 527 (542); *Neumann*, Freiheitsgefährdung im kooperativen Sozialstaat, 1992, S. 417. Differenzierend auch *Stern*, Das Staatsrecht der Bundesrepublik Deutschland, Bd. III/2, 1994, § 86 II 5, S. 908 ff.

201 BVerfGE 7, 198.

202 BVerfGE 50, 290 (236 ff.).

203 Nur um einen solchen handelt es sich in den diskutierten Fällen und nicht etwa – wie der Begriff des Grundrechts*verzichts* nahelegen könnte – um einen Untergang der Rechtsposition. Unzulässig wäre demgegenüber generell bzw. zeitlich unbegrenzt ausgesprochener Ausübungsverzicht, weil dieser dem Untergang des Rechts gleichkommen würde (so auch *Dreier*, in: Ders. [Hrsg.], Grundgesetz Kommentar, Vorb. Rn. 83).

204 Im Ergebnis ähnlich *Sachs*, Die relevanten Grundrechtsbeeinträchtigungen, JuS 1995, 303 (307): *„Die freie Willensentschließung über ein disponibles Rechtsgut unterbricht den Zurechnungszusammenhang zur Staatsgewalt“.* Zustimmend *Bethge*, Der Grundrechtseingriff, VVDStRL 57 (1998), 1 (44).

205 *Pietzcker*, Die Rechtsfigur des Grundrechtsverzichts, Der Staat 17 (1978), 527 (545); *Pieroth/Schlink*, Grundrechte, Staatsrecht II, Rdn. 137, *Schulte*, Schlichtes Verwaltungshandeln, 1995, S. 102.

206 So auch OVG Lüneburg, DÖV 1964, 355; OVG Münster OVGE 14, 257.

Dies führt jedoch nicht zu einer Aktivierung einer objektiv-rechtlichen Funktion der betroffenen Grundrechte der privaten Abspracheteilnehmer. Deren Grundrechte aus Art. 12 Abs. 1 und 14 Abs. 1 GG schützen vielmehr allein die persönliche Freiheitsentfaltung im wirtschaftlichen Bereich. Sie sind als „vertragsnahe Grundrechte" geradezu auf die partielle Preisgabe des geschützten Freiheitsraumes durch den Grundrechtsträger angelegt.[207] Zur wirtschaftlichen Dispositionsfreiheit gehört nämlich auch die Freiheit, auf die Geltendmachung grundrechtlicher Positionen im Einzelfall zu verzichten, wenn dies wirtschaftlich sinnvoll scheint. Aber auch, wenn im Einzelfall durch die Absprache Grundrechte außerhalb des wirtschaftlichen Bereichs betroffen wären, würde grundsätzlich nichts anderes gelten. Entscheidend ist allein, daß das Grundrecht der persönlichen Freiheitsentfaltung dient[208] und der Menschenwürdekern des jeweiligen Grundrechts nicht betroffen ist.[209] Dies wäre beispielsweise – anders als offenbar Oebbecke[210] meint – auch in Fällen die Regel, in denen eine Absprache den Schutzbereich des Art. 4 Abs. 1 GG berührt. Es kommt nämlich für die Disponibilität grundrechtlichen Schutzes nicht darauf an, ob das jeweilige Grundrecht unter einem Gesetzesvorbehalt steht.[211] Dies folgt daraus, daß der zulässige Grundrechtsausübungsverzicht bereits den Eingriffscharakter der staatlichen Einwirkung entfallen läßt. Auch der Verzicht auf den Schutz vorbehaltloser Grundrechte wie jener aus Art. 4 Abs. 1 und 5 Abs. 3 GG stellt grundsätzlich den Gebrauch des zugestandenen Freiheitsrechtes durch den Grundrechtsträger dar.

cc) Freiwilligkeit des Verzichts auf die Grundrechtsausübung?

Mit der Feststellung, daß ein Verzicht auf die durch die staatliche Mitwirkung an normvermeidenden Absprachen betroffenen Grundrechte grundsätzlich möglich ist, ist freilich die Entscheidung über Grundrechtsverletzungen der privaten Abspracheteilnehmer noch nicht gefallen. Entscheidendes Merkmal eines wirksamen Grundrechtsverzichts ist nämlich das Vorliegen einer autonomen Entscheidung der Betroffenen.[212] An die Freiwilligkeit sind dabei strenge Anforderungen zu stellen:[213] Nur

---

207 *Oebbecke*, Die staatliche Mitwirkung an gesetzesabwendenden Vereinbarungen, DVBl. 1986, 793 (799).

208 Das ist immer dann der Fall, wenn die Grundrechte in erster Linie personale Rechtsgüter schützen. Ein solcher Schutzgehalt steht bei den Grundrechten aus Art. 2 Abs. 1 und Abs. 2, Art. 4 Abs. 1, Art. 9 Abs. 1; Art. 10, Art. 11, Art. 12, Art. 13, Art. 14, Art. 16 Abs. 2 S. 1, Art. 19 Abs. 4, Art. 104 GG im Vordergrund. Wie hier *Stern,* Das Staatsrecht der Bundesrepublik Deutschland, Bd. III/2, § 85 II 5 c) α), S. 911.

209 *Pieroth/Schlink*, Grundrechte Staatsrecht II, Rn. 137.

210 *Oebbecke,* Die staatliche Mitwirkung an gesetzesabwendenden Vereinbarungen, DVBl. 1986, 793 (799).

211 So aber wohl *Oebbecke*, ebd.

212 Zur Freiwilligkeit als Voraussetzung eines wirksamen Grundrechtsverzichts *Amelung,* Die Einwilligung in die Beeinträchtigung eines Grundrechtsgutes, 1981, S. 79 ff.; *Malorny*, Der Grundrechtsverzicht, JA 1974, 475; *Robbers,* Der Grundrechtsverzicht, JuS 1985, 925 (926); *Frieß,* Der Verzicht auf Grundrechte, Diss. Würzburg 1968, S. 28; *Püttner,* Fortpflanzungsmedizin, Gentechnik und Verfassung – zum Gesichtspunkt der Einwilligung Betroffener, JZ 1987,

wenn sie tatsächlich gegeben ist, ist es gerechtfertigt, den Ausübungsverzicht als einen Gebrauch des Freiheitsrechtes anzusehen.[214] Daß es an der Freiwilligkeit des Grundrechtsverzichts bei normvermeidenden Absprachen fehlen könnte, ergibt sich aus der bereits oben skizzierten faktischen Zwangswirkung, die in der staatlichen Drohung mit dem Normerlaß liegt.[215] Die staatliche Seite stellt den Erlaß einer einseitig-hoheitlichen Regelung in Aussicht, die die Wirtschaft in allen untersuchten Beispielsfällen schärfer belastet hätte als der spätere Absprachеinhalt. Dieser Druck führt dazu, daß die Privaten Verhandlungen mit den Vertretern des Staates aufnehmen und letztlich auf die Ausübung ihrer Freiheit zukünftig partiell verzichten.

Die faktische Zwangswirkung für die Wirtschaft läßt sich nicht pauschal mit dem Hinweis abtun, daß in der Androhung einer normativen Regelung nur der Hinweis auf die ohnehin bestehende Rechtslage liege.[216] Sicherlich wäre die öffentliche Seite auch ohne die Absprache berechtigt, die angedrohte Regelung zu erlassen.[217] Der Staat setzt jedoch die Drohung mit einem Grundrechtseingriff bewußt ein, um die Wirtschaft zu beeinflussen; er will also gerade nicht, daß die Privaten eine autonome Entscheidung[218] darüber treffen, ob sie ihr Verhalten an öffentlichen Zwecken ausrichten wollen. Das staatliche Vorgehen weist vielmehr die vielen Befehlen eigene Struktur der sekundären Sanktionierung von Ungehorsam auf: Die Androhung negativer Folgen für den Fall bestimmter Verhaltensweisen kann die Betroffenen in eine bestimmte Richtung drängen, auch wenn keine diesbezügliche Rechtspflicht besteht.[219] Daß die Konsequenzen ihrerseits nicht rechtsförmlich festgelegt sind, sondern nur informell angedroht werden, ändert an der Zwangswirkung nichts.[220] Es

---

529 (530); *Stern,* Das Staatsrecht der Bundesrepublik Deutschland, Bd. III/1, 1994, § 86 II 6 b), S. 913.

213 *Dreier*, in: Ders. (Hrsg.), GG, Vorb. Rn. 83.

214 *Neumann,* Freiheitsgefährdung im kooperativen Sozialstaat, 1992, S. 417.; *Schulte*, Schlichtes Verwaltungshandeln, 1995, S. 102.

215 *Brohm*, Rechtsgrundsätze für normersetzende Absprchen, DÖV 1992, 1025, 1032 ff.; *Kloepfer*, Zu den neuen umweltrechtlichen Handlungsformen des Staates, JZ 1991, 737 (743); *Kirchhof*, Verwalten durch „mittelbares" Einwirken, 1977, S. 206; *Rengeling*, Das Kooperationsprinzip im Umweltrecht, 1988, S. 87.

216 So aber *Baudenbacher*, Kartellrechtliche und verfassungsrechtliche Aspekte gesetzesabwendender Vereinbarungen zwischen Staat und Wirtschaft, JZ 1988, 689 (697).

217 Dies gilt jedenfalls für den Fall, das die ins Auge gefaßte normative Regelung ihrerseits rechtmäßig wäre. Welche Konsequenzen es für die Zulässigkeit der Absprache hat, wenn die angedrohte Regelung rechtswidrig wäre, wird später untersucht (vgl. unten 4. Teil Kapitel B. II. 5. c).

218 Eine solche autonome Entscheidung hält *Baudenbacher*, Kartellrechtliche und verfassungsrechtliche Aspekte gesetzesabwendender Vereinbarungen zwischen Staat und Wirtschaft, JZ 1988, 689 (697) für gegeben.

219 Vgl. zum Gesichtspunkt der Motivationslenkung BVerfGE 13, 181 (186 f.); zum ähnlich gelagerten Fall lenkender Besteuerung BVerfGE 16, 147 (159); 47, 1 (21).

220 Unter diesem Aspekt skeptisch hinsichtlich der Vergleichbarkeit der informellen Androhung von Nachteilen mit imperativen Eingriffen: *Sachs*, in: Stern, Das Staatsrecht der Bundesrepublik Deutschland, Bd. III/2, 1994, § 78 III 1 b) a) dd).

kommt für den motivierenden Druck vielmehr allein auf die Perspektive der Betroffenen an. Aus deren Sicht ist es unerheblich, ob die Sanktion für die Nichtbefolgung staatlicher Vorgaben normativ geregelt ist oder nicht: Entscheidend ist allein Glaubhaftigkeit der Drohung aus Sicht des Genötigten.[221] An der Ernsthaftigkeit ihrer Absicht, erforderlichenfalls eine einseitig-hoheitliche Regelung der Materie zu initiieren, lassen die beteiligten staatlichen Stellen meist keinen Zweifel. Vor diesem Hintergrund hat auch die viel zitierte Formulierung Murswieks ihre Berechtigung, daß bei den normvermeidenden Absprachen „das Vorzeigen des Entwurfs einer Rechtsverordnung an die Stelle des früher üblichen Vorzeigens der Folterinstrumente" getreten sei.[222]

Die Zwangswirkung entfällt auch nicht deswegen, weil der Staat mit der Wahl des kooperativ-informalen Instruments der Absprache zu erkennen gibt, daß ihm daran gelegen ist, zu einer einvernehmlichen Lösung mit der Wirtschaft zu kommen. Zwar führt diese Bereitschaft dazu, daß es der Wirtschaft häufig gelingt, die Intensität des Eingriffs im Rahmen der Verhandlungen abzumildern.[223] Im Hinblick auf das „Ob" des Verlustes an grundrechtlicher Freiheit kann sie dem hoheitlichen Zwang dagegen nicht entgehen: Entweder beugt sie sich der Forderung nach Selbstbeschränkung und verzichtet scheinbar freiwillig auf die Grundrechtsbetätigung in einem bestimmten Bereich, oder sie sieht sich mit einer normativen Regelung konfrontiert, die zweifellos als Grundrechtseingriff zu qualifizieren wäre. Den Versuch, die Intensität der Eingriffswirkung durch die Verhandlungen und die Absprache abzumildern, als freiheitswahrenden Grundrechtsgebrauch zu qualifizieren, verbietet sich; eine Qualifikation der Mitwirkung an den Absprachen als Grundrechtsausübungsverzicht scheidet in diesen Fällen aus.[224] Der staatlichen Regelungsandrohung

---

[221] Insofern kann auf die strafrechtliche Dogmatik zur Nötigung zurückgegriffen werden: Dort ist ebenfalls anerkannt, daß es für die Relevanz einer Drohung allein auf die Perspektive des Genötigten ankommt, vgl. dazu BGHSt 26, 309; *Lackner*, StGB, § 240 Rn. 12 m. w. Nachw. aus der strafrechtlichen Literatur.

[222] *Murswiek*, Freiheit und Freiwilligkeit im Umweltrecht, JZ 1988, 985 (988); Ähnlich *Lersner*, Verwaltungsrechtliche Instrumente des Umweltschutzes,1983, S. 23, der formuliert: „Der Knüppel im Sack ist immer dabei".

[223] Vgl. zur Verwässerung der staatlichen Regelungsziele im Rahmen der Verhandlungen bereits oben 2. Teil Kapitel A. I.

[224] Ähnlich wohl *Di Fabio*, Selbstverpflichtungen der Wirtschaft, JZ 1997, 969 (970), der fehlende Freiwilligkeit annehmen will, wenn „massive staatliche Regelungandrohungen" im Raume stehen. Ob damit besondere Anforderungen an die Intensität der Drohung gestellt werden sollen, bleibt freilich offen. Wie hier *Kirchhof*, Verwalten durch mittelbares Einwirken, 1977, S. 206; *Kloepfer*, Umweltschutz als Kartellprivileg?, JZ 1980, 781 (783); *Kaiser*, Industrielle Absprachen im öffentlichen Interesse, NJW 1971, 585 (586); *Murswiek*, Freiheit und Freiwilligkeit im Umweltrecht, JZ 1988, 985 (988); *Sturm*, Probleme eines Verzichts auf Grundrechte, in: Leiholz u. a. (Hrsg.), FS Willi Geiger, 1974, S. 173 (179); *Schulte*, Schlichtes Verwaltungshandeln, 1995, S. 102; *Kunig*, Alternativen zu einseitig-hoheitlichem Verwaltungshandeln, in: W. Hoffmann-Riem/E. Schmidt-Aßmann (Hrsg.), Konfliktbewältigung durch Verhandlungen, Bd. I, 1990, 43 (58). Ähnlich auch *Roth*, Verwaltungshandeln mit Drittbetroffenheit und Gesetzesvorbehalt, 1991, 224 ff. und *Dempfle*, Normersetzende Absprachen,

kommt vielmehr in dieser Konstellation eine Zwangswirkung zu, die derjenigen eines imperativen Eingriffs entspricht.

Etwas anderes gilt nur dann, wenn die Wirtschaft sich nur scheinbar der staatlichen Regelungsandrohung beugt, in Wahrheit aber einer ohnehin gegebenen Entwicklung der privaten Nachfrage oder einer sonstigen Veränderung der Marktsituation Rechnung trägt.[225] In diesem Fall steht hinter der Bereitschaft, sich an der Absprache zu beteiligen, eine Entscheidung der Grundrechtsträger, die nicht vom staatlichen Druck, sondern von autonomen wirtschaftlichen Überlegungen bestimmt wird. Nur in dieser Konstellation kann von einem freiwilligen Grundrechtsausübungsverzicht gesprochen werden, der nach dem Grundsatz *volenti non fit iniuria* die Eingriffswirkung der staatlichen Regelungsandrohung entfallen läßt.

2. Grundrechte nicht an der normvermeidenden Absprache beteiligter Dritter

a) Betroffene Schutzbereiche

Auch in Fällen eines wirksamen Grundrechtsausübungsverzichts der an der Absprache beteiligten Unternehmen kommen Grundrechtsverletzungen in Betracht. Die Absprachen haben nämlich teilweise gravierende faktische Auswirkungen auf nicht an ihnen beteiligte Unternehmen. Ein besonders plastisches Beispiel hierfür bilden die Absprachen mit der Asbestzement verwendenden Industrie. Die Absprachepartner des Staates waren ohne größere Schwierigkeiten in der Lage, den Werkstoff Asbest in ihren Produkten zumindest stufenweise zu substituieren. Damit brach jedoch gleichzeitig der Markt für asbesthaltige Zementprodukte vollständig zusammen. Der einzige Hersteller dieser Produkte, der bisher die Absprachepartner des Staates beliefert hatte, fiel daraufhin in Konkurs.[226] In ähnlicher Weise – wenn auch nicht so drastisch – werden die Abnehmer von Treibgasen, die bisher FCKW

Diss. Trier 1993, 106ff., die danach differenzieren wollen, ob den betroffenen Wirtschaftskreisen noch eine echte Entscheidungsalternative verbleibt.

[225] Daß diese Aspekte verschiedentlich eine erhebliche Rolle für die Bereitschaft der Wirtschaft gespielt haben, sich an normvermeidenden Absprachen zu beteiligen, wurde bereits oben ausführlich dargelegt, vgl. insbesondere den Beispielsfall 1. Teil A. II. (Absprachen zur Reduzierung von Asbest im Zementprodukten): Dort wurde die Bereitschaft der Asbestzement verwendenden Industrie, auf Asbest als Ausgangsstoff zu verzichten, maßgeblich dadurch bestimmt, daß die öffentliche Diskussion über die Gesundheitsgefahren von Asbest zu einem starken Rückgang der Nachfrage geführt hatte. Zu weiteren wirtschaftlichen Aspekten, die die betroffenen Wirtschaftskreise unabhängig vom Druck der staatlichen Regelungsandrohung zum Abschluß von normvermeidenden Absprachen bewegen können vgl. *Murswiek,* Freiheit und Freiwilligkeit im Umweltrecht, JZ 1988, 985 (988).

[226] Zu den Absprachen zur Reduktion von Asbest in Zementprodukten im einzelnen bereits oben 1. Teil Kapitel A. II. Mit den faktischen Auswirkungen dieser Absprache auf Dritte befassen sich auch *Bohne*, Informales Verwaltungshandeln als Instrument des Umweltschutzes, VerwArch 75 (1984), 343 (367f.) und *Schulte,* Schlichtes Verwaltungshandeln, 1995, S. 103.

enthielten, von der zwischen der Aerosolindustrie und der Bundesregierung vereinbarten Substitution dieses Werkstoffs betroffen. Etwaige Inkompatibilitäten des neuen Werkstoffs mit den Produkten der Abnehmer gehen zu deren Lasten; die Umstellung hat Kostensteigerungen zur Folge, wie sie sonst nur im Falle eines hoheitlichen Verbots der FCKW eingetreten wären.[227] Erhebliche Auswirkungen auf die bisherige Marktsituation wird voraussichtlich auch die Absprache über die Verwertung von Altautos haben. Die Absprache sieht die Schaffung eines Netzes lizensierter Verwertungsbetriebe der Hersteller und Importeure von Kraftfahrzeugen, also der Absprachepartner des Staates, vor. Daneben sollen nach der Absprache und der sie flankierenden Altautoverordnung[228] auch die Vertragshändler der Automobilindustrie berechtigt sein, den zukünftig zur Abmeldung erforderlichen Entsorgungs- und Verwertungsnachweis zu erteilen. In der Schaffung eines von der Automobilindustrie abhängigen Netzes von Entsorgungs- und Verwertungsbetrieben liegt ein schwerwiegender Eingriff in die bisherige mittelständische Struktur dieser Branche. Die bestehenden Entsorgungsbetriebe, die an der Absprache nicht beteiligt wurden, werden durch diese Entwicklung existenziell bedroht.[229]

Generell läßt sich sagen, daß marktintervenierende Absprachen fast zwangsläufig zu einer Veränderung der Rahmenbedingungen der Berufausübung und zu wirtschaftlichen Nachteilen bei den Lieferanten und Abnehmern des staatlichen Absprachepartners führen.[230] In Betracht kommt deshalb auch im Hinblick auf die drittbetroffenen Unternehmen ein Eingriff in deren von Art. 12 GG erfaßte Produktionsfreiheit: Zur grundrechtlich geschützten Sphäre des Unternehmers gehört seine freie Entscheidung über Art und Umfang der Produktion, also auch über die genannten Entscheidungen über Produktionsverfahren und zu verwendende Produktionsmittel.[231] Auch kann Art. 12 Abs. 1 GG prinzipiell vor tatsächlichen Auswirkungen

---

[227] Die Liste ließe sich nahezu beliebig fortsetzen: Das Verbot der APEO in Waschmitteln beeinträchtigt die bisherigen Hersteller dieses Werkstoffs (vgl. zu dieser Absprache oben 1. Teil Kapitel A. VI. 1.); die Werbebeschränkung für Zigaretten (vgl. oben 1. Teil Kapitel A. X.) beeinträchtigt die Medien, in denen nach der Absprache keine Werbung mehr plaziert werden darf usw.

[228] BGBl. 1997 I, Nr. 46, S. 1666ff. Zu den Einzelheiten vgl. *Axel Kopp*, Altautoentsorgung – Die Altautoverordnung und die Freiwillige Selbstverpflichtung der Wirtschaft, NJW 1997, 3292f.

[229] *Benzler/Löbbe*, Rücknahme von Altautos – Eine kritische Würdigung der Konzepte, in: RWI-Mitteilungen, Jg. 45 (1995), S. 141 (157); Bulletin der Arbeitsgemeinschaft der deutschen Autorecyclingbetriebe, Ausgabe 1/1996, S. 1; *Weiland*, Rücknahme- und Entsorgungspflichten in der Abfallwirtschaft – eine institutionenökonomische Analyse der Automobilbranche, 1995, S. 130.

[230] *Kloepfer*, Alte und neue Handlungsformen staatlicher Steuerung im Umweltbereich, in: *König/Dose* (Hrsg.), Instrumente und Formen staatlichen Handelns, 1993, S. 329 (344); *Ders.*, Umweltrecht, § 5 Rn. 212, S. 294; *Hoppe/Beckmann*, Umweltrecht, § 9 Rdn. 33; *Schulte*, Schlichtes Verwaltungshandeln, 1995, S. 103.

[231] Zur Produktionsfreiheit des Unternehmers, die u. a. durch vielfältige Regelungen des Wirtschaftsverwaltungsrecht, des Umwelt- und Technikrechts sowie des Gesundheitsrechts eingeschränkt wird, vgl. *Breuer*, in: Isensee/Kirchhof (Hrsg.), Handbuch des Staatsrechts der

staatlicher Maßnahmen Schutz bieten, die geeignet sind, die Ausübung einer Berufstätigkeit zu behindern.[232] Durch die oben beschriebenen Zusagen der privaten Absprachepartner des Staates, auf bestimmte Ausgangsstoffe und Produktionsmittel zu verzichten, entsteht für die Hersteller dieser Stoffe eine Situation, die möglicherweise einem hoheitlichen Verbot dieser Stoffe gleichzustellen ist. Unter welchen Voraussetzungen diese mittelbaren Auswirkungen staatlichen Handeln als Grundrechtseingriff anzusehen sind und ob die Auswirkungen normvermeidender Absprachen diese Voraussetzungen erfüllen, wird sogleich zu untersuchen sein.

Daneben könnten die faktischen Auswirkungen der Absprachen im Einzelfall auch das grundgesetzlich geschützte Eigentum der Dritten gemäß Art. 14 Abs. 1 GG berühren. So hatte beispielsweise die Absprache zur Substitution von Asbest in Zementprodukten zur Folge, daß die wirtschaftliche Existenz des einzigen Herstellers von Asbestausgangsstoffen vernichtet wurde: Seine Produkte wurden aufgrund der Absprache mit den Abnehmern dieses Herstellers schlechthin unverkäuflich. Auch wenn die Substanz des Unternehmens äußerlich unangetastet blieb, könnte dadurch das von Art. 14 Abs. 1 GG geschützte Eigentum in Form des Rechtes der Betreiber am eingerichteten und ausgeübten Gewerbebetrieb betroffen sein. Auch hier stellt sich zwar noch die Frage, ob und inwieweit Art. 14 Abs. 1 GG gegen derartige mittelbare Beeinträchtigungen der Substanz des Unternehmens Schutz bietet. Thematisch sind die Produkte eines Unternehmens als Grundlage eines Gewerbebetriebs aber jedenfalls vom grundgesetzlichen Eigentumsbegriff erfaßt.[233]

b) Eingriffscharakter der mittelbaren Auswirkungen der normvermeidenden Absprachen?

Auch im Hinblick auf die nicht an den Absprachen beteiligten Unternehmen liegt das eigentliche Problem darin, ob und unter welchen Voraussetzungen die beschriebenen mittelbaren Auswirkungen der Absprachen als Eingriffe in Grundrechte anzusehen sind. Auch hier gilt, daß das Fehlen eines „klassischen" Eingriffs noch nichts über die Grundrechtsrelevanz der Beeinträchtigung aussagt. Es ist auch für die mittelbaren Auswirkungen schlicht-hoheitlichen Staatshandelns anerkannt, daß es Grundrechtseingriffe ohne Regelungscharakter geben kann. Umgekehrt besteht aber auch hier Einigkeit darüber, daß nicht jede Auswirkung einer staatlichen Intervention in das Marktgeschehen einen rechtfertigungsbedürftigen Grundrechtseingriff darstellen kann. Erforderlich ist vielmehr ein spezifischer Zurechnungszusam-

---

Bundesrepublik Deutschland, Bd. VI, § 147 Rdnr. 63; *Scholz* in: Maunz/Dürig, GG, Art. 12 Rdnr. 124; *Wieland*, in: Dreier (Hrsg.), GG, Art. 12 Rdnr. 61.

[232] BVerfGE 61, 291 (308); 71, 183 (191); 86, 28 (37); *Wieland*, in: Dreier (Hrsg.), GG, Art. 12 Rdnr. 82.

[233] Ähnlich für die Beeinträchtigung des Absatzes von Produkten durch behördliche Produktinformationen: *Schwerdtfeger*, Verbraucherlenkung durch Information, in: FS zum 125-jährigen Bestehen der juristischen Gesellschaft zu Berlin, S. 715 (721); *Sodan*, Gesundheitsbehördliche Informationstätigkeit und Umweltschutz, DÖV 1987, 858 (862).

menhang, der dazu führt, daß der Staat für die wirtschaftlichen Nachteile der mittelbar Betroffenen einstehen muß. Ein Konsens darüber, anhand welcher Kriterien ein solcher Zurechnungszusammenhang herzustellen ist, konnte allerdings trotz langjähriger Bemühungen, mittelbare Beeinträchtigungen Dritter grundrechtsdogmatisch zu erfassen, bisher nicht erzielt werden.[234]

Die Diskussion konzentriert sich dabei in jüngerer Zeit vornehmlich auf die Frage der Grundrechtsrelevanz einseitig-informalen Staatshandelns durch Empfehlungen, Appelle und Warnungen, die seit Mitte der 80er Jahre Gegenstand einer Reihe von Entscheidungen des Bundesverwaltungsgerichts waren.[235] Die in diesem Zusammenhang behandelten Zurechnungsprobleme entsprechen in vielerlei Hinsicht denjenigen der Auswirkungen der Absprachen auf nicht an ihnen beteiligte Dritte. Hier wie dort treten die Beeinträchtigungen nicht unmittelbar aufgrund einer hoheitlichen Einflußnahme, sondern vordergründig als Folge des Nachfrageverhaltens Privater ein. Der Staat bedient sich in beiden Fällen einer subtilen Form der Einflußnahme, indem er auf Marktteilnehmer einwirkt, um seine Steuerungsziele zu erreichen. Der Zurechnungszusammenhang ist bei normvermeidenden Absprachen etwas enger als beim Einsatz einseitig-informaler Instrumente wie staatlicher Appelle und Warnungen. Der Staat verläßt sich im Rahmen der Absprachen nicht darauf, daß die Markt-

---

[234] Aus dem kaum noch überschaubaren Schrifttum zu dieser Frage vgl. aus jüngerer Zeit *Badura,* Urteilsanmerkung zu BVerwG, Urt. v. 27.3.1992 – 7C21.90-, JZ 1993, 37 ff.; *Bleckmann/Eckhoff,* Der „mittlbare Grundrechtseingriff" DVBl. 1988, 373 ff.; *Di Fabio,* Risikoentscheidungen im Rechtsstaat, 1994, S. 427 ff.; *Ders.,* Grundrechte im präzeptoralen Staat, JZ 1993, 689 (694 ff.); *Ders.,* Information als hoheitliches Gestaltungsmittel, JuS 1997, 1 ff.; *Discher,* Mittelbarer Eingriff, Gesetzesvorbehalt, Verwaltungskompetenz: Die Jugendsekten-Entscheidungen, JuS 1993, 689 (694 ff.); *Dolde,* Behördliche Warnungen vor nicht verkehrsfähigen Lebensmitteln, 1988, S. 11 ff.; *Eckhoff,* Der Grundrechtseingriff, 1991, S. 173 ff.; *Gramm,* Aufkärung durch staatliche Publikumsinformation, Der Staat 30 (1991), 51 (76 ff.); *Gröschner,* Öffentlichkeitsaufklärung als Behördenaufgabe, DVBl. 1990, 619 ff.; *Ders.,* Anm. zu BVerwG, Urteil vom 18.10.1990, 3 3.88, JZ 1991, 628 (629 f.); *Heintzen,* Staatliche Warnungen als Grundrechtsproblem, VerwArch 81 (1990), 532 (541 ff.); *Leidinger,* Hoheitliche Warnungen, Empfehlungen und Hinweise im Spektrum staatlichen Informationshandelns, DÖV 1993, 925 ff.; *Lübbe-Wolff,* NJW 1987, 2705 (2708 ff.); *Ossenbühl,* Umweltpflege durch behördliche Warnungen und Empfehlungen, 1988, S. 14 ff.; *Ders.,* Umweltpflege durch hoheitliche Produktkennzeichnungen, 1995; *Philipp,* Staatliche Verbraucherinformationen, 1990, S. 88 ff.; *Robbers,* Behördliche Auskünfte und Warnungen gegenüber der Öffentlichkeit, AfP 1990, 84 (85 f.); *Roth,* Verwaltungshandeln mit Drittbetroffenheit und Gesetzesvorbehalt, 1991, S. 196 ff.; *Schoch,* Staatliche Informationspolitik und Berufsfreiheit, DVBl. 1991, 667 (669 ff.); *Scholz,* „Neue Jugendreligionen" und Äußerungsrecht, NVwZ 1994, 127 ff.; *Schwerdtfeger,* Verbraucherlenkung durch Information, in: FS zum 125-jährigen Bestehen der juristischen Gesellschaft zu Berlin, S. 715 (722 f.); *Späth,* Grundrechtseingriff durch Information, 1995, S. 127 ff.; *Schulte,* Informales Verwaltungshandeln als Mittel staatlicher Umwelt- und Gesundheitspflege, DVBl. 1988, 512, (516 ff.); *Ders.,* Schlichtes Verwaltungshandeln, 1995, S. 88 ff.; *Lege,* Nochmals: Staatliche Warnungen, DVBl. 1999, 569 ff.

[235] Hervorzuheben sind BVerwG NJW 1985, 2774 ff. zur Veröffentlichung von sog. Arzneimitteltransparenzlisten, das sog. Glykol-Urteil BVerwG DVBl. 1991, 699 ff. sowie die Jugendsektenentscheidungen BVerwGE NJW 1989, 2272 ff. – TM – sowie BVerwG NJW 1992, 2496 – Osho –. Aus der Rechtsprechung der Instanzgerichte VGH Kassel DÖV 1995, 77 ff.

teilnehmer seinen Appell befolgen, sondern läßt sich die Drittbeeinträchtigung – wenn auch nicht rechtsverbindlich – versprechen. Dadurch wird die Ursachenkette enger; die Prognoseunsicherheit im Hinblick auf die tatsächlichen Auswirkungen ist geringer als bei Warnungen, bei denen es für die handelnde Behörde im Einzelfall schwierig sein kann, die Auswirkungen ihres Handelns auf das Käuferverhalten abzuschätzen. Die Übereinstimmungen im Hinblick auf den Wirkungsmechanismus der staatlichen Intervention legen es nahe, die dogmatischen Entwicklungslinien, die im Laufe der Diskussion über die Grundrechtsrelevanz einseitig-informaler Praktiken sichtbar geworden sind, auch zur Beurteilung der Grundrechtsrelevanz normvermeidender Absprachen fruchtbar zu machen. Daneben sind auch die in anderem Zusammenhang entwickelten Kriterien zur Beurteilung der Relevanz mittelbarer Grundrechtsbeeinträchtigungen in Betracht zu ziehen.

aa) Kriterien der Rechtsprechung zur Bestimmung des Eingriffscharakters mittelbarer Grundrechtsbeeinträchtigungen

Die Rechtsprechung des Bundesverwaltungsgerichts zu staatlichen Warnungen und Appellen orientiert sich überwiegend an den komplementären Merkmalen der Finalität des Staatshandelns und der Schwere der Beeinträchtigung. So verlangt der 3. Senat des *Bundesverwaltungsgerichts* in der sog. *Transparenzlisten-Entscheidung* ein „finales und grundrechtsspezifisches“[236] Verhalten des Staates. Auf der gleichen Linie bewegt sich der 7. Senat des *Bundesverwaltungsgerichts*, wenn er in der *TM-Entscheidung* darauf abstellt, daß die Folgen der Warnung vor einer Sekte „beabsichtigt und im übrigen vorhergesehen und in Kauf genommen“ seien und deswegen „in ihrem vollen Gewicht dem Staat zugerechnet werden“ müßten.[237] Besonders deutlich wird die Finalität des Staatshandelns in der *Osho-Entscheidung* des 7. Senats des *Bundesverwaltungsgerichts* zum Beurteilungskriterium erhoben: Dort wird der Finalität der Status einer hinreichenden Bedingung für die Annahme eines Grundrechtseingriffs zuerkannt, die *allein* die Annahme eines Grundrechtseingriffs begründen könne.[238] Gleichzeitig wird vom *Bundesverwaltungsgericht* aber auch immer wieder darauf hingewiesen, daß „Art und Ausmaß“ der tatsächlichen Betroffenheit einen Grundrechtseingriff bedeuten könnten.[239] An anderer Stelle heißt es, daß der Schutz des Grundrechts aus Art. 12 Abs. 1 GG unvollständig sei, „wenn an ihm nicht auch mit staatlicher Autorität vorgenommene Handlungen gemessen würden, die als nicht bezweckte, aber voraussehbare und in Kauf genommene Nebenfolge eine schwerwiegende Beeinträchtigung der beruflichen Betätigungsfreiheit bewirken“.[240]

[236] BVerwG NJW 1985, 2774 (2776).

[237] BVerwG NJW 1992, 2496 (2498).

[238] BVerwG DVBl. 1991, 699 (700), Hervorhebung vom Verfasser.

[239] BVerwG NJW 1985, 2774 (2776 l. Sp.).

[240] So der 3. Senat des *BVerwG* in der *Glykol-Entscheidung* DVBl. 1991, 699 (700).

Ähnlich ambivalent ist die Rechtsprechung des *Bundesverfassungsgerichts* zu mittelbaren Beeinträchtigungen der Berufsfreiheit gem. Art. 12 Abs. 1 GG. Einerseits soll es zur Annahme eines Grundrechtseingriffs ausreichen, wenn der Staat bewußt berufsregelnd eingreift.[241] Fehlt es dagegen an einer finalen Steuerung, soll andererseits die außergewöhnliche Schwere der Beeinträchtigung bereits für sich genommen zur Bejahung eines Eingriffs führen können.[242]

Ein weiterer Aspekt kommt ins Spiel, wenn man die Rechtsprechung des Bundesgerichtshofes zu mittelbaren Eigentumsbeeinträchtigungen in die Betrachtung einbezieht: Die Eingriffsqualität soll danach ausdrücklich nicht von der Finalität des Staatshandelns, sondern von der Unmittelbarkeit der Beeinträchtigung abhängen.[243] In der Rechtsprechung anderer Gerichte wird das Kriterium der Unmittelbarkeit zwischen staatlicher Handlung und rechtsbeeinträchtigender Wirkung teils als schutzerheblich,[244] teils als irrelevant angesehen.[245]

bb) Kriterien der Literatur zur Bestimmung des Eingriffscharakters mittelbarer Grundrechtsbeeinträchtigungen

In der Literatur herrscht ein ebenso uneinheitliches Bild. Teilweise wird auch hier das Vorliegen einzelner der tradierten Eingriffsvoraussetzungen als ausreichend angesehen; insbesondere das Merkmal der Finalität des Staatshandelns hat in jüngerer Zeit eine beachtliche Renaissance als Abgrenzungskriterium erlebt.[246] So will etwa Di Fabio dem Merkmal der Finalität wieder „gesteigerte Beachtung“ schenken, weil es „vergleichsweise signifikant und autark“ sei.[247] Handele der Staat bewußt und zielgerichtet, bedürfe es keiner Einschränkung auf besonders schwere Auswirkungen der Maßnahme, um einen Eingriff annehmen zu können. In ähnlicher Weise

[241] BVerfGE 13, 181 (185 f.); 31, 8 (29) jeweils zu den mittelbaren Auswirkungen von Steuern; BVerfGE 49, 24 (47 f.). Irreführend ist dabei die Terminologie des BVerfG, das von einer „objektiv berufregelnden Tendenz“ spricht. Dahinter verbirgt sich aber letztlich ein subjektives Kriterium, das auf die Intention des Staatshandelns abstellt.

[242] BVerfGE 82, 209 (223 f.); 46, 120 (137).

[243] BGHZ 23, 157 (162 ff.); 28, 310 (312 ff.); 30, 241 (243 ff.); 37, 44 (47); vgl. dazu *Lübbe-Wolff*, Rechtsprobleme der behördlichen Umweltberatung, NJW 1987, 2705 (2710).

[244] BVerfGE 34, 338 (340); VGH Baden-Württemberg DÖV 1979, 338 (339).

[245] BVerfGE 13, 181 (185 f.); 46, 120 (137); BVerwGE 65, 167 (171); kritisch zum Kriterium der Unmittelbarkeit auch *Gallwas*, Faktische Beeinträchtigungen im Bereich der Grundrechte, 1970, S. 24.

[246] Zur Finalität als zentrales Abgrenzungskriterium bereits frühzeitig *Friauf*, Zur Rolle der Grundrechte im Interventions- und Leistungsstaat, DVBl. 1971, 674 (681 f.); daneben *Bleckmann/Eckhoff*, Der „mittelbare“ Grundrechtseingriff, DVBl. 1988, 373 (377); *Di Fabio*, Risikoentscheidungen im Rechtsstaat, 1994, S. 695 ff.; *Discher*, Mittelbarer Eingriff, Gesetzesvorbehalt, Verwaltungskompetenz: Die Jugendsekten-Entscheidungen, JuS 1993, 463 (465); *Huber*, Konkurrentenschutz im Verwaltungsrecht, 1991, S. 233 f.

[247] *Di Fabio*, Grundrechte im präzeptoralen Staat, JZ 1993, 689 (695); ähnlich *Weber-Dürler*, Der Grundrechtseingriff, VVDStRL 57 (1997), 57 (91).

sieht Roth[248] den Gedanken der Finalität als ein „sicheres, verfassungsrechtlich begründetes und funktionsadäquates Kriterium zur Bestimmung des Eingriffscharakters“ an.[249]

Andere Autoren kombinieren die Merkmale der Finalität und der Schwere der Beeinträchtigung: So hält etwa Ossenbühl[250] die Zwischenschaltung „autonomen Käuferverhaltens“ zwar grundsätzlich für unerheblich für die Eingriffswirkung behördlicher Warnungen, wenn der Staat gerade darauf abziele, die Produzenten bestimmter Güter zu treffen. Gleichwohl verlangt er eine „gewisse Schwere der Beeinträchtigung“; die staatliche Maßnahme müsse zu „deutlichen Umsatzrückgängen“ führen.[251] Wiederum andere sind der Auffassung, daß auf die Finalität gänzlich verzichtet werden könne, wenn „nennenswerte“, nicht unerhebliche Umsatzrückgänge zu verzeichnen seien.[252]

Schließlich wurde in der Literatur schon mehrfach der Versuch unternommen, gänzlich auf formale Eingriffskriterien zu verzichten: Eigenständige Anknüpfungspunkte für die Zurechnung mittelbarer Auswirkungen staatlicher Maßnahmen sollen der zivilrechtlichen Normzwecklehre bzw. dem Schutzzweck der betroffenen Grundrechte entnommen werden können[253]. Schwerdtfeger[254] und Lübbe-Wolff[255]

---

[248] *Roth,* Verwaltungshandeln mit Drittbetroffenheit, 1991, S. 186 ff. (232, 276 ff.). Ähnlich auch *Schmidt-Aßmann*, Grundrechtswirkungen im Verwaltungsrecht, in: Bender/Breuer/Ossenbühl/Sendler (Hrsg.), Rechtsstaat zwischen Sozialgestaltung und Rechtsschutz, Festschrift für Konrad Redecker zum 70. Geburtstag, 1993, S. 225 (238).

[249] Demgegenüber hält etwa *Schulte*, Schlichtes Verwaltungshandeln, 1995, S. 93 ff., die Finalität als Eingriffskriterium für grundsätzlich unbrauchbar: Es beruhe auf rein pragmatischen Erwägungen und sei außerdem grundgesetzlich nicht abzusichern.

[250] *Ossenbühl,* Umweltpflege durch behördliche Warnungen und Empfehlungen, 1988, S. 29 ff.; ähnlich *Dolde*, Behördliche Warnungen vor nicht verkehrsfähigen Lebensmitteln, 1988, S. 14 ff.; *Erichsen*, Allgemeine Handlungsfreiheit, in: Isensee/Kirchhof (Hrsg.), Handbuch des Staatsrechts der Bundesrepublik Deutschland, Bd. IV, 1989, § 152 Rdn. 84.

[251] Andere Autoren kombinieren das Merkmal der Finalität mit dem Unmittelbarkeitskriterium (so *Ramsauer*, Die faktischen Beeinträchtigungen des Eigentums, 1980, S. 174) oder dem Gedanken des Regelungsersatzes (so *Schürmann*, Öffentlichkeitsarbeit der Bundesregierung, 1992, S. 284, 300 f.).

[252] *Sodan*, Gesundheitliche Informationstätigkeit und Umweltschutz, DÖV 1987, 858 (863 ff.).

[253] Grundlegend zu diesem Ansatz: *Ramsauer*, Die faktischen Beeinträchtigungen des Eigentums, 1980, S. 161 ff., 171 ff., 173 ff.; *Ders.*, Die Bestimmung des Schutzbereichs von Grundrechten nach dem Normzweck, VerwArch Bd. 72 (1981), S. 89 ff., 99 ff.; ebenso *Alexy*, Theorie der Grundrechte, 1985, S. 278; *Bleckmann/Eckhoff*, Der „mittelbare“ Grundrechtseingriff, DVBl. 1988, 373 (378); *Eckhoff*, Der Grundrechtseingriff, 1991, S. 265 ff.; *Lübbe-Wolff*, Rechtsprobleme behördlicher Umweltberatung, NJW 1987, 2705, 2710 f.; *Pietzcker*, Grundrechtsbetroffenheit in der verwaltungsrechtlichen Dogmatik, in: Püttner (Hrsg.), Festschrift für Otto Bachof zum 70. Geburtstag, 1984, S. 131 (140); *Schoch*, Folgenbeseitigung und Wiedergutmachung im Öffentlichen Recht, VerwArch 79 (1988), 1 (50); *Schulte*, Schlichtes Verwaltungshandeln, 1995, S. 96 ff.

[254] *Schwerdtfeger,* Verbraucherlenkung durch Information, in: Wilke (Hrsg.), Festschrift zum 125jährigen Bestehen der Juristischen Gesellschaft Berlin, 1984, S. 715, 722 f.

wollen den von staatlichen Wirtschaftslenkungsmaßnahmen betroffenen Grundrechten das „Ordnungsziel eines funktionsfähigen, transparenten Wettbewerbs“[256] entnehmen können. Nur wenn die staatliche Maßnahme diesem Ziel zuwiderlaufe, sei der entsprechend zu definierende funktionale Schutzbereich der Grundrechte überhaupt betroffen.[257]

cc) Finalität und Schwere der Beeinträchtigung als Kriterien zur Bestimmung des Eingriffscharakters der mittelbaren Auswirkungen normvermeidender Absprachen auf an ihnen nicht beteiligte Dritte

Eine Lösung des Zurechnungsproblems wird ihren Ausgangspunkt beim Merkmal der Finalität der hoheitlichen Maßnahme nehmen müssen. Wenn der Staat zielgerichtet die Verkäuflichkeit eines bestimmten Produktes beeinträchtigen will, um ein übergeordnetes Steuerungsziel zu erreichen, macht es grundsätzlich keinen Unterschied, ob er dieses Ziel mittels einer hoheitlichen Anordnung zu erreichen sucht oder im Rahmen einer Absprache auf die Abnehmer dieses Produkts einwirkt, um durch Einflußnahme auf deren Nachfrageverhalten den Anbieter des Produkts zu treffen. Die Ursachenkette ist in diesem Fall lediglich um einen Zwischenschritt ergänzt. Unerheblich ist es auch, ob es den staatlichen Akteuren gerade um die Grundrechtsbeeinträchtigung geht oder diese lediglich bei der Verfolgung anderer, übergeordneter Ziele bewußt in Kauf genommen wird. Ausreichend ist, daß die Grundrechtsbeeinträchtignug planvoll eingesetztes Mittel ist, um den öffentlichen Zweck zu erreichen.[258] Dies ist immer dann der Fall, wenn der nachteilige Effekt für Dritte nicht lediglich eine unbewußte oder ungewollte Begleiterscheinung darstellt, sondern im Sinne eines direkten Vorsatzes bezweckt oder mit Eventualvorsatz in Kauf genommen wird.[259] In diesem Fall stellt sich die Beeinträchtigung des Dritten nicht als bloße Folge der Veränderung der wirtschaftlichen Rahmenbedingungen, sondern als individueller Eingriff dar. Die so verstandene Finalität setzt freilich die Bestimmtheit der von der Steuerungsmaßnahme Betroffenen voraus: Nur wenn der Staat bestimmte Unternehmen treffen will, kann allein aufgrund der Finalität von einem *individuellen* Eingriff gesprochen werden, der sich aus den diffusen Wirkbezie-

---

[255] *Lübbe-Wolff*, Rechtsprobleme behördlicher Umweltberatung, NJW 1987, 2705 (2711).

[256] *Lübbe-Wolff*, ebenda.

[257] Eine Neudefinition der Gewährleistungsinhalte anstelle einer Erweiterung des Eingriffsbegriffs schlägt auch *Albers*, Faktische Grundrechtsbeeinträchtigungen als Schutzbereichsproblem, DVBl. 1996, 233 (237 ff.), vor.

[258] So auch *Di Fabio*, Grundrechte im präzeptoralen Staat, JZ 1993, 689 (695).

[259] Zur parallelen Terminologie in der strafrechtlichen Vorsatzlehre vgl. *Lackner*, StGB, § 15 Rdn. 20 ff. Eine Differenzierung nach Absicht, bewußt-gewollter Beeinträchtigung, vorhersehbarer und unvorhersehbarer Beeinträchtigung schlägt auch *Gallwas*, Faktische Beeinträchtigungen im Bereich der Grundrechte, 1970, S. 18, vor.

hungen des Marktgeschehens abhebt.[260] Liegt allerdings ein solcher final-individueller Eingriff vor, kann es auf die Schwere der Beeinträchtigung nicht ankommen. Wenn der Staat die Grundrechtsbeeinträchtigung eines bestimmten Marktteilnehmers als (Zwischen-)ziel seines Handelns gerade anstrebt, kann er sich nicht darauf zurückziehen, daß die Auswirkungen nicht gravierend gewesen wären. Der Unterschied zu einem Eingriff im klassischen Sinn liegt hier nur darin, daß der finale Eingriff nicht in Regelungsform gekleidet ist.[261]

Die Schwere der Auswirkungen ist als Korrektiv nur erforderlich, wenn es um Auswirkungen geht, die der Staat nicht vorausgesehen hat oder nicht voraussehen konnte, weil eine individualisierte Rechtsbetroffenheit Einzelner nicht erkennbar war. Hier versagt jede Parallele zum klassischen Eingriff, so daß eigenständige Kriterien der Zurechnung entwickelt werden müssen, um einen effektiven Grundrechtsschutz zu gewährleisten. Der Staat kann in diesem Fall nicht für jede Folge seines Handelns in Anspruch genommen werden, weil dann der Kreis potentiell Betroffener unüberschaubar und die rechtlichen Konsequenzen staatlicher Steuerungsmaßnahmen für die Akteure unvorhersehbar wären. Hier bietet die Schwere der Beeinträchtigung ein sinnvolles Kriterium zur Begrenzung der staatlichen Verantwortlichkeit auf Grundrechtsbeeinträchtigungen, die auch ohne Finalität den Schutz der Freiheitsrechte aktivieren müssen, um ein effektives Schutzniveau zu gewährleisten. Ein Problem liegt allerdings darin, daß nur schwer generalisierend festgelegt werden kann, wann eine Beeinträchtigung hinreichendes Gewicht in diesem Sinne besitzt.[262] Anhaltspunkte für eine Konkretisierung des Schwerekriteriums bietet die Rechtsprechung des Bundesverwaltungsgerichts und des Bundesverfassungsgerichts zum Grundrechtssschutz gegenüber mittelbaren Beeinträchtigungen: Danach sollen etwa Veränderungen der Situation, in die sich Grundeigentum eingebettet sieht, nur dann grundrechtsrelevant sein, wenn sie den Rechtsinhaber „schwer und unerträglich“ treffen.[263] Auf einer ähnlichen Linie liegt die Eingriffsschwelle zum

---

[260] Zur individuell-konkreten Betroffenheit als Merkmal des Eingriffsbegriffs *Kirchhof,* Verwalten durch „mittelbares“ Einwirken, 1977, S. 47 ff. Ähnlich wie hier auch *Ossenbühl*, Umweltpflege durch behördliche Warnungen und Appelle, 1988, S. 30.

[261] Ebenso *Di Fabio*, Grundrechte im präzeptoralen Staat, JZ 1993, 689 (695) mit dem – zutreffenden – Hinweis in Anm. 51, daß das Merkmal der in Regelungsform gekleideten Finalität erst habe bekämpft werden müssen, weil ansonsten der richtige Gedanke der faktischen Grundrechtsbeeinträchtigungen keinen Raum bekommen hätte. Ähnlich auch *Weber-Dürler,* Der Grundrechtseingriff, VVDStRL 57 (1998), 57 (91).

[262] *Discher*, Mittelbarer Eingriff, Gesetzesvorbehalt, Verwaltungskompetenz: Die Jugendsekten-Entscheidungen, JuS 1993, 463 (466); *Spaeth,* Grundrechtseingriff durch Information, 1995, 154 ff.

[263] Zum Schutz des Lagevorteils eines Grundstücks vor staatlich veranlaßten Veränderungen, insbesondere der Nachbarbebauung, vgl. BVerwGE 50, 282 (287); 89, 69 (77 f.); *Steinberg*, Grundfragen des öffentlichen Nachbarrechts, NJW 1984, 457 (461 f.). Zum Schutz der „Kerngewährleistung des Anliegerrechts“ vgl. BVerfG NJW 1992, 1878 (1879); BVerwGE 32, 222 (225); 54, 1 (3); 66, 307 (309); *Seibel-Schwiedernoch,* Die Bedeutung der „Situationsgebundenheit“ des Gewerbebetriebes, NJW 1985, 592.

Eigentumsschutz gegenüber der Auferlegung von Abgaben, wenn auf eine Erdrosselung des Adressaten abgestellt wird: Als konfiskatorische Steuer sind danach Geldleistungspflichten anzusehen, die den Betroffenen „übermäßig belasten und seine Vermögensverhältnisse grundlegend beeinträchtigen".[264] Das Kriterium der Ermöglichung eines „erdrosselnden" oder „ruinösen" Wettbewerbs durch die Subventionierung einzelner Unternehmen wird schließlich auch für mittelbare Beeinträchtigungen der Wettbewerbsfreiheit von nichtsubventionierten Konkurrenten verwendet.[265] In der Zusammenschau gewinnt damit das Schwerekriterium an Kontur: Erforderlich ist eine deutlich spürbare Positionsveränderung für den Grundrechtsträger, die einer völligen Versagung der grundrechtlichen Betätigung zumindest nahe kommen muß.[266] Damit sind der Rechtsanwendung genügend Vorgaben an die Hand gegeben, um den Einwand zu entkräften, die Intensität der Beeinträchtigung sei als Merkmal zur Bestimmung des Eingriffscharakters zu unbestimmt.[267]

Aus dem Gesagten ergibt sich, daß beispielsweise die Beeinträchtigung des einzigen Importeurs von Asbestrohstoffen durch die Absprache mit den Verbänden der Zementindustrie sowohl unter dem Gesichtspunkt der Intention des Staatshandelns als auch der Schwere der Beeinträchtigung Eingriffswirkung zukommt. Den beteiligten staatlichen Stellen ging es als notwendiges Zwischenziel ihres Handelns gerade darum, dem einzigen Importeur von Asbestrohstoffen für Zementprodukte die Nachfrage zu entziehen. Nur so konnte aus Sicht des Staates das verfolgte Endziel, nämlich der Verzicht auf diesen Werkstoff in den Produkten der Abnehmer des Importeurs, erreicht werden. Daneben überschreiten die Auswirkungen die grundrechtlich relevante Schwelle schwerwiegender mittelbarer Beeinträchtigungen: Dem Unternehmen wurde die Basis seiner wirtschaftlichen Existenz entzogen.

Dagegen sind etwa die mittelbaren Auswirkungen der Altautoabsprache auf die existierenden Entsorgungsbetriebe noch nicht als Grundrechtseingriff zu werten. Es fehlt an einer zielgerichteten Beeinträchtigung dieser Betriebe; die Veränderung der Marktsituation stellt sich lediglich als unbeabsichtigte Nebenfolge des Einschreitens dar, das auf die Schaffung eines flächendeckenden Netzes von Rücknahmebetrieben gerichtet war. Auch dürften die Auswirkungen nicht die Schwelle der erforderlichen Intensität der Beeinträchtigung erreichen. Den existierenden Entsorgungsbetrieben bleibt es möglich, auch unter den veränderten Bedingungen ihrem Gewerbe nachzugehen und sich gegen die neue Konkurrenz zu behaupten.

---

[264] BVerfGE 63, 312, (327); 30, 250 (271 f.); 23, 288 (314 f.).

[265] BVerwGE 65, 167 (173); BVerwG DVBl. 1969, 365 (366); *Zuleeg*, Zur künftigen Entwicklung des Subventionsrechts, DÖV 1984, 733, (739).

[266] Anders *Di Fabio*, Grundrechte im präzeptoralen Staat, JZ 1993, 689 (695), der auch weniger gravierende Beeinträchtigungen genügen lassen will.

[267] Dieser Vorwurf wird etwa von *Schulte*, Schlichtes Verwaltungshandeln, 1995, S. 91, erhoben, der meint, daß es sich bei der Intensität der Grundrechtsbeeinträchtigung um ein „konturenloses, richterliche Kasuistik geradezu provozierendes Kriterium" handele.

3. Grundrechte der an den normvermeidenden Absprachen beteiligten Verbände

Aus Sicht der an den Absprachen beteiligten Verbände stellt sich ein weiteres Grundrechtsproblem. Die Verbände sind im Lichte von Art. 9 Abs. 1 GG nicht nur das Ergebnis der Ausübung der Vereinigungsfreiheit durch ihre Mitglieder, sondern selbst Grundrechtsträger. Art. 9 Abs. 1 GG schützt nämlich nicht nur das Recht natürlicher Personen, sich zu Vereinigungen zusammenzuschließen, sondern auch die Vereinigung selbst. Die sog. kollektive Vereinigungsfreiheit umfaßt dabei neben der Existenz und Funktionsfähigkeit der Vereinigung die Selbstbestimmung über die eigene Organisation, das Verfahren der Willensbildung und die Führung der Geschäfte;[268] Träger dieses Rechts sind nicht die Mitglieder, sondern die Vereinigung selbst. Im Rahmen der Verhandlungen, die normvermeidenden Absprachen vorangehen, gerät diese Rechtsposition der beteiligten Verbände in Gefahr. Der Verband begibt sich in engen Kontakt mit staatlichen Stellen. Zwar versucht er in erster Linie, die Belange seiner Mitglieder möglichst effizient durchzusetzen; in der Mitgestaltung staatlicher Politik durch kooperative Einflußnahme im Sinne der Wirtschaft liegt auch gerade die Funktion und der Wert der Verbände.[269] Das Zusammenwirken von Staat und Verbänden bei normvermeidenden Absprachen geht über den üblichen Lobbyismus aber hinaus. Will sich der Verband der Regierung gegenüber als ernstzunehmender Verhandlungspartner präsentieren, muß er erforderlichenfalls auf seine Mitgliedsunternehmen mit sanftem Druck einwirken, um Zugeständnisse zu erreichen. Damit macht er sich ein Stück weit zum Instrument öffentlicher Aufgabenerfüllung.[270] Die beteiligten staatlichen Stellen erwarten von den Verbänden, daß sie im Gegenzug gegen die Beteiligung an der staatlichen Entscheidungsfindung auf ihre Mitglieder bezogene Ordnungsleistungen übernehmen und so zur Steuerung komplexer Gesellschaftssysteme beitragen.[271] Der Verband läuft so Gefahr, zwischen die Fronten zu geraten; insbesondere, wenn sich die Kooperation mit staatli-

---

[268] BVerfGE 13, 174 (175); 30, 227 (241); 50, 290 (353 f.); *Jarass,* in: Jarass/Pieroth, GG, Art. 9 Rn. 8 f.; *Merten,* in: Isensee/Kirchhof, HdbStR, Bd. VI, 1989, S. 785 („Freiheit des Kollektivs"); *Höfling,* in: Sachs, GG, Art. 9 Rn. 26; *Scholz,* in: Maunz/Dürig, GG, Art. 9 Rn. 23 ff. Kritisch *Pieroth/Schlink*, Grundrechte Staatsrecht II, Rn. 731 und *Isensee,* in: Ders./Kirchhof, HdbStR, Bd. V, 1992, S. 604 ff.

[269] Dazu *Steinberg*, in: Ders. (Hrsg.), Staat und Verbände, 1985, 1 ff.; *Mayntz,* Interessenverbände und Gemeinwohl, in: Dies. (Hrsg.), Verbände zwischen Mitgliederinteressen und Gemeinwohl, 1992, S. 11 ff.

[270] *Di Fabio*, Selbstverpflichtungen der Wirtschaft JZ 1997, 969 (971). Zu den grundrechtssystematischen Bedenken gegen eine Mediatisierung im Rahmen organisatorisch gestufter Grundrechtsausübung im allgemeinen vgl. *Ders.*, Verwaltung und Verwaltungsrecht zwischen gesellschaftlicher Selbstregulierung und staaltlicher Steuerung, VVDStRL 56 (1997), 235 (253 f.). Zur Kritik an neokorporativen Steuerungsmodellen aus demokratischer Perspektive *Grimm*, Verbände und Verfassung, in: *Ders.*, Die Zukunft der Verfassung, 1991, S. 241 ff.; *Häberle*, Die Verbände als Gegenstand demokratischer Verfassungslehre, ZHR 145 (1981), 485 ff.

[271] *Mayntz,* Interessenverbände und Gemeinwohl, in: Dies. (Hrsg.), Verbände zwischen Mitgliederinteressen und Gemeinwohl, 1992, S. 11 (12).

chen Stellen über einen längeren Zeitraum hinzieht, entsteht häufig ein Geflecht von wechselseitigen Beziehungen und Abhängigkeiten, das den Verband von seinen Mitgliedern entfernt. Dies gefährdet die Funktionsfähigkeit der Verbände, deren Aufgabe zuvorderst in der Vertretung der Interessen seiner Mitglieder und nicht in der Umsetzung staatlicher Ordnungsvorstellungen besteht. Der Staat muß vor dem Hintergrund des Schutzes von Art. 9 Abs. 1 GG auf diese Gefährdungslage Rücksicht nehmen. Er darf die Verbände insbesondere nicht in evidente Zerreißproben drängen.[272]

4. Gesetzesvorbehalt

a) Betroffenheit der rechtsstaatlichen und demokratischen Komponente des Gesetzesvorbehalts

Die festgestellten Grundrechtseingriffe führen zu einer Aktivierung der rechtsstaatlichen Komponente des Gesetzesvorbehalts. Der sog. Eingriffsvorbehalt für belastende Maßnahmen der Verwaltung geht auf die Staatsrechtslehre des Konstitutionalismus zurück: Exekutive Eingriffe in „Freiheit und Eigentum des Bürgers“[273] bedürfen danach einer Legitimation durch ein Parlamentsgesetz. Ursprünglich diente der Schutz der Individualrechtssphäre des Einzelnen vor allem der Sicherung des Freiheitsraumes der bürgerlichen Gesellschaft gegenüber der monarchischen Exekutive. Unter Geltung des Grundgesetzes bildet der Vorbehalt des Gesetzes einen prinzipiell unbestrittenen Bestandteil des rechtsstaatlichen Prinzips;[274] der Schutz gegenüber belastenden Maßnahmen der Verwaltung ergibt sich aus den insoweit lückenlosen Gewährleistungen der einzelnen Grundrechte.[275] In ihrer Funktion als

---

[272] So auch *Di Fabio*, Selbstverpflichtungen der Wirtschaft, JZ 1997, 969 (971).

[273] So die herkömmliche Terminologie des Konstitutionalismus, vgl. dazu *Hesse*, Grundzüge des Verfassungsrechts der Bundesrepublik Deutschland, Rdn. 200; *Ossenbühl*, Der Vorbehalt des Gesetzes, in: Isensee/Kirchhof (Hrsg.), HdbStR, Bd. III, § 62 Rn. 13.

[274] In Art. 20 Abs. 3 GG wird der Gesetzesvorbehalt zwar nicht ausdrücklich erwähnt, seine Geltung aber prinzipiell vorausgesetzt, weil die Bindung der Verwaltung an das Gesetz gegenstandslos wäre, wenn sie nach ihrem Ermessen auch ohne gesetzliche Grundlage tätig werden könnte (*Hesse*, Grundzüge des Verfassungsrechts der Bundesrepublik Deutschland, § 6 II, Rdn. 201; *Jarass*, in: Jarass/Pieroth, GG, Art. 20 Rn. 31; *Degenhart*, Staatsrecht I, § 3 III Rdn. 278; *Stern*, Das Staatsrecht der Bundesrepublik Deutschland, Bd. I, § 20 IV 4 b), S. 801 f.. Ebenfalls als Grundlage des Gesetzesvorbehalts wird Art. 20 Abs. 3 GG genannt in BVerfGE 40, 237 (248); 77, 170 (230 f.); 78, 179 (197); BVerwGE 42, 331 (335); 72, 265 (266).

[275] Besondere Bedeutung kommt insofern dem Verständnis von Art. 2 Abs. 1 GG als sog. Auffanggrundrecht zu. Nach der Rechtssprechung des Bundesverfassungsgerichts bietet dieses Grundrecht umfassenden Schutz gegen belastende Maßnahmen, die nicht auf eine gültige Gesetzesgrundlage zurückgehen, vgl. BVerfGE 6, 32; 8, 274 (325 ff.); 17, 306, (313 f.); 20, 150 (158); vgl. dazu *Pieroth,* Der Wert der Auffangfunktion des Art. 2 Abs. 1 GG, AöR 115 (1990), 33 ff. Für einen objektiven rechtsstaatlichen Gesetzesvorbehalt, der neben die grundrechtlichen Gesetzesvorbehalte tritt, und auch dem nicht grundrechtsgeschützten Rechtsträger die Sicherungen des Rechtsstaates vermittelt, demgegenüber *Bethge,* Der Grundrechtseingriff, VVDStRL 57 (1998), 1 (27 f.).

Abwehrrechte begründen die Grundrechte eine gesicherte Rechtssphäre, die gegenüber Eingriffen durch die Exekutive durch den Vorbehalt parlamentarischer Mitwirkung geschützt wird.[276] In der Erstreckung des Eingriffsvorbehalts auf mittelbare und faktische Beeinträchtigungen liegt eine wesentliche Funktion der oben[277] entwickelten Ausweitung des Eingriffsbegriffs. Der Schutz der individuellen Freiheitssphäre soll nicht länger vom Vorliegen der formalen Kriterien des klassischen Grundrechtseingriffs abhängen. Die materielle Betrachtungsweise des erweiterten Eingriffsbegriffs erstreckt die rechtsstaatliche Schutzfunktion des Gesetzesvorbehalts formunabhängig auf faktische Beeinträchtigungen, die anhand der entwickelten Kriterien einem Grundrechtseingriff gleichgestellt werden können.[278]

Daneben könnten die Absprachen auch die demokratische Komponente des Gesetzesvorbehalts aktivieren. Der Vorbehalt des Gesetzes dient nämlich nicht nur dem Schutz der Individualrechtssphäre des Einzelnen, sondern auch der Sicherung der Wahrnehmungsbefugnisse des Parlaments und der Sicherung der demokratischen Legitimation staatlicher Entscheidungen. Diesen Aspekt betont auch das Bundesverfassungsgericht im Rahmen seiner sog. Wesentlichkeitsrechtssprechung, wenn es verlangt, daß der Gesetzgeber „losgelöst vom Merkmal des Eingriffs“ in grundlegenden normativen Bereichen „alle wesentlichen Entscheidungen“[279] selbst zu treffen habe. Bei aller Kritik, die das Merkmal der „Wesentlichkeit“ wegen seiner Unbestimmtheit erfahren hat,[280] ist dieser Ansatz auch in der Literatur mittlerweile weitgehend anerkannt: Aus dem Demokratieprinzip gem. Art. 20 Abs. 2 GG läßt sich das Recht des Parlaments ableiten, alle politisch bedeutsamen Entscheidungen

---

[276] Dazu *Badura,* Staatsrecht, Kap. D Rn. 56; *Battis/Gusy*, Einführung in das Staatsrecht, Rdn. 224 ff.; *Bleckmann*, Staatsrecht II, S. 269 ff.; *Baudenbacher*, Aspekte gesetzesabwendender Vereinbarungen zwischen Staat und Wirtschaft, JZ 1988, 689 (695); *Bull,* Allgemeines Verwaltungsrecht, Rdn. 247 ff.; *Friauf*, Zur Rolle der Grundrechte im Interventions- und Leistungsstaat, DVBl. 1971, 674; *Selmer*, Der Vorbehalt des Gesetzes, JuS 1968, 489 (490 ff.).

[277] 4. Teil Kapitel B. II. 1. b) und 2. b).

[278] Zur Erweiterung des Gesetzesvorbehalts durch die Lösung vom klassischen Eingriffsbegriff vgl. auch *Ossenbühl,* Der Vorbehalt des Gesetzes, in: Isensee/Kirchhof (Hrsg.), HdbStR, Bd. III, § 62 Rn. 24.

[279] BVerfGE 49, 89 (126); 61, 260 (275). Damit sind außer den Sachentscheidungen von grundlegender politischer Bedeutung Bereiche gemeint, die unabhängig vom Vorliegen eines klassischen Grundrechtseingriffs „für die Ausübung von Grundrechten von wesentlicher Bedeutung“ sind. Vgl. zu dieser Komponente der Wesentlichkeitsrechtsprechung BVerfGE 40, 237 (250); 58, 257 (269); 68, 1 (87); 77, 170 (230); 80, 124 (132); BVerfG DVBl. 1991, 261 (265).

[280] Treffend *Ossenbühl,* in: Isensee/Kirchhof (Hrsg.), HdbStR, Bd. III, § 62 Rn. 44: „Das Problem der Wesentlichkeitstheorie besteht darin, im konkreten Falle zu bestimmen, was wesentlich ist“. Ob es deshalb aber gerechtfertigt ist, von einer „rechtsdogmatischen Bankrotterklärung“ zu sprechen (so *Kisker,* Neue Aspekte im Streit um den Vorbehalt des Gesetzes, NJW 1977, 1313, [1317 ff.]), erscheint zweifelhaft. Zuzugeben ist allerdings, daß die Wesentlichkeitstheorie darauf angelegt ist, einen weitreichenden richterlichen Entscheidungsspielraum zu erhalten, wenn es um die Bestimmung der Reichweite des Gesetzesvorbehalts geht. Etwas überspitzt, aber zutreffend insofern *Kloepfer*, Der Vorbehalt des Gesetzes im Wandel, JZ 1984, 685 (687): „Wesentlich ist, was das Bundesverfassungsgericht dafür hält“.

selbst zu treffen.[281] Solch grundlegende Bedeutung kommt vielen der Regelungsbereiche zu, die bisher Gegenstand von Absprachen waren: So sollen etwa das CO_2-Abkommen und die Absprachen zur Reduktion von FCKW die natürlichen Lebensgrundlagen der Gesellschaft sichern; weitreichende politische Weichenstellungen sind vorzunehmen, die noch für viele der folgenden Generationen entscheidende Bedeutung haben können.[282] In derartigen Fällen von grundlegender umwelt- oder wirtschaftspolitischer Bedeutung ist eine gesetzliche Grundlage für die Absprachen nicht nur als Eingriffsvorbehalt, sondern auch als Parlamentsvorbehalt erforderlich.[283]

b) Existenz einer gesetzlichen Ermächtigung für normvermeidende Absprachen der Exekutive?

Damit wird das Problem virulent, ob für die Mitwirkung der Exekutive an den normvermeidenden Absprachen eine ausreichende gesetzliche Ermächtigung zur Verfügung steht. Spezielle Ermächtigungen zum Abschluß von normvermeidenden Absprachen finden sich bislang nicht.

aa) Gesetzliche Ermächtigung für rechtsverordnungsvermeidende Absprachen?

Als Grundlage verordnungsvermeidender Absprachen kommt eine etwaige Ermächtigung zum Erlaß einer Rechtsverordnung in Betracht. Eine parlamentsgesetzliche Verordnungsermächtigung lag in allen untersuchten Beispielsfällen verordnungsvermeidender Absprachen vor;[284] dies dürfte auch kein Zufall sein, da die Existenz einer solchen Verordnungsermächtigung Voraussetzung einer wirkungsvollen Drohung mit dem Normerlaß ist. Fraglich ist indes, ob die Ermächtigung zum Erlaß einer Rechtsverordnung die Regierung auch zum Abschluß einer entsprechenden Absprache legitimiert. Dagegen ist eingewandt worden, daß sich Art. 80 Abs. 1 GG seinem Wortlaut und Sinn nach nur auf Rechtsverordnungen beziehe; Absprachen

---

281 Zur demokratischen Komponente des Gesetzesvorbehalts *Stern,* Das Staatsrecht der Bundesrepublik Deutschland, Bd. I, § 20 IV 4 b) δ), S. 811; *Ossenbühl,* Vorrang und Vorbehalt des Gesetzes, in: *Isensee/Kirchhof* (Hrsg.), HdbStR, Bd. III, § 62 Rdn. 35; *Jesch,* Gesetz und Verwaltung, 1968; *Krebs,* Vorbehalt des Gesetzes und Grundrechte, 1975; *Pietzcker,* Vorrang und Vorbehalt des Gesetzes, JuS 1979, 710 (713).

282 Es geht insofern häufig um eine *"Grundsatzentscheidung ..., die wegen ihrer weitreichenden Auswirkungen auf die Bürger, insbesondere ... auf ihre allgemeinen Lebensverhältnisse ... eine grundlegende und wesentliche Entscheidung im Sinne des Vorbehalts des Gesetzes"* dastellt; so die Kriterien des BVerfG (E 49, 89 [127]) im Zusammenhang mit der Frage, ob die friedliche Nutzung der Kernenergie der demokratischen Komponente des Gesetzesvorbehalts unterfällt.

283 Ebenso *Schulte,* Schlichtes Verwaltungshandeln, 1995, S. 138.

284 Vgl. oben 1. Teil Kapitel A. I.

könnten deswegen nicht auf eine Verordnungsermächtigung gestützt werden.[285] Diese Argumentation greift jedoch zu kurz. Sie verkennt den Umfang und die Funktion der Delegation von Rechtsetzungsbefugnissen, die in einer Ermächtigung der Exekutive zum Erlaß einer Rechtsverordnung liegt. Mit der Verordnungsermächtigung überträgt die Legislative der Exekutive die Verantwortung für einen bestimmten Bereich der Rechtsetzung. Damit ist im Normalfall die vollständige Ubertragung des Rechtsetzungsermessens, also die Entscheidung über die Erforderlichkeit einer gesetzlichen Regelung und deren Inhalt verbunden.[286] Diese Delegation des Rechtsetzungsermessens umfaßt auch die Überantwortung der Entscheidung, ob und zu welchen Konditionen eine verordnungsvermeidende Absprache geschlossen werden soll. Art. 80 Abs. 1 GG steht dem nicht entgegen: Die Vorschrift verlangt, daß Inhalt, Zweck und Ausmaß der Regelungskompetenz der Verwaltung gesetzlich hinreichend bestimmt festgelegt sein müssen; sie enthält aber weder einen Handlungsformvorbehalt, noch normiert sie eine generelle Verpflichtung der Exekutive zum Erlaß einer Rechtsverordnung.[287] Der demokratischen Komponente des Gesetzesvorbehalts ist aufgrund der Willensäußerung des Parlaments also Genüge getan. Aber auch aus Sicht der belasteten Grundrechtsträger läßt sich die Absprache auf eine ausreichende Eingriffsermächtigung zurückführen: In der Ermächtigung zum Erlaß einer einseitig-verbindlichen Rechtsverordnung ist die gesetzliche Befugnis zum Abschluß einer Absprache als „Minus“ enthalten.[288]

bb) Gesetzliche Ermächtigung für parlamentsgesetzesvermeidende Absprachen?

Dagegen existiert für Absprachen, die an die Stelle eines Parlamentsgesetzes treten sollen, keine der Verordnungsermächtigung entsprechende parlamentarische Willensäußerung. Derartige Absprachen sind deshalb wegen Verstoßes gegen den Grundsatz des Vorbehalts des Gesetzes rechtswidrig, wenn sie wegen der oben skizzierten faktischen Wirkungen Grundrechtseingriffe zur Folge haben oder wegen ihrer grundsätzlichen politischen Bedeutung dem demokratischen Gesetzesvorbehalt

---

[285] So *Dempfle*, Normvertretende Absprachen, Diss. Trier 1993, S. 104.

[286] Zur Gestaltungsfreiheit des Verordnungsgebers *Ossenbühl*, Rechtsverordnung, in: Isensee/Kirchhof (Hrsg.), HdbStR, Bd. III, § 64, Rdn. 33 ff., 43; *von Danwitz*, Die Gestaltungsfreiheit des Verordnungsgebers, 1989, 161 ff., 187 ff.; *Rengeling*, Das Kooperationsprinzip im Umweltrecht, 1988, S. 188 f. Zu den Einschränkungen der Gestaltungsfreiheit, die sich daraus ergeben können, daß sich die Verordnungsermächtigung zu einer Gesetzgebungspflicht verdichtet, vgl. oben 4. Teil Kapitel B. I. 4.

[287] *Pieroth*, in: Jarass/Pieroth, GG, Art. 80 Rn. 11; *Stern*, Das Staatsrecht der Bundesrepublik Deutschland, Bd. I, § 20 IV 4 c) β), S. 817.

[288] Wie hier *Grewlich*, Umweltschutz durch „Umweltvereinbarungen DÖV 1998, 54 (59); ähnlich *Brohm*, Rechtsgrundsätze für normersetzende Absprachen, DÖV 1992, 1025 (1033). Im Ergebnis ebenso *Kunig/Rublack*, Aushandeln statt Entscheiden?, Jura 1990, 1 (8); *Brohm*, Rechtsgrundsätze für normersetzende Absprachen, DÖV 1992, 1025; *Stober*, Rückzug des Staates im Wirtschaftsverwaltungsrecht, 1997, S. 61.

unterfallen. Mangels gesetzlicher Grundlage rechtswidrig war deshalb beispielsweise das CO_2-Abkommen zwischen der Bundesregierung einerseits und dem Bundesverband der Industrie sowie diversen weiteren Industrieverbänden andererseits: Die Absprache zielte u. a. darauf ab, die Einführung einer CO_2-/Energiesteuer zu verhindern, die nur durch ein Parlamentsgesetz hätte eingeführt werden können; sie hatte also parlamentsgesetzesvermeidenden Charakter. Es wurde bereits oben[289] angesprochen, daß die Absprache mit dem Schutzes der Erdatmosphäre vor klimaschädigenden Gasen einen Gegenstand hatte, der wegen seiner „wesentlichen" Bedeutung dem demokratischen Gesetzesvorbehalt unterfiel; eine gesetzliche Grundlage für die Absprache gab es aber nicht.

Ebenfalls um „wesentliche" Fragestellungen im Sinne der Rechtsprechung des Bundesverfassungsgerichts ging es bei der Vereinbarung der Bundesregierung mit den Energieversorgungsunternehmen über einen Ausstieg aus der friedlichen Nutzung der Kernenergie.[290] Die in dieser Absprache behandelten Fragen einer Begrenzung der Restlaufzeit der bestehenden Atomkraftwerke, regelmäßiger Sicherheitsüberpfrüfungen der Kraftwerke und die Atomabfallentsorgung betreffen sowohl Grundrechtspositionen der Kraftwerksbetreiber, die über unbefristete Betrieberlaubnisse verfügten,[291] als auch staatliche Schutzpflichten für die Grundrechte der von den Risiken der Atomenergie betroffenen Dritten.[292] Hinzu kommt, daß mit der Vereinbarung die Weichen für die staatliche Energiepoltik der nächsten Jahrzehnte gestellt werden sollen; es geht also um eine Entscheidung von grundlegender politischer Bedeutung, die dem demokratischen Gesetzesvorbehalt unterfällt. Eine parlamentsgesetzliche Grundlage für die staatliche Mitwirkung an der Vereinbarung lag aber auch im Fallbeispiel der Energiekonsensgespräche nicht vor. Wohl auch deshalb hat die Bundesregierung davon abgesehen, die Vereinbarung – wie ursprünglich vom Bundeswirtschaftsminister vorgeschlagen – als bindenden öffentlich-rechtlichen Vertrag abzuschließen, der eine gesetzliche Regelung vollständig ersetzt. Statt dessen wurde lediglich eine Vereinbarung „paraphiert", die erst nach einer Novelle des Atomgesetzes, mit der die vereinbarten neuen Rahmenbedingungen des Betriebs von Kernkraftwerken gesetzlich geregelt werden, „endgültig unterzeichnet" werden soll. Die Vereinbarung wurde ausdrücklich unter die Bedingung gestellt, daß eine entsprechende Neufassung des Atomgesetzes vom Bundestag beschlossen wird.[293] Den Anforderungen des Gesetzesvorbehalts würde mit einem

---

[289] Vgl. 4. Teil Kapitel B. II. 4. a).

[290] Vgl. zu dieser Absprache im einzelnen oben 1. Teil Kapitel A. VIII. 2. b).

[291] Es wurde bereits oben (1. Teil Kapitel A. VIII. 2. b) darauf hingewiesen, daß die Frage, ob und inwieweit den Kraftwerksbetreibern im Falle eines hoheitlich angeordneten Ausstiegs aus der Kernenergienutzung Entschädigungsansprüche zustehen würden, vor Abschluß der Vereinbarung umstritten war und daß die Vermeidung solcher Ansprüche ein wesentliches Motiv der Bundesregierung zum Abschluß der Vereinbarung war.

[292] Zur diesbezüglichen Schutzpflicht des Staates vor atomaren Gefahren vgl. BVerfGE 49, 89 (142); 53, 30.

[293] Vgl. Ziffer V., S. 11 der Vereinbarung.

entsprechenden Gesetz allerdings nur insoweit entsprochen, wie der Inhalt der gesetzlichen Regelung reicht. Nicht in das Gesetz aufgenommen werden soll nämlich nach der bisher vorliegenden „Summarischen Darstellung“[294] des Gesetzgebungsvorhabens die wichtigste Gegenleistung der Bundesregierung im Rahmen der Absprache: Der Verzicht der Bundesregierung auf eine Verschärfung der Sicherheitsanforderungen für den Betrieb der Kraftwerke oder eine sonstige Erschwerung der Kernenergienutzung durch andere (Steuer-)Gesetze während der vereinbarten Restlaufzeit findet sich nicht in der vorgesehenen Neufassung des Atomgesetzes, sondern soll ausschließlich in der Vereinbarung mit den Energieversorgungsunternehmen geregelt werden, die die Bundesregierung im Anschluß die Neufassung des Atomgesetzes unterzeichnen will. Damit wird der Kern des Synallagmas der normvermeidenden Absprache nicht von einer parlamentarischen Willensäußerung gedeckt. Den Anforderungen des Gesetzesvorbehalt genügt dieses Verfahren nicht. Erforderlich wäre ein Beschluß des Bundestages, mit dem dieser der Vereinbarung der Bundesregierung mit den Energieversorgungsunternehmen – die in ihrer unterzeichneten Fassung ja bereits vorliegt – zustimmt.

5. Sonstige rechtsstaatliche Grenzen des staatlichen Drohpotentials

Auch soweit für die Absprachen eine ausreichende gesetzliche Grundlage zur Verfügung steht, bestehen rechtsstaatliche Bindungen für die staatliche Regelungsandrohung. Zum einen muß die staatliche Seite im Rahmen der Absprachen den Grundsatz der Verhältnismäßigkeit (a) und das Verbot willkürlicher Koppelungen (b) beachten. Zum anderen darf die angedrohte Regelung ihrerseits nicht rechtswidrig sein (c).

a) Verhältnismäßigkeitsprinzip

Der Verhältnismäßigkeitsgrundsatz ist nicht nur wegen der Grundrechtseingriffe zu beachten, die mit den normvermeidenden Absprachen einhergehen können;[295] das Übermaßverbot folgt auch sonst „als übergreifende Leitregel allen staatlichen Handelns zwingend aus dem Rechtsstaatsprinzip“.[296] Das bedeutet zunächst, daß

[294] Anlage 5 zur Vereinbarung.

[295] Vgl. zu den möglichen Grundrechtseingriffen soeben 4. Teil Kapitel B. II. Auch soweit für die dargestellten Grundrechtseingriffe eine gesetzliche Grundlage zur Verfügung steht, muß die staatliche Einflußnahme den Grundsatz der Verhältnismäßigkeit beachten. Zur Anwendung des Verhältnismäßigkeitsprinzips als sog. Schranken-Schranke im Rahmen der Grundrechtsprüfung vgl. *Pieroth/Schlink*, Grundrechte Staatsrecht II, Rn. 279; *Schnapp,* Die Verhältnismäßigkeit des Grundrechtseingriffs, JuS 1983, 850 ff.

[296] BVerfGE 23, 127 (133); vgl. auch BVerfGE 19, 342 (348 ff.); 61, 126 (134); 69, 1 (35) sowie *Grabitz,* Der Grundsatz der Verhältnismäßigkeit in der Rechtsprechung des Bundesverfassungsgerichts, AöR 98 (1973), 568 ff. Zum Verhältnismäßigkeitsgrundsatz umfassend auch *Jacobs*, Der Grundsatz der Verhältnismäßigkeit, 1985; *Hirschberg,* Der Grundsatz der Verhältnismäßigkeit, 1981; *Dechsling,* Das Verhältnismäßigkeitsgebot, 1989.

die Absprachen zur Erreichung des angestrebten Zieles geeignet, also zwecktauglich sein müssen. Welche Gemeinwohlziele von den staatlichen Absprachepartnern verfolgt wurden, wurde in der obigen Zusammenstellung von Fallbeispielen jeweils herausgestellt: Angestrebt wurde vielfach eine Verbesserung des Umweltschutzes durch eine Verringerung von Schadstoffimmissionen und die Verwendung umweltschädlicher Produktionsmittel und ein Schutz der Gesundheit der Bevölkerung vor schädlichen Stoffen. In anderen Fällen ging es um die Belange des Jugendschutzes oder den Schutz des Kohlebergbaus, dessen Erhaltung eine autonome nationale Energieversorgung sicherstellen sollte. Die Prüfung der Geeignetheit der getroffenen normvermeidenden Absprachen zur Erreichung dieser Ziele zerfällt in zwei Schritte: Zum einen ist zu prüfen, ob und inwieweit das von der Wirtschaft im Rahmen der Absprachen zugesagte Verhalten – die tatsächliche Einhaltung der Absprachen durch die Wirtschaft unterstellt – geeignet ist, den verfolgten Zweck zu fördern. Insoweit entspricht die Prüfung derjenigen, die bei einem Gesetz oder einer Rechtsverordnung durchzuführen wäre, die den gleichen materiellen Inhalt wie die Absprache hätte. Zum anderen ist die instrumentelle Eignung der Absprachen im konkreten Fall zu prüfen. Insofern haben die oben im Zusammenhang mit der politisch-ökonomischen Effizienz der Absprachen erörterten Fragen des Steuerungsvermögens der Absprachen und der Möglichkeiten, mit ihrer Hilfe Gemeinwohlziele durchzusetzen, auch erhebliches rechtliches Gewicht. Die handelnden staatlichen Stellen müssen sich vor der Wahl des Instruments vergewissern, daß die faktischen Wirksamkeitsvoraussetzungen der Absprachen[297] vorliegen.

Bei der Beurteilung der Eignung der Absprachen zur Erreichung eines bestimmten Zwecks wird man den handelnden staatlichen Organen allerdings einen gewissen Beurteilungs- und Prognosespielraum zubilligen müssen. Eine solche Einschränkung der Überprüfbarkeit von Entscheidungen, die eine Prognose zukünftiger Entwicklungen und der Wirksamkeit staatlicher Steuerungseingriffe voraussetzen, ist für Maßnahmen des Gesetzgebers weithin anerkannt.[298] Insbesondere im Bereich der Wirtschaftslenkung wird dem Gesetzgeber eine sog. Einschätzungsprärogative zuerkannt, die dazu führt, daß ein Gesetz nicht bereits deswegen als verfassungswidrig anzusehen ist, weil sich nachträglich herausstellt, daß die Maßnahme nicht geeignet war, das gesteckte Ziel zu erreichen. Ein verfassungsrechtlich relevanter Einschätzungfehler des Gesetzgebers liegt in derartigen Fällen vielmehr erst dann vor, wenn die Prognose *offensichtlich fehlsam*[299] war.

---

[297] Vgl. hierzu im einzelnen oben 2. Teil.

[298] BVerfGE 50, 290 (332f.); 57, 139 (159); 62, 1 (50); 90, 145 (173); für den Verordnungsgeber BVerfGE 53, 135 (145); *Jarass*, in: Jarass/Pieroth, GG, Art. 20 Rdn. 87; *Di Fabio,* Verfassungskontrolle indirekter Umweltpolitik am Beispiel der Verpackungsverordnung, NVwZ 1995, 1 (7); *Degenhart*, Staatsrecht I, Rn. 328; *Stern,* Das Staatsrecht der Bundesrepublik Deutschland, Bd. I, §20 V 7 e) α), S. 866. Zum Einschätzungspielraum insbesondere bei Eingriffen in den Schutzbereich des Art. 12 GG *Tettinger*, in. Sachs (Hrsg.), GG, Art. 12 Rdn. 105.

[299] Vgl. zu dieser Schwelle BVerfGE 50, 290 (332). Der Umfang des Einschätzungs- und Prognosespielraums ist je nach Intensität der grundrechtsbeeinträchtigenden Wirkung unterschiedlich zu bemessen.

Diese Kriterien können auf die staatliche Mitwirkung an normvermeidenden Absprachen übertragen werden, obwohl an ihnen in erster Linie Mitglieder der Exekutive beteiligt sind: Die Regierungsvertreter sehen sich vor Abschluß der Absprache vergleichbaren Schwierigkeiten ausgesetzt, wie sie die Legislative vor der Verabschiedung eines wirtschaftslenkenden Gesetzes zu bewältigen hat.[300] Normvermeidende Absprachen sind deshalb nur dann wegen fehlender Eignung zur Erreichung des Steuerungszieles verfassungswidrig, wenn das Instrument der normvermeidenden Absprache aufgrund der konkreten Umstände des Einzelfalles *offensichtlich* ungeeignet war, den angestrebten öffentlichen Zweck zu erreichen. Dies wird man etwa annehmen können, wenn die Struktur der betroffenen Branche besonders unübersichtlich ist und nur ein relativ kleiner Teil der Anbieter über ihre Verbände an der Absprache beteiligt ist. In diesem Fall ist nach den Erfahrungen mit den bisherigen Absprachen eine wirksame Beeinflussung aufgrund der Ausnutzung fehlenden Wettbewerbsdrucks durch nicht beteiligte Außenseiter nahezu ausgeschlossen.[301] Ähnliches gilt, wenn die staatliche Seite Steuerungsziele durchsetzen will, die für die Wirtschaft erhebliche zusätzliche Kosten verursachen; derartige Ziele konnten bisher im Rahmen von Absprachen zumindest nicht ohne eine deutliche Verwässerung staatlicher Ordnungsvorstellungen durchgesetzt werden.[302] Insgesamt sollten die Anforderungen an die Überprüfung der Tauglichkeit normvermeidender Absprache im Einzelfall aber nicht überspannt werden. Wenn der Ruf nach neuen Wegen in der staatlichen Wirtschaftslenkung nicht nur leere Rhetorik sein soll, muß dem Gesetz- und Verordnungsgeber Gelegenheit gegeben werden, die Wirksamkeit neuartiger Steuerungsformen praktisch zu erproben. Zur weiteren Konturierung des staatlichen Einschätzungs- und Prognosespielraums bietet sich dabei ein Rückgriff auf die zu Übergangsfristen bei sog. Experimentalnormen angestellten Überlegungen an.[303] Das Bundesverfassungsgericht hat bereits in seiner Werkverkehrs-Entscheidung 1963[304] und in der Mitbestimmungs-Entscheidung 1979[305] darauf hingewiesen, daß der Gesetzgeber versuchsweise Anordnungen treffen darf, deren Wirksamkeit er aber im folgenden regelmäßig überprüfen muß. Der Einschätzungs- und Prognosespielraum im Hinblick auf die Zwecktauglichkeit der Absprachen privilegiert die handelnden staatlichen Organe also nur solange, bis die Wirkungen der Absprachen im Einzelfall tatsächlich feststellbar sind. Dies folgt aus

---

300 Diese Parallele verdeutlicht ein weiteres Mal, daß die Begriffsbildung der *normvermeidenden Absprache* unter rechtswissenschaftlichen Gesichtspunkten zwecktauglich ist und dem weithin gebräuchlichen Begriff der Selbstverpflichtung der Wirtschaft vorzuziehen ist.

301 Dazu im einzelnen oben 2. Teil Kapitel A. II. 2.

302 Dazu im einzelnen oben 2. Teil Kapitel A. I.

303 Zum Begriff experimenteller Gesetzgebung: *Kloepfer,* Gesetzgebung im Rechtsstaat, VVDStRL 40 (1982), 65 (92 ff.); *Horn,* Experimentelle Gesetzgebung unter dem Grundgesetz, 1989; *Richter,* in: Hassemer/Hoffmann-Riem/Limbach (Hrsg.), Grundrechte und soziale Wirklichkeit, 1982, S. 77 ff.; *Wollmann,* in: Schreckenberger (Hrsg.), Gesetzgebungslehre, 1986, S. 80 ff.

304 BVerfGE 16, 147 (188).

305 BVerfGE 50, 290 (335).

der Natur des Prognosespielraums, der nur die geringfügig fehlerhafte Einschätzung einer zukünftigen Entwicklung privilegieren soll. Stellt sich später heraus, daß die Absprachen nicht den gewünschten Effekt zu erzielen geeignet sind, entfällt nicht nur die Privilegierung, sondern sie verwandelt sich in eine Nachbesserungspflicht der handelnden Stellen.[306] Das bedeutet, daß der Staat gezwungen ist, die Zwecktauglichkeit und Wirksamkeit der Absprachen ständig zu überprüfen und erforderlichenfalls zu anderen Maßnahmen zu greifen. Dazu gehört insbesondere, daß die an der Absprache beteiligten Organe eine Gesetzesinitiative auf den Weg bringen, wenn sich die Absprache als nicht ausreichend erweist.

Schließlich müssen die Absprachen auch erforderlich und verhältnismäßig im engeren Sinne sein.[307] Bei der Prüfung der Erforderlichkeit wirkt sich erneut der Beurteilungs- und Prognosespielraum aus, der den handelnden staatlichen Stellen bei der Mitwirkung an den Absprachen zuzubilligen ist. Auf eine etwaige in geringerem Maße eingreifende Maßnahme ist der Staat nur dann zu verweisen, wenn diese zur Erreichung des Zieles ebenso geeignet ist, wie die vermeintlich intensiver eingreifende Maßnahme; in der Beurteilung der Geeignetheit besteht aber wiederum ein Einschätzungsspielraum der Akteure.[308]

b) Verbot sachwidriger Koppelung

Schließlich ist bei der Mitwirkung an normvermeidenden Absprachen das Verbot sachwidriger Koppelung zu beachten.[309] Dieser Grundsatz ist für öffentlich-rechtliche Verträge in § 56 VwVfG ausdrücklich normiert und besagt, daß die Gegenleistung der privaten Seite der Erfüllung öffentlicher Aufgaben der Behörde dienen und in sachlichem Zusammenhang mit der Leistung der Behörde stehen muß. Das Verbot sachwidriger Koppelung gilt aber auch außerhalb des Anwendungsbereichs des § 56 VwVfG: Es folgt allgemein aus dem Gebot der Zwecktauglichkeit des Staatshandelns[310] und dem Rechtsstaatprinzip:[311] Dem Staat ist es von Verfassung wegen verwehrt, sich Gegenleistungen versprechen zu lassen, die mit dem ange-

---

306 Die Nachbesserungspflicht bildet insofern das verfassungsrechtliche Gegenstück zu der von der Rechtsprechung respektierten Gestaltungsfreiheit, vgl. dazu *Steinberg,* Verfassungsrechtliche Kontrolle der „Nachbesserungspflicht" des Gesetzgebers, Der Staat 26 (1987), 161 ff.; *Ossenbühl,* Die Kontrolle von Tatsachenfeststellungen und Prognoseentscheidungen durch das Bundesverfassungsgericht, in: Starck (Hrsg.), Festgabe BVerfG, Bd. I, 1976, 458 ff.

307 Zu diesen Kriterien im einzelnen *Stern,* Das Staatsrecht der Bundesrepublik Deutschland, Bd. I, § 20 IV 7 e) β) und γ), S. 866 m. w. Nachw.

308 Ebenso für den Gestaltungsspielraum des Gesetzgebers *Degenhart,* Staatsrecht I, Rdn. 329; *Stern,* Das Staatsrecht der Bundesrepublik Deutschland, Bd. I, § 20 IV 7 e) β).

309 *Stober,* Rückzug des Staates im Wirtschaftsverwaltungsrecht, 1997, S. 61.

310 *Brohm,* Rechtsgrundsätze für normersetzende Absprachen, DÖV 1992, 1025 (1034).

311 BVerwGE 42, 338; BVerwG NJW 1980, 1294; BVerwG NVwZ 1994, 485 (486); *Hennecke,* in: Knack, VwVfG, § 56 Rdn. 1.2.

strebten Gemeinwohlziel in keinerlei Zusammenhang stehen. Es kann deshalb offen bleiben, ob § 56 VwVfG auf die normvermeidenden Absprachen entsprechend anzuwenden ist.[312] Der Staat darf sich im Rahmen der Absprachen in jedem Fall nur Verhaltensweisen der Wirtschaft versprechen lassen, die der Erreichung des vor Eintritt in die Verhandlungen verfolgten Regelungsziels dienlich sind.

c) Rechtmäßigkeit der angedrohten Norm

Die normvermeidenden Absprachen werden seitens der Politik vielfach als ein Mittel angesehen, Bedenken gegen die Rechtmäßigkeit einseitig-hoheitlichen Einschreitens zu umgehen.

So bestanden im Fallbeispiel der Absprache mit der Zigarettenindustrie[313] seitens der Bundesregierung Bedenken gegen die Zulässigkeit einer gesetzlichen Werbebeschränkung für Zigaretten: Der Staatssekretär im Bundesgesundheitsministerium erklärte vor dem Deutschen Bundestag unverhohlen, daß man „mit Rücksicht auf gewisse verfassungsrechtliche Schwierigkeiten, die sich etwa aus dem Gleichheitssatz ergeben könnten", einer Selbstbeschränkung den Vorrang vor einer gesetzlichen Regelung geben wolle.[314] Ähnlich lagen die Dinge bei der Absprache zur Substitution von Asbest in Zementprodukten: Hier hielten die handelnden staatlichen Organe ein gesetzliches Verbot von Asbest mit dem damals geltenden europäischen Recht für unvereinbar.[315] Schließlich sind auch gegen die Einführung einer an den Energieverbrauch gekoppelten CO_2-/Energiesteuer, die durch das sog. CO_2-Abkommen vermieden werden soll, verfassungrechtliche Bedenken angemeldet worden. So meinte beispielsweise Arndt, daß eine Abgabe auf den Energieverbrauch gegen den Grundsatz der Besteuerung nach der Leistungsfähigkeit verstoße; zudem habe eine Steuer, die ganze Industriesparten dazu zwinge, Produktionsstätten zu schließen, konfiskatorischen Charakter und sei deshalb nicht mit der von Art. 12 Abs. 1 GG geschützten Berufsfreiheit der betroffenen Unternehmen zu vereinbaren.[316]

Die Praxis zeigt also, daß die Absprachen eine verlockende Möglichkeit bieten, Unsicherheiten über die Vereinbarkeit bestimmter Regelungsziele mit höherrangigem Recht dadurch zu überwinden, daß die Handlungsform der normvermeidenden

---

[312] So *Bohne,* Informales Verwaltungs- und Regierungshandeln als Instrument des Umweltschutzes, VerwArch 75 (1984), S. 343 (365).

[313] Vgl. zu dieser Absprache im einzelnen oben 1. Teil Kapitel A. X.

[314] BT-Prot. IV/8607 C. Vgl. dazu auch *Kaiser*, Industrielle Absprachen im öffentlichen Interesse, NJW 1971, 587; *Oebbecke*, Die staatliche Mitwirkung an gesetzesabwendenden Vereinbarungen, DVBl. 1986, 793 (798); *von Zerschwitz*, Wirtschaftsrechtliche Lenkungstechniken, JA 1978, 503.

[315] Dazu *Lautenbach/Steger/Weihrauch*, Evaluierung freiwilliger Branchenvereinbarungen im Umweltschutz, 1992, S. 53.

[316] *Arndt,* Stellungnahme zur Einführung einer CO_2-/Energiesteuer im Rahmen einer Anhörung des Finanzausschusses des Deutschen Bundestages, zit. nach FAZ vom 24.04.1996.

Absprache gewählt wird. Dieses Vorgehen hat für die handelnden staatlichen Organe den Vorteil, daß wegen der kooperativen Form der Interessenabstimmung kaum damit zu rechnen sein wird, daß die Rechtmäßigkeit des Absprachеinhalts im Rahmen von Rechtsschutzverfahren in Frage gestellt wird.[317] Man kann insofern von einer „Flucht in die Absprache" der beteiligten staatlichen Stellen sprechen.

Bereits das Inaussichtstellen eines verfassungswidrigen oder ansonsten gegen höherrangiges Recht[318] verstoßenden Gesetzes verstößt jedoch gegen die Bindung aller staatlichen Gewalt an Gesetz und Verfassung gem. Art. 20 Abs. 3 GG.[319] Art. 20 Abs. 3 GG verbietet es, von staatlicher Seite eine für rechts- oder verfassungswidrig gehaltene gesetzgeberische Lösung als politisches Druckmittel einzusetzen.[320]

Dieser Verstoß gegen das Rechtsstaatsprinzip durch das Inaussichtstellen eines verfassungswidrigen Gesetzes läßt sich auch nicht durch einen Hinweis auf § 55 VwVfG rechtfertigen.[321] § 55 VwVfG gestattet es der Verwaltung, im Rahmen eines Vergleichsvertrages eine „bei verständiger Würdigung des Sachverhalts oder der Rechtslage bestehende Unsicherheit durch gegenseitiges Nachgeben" zu beseitigen. Die Vorschrift legitimiert damit bestimmte zwischen öffentlichen Stellen und Privaten geschlossene Kompromisse, die mit dem geltenden Recht zwar nicht zwangsläufig, aber doch in den meisten Fällen nicht voll übereinstimmen, sondern ihm nur mehr oder weniger nahekommen. Die von § 55 VwVfG erfaßten Vergleichsverträge weisen auf den ersten Blick einige Parallelen mit den normvermeidenden Absprachen auf: Auch bei den normvermeidenden Absprachen beruht die Übereinkunft häufig auf einem wechselseitigen Nachgeben der Beteiligten. Sowohl die Vergleichsverträge als auch die Absprachen sollen dazu dienen, im Interesse der Verfahrensökonomie und der Vermeidung von Rechtsstreitigkeiten eine möglichst schnelle Problemlösung herbeizuführen.

Gleichwohl kann § 55 VwVfG die oben angesprochenen Fälle der Androhung eines rechtswidrigen Gesetzes durch die an den Absprachen beteiligten staatlichen Stellen nicht legitimieren. Dies folgt daraus, daß eine „bei verständiger Würdigung

---

[317] Zu dem mit den normvermeidenden Absprachen verbundenen Verzicht auf gerichtliche Überprüfung des Absprachеinhalts vgl. oben 2. Teil Kapitel B. I. sowie unten 4. Teil Kapitel C. III. 1.

[318] Damit ist neben den angesprochenen Verstößen gegen Verfassungs- und Europarecht auch der Fall gemeint, daß eine Rechtsverordnung angedroht wird, die die Grenzen der jeweiligen parlamentsgesetzlichen Ermächtigung überschreitet.

[319] *Becker*, Informales Verwaltungshandeln zur Steuerung wirtschaftlicher Prozesse, DÖV 1985, 1003 (1010); *Brohm*, Rechtsgrundsätze für normersetzende Absprachen, DÖV 1992, 1025 (1034).; *Dempfle*, Normvertretende Absprachen, Diss. Trier 1993, S. 111; *Oebbecke*, Die staatliche Mitwirkung an gesetzesabwendenden Vereinbarungen, DVBl. 1986, 793 (798); *Lange*, Staatliche Steuerung durch offene Zielvorgabe im Lichte der Verfassung, VerwArch 82 (1991), 1 (16).

[320] *Oebbecke*, Die staatliche Mitwirkung an gesetztesabwendenden Vereinbarungen, DVBl 1986, 793 (798).

[321] So aber *Oebbecke*, ebenda.

bestehende Unsicherheit“ über die Sach- und Rechtslage im Sinne des §55 VwVfG in den angeführten Beispielsfällen nicht vorlegen hat und wegen der Besonderheiten des Gegenstandes normvermeidender Absprachen auch kaum je vorliegen wird. In Betracht käme eine Anwendung des § 55 VwVfG auf die normvermeidenden Absprachen überhaupt nur in der Variante einer Ungewißheit über die Rechtslage. Zweifelhaft ist die Vereinbarkeit der getroffenen Regelung mit höherrangigem Recht und nicht der entscheidungserhebliche Sachverhalt. Rechtliche Unsicherheiten rechtfertigen aber bereits in direkter Anwendung des § 55 VwVfG einen Vergleichsschluß nur in eng begrenzten Ausnahmefällen. Die Verwaltung ist wegen ihrer Bindung an Gesetz und Recht grundsätzlich verpflichtet, rechtliche Zweifelsfragen zu klären.[322] An die Annahme einer „Ungewißheit über die Rechtslage“ sind strenge Anforderungen zu stellen.[323] Sie kann anzunehmen sein, wenn zu einer Einzelfrage unterschiedliche Gerichtsurteile vorliegen und eine eindeutige höchstrichterliche Rechtsprechung noch aussteht oder das anzuwendende Recht nicht oder nur schwer zu ermitteln ist.[324] Die Verwaltung muß aber generell den Versuch unternehmen, rechtliche Zweifelsfragen zu klären; erst wenn der dazu erforderliche Verwaltungsaufwand völlig außer Verhältnis zur Bedeutung der Rechtsfrage steht, ist ein Vergleichsschluß zulässig.[325] Nicht ausreichend ist insbesondere das Prozeßrisiko, wie es sich in vielen Rechtsstreitigkeiten daraus ergibt, daß sich die Entscheidung einer Rechtsfrage durch ein Gericht nicht sicher voraussagen läßt.[326]

Eine entsprechende Anwendung des §55 VwVfG auf die normvermeidenden Absprachen kommt nach dem Vorstehenden nicht in Betracht. In den angeführten Beispielsfällen der Absprachen mit der Zigaretten- und der Asbestzementindustrie liegt vielmehr die Annahme nahe, daß auf staatlicher Seite gar keine „Unsicherheit“ über die Rechtslage bestand, sondern die handelnden staatlichen Stellen nach einer Prüfung der Rechtslage zu dem Ergebnis gekommen waren, daß eine gesetzliche Regelung mit dem Inhalt der Absprache gegen höherrangiges Recht verstoßen hätte. So läßt sich beispielsweise der Äußerung des Staatssekretärs im Bundesgesundheitsministeriums zur Absprache mit der Zigarettenindustrie entnehmen, daß die Bundesregierung eine gesetzliche Regelung mit dem Inhalt der Absprache für verfassungswidrig hielt.[327] Versuchen die handelnden staatlichen Stellen in dieser Situation, eine gerichtliche Kontrolle durch eine normvermeidende Absprache zu umgehen, liegt unzweifelhaft ein Verstoß gegen Art. 20 Abs. 3 GG vor.

---

[322] *Tiedemann*, in: Obermayer, VwVfG, § 55 Rn. 15; *Hennecke*, in: Knack, VwVfG, § 55 Rdn. 5.

[323] *Hennecke*, in: Knack, VwVfG, § 55 Rn. 5; *Meyer* in: Meyer/Borgs, VwVfG, § 55 Rn. 12.

[324] *Meyer*, in: Meyer/Borgs, VwVfG, § 55 Rn. 12; *Tiedemann*, in: Obermayer, VwVfG, § 55 Rn. 16 mit dem zutreffenden Hinweis, daß in diesen Fällen strenggenommen nicht die Rechtslage, sondern das Prozeßrisiko ungewiß ist.

[325] BVerwGE 17, 94.

[326] VGH München, NVwZ 1989, 167.

[327] BT-Prot. IV/8706 C.

Aber auch sonst ist im Bereich der Normsetzung kaum ein Fall denkbar, in dem die Unsicherheit über eine Rechtsfrage einen Vergleich mit rechtswidrigem Inhalt legitimieren könnte. Zwar ist eine Vielzahl insbesondere verfassungsrechtlicher Fragen in der Tat nicht abschließend (verfassungs-)gerichtlich geklärt, so daß bei vielen Rechtsetzungsvorhaben eine gewisse Unsicherheit über die Rechtmäßigkeit des Absprachеinhalts verbleibt. Man wird von den an normvermeidenden Absprachen beteiligten staatlichen Stellen aber verlangen können, daß sie diese Rechtsfragen eigenverantwortlich klären und den privaten Beteiligten nur mit einem rechtmäßigen Gesetz drohen. Insbesondere unterfallen mögliche Unsicherheiten über die verfassungsrechtliche Zulässigkeit eines anzudrohenden Gesetztes keinem der oben angesprochenen Ausnahmefälle, in denen im direkten Anwendungsbereich des § 55 VwVfG eine bloße Unsicherheit über Rechtsfragen einen rechtswidrigen Vergleichsinhalt legitimiert. Die Vielzahl der von den Absprachen Betroffenen und die Bedeutung der bisherigen Regelungsgegenstände rechtfertigen auch einen größeren Prüfungsaufwand, um die anstehenden Rechtsfragen zu klären. Es wird also kaum je einen Fall geben, in dem der Aufwand zur Prüfung der Rechtsfrage „völlig außer Verhältnis" zur Bedeutung der Angelegenheit steht.[328] Auch die von Meyer[329] und Tiedemann[330] für die direkte Anwendung des § 55 VwVfG angenommenen Ausnahmen fehlender oder widersprüchlicher Gerichtsurteile zu einer bestimmten Frage lassen sich nicht auf den Bereich der Normsetzung übertragen: Von den an den Absprachen beteiligten Regierungen kann man verlangen, daß sie auch ohne eine verfassungsgerichtliche Entscheidung der anstehenden Einzelfrage zu einem Urteil über die Verfassungsmäßigkeit eines Rechtsetzungsvorhabens kommen.

Die Androhung eines rechtswidrigen Gesetzes führt demnach stets zur Nichtigkeit der jeweiligen Absprache. Welche praktischen Konsequenzen und Rechtsschutzmöglichkeiten hieraus – wie auch aus einem Verstoß gegen die im übrigen entwickelten rechtlichen Grenzen der staatlichen Mitwirkung an den Absprachen – ergeben, wird am Ende dieses Teils zu untersuchen sein.[331]

6. Zwischenergebnis

Rechtsstaatliche Grenzen für normvermeidende Absprachen bestehen in mehrfacher Hinsicht: Die Absprachen können Grundrechtseingriffe sowohl bei den an der Absprache beteiligten Unternehmen als auch bei unbeteiligten Drittbetroffenen zur Folge haben. Die staatliche Mitwirkung an den Absprachen bedarf deshalb häufig bereits unter dem Gesichtspunkt des Eingriffsvorbehalts einer gesetzlichen Grundlage. Außerdem wird durch die meisten Absprachen auch die demokratische Komponente des Gesetzesvorbehalts berührt: Die Absprachen betreffen vielfach „we-

328 Vgl. zu diesem Ausnahmefall nochmals BVerwGE 17, 94.

329 *Meyer* in: Meyer/Borgs, VwVfG, § 55 Rdn. 12.

330 *Tiedemann*, in: Obermayer, VwVfG, § 55 Rn. 16.

331 Vgl. unten 4. Teil Kapitel C.

sentliche“ Materien, die wegen ihrer grundlegenden politischen Bedeutung dem Parlamentsvorbehalt unterliegen. Für verordnungsvermeidende Absprachen stehen mit den jeweiligen Verordnungsermächtigungen allerdings hinreichende gesetzliche Grundlagen auch für Absprachen der Exekutive zur Verfügung.

Grenzen des staatlichen Drohpotentials ergeben sich des weiteren daraus, daß die angedrohte Regelung nicht ihrerseits gegen höherrangiges Recht verstoßen darf. Schließlich ist bei der Mitwirkung an den Absprachen das Verhältnismäßigkeitsprinzip zu beachten. Bei der Prognose der Zwecktauglichkeit ist den handelnden staatlichen Organen allerdings ein Beurteilungsspielraum zuzubilligen, der demjenigen des wirtschaftslenkenden Gesetzgebers im Bereich sog. experimenteller Gesetzgebung entspricht.

III. Europa- und Wettbewerbsrecht

Die faktischen Wirkungen der normvermeidenden Absprachen werfen nicht nur grundlegende verfassungsrechtliche Fragen auf, wie sie bisher erörtert worden sind. Grenzen der staatlichen Mitwirkung an den Absprachen könnten sich auch aus den Vorgaben des Europa- und des Wettbewerbsrechts ergeben.

1. Vereinbarkeit der normvermeidenden Absprachen mit dem Verbot von mengenmäßigen Beschränkungen des Handels zwischen den EG-Mitgliedsstaaten und von Maßnahmen gleicher Wirkung wie mengenmäßigen Beschränkungen gemäß Art. 28, 30 EGV?

So könnten die Absprachen als sog. *Maßnahmen gleicher Wirkung* gegen Art. 28, 30 EGV verstoßen. Zu den Aufgaben der Europäischen Gemeinschaft gehört es gemäß Art. 2 EGV, einen gemeinsamen Markt zu errichten. Die Tätigkeit der EG umfaßt dazu die Errichtung eines Binnenmarktes, der u. a. durch die Beseitigung der Hindernisse für den freien Waren-, Personen-. Dienstleistungs- und Kapitalverkehr zwischen den Mitgliedstaaten gekennzeichnet ist (Art. 3 Abs. 1 lit. c), Art. 14 Abs. 2 EGV). Die Freiheit des Warenverkehrs soll vor allem durch das Verbot sonstiger, von staatlichen Stellen ausgehender Beschränkungen des innergemeinschaftlichen Warenverkehrs durchgesetzt werden. Ein solches Verbot enthält Art. 28 EGV. Danach sind neben mengenmäßigen Beschränkungen des Handels zwischen den Mitgliedsstaaten der Union durch Einfuhrbeschränkungen auch staatliche Maßnahmen verboten, die in ihrer Wirkung solchen Handelsbeschränkungen gleichkommen. Als eine solche *Maßnahme gleicher Wirkung* ist nach der Rechtsprechung des EuGH dabei „jede Handelsregelung der Mitgliedsstaaten“ anzusehen, „die geeignet ist, den innergemeinschaftlichen Handel unmittelbar oder mittelbar, tatsächlich oder potentiell zu behindern".[332]

Normvermeidende Absprachen könnten dieser Definition wegen ihrer faktischen Auswirkungen unterfallen. Zwar treffen die beteiligten staatlichen Stellen mit den Absprachen keine verbindliche Handels*regelung;* wie oben[333] gezeigt, entfalten die Absprachen keine unmittelbaren Rechtswirkungen im Sinne einer hoheitlichen Anordnung. Von Art. 28 EGV werden aber nicht nur zwingende staatliche Rechtsakte eines Mitgliedsstaats erfaßt, die eine Behinderung des innergemeinschaftlichen Handels zur Folge haben. Auch eine faktische Praxis kann in ihrer Wirkung auf die Einfuhren aus anderen Mitgliedsstaaten Regierungsakten mit zwingendem Charakter vergleichbar sein. Der *EuGH* hat zu Recht entschieden, daß eine solche Praxis nicht dem Verbot des Art. 28 des Vertrages entgehen könne, nur weil sie sich auf Entscheidungen gründet, die für Unternehmen nicht verbindlich sind.[334] Es kommt also allein auf die Beeinträchtigung der Ziele aus Art. 2 des EGV durch die staatliche Maßnahme an; ob diese Wirkung durch rechtsverbindliche oder faktisch-informelle Formen der Beeinflussung des Angebot- und Nachfrageverhaltens erzielt werden soll, ist unerheblich.[335] Normvermeidende Absprachen können deshalb trotz ihrer fehlenden Rechtsverbindlichkeit *Maßnahmen gleicher Wirkung* im Sinne von Art. 28 EGV darstellen.

Dazu ist allerdings weiterhin erforderlich, daß die Absprachen im Einzelfall geeignet sind, den innergemeinschaftlichen Handel tatsächlich oder potentiell zu behindern. Eine solche Wirkung kann all jenen Absprachen zukommen, die das Nachfrageverhalten der privaten Absprachepartner des Staates betreffen: Wenn beispielsweise die Vertreter der deutschen Aerosolindustrie der Bundesregierung versprechen, auf FCKW-haltige Treibmittel zukünftig zu verzichten, hat dies auch für die Hersteller von FCKW als Ausgangsstoff in anderen Mitgliedstaaten der Union zur Folge, daß ihre Produkte in Deutschland faktisch unverkäuflich werden. Für diese Anbieter wirkt sich die Absprache mithin wie ein gesetzlich angeordnetes Verbot

---

332 Std. Rspr. seit EuGH, Slg. 1974, S. 837 ff (852) – *Dassonville* –. Eine gewisse Einschränkung dieser Definition enthält das Urteil des EuGH im Fall *Keck* (EuGH, EuZW 1993, S. 700 ff.): Danach sollen Verkaufsbedingungen, die sich auf die Regelung bestimmter Verkaufsmodalitäten beschränken, nicht unter den Begriff der Maßnahme gleicher Wirkung fallen, wenn sie inländische Erzeugnisse und die Erzeugnisse aus anderen Mitgliedsstaaten in gleicher Weise berühren. Zum Wandel des Begriffs der Maßnahme gleicher Wirkung im Sinne von Art. 30 EGV vgl. *Becker*, Von „Dassonville" über „Cassis" zu „Keck" – Der Begriff der Maßnahmen gleicher Wirkung in Art. 30 EGV, EuR 1994, S. 162 ff.

333 Vgl. 3. Teil Kapitel C. I.

334 EuGH – *Buy Irish* – Slg. 1982, S. 4005, Egrd. 27 ff.

335 EuGH, a. a. O., Egrd. 28. Vgl. auch EuGH – *Frankiermaschinen* – Slg. 1985, 1355, Egrd. 12: „Das Verbot der Maßnahmen gleicher Wirkung wie eine mengenmäßige Beschränkungen würde seine praktische Wirksamkeit weitgehend einbüßen, wenn sich mit ihm außer Vorschriften nicht auch bloße protektionistische oder diskriminierende Praktiken erfassen ließen" (Ls. 1).

FCKW-haltiger Treibgase aus; eine in einem anderen Mitgliedsstaat rechtmäßig hergestellte Ware ist faktisch in Deutschland nicht mehr verkehrsfähig.

Daß derartige faktische Handelsbeschränkungen Inlands- und Importprodukte gleichermaßen treffen, ändert an der Anwendbarkeit des Art. 28 EGV nichts. Auch sog. nicht diskriminierende Maßnahmen fallen unter den Begriff der Maßnahme gleicher Wirkung, wenn sie sich als innergemeinschaftliches Handelshemmnis auswirken.[336] Allerdings gilt für derartige unterschiedslos wirkende Maßnahmen ein besonderer, dem Art. 28 EGV immanenter Schrankenvorbehalt: Nach der sog. Cassis-Formel des EuGH müssen derartige Hemmnisse für den Binnenhandel hingenommen werden, soweit sie „notwendig sind, um zwingenden Erfordernissen gerecht zu werden, insbesondere den Erfordernissen einer wirksamen steuerlichen Kontrolle, des Schutzes der öffentlichen Gesundheit, der Lauterkeit des Handelsverkehrs und des Verbraucherschutzes".[337] Der Katalog der „zwingenden Erfordernisse" in der „Cassis-Formel" ist nicht abschließend, wie sich aus der Wendung „insbesondere ..." ergibt. Der *EuGH* hat später auch Handelshemmnisse, die mit Belangen des Umweltschutzes[338] und der Kulturpolitik[339] begründet wurden, als zulässig angesehen. Soweit den Absprachen ein zwingendes Gemeinwohlerfordernis in diesem Sinne zugrunde liegt, sind sie somit – ebenso wie eine entsprechende normative Regelung – bereits vom Anwendungsbereich des Art. 28 EGV ausgenommen. Dabei ist allerdings zu berücksichtigen, daß der *EuGH* die vorgebrachten Rechtfertigungsgründe relativ rigide auf ihre Stichhaltigkeit hin überprüft;[340] außerdem gilt auch hier der Grundsatz der Verhältnismäßigkeit.[341]

Soweit eine Absprache nicht „notwendig" im Sinne der Cassis-Formel ist, kann sie gem. Art. 30 EGV gerechtfertigt sein. Dazu muß einer der dort genannten Rechtfertigungsgründe vorliegen. Thematisch kommt für die Absprachen vor allem der

---

336 Auch dies ist vom EuGH seit der Dassonville-Entscheidung anerkannt und ist vom EuGH in späteren Entscheidungen bestätigt worden: Vgl. EuGH – *Cassis des Dijon* – Slg. 1979, S. 649 ff.; EuGH – *Fietje* – Slg. 1980, 3839 ff.; EuGH – *Reinheitsgebot für Bier* – Slg. 1987, 1227 ff. Dazu auch *Nicolaysen,* Europarecht II, § 17 II 3, S. 48 ff.; *Oppermann,* Europarecht, § 18 II 2 lit b).

337 EuGH – *Cassis de Dijon* – Slg. 1979, S. 649 ff., Egrd. 8. Daß die Cassis-Formel nur für unterschiedslos wirkende Maßnahmen gilt, hat der EuGH später ausdrücklich klargestellt: EuGH – *Leclerc/Au Blé vert* –, Slg. 1985, S. 1 ff. (35, Egrd. 29); – *APESA und Pulivia/DSSSC* –, Slg. 1991, 4151 ff. (4184, Egrd. 13). Zum Charakter der Cassis-Formel als immanentem Vorbehalt des Verbots der Maßnahmen gleicher Wirkung gem. Art. 28 EGV vgl. *Nicolaysen,* Europarecht II, § 17 II, S. 57.

338 EuGH – *Pfandflaschen* –, Slg. 1988, S. 4607 ff. (4630, Egrd. 9).

339 EuGH – *Cinématèque/FNCF* – Slg. 1985, S. 2605 ff. (2626, Egrd. 23): Schutz von Kinofilmen vor einem vorzeitigen Verleih in Videotheken.

340 Der EuGH hat dabei insbesondere an den Nachweis vorgeblicher Gesundheitsgefahren strenge Anforderungen geknüpft. Vgl. dazu EuGH – *Kommission/Deutschland* – Slg. 1989, S. 229 ff. (252 f.).

341 Dies ergibt sich aus den Formulierungen „notwendig" und „zwingende Erfordernisse" in der Cassis-Formel; dazu *Nicolaysen,* Europarecht II, § 17 II 3 d), S. 60 ff.

Rechtfertigungsgrund des Schutzes der Gesundheit und des Lebens der Menschen in Betracht.[342] Allerdings legt der EuGH Art. 30 EGV als Ausnahme zum freien Warenverkehr äußerst restriktiv aus;[343] vor allem müssen die Beschränkungsgründe „nicht wirtschaftlicher Art"[344] sein. Das bedeutet, daß Absprachen, die der Bekämpfung wirtschaftlicher Störungen dienen, nicht gem. Art. 30 EGV gerechtfertigt werden können. Schließlich unterliegen alle Rechtfertigungsgründe des Art. 30 EGV dem Diskriminierungsverbot gem. Art. 30 Satz 2 EGV[345] und dem Verhältnismäßigkeitsgrundsatz.[346]

Zusammenfassend läßt sich festhalten, daß normvermeidende Absprachen den gleichen rechtlichen Schranken aus Art. 28, 30 EGV unterliegen wie eine entsprechende normative Regelung. Die handelnden staatlichen Stellen können sich ihrer Bindung an die Gewährleistungen des freien Warenverkehrs innerhalb der Gemeinschaft nicht dadurch entziehen, daß sie sich einer kooperativ-informalen Handlungsform bedienen.

2. Nationales und europäisches Wettbewerbsrecht

Die faktischen Auswirkungen der Absprachen haben in der Vergangenheit den Wettbewerbshütern Sorge bereitet. Die vertikalen normvermeidenden Absprachen zwischen staatlichen Stellen und Wirtschaftsvertretern führen zu horizontalen Verhaltensabstimmungen der beteiligten Unternehmen untereinander. Die Zusagen der Wirtschaftsverbände im Verhältnis zum Staat können nur eingehalten werden, wenn sie von den Unternehmen im Rahmen eines koordinierten Verhaltens umgesetzt werden. Dies führt in vielen Fällen zu einem zumindest konkludent abgestimmten

---

342 Vom Begriff der öffentlichen Sicherheit werden nach der Interpretation des EuGH nur grundlegende Interessen des Staates wie die Aufrechterhaltung wesentlicher öffentlicher Dienstleistungen erfaßt (vgl. EuGH – *Campus Oil Ltd.* – Slg. 1984, S. 2727 ff. (2748); vom Begriff der „Öffentlichen Ordnung" sind nur hoheitlich festgelegte Grundregeln erfaßt, die wesentliche Interessen des Staates berühren (vgl. EuGH – *Bouchereau* – Slg. 1977, S. 1999 ff. (2013).

343 Std. Rspr. seit EuGH – *Ausfuhrabgabe* – Slg. 1968, S. 633 ff. (644). Vgl. daneben EuGH – *Salgoil* – Slg. 1968, S. 679 (694); EuGH – *Gesundheitspolizeiliche Kontrollen* – Slg. 1972, 1309, 1318; EuGH – *Bauhuis* – Slg. 1977, 5 (15); EuGH Slg. 1982, 2187 (2204).

344 EuGH – *Einfuhr von Schweinen* –, Slg. 1961, S. 699 ff. (720); EuGH – *Kaution* – Slg. 1982, 2187 (2204); EuGH – *Duphar* – Slg. 1984, 523 (542); EuGH – *Campus Oil Ltd.* – Slg. 1984, S. 2727 ff. (2755).

345 Danach dürfen sich die beschränkenden Maßnahmen nicht als ein Mittel willkürlicher Diskriminierung darstellen, d. h. Differenzierungen zwischen Inlands- und Importprodukten sind verboten, wenn die Differenzierung nicht sachlich im Hinblick auf den geltend gemachten Rechtfertigungsgrund begründet werden können, vgl. dazu *Müller-Graff*, in: Groeben/Thiesing/Ehlermann, Kommentar zum EU-/EG-Vertrag, Bd. 1, Art. 36 Rn. 165 ff. mit Nachweisen aus der Rspr. des *EuGH*.

346 Die Prüfung entspricht dabei weitgehend der deutschen Grundrechtsdogmatik, dazu *Moench*, Zum Schutz des freien Warenverkehrs im gemeinsamen Markt, NJW 1982, S. 2692.

Verhalten der beteiligten Unternehmen im Wettbewerb: So wurde beispielsweise Heizöl von den am Erdöl-Kohle-Kartell beteiligten Unternehmen zu einem bestimmten – vorher vertikal mit staatlichen Stellen vereinbarten – Preis angeboten.[347] Die Unternehmen der Zigarettenindustrie unterwarfen sich Werbebeschränkungen.[348] Die Warenhausbetreiber vereinbarten, keine weiteren Warenhäuser in Städten mit weniger als 200.000 Einwohnern zu eröffnen.[349] Im Fallbeispiel der Absprache mit der Faserzementindustrie kam es zum koordinierten Einsatz der Nachfragemacht einer Branche, indem sich die beteiligten Unternehmen verpflichteten, keine asbesthaltigen Ausgangsprodukte mehr zu beziehen.[350] Es ist der Frage nachzugehen, ob diese Auswirkungen der Absprachen mit den Vorgaben des nationalen und europäischen Kartellrechts in Einklang stehen.[351]

a) Vereinbarkeit der normvermeidenden Absprachen mit dem Gesetz gegen Wettbewerbsbeschränkungen (GWB)?

Auf der Ebene des nationalen Kartellrechts stellt sich die Frage, ob die normvermeidenden Absprachen und/oder die zu ihrem Vollzug getroffenen horizontalen Verhaltensabstimmungen Privater mit dem Gesetz gegen Wettbewerbsbeschränkungen (GWB)[352] vereinbar sind.

aa) Meinungsstand

Die kartellrechtliche Literatur bejaht auf nationaler Ebene fast einhellig die Anwendbarkeit des GWB auf die Absprachen. Die Verhaltensabstimmungen der Unternehmen untereinander sollen nach Auffassung dieser Autoren entweder den Tatbestand einer wettbewerbsbeschränkenden Vereinbarung gem. § 1 GWB erfüllen,[353]

---

347 Vgl. oben 1. Teil Kapitel A. VIII. 1.

348 Vgl. oben 1. Teil Kapitel A. X.

349 Vgl. oben 1. Teil Kapitel A. IX.

350 Vgl. oben 1. Teil Kapitel A. III.

351 Die Frage, ob normvermeidende Absprachen das Kartellverbot berühren, hat auch die Diskussion über das ihnen vergleichbare Phänomen des regulativen *Gyosei Shido* in Japan beschäftigt: Vgl. dazu *Pape*, Gyosei Shido und das Anti-Monopol-Gesetz in Japan, 1980.

352 Die im folgenden zitierte kartellrechtliche Literatur bezieht sich auf die bis zum 31.12.1998 geltende Fassung des Gesetzes gegen Wettbewerbsbeschränkungen (GWB) vom 27.7.1957. Für die Frage der Anwendbarkeit des Kartellverbots auf normvermeidende Absprachen behalten die dort angestellten Überlegungen aber auch nach Inkrafttreten der umfassenden GWB-Novelle am 1.1.1999 Gültigkeit: Auch die neue Fassung des GWB enthält in § 1 ein grundsätzliches umfassendes Kartellverbot; die Veränderungen des Wortlauts des § 1 GWB sind für die Frage, inwieweit die staatliche Beeinflussung der Unternehmen die Anwendung des Kartellverbots ausschließt, ohne Belang. Zur Neufassung des GWB im übrigen *Bechthold,* Das neue Kartellgesetz, NJW 1998, 2769ff.

353 *Biedenkopf*, Zur Selbstbeschränkung auf dem Heizölmarkt, BB 1966, 1113ff. (1117f.); *Dörinkel*, Zur kartellpolitischen Lage in der Bundesrepublik, WuW 1966, 933 (943); *Hübner*, Außerkartellrechtliche Einschränkungen des Kartellverbots, 1971, S. 14; *Rieger*, Das Problem

gegen das Verbot abgestimmten Verhaltens nach § 25 Abs. 1 GWB verstoßen[354] oder zumindest eine verbotene Empfehlung gem. § 38 Abs. 1 Nr. 11 GWB[355] darstellen. Zur Begründung wird auf die objektiv wettbewerbsbeschränkenden Wirkungen der Absprachen verwiesen: Das abgestimmte Verhalten der einzelnen Unternehmen führe zu einer Beeinflussung der Marktverhältnisse. In welcher Form die Beteiligung des Staates an den Absprachen zu berücksichtigen ist, ist innerhalb dieser Gruppe umstritten. Vereinzelt wird die Rolle des Staates für gänzlich unerheblich gehalten: Daß die Vereinbarungen mit dem Staat als Partner ausgehandelt seien oder auf die Initiative des Staates zurückgingen, ändere nichts an ihrer privatrechtlichen Qualität und ihrer wettbewerbsbeschränkenden Wirkung.[356]

Andere wollen zwischen der normvermeidenden Absprache zwischen Staat und Wirtschaft einerseits und den in Vollzug der Absprache getroffenen Vereinbarungen der Unternehmen untereinander andererseits unterscheiden. Während Vereinbarungen zwischen Staat und einzelnen Privaten keine Verträge von „Unternehmen" im Sinne von § 1 GWB seien, unterfielen die Verhaltensabstimmungen der Unternehmen untereinander dem Anwendungsbereich des GWB.[357] Für die beteiligten Unternehmen bestehe kein rechtlicher Zwang zum Abschluß der Vereinbarungen; deshalb bestehe auch kein Anlaß, diese Vereinbarungen als „Zwangskartelle" vom Anwendungsbereich des GWB auszunehmen.[358]

---

der Güterabwägung bei der Anwendung des Kartellverbots, Diss. Frankfurt a. M. 1967, S. 200; *Schüssler*, Wann sind private Selbstbeschränkungsabkommen zulässig?, NJW 1962, 2275 (2280); *Loewenheim/Belke*, GWB Kommentar, § 1 Rdn. 91; *Müller-Henneberg/Schwartz/Benisch*, Gesetz gegen Wettbewerbsbeschränkungen und Europäisches Kartellrecht, § 1 Rdn. 111; *Fikentscher*, Wirtschaftsrecht II, 1983, 223 (273); *Möschel*, Recht der Wettbewerbsbeschränkungen, Rdn. 213; bejaht wird die Anwendbarkeit von § 1 GWB auch von *Kloepfer*, Umweltrecht, § 6 Rdn. 245, S. 463.

354 *Mestmäcker*, Freier oder selbstverwalteter Wettbewerb?, 1985, S. 15; *Möschel*, Das Kartellgesetz heute – Aus ordoliberaler Sicht, in: Ludwig-Erhard-Stiftung (Hrsg.), Recht und Gesittung in einer freien Gesellschaft, Zur Erinnerung an Franz Böhm zu seinem 90. Geburtstag, S. 43; *Monopol-kommission*, Sondergutachten 14: Die Konzentration im Lebensmittelhandel, 1985, Rdn. 196.

355 *Biedenkopf*, Zur Selbstbeschränkung auf dem Heizölmarkt, BB 1966, 1113 (1117); *Schüssler*, Wann sind private Selbstbeschränkungsabkommen zulässig? NJW 1962, 2275 (2276).

356 Deutlich *Immenga*, in: Immenga/Mestmäcker, GWB, § 8 Rn. 42, wo es heißt: *„Die Tatsache, daß diese Abkommen auf direkte oder indirekte staatliche Veranlassung hin zustandegekommen sind, ist dabei ebenso unbeachtlich wie die Mitwirkung der Unternehmen an der Vollziehung öffentlichen Willens"*. Differenzierend *Huber/Baums*, in: Glassen/v. Hahn/Kersten/Rieger, Kommentar zum GWB, § 1 Tz. 209, die die prägende Wirkung der hoheitlichen Einflußnahme anerkennen wollen, wenn sie auf einer besonderen gesetzlichen Grundlage beruht. Ansonsten veranlasse der Staat „die Beteiligten zu einer autonomen Regelung"; es fehle an einer „hoheitlichen Beeinflussung".

357 *Freitag/Hansen/Markert/Strauch*, Umweltschutz und Wettbewerbsordnung, 1973, S. 66; *Klopefer*, Umweltrecht, § 6 Rdn. 245.

358 *Freitag/Hansen/Markert/Strauch*, Umweltschutz und Wettbewerbsordnung, 1973, S. 67; *Kloepfer*, Umweltschutz als Kartellprivileg?, JZ 1980, 781 (785).

So einmütig die Anwendbarkeit des GWB entweder auf die normvermeidenden Absprachen selbst oder auf die zu ihrem Vollzug abgegebenen Erklärungen und Verhaltensabstimmungen bejaht wird, so verbreitet sind die Versuche, das Kartellverbot im Ergebnis nicht durchgreifen zu lassen.[359] Teilweise bemüht man sich um eine restriktive Auslegung des Tatbestands des § 1 GWB, um die Absprachen umgehend wieder auszuscheiden: Wenn die Absprachen in erster Linie öffentlichen Zwecken dienten, fehle es an einem wettbewerbsbeschränkenden „gemeinsamen Zweck" i. S. v. § 1 GWB.[360] Andere meinen, daß die Anwendbarkeit des § 1 GWB von einer Rechtswidrigkeitsprüfung abhänge; an der Rechtswidrigkeit soll es fehlen, wenn die Absprachen anerkennenswerten öffentlichen Zwecken dienten.[361] Schließlich wird versucht, durch eine extensive Auslegung der Ausnahmetatbestände der §§ 2–7 GWB zur Zulässigkeit der Absprachen zu kommen[362] oder zumindest kartellrechtliche Sanktionen unter dem Gesichtspunkt des Vertrauensschutzes für unzulässig zu erklären.[363]

Die Mehrzahl derjenigen, die einen kartellrechtlichen Tatbestand als erfüllt ansehen, halten die Absprachen zumindest für genehmigungsfähig nach § 8 GWB.[364] Danach könnten die Absprachen durch eine Ausnahmegenehmigung des Bundeswirtschaftsministers legalisiert werden. Diese Rechtsauffassung ist auch bereits praktisch geworden: Sie lag der Genehmigung der Werbebeschränkung der Zigarettenindustrie[365] durch den Bundeswirtschaftsminister im Jahr 1972 zugrunde. Die Bundesregierung hatte seinerzeit ein gesetzliches Verbot der Fernsehwerbung für Zigaretten in Erwägung gezogen.[366] Um diese Regelung abzuwenden, einigten sich

---

359 *Hübner*, Außerkartellrechtliche Einschränkungen des Kartellverbots, 1971; *Immenga*, Politische Instrumentalisierung des Kartellrechts, 1976, S. 13; *Kaiser*, Industrielle Absprachen im öffentlichen Interesse, NJW 1971, 585; *Langen*, GWB, § 1 Rn. 101.

360 *Lieberknecht/Gnauk*, Zur kartellrechtlichen Beurteilung von Wettbewerbsverboten in Personengesellschaften, BB 1963, 1067 (1068).

361 *Spengler*, Über die Tatbestandsmäßigkeit und Rechtswidrigkeit von Wettbewerbsbeschränkungen, 1960, S. 37 ff.; *Sandrock*, Grundbegriffe des Gesetzes gegen Wettbewerbsbeschränkungen, 1968, S. 311 ff.

362 *Sack*, Schützt § 1 GWB nur den schützenswerten Wettbewerb?, WuW 1970, 395 (403 f.); *Friedrich*, Möglichkeiten und kartellrechtliche Grenzen umweltschutzfördernder Kooperation zwischen Unternehmen. Zugleich ein Beitrag zur Problematik einer Restriktion von § 1 GWB, 1978, S. 178 ff. Eine Zusammenstellung der verschiedenen Ansätze findet sich bei *von Wallenberg*, Umweltschutz und Wettbewerb, 1980, 133 ff.; *Dies.*, Die Zulässigkeit von Umweltschutzkartellen, GRUR 1980, 883 ff.

363 *Baur*, Kooperative Wirtschaftslenkung und Kartellrecht, in. Erdmann (Hrsg.), FS für Otto-Friedrich Freiherr von Gamm, 1990, S. 525 (532 f.).

364 *Kloepfer*, Umweltschutz als Kartellprivileg, JZ 1980, 781 (784 ff.); *Müller-Henneberg/Schwartz/Benisch*, GWB-Gemeinschaftskommentar, § 1 Anm. 115; *Loewenheim/Belke*, GWB Kommentar, § 1 Anm. 91.

365 Vgl. zu dieser Absprache bereits oben 1. Teil Kapitel A. X.

366 Vorgesehen war eine entsprechende Novellierung von § 22 Lebensmittel- und Bedarfsgegenständegesetz, dazu *Kaiser*, Industrielle Absprachen im öffentlichen Interesse, NJW 1971, 585 (587).

die deutschen Zigarettenhersteller auf einen entsprechenden „freiwilligen“ Verzicht auf Fernsehwerbung bis zum Ende des Jahres 1972. Der Bundesminister für Wirtschaft und Finanzen genehmigte diese Vereinbarung auf entsprechenden Antrag der beteiligten Unternehmen gem. § 8 GWB. In der Begründung wurde die Vereinbarung als Vertrag gem. § 1 GWB bezeichnet, der zwar nicht den §§ 2–7 GWB unterfalle, aber wegen des Vorrangs der Volksgesundheit gegenüber der wirtschaftlichen Betätigungsfreiheit ausnahmsweise nach § 8 GWB zu genehmigen sei.[367]

Das Bundeskartellamt hält die Absprachen zwar für kartellrechtlich relevant, beruft sich aber neuerdings – insbesondere bei Absprachen im Umweltbereich – vermehrt auf das dem Kartellamt zustehende Ermessen gem. § 47 OWiG und sieht unter Verweis auf betroffene höherrangige Rechtsgüter von der Verfolgung der paktierenden Unternehmen ab.[368]

bb) Eigene Stellungnahme

Zur Beantwortung der Frage der Vereinbarkeit mit dem nationalen Kartellrecht kann an die obige Zuordnung[369] der normvermeidenden Absprachen und der zu ihrem Vollzug abgegebenen Erklärungen zum öffentlichen Recht angeknüpft werden. Dort wurde die lenkende Beeinflussung der Marktteilnehmer durch den Staat als prägendes Element der Absprachen identifiziert. Gegenstand der Verhandlungen zwischen Staat und Verbänden wie auch der im Zusammenhang mit den Absprachen abgegebenen Erklärungen ist die Ausübung staatlichen Rechtsetzungsermessens zur Erfüllung eines öffentlichen Zwecks. Die Androhung einer normativen Regelung stellt den Einsatz hoheitlicher Machtmittel dar, die nur staatlichen Stellen möglich ist. Aus alledem folgt der öffentlich-rechtliche Charakter der Absprachen, der zugleich eine Anwendung der einfachgesetzlichen Regeln des Kartellrechts ausschließt. Der Maßstab des Kartellrechts gilt nämlich nur für privatwirtschaftliche Vereinbarungen, nicht jedoch für wirtschafts- und umweltpolitische Lenkungsmaßnahmen des Staates. Das ist auch unbestritten, soweit es um einseitig-hoheitliche Maßnahmen geht:[370] Niemand käme auf die Idee, die staatliche Wirtschaftslenkung

---

367 Verfügung des Bundesministers für Wirtschaft und Finanzen vom 14.3.1972 – W/I B 5–811307. Die Genehmigung ist mit Begründung abgedruckt in BB 1972, 463 f. mit ablehnender Anmerkung von *Möschel*. Zwischenzeitlich hat sich die Erklärung der Zigarettenindustrie durch ein gesetzliches Verbot der Fernsehwerbung für Zigaretten erledigt, vgl. § 22 des Gesetzes über den Verkehr mit Lebensmitteln, Tabakerzeugnissen, kosmetischen Mitteln und sonstigen Bedarfsgegenständen i. d. F. der Bek. vom 8.7.1993 (BGBl. I S. 1169), zuletzt geändert durch Gesetz vom 25.11.1994 (BGBl. I S. 3538).

368 BKartA, TB 1985/86, S. 70 und 1987/88, S. 72. Dazu auch *Baur,* Kooperative Wirtschaftslenkung und Kartellrecht, in: Erdmann (Hrsg.), FS Frhr. v. Gamm, S. 525 (527).

369 3. Teil Kapitel B. II.

370 Vgl. nur *Emmerich*, in: Immenga/Mestmäcker, GWB, Einl. Rn. 21, § 98 Rn. 37; *Baur,* Kooperative Wirtschaftslenkung und Kartellrecht, in: Erdmann (Hrsg.), FS Freiherr v. Gamm, 1990, S. 525.

durch Gesetze und Rechtsverordnungen und die darauf beruhenden Verwaltungsakte am GWB zu messen. Nichts anderes kann aber auch für die normvermeidenden Absprachen gelten, die an ihre Stelle treten. Den alleinigen Maßstab der Zulässigkeit der Absprachen bildet nämlich das öffentliche Recht: Sofern eine hinreichende einfachgesetzliche Ermächtigung für die Absprachen als Maßnahme staatlicher Wirtschaftslenkung vorliegt, verdrängt diese die gleichrangigen Vorschriften des GWB und nimmt damit den fraglichen Komplex vom allgemeinen Kartellverbot aus.[371] Dies gilt entgegen der bisher überwiegenden Auffassung nicht nur für die eigentliche normvermeidende Absprache, sondern auch für die zu ihrem Vollzug abgegebenen Erklärungen Privater.[372] Es kann keinen Unterschied machen, ob die staatlichen Stellen den beabsichtigten Steuerungseffekt mittels einer sog. vertikalen Absprache mit einzelnen Unternehmen zu erreichen versuchen oder ob zur Umsetzung der Absprache Verhaltensabstimmungen der betroffenen Unternehmen untereinander, ggf. unter Einschaltung eines Verbandes, nötig sind. Auch diese sog. horizontalen Vereinbarungen betreffen ein öffentlich-rechtliches Rechtsverhältnis; die Unternehmen vollziehen lediglich das, was vertikal mit dem Staat vereinbart worden ist.[373] Gegenstand dieser Vereinbarungen ist die Umsetzung eines Aktes staatlicher Wirtschaftspolitik und nicht eine freiwillige privatwirtschaftliche Vereinbarung zur Beschränkung des Wettbewerbs.[374]

Daß der Standpunkt der bisher herrschenden Meinung, die vertikalen Interessenabstimmungen der Geltung des GWB zu unterstellen, zu untragbaren Ergebnissen führt, zeigt auch folgende Überlegung: Diese Vereinbarungen könnten dann – wie im Fall der Werbebeschränkung für Zigaretten geschehen – vom Bundeswirtschaftsminister gem. § 8 GWB genehmigt werden. Dies hätte eine alleinige Kompetenz des Bundeswirtschaftsministers für alle von den Absprachen betroffenen Bereiche zur Folge; der Minister könnte im Rahmen des ihm zustehenden Ermessens nach eigenem Gutdünken über die Umsetzung wirtschaftslenkender Maßnah-

---

371 Ähnlich *Brohm*, Rechtsgrundsätze für normersetzende Absprachen, JZ 1992, 1025 (1927), der diesen Gedanken allerdings nur für die eigentliche normabwendende Absprache, nicht aber die zu ihrem Vollzug getroffenen Vereinbarungen Privater anwendet. In ähnlicher Richtung auch *Kloepfer*, Umweltschutz als Kartellprivileg?, JZ 1980, S. 781 (788), der einen lex-specialis-Vorbehalt allerdings nur für „gleichrangige andere Normen" anerkennt.

372 Wie hier *Grewlich*, Umweltschutz durch „Umweltvereinbarungen", DÖV 1998, 54 (56f.).

373 Vgl. zur Zuordnung der horizontalen Vereinbarungen zum öffentlichen Recht im einzelnen bereits oben 3. Teil Kapitel B. II.2., S. 123 f.

374 In gleicher Richtung *Baudenbacher*, Aspekte gesetzesersetzender Vereinbarungen zwischen Staat und Wirtschaft, JZ 1988, 689 (694), der meint, daß es nicht darauf ankommen könnte, ob „zur Durchführung der Vereinbarung weitere Koordinierungsakte zwischen den betroffenen Unternehmen erforderlich" seien. Im Ergebnis ebenso *Ders.*, Wettbewerbspolitik durch „soft law" – Drei Jahre Berliner Gelöbnis, WuW 1986, 941 (955); *Kaiser*, Industrielle Absprachen im öffentlichen Interesse, NJW 1971, 585 (588); *Hübner*, Außerkartellrechtliche Einschränkungen des Kartellverbots, 1971, S. 61 ff.; *Ullrich*, Außenhandelssteuerung durch private Selbstbeschränkung, AWD 1974, 357 (361).

men befinden.[375] Mit der Kompetenzordnung des Verfassungsrechts wäre dies nicht vereinbar.[376] Sofern eine entsprechende Ermächtigungsgrundlage vorliegt, hat der Gesetzgeber den Adressaten dieser Ermächtigung das Mandat zu entsprechenden wirtschaftslenkenden Maßnahmen erteilt. Von der Geltung des Kartellrechts ist dieser Fragenbereich in diesem Fall auch dann ausgenommen, wenn der Ermächtigungsadressat anstelle einer einseitig-hoheitlichen Regelung eine Absprache mit den betreffenden Wirtschaftskreisen trifft.

b) Vereinbarkeit der normvermeidenden Absprachen mit den Wettbewerbsbestimmungen des EG-Vertrages?

Mit der Ablehnung der Anwendbarkeit des deutschen GWB auf die normvermeidenden Absprachen ist die Frage der Vereinbarkeit der Absprachen mit dem Wettbewerbsrecht noch nicht abschließend beantwortet. Es ist vielmehr noch zu prüfen, ob sich die angestellten Überlegungen auch auf die europarechtlichen Vorschriften der Art. 81, 82 EGV übertragen lassen.

aa) Meinungsstand

Ausdrückliche Stellungnahmen zur Vereinbarkeit der normvermeidenden Absprachen mit den Art. 81, 82 EGV finden sich nur vereinzelt: So will etwa Pernice Absprachen, an denen öffentliche Stellen beteiligt sind, dem Kartellverbot nicht unmittelbar unterstellen, meint aber, daß „wohl aber die Grundsätze des Art. 85 EGV (nach neuer Numerierung nunmehr Art. 81 EGV, *d. Verf.*) zu beachten" seien. Auf die Vereinbarungen von Unternehmen untereinander soll nach Pernice das Kartellverbot ohne Rücksicht darauf Anwendung finden, ob diese horizontalen Absprachen auf einer normvermeidenden Absprache beruhen.[377] Bunte will die Absprachen von Unternehmen untereinander dann vom Anwendungsbereich des Kartellverbots ausnehmen, wenn *„die Verflechtungen zwischen staatlichen und unternehmerischen Maßnahmen so eng sind, daß für eigenständiges unternehmerisches Handeln kein Raum mehr bleibt"*. Die bloße hoheitliche Beeinflussung reiche dagegen nicht aus.[378] Grewlich meint, daß der im Rahmen der Absprachen ausgeübte Druck öffentlicher Stellen die Anwendung auch des europäischen Kartellrechts ausschließt.[379]

---

[375] *Brohm*, Rechtsgrundsätze für normersetzende Absprachen, DÖV 1992, 1025 (1028).

[376] Zu den Grenzen, die die Kompetenz- und Funktionenordnung des Grundgesetzes der staatlichen Mitwirkung an den Absprachen setzt, vgl. bereits oben 4. Teil Kapitel A.

[377] *Pernice*, Rechtlicher Rahmen der europäischen Unternehmenskooperation im Umweltbereich unter besonderer Berücksichtigung von Art. 85 EWGV, EuZW 1992, 139 ff.

[378] *Bunte*, in: Langen/Bunte, Kommentar zum deutschen und europäischen Kartellrecht, Bd. 1, Art. 85, Rdn. 127.

[379] *Grewlich*, Umweltschutz durch „Umweltvereinbarungen", DÖV 1998, 54 (57).

Die *Kommission* vertritt die Auffassung, daß die Art. 81, 82 EGV keine Anwendung finden, wenn einem Unternehmen ein bestimmtes Marktverhalten hoheitlich auferlegt wird. Insoweit sei die freie Willensentscheidung der Beteiligten ausgeschlossen. Es liege deshalb keine Vereinbarung, kein Beschluß und kein aufeinander abgestimmtes Verhalten vor, die am Kartellrecht zu messen wäre.[380] Dagegen will die *Kommission* Vereinbarungen von Unternehmen im Umweltbereich auch dann an Art. 81, 82 EGV messen, wenn diese staatlich induziert wurden.[381] Solche Vereinbarungen bedürfen nach Auffassung der *Kommission* einer Ausnahmegenehmigung gemäß Art. 81 Abs. 3 EGV, für deren Erteilung die *Kommission* ausschließlich zuständig ist. Die Ausnahmegenehmigung wird von der *Kommission* erteilt, wenn eine Abwägung zwischen der entstehenden Wettbewerbsbeschränkung und dem angestrebten Umweltziel ergibt, daß dem Umweltziel der Vorrang einzuräumen ist.[382]

Der *EuGH* hat entschieden, daß die Art. 81, 82 EGV keine direkte Anwendung finden, soweit der Staat Wirtschaftslenkung durch Gesetze betreibt.[383] Inwieweit dies auch für staatlicherseits ausgeübten Druck unterhalb der Schwelle rechtsverbindlicher Anordnungen gilt, hat der *EuGH* an anderer Stelle offengelassen.[384]

Neben einer Anwendung der Art. 81, 82 EGV auf die an den horizontalen Absprachen beteiligten Unternehmen kommt nach dem *EuGH* in Fällen staatlicher Wirtschaftslenkungsmaßnahmen eine mittelbare Verantwortlichkeit der an den Absprachen beteiligten staatlichen Stellen aus Art. 10 Abs. 2 EGV in Betracht. Der *EuGH* hat mehrfach entschieden, daß die Mitgliedsstaaten keine Maßnahmen treffen dürfen – und zwar weder in Form von Gesetzen oder Rechtsverordnungen noch in anderer Weise –, die die praktische Wirksamkeit der für die Unternehmen geltenden Wettbewerbsregeln aufheben könnten. Nach dem *EuGH* *„ist ein solcher Fall dann gegeben, wenn ein Mitgliedsstaat gegen Art. 85 EGV* (nunmehr Art. 81 EGV, Anm. d. *Verf.*) *verstoßende Kartelle vorschreibt oder erleichtert oder deren Auswirkungen verstärkt oder wenn er einer eigenen Regelung dadurch ihren staatlichen Charakter nimmt, daß er die Verantwortung für in die Wirtschaft eingreifende Entscheidungen privaten Wirtschaftsteilnehmern überträgt*“.[385] Die unmittelbare oder mittelbare Lenkung des Wettbewerbsverhaltens von Unternehmen kann danach gemäß Art. 10 Abs. 2 EGV i. V. m. Art. 81, 82 EGV verstoßen: Der in Art. 10 Abs. 2 EGV verankerte Grundsatz der Gemeinschaftstreue verbietet den Mitgliedsstaaten jedwede Maß-

---

[380] *Kommission*, Entscheidung Kugellager, ABl. 1974 Nr. L 343 S. 19, 23; zust. *Schröter*, in: Groeben/Thiesing/Ehlermann, Kommentar zum EU-/EG-Vertrag, Art. 85 Abs. 1 Rn. 117.

[381] Mitteilung der Kommission an den Rat und das Europäische Parlament über Umweltvereinbarungen, KOM (96) 561 endg., S. 16, 17.

[382] Die Prüfung ähnelt insoweit derjenigen, die vom Bundeswirtschaftsminister gemäß § 8 GWB vorgenommen wird, vgl. dazu oben 4. Teil, Kapitel B. III. 2. a) aa).

[383] EuGH – *Duphar* –, Slg. 1984, 523, Leitsatz 5.

[384] EuGH – *Nederlandse Sigarenwinkellers Organisatie* –, Slg. 1985, 3801 (3821, Egrd. 30).

[385] EuGH – *van Eycke* – Slg. 1988, 4769 (4791 f.); bestätigt in EuGH – *Marchandise* – Slg. 1991, 1027 (1042 f.); – *'t Heukske* –, Slg. 1994, 2199 (2234); – *Leclerc-Siplec* –, Slg. 1995, 179 (218).

nahme, die die volle praktische Wirksamkeit der für die Unternehmen geltenden Wettbewerbsregeln beeinträchtigen könnte.

bb) Eigene Stellungnahme

Bei der Untersuchung der Vereinbarkeit der deutschen normvermeidenden Absprachen mit dem europäischen Kartellrecht sind deshalb zwei Fragen zu unterscheiden: Einerseits ist zu klären, ob Art. 81, 82 EGV unmittelbare Anwendung auf die Absprachen und die an ihnen beteiligten Unternehmen finden. Andererseits könnte die staatliche Lenkung des Wettbewerbsverhaltens der an den Absprachen beteiligten Unternehmen eine mittelbare Verantwortlichkeit der beteiligten staatlichen Stellen zur Folge haben.

Soweit es die direkte Anwendung der Art. 81, 82 EGV auf die an den Absprachen beteiligten Unternehmen und Verbände betrifft, kann an die obigen Ausführungen zum öffentlich-rechtlichen Charakter der normvermeidenden Absprachen angeknüpft werden. Auch im Hinblick auf die Art. 81, 82 EGV schließt der staatlicherseits mit der Regelungsandrohung ausgeübte Zwang eine autonome kartellrechtsrelevante Absprache der beteiligten Unternehmen aus. Sowohl die vertikalen normvermeidenden Absprachen als auch die zu ihrem Vollzug getroffenen horizontalen Absprachen der beteiligten Unternehmen erhalten ihr Gepräge durch die hoheitliche Beeinflussung. Das Wettbewerbsverhalten der Unternehmen geht auf einen Akt staatlicher Wirtschaftslenkung zurück. Die normvermeidenden Absprachen sind eine neuartige Form hoheitlicher Zwangsausübung, die – ebenso wie die Wirtschaftslenkung durch einseitig-hoheitliche Gestaltungsmittel – eine kartellrechtsrelevante freie Willensentscheidung der Privaten ausschließt.[386]

Fraglich bleibt aber, ob die an den normvermeidenden Absprachen beteiligten nationalen Regierungen gegen Art. 81, 82 EGV i.V.m. Art. 10 Abs. 2 EGV verstoßen, indem sie die horizontalen Verhaltensabstimmungen der an den Absprachen beteiligten Unternehmen induzieren. Die oben erwähnte Rechtsprechung des EuGH zur Anwendbarkeit der Art. 81, 82 EGV i.V.m. Art. 10 Abs. 2 EGV auf die Mitgliedsstaaten scheint dies nahezulegen: Die staatliche Einflußnahme im Rahmen der Absprachen führt zu einem abgestimmten Verhalten der beteiligten Unternehmen im Wettbewerb. Dies könnte bedeuten, daß der an den Absprachen beteiligte Mitgliedsstaat ein Kartell im Sinne der EuGH-Rechtsprechung „*vorschreibt, erleichtert oder verstärkt*“.[387] Allerdings soll auch die mittelbare Anwendung der Art. 81, 82 EGV

---

[386] So auch *Grewlich,* Umweltschutz durch „Umweltvereinbarungen“, DÖV 1998, 54 (56f.).

[387] Zu dieser Fallgruppe EuGH, – *van Eycke* – Slg. 1988, 4786ff., Egrd. 16 mit einer Zusammenfassung der bisherigen Rechtssprechung; *van der Esch,* Die Art. 5,3 (f), 85/86 und 90 EWGV als Grundlage der wettbewerbsrechtlichen Verpflichtungen der Mitgliedsstaaten, in: ZHR 155 (1991), 274; *Ehricke,* Staatliche Regulierungen und EG-Wettbewerbsrecht, WuW 1991, 183.

i.V.m. Art. 10 Abs. 2 EGV auf die Mitgliedsstaaten ein kartelltypisches Verhalten der beteiligten Unternehmen, also zumindest einen Rest an Entscheidungs- und Handlungsfreiheit, voraussetzen.[388] Die Verantwortlichkeit des Staates läßt sich demnach nicht mit der Erwägung begründen, daß er die Unternehmen zu einem Verhalten gezwungen habe, welches unter das Kartellverbot fallen würde, wäre es von den Unternehmen selbst im gegenseitigen Einvernehmen beschlossen worden.[389] Es kommt nach der Rechtsprechung des *EuGH* entscheidend darauf an, ob die wesentlichen Parameter des Wettbewerbs vom Staat selbst gesetzt oder ob diese Befugnis direkt oder indirekt an die Unternehmen delegiert wurde. Auf diesen Aspekt bezieht sich auch das zweite vom *EuGH* zur mittelbaren Anwendung der Art. 81, 82 EGV i.V.m. Art. 10 Abs. 2 EGV auf die Mitgliedsstaaten entwickelte Kriterium: Nicht mit Art. 81, 82 EGV i.V.m. Art. 10 Abs. 2 EGV vereinbar soll es danach sein, wenn der Staat Verantwortung für Eingriffe in das Wirtschaftsgeschehen privaten Wirtschaftsteilnehmern überträgt.[390] Es wäre demnach in jedem Einzelfall zu prüfen, inwieweit der jeweilige Abspracheinhalt den Vorgaben der staatlichen Regelungsandrohung entspricht. Solange sich der Abspracheinhalt in diesem Rahmen hält, ließe sich argumentieren, daß die wettbewerbsrelevanten Entscheidungen letztlich vom Staat getroffen werden und die beteiligten Unternehmen mit den horizontalen Absprachen lediglich die Vorgaben einer staatlichen Zwangsmaßnahme erfüllen.

Zweifelhaft ist aber, ob die Kriterien des *EuGH* zur mittelbaren Anwendung der Art. 81, 82 EGV i.V.m. Art. 10 Abs. 2 EGV auf die Mitgliedsstaaten überhaupt geeignet sind, das materiell verfolgte Ziel zu erreichen, nämlich eine Beeinträchtigung des Wettbewerbs durch nationalstaatliche Reglementierungen zu vermeiden. Für die Beeinträchtigung des Wettbewerbs ist es prinzipiell irrelevant, ob sich der jeweilige Mitgliedsstaat die Letztentscheidung über die Parameter der Wettbewerbsbeschränkungen vorbehält oder diese auf Private delegiert: Die Auswirkungen einer staatlichen Intervention auf den Wettbewerb sind nicht davon abhängig, *wer* ihren Inhalt im einzelnen bestimmen darf.[391] Entscheidend ist vielmehr, inwieweit es zu einer tatsächlichen Beeinträchtigung des Wettbewerbs durch eine staatliche Regulierung kommt.

Um einen effektiven Schutz des Wettbewerbs zu gewährleisten, erscheint es deshalb sachgerecht, in einem ersten Schritt jede staatliche Intervention in den Wettbewerb – unabhängig davon, in welcher Form sie sich vollzieht – als einen rechtfertigungsbedürftigen Eingriff in den freien Wettbewerb anzusehen. Dem EG-Vertrag läßt sich eine leitbildhafte Verpflichtung der Mitgliedsstaaten entnehmen, den inner-

---

[388] *Schröter,* in: Groeben/Thiesing/Ehlermann, Kommentar zum EU-/EG-Vertrag, Art. 85–87 EGV, Art. 85 Abs. 1 Rn. 121.

[389] EuGH – *van de Haar und Kaveka* – Slg. 1984, S. 1797 (1815, 1816, Egrd. 24); – *Leclerc/ Au blé Vert* –, Slg. 1985, 1 (31 f., Egrd. 14 f.) Rn. 14; – *Cullet/Leclerc* –, Slg. 1985, 305 (320, Egrd. 16).

[390] Zu dieser Fallgruppe EuGH – *van Eycke/ASPA* – Slg. 1988, 4786 (4791, Egrd. 16 f.).

[391] *Ehricke,* Staatliche Regulierungen und EG-Wettbewerbsrecht, WuW 1991, 183 (188).

gemeinschaftlichen Wettbewerb nicht durch staatliche Maßnahmen zu verzerren: Ein solches Gebot folgt Art. 2 und 3 EGV, verstärkt durch das Binnenmarktkonzept (Art. 14 EGV) und insbesondere aus Art. 4 EGV, wonach sich die Mitgliedsstaaten einer marktwirtschaftlichen Ordnung verpflichtet haben, die durch die Errichtung eines Systems, das den Wettbewerb innerhalb des Gemeinsamen Marktes vor Verfälschungen schützt, geschaffen und gesichert werden soll.[392] Ergänzend kann mit dem *EuGH* auf die Art. 81, 82 EGV und die aus dem Grundsatz der Gemeinschaftstreue (Art. 10 Abs. 2 EGV) folgende Verpflichtung der Mitgliedsstaaten verwiesen werden, keine Maßnahmen in wie auch immer gearteter Form zu treffen, die die volle praktische Wirksamkeit der für die Unternehmen geltenden Wettbewerbsregeln beeinträchtigen.

Das bedeutet freilich nicht, daß staatliche Eingriffe in den Wettbewerb generell unzulässig wären. Der EG-Vertrag gestattet Eingriffe in Markt und Wettbewerb, wenn diese zur Erreichung anderer Ziele erforderlich sind. Dies kommt vor allem in Art. 30 EGV zum Ausdruck, der – wie bereits oben erwähnt – in seinem direkten Anwendungsbereich für mengenmäßige Ein- und Ausfuhrbeschränkungen sowie alle Maßnahmen gleicher Wirkung Ausnahmefälle regelt, in denen eine Handelsbeschränkung durch ein anderes Gemeinwohlziel gerechtfertigt sind. Diese Rechtfertigungsgründe bieten auch im Hinblick auf staatliche Wettbewerbsbeschränkungen klare und leicht zu handhabende Kriterien zur Beurteilung der Zulässigkeit solcher Maßnahmen. Auf diese Weise könnte sichergestellt werden, daß staatliche Wettbewerbsbeschränkungen nur durch solche Gründe gerechtfertigt werden könnten, die im EG-Vertrag ohnehin als hinzunehmende Einschränkungen des freien Marktes gekennzeichnet sind.[393] Die so entwickelten Kriterien könnten sowohl auf einseitig-hoheitliche staatliche Maßnahmen als auch auf die staatliche Mitwirkung an den normvermeidenden Absprachen angewendet werden. Gleichzeitig wäre eine klare Trennung der Anwendungsbereiche der für freiwillige Kartellabsprachen Privater geltenden Vorschriften der Art. 81, 82 EGV einerseits und der Schranken für staatliche Wettbewerbseinschränkungen andererseits gewährleistet: Staatliche Wirtschaftslenkungsmaßnahmen wären allein daran zu messen, ob ein Rechtfertigungsgrund des Art. 30 EGV vorliegt. Ist dies der Fall, wird dadurch auch eine etwaige Beschränkung des Wettbewerbs gerechtfertigt.

Diese Lösung steht der Auffassung nahe, die die Absprachen wegen der sie prägenden hoheitlichen Beeinflussung dem Anwendungsbereich der Wettbewebsvorschriften des EG-Vertrages gänzlich entziehen und die staatliche Einflußnahme im Rahmen der Absprachen allein an den Vorschriften über den freien Warenverkehr gemäß Art. 28 EGV messen will.[394] In der Tat sind staatliche Wirtschaftslenkungs-

---

[392] *Zuleeg*, in: von der Groeben/Thiesing/Ehlermann (Hrsg.), EWG-Vertrag, Bd. I, Art. 1 Rn. 47; *Streinz*, Europarecht, S. 246, Rn. 800.

[393] So auch *Ehricke,* Staatliche Regulierungen und EG-Wettbewerbsrecht, WuW 1991, 183 (190).

[394] So wohl *Grewlich,* Umweltschutz durch „Umweltvereinbarungen“, DÖV 1998, 54 (57).

maßnahmen in erster Linie daraufhin zu überprüfen, ob sie eine mengenmäßige Beschränkungen des innergemeinschaftlichen Handels oder eine Maßnahme gleicher Wirkung darstellen. Es bei der Prüfung einer Verletzung des Art. 28 EGV zu belassen, ließe allerdings außer acht, daß der EG-Vertrag den oben genannten Auftrag an die Mitgliedsstaaten enthält, einen möglichst freien Wettbewerb auf den Gemeinschaftsmärkten zu gewährleisten. Diesem Auftrag müssen die Mitgliedsstaaten Rechnung tragen, indem sie bei Eingriffen in das Marktgeschehen die Belange des Wettbewerbs nur insoweit beeinträchtigen, als dies zur Erreichung eines von Art. 30 EGV anerkannten Zieles erforderlich ist.

C. Rechtsschutzmöglichkeiten für Beteiligte und Dritte

Im vorangehenden Abschnitt wurden die rechtlichen Grenzen abgesteckt, die der staatlichen Mitwirkung an normvermeidenden Absprachen gesetzt sind. Abschließend stellt sich die Frage, welche Rechtsschutzmöglichkeiten den Beteiligten an den Absprachen sowie Dritten bei einer Verletzung dieser Grenzen zur Verfügung stehen.

I. Kompetenzen von Bund und Ländern

Ob und inwieweit die oben entwickelten Kompetenzordnung zwischen Bund und Ländern bei der Mitwirkung an den Absprachen im Einzelfall gewahrt wurde, wäre im Rahmen eines Bund-Länder-Streits vor dem Bundesverfassungsgericht gemäß Art. 93 Abs. 1 Nr. 3 GG zu klären.

II. Kompetenzen von Bundestag und Bundesrat

Bundestag oder Bundesrat könnten eine etwaige Verletzung ihrer grundgesetzlich geschützten Rechte durch die Mitwirkung der Bundesregierung an einer Absprache im Rahmen eines Organstreitverfahrens vor dem Bundesverfassungsgericht gemäß Art. 93 Abs. 1 Nr. 1 GG geltend machen.

III. Rechte an den Absprachen beteiligter Privater und Dritter

Schwieriger ist die Frage zu beantworten, welche Rechtsschutzmöglichkeiten den privaten Beteiligten an den Absprachen und Dritten zur Verfügung stehen, wenn die staatliche Seite die rechtlichen Grenzen der Mitwirkung an den Absprachen verletzt.

1. Rechte der an den Absprachen beteiligten Unternehmen und Verbände

Aus Sicht der an den Absprachen beteiligten Unternehmen und Verbände kommt ein auf die Feststellung der Rechtswidrigkeit der staatlichen Regelungsandrohung oder auf die Unterlassung weiterer rechtswidriger Drohungen gerichteter Rechtsschutz in Betracht.

Für ein derartiges Begehren wäre gemäß § 40 Abs. 1 VwVGO der Verwaltungsrechtsweg eröffnet. Es würde insbesondere keine verfassungsrechtliche Streitigkeit vorliegen, die der Zuständigkeit der Verwaltungsgerichte entzogen wäre. Unzulässig ist der Verwaltungsrechtsweg nur in Fällen sog. doppelter Verfassungsunmittelbarkeit. Sie ist nur gegeben bei Streitigkeiten von Verfassungsorganen über den Umfang der ihnen aufgrund der Verfassung zustehenden Rechte und Pflichten.[395] Streitigkeiten zwischen Bürgern und dem Staat sind dagegen auch dann nicht verfassungsrechtlicher Natur, wenn an ihnen ein Verfassungsorgan beteiligt ist.[396] Ebensowenig ist eine Streitigkeit deswegen verfassungsrechtlich, weil eine Verletzung von Grundrechten durch öffentliche Rechtsträger gerügt wird.[397] Eine Klage der privaten Absprachteilnehmer auf Feststellung der Rechtswidrigkeit der staatlichen Drohung mit einem rechtswidrigen Gesetz wäre deshalb von den Verwaltungsgerichten zu entscheiden, obwohl die Klage gegen die an der Absprache beteiligte Regierung zu richten wäre.

Als Klageart käme eine auf Feststellung der Rechtswidrigkeit der Regelungsandrohung gerichtete Feststellungsklage gemäß § 43 VwGO in Betracht. Die Rechtswidrigkeit der staatlichen Regelungsandrohung wäre ein feststellungsfähiges Rechtsverhältnis im Sinne von § 43 VwGO. Hiergegen ließe sich nur einwenden, daß die bloße Androhung einer gesetzlichen Regelung für die betroffenen Unternehmen noch keine Rechtspflichten begründet. Daraus könnte man ableiten, daß die Unternehmen den Erlaß der angedrohten Regelung abwarten müssen und sich erst dann gerichtlich gegen das erlassene Gesetz bzw. die Rechtsverordnung zur Wehr setzen könnten. Eine derartige Betrachtungsweise würde aber der Zwangswirkung, die bereits in Androhung der Regelung für die potentiellen Adressaten liegt, nicht gerecht. Es wurde oben herausgearbeitet, daß bereits die Regelungsandrohung für die betroffenen Wirtschaftskreise einen Eingriff in deren Grundrechte aus Art. 12 Abs. 1 und Art. 14 Abs. 1 GG darstellen kann.[398] Die Frage, ob ein solcher Grundrechtseingriff vorliegt, ist ein selbständiges Rechtsverhältnis, dessen Bestehen oder Nichtbestehen bereits vor Erlaß der angedrohten Norm einer gerichtlichen Feststellung zugänglich ist.

395 BVerfGE 27, 152 (157); 40, 104 (112); BVerwGE 36, 218 (228); 51, 69 (71).

396 BVerwGE 36, 218 (228); 51, 69 (71); BVerwG DÖV 1976, 315.

397 BVerwGE 58, 169; 59, 325; 82, 76 (79).

398 Vgl. oben 4. Teil Kapitel B. II. 1.

Neben einer Feststellungsklage kommt eine allgemeine Leistungsklage in Form einer gegen die staatliche Regelungsandrohung gerichteten Unterlassungsklage in Betracht. Die staatliche Regelungsandrohung wurde oben[399] als schlichtes Staatshandeln qualifiziert. Verletzt dieses schlichte Staatshandeln Rechte der privaten Absprachepartner, steht diesen die Möglichkeit offen, von der staatlichen Seite die Unterlassung der Rechtsbeeinträchtigung zu verlangen.[400]

Nach Erschöpfung des Verwaltungsrechtswegs können die privaten Absprachepartner schließlich eine etwaige Verletzung ihrer Grundrechte im Wege der Verfassungsbeschwerde vor dem Bundesverfassungsgericht gemäß Art. 93 Abs. 1 Nr. 4a GG rügen.

Allerdings dürften die skizzierten Möglichkeiten der privaten Absprachteilnehmer, gerichtlich gegen eine rechtswidrige staatliche Regelungsandrohung vorzugehen, weitgehend theoretisch bleiben. Dies liegt in der Eigenart der informal-kooperativen Verhaltensabstimmung begründet: Beugen sich die Vertreter der Wirtschaft dem Druck, der von der staatlichen Regelungsandrohung ausgeht, und beteiligen sie sich an der normvermeidenden Absprache, so werden die Wirtschaftsvertreter kaum einen Anlaß sehen, die Rechtmäßigkeit der staatlichen Regelungsandrohung gerichtlich überprüfen zu lassen. Wären die Wirtschaftsvertreter nämlich der Auffassung, daß die angedrohte Norm rechtswidrig ist und mit Aussicht auf Erfolg gerichtlich angegriffen werden kann, würden sie sich nicht an der Absprache beteiligen, sondern den Normerlaß abwarten und sich dann gegen die erlassene Vorschrift gerichtlich zur Wehr setzen. Beteiligt sich die Wirtschaft dagegen an der Absprache, liegt darin zugleich die Entscheidung, auf eine gerichtlich überprüfbare Rechtsvorschrift zu verzichten.

Den Wirtschaftsvertretern dürfte in aller Regel bewußt sein, daß eine wesentliche Motivation der beteiligten staatlichen Stellen zur Initiierung einer Absprache in der Vermeidung von – unter Umständen langwierigen – Rechtsstreitigkeiten über eine anstelle der Absprache zu erlassende Norm liegt. Wie bereits oben im Rahmen der Untersuchung der politisch-ökonomischen Zweckmäßigkeit entwickelt wurde, liegt hierin ein wesentliches Tauschpotential der Wirtschaft, das sie einsetzt, um Zugeständnisse der staatlichen Seite in der Sache zu erreichen: Die Wirtschaft verweist auf die mit dem Verzicht auf Rechtsschutzverfahren verbundene schnellere Implementierung des Steuerungsimpulses und verlangt im Gegenzug, daß das im Rahmen der Absprache zuzusagende Verhalten die Wirtschaft weniger belasten müsse als die abzuwendende Rechtsvorschrift.[401] Zugespitzt läßt sich also sagen, daß Bestandteil der Einigung im Rahmen der normvermeidenden Absprache der Verzicht auf die

---

[399] Vgl. oben 3. Teil Kapitel C. III.

[400] Insofern unterscheiden sich die normvermeindenden Absprachen nicht von den staatlichen Warnungen und Empfehlungen, die ebenfalls mit der Unterlassungsklage angegriffen werden können.

[401] Vgl. im einzelnen oben 2. Teil, Kapitel B. I.

Möglichkeit einer gerichtlichen Überprüfung der alternativ zu erlassenden Rechtsvorschrift ist. Ein gegen die staatlichen Regelungsandrohung gerichtetes gerichtliches Verfahren stünde zu dieser Übereinkunft in einem – zumindest faktischen – Widerspruch.

Festzuhalten ist aber auch, daß gerade die vorstehend skizzierte Übereinkunft „Verzicht auf gerichtliche Überprüfung gegen Zugeständnisse im Regelungsniveau" im Rahmen der normvermeidenden Absprachen unter mehreren Gesichtspunkten nicht unbedenklich ist. Hier liegt ein grundsätzliches Problem der normvermeidenden Absprachen: Solange die Absprache Bestand hat, entziehen die Beteiligten den Gegenstand der Absprache bewußt einer gerichtlichen Kontrolle. Hierin liegt aus Sicht der privaten Beteiligten ein Rechtsverzicht, der neben den oben[402] erwähnten Verzicht auf materielle Grundrechtspositionen tritt. Insofern kann an die Ausführungen zur Zulässigkeit eines Grundrechtsverzichts angeknüpft werden: Solange der Verzicht freiwillig erfolgt, begegnet er auch im Hinblick auf Art. 19 Abs. 4 GG keinen durchgreifenden Bedenken.

Problematisch bleibt aber die in den normvermeidenden Absprachen liegende Abrede über den Verzicht auf gerichtliche Überprüfung des Vereinbarungsinhalts allerdings aus rechtsstaatlicher Sicht. Die Beteiligten entziehen den Regelungsgegenstand der Absprachen dem von Gesetz und Verfassung vorgesehenen System gerichtlicher Überprüfung der Rechtseinhaltung. An die Stelle eines Rechtsaktes, der von Gerichten auf seine Rechts- und Verfassungsmäßigkeit überprüft werden kann, tritt eine informale Übereinkunft, die dem Rechtsschutzsystem weitgehend entzogen ist. Es wurde oben gezeigt, daß dies in einigen Fällen nicht nur eine – mehr oder weniger unerwünschte – Nebenfolge, sondern wesentlicher Beweggrund zum Abschluß der Absprachen ist. Daß es aus rechtsstaatlicher Sicht nicht akzeptabel ist, wenn die Beteiligten die Absprachen nutzen, um verfassungswidrige Regelungsinhalte faktisch durchzusetzen, liegt auf der Hand. Das Problem kann allerdings nur diagnostiziert werden, ohne daß ein Vorschlag zu Verhinderung dieser „Flucht in die Abrede" unterbreitet werden kann: Solange die privaten Beteiligten auf eine gerichtliche Überprüfung verzichten, wird es zu einer gerichtlichen Kontrolle der Absprachen nur in Fällen kommen, in denen von den faktischen Auswirkungen betroffene Dritte Rechtsschutz begehren.[403]

2. Rechte der nicht an den Absprachen beteiligten privaten Dritten

Den nicht an den Absprachen beteiligten privaten Dritten steht ebenfalls der verwaltungsgerichtliche Rechtsschutz durch eine Beseitigungs- und Unterlassungs-

[402] Vgl. 4. Teil Kapitel B. II. 1.

[403] Vgl. zu deren Rechtsschutzmöglichkeiten den folgenden Abschnitt 2.

oder eine Feststellungsklage zu sowie ggf. die Möglichkeit einer anschließenden Verfassungsbeschwerde gemäß Art. 93 Nr. 4a GG.

Im Bereich des verwaltungsgerichtlichen Rechtsschutzes dürfte vor allem die Möglichkeit einer Unterlassungsklage von praktischem Interesse sein: Drittbetroffene Unternehmen, die durch eine normvermeidende Absprache und das von ihr ausgelöste faktische Verhalten der privaten Absprachepartner des Staates in wirtschaftliche Schwierigkeiten geraten, könnten auf diese Weise die behauptete mittelbare Verletzung ihrer Rechte unterbinden. Auch für ein derartiges Verfahren wäre der Verwaltungsrechtsweg gemäß § 40 Abs. 1 S. 1 VwGO eröffnet, da sich die mittelbar Betroffenen gegen die Auswirkungen der staatlichen Einflußnahme auf die privaten Abspracheteilnehmer zur Wehr setzen würden; dieser staatliche Mitwirkungsakt wurde oben[404] dem öffentlichen Recht zugeordnet. Es würde mangels doppelter Verfassungsunmittelbarkeit auch im Verhältnis zu den Drittbetroffenen keine verfassungsrechtliche Streitigkeit vorliegen, die der Zuständigkeit der Verwaltungsgerichte entzogen wäre.[405] Statthafte Klageart wäre eine allgemeine Leistungsklage in Form der Unterlassungsklage. Die Drittbetroffenen verlangen, daß sich die beteiligten Regierungen nicht in einer Weise an den Absprachen beteiligen, die nach den oben entwickelten Kriterien Grundrechte der drittbetroffenen Unternehmen verletzt.[406]

Haben die Absprachen nach den oben entwickelten Kriterien Eingriffe in das Eigentum der drittbetroffenen Unternehmen zur Folge, kommt schließlich die Geltendmachung von Entschädigungsansprüchen aus enteignungsgleichem Eingriff sowie von Schadenersatzansprüchen aus Art. 34 GG, § 839 BGB in Betracht, die vor den ordentlichen Gerichten geltend zu machen wären.

---

[404] Vgl. 3. Teil Kapitel B. II.

[405] Zu den Voraussetzungen einer verfassungsrechtlichen Streitigkeit soeben S. 269 f.

[406] Auch insoweit entspricht der Rechtsschutz dem der Unternehmen, die sich gegen rechtswidrige staatliche Warnungen und Empfehlungen zur Wehr setzen.

Fünfter Teil

Perspektiven der Kooperation von Staat und Wirtschaft im Bereich der Normsetzung

Im Rahmen der bisherigen Untersuchung wurden Vorzüge und Schwächen normvermeidender Absprachen ermittelt sowie die rechtlichen Grenzen abgesteckt, die Verfassungs- und Europarecht dieser Form der Kooperation von Staat und Wirtschaft setzen.

Dabei wurde insbesondere festgestellt, daß die Absprachen eine Reihe von rechtsstaatlichen Bedenken aufwerfen: Das zum Abschluß der Absprachen führende Verfahren ist wenig transparent. Es besteht die Gefahr, daß die Absprachen Kompetenzen des Parlaments und Rechte privater Dritter verletzen.[1] Rechtspolitisch stellt sich daher die Frage, ob die Regelung einfachgesetzlicher Rechtmäßigkeitsanforderungen für die Absprachen geeignet ist, einige der rechtsstaatlichen Bedenken gegen die Absprachen auszuräumen (A.).

Die in der Praxis bisher recht langwierigen Verhandlungen im Vorfeld der Absprachen können möglicherweise durch einen verstärkten Einsatz von Vermittlern verkürzt werden (B.).

Der diagnostizierten Gefahr der Verwässerung staatlicher Zielvorstellungen kann möglicherweise durch einen Einsatz der normakzessorischen Spielart der Absprachen begegnet werden, bei denen die staatliche Drohung in Form einer einseitig-hoheitlich geregelten Primärpflicht zutage tritt (C. I.). Als ein weiteres alternatives Kooperationsmodell zu den Absprachen kommen rechtverbindliche normvermeidende Verträge in Betracht, die für die Beteiligten ein höheres Maß an Planungssicherheit zur Folge hätten als die unverbindlichen Absprachen (C. II.).

A. Einfachgesetzliche Rahmenbedingungen für normvermeidende Absprachen?

Als ein Mittel zur rechtlichen Disziplinierung der Absprachen kommt die einfachgesetzliche Regelung von Verfahrensanforderungen und Wirksamkeitsbedingungen für normvermeidende Absprachen in Frage. Auf entsprechende Vorbilder in

---

[1] Vgl. dazu und zu den weiteren formell- und materiellrechtlichen Grenzen der Absprachen oben 4. Teil.

anderen europäischen und außereuropäischen Ländern wurde bereits verwiesen.[2] Für den Bereich der Bundesrepublik haben Kloepfer/Elsner vorgeschlagen, den oben genannten rechtsstaatlichen Bedenken gegen die Absprachen durch die Normierung bestimmter Kontroll-, Unterrichtungs- und Publizitätspflichten zu begegnen.[3] Ebenso sieht der Entwurf der Unabhängigen Sachverständigenkommission für ein Umweltgesetzbuch beim Bundesministerium für Umwelt, Naturschutz und Reaktorsicherheit (UGB-KomE) eine Reihe von Regelungen vor, die normvermeidende Absprachen betreffen: Vorgesehen sind in § 35 UGB-KomE sowohl Anforderungen an den Inhalt der Vereinbarungen und deren Veröffentlichung als auch Vorgaben für die Überwachung der Einhaltung der Absprachen.

Gegen eine einfachgesetzliche Regelung von Rechtmäßigkeitsanforderungen für normvermeidende Absprachen spricht wenig, soweit es um die klarstellende Kodifikation der Grenzen geht, die sich ohnehin aus höherrangigem Recht ergeben. Wie gesehen,[4] lassen sich eine Reihe von formellen Anforderungen – insbesondere Beteiligungsrechte anderer Instanzen und eine Pflicht zur Veröffentlichung des Abspracheinhalts – bereits aus Verfassungsprinzipien ableiten. Eine einfachgesetzliche Normierung dieser Anforderungen würde für Klarheit über die zu beachtenden Rechtsbindungen sowohl bei den Beteiligten als auch bei Dritten sorgen. Die Flexibilität des Instruments würde dadurch im Vergleich zum bestehenden Rechtszustand nicht eingeschränkt.

Demgegenüber ist Zurückhaltung geboten, soweit es um die Regelung über den bestehenden Zustand hinausgehender Rechtmäßigkeitsvoraussetzungen für die Absprachen geht. Ein derartiges Vorhaben sähe sich dem bereits erwähnten Einwand ausgesetzt, daß die rechtliche Formalisierung informaler Handlungsformen stets die Gefahr birgt, daß die Beteiligten auf eine andere, wiederum informale Ebene der Interessenabstimmung ausweichen.[5] Insbesondere bei der Kodifikation von Verfahrensregeln muß daher behutsam vorgegangen werden; andernfalls müßte der Versuch, die Absprachen rechtlich zu disziplinieren, als gescheitert angesehen werden, weil sich die Beteiligten diesem Rechtsregime wiederum entziehen. So würde etwa eine institutionalisierte Form der Drittbeteiligung – wie sie in Anlehnung an § 58

---

2 Genannt seien nochmals das neue Umweltgesetzbuch in Dänemark, eine Rechtsverordnung über Umweltvereinbarungen in der belgischen Region Flandern sowie der Entwurf eines Verwaltungsverfahrensgesetzes für Japan, der einfachgesetzliche Vorgaben für das sog. *Gyosei Shido* enthält, vgl. dazu im einzelnen oben 1. Teil Kapitel A. XI. 2. b), c) und n).

3 *Kloepfer/Elsner*, Selbstregulierung im Umwelt- und Technikrecht, DVBl. 1996, 964 (972). Ähnlich der *Sachverständigenrat für Umweltfragen*, Umweltgutachten 1996, Rdn. 167 f.; *Bundesminsterium für Umwelt, Naturschutz und Reaktorsicherheit*, Denkschrift für ein Umweltgesetzbuch, Berichte des Umweltbundesamtes 9/94, S. 43 f.

4 Oben 4. Teil Kapitel A.

5 Diese Gefahr erkennen auch *Kloepfer/Elsner*, Selbstregulierung im Umwelt- und Technikrecht, DVBl. 1996, 964 (972). Ebenso *Bohne*, Informales Verwaltungs- und Regierungshandeln als Instrument des Umweltschutzes, VerwArch 75 (1984), 343 (361); *Stober*, Rückzug des Staates im Wirtschaftsverwaltungsrecht, 1997, S. 65.

VwVfG denkbar wäre –[6] den Handlungsspielraum der Beteiligten unvertretbar einengen. Ein wesentlicher Vorzug der Absprache liegt darin, daß die Beteiligten ihre Interessenabstimmung weitgehend frei von formalisierten Zustimmungserfordernissen vornehmen können. Ebenso sollte es den Beteiligten überlassen werden, in welcher Form sie den Erfolg der Absprachen kontrollieren.[7] Zwar wurde nachgewiesen, daß sich bereits aus dem geltenden Recht eine Pflicht der handelnden staatlichen Stellen zur ständigen Überwachung der Zielerreichung ergibt.[8] Daß nur effiziente Methoden der Erfolgskontrolle zur Erfüllung dieser Pflicht geeignet sind, dürfte selbstverständlich sein. Das bedeutet jedoch nicht, daß die Beteiligten durch eine einfachgesetzliche Regelung auf eine bestimmte Form der Überwachung festgelegt werden sollten. Die bisherige Praxis ist insofern besonders vielgestaltig: Die Beteiligten verstehen es, den besonderen Bedürfnissen des jeweiligen Einzelfalls durch verschiedene sog. *monitoring*-Modelle gerecht zu werden.[9] Die rechtliche Kontrolle sollte sich deshalb auf eine reine Effizienzprüfung am Maßstab der bestehenden Verfassungspflichten beschränken und darauf verzichten, bestimmte Kontrolltypen gesetzlich vorzuschreiben.

B. Verstärkter Einsatz von Vermittlern?

Der Verhandlungsprozeß, der den normvermeidenden Absprachen vorangeht, dauert in vielen Fällen zu lange. Die kooperative Interessenabstimmung wird teilweise durch anfänglich eingenommene Extrempositionen behindert; gegenseitiges Mißtrauen führt zu unnötigen Verzögerungen der Verhandlungen. Für Abhilfe könnte der in jüngerer Zeit vermehrt diskutierte Gedanke der Konfliktmittlung (Mediation) sorgen: An den Verhandlungen wird ein von beiden Seiten akzeptierter neutraler Dritter beteiligt, der in der Funktion eines Interessenmaklers eine Vereinbarung

---

[6] In dieser Richtung *Bohne*, VerwArch 75 (1984), 343 (361), der § 58 VwVfG für entsprechend anwendbar auf die Absprachen hält. Demgegenüber nimmt der Entwurf der Unabhängigen Kommission zum Umweltgesetzbuch beim Bundesministerium für Umwelt, Naturschutz und Reaktorsicherheit (UGB-Kom-E) § 58 VwVfG von Verweisung auf Vorschriften der §§ 54 VwVfG aus, soweit es um rechtsverbindliche Verträge geht. Dazu heißt es in der Begründung zum Entwurf (S. 511): *„Insbesondere die in § 58 VwVfG vorgesehene Zustimmungspflicht in ihren Rechten betroffener Dritter würde angesichts der in der Regel bundesweiten Wirkung zu unüberwindlichen praktischen Schwierigkeiten führen"*.

[7] Eine Regelung der diesbezüglichen Einzelheiten schwebt offenbar *Kloepfer/Elsner*, Selbstregulierung im Umwelt- und Technikrecht, DVBl. 1996, 964 (972) vor. Ebenso § 35 Abs. 3 UGB-KomE, der detaillierte Anforderungen an die Form der Überwachung enthält und dazu einen Großteil der Vorschriften des Entwurfs für entsprechend anwendbar erklärt, die sich auf die Überwachung der Einhaltung umweltschutzrechtlicher Rechtsvorschriften beziehen (§§ 134, 135, 137, 139 bis 142 UGB KomE).

[8] Vgl. oben 2. Teil Kapitel A. II. 3. und 4. Teil Kapitel B. II. 5. a).

[9] Zu den verschiedenen Formen der Kontrolle der Einhaltung der Absprachen vgl. oben 2. Teil Kapitel A. II. 3.

zwischen den Beteiligten fördert.[10] Derartige Verhandlungsmodelle werden schon seit geraumer Zeit in den USA eingesetzt. Die *mediation* gehört dort auf allen Ebenen des Staatshandelns zu den gebräuchlichen Mitteln der Konfliktbewältigung zwischen Staat und Wirtschaft.[11] Aber auch in der Bundesrepublik gibt es bereits positive Erfahrungen mit dem Einsatz von Vermittlern an normvermeidenden Absprachen: Die Beteiligung des Staatsministers a. D. *Dr. Hartkopf* an den Verhandlungen zur Reduktion von Asbest und der Überwachung der Einhaltung der Absprache wurden von allen Beteiligten positiv bewertet.[12] Die möglichen Funktionen eines Vermittlers sind vielfältig: Bereits in einem frühen Stadium der Verhandlungen kann er die unterschiedlichen Interessen der Beteiligten herausarbeiten und als Unbeteiligter das Ausmaß von Konsens und Dissens unter den Beteiligten klären. Auf dieser Grundlage kann der Vermittler sodann nach alternativen Lösungsmöglichkeiten suchen und bereits frühzeitig Vorschläge zum Interessenausgleich unterbreiten. Die möglichen Aufgaben des Konfliktmittlers setzen sich nach Abschluß der Vereinbarung fort: Er kann die Einhaltung des Absspracheinhalts in einer Weise überwachen, die einerseits dem informal-kooperativen Charakter der Absprache Rechnung trägt, andererseits aber ein hohes Maß an Überwachungseffizienz gewährleistet. Dies gilt insbesondere für die unternehmensinterne Sammlung von Daten über die Einhaltung zugesagter Reduktionsquoten für umweltgefährdende Produktionsmittel. Auch insoweit könnten die Erfahrungen im Rahmen der Asbestabsprachen Modellcharakter besitzen: Der als Vermittler beteiligte *Dr. Hartkopf* kontrollierte nach Abschluß der Vereinbarung als Mitglied des Aufsichtsrats des Marktführers Eternit AG die Einhaltung der zugesagten Reduktionsquoten.

C. Alternative Kooperationsmodelle

Eine rechtspolitische Betrachtung der normvermeidenden Absprachen wäre unvollständig, wenn nicht auch die Frage gestellt würde, inwieweit den an den Absprachen Beteiligten andere kooperative Handlungsformen zur Verfügung stehen, die im Einzelfall einer normvermeidenden Absprache vorzuziehen sind. Als Alternativen kommen insofern vor allem normakzessorische Absprachen (1.) und rechtsverbindliche normvermeidende Verträge (2.) in Betracht.

---

[10] Vgl. *Hoffmann-Riem,* Konfliktmittler in Verwaltungsverhandlungen, 1989; *Ders.,* Reform des Allgemeinen Verwaltungsrechts – Vorüberlegungen, DVBl. 1994, 1381 (1388); *Ders.,* in: Hoffmann-Riem/Schmidt-Aßmann/Schuppert, Reform des Allgemeinen Verwaltungsrechts, Bd. I, Grundfragen, 1993, 115 (157 ff.). *Schulze-Fielitz,* Der Konfliktmittler als verwaltungsverfahrensrechtliches Problem, in: Hoffmann-Riem/Schmidt-Aßmann (Hrsg.), Konfliktbewältigung durch Verhandlungen, Bd. II, 1990, S. 55, 61, 68.

[11] Dazu im einzelnen *Passavant,* Mittlergestützte Kooperation in komplexen Verwaltungsverfahren, DÖV 1987, 516 ff.; *Kunig/Rublack,* Aushandeln statt Entscheiden, Jura 1990, 1 ff.

[12] Dazu *Lautenbach/Steger/Weihrauch,* Evaluierung freiwilliger Branchenvereinbarungen im Umweltschutz, 1992, S. 56 sowie oben 1. Teil, Kapitel A. II.

I. Normakzessorische Absprachen

1. Begriff

Die festgestellten Defizite bei der Durchsetzung staatlicher Gemeinwohlziele im Rahmen der Verhandlungen, die normvermeidenden Absprachen vorangehen,[13] können möglicherweise durch einen verstärkten Einsatz sog. *normakzessorischer Absprachen* behoben werden. Dieser Absprachetyp ist dadurch gekennzeichnet, daß – anders als bei normvermeidenden Absprachen – Rechtspflichten durch eine gesetzliche Regelung ausgelöst werden, den Normadressaten aber gleichzeitig die Möglichkeit eingeräumt wird, dem Normbefehl durch ein eigenes – ebenfalls gesetzlich umrissenes – Verhalten zu entgehen.[14] Die Einzelheiten dieses Verhaltens sind Gegenstand einer informellen Absprache. Das zu erreichende Gemeinwohlziel ist bei dieser Form induzierter Selbstregulierung also imperativ festgelegt; lediglich die Umsetzung des Regelungsziels bleibt den Privaten überlassen. Auch mit diesem Modell gibt es bereits praktische Erfahrungen: § 6 Abs. 1 der Verpackungsverordnung (VerpackVO)[15] regelt die Pflicht der Hersteller und Vertreiber von Waren, vom Endverbraucher zurückgegebene Verpackungen zurückzunehmen und einer Verwertung zuzuführen. Dieser Pflicht können die Normadressaten gem. § 6 Abs. 3 VerpackVO durch die Beteiligung an einem flächendeckenden Abholungs- und Verwertungssystem für die Verpackungen entgehen. Von dieser Möglichkeit haben die Hersteller und Vertreiber von Waren durch die Gründung der Duale System Deutschland Gesellschaft für Abfallvermeidung und Sekundärrohstoffgewinnung mbH (DSD) Gebrauch gemacht; die DSD betreibt ein mittlerweile recht gut funktionierendes Wiederverwertungssystem für Verpackungen.[16]

---

[13] 2. Teil Kapitel A. I.

[14] Zu diesem Absprachetyp *Di Fabio,* Die Verfassungskontrolle indirekter Umweltpolitik am Beispiel der Verpackungsverordnung, NVwZ 1995, 1 ff.; *Koch*, Vereinfachung des materiellen Umweltrechts, NVwZ 1996, 215 (218 f.); *Flanderka*, Struktur und Ausgestaltung des dualen Systems in der Bundesrepublik Deutschland, BB 1996, 649 ff.; *Scholz/Aulehner,* Grundfragen zum dualen System – Verfassungsprobleme und Erneuerung, BB 1993, 2250 ff.; *Schmidt-Preuß*, Verwaltung und Verwaltungsrecht zwischen gesellschaftlicher Selbstregulierung und gesellschaftlicher Steuerung, VVDStRL 56 (1996), S. 162 (215); *Wicke,* Umweltökonomie, S. 276 ff. sowie die Begründung der Bundesregierung zum Entwurf der Verpackungsverordnung, BR-Drucks 817/90, S. 24. Zu Aufbau und Wirkungsweise des Dualen Systems vgl. ferner *Peine*, in: R. Schmidt (Hrsg.), Öffentliches Wirtschaftsrecht, Besonderer Teil 2, 1996, 371 (439 ff.); *Klowait,* Die Beteiligung Privater an der Abfallentsorgung, 1995, 163 ff. Ein weiteres Beispiel *normakzessorischer* Kooperation von Staat und Wirtschaft bildet die im Gesetzentwurf des Schweizer Bundesrates für ein Gesetz zur Reduktion von CO_2-Emissionen vorgesehene Regelung, nach der die betroffenen Unternehmen der Belastung mit einer CO_2-Abgabe entgehen können, wenn sie sich bis zu einem bestimmten Zeitpunkt „freiwillig" zur Reduktion ihrer Emissionen bereit erklären, vgl. dazu bereits oben 1. Teil Kapitel A. XI. 2. f).

[15] Verordnung über die Vermeidung von Verpackungsabfällen vom 12.6.1991, BGBl. I S. 1234, geändert durch VO vom 26.10.1993, BGBl. I. S. 1782.

[16] Mittlerweile weisen 95 % aller in den Handel kommenden Produkte den sog. Grünen Punkt auf, der Voraussetzung der Rücknahme der Verpackungen durch die DSD ist. Die vor-

2. Vorzüge und Nachteile im Vergleich zu normvermeidenden Absprachen einerseits und herkömmlichen imperativen Steuerungsmodellen andererseits

Die Vorzüge der normakzessorischen Spielart der Absprachen liegen auf der Hand: Das zu erreichende Gemeinwohlziel wird vom Staat nicht in einem informal-kooperativen Verhandlungsprozeß zur Disposition gestellt, sondern einseitig-hoheitlich vorgegeben. Die staatliche Drohung tritt in Form der imperativ geregelten Primärpflicht offen zutage; ebenso sind die Voraussetzungen, unter denen die Wirtschaft dem Rechtsbefehl entgehen kann, eindeutig festgelegt.[17] Diese Rahmenbedingungen verschärfen den Druck auf die Wirtschaft; die Zwangswirkung der hoheitlich angeordneten Primärpflicht bleibt bestehen, auch wenn die Wirtschaft von ihrer „Abwendungsbefugnis" Gebrauch macht. Auf diese Weise sind Regelungsziele durchsetzbar, die im Rahmen einer normvermeidenden Absprache nur schwer zu verwirklichen sind. So gingen dem Erlaß der Verpackungsverordnung mehrere erfolglose Versuche voraus, das anfallende Verpackungsmüllvolumen durch normvermeidende Absprachen zu reduzieren: Der bereits erwähnten gescheiterten Absprache zur Reduzierung des Anteils von Einwegverpackungen[18] folgten im Vorfeld der Verpackungsverordnung mehrere Versuche des Bundesumweltministeriums, die Wirtschaft zu einer entsprechenden Absprache zu bewegen.[19] Die Wirtschaft zeigte sich jedoch erst unter dem Druck der Verpackungsverordnung bereit, ein eigenes Sammlungs- und Verwertungssystem für Verpackungsabfälle zu installieren.[20] Im Vergleich zu einer herkömmlichen gesetzlichen Regelung liegt ein Vorzug normakzessorischer Absprachen darin, daß trotz des rechtsförmlich ausgelösten Befehls der

---

gegebenen Verwertungsquoten werden vom DSD bei Glas, Papier, Pappe und Karton eingehalten, bei Verbundstoffen und Aluminium verfehlt. Ein weiteres Problem scheint zwischenzeitlich an Brisanz verloren zu haben: Nachdem anfänglich vor allem Kunstoffverpackungen in großem Umfang ins Ausland exportiert wurden (55 % im Jahr 1994), ist dies mittlerweile nur noch in weit geringerem Maße der Fall (18 % im Jahr 1995), vgl. *Rat von Sachverständigen für Umweltfragen,* Umweltgutachten 1996 – Umsetzung einer dauerhaft-umweltgerechten Entwicklung, Tz. 378). Zu den Bedenken, die sich aus der Oligopolisierung der Entsorgungsmärkte ergeben, vgl. *Rennings/Brockmann/Koschel/Bergmann/Kühn*, Nachhaltigkeit, Ordnungspolitik und freiwillige Selbstverpflichtung, S. 264. Derzeit befindet sich eine Novelle der Vepakkungsverordnung in Vorbereitung, die die bisherige Monopolstellung des DSD durch die Statuierung von Rücknahme- und Verwertungquoten auch für nicht am System beteiligte Selbstentsorger zumindest einschränken soll.

[17] Dieser Umstand wird auch von *Koch,* Vereinfachung des materiellen Umweltrechts, NVwZ 1996, 215 (218) als der „ganz entscheidende Steuerungsgewinn" begrüßt.

[18] Vgl. oben 1. Teil Kapitel A. IV.

[19] Zu den Verhandlungen im Vorfeld der Verabschiedung der Verpackungsverordnung vgl. *Rennings/Brockmann/Koschel/Bergmann/Kühn*, Nachhaltigkeit, Ordnungspolitik und freiwillige Selbstverpflichtung, 1996, S. 263.

[20] Die Gründung des Dualen Systems erfolgte kurz vor dem Verordnungserlaß und in Kenntnis der geplanten Regelung, vgl. dazu *Di Fabio*, Die Verfassungskontrolle indirekter Umweltpolitik am Beispiel der Verpackungsverordnung, NVwZ 1995, 1 (3).

Sachverstand der Wirtschaft genutzt wird, indem es den Privaten überlassen bleibt, auf welchem Wege das Ziel im einzelnen erreicht werden soll. So weist etwa das Lizenzentgeltsystem für den Grünen Punkt eine Flexibilität auf, wie es im Falle einer hoheitlichen Ausgestaltung wohl nicht zu erreichen gewesen wäre.[21]

Im Vergleich zu normvermeidenden Absprachen bleibt jedoch auch festzuhalten, daß der Lenkungseffekt bei normakzessorischen Absprachen letztlich auf dem imperativen Normbefehl beruht.[22] Es zeichnet die normakzessorischen Absprachen also ein geringeres Maß an Kooperation aus, als dies bei normvermeidenden Absprachen der Fall ist. Das hat den Nachteil, daß die aus der kooperativ-informalen Form der Interessenabstimmung folgende erhöhte Folgebereitschaft der Betroffenen und die damit verbundene verbesserte Implementation des Steuerungsimpulses nicht in gleichem Maße zu beobachten sind. Dies zeigt sich beispielhaft am Problem der zahlreichen sog. Trittbrettfahrer im Fall des Dualen Systems: Viele Unternehmen zahlen die fälligen Lizenzentgelte an die DSD GmbH nicht oder nicht rechtzeitig.[23] Sie spekulieren darauf, daß genügend andere Unternehmen ihre Beiträge leisten, die vorgegebenen Verwertungsquoten eingehalten und sie auf diese Weise ohne Zahlung in den Genuß der Befreiung von der Rücknahmepflicht kommen werden. Dies hat dazu geführt, daß im Rahmen einer Novelle der Verpackungverordnung zusätzliche Eingriffsinstrumentarien gegen Trittbrettfahrer vorgesehen werden mußten: Zukünftig können auch einzelne Unternehmen, die ihre Lizenzgebühren nicht entrichtet haben, wieder der direkten Rücknahmepflicht gem. § 6 Abs. 1 VerpackVO unterworfen werden. Ein erheblicher Überwachungsbedarf ist die Folge; aus Sicht des Staates ergibt sich kaum noch ein Entlastungseffekt im Vergleich zu einem hoheitlich betriebenen Verwertungssystem.[24]

---

[21] *Rennings/Brockmann/Koschel/Bergmann/Kühn*, Nachhaltigkeit, Ordnungspolitik und freiwillige Selbstverpflichtung, 1996, S. 264.

[22] Für die Gesetzgebungslehre schält sich insofern als neuer Normtypus das *Androhungsgesetz* heraus, vgl. dazu *Schmidt-Preuß,* Verwaltung und Verwaltungsrecht zwischen gesellschaftlicher Selbstregulierung und staatlicher Steuerung, VVDStRL 56 (1997), 161 (215). Zur bisherigen Systematik vgl. *H. Schneider*, Gesetzgebungslehre, 1991, 131 ff.; *Hill,* Einführung in die Gesetzgebungslehre, 1982, 33 ff.

[23] Der Anteil der sog. Trittbrettfahrer betrug zeitweise ca. 40 %. Insbesondere Teile des Textilhandels, des Schuh- und Facheinzelhandels sowie Bäckereien und Metzgereien verwendeten den Grünen Punkt, ohne entsprechende Lizenzzahlungen an die DSD zu leisten. Die Folge war eine Finanzkrise der DSD GmbH: Im September 1993 war ein Fehlbetrag von insgesamt 710 Mio. DM aufgelaufen (*DSD – Duales System Deutschland*, Kuratoriumsbericht 1995), der nur durch zusätzliche Kredite der Entsorgungswirtschaft und des Handels aufgefangen werden konnte (*Wuppermann,* Zwei Jahre Verpackungsverordnung: Weitere Machtkonzentration statt Müllvermeidung, ZfU, 448 [450]).

[24] Der Entlastungseffekt für den Staat wird auch dadurch eingeschränkt, daß der Staat maßgeblichen Einfluß auf die Geschäftspolitik des DSD nimmt: Zum einen durch die Schaffung von Erfassungs- und Verwertungsquoten im Anhang II und III der VerpackVO, zum anderen durch eine von den Ländern vorgenommene Kontrolle der Erfassungseffizienz im Rahmen der sog. Freistellung gem. § 6 III 6 VerpackVO. Zu Rechtsnatur und Rechtsfolgen der Freistellungsbekanntgabe *Weidemann*, DVBl. 1992, 1568.

3. Besondere verfassungsrechtliche Probleme

Aus verfassungsrechtlicher Sicht werfen die normakzessorischen Absprachen einige besondere Probleme auf. Schwierigkeiten macht auch hier die Identifikation möglicher Eingriffe in Grundrechte. Angeknüpft werden kann zum einen an die gesetzlich geregelte Primärpflicht. So dürften in der Anordnung der Verpflichtung zur Rücknahme und Verwertung der Verpackungsmaterialien in § 6 Abs. 1 VerpackVO Eingriffe in die Berufsfreiheit der Hersteller und Vertreiber von Waren gem. Art. 12 Abs. 1 GG liegen. Deren unternehmerische Dispositionsfreiheit[25] wird durch die Rücknahme- und Verwertungslasten beeinträchtigt; daß es dem Verordnungsgeber vorrangig um umwelt- und abfallpolitische Ziele geht, ändert nichts an der Begrenzung der Freiheit der Produktgestaltung und der Bindung von Kapital- und Personalressourcen, die mit der Anordnung der Rücknahme- und Verwertungspflicht einher geht. Vor derartigen Beeinträchtigungen schützt Art. 12 Abs. 1 GG auch dann, wenn es dem Gesetzgeber nicht um die Berufsbildkonkretisierung geht.[26]

Darin erschöpft sich der Gehalt der staatlichen Einflußnahme aber nicht. Nach der Konzeption der Verpackungsverordnung soll gerade nicht jeder einzelne selbständig die Rücknahme und Verwertung der Verpackungen organisieren; gewollt ist vielmehr die Schaffung eines leistungsfähigen kollektiven Erfassungs- und Verwertungssystems.[27] Rückt man diesen mittelbaren Zwang zur Teilnahme am Dualen System in den Vordergrund, verschiebt sich die Qualität des Grundrechtseingriffs: Die Belastung besteht dann in einer faktischen Zwangsmitgliedschaft im Dualen System, verbunden mit der Verpflichtung zur Zahlung der Lizenzgebühren. Thematisch kommt insofern ein Eingriff in die negative Vereinigungsfreiheit der betroffenen Unternehmen in Betracht. Ob und unter welchen Voraussetzungen die gegen öffentliche Zwangszusammenschlüsse gerichtete Freiheit, Vereinigungen fernzubleiben, von Art. 9 Abs. 1 GG geschützt wird, ist seit langem umstritten: Überwiegend wird davon ausgegangen, daß die Freiheit, nicht Mitglied einer öffentlich-rechtlichen Vereinigung zu werden, nicht von Art. 9 Abs. 1 GG geschützt wird, sondern insoweit nur der Schutz von Art. 2 Abs. 1 GG zur Verfügung steht.[28] Demgegenüber

---

[25] Zur unternehmerischen Dispositionsfreiheit als Teil der Berufsfreiheit: *Scholz*, in: Maunz/Dürig, GG, Art. 12 Rn. 124; *Breuer*, in: Isensee/Kirchhof, HdbStR, Bd. VI, 1989, § 147 Rn. 63; *Ossenbühl*, Die Freiheiten des Unternehmers nach dem Grundgesetz, AöR 115 (1990), S. 1.

[26] So bereits BVerfGE 13, 181 (185 f.); näher *Scholz*, in: Maunz/Dürig, GG, Art. 12 Rn. 302 ff.; zust. *Di Fabio*, Die Verfassungskontrolle indirekter Umweltpolitik am Beispiel der Verpakkungsverordnung, NVwZ 1995, 1 (4).

[27] Besonders plastisch hierzu *Di Fabio*, Die Verfassungskontrolle indirekter Umweltpolitik am Beispiel der Verpackungsverordnung, NVwZ 1995, 1 (4): „*Das Auseinandertreten von staatlich formulierten Zielen und der Mittel zu ihrer Verwirklichung verwirrt den grundrechtsdogmatischen Ansatz, weil der Verordnungsgeber etwas anderes will, als er in Form einer faßbaren Pflichtenbegründung ausspricht.*“ Ähnlich auch *Kloepfer*, Umweltrecht, § 18 Rdn. 72, S. 1226.

[28] BVerfGE 10, 89 (102); 38, 281 (297); *Merten*, in: Isensee/Kirchhof, HdbStR VI, § 144 Rdn. 58 ff.; *Löwer*, in: v. Münch/Kunig, GG, Art. 9 Rn. 17; *Jarass*, in: Jarass/Pieroth, GG, Art. 9

soll die Freiheit, privatrechtlichen Vereinigungen fernzubleiben, von Art. 9 Abs. 1 GG erfaßt sein.[29] Zur Begründung wird vor allem darauf verwiesen, daß die negative Komponente eines Grundrechts nicht weiter reichen könne als die positive: Da es Privatpersonen nicht möglich sei, öffentlich-rechtliche Vereinigungen zu gründen, könne auch das Recht, solchen Vereinigungen fernzubleiben, nicht von Art. 9 Abs. 1 GG geschützt werden. Außerdem würden mit öffentlich-rechtlichen Zwangsverbänden öffentliche Aufgaben erfüllt, deren Erledigung auch unmittelbar durch die öffentliche Verwaltung erfolgen könnte.[30] Bei konsequenter Anwendung des letztgenannten Kriteriums muß indes auch die faktische Zwangsmitgliedschaft im Dualen System an Art. 2 Abs. 1 GG und nicht an Art. 9 Abs. 1 GG gemessen werden: Auch hier geht es – unabhängig von der Privatrechtsform des DSD – um die Erfüllung öffentlicher Aufgaben. Dem entspricht auch die staatliche Aufsicht durch Zielvorgaben und Kontrollen sowie der Umstand, daß die Gründung der DSD GmbH letztlich auf einem gesetzlichen Befehl beruht: Es handelt sich um einen faktischen Zwangszusammenschluß, der einer öffentlich-rechtlichen Vereinigung näher steht als einem privatrechtlichem Verein und deshalb an Art. 2 Abs. 1 GG zu messen ist.

Bei der Frage nach dem Vorliegen eines Grundrechtseingriffs stößt man auf ähnliche Probleme, wie sie bereits oben im Zusammenhang mit den Grundrechtseingriffen durch andere Formen indirekter Verhaltenssteuerung diskutiert worden sind: Auch hier liegt der eigentliche Schwerpunkt des Staatshandelns in der mittelbaren Beeinflussung der Wirtschaftsteilnehmer. Damit kann auf die im Zusammenhang mit den mittelbaren Wirkungen normvermeidender Absprachen und staatlicher Warnungen und Appelle herausgearbeiteten Kriterien zur Bestimmung des Eingriffscharakters zurückgegriffen werden: Auch hier bildet die Finalität des Staatshandelns den wichtigsten Anknüpfungspunkt für die Zurechnung vermittelter Folgen staatlichen Handelns.[31] Auf diese Weise können sowohl die Zwangsmitgliedschaft im DSD als auch die langfristigen Effekte für die Produktion und Verwendung von Verpackungsmaterialien einer wirksamen Verfassungskontrolle unterzogen werden, indem auch diese mittelbaren Auswirkungen an den betroffenen Grundrechten und insbesondere am Verhältnismäßigkeitsgrundsatz gemessen werden können.[32] Die Verpackungsverordnung hält dieser Prüfung stand: Ihr lag mit

Rdn. 5; a. A. *Scholz,* in: Maunz/Dürig, GG, Art. 9 Rdn. 90; *Höfling,* in: Sachs, GG, Art. 9 Rdn. 22.

[29] BVerfGE 10, 354 [361]; 85, 360 [370]; *Merten,* in: Isensee/Kirchhof, HdbStR VI, § 144, Rdn. 53 ff.

[30] *Jarass,* in: Jarass/Pieroth, GG, Art. 9 Rn. 5; *Merten,* in: Isensee/Kirchhof, HdbStR, Bd. VI, § 144, Rn. 61.

[31] Zur Finalität als Kriterium zur Erfassung der mittelbaren Auswirkungen der Verpackungsverordnung vgl. auch *Scholz/Aulehner,* Grundfragen zum dualen System – Verfassungsprobleme und Erneuerung, BB 1993, 2250 (2255); *Tettinger*, Bausteine eines Abfallwirtschaftsrechts, DVBl. 1995, 213 (219); *Trute*, Verwaltung und Verwaltungsrecht zwischen gesellschaftlicher Selbstregulierung und staatlicher Steuerung, DVBl. 1996, 950 (960).

[32] Maßgeblich ist die Schrankensystematik des Art. 2 Abs. 1 GG, soweit es um die faktische Zwangsmitgliedschaft im DSD geht; vgl. dazu im einzelnen S. 282. Soweit die längerfristigen

§ 14 AbfG eine ausreichende parlamentsgesetzliche Ermächtigung zugrunde; auch die mittelbaren Auswirkungen der Steuerungsmaßnahme sind durch den verfolgten öffentlichen Zweck, das Verpackungsmüllaufkommen zu reduzieren und damit den bestehenden Deponienotstand zu beheben, hinlänglich gerechtfertigt.

4. Zwischenergebnis

Zusammenfassend läßt sich sagen, daß normakzessorische Absprachen vor allem dann als Alternative zu normvermeidenden Absprachen in Betracht kommen, wenn es um die Durchsetzung von Gemeinwohlzielen geht, die für die Wirtschaft erhebliche zusätzliche Kosten verursachen. In dieser Konstellation kann durch die gesetzliche Regelung der im Rahmen der Absprache „freiwillig" zu erfüllenden Pflichten einer Verwässerung staatlicher Ordnungsvorstellungen entgegengewirkt und der Sachverstand der Wirtschaft bei der Suche nach Lösungswegen genutzt werden. Allerdings ist bei dieser Form der Induktion selbstregulativer Beiträge das Element der Kooperation schwächer ausgeprägt als bei normvermeidenden Absprachen, was Durchsetzungsschwächen zur Folge hat, die weitgehend denjenigen gesetzlicher Regelungen entsprechen.

II. Rechtsverbindliche normvermeidende Verträge

Als ein weiteres Instrument kommen schließlich rechtsverbindliche normvermeidende Verträge als Alternative zu den Absprachen in Betracht. Diese Form der Kooperation zwischen Staat und Wirtschaft ist bislang in der Bundesrepublik nur selten praktiziert worden. In der deutschen Absprachepraxis finden sich bisher nur einige Beispiele aus dem Bereich des Bauplanungsrechts, die allerdings einen anderen Gegenstand haben als die im Rahmen dieser Arbeit untersuchten Absprachen: Sie betreffen die Verpflichtung einzelner Gemeinden zum Nichterlaß eines Bebauungsplans im Gegenzug gegen ein bestimmtes Verhalten Privater.[33] Es handelt sich also um *satzungsabwendende* Verträge. Auf der Ebene der rechtsverordnungs- und parlamentsgesetzesvermeidenden Kooperation finden sich bisher nur erste Ansätze zu rechtsverbindlichen Vereinbarungen. So hatte der Bundeswirtschaftsminister vorgeschlagen, den zeitlichen Rahmen und die Modalitäten der Stillegung der existierenden Atomkraftwerke in einem öffentlich-rechtlichen Vertrag mit den Energieversorgungsunternehmen zu regeln.[34] Ein solcher Vertrag hätte normvermeidende Ele-

---

Auswirkungen auf die Produktionsfreiheit der betroffenen Unternehmen in Rede stehen, ist der Schrankenvorbehalt des Art. 12 Abs. 1 GG einschlägig.

[33] BVerwG NJW 1980, 2538 f.; DVBl. 1977, 529 ff.; DÖV 1981, 878 f.; BGH NJW 1980, 826 ff.; BGHZ 71, 386 (390 f.); 76, 16 (22); OVG Lüneburg DVBl. 1978, 178 f.

[34] Vorschlag zur „Verständigung über Eckpunkte zur Beendigung der Nutzung der vorhandenen Kernkraftwerke in Deutschland zwischen der Bundesregierung (BR) und den Eigentümern/Betreibern der in Deutschland errichteten Kernkraftwerkskapazitäten (E/B)" vom

mente, weil er an die Stelle einer entsprechenden Änderung des Atomgesetzes treten würde: Es war vom Bundeswirtschaftsminister vorgeschlagen worden, in diesem Vertrag eine Begrenzung der zulässigen Gesamtbetriebsdauer von genehmigten Kraftwerken sowie Modifikationen der staatlichen Atomaufsicht zu regeln.[35] Zum Abschluß eines öffentlich-rechtlichen Vertrages in der vom Bundeswirtschaftsminister vorgeschlagenen Form ist es jedoch nicht gekommen. Die geschlossene Vereinbarung zum Atomkonsens beschränkt sich auf Absprachen mit politischer Bindungwirkung, wie sie im Rahmen dieser Arbeit in erster Linie untersucht worden sind. Dies dürfte nicht zuletzt daran gelegen haben, daß in der rechtswissenschaftlichen Literatur Bedenken gegen die Zulässigkeit eines Vertrages in der vom Bundeswirtschaftsminster vorgeschlagenen Form angemeldet worden sind.[36]

Im übrigen sind die bisherigen Untersuchungen der rechtlichen Zulässigkeit normverrmeidender Verträge relativ dünn gesät.[37] Einen Abschnitt über normvermeidende Verträge enthält der Entwurf der Unabhängigen Sachverständigenkommission beim Bundesministerium für Umwelt, Naturschutz und Reaktorsicherheit für ein Umweltgesetzbuch vom Juli 1997 (UGB-KomE):[38] In den §§ 36 ff. des Entwurfs sind Voraussetzungen des wirksamen Zustandekommens derartiger Vereinbarungen vorgesehen.

In anderen europäischen Ländern bilden rechtsverbindliche Verträge einen festen Bestandteil insbesondere der Umweltpolitik: Entsprechende Verträge sind aus Belgien,[39] den Niederlanden[40] und Dänemark[41] bekannt.[42] Insgesamt läßt sich sagen,

---

17.06.1999. Vgl. zu dem Eckpunktepapier auch *Koch/Roßnagel*, Neue Energiepolitik und Ausstieg aus der Kernenergie, NVwZ 2000, 1 (2); *Roßnagel*, Rechtsprobleme des Ausstiegs aus der Kernenergie, ZfU 1999, 241 (243).

35 Vgl. hierzu im einzelnen oben 1. Teil Kapitel A. VIII. 2. b).

36 *Roßnagel,* Rechtsprobleme des Ausstiegs aus der Kernenergie, ZfU 1999, 241 (243).

37 Ansätze finden sich außer bei *Roßnagel* bei *Beyer,* Der öffentlich-rechtliche Vertrag, informales Handeln der Behörden und Selbstverpflichtungen Privater als Instrument des Umweltschutzes, 1986; *Birk,* Normsetzungsbefugnis und öffentlich-rechtlicher Vertrag, NJW 1977, 1797 (1798 ff.); *Di Fabio*, Vertrag statt Gesetz?, DVBl. 1990, 338; *Frowein,* Die Bindung des Gesetzgebers an Verträge, in: Jakobs (Hrsg.), FS Flume, 1978, S. 301 ff.; *Kloepfer,* Umweltrecht, § 5 Rdn. 205; *Kloepfer/Elsner*, Selbstregulierung im Umwelt- und Technikrecht, DVBl. 1996, 964 (972 ff.); *Meyer,* in: Meyer/Borgs, VwVfG, § 54 Rdn. 54 ff.; *Scherer,* Rechtsprobleme normersetzender „Absprachen", DÖV 1991, 1 (4 ff.); *Knebel/Wicke/Michael,* Selbstverpflichtungen und normersetzende Umweltverträge als Instrumente des Umweltschutzes, Umweltbundesamt Berichte 5/99; *Leitzke,* Der normersetzende Vertrag – ein zukunftsfähiges Instrument im Umweltrecht?, UPR 2000, S. 361 ff.

38 Bundesministerium für Umwelt, Naturschutz und Reaktorsicherheit (Hrsg.), Umweltgesetzbuch (UGB-KomE) – Entwurf der Unabhängigen Sachverständigenkommission zum Umweltgesetzbuch beim BMU, S. 120, 510 ff.

39 Die in der belgischen Region Flandern geltende Rechtverordnung über Umweltvereinbarungen legt sogar fest, daß normabwendende Vereinbarungen *nur in rechtverbindlicher Form* geschlossen werden dürfen, dazu oben 1. Teil Kapitel A. XI. 2. b) und die Mitteilung der *EU-Kommission* an den Rat und das europäische Parlament über Umweltvereinbarungen, KOM 96, 561 endg., Anhang S. 25.

daß in den Mitgliedsstaaten der Europäischen Union ein Trend zu einer stärker formalisierten und verbindlicheren Form der Kooperation von Staat und Wirtschaft erkennbar ist.[43]

Auch in der Bundesrepublik könnten rechtsverbindliche Verträge als ein Mittel in Betracht kommen, einige der festgestellten Defizite der unverbindlichen Absprachen zu beheben[44]: Die Einklagbarkeit der Primärpflichten würde von vornherein Versuche der Wirtschaft vereiteln, die Verhandlungsbereitschaft des Staates zur bloßen Verzögerung einer gesetzlichen Regelung zu mißbrauchen.[45] Verbindliche Verträge würden zudem für alle Beteiligten ein erhöhtes Maß an Planungssicherheit bedeuten: Es bestünde – im Rahmen der noch zu ermittelnden Möglichkeiten, sich von den Verträgen wieder zu lösen –[46] Klarheit über die wechselseitig eingegangenen Verpflichtungen. Wegen der rechtlichen Durchsetzbarkeit der Primärpflichten der Wirtschaft könnten normvermeidende Verträge – anders als unverbindliche Absprachen – zur Bekämpfung einer bereits eingetretenen Gefahr geeignet sein.[47] Auf der

---

40 *Erasmus Unviversität,* Environmental Contacts and convenants – New Instruments for a realistic environmental policy?, Rotterdam 1992. Der Grad der Rechtsverbindlichkeit der dortigen *convenants* ist im einzelnen allerdings umstritten.

41 Vgl. oben 1. Teil Kapitel A. XI. 2. c).

42 In Frankreich sieht ein Gesetz zur Reform der *planification* aus dem Jahre 1982 anstelle der in den 60er und 70er Jahren praktizierten *quasi-contrats* nunmehr sog. *contrat de plan* zur Durchsetzung der Vorgaben der staatlichen Wirtschaftspläne im Rahmen der planification vor. Die *contrats de plan* sollen nach dem ausdrücklichen Wortlaut des Gesetzes als rechtsverbindliche Verträge zu qualifizieren sein. Vgl. dazu im einzelnen bereits oben 1. Teil Kapitel A. XI. 2. a).

43 So auch die Mitteilung der *Kommission* an den Rat und das Europäische Parlament über Umweltvereinbarungen, KOM 96, 561 endg., S. 3. In Frankreich sieht ein Gesetz zur Reform der *planification* aus dem Jahre 1982 anstelle der in den 60er und 70er Jahren praktizierten *quasi-contrats* nunmehr sog. *contrat de plan* zur Druchsetzung der Vorgaben der staatlichen Wirtschaftspläne im Rahmen der planification vor., vgl. dazu im einzelnen bereits oben 1. Teil Kapitel A. XI.2. a), S. 42.

44 In diesem Sinne die *Kommission,* Mitteilung an den Rat und das Europäische Parlament über Umweltvereinbarungen, KOM 96, 561 endg., S. 11 Ziffer 19, wo es heißt, daß "... *der Rechtsstatus der Vereinbarungen ein wichtiges Element für ihren Erfolg darstellt. Verträge sind ein gut bekanntes und allgemein anerkanntes Rechtsinstrument. Sie enthalten Verpflichtungen für alle Parteien und bieten klare Rahmenbedingungen, so daß für den Fall der Nichteinhaltung Sanktionen ausbedungen und durch Gerichtsentscheid durchgesetzt werden können. Verbindliche Vereinbarungen bieten im allgemeinen eine bessere Gewähr für die Erreichung der Umweltziele.* "

45 Diese Gefahr besteht bei nicht rechtsverbindlichen normvermeidenden Absprachen insofern, als sich die Vertreter der Wirtschaft zuweilen nur zum Schein an den Absprachen beteiligen und dabei keine Konsequenzen befürchten müssen, weil die eingegangenen Verpflichtungen nicht durchsetzbar sind. Zu den Verzögerungstaktiken der Wirtschaft vgl. *Lübbe-Wolff,* Das Kooperationsprinzip im Umweltrecht – Rechtsgrundsatz oder Deckmantel eines Vollzugsdefizits?, NuR 1989, 295 (296).

46 Dazu sogleich 5. Teil Kapitel C. II. 2. b).

47 *Bundesministerium für Umwelt, Naturschutz und Reaktorsicherheit (Hrsg.),* Begründung zum Entwurf der Unabhängigen Sachverständigenkommission beim BMU für ein Umweltgesetzbuch, zu § 36, S. 510.

anderen Seite wären wesentliche Vorteile der unverbindlichen Absprachen im Vergleich zu einem regulären Normsetzungsverfahren auch bei rechtsverbindlichen normvermeidenden Verträgen gegeben: Der private Sachverstand könnte wie bei den Absprachen genutzt werden, um effiziente Wege der Problemlösung zu finden.[48] Die Folgebereitschaft der Betroffenen wäre auch bei verbindlichen Verträgen infolge der kooperativen Form der Interessenabstimmung erhöht.[49] Auf diese Weise könnten mit verhandlungsbereiten Teilen der Wirtschaft Steuerungskonzepte erprobt werden, ehe sie Bestandteil einer Regelung durch Gesetz oder Rechtsverordnung werden.[50] Wegen der konsensualen Form der Entscheidungsfindung dürften schließlich auch normvermeidende Verträge weniger Stoff für gerichtliche Überprüfungen bieten.[51]

1. Zulässigkeit normvermeidender Verträge als Handlungsform?

Angesichts dieser Vorzüge stellt sich die Frage, ob und unter welchen Voraussetzungen normvermeidende Verträge rechtlich zulässig sind. Daß ein generelles Handlungsformverbot für verbindliche Verträge im Bereich der Normsetzung besteht,[52] wird heute zurecht nicht mehr vertreten.[53] Stattdessen wird überwiegend zwischen echten und unechten Normsetzungsverträgen unterschieden.[54] Als *echte*

[48] Zu diesem Vorteil kooperativen Zusammenwirkens von Staat und Wirtschaft bereits oben 2. Teil Kapitel B.

[49] *Di Fabio,* Vertrag statt Gesetz?, DVBl. 1990, 338 (341). Zur Verbesserung der Zielgenauigkeit des Steuerungsimpulses, der mit der Einbeziehung der Betroffenen verbunden ist, vgl. oben 2. Teil Kapitel B. II. 2.

[50] *Kloepfer/Elsner,* Selbstregulierung im Umweltrecht, DVBl. 1996, 964 (972), die insbesondere auf die Möglichkeit verweisen, vertraglich festgelegte verschärfte Umweltanforderungen zu vereinbaren, um in einer Art Feldversuch die praktische Umsetzbarkeit zu erproben.

[51] Hinzu kommt, daß der öffentlich-rechtliche Vertrag auch aus Rechtsgründen weniger fehleranfällig ist als einseitig-hoheitliche Regelungen: Aus § 59 VwVfG ergibt sich, daß der öffentlich-rechtliche Vertrag nur bei Vorliegen von Nichtigkeitsgründen angreifbar ist; die einfache Rechtswidrigkeit schadet seinem Bestand nicht. Dazu *Blankenagel,* Folgenlose Rechtswidrigkeit öffentlich-rechtlicher Verträge?, VerwArch 76 (1985), S. 275 ff. Zu den immer noch bestehenden dogmatischen Unsicherheiten über den Umfang der Nichtigkeitskontrolle *Maurer,* Der Verwaltungsvertrag – Probleme und Möglichkeiten, DVBl. 1989, 798 (799).

[52] So noch *Forsthoff,* Lehrbuch des Verwaltungsrechts, Bd. I, 1973, S. 778, der Verträge im Bereich der Normsetzung für „unter allen Umständen nichtig“ hielt.

[53] Ein generelles Vertragsformverbot im Bereich der Normsetzung läßt sich auch nicht aus § 54 S. 2 VwVfG herleiten, wo davon die Rede ist, daß durch einen öffentlich-rechtlichen Vertrag *insbesondere ein Verwaltungsakt* ersetzt werden könne. Die Wendung „*insbesondere*“ in § 54 S. 2 VwVfG läßt vielmehr Raum für weitere Verwendungsmöglichkeiten des Instruments.

[54] Zu dieser Unterscheidung *Meyer,* in: Meyer/Borgs, Verwaltungsverfahrensgesetz, § 54 Rdnr. 54 ff.; *Scherer,* Rechtsprobleme normersetzender „Absprachen“, DÖV 1991, 1 (4); *Kloepfer,* Umweltrecht, § 5 Rdn. 205; *Ders./Elsner,* DVBl. 1996, 964 (972 f.); *Bundesministerium für Umwelt, Naturschutz und Reaktorsicherheit (Hrsg.),* Begründung zum Entwurf der Unabhängigen Sachverständigenkommission beim BMU für ein Umweltgesetzbuch, S. 503.

Normsetzungsverträge werden Verträge bezeichnet, die eine Verpflichtung zum Erlaß oder zur Änderung, Ergänzung oder Aufhebung einer Norm beinhalten. Solche Verträge sollen unzulässig sein, weil sie die verfahrensmäßigen Sicherungen eines regulären Rechtsetzungsverfahrens unterlaufen und ihr Zustandekommen nicht mit den rechtsstaatlichen Anforderungen an eine angemessene Abwägung und an ein hinreichend durchschaubares Verfahren zu vereinbaren seien.[55] *Unechte Normsetzungsverträge* sind dagegen lediglich auf die Beibehaltung des bestehenden Rechtszustandes gerichtet: Die staatliche Seite verspricht den Verzicht auf eine Normsetzungsinitiative, also eine Beibehaltung des „normativen status quo".[56] Derartige Verträge werden unter der Voraussetzung für zulässig gehalten, daß sie unter Mitwirkung des zur Normsetzung befugten Organs zustande kommen.[57] Dieser Stelle stehe es frei, von ihrer Normsetzungsbefugnis Gebrauch zu machen oder untätig zu bleiben. Eine vertragliche Verpflichtung, die sich zwischen diesen beiden Polen bewege, sei unbedenklich,[58] weil sie den Normgeber nicht zu einer bestimmten Normsetzung verpflichte.

Normvermeidende Verträge, wie sie als Alternative zu den untersuchten Absprachen in Betracht kämen, wären unechte Normsetzungsverträge im Sinne der obigen Differenzierung.[59] Die staatliche Seite würde – wie bei den Absprachen – lediglich gesetzgeberische Untätigkeit in Aussicht stellen und nicht den Erlaß eines bestimmten Gesetzes versprechen. Daß eine derartige Zusage nicht nur einer unverbindlichen, sondern auch einer rechtsverbindlichen Vereinbarung zugänglich ist, ergibt sich daraus, daß Gegenstand der Zusage lediglich die Normsetzungsinitiative ist:[60] Dieses Initiativrecht steht zur Disposition der Stellen, denen die entsprechende Kompetenz zusteht. Auch Mitglieder der Exekutive können deshalb rechtsverbindlich auf die Ausübung des ihnen zustehenden Gesetzesinitiativrechts verzichten, ohne die Entscheidungsfreiheit der Legislativorgane unzulässig einzuengen; inso-

Ohne Differenzierung für die generelle Zulässigkeit von Normsetzungsverträgen *Bonk,* in: Stelkens/Bonk/Sachs, Verwaltungsverfahrensgesetz, § 54 Rn. 107.

[55] *Meyer,* in: Meyer/Borgs, Verwaltungsverfahrensgesetz, § 54 Rdnr. 54 ff.; *Kloepfer*, Umweltrecht, § 5 Rdn. 205. Ebenso die bauplanungsrechtliche Rechtsprechung zur Zulässigkeit von Verträgen, mit denen sich Gemeinden zum Erlaß oder zur Änderung eines Bebauungsplanes verpflichtet hatten: BVerwG NJW 1980, 2538; DVBl. 1977, 529; DÖV 1981, 878; BGH NJW 1980, 826; BGHZ 71, 386 (390 f.); 76, 16 (22); OVG Lüneburg DVBl. 1978, 178. Vgl. hierzu auch § 6 Abs. 2 S. 3 Halbs. 2 BauGBMaßnG i. d. F. vom 28.4.1993, der nunmehr bestimmt, daß „ein Anspruch auf Aufstellung eines Bauleitplanes oder einer sonstigen städtebaulichen Satzung ... durch Vertrag nicht begründet werden" kann.

[56] *Kloepfer/Elsner*, Selbstregulierung im Umweltrecht, DVBl. 1996, 964 (969).

[57] *Meyer*, in: Meyer/Borgs, Verwaltungsverfahrensgesetz, § 54 Rdn. 54 ff. m. w. Nachw.; *Scherer*, Rechtsprobleme normersetzender „Absprachen", DÖV 1991, 1, 4 f.

[58] *Di Fabio*, Vertrag statt Gesetz?, DVBl. 1990, 338 (341).

[59] So auch *Kloepfer/Elsner*, Selbstregulierung im Umweltrecht, DVBl. 1996, 964 (969); *Scherer*, Rechtsprobleme normersetzender „Absprachen", DÖV 1991, 1 (4); *Bundesministerium für Umwelt, Naturschutz und Reaktorsicherheit (Hrsg.),* Begründung zum Entwurf der Unabhängigen Sachverständigenkommission beim BMU für ein Umweltgesetzbuch, S. 503.

[60] Zum entsprechenden Gegenstand der Absprachen vgl. bereits oben 4. Teil Kapitel A. II. 2.

weit besteht kein Unterschied zu den untersuchten unverbindlichen Absprachen.[61] Prinzipiell unerheblich ist es auch, ob der Gegenstand des Vertrages die Initiative zum Erlaß einer Rechtsverordnung oder eines Parlamentsgesetzes ist. In beiden Fällen werden die verfahrensmäßigen Sicherungen, die einem geordneten Normsetzungsverfahren und der unbeeinflußten Willensbildung der zuständigen Organe dienen, nicht verletzt, weil ein bestimmter Norminhalt bei unechten Normsetzungsverträgen nicht zugesagt wird.

2. Rechtswirkungen normvermeidender Verträge

a) Erfüllungsansprüche – Inhalt und Durchsetzbarkeit

Normvermeidende Verträge sind öffentlich-rechtliche Verträge, die von den Beteiligten mit Rechtsbindungswillen geschlossen werden und deshalb geeignet sind, sowohl für den Staat als auch für die beteiligten Wirtschaftskreise wechselseitige Ansprüche auf Erfüllung zu begründen.[62]

Bestritten worden ist dies in der Literatur für den Erfüllungsanspruch der Privaten: So meinen Di Fabio[63] und Meyer,[64] daß die Freiheit des Normgebers nicht durch eine vertragliche Primärpflicht zur Unterlassung der Normsetzung eingeschränkt werden könne. In Betracht komme nur eine sekundäre Sanktionierung von Vertragsverstößen durch Schadenersatz- und Entschädigungsansprüche. Diese Auffassung ist jedoch inkonsequent: Wäre die Disposition über das Initiativrecht in einem Normsetzungsverfahren einer vertraglichen Vereinbarung nicht zugänglich, müßte ein diesbezügliches Vertragsformverbot angenommen werden. Dies wird aber auch von Di Fabio und Meyer – wie oben gesehen zurecht –[65] nicht vertreten. Hält man dagegen eine vertragliche Bindung des Gesetzesinitiativrechts prinzipiell für möglich, ist nicht einzusehen, warum den Privaten keine durchsetzbaren primären Erfüllungsansprüche aus dem Vertrag zustehen sollen: Drohende Sekundäransprüche würden die Gestaltungsfreiheit des Initiativberechtigen im Normsetzungsverfahren in vergleichbarer Weise mittelbar einengen. Die noch zu erörternden Kündigungsmöglichkeiten[66] gewährleisten zudem ein ausreichendes Maß an Gestaltungsfrei-

[61] Die faktische Bindungswirkung einer rechtsverbindlichen Zusage für die Legislative entspricht derjenigen einer unverbindlichen Absprache. Daß diese Bindungswirkung den Gewaltenteilungsgrundsatz nicht verletzt, wurde bereits nachgewiesen, vgl. oben 4. Teil Kapitel A. II.

[62] *Scherer,* Rechtsprobleme normersetzender „Absprachen", DÖV 1991, 1 [6]; wohl auch *Kloepfer/Elsner,* Selbstregulierung im Umwelt- und Technikrecht, DVBl. 1996, 964 (972).

[63] *Di Fabio*, Vertrag statt Gesetz?, DVBl. 1990, 338 (344).

[64] *Meyer,* in: Meyer/Borgs, VwVfG, § 54 Rdn. 58; *Ders.,* Das neue öffentliche Vertragsrecht und die Leistungsstörungen, NJW 1977, 1705 (1711).

[65] Vgl. die Ausführungen zur grundsätzlichen Zulässigkeit unechter Normsetzungsverträge, oben 5. Teil Kapitel C. II. 1.

[66] Vgl. unten 5. Teil Kapitel C. II. 2. c).

heit, um grundlegenden Veränderungen der Rahmenbedingungen oder auftretenden dringenden Gefahren für das Allgemeinwohl zu begegnen. Solange der normvermeidende Vertrag Bestand hat, ist die staatliche Seite aber an die vertragliche Unterlassungverpflichtung gebunden, die sie eingegangen ist.[67]

Daraus folgt zum einen, daß die Privaten ihren staatlichen Vertragspartner vor den Verwaltungsgerichten[68] auf Unterlassung einer vertragswidrigen Normsetzungsinitiative verklagen können. Zum anderen kommt aus Sicht der Privaten ein Rechtsschutz gegen die vertragswidrig erlassene Rechtsnorm und die auf ihr beruhenden Rechtsakte in Betracht. Gegen einen solchen Rechtsschutz bestehen keine Bedenken, soweit es um rechtsverordnungsvermeidende Verträge geht. Erläßt die Regierung, die sich in einem normvermeidenden Vertrag zum Verzicht auf eine bestimmte Verordnung verpflichtet hat, diese Verordnung gleichwohl, können die privaten Absprachepartner die Verordnung entweder – sofern es sich um eine Landesverordnung handelt und in dem betreffenden Land eine Ausführungsverordnung zu § 47 VwGO existiert – im Wege eines Normenkontrollverfahrens gemäß § 47 VwGO vor dem zuständigen Oberverwaltungsgericht angreifen oder sich mit einer verwaltungsgerichtlichen Klage gegen Vollzugsakte zur Wehr setzen, die auf der vertragswidrig erlassenen Rechtsverordnung beruhen. Anders liegen die Dinge, wenn sich eine Regierung zu einem Verzicht auf eine Initiative zum Erlaß eines Parlamentsgesetzes verpflichtet hat: Hier bindet die Vereinbarung nur die am Vertrag beteiligte

---

[67] *Scherer,* Rechtsprobleme normersetzender „Absprachen", DÖV 1991, 1 (6). Wohl auch *Kloepfer/Elsner,* Selbstregulierung im Umwelt- und Technikrecht, DVBl. 1996, 964 (972), wo es heißt, daß *„die Bundesregierung, hätte sie sich einmal für eine Regelung durch Vertrag entschieden, grundsätzlich an diese Entscheidung gebunden wäre. Der Erlaß einer Rechtsverordnung in diesem Regelungsbereich käme daher nur in Frage, wenn der Vertrag abgelaufen wäre oder in entsprechender Anwendung des § 60 VwVfG gekündigt würde".*

[68] Die Eröffnung des Verwaltungsrechtswegs ergibt sich aus § 40 Abs. 1 VwGO, weil es um die Durchsetzung von Pflichten aus einem öffentlich-rechtlichen Vertrag geht. Es liegt auch keine verfassungsgerichtliche Streitigkeit vor, die der Zuständigkeit der Verwaltungsgerichte entzogen wäre. Dies dürfte kaum einem Zweifel unterliegen, soweit sich der Regelungsverzicht auf eine Rchtsverordnung bezieht: Die gerichtliche Kontrolle der Exekutive, auch soweit sie rechtssetzend tätig wird, ist Aufgabe der Verwaltungsgerichte (BVerfGE 68, 319 [325 ff.]; BVerfGE, NJW 1986, 1483). Aber auch soweit es um Verträge geht, die sich auf die Unterlassung einer auf den Erlaß eines Parlamentsgsetzes gerichteten Normsetzungsinitiative beziehen, liegt keine verfassungsgerichtliche Streitigkeit vor, die der Zuständigkeit der Verwaltungsgerichte entzogen wäre: Von der Rechtswegzuweisung des § 40 Abs. 1 VwGO sind nur Prozesse von sog. doppelter Verfassungsunmittelbarkeit ausgeschlossen, d. h. Streitigkeiten, die Rechtsbeziehungen von Verfassungsorganen oder am Verfassungsleben beteiligter Organe zueinander betreffen und sich auf Rechte und Pflichten beziehen, die sich unmittelbar aus der Verfassung ergeben (BVerwGE 36, 218 [228]; 51, 69 [71]; BVerfGE 27, 152 [157]; 42, 104 [112]). Streitigkeiten zwischen dem Bürgern und dem Staat sind deshalb auch dann nicht verfassungsrechtlicher Natur, wenn an ihnen ein Verfassungsorgan beteiligt ist (BVerwG 36, 218 [228]; 51, 69 [71]; BVerwG DÖV 1976, 315). Die Unterlassungsklage wäre vor dem örtlich zuständigen Verwaltungsgericht zu erheben. *De lege ferenda* sollte erwogen werden, ob wegen des überörtlichen Bezugs vieler normvermeidender Verträge auf Bundesebene eine erstinstanzliche Zuständigkeit des Bundesverwaltungsgerichts ensprechend § 50 VwVfG begründet werden sollte.

Regierung, der im Gesetzgebungsverfahren nur ein Initiativrecht zusteht. Es wurde bereits oben darauf hingeweisen, daß die Befugnis des Parlaments, ein bestimmtes Gesetz zu erlassen, durch die Zusage der Regierung nicht berührt wird. Ein Parlamentsgesetz, das einer gegenteiligen vertraglichen Zusicherung der Regierung widerspricht, ist demnach jedenfalls wirksam, sofern die betreffende Gesetzesvorlage von einem anderen Initiativberechtigten, auf Bundesebene also gemäß Art. 76 GG aus der Mitte des Bundestages oder vom Bundesrat, stammt. Aber auch wenn die Regierung entgegen ihrer vertraglichen Verpflichtung eine Gesetzesvorlage einbringt, führt dies nicht zur Nichtigkeit des Gesetzes: Daß sich die Regierung schuldrechtlich zur Unterlassung einer Normsetzungsinitiative verpflichtet hat, ändert nichts daran, daß eine Gesetzesintiative vorliegt, die den Anforderungen des Art. 76 GG entspricht. Nur darauf kommt es im Hinblick auf die formelle Rechtmäßigkeit des Gesetzes an.[69]

Vertragliche Erfüllungsansprüche aus normvermeidenden Verträgen stehen nicht nur den Privaten zu. Auch die staatliche Seite kann die beteiligten Wirtschaftskreise im Wege einer verwaltungsgerichtlichen[70] Leistungsklage auf Einhaltung ihrer Zusagen in Anspruch nehmen.[71] Rechtspolitisch verfehlt wäre dagegen die Schaffung einer einfachgesetzlichen Regelung, wie sie von Kloepfer/Elsner[72] vorgeschlagen wird, nach der die Pflichten der Wirtschaft aus normvermeidenden Verträgen unmittelbar durch Verwaltungsakt vollstreckbar sein sollen. Eine solche Regelung würde im Widerspruch zur prinzipiellen Gleichordnung der Vertragsparteien stehen, die ein wesentliches Charakteristikum der Kooperation im Bereich der Normsetzung bildet. Sofern – etwa wegen der Vielzahl der auf privater Seite Betroffenen – ein besonderes Bedürfnis nach einer zügigen Durchsetzung der Vertragspflichten besteht, bietet § 61 VwVfG bereits nach geltendem Recht die Möglichkeit, öffentlich-rechtliche Verträge für unmittelbar vollstreckbar zu erklären. Dazu ist allerdings die Unterwerfung der betroffenen Partei unter die sofortige Vollstreckung erforderlich (§ 61 Abs. 1 VwVfG).[73] Auf diese Weise wird die Vereinbarung einer etwaigen Vollstreckbarkeitsregelung in den vertraglichen Interessenausgleich der Parteien einbezogen: Die öffentliche Seite müßte gegebenenfalls in der Sache Zugeständnisse ma-

[69] Vgl. Art. 82 GG: „Die *nach den Vorschriften dieses Grundgesetzes* zustande gekommenen Gesetze ..." Die Verletzung der vertraglichen Verpflichtung der Bundesregierung vermag in diesem Fall nur noch Schadenersatzansprüche der privaten Absprachеteilnehmer zu begründen.

[70] Auch für die Durchsetzung der Pflichten der Privaten ist gemäß § 40 VwGO der Verwaltungsrechtsweg eröffnet, weil es um die Durchsetzung von Pflichten aus einem öffentlichrechtlichen Vertrag nichtverfassungsrechtlicher Art geht.

[71] Im Falle einer Verletzung der Pflichten der Wirtschaft hat die staatliche Seite außerdem die Möglichkeit, den Vertrag zu kündigen und anstelle des Vertrages die Rechtsnorm zu erlassen, auf die nach dem Vertrag verzichtet werden sollte.

[72] *Kloepfer/Elsner*, Selbstregulierung im Umweltrecht, DVBl. 1996, 964 (972). Diesen Ansatz verwirklicht § 36 Abs. 2 S. 3 a. E. KomE-UGB, der vorsieht, daß die „im Vertrag geregelten Pflichten ... durch Verwaltungsakt erzwungen werden" können.

[73] Dazu *Hennecke*, in: Knack, VwVfG, § 61 Rn. 2; *Kopp*, VwVfG, § 61 Rdn. 5 ff.

chen, um in den Genuß der erleichterten Vollstreckbarkeit der Verpflichtungen zu kommen. Die Beibehaltung dieser Grundregel ist auch für normvermeidende Verträge sachgerecht: Der Staat setzt mit der Wahl der vertraglichen Handlungsform auf die erhöhte Folgebereitschaft der Betroffenen aufgrund von Kooperation. Hierzu stünde eine Vollstreckbarkeitsregelung, die auf die einseitig-hoheitliche Durchsetzung der Pflichten aus normativen Regelungen zugeschnitten ist, in prinzipiellem Widerspruch.[74]

Auf privater Seite ergibt sich ein weiteres Problem bei der Umsetzung der Verträge aus der Beteiligung der Verbände. Im Interesse einer effizienten Durchsetzung der Vertragspflichten müßten Vorkehrungen dafür getroffen werden, daß sich die vom Vertragsinhalt betroffenen Unternehmen nicht ohne weiteres den eingegangenen Verpflichtungen entziehen können, indem sie aus ihrem Verband austreten, wenn sich etwa die wirtschaftliche Lage ändert.[75] Als Ausweg bietet sich eine § 3 Abs. 3 Tarifvertragsgesetz (TVG) entsprechende Regelung für normvermeidende Verträge an:[76] Nach dieser Vorschrift bleibt die Wirkung eines Tarifvertrages im Falle des Austritts eines Unternehmens aus dem vertragschließenden Verband solange bestehen, bis der Vertrag endet.[77]

b) *Allgemeinverbindlicherklärung?*

Auch sonst bestehen Parallelen zum Tarifvertragsrecht, die es rechtspolitisch erwägenswert erscheinen lassen, einige der in diesem Bereich existierenden Rechtsregeln auf normvermeidende Verträge zu übertragen. So ist vorgeschlagen worden, das Institut der Allgemeinverbindlicherklärung, wie es bisher nur für Tarifverträge

---

[74] Insofern trägt die von *Klopfer/Elsner* (Selbstregulierung im Umweltrecht, DVBl. 1996, 964 [972]) gezogene Parallele zur Vollstreckbarkeit der Pflichten aus einer Rechtsverordnung gerade nicht: Wenn der Staat eine unmittelbar durch Verwaltungsakt vollstreckbare Regelung wünscht, hat er die Möglichkeit, eine entsprechende Norm zu erlassen. Wählt er dagegen die kooperative Form der Interessenabstimmung, muß er in diesem Punkt Nachteile in Kauf nehmen.

[75] Für die rechtlich unverbindlichen Absprachen stellt sich dieses Problem nicht in vergleichbarer Weise: Wird die Absprache durch eine sog. Verbandsempfehlung umgesetzt, entfaltet diese für die Verbandsmitglieder ohnehin nur eine politische Bindungswirkung. Es bestehen insofern keine rechtlichen Verpflichtungen, denen sich die betroffenen Unternehmen durch einen Verbandsaustritt entziehen könnten oder müßten. Werden zur Umsetzung der Absprachen verbindliche horizontale Verträge geschlossen, kommen diese zwischen den einzelnen betroffenen Unternehmen zustande. Diese sind an die Verträge dann unabhängig von ihrer Verbandsmitgliedschaft gebunden, so daß auch insoweit keine Vorkehrungen gegen die Folgen eines Verbandsaustritts getroffen werden müssen.

[76] *Kloepfer/Elsner*, Selbstregulierung im Umweltrecht, DVBl. 1996, 964 (973).

[77] Eine entsprechende Regelung sieht nunmehr auch der Entwurf der Unabhängigen Sachverständigenkommission für ein Umweltgesetzbuch beim BMU (UGB-KomE) in § 36 Abs. 2 S. 2 vor, wo es heißt: „*Die Verbindlichkeit bleibt für die Mitglieder von Verbänden unabhängig von ihrer Mitgliedscchaft bestehen, bis der Vertrag endet.*“

existiert,[78] auch für normvermeidende Verträge einzuführen.[79] Ein Bedürfnis nach der Erstrekkung der Rechtswirkungen des Vertrages auf Dritte kann sich in der Tat unter mehreren Gesichtspunkten ergeben: Zum einen, um die Ausnutzung fehlenden Wettbewerbsdrucks durch nicht an der Vereinbarung beteiligter sog. Außenseiter zu verhindern. Zum anderen kann sich nach einer gewissen Erprobungszeit das Bedürfnis ergeben, die bisher nur für den Kreis der Vertragsbeteiligten geltenden Regelungen auf die Allgemeinheit zu erstrecken, weil sich die Regelungen bewährt haben.

Allerdings müßten für die Allgemeinverbindlicherklärung alle Verfahrensanforderungen beachtet werden, die auch für den Normerlaß selbst gelten. Durch die Allgemeinverbindlicherklärung wandelt sich nämlich der Charakter des Vertrages: Aus dem unechten Normsetzungsvertrag, der sich nur auf die Normsetzungsinitiative bezieht, wird eine allgemeine Regelung, die in ihrer Wirkung der Norm entspricht, die durch den Vertrag hätte abgewendet werden sollen. Damit wäre nunmehr doch der Norminhalt betroffen, zu dessen Festlegung nur die zur Normsetzung berufenen Organe befugt sind. Dies wäre nur tolerabel, wenn die Allgemeinverbindlicherklärung in einem Verfahren erfolgt, das dem Normerlaßverfahren entspricht; ansonsten bestünden gegenüber der Allgemeinverbindlicherklärung sämtliche Bedenken, die auch gegenüber echten Normsetzungsverträgen ins Feld geführt wurden: Nur wenn die rechtsstaatlichen Anforderungen an ein durchschaubares Verfahren und einen angemessenen Abwägungsvorgang gewahrt sind, ist die Gefahr gebannt, daß das mit zahlreichen Sicherungen ausgestattete Rechtssetzungsverfahren nicht unterlaufen wird. Wenn aber sämtliche Verfahrensanforderungen des Normsetzungsverfahrens auch im Rahmen der Allgemeinverbindlicherklärung zu beachten sind, bietet dieses Vorgehen keinen Vorteil gegenüber dem Erlaß einer dem Vertragsinhalt entsprechenden Norm. Deshalb kann auf das Institut der Allgemeinverbindlicherklärung bei normvermeidenden Verträgen letztlich verzichtet werden: Wenn ein Bedürfnis nach einer allgemeinverbindlichen Regelung besteht, bildet der Erlaß einer Norm die adäquate Handlungsform. Der Erlaß einer Rechtsverordnung oder eines Gesetzes eignet sich sowohl dazu, den Vertragsinhalt auf bisher nicht beteiligte Außenseiter zu erstrecken, als auch nach einer gewissen Erprobungszeit den Vertragsinhalt in eine allgemeine Regelung überzuleiten.[80]

---

[78] Vgl. § 5 TVG. Die Einführung des Instruments der Allgemeinverbindlicherklärung ist auch schon für andere Rechtsgebiete erwogen worden: *Söhn*, Allgemeinverbindlicherklärungen von Wettbewerbsregeln, 1983; *Heynen*, Allgemeinverbindlicherklärungen nach europäischem Marktordnungsrecht, 1985. Für das Umwelt- und Technikrecht bereits: *Krüger*, Rechtssetzung und technische Entwicklung, NJW 1966, 617 (623).

[79] *Kloepfer/Elsner*, Selbstregulierung im Umweltrecht, DVBl. 1996, 964 (973).

[80] In dieser Richtung auch § 37 UGB Kom-E, wo als Mittel der Allgemeinverbindlicherklärung der Erlaß einer entsprechenden Rechtsverordnung vorgesehen ist.

c) Kündigung und Sekundärpflichten

Was schließlich die Kündigungsmöglichkeiten der Parteien angeht, sind beide Seiten nur unter engen Voraussetzungen befugt, sich vor Ablauf der vereinbarten Geltungsdauer von der Vereinbarung zu lösen: Es bedarf dazu eines besonderen Kündigungsgrundes. Derartige Kündigungsgründe können durch eine – zumindest entsprechende –[81] Anwendung des § 60 VwVfG gewonnen werden. Danach wären die Parteien im Falle der wesentlichen Änderung der Verhältnisse nicht mehr an ihre Zusagen gebunden. Für die staatliche Seite käme neben diesem Sonderfall des Wegfalls der Geschäftsgrundlage eine Kündigung in Betracht, wenn sie zur Verhütung oder Beseitigung schwerer Nachteile für das Gemeinwohl dringend geboten wäre (vgl. § 60 Abs. 1 S. 2 VwVfG). Der Staat könnte also, wenn dies wegen einer Veränderung der Situation zwingend geboten wäre, eine normative Regelung anstelle des Vertrages treffen. Andererseits wäre das Interesse der Wirtschaft an Planungssicherheit ausreichend berücksichtigt. Umgekehrt wäre auch die Wirtschaft nur im Falle einer fundamentalen Veränderung der wirtschaftlichen Rahmenbedigungen befugt, die Vereinbarung aufzukündigen. § 60 VwVfG trägt damit den je nach Einzelfall unterschiedlichen Interessen der Parteien differenziert Rechnung; insbesondere gewährleistet er, daß eine hinreichende Entscheidungsfreiheit des Gesetz- und Verordnungsgebers gewahrt bleibt.[82]

Sofern die Voraussetzungen des § 60 VwVfG vorliegen, ist der Vertrag vorrangig an die gewandelten Verhältnisse anzupassen;[83] nur wenn die Vertragsanpassung nicht ausreichend ist, kommt eine Vertragsauflösung in Betracht. Daneben können wegen des in Anspruch genommenen Vertrauens Entschädigungsansprüche der privaten Seite bestehen. So besteht im Ergebnis weitgehend Einigkeit darüber, daß der Vertragspartner zumindest in den Fällen der außerordentlichen Kündigung zum Schutze des Gemeinwohls gem. § 60 Abs. 1 S. 2 VwVfG Anspruch auf eine Entschädigung hat, da sich in diesem Fall erheblich mehr als das normale Vertragsrisiko realisiert.[84] Die privaten Vertragspartner können in diesem Fall den Ersatz ihrer nutzlos

---

[81] Die direkte Anwendbarkeit des Verwaltungsverfahrensgesetzes auf normvermeidende Verträge ist umstritten: Befürwortend *Meyer,* in: Meyer/Borgs, VwVfG, § 54 Rn. 55; *Scherer,* Rechtsprobleme normersetzender „Absprachen", DÖV 1991, 1 (4); abl. *Birk,* Normsetzungsbefugnis und öffentlich-rechtlicher Vertrag, NJW 1977, 1797 (1978); *Dempfle,* Normvertretende Absprachen, Diss. Trier 1993, S. 96. Für eine entsprechende Anwendung der Kündigungsgründe des § 60 VwVfG auch die Begründung zum Entwurf eines UGB der Unabhängigen Sachverständigenkommission beim BMU, zu § 36, S. 510.

[82] Ebenso *Kloepfer/Elsner,* Selbstregulierung im Umweltrecht, DVBl. 1996, 964 (972).

[83] „Clausula rebus sic stantibus", vgl. dazu *Hennecke,* in. Knack, VwVfG, § 60 Anm. 7; *Kopp,* VwVfG, § 60 Rdn. 6 ff.; *Maurer,* Allgemeines Verwaltungsrecht, § 14 Rdn. 53.

[84] Uneinigkeit besteht über die Rechtsgrundlage des Entschädigungsanspruchs im Falle der Kündigung nach § 60 Abs. 1 S. 2 VwVfG. Für eine entsprechende Anwendung der §§ 48 Abs. 3, 49 Abs. 5 VwVfG: *Hennecke,* in: Knack, VwVfG, § 60 Anm. 11; *Meyer,* in: Meyer/Borgs, § 60 Rn. 23; *Obermayer,* VwVfG, § 60 Rn. 70. Für eine Entschädigung unter dem Gesichtspunkt eines enteignenden Eingriffs *Bonk,* in: Stelkens/Bonk/Sachs, VwVfG, § 60 Rdn. 22; *Scherer,*

gewordenen Aufwendungen verlangen, die sie im Vertrauen auf den Fortbestand des Vertrages gemacht haben.

3. Zuständigkeit und Verfahren des Vertragsschlusses

Für die Zuständigkeit zum Abschluß normvermeidender Verträge gelten die Ausführungen zur Verbands- und Organzuständigkeit für die Mitwirkung an normvermeidenden Absprachen sinngemäß: Die Verbandskompetenz ist an die Normsetzungszuständigkeit angelehnt, weil nur die zur Gesetz- bzw. Verordnungsgebung berufene Körperschaft den Verzicht auf den Normerlaß wirksam versprechen kann.[85]

Die Organkompetenz zum Abschluß von Normsetzungsverträgen steht jeweils den Stellen zu, denen ein Gesetzesinitiativrecht zusteht. Dies ergibt sich auch hier daraus, daß auch bei normvermeidenden Verträgen der Verzicht auf die Normsetzungsinitiative den Gegenstand des staatlichen Leistungsversprechens bildet.

Was die Beteiligung des Bundesrates an den Verträgen angeht, ergeben sich vom hier vertretenen Standpunkt zur Vollstreckbarkeit der Verträge ebenfalls keine Besonderheiten: Ebenso wie bei Absprachen berühren die Verträge im Normalfall die gem. Art. 83 GG den Ländern obliegenden Vollzugsaufgaben nicht.[86]

Ebensowenig würde eine entsprechende Anwendung des § 58 VwVfG den Besonderheiten normvermeidender Verträge gerecht. Wegen des großen, oftmals kaum zu überschauenden Kreises derjenigen, die von den Auswirkungen des Vertrages berührt werden, würde das Erfordernis einer vorherigen schriftlichen Zustimmung sämtlicher Betroffener zu unüberwindlichen praktischen Schwierigkeiten führen.[87] Die Rechte Dritter sind vielmehr von den beteiligten öffentlichen Stellen vor der

---

Rechtsprobleme normersetzender „Absprachen“, DÖV 1991, 1 (7). Unentschieden: *Kopp*, VwVfG, § 60 Rdn. 27.

[85] Dazu im einzelnen oben 4. Teil Kapitel A. I.

[86] Anders *Klopfer/Elsner*, Selbstregulierung im Umweltrecht, DVBl. 1996, 964, deren Auffassung, daß verbindliche Verträge der Zustimmungspflicht gem. Art. 83 GG unterliegen, vor dem Hintergrund zu verstehen sein dürfte, daß sie die Regelung der Vollstreckbarkeit der Pflichten aus normersetzenden Verträgen durch Verwaltungsakt vorschlagen. Nur in diesem Fall entstehen Vollzugaufgaben, die den Ländern übertragen werden könnten. Ähnlich wie *Kloepfer/Elsner* auch § 36 Abs. 1 S. 2 KomE UGB, der eine Zustimmungspflicht des Bundesrates vorsieht und zur Begründung pauschal darauf verweist, daß „die Beteiligungsrechte des Bundesrates nicht ausgehöhlt werden dürften“ (*BMU [Hsrg.]*, Begründung zum KomE-UGB, S. 511). Auch dieser Regelungsvorschlag dürfte vor dem Hintergrund zu verstehen sein, daß der Entwurf in § 36 Abs. 2 S. 3 vorsieht, daß die Einhaltung des Vertrages wie eine gesetzliche Regelung vollzogen werden soll, indem er die §§ 133–150 KomE-UGB für entsprechend anwendbar erklärt.

[87] Diese Überlegung liegt auch § 36 Abs. 1 S. 4 KomE-UGB zugrunde, der § 58 VwVfG ausdrücklich von der Verweisung auf andere Vorschriften der §§ 54 ff. VwVfG ausnimmt; vgl. dazu auch die Begründung zum Entwurf, S. 511.

Entscheidung über den Vertragsschluß – in gleicher Weise wie vor dem Normerlaß – mit den verfolgten Allgemeininteressen in möglichst schonenden Ausgleich zu bringen. Dabei ist auf schutzwürdige Belange Dritter Rücksicht zu nehmen.[88]

In Betracht kommt eine entsprechende Anwendung der Vorschriften, die eine Beteiligung der Verbände im Normerlaßverfahren vorschreiben.[89] Es besteht nämlich ein dem Normerlaßverfahren vergleichbares Bedürfnis, die Verbände zu beteiligen: Ihr Sachverstand kann im Vorfeld des Vertrages genutzt werden. In der Artikulation insbesondere der Interessen von Natur und Umwelt kann ein wichtiges Gegengewicht zu den Interessen der Wirtschaft liegen, die im Rahmen der Verhandlungen sonst im Vordergrund stehen. Die Bedenken, die oben gegenüber einer zu starken Reformalisierung des Verfahrens bei normvermeidenden Absprachen geäußert wurden, bestehen bei Verträgen von vornherein nicht, weil normvermeidende Verträge per definitionem kein informales Instrument sind. Deshalb besteht auch nicht wie bei den Absprachen die Gefahr, daß die Beteiligten auf eine neue, wiederum informale Ebene ausweichen. Damit spricht alles für eine entsprechende Anwendung der einfachgesetzlichen Beteiligungsrechte der gesellschaftlichen Gruppen auf normvermeidende Verträge: Ihr Sachverstand ist in gleicher Weise gefragt wie vor Erlaß einer Rechtsverordnung; auch bei den Verträgen besteht ein Bedürfnis nach einem Gegengewicht zu den Interessenvertretern der Wirtschaft, wenn es um die Suche nach gemeinwohlverträglichen Inhalten der Verträge geht.

Schließlich besteht bei den Verträgen – in gleicher Weise wie bei den unverbindlichen Absprachen – ein Bedürfnis nach einer Veröffentlichung des Vertragsinhalts.[90] Dieses Publizitätsgebot ergibt sich wie bei den Absprachen bereits aus dem Rechtsstaatsprinzip in Verbindung mit dem Gebot, effektiven Rechtsschutz Dritter zu gewährleisten. Ein Bedürfnis, die für die Veröffentlichung des abgewendeten Rechtsaktes geltenden Vorschriften entsprechend anzuwenden, besteht deshalb auch hier nicht.[91]

4. Grundrechtsschranken und Gesetzesvorbehalt

Hinsichtlich möglicher Grundrechtsverletzungen durch normvermeidende Verträge kann uneingeschränkt auf die Ausführungen zu den unverbindlichen Absprachen verwiesen werden.[92] Auch für die Verträge gilt, daß der Grundsatz *volenti non*

---

[88] So auch § 36 Abs. 1 Nr. 3 KomE-UGB. Zum Grundrechtsschutz für Dritte sogleich 5. Teil Kapitel C. II. 4.

[89] Vgl. z. B. § 29 BNatSchG, §§ 23, 24 KrW-/AbfG, § 35 BImSchG. Zu diesen Vorschriften im einzelnen bereits oben 4. Teil Kapitel A. III. 2.

[90] § 36 Abs. 1 S. 4 KomE-UGB sieht eine Veröffentlichung im Bundesanzeiger vor. Gegen diese Form der Veröffentlichung ist nichts einzuwenden; zwingend ist sie indes nicht. Vgl. dazu oben 4. Teil Kapitel A. III. 3.

[91] So aber *Kloepfer/Elsner*, Selbstregulierung im Umweltrecht, DVBl. 1996, 964 (973).

[92] Oben 4. Teil Kapitel B. II.

fit iniuria nur im Fall wirklicher Freiwilligkeit der Beteiligung der betroffenen Wirtschaftskreise den Eingriffscharakter der Grundrechtsbeeinträchtigungen der an den Verträgen beteiligten Wirtschaftssubjekte entfallen läßt. Ist der Druck der staatlichen Regelungsandrohung dagegen unausweichlich, liegen Grundrechtseingriffe vor, die sich nicht unter dem Gesichtspunkt des Grundrechtsausübungsverzichts rechtfertigen lassen. Zu beachten sind weiter auch hier mögliche Eingriffe in Grundrechte nicht an der Vereinbarung beteiligter Dritter, die sowohl unter dem Gesichtspunkt der Finalität als auch demjenigen der Intensität der Grundrechtsbeeinträchtigung denkbar sind. In beiden Fällen bedürfen normvermeidende Verträge einer gesetzlichen Grundlage. Gleiches gilt, wenn die Verträge Materien betreffen, die wegen ihrer grundlegenden Bedeutung der demokratischen Komponente des Gesetzesvorbehalts unterfallen. Allerdings reicht auch für normvermeidende Verträge die Ermächtigung zum Erlaß einer Rechtsverordnung aus. Diese Ermächtigung überantwortet das vollständige Normsetzungsermessen an die Exekutive, so daß rechtsverordnungsvermeidende Verträge als eine Form der Ausübung dieses Ermessens zulässig sind.[93] Die Verträge müssen aber die allgemeinen Grundrechtsschranken beachten.

5. Normvermeidende Verträge als Mittel zur Umsetzung europäischer Richtlinien gem. Art. 249 Abs. 3 EG-Vertrag?

Aus Sicht des Europarechts stellt sich vor allem die Frage, ob normvermeidende Verträge eingesetzt werden können, um die Vorgaben europarechtlicher Richtlinien gem. Art. 249 Abs. 3 EGV zu erfüllen. Die *EG-Kommission* hat dies für den Bereich des Umweltschutzes in einer an die Mitgliedsstaaten gerichteten Empfehlung unter der Voraussetzung bejaht, daß die Vereinbarungen „verbindlichen Charakter haben und Anforderungen hinsichtlich Transparenz, Glaubwürdigkeit und Zuverlässigkeit genügen".[94] Solche Vereinbarungen bildeten ein „strategisches Instrument", das geeignet sei, die Vorgaben von Richtlinien „in kostenwirksamer Weise" zu erreichen und Umweltziele „durch die Förderung einer aktiven Haltung der Industrie zu verwirklichen".[95] Allerdings geht die *Kommission* davon aus, daß der Einsatz normvermeidender Verträge nur in Betracht komme, wenn in der jeweiligen Richtlinie die Bestimmungen ausdrücklich bezeichnet würden, die durch derartige Vereinbarungen umgesetzt werden können.[96] Auf diese Einschränkung kann verzichtet werden: Normvermeidende Verträge sind auch dann ein taugliches Mittel zur Umsetzung von Richtlinien gem. Art. 249 Abs. 3 EGV, wenn dieses Instrument in der Richtlinie

---

93 Ebenso *Grewlich*, Umweltschutz durch „Umweltvereinbarungen" nach nationalem Recht und Europarecht, DÖV 1998, 54 (59).

94 Empfehlung der *EG-Kommission* vom 9. Dezember 1996 über Umweltvereinbarungen zur Durchführung von Richtlinien der Gemeinschaft, ABlEG. L 333/59 vom 21.12.1996, S. 2.

95 *Kommission*, ABlEG. L 333/59 vom 21.12.1996, S. 1.

96 *Kommission*, ABlEG. L 333/59 vom 21.12.1996, S. 2, Ziffer 2.1.

nicht ausdrücklich vorgesehen wird. Normvermeidende Verträge erfüllen nämlich grundsätzlich die Anforderungen an den nationalen Umsetzungsakt, wie sie oben[97] aus Art. 249 Abs. 3 EGV abgeleitet worden sind:[98] Aufgrund ihrer Rechtsverbindlichkeit begründen sie eine verläßliche Rechtsquelle sowohl für die Beteiligten wie auch für Dritte. Die Vereinbarungen können staatlicherseits nicht wie eine schlichte Verwaltungspraxis einseitig aufgegeben oder abgeändert werden;[99] sie entfalten über den Binnenbereich der Verwaltung hinaus Außenwirkung. Sofern auch dem Erfordernis der Rechtsklarheit durch die Veröffentlichung der Verträge entsprochen wird,[100] steht der Einsatz der Verträge im Geltungsbereich von Richtlinien nur noch unter der Bedingung der Tauglichkeit dieses Instruments zur Verwirklichung der Ziele der jeweiligen Richtlinie.[101] Dazu ist im Regelfall zu verlangen, daß die Vereinbarungen quantifizierte Ziele und konkrete Fristbestimmungen enthalten und die Ergebnisse von den zuständigen Behörden überwacht werden. Der Einsatz der normvermeidenden Verträge ist ebenso wie das Ergebnis der Überprüfung der Einhaltung der *Kommission* zu übermitteln, damit diese die Umsetzung der Richtlinien überwachen kann.[102]

6. Zwischenergebnis

Zusammenfassend läßt sich festhalten, daß normvermeidende Verträge eine grundsätzlich zulässige und unter bestimmten Voraussetzungen vorzugswürdige Alternative zu unverbindlichen normvermeidenden Absprachen darstellen können. Sie sollten vor allem dann in Betracht gezogen werden, wenn die Durchsetzung des Gemeinwohlziels so dringend ist, daß das Risiko der Nichteinhaltung einer nur faktisch wirkenden Absprache mit der Wirtschaft nicht vertretbar erscheint. Im Unterschied zu normvermeidenden Absprachen sind normvermeidende Verträge außerdem als Mittel zur Umsetzung europarechtlicher Richtlinien geeignet. Im Vergleich zu einer normativen Regelung bieten die Verträge im Hinblick auf Folgebereitschaft der Betroffenen und einen geringeren Überwachungsaufwand Vorteile, die weitgehend den Absprachen vergleichbar sind. Dem Bedürfnis nach einer informellen Übereinkunft, das für die unverbindlichen normvermeidenden Absprachen mitbestimmend

---

97 4. Teil Kapitel B. I. 5.

98 Im Ergebnis ebenso *Grewlich,* Umweltschutz durch „Umweltvereinbarungen" nach nationalem Recht und Europarecht, DÖV 1998, 54 (60).

99 Die aufgezeigten Kündigungsmöglichkeiten sind an enge Voraussetzungen geknüpft, vgl. oben 5. Teil Kapitel C. II. 2. c).

100 Die Veröffentlichung der Verträge ist ohnehin aufgrund der Vorgaben des Rechtsstaatsprinzips zwingend.

101 Zur Verpflichtung der Mitgliedsstaaten die Mittel zu wählen, die zur Herstellung der praktischen Wirksamkeit der Richtlinien am besten geeignet sind, vgl. EuGH, – *Royer* –, Slg. 1976, 497 (517).

102 So Empfehlung der *EG-Kommission* vom 9. Dezember 1996 über Umweltvereinbarungen zur Durchführung von Richtlinien der Gemeinschaft, ABlEG. L333/59 vom 21.12.1996, S. 3 Ziff. 4.

ist, entspricht der Abschluß eines normvermeidenden Vertrages freilich nicht; insofern behalten normvermeidende Absprachen auch bei verstärktem Einsatz normvermeidender Verträge ihre Funktion.

Zusammenfassung der Untersuchungsergebnisse und Ausblick

Normvermeidende Absprachen zwischen Staat und Wirtschaft gewinnen in vielen Bereichen der Wirtschafts- und Umweltpolitik an Bedeutung. Anhand von Beispielen aus der Praxis wurde die Vielzahl der existierenden Abspracheformen zusammengestellt und anschließend eine Typologie der Absprachen entwickelt. Dabei wurde gezeigt, daß sich eine Reihe verschiedener horizontaler und vertikaler Absprachetypen unterscheiden lassen: Die Absprachen im vertikalen Verhältnis von Staat und Wirtschaft werden von Regierungsvertretern entweder mit einzelnen Unternehmen oder mit Wirtschaftsverbänden geschlossen. In diesem Verhältnis droht die staatliche Seite zunächst mit dem Erlaß einer Rechtsverordnung oder eines Gesetzes und kündigt dann im Gegenzug gegen die Zusagen der Wirtschaft an, auf eine Normsetzungsinitiative vorläufig verzichten zu wollen. Diese Drohung mit dem Normerlaß und das anschließende Tauschgeschäft zwischen den Beteiligten sind notwendige Merkmale der entwickelten Rechtsfigur der normvermeidenden Absprache. Neben die Regelungsandrohung treten in einigen Fällen weitere Beeinflussungsformen: Die staatliche Seite stellt zuweilen auch Vorteile für absprachegemäßes Verhalten – etwa in Form von Steuervergünstigungen oder Subventionen – in Aussicht, richtet die öffentliche Nachfrage am Abspracheziel aus oder appelliert an das Verantwortungsbewußtsein der Wirtschaft. Die eigentliche vertikale normvermeidende Absprache zwischen Staat und Wirtschaft tritt in der Praxis selten in Form einer offen zweiseitigen Vereinbarung zutage. Häufiger sind vordergründig einseitige Selbstverpflichtungserklärungen der Wirtschaft, mit denen diese ihre Zusagen aus der bereits zuvor zustande gekommenen normvermeidenden Absprache erfüllt; die staatliche Seite nimmt diese Erklärungen anschließend – zuweilen in öffentlichen Erklärungen – zustimmend zur Kenntnis. Dies gibt der Wirtschaft die Möglichkeit, ihre Zusagen als scheinbar freiwilliges Engagement für Gemeinschaftsbelange öffentlich herauszustellen. Im horizontalen Verhältnis der beteiligten Wirtschaftskreise untereinander dominieren bisher faktische Verhaltensabstimmungen aufgrund einer sog. Verbandsempfehlung. Es gibt aber auch Fälle, in denen die beteiligten Unternehmen weitere horizontale Absprachen und Verträge schließen.

An die Typologie der Absprachen konnte im Rahmen der Untersuchung der Rechtsverbindlichkeit der Absprachen angeknüpft werden. Im vertikalen Verhältnis zwischen Staat und Wirtschaft sind in Deutschland bislang ausschließlich normvermeidende Absprachen ohne einklagbare vertragliche Erfüllungsansprüche anzutreffen. Es wurde anhand von Beispielen aus der Praxis gezeigt, daß sich aus dem Wortlaut der abgegebenen Erklärungen und den Umständen des Zustandekommens der Absprachen schließen läßt, daß die Beteiligten insoweit nur eine politisch-tatsächliche Bindung eingehen wollen. Allerdings sind in anderen europäischen Ländern rechtsverbindliche normvermeidende Verträge anzutreffen; auch in Deutschland wurde ein derartiger Vertrag im Rahmen der Energiekonsensgespräche der Bundesregierung mit den Energieversorgungsunternehmen als Mittel der Wirtschaftslenkung in Erwägung gezogen. Es reicht deshalb nicht aus, wenn in der Literatur bislang überwiegend pauschal auf den fehlenden Rechtsbindungswillen bei Abreden über Gegenstände der Normsetzung verwiesen wird.[1] Erforderlich ist vielmehr eine sorgfältige Analyse des Parteiwillens im Einzelfall. Dies gilt schließlich auch für die horizontalen Verhaltensabstimmungen der betroffenen Unternehmen: Hier hat die Untersuchung ergeben, daß es in der deutschen Absprachepraxis bereits gegenwärtig Beispiele für Absprachen gibt, bei denen trotz einer nur politischen Bindung im vertikalen Verhältnis zum Staat von den betroffenen Unternehmen untereinander rechtsverbindliche Verpflichtungen eingegangen werden.

Im vertikalen Verhältnis von Staat und Wirtschaft war ferner zu klären, ob auch ohne vertragliche Erfüllungsansprüche Vertrauensschutzansprüche der Beteiligten in Betracht kommen. Zur Beantwortung dieser – in der Literatur bislang vernachlässigten – Frage sind die Ansätze zu Rechtsgrundlage und Vertrauensschutz gegenüber Akten der Gesetzgebung in Rechtsprechung und Literatur zusammengestellt und auf ihre Übertragbarkeit auf die normvermeidenden Absprachen untersucht worden. Dabei hat sich herausgestellt, daß die Absprachen keinen Vertrauenstatbestand begründen, der einen Anknüpfungspunkt für Vertrauensschutz gegenüber einer absprachewidrigen Gesetzgebung bilden könnte. Vielmehr schließt die bewußte Wahl des informalen Instruments der Absprachen durch die Beteiligten auch ein auf die Beständigkeit des staatlichen Regelungsverzichts gerichtetes Vertrauen aus. Benötigen die betroffenen Unternehmen eine verläßliche Grundlage für ihre Investitionen, müssen sie auf der Begründung vertraglicher Erfüllungsansprüche bestehen. Im Hinblick auf mögliche Entschädigungsansprüche der privaten Beteiligten kommt hinzu, daß die durch die Absprache veranlaßten Investitionen sinnvoll bleiben, wenn die Regelungsandrohung entgegen der Absprache verwirklicht wird. Es

---

[1] Vgl. nochmals *Becker*, Informales Verwaltungshandeln zur Steuerung wirtschaftlicher Prozesse im Zeichen der Deregulierung, DÖV 1085, 1003 (1010); *Bohne*, Informales Verwaltungs- und Regierungshandeln als Instrument des Umweltschutzes, VerwArch 75 (1984), S. 343 (361); *Ders.*, „Informales" Staatshandeln als Instrument des Umweltschutzes – Alternativen zu Rechtsnorm, Vertrag, Verwaltungsakt und anderen rechtlich geregelten Handlungsformen?, Dokumentation zur 7. wissenschaftlichen Fachtagung der Gesellschaft für Umweltrecht, S. 97 (128); *Ders.*, Informales Verwaltungshandeln, in: Kimminich/von Lersner/Storm, HdbdUR, Bd. II, Sp. 1046 (1047); *Brohm*, Rechtsgrundsätze für normersetzende Absprachen, DÖV 1992, 1025 (1029); *Hartkopf/Bohne*, Umweltpolitik I, S. 226; *Oebbecke*, Die staatliche Mitwirkung an gesetzesabwendenden Vereinbarungen, DBVl. 1986, 793 (794); *Müggenborg*, Formen des Kooperationsprinzips im Umweltrecht der Bundesrepublik Deutschland, NVwZ 1990, 909 (915); *Dempfle*, Normvertretende Absprachen, Diss. Trier 1993, S. 49; *Kloepfer*, Umweltrecht, § 5 Rdn. 206; *Hoppe/Beckmann*, Umweltrecht, § 9 Rdn. 32.

fehlt in diesem Fall bereits an einem entschädigungsfähigen Vermögensnachteil der betroffenen Unternehmen.

Die Frage nach der Eignung der Absprachen zur Erreichung staatlicher Steuerungsziele sowie ihren Vor- und Nachteilen im Vergleich zu einseitig-hoheitlichen Steuerungsmitteln ist differenziert beantwortet worden: Als Mittel der Deregulierung können die Absprachen einerseits geeignet sein, die überhand nehmende Komplexität normativer Vorgaben zu reduzieren und gleichzeitig im Wege der Kooperation mit den Betroffenen bestehende Defizite bei der Durchsetzung staatlicher Steuerungsziele zu beheben. Das weitgehende Fehlen formalisierter Verfahrensregeln sorgt für eine vergleichsweise hohe Flexibilität des Instruments. Die Kooperation mit den Betroffenen erhöht deren Bereitschaft, sich staatlichen Ordnungsvorstellungen unterzuordnen. Der Sachverstand der Wirtschaft kann einerseits bei Suche nach praxistauglichen Problemlösungen genutzt werden. Andererseits besteht die Gefahr, daß sich der Staat an organisierte Gruppeninteressen ausliefert und sein Mandat zur Durchsetzung von Gemeinwohlbelangen aus den Augen verliert. Die normvermeidenden Absprachen bilden ein prägnantes Beispiel für den zunehmenden Einfluß von Wirtschaftsverbänden auf staatliche Entscheidungen. Es sind eine Reihe von Schutzvorkehrungen erforderlich, um zu verhindern, daß im Rahmen der Kooperation mit den Verbandsvertretern – die sich legitimerweise vornehmlich den (Gewinn-)Interessen ihrer Mitgliedsunternehmen verpflichtet fühlen – staatliche Steuerungsziele verwässert werden. So muß sichergestellt sein, daß die staatliche Seite aus eigenen oder neutralen Quellen über das erforderliche Steuerungswissen verfügt. Die Nutzung privaten Sachverstands im Rahmen der Absprachen darf nicht dazu führen, daß dem Staat Handlungsalternativen entgehen, weil er sich ungeprüft auf die Angaben der Wirtschaft zu den in Betracht kommenden Lösungen verläßt.

Zur Wahrnehmung seines demokratischen Steuerungsmandats muß der Staat ferner für ausreichende Kontrollen der faktischen Einhaltung der Absprachen sorgen. Die Delegation von Gemeinwohlverantwortung auf die Wirtschaft im Rahmen der Absprachen löst eine Überwachungspflicht der handelnden staatlichen Stellen aus. Sie müssen durch eigene und neutrale Kontrollen überprüfen, ob und inwieweit das verfolgte Gemeinwohlziel durch die Absprache erreicht wird oder ob stattdessen eine gesetzliche Regelung initiiert werden sollte. Die Praxis widmet dieser Frage zurecht bereits einige Aufmerksamkeit: Es existiert ein vielfältiges Spektrum von sog. *monitoring*-Maßnahmen, mit denen die Einhaltung der Absprachen überwacht wird. Als weitere Voraussetzungen für die Eignung von Absprachen zur Durchsetzung von Gemeinwohlzielen wurde ermittelt, daß die betroffene Branche im Hinblick auf Homogenität und Organisationsgrad als Absprachepartner geeignet sein muß und das angestrebte Ziel mit dem „weichen“ Steuerungsmittel der Absprachen erreicht werden kann. Repräsentieren die an der Absprache beteiligten Wirtschaftsvertreter keinen hinreichend hohen Anteil der betroffenen Branche, ist die Gefahr groß, daß die Absprache durch sog. Trittbrettfahrer unterlaufen wird. Thematisch sind nur solche Gegenstände für eine normvermeidende Absprache geeignet, bei denen eine partielle Identität der betriebswirtschaftlichen Interessen der betroffenen Unternehmen mit dem verfolgten Gemeinwohlinteresse besteht. Die Wirtschaft hält in erster Linie solche Zusagen ein, die einer ohnehin bestehenden technischen Entwicklung oder einer Entwicklung der öffentlichen und privaten Nachfrage entsprechen. Die vorstehenden faktischen Erfolgsvoraussetzungen ergeben in der Zusammenschau einen Katalog von Kriterien, anhand derer die handelnden staatlichen Stellen beurteilen können, ob das Instrument der Absprache zur Erreichung eines konkreten Ziels in Betracht gezogen werden sollte.

Um die maßgeblichen rechtlichen Grenzen der staatlichen Mitwirkung an normvermeidenden Absprachen ermitteln zu können, mußten die Absprachen und die zu ihrem Vollzug getroffenen horizontalen Vereinbarungen zunächst einem Rechtsgebiet zugeordnet werden. Ihr Gepräge erhalten normvermeidende Absprachen durch die staatliche Regelungsandrohung und das anschließende Tauschgeschäft der Beteiligten, dessen wesentlicher Gegenstand der staatliche Verzicht auf eine gesetzliche Regelung ist. Daraus folgt nicht nur, daß die vertikalen Absprachen zwischen Staat und Wirtschaft dem öffentlichen Recht zuzuordnen sind. Auch die in Vollzug der vertikalen Absprache getroffenen horizontalen Absprachen der betroffenen Unternehmen sind die unmittelbare Folge einer neuartigen Form der Ausübung von Hoheitsrechten. Aus dem fortwirkenden hoheitlichen Zwang der Regelungsandrohung ergibt sich ein übergreifender öffentlich-rechtlicher Zusammenhang, der dazu führt, daß auch die horizontalen Absprachen öffentlich-rechtlicher Natur sind.

Aus dem öffentlich-rechtlichen Charakter sowohl der vertikalen als auch der horizontalen Absprachen folgt, daß diese Absprachen dem Anwendungsbereich des Kartellrechts entzogen sind. Die maßgeblichen rechtlichen Bindungen ergeben sich vielmehr aus den Vorgaben des Verfassungs- und des Europarechts für Maßnahmen staatlicher Wirtschaftslenkung. In formeller Hinsicht war dazu die Aufgabenverteilung zwischen Bund und Ländern zu klären. Es wurde gezeigt, daß die Kompetenz zur Mitwirkung an den Absprachen eine mit der Gesetzgebungszuständigkeit verbundene Kompetenz eigener Art ist, auf die die Art. 70ff. GG entsprechende Anwendung finden. Innerhalb der jeweiligen Verbände galt es, die Verantwortungsbereiche von Exekutive und Legislative abzustecken sowie für ein ausreichendes Maß an Transparenz der Absprachen zu sorgen. Dem Gewaltenteilungsgrundsatz konnte dadurch Rechnung getragen werden, daß sich der Normsetzungsverzicht der Regierungsvertreter im Rahmen der Absprachen auf das der Exekutive zustehende Initiativrecht im Gesetzgebungsverfahren begrenzt wird. Das Parlament wird durch die Zusage der Regierung also nicht gehindert, seinerseits ein Gesetz zu initiieren. Aus dem Rechtsstaats- und dem Demokratieprinzip folgt ferner eine Verpflichtung zur Veröffentlichung der Absprachen. Es muß sichergestellt sein, daß das Parlament seine Kontrollaufgaben auch im Hinblick auf die Absprachepraxis der Regierung wirksam wahrnehmen kann. Aus Sicht etwaiger Drittbetroffener ist die Veröffentlichung der Absprachen unentbehrlich, um sich rechtzeitig gegen etwaige Rechtsverletzungen zur Wehr setzen zu können.

In materieller Hinsicht wurden zunächst die Handlungsaufträge beleuchtet, die sich aus bestehenden Gesetzgebungspflichten ergeben. Der Gedanke der Subsidiarität hoheitlichen Eingreifens stößt überall dort an seine Grenze, wo sich aus höherrangigem Recht ein verpflichtender Handlungsauftrag ergibt. Es wurde gezeigt, daß das Grundgesetz eine Reihe von ausdrücklichen Gesetzgebungsaufträgen enthält, die einer staatlichen Mitwirkung an normvermeidenden Absprachen in diesem Bereich entgegenstehen. Das Gleiche gilt, wenn sich staatliche Schutzpflichten für Grundrechte zu Gesetzgebungspflichten verdichtet haben. Nicht geeignet sind normvermeidende Absprachen schließlich zur Umsetzung europäischer Richtlinien. Aus den Richtlinien folgt eine Verpflichtung zur Schaffung einer verbindlichen und justiziablen Rechtsquelle. Diese Anforderungen werden durch die Absprachen nicht erfüllt.

Daneben standen Probleme der Reichweite des Grundrechtsschutzes im Vordergrund der Erörterung: Die Absprachen berühren sowohl Grundrechte der an den Absprachen beteiligten Verbände und Unternehmen als auch Grundrechte unbeteiligter Dritter. Für die an ihnen beteiligten Wirtschaftskreise sind die Absprachen mit einem Verlust an Eingriffsklarheit verbunden. An die Stelle eines einseitig-hoheitlichen Rechtsakts tritt ein Gemisch aus Freiwilligkeit und Zwang, das die Feststellung von Grundrechtseingriffen erschwert. Die Rechtsfigur des Grundrechtsverzichts vermag die Zwangswirkung für die Betroffenen nur in den – praktisch seltenen – Fällen echter Freiwilligkeit der Zusagen der Wirtschaft zu rechtfertigen. Für Drittbetroffene können die faktischen Auswirkungen der Absprachen Eingriffscharakter besitzen. Hier mußten mit der Finalität der Einflußnahme und der Schwere der Beeinträchtigung besondere Zurechnungskritierien entwickelt werden, um die grundrechtsrelevanten Fälle staatlicher Einflußnahme auf das Marktgeschehen zu identifizieren. Sind mit den Absprachen Grundrechtseingriffe verbunden, oder ist wegen der grundlegenden Bedeutung des Absprachegegenstandes eine Frage von „wesentlicher" Bedeutung im Sinne der Wesentlichkeitsrechtsprechung des Bundesverfassungsgerichts berührt, ist für die staatliche Mitwirkung an den Absprachen eine gesetzliche Grundlage erforderlich. Ermächtigungen zum Erlaß einer Rechtsverordnung reichen allerdings aus, soweit es um rechtsverordnungsvermeidende Absprachen geht. Die Delegation von Rechtsetzungsbefugnissen umfaßt hier als „Minus" auch die Befugnis zur Mitwirkung an den Absprachen.

Es wurde ferner gezeigt, daß die Absprachen von den handelnden staatlichen Stellen zuweilen genutzt werden, um Bedenken gegen die Rechtmäßigkeit der angedrohten gesetzlichen Regelung zu umgehen. Diese „Flucht in die Absprache" ist möglich, weil die privaten Beteiligten auf eine gerichtliche Überprüfung des Absprachеinhalts verzichten und eine (verfassungs-)gerichtlich überprüfbare Rechtsvorschrift aufgrund der Absprache nicht zustande kommt.

Die festgestellten rechtsstaatlichen Defizite der Absprachen liegen überwiegend in ihrem informellen Charakter begründet. Die Beteiligten entziehen den Absprachegegenstand bewußt den Verfahrensvorschriften und dem System der Rechtskontrolle, das für den formalisierten Rechtsakt gilt. Damit sind zugleich einer rechtlichen Disziplinierung der Absprachen Grenzen gesetzt: Je mehr der für den formalisierten Rechtsakt geltenden Vorschriften auf die Absprachen angewandt werden, um so wahrscheinlicher wird es, daß die Beteiligten ihre Interessenabstimmung wiederum auf eine vorgelagerte, informelle Ebene verlagern. Einer Kodifikation einfachgesetzlicher Rechtmäßigkeitsan-forderungen für die Absprachen sind insofern Grenzen gesetzt. Sie müßte sich weitgehend darauf beschränken, die ermittelten rechtlichen Grenzen der Absprachen deklaratorisch klarzustellen.

Als stärker formalisierte Alternative zu den normvermeidenden Absprachen kommen vor allem rechtsverbindliche normvermeidende Verträge in Betracht. Sie bieten mit der Begründung wechselseitiger vertraglicher Erfüllungsansprüche für die Beteiligten ein höheres Maß an Planungssicherheit. Dem Bedürfnis nach einer informellen Übereinkunft, das für die unverbindlichen normvermeidenden Absprachen mitbestimmend ist, entspricht der Abschluß eines normvermeidenden Vertrages freilich nicht; insofern behalten normvermeidende Absprachen auch bei verstärktem Einsatz normvermeidender Verträge ihre Funktion.

Insgesamt stellen die neuartigen kooperativen Handlungsformen im Bereich der Normsetzung eine gewinnbringende Erweiterung des Spektrums staatlicher Steuerungsformen dar. Sofern die aufgezeigten rechtlichen Grenzen und faktischen Wirksamkeitsvoraussetzungen beachtet werden, können insbesondere die normvermeidenden Absprachen einen wesentlichen Beitrag zur Bewältigung der Herausforderungen leisten, vor die sich der Staat vor dem Hintergrund einer zunehmenden Globalisierung der Probleme im Bereich der Umweltpolitik gestellt sieht.

Literaturverzeichnis

Achterberg, Norbert: Der öffentlich-rechtliche Vertrag, JA 1979, 356 ff.

— Allgemeines Verwaltungsrecht, 3. Aufl., Heidelberg 1988.

Albers, Marion: Faktische Grundrechtsbeeinträchtigungen als Schutzbereichsproblem, DVBl. 1996, 233 ff.

Alexy, Robert: Theorie der Grundrechte, 3. Aufl., Frankfurt/M. 1996.

Amelung, Knut: Die Einwilligung in die Beeinträchtigung eines Grundrechtsgutes, Berlin 1981.

Andersen, Uwe: Konzertierte Aktion, in: Sontheimer, Kurt/Röhring, Hans, Handbuch des politischen Systems in Deutschland, München/Zürich 1977, S. 338 ff.

Apelt, Willibalt: Der verwaltungsrechtliche Vertrag, Aalen 1964 (Neudruck der Ausgabe Leipzig, 1920).

Arndt, Wolfgang/*Schumacher*, Andres: Echte Fortschritte bei der unechten Rückwirkung?, NJW 1998, 1538 ff.

Arrighi de Casanova, E.: Les quasi-contrats du plan, Droit social 1965, S. 341 ff.

Aschke, Manfred: Übergangsregelungen als verfassungsrechtliches Problem, Frankfurt/M., 1987.

Autexier, Christian: Die Branchenabkommen in Frankreich, in: Gesellschaft für Umweltrecht (Hrsg.), Dokumentation zur 7. wissenschaftlichen Fachtagung der Gesellschaft für Umweltrecht in Berlin am 4. und 5.11.1983, Berlin 1984, S. 195 ff.

— Verträge und Absprachen zwischen der Verwaltung und Privaten in Frankreich, VVDStRL 52 (1993), S. 284 ff.

Bachof, Otto: Über öffentliches Recht, in: Bachof, Otto/Heigl, Ludwig/Redeker, Konrad (Hrsg.), Verwaltungsrecht zwischen Freiheit, Teilhabe und Bindung – Festgabe aus Anlaß des 25jährigen Bestehens des Bundesverwaltungsgerichts, München 1978.

Badura, Peter: Wirtschaftsverfassung und Wirtschaftsverwaltung, Frankfurt/M. 1971.

— Grundprobleme des Wirtschaftsverfassungsrechts, JuS 1976, 205 ff.

— Die parteienstaatliche Demokratie und die Gesetzgebung, Vortrag gehalten vor der Juristischen Gesellschaft zu Berlin am 30. April 1986, Schriftenreihe der Juristischen Gesellschaft zu Berlin, Bd. 101, Berlin 1986.

— in: Müller, Georg (Hrsg.), Zur Funktion des Rechts für die Reform staatlicher Institutionen, Symposion zum 70. Geburtstag von Kurt Eichenberger, Referate und Diskussionen vom 11./12. Juni 1992, Basel/Frankfurt/M. 1993.

— Urteilsanmerkung zu BVerwG, Urt. v. 27.3.1992 – 7C21.90 –, JZ 1993, 37 ff.

— Staatsrecht. Systematische Erläuterung des Grundgesetzes für die Bundesrepublik Deutschland, 2. Aufl. München 1996.

Bantje, Udo: Gentlemen's agreements und abgestimmtes Verhalten, Königstein/Ts., 1982.

von Bar, Christian (Hrsg.): Julius von Staudingers Kommentar zum Bürgerlichen Gesetzbuch, Bd. 2, 13. Bearb. Berlin 1993 (zit.: Staudinger-*Bearb.*).

Battis, Ulrich/*Gusy*, Christoph: Einführung in das Staatsrecht, 4. Aufl. 1999.

Battailler, Francine: Une nouvelle technique d'économie concertée: Les „quasi contrats" pour l'execution du plan, Revue de science financière 1964, 365 ff.

Baudenbacher, Carl: Aspekte gesetzesersetzender Vereinbarungen zwischen Staat und Wirtschaft, JZ 1988, 689 ff.

Bauer, Hartmut: Informelles Verwaltungshandeln im öffentlichen Wirtschaftsrecht, VerwArch 78 (1987), 241 ff.

Baumann, Hans: Rechtsprobleme freiwilliger Selbstbeschränkung, Diss. Tübingen 1978.

Baur, Jürgen R.: Kooperative Wirtschaftslenkung und Kartellrecht, in: Erdmann, Willi *(Hrsg.)*, Festschrift für Otto-Friedrich Frhr. v. Gamm, Köln 1990, S. 525 ff.

Bechthold, Rainer: Das neue Kartellgesetz, NJW 1998, 2769 ff.

Becker, Jürgen: Informales Verwaltungshandeln zur Steuerung wirtschaftlicher Prozesse im Zeichen der Deregulierung, DÖV 1985, 1003 ff.

— Handlungsformen der Verwaltung gegenüber der Wirtschaft, JA 1986, 359 ff.

Becker, Ulrich: Von „Dassonville" über „Cassis" zu „Keck" – Der Begriff der Maßnahmen gleicher Wirkung in Art. 30 EGV, EuR 1994, S. 162 ff.

Benda, Ernst/*Maihofer*, Werner/*Vogel*, Hans-Jochen (Hrsg.): Handbuch des Verfassungsrechts der Bundesrepublik Deutschland, 2. Aufl., Berlin/New York, 1994.

Benz, Angelika: Regulierung, Deregulierung und Reregulierung – Staatsentlastung? in: Beck, Joachim/Benz, Angelika/Bolay, Friedrich W./Dose, Nicolai/Häuser, Otto/Hauschild, Christoph/Heimann, Jan/Sippl, Barbara, Arbeitender Staat: Studien zu Regierung und Verwaltung, Festschrift für Klaus König zum 60. Geburtstag, Baden-Baden 1995, S. 45 ff.

— Privatisierung und Deregulierung – Abbau von Staatsaufgaben?, Die Verwaltung 28 (1995), 337 ff.

Benz, Arthur: Verhandlungen, Verträge und Absprachen in der öffentlichen Verwaltung – Wissenschaftliche Fachtagungen in Heidelberg, Speyer und Loccum, Die Verwaltung 23 (1990), 83 ff.

Benz, Arthur/*Seibel*, Wolfgang: Zwischen Kooperation und Korruption – Abweichendes Verhalten der Verwaltung, Baden-Baden 1992.

Benzler, Guido/*Löbbe*, Klaus: Rücknahme von Altautos – Eine kritische Würdigung der Konzepte, RWI-Mitteilungen Jg. 45 (1995), 141 ff.

Bethge, Herbert: Der Grundsrechtseingriff, VVDStRL 57 (1998), 1 ff.

Beyer, Wolfgang: Der öffentlich-rechtliche Vertrag, informales Verwaltungshandeln der Behörden und Selbstverpflichtungen Privater als Instrument des Umweltschutzes, Diss. Köln 1986.

Biedenkopf, Kurt H.: Zur Selbstbeschränkung auf dem Heizölmarkt, BB 1966, 1113 ff.

Birk, Dieter: Normsetzungsbefugnis und öffentlich-rechtlicher Vertrag, NJW 1977, 1797 ff.

Blankenagel, Alexander: Folgenlose Rechtswidrigkeit öffentlich-rechtlicher Verträge?, VerwArch 76 (1985), S. 275 ff.

Bleckmann, Albert: Die Beihilfekompetenzen der Europäischen Gemeinschaften – ein Beitrag zum Prinzip der begrenzten Einzelermächtigung, DÖV 1977, S. 615 ff.

— Probleme des Grundrechtsverzichts, JZ 1988, 97 ff.

— Staatsrecht II – Die Grundrechte, 4. Aufl., Köln 1997.

— Europarecht: Das Recht der Europäischen Union und der europäischen Gemeinschaften, 6. Aufl. Köln 1997.

Bleckmann, Albert/*Eckhoff*, Rolf: Der „mittelbare" Grundrechtseingriff, DVBl. 1988, 373 ff.

Böckenförde, Ernst-Wolfgang: Vertrauensschutz im Verwaltungsrecht, Diskussionsbeitrag, VVDStRL 32 (1974), S. 245 ff.

— Grundrechtstheorie und Grundrechtsinterpretation, NJW 1974, 1529 ff.

— Die politische Funktion wirtschaftlich-sozialer Verbände und Interessenträger in der sozialstaatlichen Demokratie – Ein Beitrag zum Problem der „Regierbarkeit", Der Staat 15 (1976), S. 457 ff.

— Grundrechte als Grundsatznormen. Zur gegenwärtigen Lage der Grundrechtsdogmatik, Der Staat 29 (1990), 1 ff.

— Die Bedeutung der Unterscheidung von Staat und Gesellschaft im demokratischen Sozialstaat der Gegenwart, in: Böchenförde, Ernst-Wolfgang (Hrsg.), Recht, Staat, Freiheit: Studien zur Rechtsphilosophie, Staatstheorie und Verfassungsgeschichte, Frankfurt/M. 1991, S. 209 ff.

Bohne, Eberhard: Der informale Rechtsstaat. Eine empirische und rechtliche Untersuchung zum Gesetzesvollzug unter besonderer Berücksichtigung des Immissionsschutzes, Diss. Köln, Berlin 1981.

— Privatisierung des Staates – Absprachen zwischen Staat und Wirtschaft in der Umweltpolitik, in: Volkmar Gesner/Gerd Winter (Hrsg.), Verflechtungen von Staat und Wirtschaft, Jahrbuch für Rechtssoziologie und Rechtstheorie, Bd. VIII, 1982, S. 267 ff.

— Informales Verwaltungs- und Regierungshandeln als Instrument des Umweltschutzes, VerwArch 75 (1984), S. 343 ff.

— „Informales" Staatshandeln als Instrument des Umweltschutzes – Alternativen zu Rechtsnorm, Vertrag, Verwaltungsakt und anderen rechtlich geregelten Handlungsformen?, in: Gesellschaft für Umweltrecht (Hrsg.), Dokumentation zur 7. wissenschaftlichen Fachtagung der Gesellschaft für Umweltrecht in Berlin am 4. und 5.11.1983, Berlin 1984, S. 97 ff.

Brandmair, Lothar: Die freiwillige Selbstkontrolle der Werbung, Köln 1978.

Breuer, Rüdiger: Schutz von Betriebs- und Geschäftsgeheimnissen im Umweltrecht, NVwZ 1986, 171 ff.

— Verhandlungslösungen aus Sicht des deutschen Umweltschutzrechts, in: Hoffmann-Riem, Wolfgang/Schmidt-Assmann, Eberhard (Hrsg.), Konfliktbewältigung durch Verhandlungen, Bd. I, Baden-Baden 1990, S. 231 ff.

— Umweltschutzrecht, in: Schmidt-Aßmann, Eberhard (Hrsg.), Besonderes Verwaltungsrecht, 11. Aufl., Berlin/New York 1999, S. 461 ff.

Brohm, Winfried: Plangewährleistungsrechte, Jura 1986, 617 ff.

— Verwaltungsverhandlungen mit Hilfe von Konfliktmittlern?, DVBl. 1990, 321 ff.

— Beschleunigung der Verwaltungsverfahrens – Straffung oder konsensuales Verwaltungshandeln?, NVwZ 1991, 1025 ff.

— Rechtsgrundsätze für normersetzende Absprachen, DÖV 1992, 1025 ff.

— Rechtsstaatliche Vorgaben für informelles Verwaltungshandeln, DVBl. 1994, 133 ff.

Bull, Hans P.: Allgemeines Verwaltungsrecht, 5. Aufl., Heidelberg 1997.

Bulling, Manfred: Kooperatives Verwaltungshandeln (Vorverhandlungen, Arrangements, Agreements und Verträge) in der Verwaltungspraxis, DÖV 1989, 277 ff.

— Umweltschutz und Wirtschaftsüberwachung, in: Hill, Hermann (Hrsg.), Verwaltungshandeln durch Verträge und Absprachen, Baden-Baden 1990, S. 147 ff.

Bullinger, Martin: Zwecke und Neuerungen des bevorstehenden japanischen Verwaltungsverfahrensgesetzes, VerwArch 84 (1993), S. 65 ff.

Bundesministerium für Umwelt, Naturschutz und Reaktorsicherheit (Hrsg.): Umweltgesetzbuch, Entwurf der Unabhängigen Sachverständigenkommission zum Umweltgesetzbuch beim

— Freiwillige Selbstverpflichtungen: Auswertung auf Grundlage der Stellungnahmen der zuständigen Referate des BMU, 1993.

— CO_2-Minderungsprogramm der Bundesregierung, Umwelt Nr. 2/96, S. 182 ff.

— Beschluß der Bundesregierung zur Verminderung der CO_2-Emissionen und anderen Treibhausgasemissionen in der Bundesrepublik Deutschland auf Grundlage des dritten Berichts der interministeriellen Arbeitsgruppe „CO_2-Reduktion“, Bonn 1994.

— Denkschrift für ein Umweltgesetzbuch, Berichte des Umweltbundesamtes 9/94, S. 43 f.

— Auf dem Weg zu einer nachhaltigen Entwicklung in Deutschland, 1997.

Bundesregierung: Umweltbericht 1976, BT-Drucks. 7/5684.

— Jahreswirtschaftsbericht 1994, BT-Drucks 12/6676.

— Umwelt 1994 – eine Politik für eine nachhaltige, umweltgerechte Entwicklung, BT-Drucks. 12/8451.

— Erklärung der deutschen Wirtschaft zur Klimavorsorge, Pressemitteilung Nr. 118/96.

Bundesverband der Deutschen Industrie (BDI) e. V.: Erklärung der Deutschen Industrie zur Klimavorsorge, Köln 1995.

— Aktualisierte Erklärung der deutschen Wirtschaft zur Klimavorsorge, Köln, 1996.

— CO_2-monitoring. Konzept für die Erstellung von regelmäßigen Fortschrittsberichten zur transparenten und nachvollziehbaren Verifikation der Erklärung der deutschen Wirtschaft zur Klimavorsorge vom 10. März 1995, Köln 1996.

Bundesverband der Deutschen Industrie (BDI) e. V./Deutscher Industrie und Handelstag (DIHT) e. V.: Initiative der deutschen Industrie für eine weltweite Klimavorsorge, Köln 1991.

Burmeister, Joachim: Zur Staatshaftung für Planschäden der Wirtschaft, Die Verwaltung 2 (1969), 21 ff.

— Verträge und Absprachen zwischen der Verwaltung und Privaten, VVDStRL 52 (1993), 190 ff.

Bussfeld, Klaus: Zum Verzicht im öffentlichen Recht am Beispiel des Verzichts auf eine Fahrerlaubnis, DÖV 1976, 765 ff.

Coing, Helmut/*Hirano*, Rynichi/*Kitagawa*, Zentaro/*Murakami*, Junichi/*Nörr*, Knut-Wolfgang/*Oppermann*, Thomas/*Shiono*, Hiroshi (Hrsg.): Die Japanisierung westlichen Rechts, Tübingen 1990.

Colson, Jean-Philippe: Droit public économique, Paris 1995.

von Danwitz, Thomas: Die Gestaltungsfreiheit des Verordnungsgebers – zur Kontrolldichte verordnungsgeberischer Entscheidungen, Schriften zum Öffentlichen Recht, Bd. 554, Berlin 1989.

Dechsling, Rainer: Das Verhältnismäßigkeitsgebot. Eine Bestandsaufnahme der Literatur zur Verhältnismäßigkeit staatlichen Handelns, München 1989.

Degenhart, Christoph: Staatsrecht I – Staatsorganisationsrecht, 15. Aufl., Heidelberg 1999.

Delvolvé, Pierre: Droit public de l'économie, Paris 1998.

Dempfle, Ulrich: Normvertretende Absprachen – Zugleich ein Beitrag zur Lehre vom Rechtsverhältnis, Diss. Trier 1993.

Deutsches Institut für Wirtschaftsforschung (DIW): Energieverbrauch und CO_2-Emissionen in Deutschland in der ersten Hälfte der neunziger Jahre, DIW-Wochenbericht 4/96, S. 73 ff.

Discher, Thomas: Mittelbarer Eingriff, Gesetzesvorbehalt, Verwaltungskompetenz: Die Jugendsekten-Entscheidungen, JuS 1993, 463 ff.

Dolde, Klaus-Peter: Behördliche Warnungen vor nicht verkehrsfähigen Lebensmitteln, Bonn 1988.

Dolzer, Rudolf (Gesamthrsg.): Bonner Kommentar zum Grundgesetz, Loseblatt, Stand: 87. Lieferung Dezember 1998.

Dörinkel, Wolfram: Zur kartellpolitischen Lage in der Bundesrepublik Deutschland, WuW 1966, 933 ff.

Dreier, Horst (Hrsg.): Grundgesetz Kommentar, Tübingen 1996.

Drozda, Frank/*Storm*, Bertine: Die Stromsteuer – nur eine neue Verbrauchsteuer?, NJW 1999, 2333 ff.

DSD – Duales System Deutschland: Kuratoriumsbericht 1995.

Dürig, Günther: Der Grundrechtssatz von der Menschenwürde, AöR 81 (1956) 117 ff.

— Vertrauensschutz im Verwaltungsrecht – Diskussionsbeitrag, VVDStRL 32 (1974), S. 247 ff.

Eberle, Carl-Eugen: Arrangements im Verwaltungsverfahren, DV 17 (1984), 439 ff.

Eckhoff, Rolf: Der Grundrechtseingriff, Köln 1991.

Egerer, Jürgen: Plangewährleistungsanspruch, Baden-Baden 1971.

Ehlers, Dirk: Eigentumsschutz, Sozialbindung und Enteignung bei der Nutzung von Boden und Umwelt, VVDStRL 51 (1992), 211 ff.

Ehricke, Ulrich: Staatliche Regulierungen und EG-Wettbewerbsrecht, WuW 1991, 183 ff.

Ekkenga, Jens: Die Verpackungsverordnung zwischen Administration und privatwirtschaftlicher Kooperation, BB 1993, 945 ff.

Enquête-Kommission „Schutz des Menschen und der Umwelt" des 12. Deutschen Bundestages (Hrsg.): Die Industriegesellschaft gestalten – Perspektiven für einen nachhaltigen Umgang mit Stoff- und Materialströmen, Bonn 1994.

Enquête-Kommission „Schutz der Erdatmosphäre" des 11. Deutschen Bundestages (Hrsg.): Protecting the Earth – A Status report with Recommendations for a New Energy Policy, Bd. 1, Bonn 1991.

Erasmus Universität: Environmental Contacts and Covenants – New Instruments for a realistic Environmental Policy?, Rotterdam 1992.

Erbguth, Wilfried: Rechtssystematische Fragen des Umweltrechts, Münster 1987.

Erichsen, Hans-Uwe (Hrsg.): Allgemeines Verwaltungsrecht, 11. Aufl., Berlin/New York 1998.

— Staatsrecht und Verfassungsgerichtsbarkeit I, 3. Aufl. 1982.

Erman, Walter (Begr.)/*Westermann*, Harm Peter (Hrsg.): Handkommentar zum Bürgerlichen Gesetzbuch, Bd. 1, 9. Aufl. 1993.

Everling, Ulrich: Umsetzung von Umweltrichtlinien durch normkonkretisierende Verwaltungsanweisungen – Zur jüngsten Rechtsprechung des Europäischen Gerichtshofes, RIW 1992, 379 ff.

Faber, Angela: Gesundheitliche Gefahren des Tabakrauchens und staatliche Schutzpflichten, DVBl. 1998, 745 ff.

Faber, Heiko: Verwaltungsrecht, 4. Aufl., Tübingen 1995.

Di Fabio, Udo: Vertrag statt Gesetz?, DVBl. 1990, 338 ff.

— Grundrechte im präzeptoralen Staat, JZ 1993, 689 ff.

— Risikoentscheidungen im Rechtsstaat. Zum Wandel der Dogmatik im öffentlichen Recht, insbesondere am Beispiel der Arzneimittelüberwachung, Tübingen 1994.

— Die Verfassungskontrolle indirekter Umweltpolitik am Beispiel der Verpakkungsverordnung, NVwZ 1995, 1 ff.

— Information als hoheitliches Gestaltungsmittel, JuS 1997, 1 ff.

— Selbstverpflichtungen der Wirtschaft – Grenzgänger zwischen Freiheit und Zwang, JZ 1997, 969 ff.

— Verwaltung und Verwaltungsrecht zwischen gesellschaftlicher Selbstregulierung und staatlicher Steuerung, VVDStRl 56 (1997) S. 235 ff.

— Das Kooperationsprinzip – ein allgemeiner Rechtsgrundsatz des Umweltrechts, NVwZ 1999, 1153 ff.

Fikentscher, Wolfgang: Wirtschaftsrecht Bd. II, München 1983.

Flanderka, Fritz: Struktur und Ausgestaltung des dualen Systems in der Bundesrepublik Deutschland, BB 1996, 649 ff.

Fluck, Jürgen: Die Duldung des unerlaubten Betreibens genehmigungsbedürftiger Anlagen – Ein Beitrag zu den verwaltungsrechtlichen und strafrechtlichen Wirkungen informellen Verwaltungshandelns – NuR 1990, 197 ff.

Flume, Werner: Allgemeiner Teil des Bürgerlichen Rechts, Bd. 2: Das Rechtsgeschäft, 3. Aufl., Berlin 1979.

Folianty-Jost, Gesine: Kommunale Umweltpolitik in Japan – Alternativen zur rechtsförmlichen Steuerung, Hamburg 1988.

— Kooperation statt Konfrontation, ZAU 1990, 36f.

Forsthoff, Ernst: Ein Lehrbuch des Verwaltungsrechts, 10. Aufl., München 1973.

Forsthoff, Ernst/*Weber*, Werner: Festschrift für Ernst Rudolf Huber zum 70. Geburtstag am 8. Juni 1973, Göttingen 1973.

Freitag, Dieter/*Hansen*, Knud/*Markert*, Kurt/*Strauch*, Volkmar: Umweltschutz und Wettbewerbsordnung, Frankfurt a. M. 1973.

Friauf, Karl Heinrich: Zur Rolle der Grundrechte im Interventions- und Leistungsstaat, DVBl. 1971, 674ff.

Friedrich, Manfred: Möglichkeiten und kartellrechtliche Grenzen umweltschutzfördernder Kooperation zwischen Unternehmen. Zugleich ein Beitrag zur Problematik einer Restriktion von § 1 GWB, 1978.

Frieß, Knut: Der Verzicht auf Grundrechte, Diss. Würzburg 1968.

Frowein, Jochen Abr.: Die Bindung des Gesetzgebers an Verträge, in: Jakobs, Horst Heinrich (Hrsg.), Festschrift für Werner Flume zum 70. Geburtstag: 12. September 1978, Köln 1978, S. 301ff.

Fujita, Tokiyasu: Gyosei Shido, Rechtsprobleme eines Hauptmittels der gegenwärtigen Verwaltung in Japan, Die Verwaltung 15 (1982) 226ff.

— Das Mittlersystem in der Verwaltung nach japanischem Recht, in: Hoffmann-Riem, Wolfgang/Schmidt-Aßmann, Eberhard, Konfliktbewältigung durch Verhandlungen, Bd. I, Baden-Baden 1990, S. 289ff.

Gallwas, Hans Ulrich: Faktische Beeinträchtigungen im Bereich der Grundrechte. Ein Beitrag zum Begriff der Nebenwirkungen, Schriften zum Öffentlichen Recht, Bd. 126, Berlin 1970.

Gamm, Otto-Friedrich Freiherr von: Kartellrecht, Kommentar zum Gesetz gegen Wettbewerbsbeschränkungen und zu Artt. 85, 86 EWGV, 2. Aufl. Köln/Berlin/Bonn/München 1990.

Geiger, Andreas: Die Einwilligung in die Verarbeitung von persönlichen Daten als Ausübung des Rechts auf informationelle Selbstbestimmung, NVwZ 1989, 35ff.

Gern, Alfons: Der Vertrag zwischen Privaten über öffentlich-rechtliche Berechtigungen und Verpflichtungen: Zur Dogmatik des öffentlich-rechtlichen Vertrages, Schriften zum Öffentlichen Recht. Bd. 320, Berlin 1977.

— Öffentlich-rechtliche Verträge unter Privaten, NJW 1979, 694ff.

Glassen, Helmut/*v. Hahn*, Helmuth/*Kersten*, Hans-Christian/*Rieger*, Harald: Frankfurter Kommentar zum GWB, Loseblatt, 3. Aufl. Köln 1993, Stand: 41. Lieferung Nov. 1997.

Göldner, Detlef: Gesetzmäßigkeit und Vertragsfreiheit im Verwaltungsrecht, JZ 1976, 353ff.

Görgens, Egon/*Troge*, Andreas: Rechtlich verbindliche Branchenabkommen zwischen Staat und Branchen als umweltpolitisches Instrument in der Bundesrepublik Deutschland, Gutachten im Auftrag des Umweltbundesamtes, Berlin 1981.

Grabitz, Eberhard: Der Grundsatz der Verhältnismäßigkeit in der Rechtsprechung des Bundesverfassungsgerichts, AöR 98 (1973), 568ff.

— Freiheit und Verfassungsrecht, 1976.

Grabitz, Eberhard/*Hilf*, Meinhard: Recht der Europäischen Union, Loseblatt, Altbd. I (EUV, Art. 1–136a EGV), Stand: 14. Ergänzungslieferung Oktober 1999.

Gramm, Christof: Aufklärung durch staatliche Publikumsinformation, Der Staat 30 (1991), 51 ff.

Grewlich, Klaus W.: Umweltschutz durch „Umweltvereinbarungen" nach nationalem Recht und Europarecht, DÖV 1998, 54 ff.

Grimm, Dieter: Rückkehr zum liberalen Freiheitsverständnis?; in: Grimm, Die Zukunft der Verfassung, 1988, S. 221 ff.

— Die Zukunft der Verfassung, Frankfurt a. M. 1991.

— Der Wandel der Staatsaufgaben und die Krise des Rechtsstaats, in: Grimm (Hrsg.), Wachsende Staatsaufgaben – Sinkende Steuerungsfähigkeit des Rechts, Baden-Baden 1990, S. 291 ff.

— Staatsaufgaben, Baden-Baden 1994.

von der Groeben, Hans/*Ehlermann*, Claus-Dieter/*Thiesing*, Jochen (Hrsg.): Kommentar zum EU-/EG-Vertrag, Bd. I, 5. Aufl. Baden-Baden 1997; Bd. III, 5. Aufl. Baden-Baden 1999.

Gröschner, Rolf: Öffentlickeitsaufklärung als Behördenaufgabe, DVBl. 1990, 619 ff.

— Anmerkung zu BVerwG, Urteil vom 18.10.1990 – 3 C 3.88 –, JZ 1991, 628 ff.

Grosser, Hans Dieter: Die Spannungslage zwischen Verfassungsrecht und Verfassungswirklichkeit bei der Vergabe von staatlichen Wirtschaftssubventionen durch die öffentliche Hand, Schriften zum Öffentlichen Recht, Bd. 453, Berlin 1983.

Grüter, Manfred: Umweltrecht und Kooperationsprinzip in Deutschland, Diss. Trier 1990.

Häberle, Peter: Grundrechte und parlamentarische Gesetzgebung im Verfassungsstaat – das Beispiel des deutschen Grundgesetzes, AöR 114 (1981), 361 ff.

— Die Verbände als Gegenstand demokratischer Verfassungslehre, ZHR 145 (1981), 485 ff.

— Die Wesensgehaltsgarantie des Art. 19 Abs. 2 GG. Zugleich ein Beitrag zum institutionellen Verständnis der Grundrechte und zur Lehre vom Gesetzesvorbehalt, 3. Aufl., Heidelberg 1983.

Hartkopf, Günther/*Bohne*, Eberhard: Umweltpolitik I, Opladen 1983.

Hassemer, Winfried/*Hoffmann-Riem*, Wolfgang/*Limbach*, Jutta (Hrsg.): Grundrechte und soziale Wirklichkeit, Schriften der Vereinigung für Rechtssoziologie, Bd. 6, Baden-Baden 1982.

Heintzen, Markus: Hoheitliche Warnungen und Empfehlungen im Bundesstaat, NJW 1990, 1448 ff.

— Staatliche Warnungen als Grundrechtsproblem, VerwArch 81 (1990), 532 ff.

Hennecke, Hans-Günther: Informelles Verwaltungshandeln im Wirtschaftsverwaltungs- und Umweltrecht, NuR 1991, 267 ff.

Henseler, Paul: Staatliche Verhaltenslenkung durch Subventionen im Spannungsfeld zur Unternehmerfreiheit des Begünstigten, VerwArch 77 (1986), S. 249 ff.

Hermes, Georg: Das Grundrecht auf Schutz von Leben und Gesundheit: Schutzpflicht und Schutzanspruch aus Art. 2 Abs. 2 S. 1 GG, Heidelberg, 1987.

Hesse, Joachim Jens: Aufgabe einer Staatslehre heute, in: Ellwein, Thomas/Hesse, Joachim Jens/Mayntz, Renate/Scharpf, Fritz (Hrsg.), Jahrbuch zur Staats- und Verwaltungswissenschaft, Bd. 1, Baden-Baden 1987, S. 55 ff.

Hesse, Konrad: Bemerkungen zur heutigen Problematik und Tragweite der Unterscheidung von Staat und Gesellschaft, in: Hesse, Konrad, Ausgewählte Schriften, 1984, S. 45 ff.

— Grundzüge des Verfassungsrechts der Bundesrepublik Deutschlands, 20. Aufl., Heidelberg 1995.

Hettlage, Robert: Die Wirtschaft zwischen Zwang und Freiheit, Heidelberg 1971.

Hey, Johanna: Fortführung der ökologischen Steuerreform – Übergang zur Routine, NJW 2000, 640 ff.

Heynen, Klaus-Jörg: Allgemeinverbindlicherkärungen nach europäischem Marktordnungsrecht, Köln/Berlin/Bonn/München, 1985.

Hilf, Meinhard: Umweltabgaben als Gegenstand von Gemeinschaftsrecht und Politik, NVwZ 1992, 105 ff.

Hilf, Meinhard/*Pache*, Eckhard, Der Vertrag von Amsterdam, NJW 1998, 705 ff.

Hill, Hermann (Hrsg.): Einführung in die Gesetzgebungslehre, Heidelberg 1982.

— Rechtsstaatliche Bestimmtheit oder situationsgerechte Flexibilität des Verwaltungshandelns, DÖV 1987, 885 ff.

— Gesetzesgestaltung und Gesetzesanwendung im Leistungsrecht, VVDStRL 47 (1989), 172 ff.

— Verwaltungshandeln durch Verträge und Absprachen, Baden-Baden 1990.

Hillgruber, Christian: Der Schutz des Menschen vor sich selbst, Schriften zum Öffentlichen Recht und zur Verwaltungslehre, Bd. 48, München 1992.

Hirschberg, Lothar: Der Grundsatz der Verhältnismäßigkeit, Göttingen 1981.

Hoffmann-Riem, Wolfgang: Selbstbindungen der Verwaltung, VVDStRL 40 (1982), 187 ff.

— Umweltschutz zwischen staatlicher Regelungsverantwortung und unternehmerischer Eigeninitiative, WiVerw 1983, 120.

— Konfliktmittler in Verwaltungsverhandlungen, Heidelberg 1989.

— Reform des allgemeinen Verwaltungsrechts als Aufgabe – Ansätze am Beispiel des Umweltschutzes, AöR 115 (1990), 423 ff.

— Reform des Allgemeinen Verwaltungsrechts: Vorüberlegungen, DVBl. 1994, 1381 ff.

— Umweltschutz als Gesellschaftsziel – illustriert an Beispielen aus der Energiepolitik, GewArch 1996, 1 ff.

Hoffmann-Riem, Wolfgang/*Schmidt-Aßmann*, Eberhard: Konfliktbewältigung durch Verhandlungen, Bd. I: Informelle und mittlergestützte Verhandlungen im Verwaltungsverfahren, Baden-Baden, 1990.

— Öffentliches Recht und Privatrecht als wechselseitige Auffangordnungen, Baden-Baden 1996.

Hoffmann-Riem, Wolfgang/*Schmidt-Aßmann*, Eberhard/*Schuppert*, *Gunnar* Folke (Hrsg.): Reform des Allgemeinen Verwaltungsrechts, Bd. I, Grundfragen, Baden-Baden 1993.

Honsell, Heinrich: Die Haftung für Auskunft und Gutachten, JuS 1976, 621 ff.

Hoppe, Werner/*Beckmann*, Martin J.: Umweltrecht, München 1989.

Horn, Hans-Detlef: Experimentelle Gesetzgebung unter dem Grundgesetz, Schriften zum Öffentlichen Recht, Bd. 567, Berlin 1989.

— Staat und Gesellschaft in der Verwaltung des Pluralismus. Zur Suche nach Organisationsprinzipien im Kampf ums Gemeinwohl, Die Verwaltung 26 (1993), 545 ff.

Horstmann, Wolfgang: Selbstbeschränkungsabkommen und Kartellverbot. Begrenzung des Anwendungsbereichs des § 1 GWB durch wirtschaftslenkende Maßnahmen, Frankfurt a. M. 1977.

Huber, Ernst Rudolf: Wirtschaftsverwaltungsrecht, Bd. 1, 2. Aufl., Tübingen 1954.

— Der Streit um das Wirtschaftsverfassungsrecht, DÖV 1956, 135 ff.

Huber, Peter-Michael: Konkurrentenschutz im Verwaltungsrecht: Schutzanspruch bei Lenkungs- und Verteilungsentscheidungen der öffentlichen Verwaltung, Tübingen 1991.

— Weniger Staat im Umweltschutz – Verfassungs- und unionsrechtliche Determinanten –, DVBl. 1999, S. 489 ff.

Hübner, Klaus: Außerkartellrechtliche Einschränkungen des Kartellverbots, Köln/Berlin/Bonn/München, 1971.

Imboden, Max: Der verwaltungsrechtliche Vertrag, Basel 1958.

— Der Plan als verwaltungsrechtliches Instrument, VVDStRL 18 (1960), S. 113 ff.

Immenga, Ulrich: Politische Instrumentalisierung des Kartellrechts, Tübingen 1976.

Immenga, Ulrich/*Mestmäcker*, Ernst Joachim/*Emmerich*, Volker: Gesetz gegen Wettbewerbsbeschränkungen, GWB, Kommentar zum Kartellgesetz, 2. Aufl., München 1992.

Intergovernmental Panel on Climate Change: Second Assessment Synthesis of Scientific-technical Information relevant to interpreting Article 2 of the UN-Framework Convention of Climate Change, Genf 1995.

Ipsen, Hans Peter: Die staatliche Intervention im Bereich der Wirtschaft, Diskussionsbeitrag, VVDStRL 11 (1953), S. 129.

— Europäisches Gemeinschaftsrecht, Tübingen 1972.

— Rechtsfragen der Wirtschaftsplanung, in: Kaiser, Joseph H. (Hrsg.), Planung II Begriff und Institut des Plans, Baden-Baden 1966, S. 63 ff. sowie als Nachdruck in: H. P. Ipsen, Öffentliches Wirtschaftsrecht, Tübingen 1985, S. 555 ff.

Ipsen, Jörn: Gesetzliche Einwirkungen auf grundrechtlich geschützte Rechtsgüter, JZ 1997, 473 ff.

Isensee, Josef: Subsidiaritätsprinzip und Verfassungsrecht. Eine Studie über das Regulativ des Verhältnisses von Staat und Gesellschaft, Schriften zum Öffentlichen Recht, Bd. 80, Berlin 1968.

— Das Grundrecht auf Sicherheit – Zu den Schutzpflichten des freiheitlichen Verfassungsstaates, Vortrag gehalten vor der Berliner Juristischen Gesellschaft am 24.11.1982, Berlin 1983.

— Mehr Recht durch weniger Gesetze?, ZRP 1985, 142 ff.

Isensee, Josef/*Kirchhof*, Paul (Hrsg.): Handbuch des Staatsrechts der Bundesrepublik Deutschland. Bd. I: Grundlagen von Staat und Verfassung, Heidelberg 1984; Bd. II, Demokratische Willensbildung – Die Staatsorgane des Bundes, Heidelberg 1987; Bd. III, Das Handeln des Staates, 2. Aufl., Heidelberg, 1996; Bd. V, Allgemeine Grundrechtslehren, Heidelberg 1992; Bd. VI: Freiheitsrechte, Heidelberg 1989.

Jäckle, Wolfgang: Die Haftung der öffentlichen Verwaltung aus culpa in contrahendo im Lichte der oberinstanzlichen Rechtsprechung, NJW 1990, 2520 ff.

Jakobs, Michael Chr.: Der Grundsatz der Verhältnismäßigkeit. Eine exemplarische Untersuchung seiner Geltung im Atomrecht, Köln 1985.

Jarass, Hans D.: Grundrechte als Wertentscheidungen bzw. objektiv-rechtliche Prinzipien in der Rechtsprechung des Bundesverfassungsgerichts, AöR 110 (1985), 363 ff.

— Wirtschaftsverwaltungsrecht mit Wirtschaftsverfassungsrecht, 3. Aufl., Neuwied 1997.

Jarass, Hans D./*Pieroth*, Bodo: Grundgesetz für die Bundesrepublik Deutschland, 5. Aufl., München 2000.

Jean d'Heur, Bernd: Grundrechte im Spannungsverhältnis zwischen subjektiven Freiheitsgarantien und objektiven Grundsatznormen. Zur Erweiterung der Grundrechtsfunktionen und deren Auswirkungen auf die Grundrechtsdogmatik, JZ 1995, 161 ff.

Jellinek, Georg: System der öffentlichen Rechte, 2. Aufl., Tübingen 1905.

Jesch, Dietrich: Gesetz und Verwaltung. Eine Problemstudie zum Wandel des Gesetzmäßigkeitsprinizips, Tübinger Rechtswissenschaftliche Abhandlungen, Bd. 2, 2. Aufl., Tübingen 1968.

Kaiser, Joseph H. (Hrsg.): Planung I – Recht und Politik der Planung in Wirtschaft und Gesellschaft –, Baden-Baden 1965; Planung II – Begriff und Institut des Plans –, Baden-Baden 1966; Planung III – Mittel und Methoden planender Verwaltung, Baden-Baden 1968; Planung IV – Planung International, Baden-Baden 1970.

— Industrielle Absprachen im öffentlichen Interesse, NJW 1971, 585 ff.

Kallmeyer, Harald: Die Gefälligkeitsverhältnisse: Eine rechtsdogmatische Untersuchung. Zugleich ein Beitrag zum sogenannten Handeln auf eigene Gefahr, Diss. Göttingen 1968.

Kasten, Hans-Hermann/*Rapsch*, Arnulf: Der öffentlich-rechtliche Vertrag unter Privaten – Phänomen oder Phantom?, NVwZ 1986, 708 ff.

Kimminich, Otto/*Lersner*, Friedrich Freiherr von/*Storm*, Peter-Christoph: Handwörterbuch des Umweltrechts, Bd. II, 2. Aufl., Berlin 1994.

Kirchhof, Paul: Verwalten durch „mittelbares" Einwirken, Köln/Berlin/Bonn/München, 1977.

Klein, Eckart: Grundrechtliche Schutzpflichten des Staates, NJW 1989, 1633 ff.

Klein, Franz: Verfassungsrechtliche Grenzen der Steuerreform, in: Leibholz, Gerhard/Faller, Hans-Joachim/Mikat, Paul/Reis, Hans (Hrsg.), Menschenwürde und freiheitliche Rechtsordnung, Festschrift für Willi Geiger zum 65. Geburtstag, Tübingen 1974, S. 697 ff.

Klein, Hans H.: Staatsziele im Verfassungsgesetz – Empfiehlt es sich, ein Staatsziel Umweltschutz in die Verfassung aufzunehmen?, DVBl. 1991, 728 ff.

— Die grundrechtliche Schutzpflicht, DVBl. 1994, 489 ff.

Kloepfer, Michael: Umweltschutz als Kartellprivileg?, JZ 1980, 781 ff.

— Gesetzgebung im Rechtsstaat, VVDStRL 40 (1982), 68 ff.

— „Gyosei Shido“ und das informelle Verwaltungshandeln, in: Coing, Helmut/Hirano, Rynichi/Kitagawa, Zentaro/Murakami, Junichi/Nörr, Knut Wolfgang/Oppermann, Thomas/Shiono, Hiroshi (Hrsg.), Die Japanisierung westlichen Rechts, Tübingen 1990.

— Zu den neuen umweltrechtlichen Handlungsformen des Staates, JZ 1991, 737 ff.

— Umweltschutz als Verfassungsrecht: Zum neuen Art. 20 a, DVBl. 1996, 76 ff.

— Umweltrecht, 2. Aufl., München 1998.

— Verwaltung und Verwaltungsrecht zwischen gesellschaftlicher Selbstregulierung und staatlicher Steuerung, Diskussionsbeitrag, VVDStRL 57 (1998), S. 120 ff.

Kloepfer, Michael/*Elsner*, Thomas: Selbstregulierung im Umwelt- und Technikrecht – Perspektiven einer kooperativen Normsetzung –, DVBl. 1996, 964 ff.

Klowait, Jürgen: Die Beteiligung Privater an der Abfallentsorgung, Baden-Baden 1995.

Knack, Hans-Joachim (Begr.): Verwaltungsverfahrensgesetz, 6. Aufl., Köln/Berlin/Bonn/München 1998.

Knebel, Jürgen/*Wicke*, Lutz/*Michael*, Gerhard: Selbstverpflichtungen und normersetzende Verträge als Instrumente des Umweltschutzes, Umweltbundesamt Berichte 5/99, Berlin 1999.

Koch, Hans-Joachim: Vereinfachung des materiellen Umweltrechts, NVwZ 1996, 215 ff.

Koch, Hans-Joachim/*Roßnagel*, Alexander: Neue Energiepolitik und Ausstieg aus der Kernenergie, NVwZ 2000, 1 ff.

Koch, Hans-Joachim/*Scheuing*, Dieter (Hrsg.): Gemeinschaftskommentar zum Bundes-Immissionsschutzgesetz, Loseblatt, Stand: Ergänzungslieferung 6 b, April 1998.

Kohlhaas, Michael/*Praetorius*, Barbara: Selbstverpflichtungen der Industrie zur CO_2-Reduktion – Möglichkeiten der wettbewerbskonformen Ausgestaltung unter Berücksichtigung der geplanten CO_2-/Energiesteuer und Wärmenutzungsverordnung, Deutsches Institut für Wirtschaftsforschung, Sonderheft 152, 1994.

König, Klaus: Zur Überprüfung von Gesetzgebungsvorhaben des Bundes, Speyer 1986.

König, Klaus/*Dose*, Nicolai (Hrsg.): Instrumente und Formen staatlichen Handelns, Speyer 1993.

Kopp, Axel, Altautoentsorgung – Die Altautoverordnung und die Freiwillige Selbstverpflichtung der Wirtschaft, NJW 1997, 3292 ff.

Kopp, Ferdinand O. (Begr.), fertiggestellt von *Kopp*, Ferdinand J.: Verwaltungsverfahrensgesetz, 6. Aufl., München 1996.

Korbmacher, Günther: Plangewährleistung und Vertrauensschutz, WiVerw 1979, S. 37 ff.

Kordes, Armin: Institutionelle Rahmenbedingungen und Realisierungsmöglichkeiten für Verhandlungen im Umweltschutz, Nürnberg 1994.

Krebs, Walter: Vorbehalt des Gesetzes und Grundrechte, Schriften zum Öffentlichen Recht Bd. 276, Berlin 1975.

Krüger, Herbert: Die Auflage als Instrument der Wirtschaftsverwaltung, DVBl. 1955, 380 ff.; 450 ff.; 518 ff.

— Rechtsetzung und technische Entwicklung, NJW 1966, 617 ff.

— Von der Notwendigkeit einer freien und auf lange Sicht angelegten Zusammenarbeit von Staat und Wirtschaft, in: Schriftenreihe der Freiherr-von-Stein-Gesellschaft, Heft 5, 1966.

— Allgemeine Staatslehre, 2. Aufl., Stuttgart/Berlin/Köln/Mainz, 1966.

— Rechtsetzung und technische Entwicklung, NJW 1966, 617 ff.

Kuhnt, Dietmar: Energie und Umweltschutz in europäischer Perspektive, DVBl. 1996, 1082 ff.

Kunig, Philip: Alternativen zu einseitig-hoheitlichem Verwaltungshandeln, in: Hoffmann-Riem, Wolfgang/Schmidt-Aßmann, Eberhard (Hrsg.), Konfliktbewältigung durch Verhandlungen, Bd. I, Baden-Baden 1990, 43 ff.

— Verträge und Absprachen zwischen Verwaltung und Privaten, DVBl. 1992, 1193 ff.

Kunig, Philip/*Rublack*, Susanne: Aushandeln statt Entscheiden?, Jura 1990, 1 ff.

Kusche, Hans Christian: Gesetzgebungs- und Verwaltungskompetenzen der Bundesländer für die Umsetzung einer klimaorientierten Energiepolitik, Heidelberg, 1998.

Lackner, Karl: Strafgesetzbuch mit Erläuterungen, 23. Aufl., München 1999.

Landfried, Christine: Zur Bedeutung des Steuerungswissens für den Erfolg staatlicher Steuerung, in: König, Klaus/Dose, Nicolai (Hrsg.), Instrumente und Formen staatlichen Handelns, Speyer 1993, S. 323 ff.

Lange, Klaus: Die Abgrenzung von öffentlich-rechtlichem und privatrechtlichem Vertrag, JuS 1982, 500 ff.

— Staatliche Steuerung durch offene Zielvorgabe im Lichte der Verfassung, VerwArch 82 (1991), 1 ff.

Langen, Eugen (Begr.)/*Bunte*, Hermann-Josef (Hrsg.), Kommentar zum Deutschen und europäischen Kartellrecht, 8. Aufl., Neuwied/Darmstadt 1998.

Langen, Eugen (Begr.)/*Niederleithinger*, Ernst/*Ritter*, Lennart/*Schmidt*, Ulrich, Kommentar zum Kartellgesetz, Gesetz gegen Wettbewerbsbeschränkungen mit Erläuterungen für die Praxis unter Einbeziehung des EG-Kartellrechts, 6. Aufl., Neuwied/Darmstadt 1982.

Larenz, Karl/*Canaris*, Claus-W., Methodenlehre der Rechtswissenschaft, 3. Aufl., Berlin 1995.

Laschke, Bärbel, Selbstverpflichtungen der deutschen Industrie zur CO_2-Reduzierung: Anstrengung oder Selbstlauf?, in: Institut für Wirtschaftsforschung Halle, Mitteilungen 6/95, S. 11 ff.

Lautenbach, Sylvia/*Steger*, Ulrich/*Weihrauch*, Peter: Evaluierung freiwilliger Branchenvereinbarungen im Umweltschutz, Köln 1992.

Lege, Joachim: Nochmals: Staatliche Warnungen – Zugleich zum Paradigmenwechsel in der Grundrechtsdogmatik und zur Abgrenzung von Regierung und Verwaltung –, DVBl. 1999, S. 569 ff.

Leidinger, Tobias: Hoheitliche Warnungen, Empfehlungen und Hinweise im Spektrum staatlichen Informationshandelns – Zum aktuellen Stand der Diskussion in Rechtsprechung und Literatur –, DÖV 1993, 925 ff.

Leitzke, Claus: Der normersetzende Vertrag – ein zukunftsfähiges Instrument im Umweltrecht?, UPR 2000, S. 361 ff.

Lerche, Peter: Rechtsprobleme der wirtschaftslenkenden Verwaltung, DÖV 1961, 486 ff.

— Übermaß und Verfassungsrecht. Zur Bindung des Gesetzgebers an die Grundsätze der Verhältnismäßigkeit und Erforderlichkeit, Köln/Berlin/Bonn/München 1961.

von Lersner, Heinrich: Verwaltungsrechtliche Instrumente des Umweltschutzes, Schriftenreihe der Juristischen Gesellschaft Berlin, Heft 76, 1983.

Leßmann, Herbert: Die öffentlichen Aufgaben und Funktionen der privaten Wirtschaftsverbände, Köln/Berlin/Bonn/München 1976.

Lieberknecht, Otfried/*Gnauck*, Herbert: Zur kartellrechtlichen Beurteilung von Wettbewerbsverboten in Personengesellschaften, BB 1963, 1067 ff.

Loewenheim, Ulrich//*Belke*, Rolf (Hrsg.): Gesetz gegen Wettbewerbsbeschränkungen, Kommentar, Loseblatt, 4. Aufl. 1977, Stand: 14. Lieferung, März 1993.

Lorenz, Harald: Staatlich inspirierte Selbstbeschränkungsabkommen und Kartellrecht, Diss. FU Berlin 1977.

Lübbe-Wolff, Gertrude: Rechtsprobleme der behördlichen Umweltberatung, NJW 1987, 2705 ff.

— Die Grundrechte als Eingriffsabwehrrechte. Struktur und Reichweite der Eingriffsdogmatik im Bereich der staatlichen Leistungen, Baden-Baden, 1988.

— Das Kooperationsprinzip im Umweltrecht – Rechtsgrundsatz oder Deckmantel eines Vollzugsdefizits?, NuR 1989, 295 ff.

— Die EG-Verordnung zum Umwelt-Audit, DVBl. 1994, 361 ff.

Lücke, Jörg: Soziale Grundrechte als Staatszielbestimmungen und Gesetzgebungsaufträge, AöR 107 (1982), 15 ff.

Luhmann, Niklas: Legitimation durch Verfahren, Neuwied/Berlin 1969.

Mainka, Johannes: Der Vertrauensschutz im öffentlichen Recht, Diss. Bonn, 1963.

Malorny, Michael: Der Grundrechtsverzicht, JA 1974, 475 ff.

Manssen, Gerrit: Staatsrecht I: Grundrechtsdogmatik, München 1995.

Markert, Kurt: Kartelle als Mittel staatlicher Wirtschaftsplanung, in: Kaiser, Joseph H. (Hrsg.), Planung IV – Planung International, Baden-Baden 1970, S. 191 ff.

Maunz, Theodor/*Dürig*, Günther/*Herzog*, Roman/*Klein*, Hans H./*Lerche*, Peter/*Papier*, Hans Jürgen/*Randelzhofer*, Albrecht/*Schmidt-Aßmann*, Eberhard/*Scholz*, Rupert: Grundgesetz Kommentar, Loseblatt, Stand: 35. Ergänzungslieferung Februar 1999 (zit. *Bearb.*, in: Maunz/Dürig, GG).

Maunz, Theodor/*Zippelius*, Reinhold: Deutsches Staatsrecht, 30. Aufl., München 1998.

Maurer, Hartmut: Rechtstatsachenforschung im Bereich des Verwaltungsrechts, in: Heinz, Wolfgang (Hrsg.), Rechtstatsachenforschung heute, Konstanz 1986.

— Der Verwaltungsvertrag – Probleme und Möglichkeiten, DVBl. 1989, 798 ff.

— Staatsrecht, München 1999.

— Allgemeines Verwaltungsrecht, 12. Aufl., München 1999.

Mayntz, Renate: Regulative Politik in der Krise?, in: Matthes, Joachim (Hrsg.), Sozialer Wandel in Westeuropa, Verhandlungen des 19. Deutschen Soziologentages 1979, Frankfurt/New York 1979, S. 55 ff.

— Politische Steuerung und gesellschaftliche Steuerungsprobleme. Anmerkungen zu einem theoretischen Paradigma, in: Ellwein, Thomas/Hesse, Joachim Jens/Mayntz, Renate/Scharpf, Fritz W. (Hrsg.), Jahrbuch zur Staats- und Verwaltungswissenschaft, Bd. 1, Baden-Baden 1987, S. 89 ff.

— Verbände zwischen Mitgliederinteressen und Gemeinwohl, Gütersloh 1992.

— Steuerung und Selbstorganisation in staatsnahen Sektoren, in: Mayntz, Renate (Hrsg.), Gesellschaftliche Selbstregelung und politische Steuerung, Frankfurt/M. 1995.

Mayntz, Renate/*Bohne*, Eberhard/*Derlien*, Hans-Ulrich/*Hesse*, Beate/*Hucke*, Jochen/*Müller*, Axel: Vollzugsprobleme der Umweltpolitik. Eine empirische Untersuchung der Implementation von Gesetzen im Bereich der Luftreinhaltung und des Gewässerschutzes, Stuttgart, 1978.

Menger, Christian Friedrich: Höchstrichterliche Rechtsprechung zum Verwaltungsrecht – Der öffentlich-rechtliche Vertrag, VerwArch 58 (1967), 171 ff.

— Probleme der Handlungsformen bei der Vergabe von Wirtschaftssubventionen – Mitwirkungsbedürftiger Verwaltungsakt oder öffentlich-rechtlicher Vertrag? in: Westermann, Harry/Menger, Christian-Friedrich/Bielenberg, Walter/Hoppe, Werner/Schmidt-Aßmann, Eberhard/Davod, Carl-Heinz (Hrsg.), Raumplanung und Eigentumsordnung, Festschrift für Werner Ernst zum 70. Geburtstag, München 1980, S. 301 ff.

— Fortschritte des Verwaltungsrechts, in: Menger, Christian Friedrich (Hrsg.), Festschrift für Hans J. Wolff zum 75. Geburtstag, München 1973, 154 ff.

Merkel, Angela: Der Stellenwert von umweltbezogenen Selbstverpflichtungen der Wirtschaft im Rahmen der Umweltpolitik der Bundesregierung, Umwelt 3/1997, S. 88.

Mescheriakoff, Alain-Serge: Droit public économique, Paris 1994.

Meßerschmidt, Klaus: Umweltabgaben als Rechtsproblem, Schriften zum Umweltrecht, Bd.5, Berlin 1986.

Mestmäcker, Ernst-Joachim: Freier oder selbstverwalteter Wettbewerb?, Bonn-Bad Godesberg, 1985.

Meyer, Hans/*Borgs-Maciejewski*, Hermann: Verwaltungsverfahrensgesetz, 2. Aufl., Frankfurt 1982.

Möbitz, Hartmut: Die rechtliche Stellung des Bundes im Vertragswerk zur Neuordnung des Ruhrkohlebergbaus, Köln 1972.

Moench, Christoph: Der Schutz des freien Warenverkehrs im Gemeinsamen Markt. Zur Auslegung der Artt. 30, 34, 36 EWGV in der Rechtsprechung des EuGH, NJW 1982, S. 2692 ff.

Monopolkommission: Sondergutachten 14: Die Konzentration im Lebensmittelhandel, Baden-Baden 1985.

Möschel, Wernhardt: Recht der Wettbewerbsbeschränkungen, Köln/Berlin/Bonn/München 1983.

— Das Kartellgesetz heute – Aus ordoliberaler Sicht, in: Ludwig-Erhardt-Stiftung (Hrsg.), Recht und Gesittung in einer freien Gesellschaft, Zur Erinnerung an Franz Böhm zu seinem 90. Geburtstag, 1985, S. 43 ff.

— Privatisierung, Deregulierung und Wettbewerbsordnung, JZ 1988, 885 ff.

Mückel, Stefan: Kriterien des verfassungsrechtlichen Vertrauensschutzes bei Gesetzesänderungen, Schriften zum Öffentlichen Recht, Bd. 576, Berlin 1989.

Müggenborg, Hans-Jürgen: Formen des Kooperationsprinzips im Umweltrecht in der Bundesrepublik Deutschland, NVwZ 1990, 909 ff.

v. Münch, Ingo: Staatsrecht, Bd. I, 5. Aufl., Stuttgart/Berlin/Köln 1993.

v. Münch, Ingo/*Kunig*, Philip: GG-Kommentar, Bd. 1 (Art. 1–20), 4. Aufl. München 1992; Bd. 2 (Art. 21–69) 3. Aufl., München 1995; Bd. 3 (Art. 70–146), 3. Aufl., München 1996.

Müller, Heiner/*Seidel*, Michael: Freiwillige Selbstverpflichtungen der kommunalen Wirtschaft in der Energieversorgung, ZögU, Bd. 20 (1997), S. 109 ff.

Müller, Heinz/*Gießler*, Peter/*Scholz*, Ulrich: Wirtschaftskommentar, Gesetz gegen Wettbewerbsbeschränkungen, Bd. I, 4. Aufl., Frankfurt 1981.

Müller-Bromley, Nicolai: Staatszielbestimmung Umweltschutz im Grundgesetz. Rechtsfragen der Staatszielbestimmung als Regelungsform der Staatsaufgabe Umweltschutz, Berlin 1995.

Müller-Henneberg, Hans/*Schwartz*, Gustav/*Benisch*, Werner: Gesetz gegen Wettbewerbsbeschränkungen und Europäisches Kartellrecht, 4. Aufl., 1. Lieferung, §§ 1–4 GWB, Köln/Berlin/Bonn/München 1980.

Murswiek, Dietrich: Die staatliche Verantwortung für die Risiken der Technik. Verfassungsrechtliche Grundlagen und immissionsschutzrechtliche Ausformung, Schriften zum Umweltrecht, Bd. 3, Berlin 1985.

— Freiheit und Freiwilligkeit im Umweltrecht, JZ 1988, 985 ff.

Nawiasky, Hans: Allgemeine Staatslehre, 3. Teil: Staatsrechtslehre, Zürich/Köln 1956.

Neidhardt, Leonhard: Plebiszit und pluralitäre Demokratie, Bern 1970.

Neumann, Volker: Freiheitsgefährdung im kooperativen Sozialstaat: Rechtsgrundlagen und Rechtsformen der Finanzierung der freien Wohlfahrtspflege, Köln 1992.

Nicolaysen, Gert: Europarecht I, Baden-Baden 1991.

— Europarecht II: Das Wirtschaftsrecht im Binnenmarkt, Baden-Baden 1996.

Nickel, Dietmar: Absprachen zwischen Staat und Wirtschaft – Die öffentlich-rechtlichen Aspekte der Selbstbeschränkungsabkommen der deutschen Industrie, Diss. Hamburg 1979.

Obermayer, Klaus: Der Plan als verwaltungsrechtliches Instrument, VVDStRL 18 (1960), S. 144 ff.

— Leistungsstörung beim öffentlich-rechtlichen Vertrag, BayVBl. 1977, 546 ff.

Obermayer, Klaus (Begr.)/*Fritz*, Roland (Hrsg.): Verwaltungsverfahrensgesetz, 3. Aufl., Neuwied 1999.

Oebbecke, Janbernd: Die staatliche Mitwirkung an gesetzesabwendenden Vereinbarungen, DVBl. 1986, 793 f.

— Mehrfachzuständigkeiten in der Verwaltung als Rechtsproblem, in: Küper, W./Welp, J. (Hrsg.), Beiträge zur Rechtswissenschaft, Festschrift für Walter Stree und Johannes Wessels zum 70. Geburtstag, Heidelberg 1993, S. 1119 ff.

Oldiges, Martin: Grundlagen eines Plangewährleistungsrechts, Berlin 1970.

— Staatlich inspirierte Selbstbeschränkungsabkommen in der Privatwirtschaft, WiR 1973, S. 1 ff.

Ossenbühl, Fritz: Die Erfüllung von Verwaltungsaufgaben durch Private, VVDStRL 29 (1970), S. 138 ff.

— Vertrauensschutz im sozialen Rechtsstaat, DÖV 1972, S. 25 ff.

— Welche normativen Anforderungen stellt der Verfassungsgrundsatz des demokratischen Rechtsstaates an die planende staatliche Tätigkeit, dargestellt am Beispiel der Entwicklungsplanung?, Gutachten B zum 50. DJT, 1974.

— Die Plangewährleistung, JuS 1975, S. 545 ff.

— Die Kontrolle von Tatsachenfeststellungen und Prognoseentscheidungen durch das Bundesverfassungsgericht, in: Starck, Christian (Hrsg.), Bundesverfassungsgericht und Grundgesetz. Festgabe aus Anlaß des 25jährigen Bestehens des Bundesverfassungsgerichts, Bd. 1 Verfassungsgerichtsbarkeit, Tübingen, 1976, 458 ff.

— Umweltpflege durch behördliche Warnungen und Empfehlungen, Köln/Berlin/Bonn/München, 1986.

— Informelles Hoheitshandeln im Gesundheits- und Umweltschutz, in: Breuer, Rüdiger/Kloepfer, Michael/Marburger, Peter/Schröder, Meinhardt (Hrsg.), Jahrbuch des Umwelt- und Technikrechts, Bd. 3 (1987), 27 ff.

— Der Vorbehalt des Gesetzes, in: Isensee, Josef/Kirchhof, Paul (Hrsg.), Handbuch des Staatsrechts der Bundesrepublik Deutschland, Bd. III, Heidelberg 1988, § 62, S. 320 ff.

— Die Freiheiten des Unternehmers nach dem Grundgesetz, AöR 115 (1990), S. 1 ff.

— Staatshaftungsrecht, 4. Aufl., München 1991.

— Grundrechtsgefährdungen, in: Ziemske, Burkhardt/Langheid, Theo/Wilms, Heinrich/Haverkate, Jörg (Hrsg.), Staatsphilosophie und Rechtspolitik, Festschrift für Martin Kriele zum 65. Geburtstag, 1997, S. 147 ff.

— Verfassungsrechtliche Fragen eines Ausstiegs aus der friedlichen Nutzung der Kernenergie, AöR 124 (1999), S. 1 ff.

Palandt: Bürgerliches Gesetzbuch, 59. Auflage 2000 (zit: Palandt-*Bearbeiter)*.

Pallmann, Hans-Dietrich: Rechtsfolgen aus Gefälligkeitsverhältnissen, Diss. Regensburg 1971.

Pape, Wolfgang: Gyosei shido und das Anti-Monopol-Gesetz in Japan. Eine Untersuchung über Praxis, Hintergrund und rechtliche Bedeutung von Administrative Guidance, Köln 1980.

Passavant, Oliver: Mittlergestützte Kooperation in komplexen Verwaltungsverfahren, DÖV 1987, 516 ff.

Pernice, Ingolf: Rechtlicher Rahmen der europäischen Unternehmenskooperation im Umweltbereich unter besonderer Berücksichtigung von Art. 85 EWGV, EuZW 1992, 139 ff.

Peters, Hans-Joachim/*Schlabach*, Erhard: Umweltschutz – Ein Staatsziel nach der Verfassung des Landes Baden-Württemberg, VBlBW 1986, 47 ff.

Philipp, Renate: Staatliche Verbraucherinformationen im Umwelt- und Gesundheitsrecht, Berlin 1989.

Pieroth, Bodo/*Schlink*, Bernhard: Staatsrecht II Grundrechte, 14. Aufl., Heidelberg 1998.

Pietzcker, Jost: Die Rechtsfigur des Grundrechtsverzichts, Der Staat 17 (1978), 527 ff.

— Vorrang und Vorbehalt des Gesetzes, JuS 1979, 710 ff.

— Grundrechtsbetroffenheit in der verwaltungsrechtlichen Dogmatik, in: Püttner, Günther (Hrsg.), Festschrift für Otto Bachof zum 70. Geburtstag, München 1984, S. 131 ff.

Preu, Peter: Freiheitsgefährdung durch die Lehre von den grundrechtlichen Schutzpflichten – Überlegungen aus Anlaß des Gentechnikanlagenbeschlusses des Hessischen Verwaltungsgerichtshofes, JZ 1991, 265 ff.

— Der informale Rechtsstaat, KritV 1992, 61 ff.

Preu, Peter/*Brühl*, Klaus: Fortpflanzungsmedizin, Gentechnik und Verfassung – Zum Gesichtspunkt der Einwilligung Betroffener, JZ 1987, 529 ff.

Püttner, Günter: Allgemeines Verwaltungsrecht, – ein Studienbuch, 6. Aufl., Düsseldorf 1983.

Ramsauer, Ulrich: Die faktischen Beeinträchtigungen des Eigentums, Berlin 1980.

— Die Bestimmung des Schutzbereichs von Grundrechten nach dem Normzweck, VerwArch Bd. 72 (1981), S. 89 ff.

Randelzhofer, Albrecht/*Wilke*, Dieter: Die Duldung als Form flexiblen Verwaltungshandelns. Dargestellt an einem Fall des Wasserrechts, Berlin 1981.

Rat von Sachverständigen für Umweltfragen: Umweltgutachten 1996 – Zur Umsetzung einer dauerhaft umweltgerechten Entwicklung.

Rebmann, Horst (Hrsg.): Münchner Kommentar zum Bürgerlichen Gesetzbuch, Bd. II, 3. Aufl., München 1992 (zit: MüKo-*Bearb.).*

Redeker, Konrad: Staatliche Planung im Rechtsstaat, JZ 1968, 537 ff.

Rengeling, Hans-Werner: Das Kooperationsprinzip im Umweltrecht, Osnabrücker Rechtswissenschaftliche Abhandlungen, Bd. 15, Köln, 1988.

— Kreislaufwirtschafts- und Abfallrecht: Neue Entwicklungen in der Bundesrepublik Deutschland und im Europäischen Gemeinschaftsrecht, Köln 1994.

Rennings, Klaus/*Brockmann*, Karl-Ludwig/*Koschel*, Henrike/*Bergmann*, Heidi/*Kühn*, Isabel: Nachhaltigkeit, Ordnungspolitik und freiwillige Selbstverpflichtung. Ordnungspolitische Grundregeln für eine Politik der Nachhaltigkeit und das Instrument der freiwilligen Selbstverpflichtung im Umweltschutz, Heidelberg 1996.

Richter, Ingo: Experiment und Begleitforschung bei der Grundrechtsverwirklichung, in: Hassemer, Winfried/Hoffmann-Riem, Wolfgang/Limbach, Jutta, Grundrechte und soziale Wirklichkeit, Schriften der Vereinigung für Rechtssoziologie, Bd. 6, Baden-Baden 1982.

Rieger, Harald: Das Problem der Güterabwägung bei der Anwendung des Kartellverbots, Diss. Franfurt/M. 1967.

Ritter, Ernst-Hasso: Der kooperative Staat, AöR 104 (1979), S. 21 ff.

Robbers, Gerhard: Der Grundrechtsverzicht. Zum Grundsatz *volenti non fit iniuria* im öffentlichen Recht, JuS 1985, 925 ff.

— Schlichtes Verwaltungshandeln, DÖV 1987, 272 ff.

— Behördliche Auskünfte und Warnungen gegenüber der Öffentlichkeit, AfP 1990, 84 ff.

Ronellenfitsch, Michael: Selbstverantwortung und Deregulierung im Ordnungs- und Umweltrecht, Berlin 1995.

Roßnagel, Alexander: Rechtsprobleme des Ausstiegs aus der Kernenergie, ZfU 1999, 241 ff.

Roth, Wolfgang: Verwaltungshandeln mit Drittbetroffenheit und Gesetzesvorbehalt, Schriften zum öffentlichen Recht, Bd. 598, Berlin 1991.

— Faktische Eingriffe in Freiheit und Eigentum, 1994.

Rubel, Rüdiger: Allgemeines Verwaltungsrecht, 2. Aufl., Neuwied 1992.

Rüfner, Wolfgang: Unternehmen und Unternehmer in der verfassungsrechtlichen Ordnung der Wirtschaft, DVBl. 1976, 689 ff.

Rupp, Hans-Heinrich: Die Unterscheidung von Staat und Gesellschaft, in: Isensee, Josef/Kirchhof, Paul (Hrsg.), Handbuch des Staatsrechts der Bundesrepublik Deutschland, Bd. I, Heidelberg 1987, S. 1187 ff.

Rybak, Hubertus/*Hofmann*, Hans, Verteilung der Gesetzgebungsrechte zwischen Bund und Ländern nach der Reform des Grundgesetzes, NVwZ 1995, 230 ff.

Sachs, Michael: Volenti non fit iniuiria – Zur Bedeutung des Willens des Betroffenen im Verwaltungsrecht, VerwArch 76 (1985), 398 ff.

— Die relevanten Grundrechtsbeeinträchtigungen, JuS 1995, 303 ff.

— Grundgesetz Kommentar, 2. Aufl., München 1999.

Sack, Rolf: Schützt § 1 GWB nur den schützenswerten Wettbewerb?, WuW 1970, 395 ff.

Sandrock, Otto: Grundbegriffe des Gesetzes gegen Wettbewerbsbeschränkungen, München 1968.

Schenke, Wolf-Rüdiger: Die Gewährleistung bei Änderung staatlicher Wirtschaftsplanung, AöR Bd. 101 (1976), S. 337 ff.

— Aufgabenverteilung innerhalb der Bundesregierung, Jura 1982, 337 ff.

Scherer, Joachim: Rechtsprobleme normersetzender Absprachen zwischen Staat und Wirtschaft am Beispiel des Umweltrechts, DÖV 1991, 1 ff.

Scherzberg, Arno: Grundfragen des verwaltungsrechtlichen Vertrages, JuS 1992, 205 ff.

Scheuner, Ulrich: Die staatliche Einwirkung auf die Wirtschaft, Frankfurt/M. 1971.

Scheuing, Dieter H.: Selbstbindungen der Verwaltung, VVDStRL 40 (1982), 153 ff.

Schimpf, Christian: Der verwaltungsrechtliche Vertrag unter besonderer Berücksichtigung seiner Rechtswidrigkeit, Berlin 1982.

Schink, Alexander: Umweltschutz als Staatsziel, DÖV 1997, 221 ff.

Schlarmann, Josef: Die kartellrechtliche Behandlung von Selbstbeschränkungsabkommen, NJW 1971, 1394 ff.

— Die Wirtschaft als Partner des Staates – Formen einer herrschaftslosen und kooperativen Wirtschaftspolitik, Diss. Hamburg 1972.

Schlink, Bernhard: Freiheit durch Eingriffsabwehr – Rekonstruktion der klassischen Grundrechtsfunktion, EuGRZ 1984, 457 ff.

Schmidt, Reiner (Hrsg.): Öffentliches Wirtschaftsrecht, Besonderer Teil, Berlin 1996.

Schmidt-Aßmann, Eberhard: Anwendungsprobleme des Art. 2 Abs. 2 GG im Immissionsschutzrecht, AöR 106 (1981), 205 ff.

— Grundrechtswirkungen im Verwaltungsrecht, in: Bender, Bernd/Breuer, Rüdiger/Ossenbühl, Fritz/Sendler, Horst (Hrsg.), Rechtsstaat zwischen Sozialgestaltung und Rechtsschutz, Festschrift für Konrad Redeker zum 70. Geburtstag, München 1993, S. 225 ff.

— Besonderes Verwaltungsrecht, 11. Aufl. 1999.

Schmidt-Bleibtreu, Bruno/*Klein*, Franz: Kommentar zum Grundgesetz, 9. Aufl, Neuwied 1999.

Schmidt-Preuß, Matthias: Verwaltung und Verwaltungsrecht zwischen gesellschaftlicher Selbstregulierung und staatlicher Steuerung, VVDStRL 56 (1997), S. 160 ff.

Schnapp, Friedrich E.: Die Verhältnismäßigkeit des Grundrechtseingriffs, JuS 1983, 850 ff.

Schneider, Hans: Gesetzgebung. Ein Lehrbuch, 2. Aufl., Heidelberg 1991.

Schoch, Friedrich: Folgenbeseitigung und Wiedergutmachung im Öffentlichen Recht, VerwArch 79 (1988), 1 ff.

— Staatliche Informationspolitik und Berufsfreiheit, DVBl. 1991, 667 ff.

Scholz, Georg: Grundgesetz, 2. Teil: Organisationsteil und Allgemeine Staatslehre, 5.Aufl., München 1987.

Scholz, Rainer: „Neue Jugendreligionen" und Äußerungsrecht, NVwZ 1994, 127 ff.

Scholz, Rupert/*Aulehner*, Josef: Grundfragen zum dualen System. Verfassungsprobleme und Erneuerung, BB 1993, 2250 ff.

Schorkopf, Frank: Die „vereinbarte" Novellierung des Atomgesetzes, NVwZ 2000, S. 1111 mit der Vereinbarung zwischen der Bundesregierung und den Energieversorgungsunternehmen vom 14. Juni 2000, Beilage Nr. IV/2000 zu NVwZ Heft 10/2000.

Schreckenberger, Waldemar (Hrsg.): Gesetzgebungslehre – Grundlagen, Zugänge, Anwendung, Stuttgart 1986.

Schröder, Heinjo: Vorschläge zur Transparenz des Verbandseinflusses auf die Gesetzgebung, ZParl 8 (1977), S. 491 ff.

Schröder, Meinhard: Geheimhaltungsschutz im Recht der Umweltchemikalien. Eine Untersuchung nach deutschem Recht, europäischem Recht und europäischem Gemeinschaftsrecht, Berlin 1980.

Schulte, Martin: Informales Verwaltungshandeln als Mittel staatlicher Umwelt- und Gesundheitspflege, DVBl. 1988, 512 ff.

— Schlichtes Verwaltungshandeln. Verfassungs- und verwaltungsrechtsdogmatische Überlegungen am Beispiel des Umweltrechts, Tübingen 1995.

Schulze-Fielitz, Helmuth: Der informale Verfassungsstaat. Aktuelle Beobachtungen des Verfassungslebens in der Bundesrepublik Deutschland im Lichte der Verfassungstheorie, Berlin 1984.

— Der Konfliktmittler als verwaltungsverfahrensrechtliches Problem, in: Hoffmann-Riem, Wolfgang/Schmidt-Aßmann, Eberhard (Hrsg.), Konfliktbewältigung durch Verhandlungen, Bd. II, Baden-Baden 1990, S. 55 ff.

— Informales oder illegales Verwaltungshandeln, in: Benz, Arthur/Seibel, Wolfgang, Zwischen Kooperation und Korruption – Abweichendes Verhalten der Verwaltung, Baden-Baden 1992, S. 233 ff.

Schuppert, Gunnar Folke: Die Neubelebung der Staatsdiskussion: Entzauberung des Staates oder „Bringing the state back in", Der Staat 28 (1989), S. 91 ff.

Schürmann, *Frank*, Öffentlichkeitsarbeit der Bundesregierung. Strukturen, Medien, Auftrag und Grenzen eines informalen Instruments der Staatsleitung, Schriften zum Öffentlichen Recht, Bd. 611, Berlin 1992.

Schüssler, Hans, Wann sind private Selbstbeschränkungsabkommen zulässig?, NJW 1962, 2275 ff.

Schwabe, Jürgen: Probleme der Grundrechtsdogmatik, Darmstadt, 1977.

v. Schwanenflügel, Matthias: Das Öffentlichkeitsprinzip des EG-Umweltrechts – Zur Bedeutung der Richtlinie über den freien Zugang zu Umweltinformationen, DVBl. 1991, 93 ff.

Schweizer, Rainer J.: Verträge und Abmachungen zwischen der Verwaltung und Privaten in der Schweiz, VVDStRL 52 (1993), 315 ff.

Schwerdtfeger, Gunther: Verbraucherlenkung durch Information, in: Wilke, Dieter (Hrsg.), Festschrift zum 125-jährigen Bestehen der juristischen Gesellschaft zu Berlin, S.715 ff.

Seibel-Schwiedernoch, Claudia: Die Bedeutung der „Situationsgebundenheit" des Gewerbebetriebes für seine Entschädigungsfähigkeit in der Planung, NJW 1985, 592 ff.

Seidler, Hanns H.: Rechtsschutz bei staatlicher Wirtschaftsplanung: Dargestellt am Beispiel des Gesetzes zur Anpassung und Gesundung des deutschen Steinkohlebergbaues und der deutschen Steinkohlebergbaugebiete, Schriften zum Öffentlichen Recht, Bd. 219, Berlin 1973.

Selmer, Peter: Der Vorbehalt des Gesetzes, JuS 1968, 489 ff.

— Steuerinterventionismus und Verfassungsrecht, Schriften zum Wirtschaftsverfassungs- und Wirtschaftsverwaltungsrecht, Bd. 3, Frankfurt a. M., 1972.

Sendler, Horst: Die Bedeutung des Abwägungsgebotes in § 1 Abs. 6 BauGB für die Berücksichtigung der Belange des Umweltschutzes in der Bauleitplanung, UPR 1995, 41 ff.

Shiono, Hiroshi: Verwaltungsrecht und Verwaltungsstil, in: Coing, Helmut/Hirano, Rynichi/Kitagawa, Zentaro/Murakami, Junichi/Nörr, Knut Wolfgang/Oppermann, Thomas/Shiono, Hiroshi (Hrsg.), Die Japanisierung westlichen Rechts, Tübingen 1990, S. 45 ff.

— Anmerkungen zum Entwurf eines Verwaltungsverfahrensgesetzes in Japan, VerwArch 84 (1993), S. 45 ff.

v. Simson, Werner: Planänderung als Rechtsproblem, in: Kaiser (Hrsg.), Planung I – Recht und Politik der Planung in Wirtschaft und Gesellschaft, Baden-Baden 1965, S. 405 ff.

Sodan, Helge: Gesundheitsbehördliche Informationstätigkeit und Grundrechtsschutz, DÖV 1987, 858 ff.

Soergel, Hans T. (Begr.)/*Siebert*, Wolfgang (Hrsg.): Bürgerliches Gesetzbuch mit Einführungsgesetzen, Bd. 1, 12. Aufl. Stuttgart 1987 (zit. Soergel/*Bearb.).*

Söhn, Stefan: Allgemeinverbindlicherklärungen von Wettbewerbsregeln. Möglichkeiten und Grenzen einer Reformierung der Vorschriften über Wettbewerbsregeln nach den §§ 28 ff. GWB, München 1983.

Spaeth, Wiebke: Grundrechtseingriff durch Information. Zur Verfassungsmäßigkeit von verhaltenssteuernden Warnungen und Empfehlungen der Bundesregierung, Frankfurt/M. 1995.

Spengler, Albrecht: Über die Tatbestandsmäßigkeit und Rechtswidrigkeit von Wettbewerbsbeschränkungen, 1960.

Steinberg, Rudolf: Grundfragen des öffentlichen Nachbarrechts, NJW 1984, 457 ff.

— Staat und Verbände. Zur Theorie der Interessenverbände in der Industriegesellschaft, Darmstadt 1985.

— Verfassungsgerichtliche Kontrolle der „Nachbesserungspflicht" des Gesetzgebers, Der Staat 26 (1987), 161 ff.

Stelkens, Paul/*Bonk*, Hans-Joachim/*Sachs*, Michael: Verwaltungsverfahrensgesetz Kommentar, 5. Aufl., München 1998.

Stern, Klaus: Zur Grundlegung einer Lehre des öffentlich-rechtlichen Vertrages, VerwArch 49 (1958), 106 ff.

— Das Staatsrecht der Bundesrepublik Deutschland, Bd. I: Grundbegriffe und Grundlagen des Staatsrechts, Strukturprinzipien der Verfassung, 2. Aufl. München 1984; Bd. II: Staatsorgane, Staatsfunktionen, Finanz- und Haushaltsverfassung, Notstandsverfassung, München 1980; Bd. III/1: Allgemeine Lehren der Grundrechte, 1. Halbband, München 1988; Bd. III/2: Allgemeine Lehren der Grundrechte, 2. Halbband, München 1994.

Stettner, Rupert: Grundfragen der Kompetenzlehre, Schriften zum Öffentlichen Recht, Bd. 447, Berlin 1983.

Stober, Rolf: Handbuch des Öffentlichen Wirtschaftsverwaltungs- und Umweltrechts, Stuttgart 1989.

— Dimensionen der Deregulierung, in: Stober, Rolf, Deregulierung im Wirtschafts- und Umweltrecht – interdisziplinär betrachtet – Köln/Berlin/Bonn/München 1990.

— Rückzug des Staates im Wirtschaftsverwaltungsrecht. Zur Deregulierungsdebatte in Deutschland, Köln 1997.

— Allgemeines Wirtschaftsverwaltungsrecht, Grundlagen und Prinzipien, Wirtschaftsverfassungsrecht, 11. Aufl. Stuttgart 1998.

Streeck, Wolfgang (Hrsg.): Staat und Verbände, Politische Vierteljahresschrift, Sonderheft 25/1994, Opladen 1994.

Streinz, Rudolf: Europarecht, 4. Aufl. Heidelberg 1999.

Sturm, Gerd: Probleme eines Verzichts auf Grundrechte, in: Leibholz/Faller/Mitkat/Reis (Hrsg.), Menschenwürde und freiheitliche Rechtsordnung, Festschrift für Willi Geiger zum 65. Geburtstag, Tübingen 1974, S. 173 ff.

Susskind, Lawrence/*Cruikshank*, Jeffrey: Breaking the Impasse. Consensual approaches to Resolving Public Disputes, New York 1987.

Tettinger, Peter J.: Rechtliche Bausteine eines modernen Abfallwirtschaftsrechts, DVBl. 1995, 213 ff.

— Verfassungsrecht und Wirtschaftsordnung – Gedenken zur Freiheitsentfaltung am Wirtschaftsstandort Deutschland, DVBl. 1999, 679.

Teubner, Günther: Organisationsdemokratie und Verbandsverfassung, Tübingen 1978.

Thiele, Willi: Zur Problematik des Plangewährleistungsanspruchs, DÖV 1980, 109 ff.

Thiele, Wolfgang: Leistungsstörung und Schutzpflichtverletzung, JZ 1967, 649 ff.

Toeche-Mittler, Klaus: Das Verbandskartell als Instrument der Wirtschaftsplanung: Die Beteiligung der französischen Wirtschaftsverbände an der Planifikation – Kartellrechtliche Konsequenzen, Frankfurt 1969.

Tomerius, Stephan: Informelle Projektabsprachen im Umweltrecht, Baden-Baden 1995.

Trute, Hans-Heinrich: Verwaltung und Verwaltungsrecht zwischen gesellschaftlicher Selbstregulierung und staatlicher Steuerung, DVBl. 1996, 950 ff.

Tsai, Tzung-Jen: Die verfassungsrechtliche Umweltschutzpflicht des Staates. Zugleich ein Beitrag zur Umweltschutzklausel des Art. 20a GG, Schriften zum Umweltrecht, Bd. 64, Berlin 1995.

Tsuru, Shigeto/*Weidner*, Helmut: Ein Modell für uns: Die Erfolge japanischer Umweltpolitik, 1985.

Tuchtfeld, Egon: Gentlemen's agreement als Instrument schweizerischer Geldpolitik, in: Andrae, C. A. (Hrsg.), Geldtheorie und Geldpolitik, Festschrift für Günther Schmölders, Berlin 1968, S. 138 ff.

— Moral suasion in der Wirtschaftspolitik, in: Hoppmann, Erich (Hrsg.), Konzertierte Aktion, 1971.

Ule, Carl-Hermann/*Laubinger*, Hans Werner: Verwaltungsverfahrensrecht. Ein Lehrbuch für Studium und Praxis, 4. Aufl., Köln 1995.

Umweltbundesamt: Luftqualitätskriterien, Umweltbelastung durch Asbest und andere faserige Feinstäube, Bericht 7/80, Berlin 1980.

— Waschmitteldaten an das Umweltbundesamt übergeben, Presseinformation, Berlin, 21.11.1989.

— Verzicht aus Verantwortung, Maßnahmen zur Rettung der Ozonschicht, Berichte 7/89, Berlin 1989.

— Jahresbericht, Berlin 1993.

— Auswertung der Mitteilungen nach § 9 WRMG (Rahmenrezepturen) in Bezug auf den Einsatz von Alkylphenolethoxilaten, Berlin 1993.

— „Denkhilfe" für die Wirtschaft aus dem Umweltbundesamt, Ökologische Briefe 1996, S. 2.

Vedder, Christoph: Die TA-Luft vor dem EuGH, EWS 1991, 293 ff.

Verband deutscher Elektrizitätswerke: Bericht 1996 zur „Erklärung der VDEW zum Klimaschutz" in: Bundesverband der deutschen Industrie e. V. (BDI): Aktualisierte Erklärung der deutschen Wirtschaft zur Klimavorsorge, Köln, 1996.

Vlachos, Georges: Droit public économique français et communautaire, Paris 1996.

Voigt, Rüdiger: Staatliche Steuerung aus multidiziplinärer Perspektive, in: König, Klaus/Dose, Nicolai (Hrsg.), Instrumente und Formen staatlichen Handelns, Köln/Berlin/Bonn/München 1993.

Wahl, Rainer: Rechtsfragen der Landesplanung und Landesentwicklung, Bd. I, Berlin 1978.

von Wallenberg, Gabriela: Umweltschutz und Wettbewerb, München 1980.

— Die Zulässigkeit von Umweltschutzkartellen, GRUR 1980, 883 ff.

Weber, Albrecht: Zur Umsetzung von EG-Richtlinien im Umweltrecht – Zugleich eine Anmerkung zu den Urteilen des EuGH vom 30.5.1991 (TA-Luft) und vom 28.2.1991 (Grundwasser), UPR 1992, 5 ff.

Weber-Dürler, Beatrice: Vertrauensschutz im öffentlichen Recht, Basel/Frankfurt a. M. 1983.

— Der Grundrechtseingriff, VVDStRL 57 (1997), S. 57 ff.

Weiland, Raimond: Rücknahme- und Entsorgungspflichten in der Abfallwirtschaft – Eine institutionenökonomische Analyse der Automobilbranche, Wiesbaden 1995.

Werner, Fritz: Allgemeine Verwaltungsgerichtsbarkeit und Sozialgerichtsbarkeit, NJW 1954, 1625 ff.

Wicke, Lutz: Umweltökonomie – eine praxisorientierte Einführung. 4. Aufl., München 1993.

Wilke, Dieter: „Informales" Staatshandeln als Instrument des Umweltschutzes, Zusammenfassung der Ergebnisse des Arbeitskreises C, Dokumentation zur 7. wissenschaftlichen Fachtagung der Gesellschaft für Umweltrecht, 1984, S.245 ff.

Willoweit, Dietmar: Schuldverhältnisse und Gefälligkeit – Dogmatische Grundfragen –, JuS 1984, 909 ff.

Winter, Gerd: Das Vollzugsdefizit im Wasserrecht. Ein Beitrag zur Soziologie des öffentlichen Rechts, Berlin 1975.

Wolff, Hans J./*Bachof*, Otto/*Stober*, Rolf: Verwaltungsrecht I, 10. Aufl., München 1994.

Zacher, Hans F.: Verwaltung durch Subventionen, VVDStRL 25 (1967), S. 308 ff.

v. Zezschwitz, Friedrich: Wirtschaftliche Lenkungstechniken. Selbstbeschränkungsabkommen, Gentlemen's agreement, Moral Suasion, Zwangskartell, JA 1978, 497 ff.

Zippelius, Reinhold: Das Wesen des Rechts. Eine Einführung in die Rechtsphilosophie, 5. Aufl. München 1997.

Zuleeg, Manfred: Die Ermessensfreiheit des Verordnungsgebers, DVBl. 1979, 157 ff.

— Zur künftigen Entwicklung des Subventionsrechts, DÖV 1984, 733 ff.

Sachwortverzeichnis